Mietrecht

dtv

Schnellübersicht

Mietrecht

Mietrecht des BGB (neu/alt) und EGBGB
Wirtschaftsstrafgesetz 1954
Wohnungsvermittlungsgesetz
Wohnungseigentumsgesetz
Wohn- und Betreuungsvertragsgesetz
Heizkostenverordnung
Wohnraumförderungsgesetz
Wohnflächen- u. Betriebskostenverordnungen
Zivilprozessordnung (Auszug)

Textausgabe mit ausführlichem Sachregister
und einer Einführung
von Vorsitzendem Richter a.D. Prof. Dr. Friedemann Sternel

49., neubearbeitete Auflage
Stand: 15. Januar 2019

dtv

www.dtv.de
www.beck.de

Sonderausgabe
dtv Verlagsgesellschaft mbH & Co. KG,
Tumblingerstraße 21, 80337 München

Gesamtherstellung: Druckerei C. H. Beck, Nördlingen
(Postanschrift der Druckerei: Wilhelmstraße 9, 80801 München)
Umschlagtypographie auf der Grundlage
der Gestaltung von Celestino Piatti
ISBN 978-3-423-05013-5 (dtv)
ISBN 978-3-406-73148-8 (C. H. Beck)

9 783406 731488

Vorwort

Allein schon das am 1. Januar 2019 in Kraft getretene Mietrechtsanpassungsgesetz (AnpG) vom 18.12.2018 (BGBl. I 2648) macht die Neuauflage erforderlich. Das Gesetz soll in zweifacher Hinsicht der Begrenzung des Mietanstiegs dienen: Zum einen wird die durch das MietNovG v. 21.4.2015 (BGBl. I 610) eingeführte sog. Mietpreisbremse bei Neuabschlüssen von Wohnraummietverträgen verschärft, indem dem Vermieter besondere Informationspflichten auferlegt werden. Zum anderen soll der Mieter von Wohnraum vor zu hohen Mietbelastungen als Folge von Modernisierungsmaßnahmen, insbesondere vor einem Hinausmodernisieren geschützt werden, indem die Mieterhöhungsmöglichkeiten des Vermieters begrenzt, ein „vereinfachtes Verfahren" für Mieterhöhungen bei Bagatellmaßnahmen eingeführt und ein Hinausmodernisieren als Ordnungswidrigkeit geahndet wird.

Die im Rahmen des Mietrechts häufig anzuwendenden Bestimmungen aus dem Allgemeinen Teil, dem Schuldrecht sowie dem Sachenrecht des BGB erweitern und aktualisieren die Sammlung. Das gilt insbesondere für die Vorschriften, die durch das am 13.6.2014 in Kraft getretene Gesetz zur Umsetzung der Verbraucherrechterichtlinie (BGBl. 2013 I 3642) eingefügt worden sind.

Die durch das MietRÄndG v. 11.3.2013 (BGBl. I 434) hervorgehobene Bedeutung der Energieeinsparung insbesondere im Wohnbereich findet in der Sammlung verstärkt ihren Niederschlag. Das bezieht sich auf das Energieeinsparungsgesetz (Nr. **11**), die Energieeinsparverordnung (Nr. **12**), die Heizkostenverordnung (Nr. **13**), sowie auf die Wärmelieferungsverordnung vom 7.6.2013 (Nr. **12a**).

Neben den für den Mietprozess und für das Räumungsverfahren wichtigsten Vorschriften der Zivilprozessordnung und des Gerichtsverfassungsgesetzes (Nr. **22–23**) sind die für das Mietrecht ebenfalls wichtigen Vorschriften aus dem Zwangsversteigerungsgesetz (Nr. **22a**) und der Insolvenzordnung (Nr. **22 b**) aufgenommen.

Dem starken Einfluss anderer Gesetze auf das Mietrecht ist Rechnung getragen worden. Das gilt etwa für das am 18.9.2006 in Kraft getretene Allgemeine Gleichberechtigungsgesetz (Nr. **2a**), das zum Wohnungseigentumsgesetz (Nr. **7**) oder das für Mietverträge über Gewerberaum am 14.7.07 in Kraft getretene Preisklauselgesetz (Nr. **28a**). Das Gleiche gilt für das Heimgesetz sowie das Wohn- und Betreuungsvertragsgesetz (Nr. **10, 10a**), die jeweils auf den aktuellen Stand gebracht worden sind.

Das Mietpreisrecht hat trotz des Übergangs der Wohnungsbauförderung auf die Bundesländer nach wie vor Bedeutung. Zum einen bleibt das Wohnraumförderungsgesetz (Nr. **14**) in Kraft, soweit es nicht durch Landesrecht ersetzt wird. Zum anderen sind Vorschriften des II. Wohnungsbaugesetzes (Nr. **15**) sowie des Wohnungsbindungsgesetzes (Nr. **16**) und der hierzu ergangenen Verordnungen (Nr. **17, 18**) noch anzuwenden, soweit Förderungsmaßnahmen vor dem 1. Januar 2002 erfolgt sind.

Das bisherige Recht hat noch für ältere Mietverträge – auch aus den neuen Bundesländern – Bedeutung, so dass es im Anhang in der Sammlung verbleibt (Nr. **24, 25, 27** bis **29**).

Vorwort

Entsprechend der Zielsetzung des Verlages ist die **Einführung zum Mietrecht** auf die Entwicklung und die aktuelle und praxisorientierte Information über den Gesetzesstand ausgerichtet. Dass damit nicht mehr als eine Übersicht gegeben werden kann und soll, versteht sich von selbst.

Hamburg, im Februar 2019 Friedemann Sternel

Inhaltsverzeichnis

Seite

V. Anhang

Abkürzungsverzeichnis

ABl.EG	Amtsblatt der Europäischen Gemeinschaft
Abs.	Absatz
AFWoG	Gesetz über den Abbau der Fehlsubventionierung im Wohnungswesen 2001
AGG	Allgemeines Gleichbehandlungsgesetz 2006
AMVO	Altbaumietenverordnung 1958
ÄndG	Änderungsgesetz
AO	Anordnung
Art.	Artikel
AV, AVO	Ausführungsverordnung
BAnz.	Bundesanzeiger
BayAFWoG	Gesetz über den Abbau der Fehlsubventionierung im Wohnungswesen in Bayern
Bek.	Bekanntmachung
ber.	berichtigt
BetrKV	Betriebskostenverordnung 2003
BGB	Bürgerliches Gesetzbuch 2002
BGBl.	Bundesgesetzblatt
BV (II. BV)	Berechnungsverordnung (Zweite Berechnungsverordnung) 1990
DIN	Deutsches Institut für Normung e. V.
DV, DVO	Durchführungsverordnung
EG	Europäische Gemeinschaft
EGBGB	Einführungsgesetz zum Bürgerlichen Gesetzbuche
EnEG	Energieeinsparungsgesetz 2005
EnEV	Energieeinsparverordnung 2007
EWG	Europäische Wirtschaftsgemeinschaft
G	Gesetz
GBl.	Gesetzblatt
Ges.	Gesetz
GRMG	Geschäftsraummietengesetz
GrundMV	Grundmietenverordnung, Erste oder Zweite
GVBl.	Gesetz- und Verordnungsblatt
HeimG	Heimgesetz, Gesetz über Altenheime, Altenwohnheime und Pflegeheime für Volljährige 2001
HeizkostenV	Verordnung über die verbrauchsabhängige Abrechnung der Heiz- und Warmwasserkosten 2009 (Verordnung über Heizkostenabrechnung)
Hess.	Hessisch
i. d. F.	in der Fassung
InsO	Insolvenzordnung 1994

Abkürzungen

MietAnpG	Mietrechtsanpassungsgesetz 2018
MaBV	Makler- und Bauträgerverordnung 1990
MietNovG	Mietrechtsnovellierungsgesetz 2015
MietRÄndG	Mietrechtsänderungsgesetz 2013
MietRVerbessG	Mietrechtsverbesserungsgesetz 1971
MHG	Miethöheregelungsgesetz 1974
ModEnG	Modernisierungs- und Energieeinsparungsgesetz 1978
MSchG	Mieterschutzgesetz
mWv	mit Wirkung vom
NMV 1970	Neubaumietenverordnung (1970) 1990
Nr.	Nummer
PrKG	Preisklauselgesetz 2007
RGBl.	Reichsgesetzblatt
S.	Satz/Seite
SchuldRAnpG	Schuldrechtsanpassungsgesetz 1994
SH	Schleswig-Holstein
vgl.	vergleiche
V, VO	Verordnung
WärmeLV	Wärmelieferverordnung 2013
WEG	Wohnungseigentumsgesetz 1951
WBVG	Wohn- und Betreuungsvertragsgesetz 2009
WoBauG	Wohnungsbaugesetz 1994
WoBindG	Wohnungsbindungsgesetz 2001
WoFG	Wohnraumförderungsgesetz 2001
WoFlV	Wohnflächenverordnung 2003
WoVermittG	Wohnungsvermittlungsgesetz 1971
ZGB	Zivilgesetzbuch der Deutschen Demokratischen Republik 1975
ZPO	Zivilprozessordnung 2005

In eckige Klammern gesetzte Paragraphen-Überschriften sind nicht amtlich.

Einführung

von

Prof. Dr. Friedemann Sternel
Vors. Richter am Landgericht a. D.

Übersicht

I. Wesen der Miete

Die wirtschaftliche und soziale Bedeutung der Miete wird meist mit der Miete von Wohnraum verknüpft. Das ist sicher begründet, wenn man bedenkt, dass etwa 60% aller Haushalte in der Bundesrepublik Deutschland zur Miete wohnen. Die Miete von Geschäfts- und Gewerberaum steht dieser Bedeutung jedoch nicht nach und auch die Miete von Anlagegütern wie Maschinen, Geräte oder Container bilden wichtige Wirtschaftszweige. Aber selbst im Konsumbereich hat die Miete ihren festen Platz: von der Automiete über die Miete von Haushaltsgeräten, etwa des Fernsehgeräts oder der Antenne, der „Leihwäsche" bis zum „Zeitschriftenverleih" lassen sich viele Beispiele finden.

Ob Miete von Wohn- oder von Gewerberaum, von Betriebsanlagen oder Konsumgegenständen – alle Vorgänge haben eines gemeinsam: es handelt sich um die zeitweise Überlassung einer Sache zum Gebrauch gegen Entgelt. Das ist das Wesen der Miete.

Das Mietverhältnis ist das auf dem Rechtsinstitut „Miete" beruhende, einzelne Rechtsverhältnis zwischen konkreten Vertragsparteien. Es wird – ebenso wie etwa beim Kauf – durch einen Vertrag, den Mietvertrag, begründet. Nach dem Ende der Wohnungszwangswirtschaft gibt es grundsätzlich keine „verordneten“ Mietverträge mehr.

Die Miete ist von anderen Rechtsformen der Gebrauchsüberlassung abzugrenzen. Die Pacht bezieht sich – anders als die Miete – nicht nur auf Sachen sondern auch auf Rechte (z. B. Jagdpacht). Sie berechtigt den Pächter nicht nur zum Gebrauch, sondern auch dazu, Erträge und Nutzungen aus der gepachteten Sache selbst zu ziehen (z. B. Kiesabbau). Die Leihe beschränkt sich wie die Miete auf den bloßen Gebrauch der Sache, ist aber im Gegensatz zur Miete unentgeltlich. Erhebliche Bedeutung für das Wirtschaftsleben hat das Leasing, meist in der Form des Finanzierungsleasings. Es ist an sich auf den Erwerb einer Sache ausgerichtet und beruht auf einem dreiseitigen Vertrag zwischen dem Hersteller/Lieferanten, dem Leasinggeber und dem Leasingnehmer. Der Leasinggeber erwirbt die vom Leasingnehmer ausgesuchte Sache (z. B. das Auto), zahlt diesem den Erwerbspreis und überlässt die Sache dem Leasingnehmer gegen Entgelt zur Nutzung. Entschließt sich der Leasingnehmer, von der ihm eingeräumten Kaufoption Gebrauch zu machen, so wird ein wesentlicher Teil des Nutzungsentgelts, das er an den Leasinggeber zahlt, zur Finanzierung des Kaufpreises verwendet. Auch wenn dieser Vertragstyp eine Mischform aus Miete, Kauf und Darlehen darstellt, wird er trotz aller Besonderheiten dem Mietrecht zugerechnet. Eine weitere Mischform bildet das „Sale and lease back“; im Immobilienbereich veräußert hier ein Grundeigentümer die Immobilie und mietet sie vom Erwerber (meist eine Leasinggesellschaft) wieder zurück. Stark mietrechtliche Elemente enthalten auch das Franchise und der Heimvertrag.

Durch das Schuldrechtsmodernisierungsgesetz vom 26. 11. 2001 sind die Regelungen des Teilzeit-Wohnrechtegesetzes in das BGB (§§ 481 ff.) integriert worden. Durch einen solchen Vertrag erwirbt der Berechtigte für mindestens 3 Jahre das Recht, ein Wohngebäude für einen bestimmten Zeitraum des Jahres zu Erholungs- oder Wohnzwecken zu nutzen. Zu den in diesem Zusammenhang gebräuchlichen Vertragsformen zählt auch die Miete.

II. Entwicklung des geltenden Mietrechts

Das heutige Mietrecht fußt auf den am 1. Januar 1900 in Kraft getretenen Vorschriften des BGB. Diese sind maßgeblich durch das auf römischem Recht beruhende sog. gemeine Recht bestimmt; deutschrechtliche Elemente haben sich nur vereinzelt durchgesetzt, wie etwa der Grundsatz „Kauf bricht nicht Miete“. Von den sozialen Problemen seiner Zeit, ausgelöst durch die Kette Industrialisierung – Landflucht – Wohnungsnot in den Städten, blieb das Mietrecht unberührt. Seine Regelungen waren abstrakt und losgelöst von dem Gegenstand, den man anmietete: Es war danach gleichgültig, ob man eine Wohnung oder einen Esel anmietete, wie es ein Rechtsgelehrter aus jener Zeit formulierte. Daher konnte das Mietrecht zur Zeit des 1. Weltkrieges nicht dazu beitragen, den durch die Wohnungsverknappung entstehenden Nöten zu begegnen. Ein im Verordnungswege erlassenes Mietnotrecht, beschränkt auf die Miete von Wohnraum, bot einen gewissen Kündigungsschutz sowie Mietpreisstopp. Diese Regelungen verfestigten sich in den wirtschaftlich schwierigen Jahren der Nachkriegszeit gleichsam in drei Säulen: Dem Kündigungs- oder Bestandsschutz diente das Mieterschutzgesetz vom 1. 6. 1923; der Mietpreisbegrenzung diente das Reichsmietengesetz vom 24. 3. 1922 und die Erfassung sowie Verteilung von Wohnraum war Aufgabe des Wohnraummangelgesetzes vom 26. 7. 1923. Während das Mietrecht des BGB selbst unverändert blieb, prägte fortan das Mietnotrecht die Praxis der Wohnraummiete und zum Teil auch der Geschäftsraummiete. Sein Einfluss nahm infolge der politischen Veränderungen nach 1933 und im Verlaufe der Vorbereitung und des Verlaufs des 2. Weltkrieges noch zu. Der nach Ende des Krieges durch Zerstörung und Flüchtlingsströmen bewirkten Wohnungsnot konnte nur durch eine strikte Wohnraumbewirtschaftung und einem rigiden Preisrecht unter Beibehalt des Mieterschutzes begegnet werden. Eine allmähliche Lockerung der Preisbindung setzte mit dem I. Bundesmietengesetz vom 27. 7. 1955 ein, nachdem durch das I. Wohnungsbaugesetz vom 24. 4. 1950 die Weichen für einen verstärkten Wohnungsbau unter Inanspruchnahme öffentlicher Mittel gestellt worden waren. Dieser Weg wurde durch das II. Wohnungsbaugesetz vom 27. 6. 1956 fortgesetzt. Der 1960 verabschiedete Lückeplan, benannt nach dem damaligen Bundesbauminister, sollte schrittweise zu einer Liberalisierung der Wohnungswirtschaft führen, indem Kündigungsschutz, Mietpreisbindung und Wohnraumbewirtschaftung regional bezogen (weiße und schwarze Kreise) aufgehoben wurden. Der Kündigungsschutz des Mieters von Wohnraum wurde auf das Widerspruchsrecht in Härtefällen (sog. Sozialklausel des § 556 a BGB a. F., s. jetzt § 574 BGB) reduziert. Zugleich wurde eine Reihe von Schutzvorschriften zugunsten des Mieters aus dem Mieterschutzgesetz in das Mietrecht des BGB überführt. Die Mietpreisbindung wurde – soweit sie noch bestand – durch das II. und III. Bundesmietengesetz, denen sich weitere Bundesmietengesetze anschlossen, allmählich abgebaut. Die angestrebte Liberalisierung erwies sich als verfrüht. Das zeitlich bis zum 31. 12. 1974 befristete I. Wohnraumkündigungsschutzgesetz vom 25. 11. 1971 stellte den Kündigungsschutz im Ergebnis weitgehend wieder her, indem die ordentliche Kündigung des Vermieters an ein berechtigtes Freimachungsinteresse geknüpft wurde. Als Ausgleich für die nicht mehr gegebene Möglichkeit einer Änderungskündigung zum Zwecke der Mieterhöhung wurde dem Vermieter die Befugnis eingeräumt, vom Mieter die Zustimmung zur Mieterhöhung bis zur ortsübliche Vergleichsmiete zu verlangen. Diese Rechtslage wurde durch das II. Wohnraumkündigungsschutzgesetz vom 18. 12. 1974 als Dauerrecht installiert und ausgebaut, indem der Kündigungsschutz nunmehr im BGB verankert wurde (§ 564 b BGB a. F.). Das Recht des Vermieters, die Zustimmung zur Erhöhung der Miete bis zur ortsüblichen Vergleichsmiete zu verlangen, wurde im Gesetz zur Regelung der Miethöhe (MHG) neu und erweitert geregelt. Zugleich wurde dem Vermieter das Recht eingeräumt, die Miete nach Durchführung von Modernisierungsmaßnahmen jährlich um 14% (später abgesenkt auf 11%, seit dem 1.1.2019: 8%) der für die Wohnung aufgewendeten Kosten sowie bei Betriebskosten- und bestimmten Kapitalkostensteigerungen zu erhöhen. Neben der Vereinbarung einer Mieterhöhung im Einzelfall wurde die Vereinbarung von Staffelmieten eingeschränkt zugelassen.

Nach der Vereinigung der beiden Teile Deutschlands am 3. 10. 1990 erlangte das Mietrecht des BGB Geltung auch für die neuen Bundesländer. Lediglich ein gegenüber den sog. alten Bundesländern verstärkter Kündigungsschutz – zunächst auch für Mietverhältnisse über Gewerberaum – blieb erhalten, der inzwischen schrittweise bis 2004 abgebaut wurde. Die 1. und 2. Grundmietenverordnung dienten dazu, das Mietenniveau allmählich an das Mietenniveau in den „alten“ Bundesländern heranzuführen und das Vergleichsmietensystem vorzubereiten. Diese Entwicklung wurde durch das

Mietenüberleistungsgesetz vom 6. 6. 1995 rechtlich abgeschlossen. Mit Wirkung ab 1. 1. 1998 gilt in der Bundesrepublik Deutschland für preisfreien Wohnraum ein einheitliches Mietrecht.

Der seit 1960 einsetzende Einbau von Schutzbestimmungen zugunsten des Wohnungsmieters in das BGB hatte zu einer gewissen Unübersichtlichkeit des Mietrechts geführt. Daher ersuchte der Bundestag im Rahmen der parlamentarischen Beratungen des II. WKSchG die Bundesregierung im Herbst 1974, einen Gesetzesentwurf vorzulegen, der das derzeit geltende, in zahlreichen Vorschriften zersplitterte Recht über die soziale Sicherung des Wohnens bereinigen und für die Betroffenen verständlich und übersichtlich zusammenfassen sollte. Dabei blieb es einstweilen. In der Folgezeit wurde das Mietrecht des BGB wiederholten Änderungen unterworfen, insbesondere durch das Gesetz zur Erhöhung des Angebots an Mietwohnraum vom 20.12.1982, das Wohnungsbauerleichterungsgesetz vom 17. 5. 1990 und das 4. Mietrechtsänderungs-gesetz vom 21. 7. 1993. Nach Vorschlägen u. a. einer von der damaligen Bundesregierung eingesetzten Expertenkommission, einer Bund-Länder-Arbeitsgruppe und einzelner Länder leitete die Bundesregierung im Sommer 2000 mit dem Regierungsentwurf eines Mietrechtsreformgesetzes (Bundestags-Drucks. 14/4553) das Gesetzgebungsverfahren ein. Nach Anhörung des Bundesrates und von Sachverständigen verabschiedete der Bundestag das Mietrechtsreformgesetz am 29. März 2001. Der Bundesrat sah in seiner Sitzung vom 11. 5. 2001 von einem Einspruch gegen das Gesetz ab. Es ist am 19. Juni 2001 verkündet worden (BGBl. I 1149) und ist am 1. September 2001 in Kraft getreten. Zu Einzelheiten des Gesetzgebungsverfahrens s. die Vorauflage S. XVI.

Die Schuldrechtsmodernisierung wurde bereits 1978 von dem damaligen Bundesjustizminister Vogel angestoßen; 1991 legte eine ebenfalls vom Bundesjustizministerium eingesetzte Kommission einen Abschlussbericht zur Überarbeitung des Schuldrechts vor. Erst ab 1999 wurde das Vorhaben wieder aufgegriffen. Zum einen galt es, 3 EG-Richtlinien umzusetzen, die sich auf den Verbrauchsgüterkauf, auf die Bekämpfung des Zahlungsverzugs und auf den elektronischen Geschäftsverkehr beziehen. Zum anderen ging es darum, das Verjährungsrecht, das Recht der Leistungsstörungen und das Kaufrecht zu modernisieren sowie die Verbraucherschutzgesetze (insbesondere das AGB-Gesetz und das Haustürwiderrufsgesetz) in das BGB zu integrieren. Ein vom Bundeskabinett im Mai 2001 beschlossener Gesetzesentwurf und der gleichlautende Gesetzesentwurf der Regierungsfraktionen SPD und Bündnis 90/Die Grünen wurden in der Folgezeit in den Gesetzgebungsgremien beraten. Der Fraktionsentwurf wurde vom Bundestag beschlossen und als „Gesetz zur Modernisierung des Schuldrechts am 26. 11. 2001 verkündet. Das Gesetz ist am 1. 1. 2002 in Kraft getreten.

III. Mietrechts- und Schuldrechtsreform 2001

1. Mietrechtsreform

Das Mietrecht des BGB hat entscheidende Änderungen durch das Mietrechtsreformgesetz (MRRG) vom 19. 6. 2001 (BGBl. I 1149) erfahren. Damit wurden die Ziele verfolgt,

- das Mietrecht inhaltlich an die veränderten sozialen Gegebenheiten anzupassen,
- es systematisch neu auszurichten und
- das private Mietrecht, das in verschiedenen Gesetzen verstreut war, zu vereinheitlichen.

a) Inhaltliche Ausgestaltung. Die gewandelten gesellschaftlichen Verhältnisse verlangten eine stärkere Flexibilität des Mietrechts, um dem Schutzbedürfnis und den Interessen der Mietparteien stärker Rechnung zu tragen. Das gilt etwa zugunsten der Wohnraummieter für die Berücksichtigung der verstärkten Mobilität, indem die Frist für die ordentliche Kündigung durch den Mieter auf drei Monate verkürzt worden ist (§ 573 c BGB), für die Anerkennung neuer Formen des Zusammenlebens durch das Eintrittsrecht des nicht mietenden Lebenspartners oder des haushaltsangehörigen Lebensgefährten in das Mietverhältnis beim Tod des Wohnraummieters (§§ 563 f. BGB) oder für die Beachtlichkeit der Barrierefreiheit, indem dem behinderten Mieter von Wohnraum der Anspruch zugebilligt worden ist, vom Vermieter die Zustimmung zur barrierefreien Herrichtung der Wohnung und des Zugangs zu ihr zu verlangen (§ 554 a BGB). Zugunsten des Vermieters fällt der Abbau von Förmlichkeiten bei Mieterhöhungen bis zur ortsüblichen Vergleichsmiete (§§ 558 f. BGB) und nach Modernisierungen (§§ 559 f. BGB) ins Gewicht. Das Mieterhöhungsverfahren wird durch die Einführung von qualifizieren Mietspiegeln (§ 558 d BGB) effizienter gestaltet. Die Duldungspflicht des Mieters und das modernisierungsbedingte Recht des Vermieters zur Mieterhöhung ist auf alle Maßnahmen zur Energieeinsparung erstreckt worden (§§ 554 Abs. 2, nunmehr 555b Nr. 1, 2, 559 f. BGB). Die Abrechnung von Betriebskosten wird auf eine rechtssichere Grundlage gestellt (§§ 556, 556 a, 560 BGB). Zudem ist die frühere zeitliche Begrenzung beim Abschluss sog. qualifizierter Zeitmietverträge entfallen (§ 575 BGB) und das Recht des Vermieters, das Mietverhältnis beim Tod des Mieters gegenüber dessen Erben zu kündigen, gestärkt worden (§ 564 BGB).

b) Neugliederung des Mietrechts. Für die Rechtsanwendung ist bedeutsam, dass das Mietrecht des BGB neu geordnet worden ist. Die überkommene Systematik war sachbezogen, d. h. dass die einschlägigen Sachkomplexe im Normzusammenhang stehen, ohne dass zwischen den Miet-Objekten weiter unterschieden wird. Für die Miete eines Autos oder eines Bootes galt das gleiche Mietrecht wie für die Miete einer Wohnung oder einer Fabrikhalle. Wo objektbezogene Unterscheidungen gleichwohl vorgenommen wurden (z. B. Sonderregelungen für unbebaute Grundstücke, Räume, Wohnungen), wurden sie gleichsam als Norm-Anhang im Rahmen des jeweiligen Sachkomplexes behandelt. Die Systematik des neuen Mietrechts ist dagegen objektbezogen: sie ist ausgerichtet an derjenigen Sache, die Gegenstand des Mietvertrages ist. Dabei liegt der Schwerpunkt der Regelungen auf der Miete von Wohnraum, was aus dessen sozialer Bedeutung abgeleitet wird. Es folgt ein weiterer Teil über die Miete von Grundstücken und Räumen, die nicht Wohnraum sind. Vorangestellt ist ein allgemeiner Teil, der für die Miete aller Sachen gemeinsam gilt. Mit dieser neuen Systematik ist der Nachteil verbunden, dass sachliche Zusammenhänge häufig nicht gewahrt werden und sich ein Regelungskomplex erst aus mehreren, nicht immer im räumlichen Zusammenhang stehenden Vorschriften erschließt.

Entsprechend der geänderten Systematik ist das Mietrecht im BGB unter Berücksichtigung späterer Änderungen nunmehr wie folgt aufgebaut:

Dritter Titel: Mietvertrag, Pachtvertrag

I. Allgemeine Vorschriften für Mietverhältnisse
II. Mietverhältnisse über Wohnraum
  1. Allgemeine Vorschriften
  1a. Erhaltungs- und Modernisierungsmaßnahmen
  2. Die Miete
    a) Vereinbarungen über die Miete (Mietpreisbremse)
    b) Regelungen über die Miethöhe während des Mietverhältnisses
  3. Pfandrecht des Vermieters
  4. Wechsel der Vertragsparteien
  5. Beendigung des Mietverhältnisses
    a) Allgemeine Vorschriften
    b) Mietverhältnisse auf unbestimmte Zeit Kündigungsgründe und Sozialklausel
    c) Mietverhältnisse auf bestimmte Zeit
    d) Werkwohnungen
  6. Besonderheiten bei Bindung von Wohnungseigentum an vermieteten Wohnungen
III. Mietverhältnisse über andere Sachen
IV. Pachtvertrag
V. Landpachtvertrag

Diese Gliederungsübersicht ist nicht unmittelbar Gegenstand des Gesetzes, sondern erschließt sich aus den Überschriften zu den einzelnen Abschnitten und Unterabschnitten.

c) Rechtsvereinheitlichung. Das Ziel, das private Wohnraummietrecht im BGB zusammenzufassen, ist nur zum Teil erreicht worden. So sind nur die Vorschriften des Gesetzes zur Regelung der Miethöhe (MHG) vom 18. 12. 1974, soweit sie aufrechterhalten worden sind, und das lediglich aus einer Bestimmung bestehende Gesetz über eine Sozialklausel in Gebieten mit gefährdeter Wohnungsversorgung vom 22. 4. 1993 übernommen worden. Nicht einbezogen wurden Vorschriften, die zwar auch einen mietrechtlichen Bezug haben, jedoch wegen ihrer überwiegenden Zuordnung zu anderen Regelungskomplexen dort ihren Stand behalten haben. Das gilt etwa für die die Zuweisung der gemieteten Ehewohnung nach der Ehescheidung (§ 1568 a BGB), Heizkostenverordnung, für die Vorschriften über die Rechtsfolge bei Erlöschen dinglicher Rechte wie das Erbbaurecht (§ 30 ErbbauRG) oder das Dauerwohnrecht (§ 37 WEG). Ebenso wenig sind prozessuale und vollstreckungsrechtliche Vorschriften, die mietrechtlichen Bezug haben, ins BGB übernommen worden (z. B. §§ 29 a, 93 b, 257, 308 a, 721 ZPO). Das Gleiche gilt für die Vorschriften über die Auswirkung von Zwangsversteigerung und Insolvenz auf Mietverhältnisse (§§ 57 f. ZVG, §§ 108 f. InsO). Nicht einbezogen wurde ferner das öffentliche Wohnungsrecht (II. WoBauG, WoBindG, NMV, II. BV), da es nicht in das System des privaten Mietrechts passt. Nach Auffassung des Gesetzgebers hat das Gesetz über die Rückerstattung von Baukostenzuschüssen vom 21. 7. 1960 keine praktische Bedeutung und ist deshalb nicht ins BGB übernommen worden.

Die mietrechtlichen Vorschriften zu Abstandsvereinbarungen aus dem Wohnungsvermittlungsgesetz vom 4. 11. 1971 sind ebenfalls nicht ins BGB überführt worden.

Das Mietrecht des BGB und weitere mietrechtsbezogene Bestimmungen sind in der Textsammlung unter Nr. **1** wiedergegeben.

Eine Kurzsynopse (abgedruckt unter Nr. **24 a**) erleichtert den Vergleich der alten mit der neuen Rechtslage und umgekehrt.

2. Schuldrechtsreform

Ziel der Schuldrechtsreform ist, das Schuldrecht den europäischen Rechtsstandards anzugleichen, insbesondere indem Rechtsinstitute, die bisher nur in der Rechtsprechung entwickelt worden waren – wie die Haftung aus Verschulden bei Vertragsverhandlungen oder aus positiver Vertragsverletzung, die Voraussetzungen und Folgen der Änderung der Geschäftsgrundlage –, ins BGB eingeführt werden; ferner war es in einigen Bereichen zu modernisieren, etwa was das Recht der Verjährung und der Leistungsstörungen anbelangt. Schließlich sollte die Einbeziehung des Verbraucherschutzrechts der Rechtsvereinheitlichung dienen.

Das Mietrecht ist als Vertragstyp des besonderen Schuldrechts in das System des Allgemeinen Teils sowie des Allgemeinen Schuldrechts des BGB einbezogen. Die Inhalte dieses Systems sind durch das Gesetz zur Modernisierung des Schuldrechts vom 26. 11. 2001 (BGBl. I 3138) in folgenden Bereichen geändert worden, soweit ein mietrechtlicher Bezug gegeben ist:

- das Recht der Verjährung §§ 194f. BGB),
- das Recht der Leistungsstörungen bei Unmöglichkeit der Leistung, Schlechterfüllung und Verzug (§§ 275f., 280f., 320f.),
- die Einbeziehung der Verbraucherschutzgesetze in das BGB (§§ 305ff., 312ff., 355 ff.).
- Die Neuregelungen des Schuldrechts gelten für alle seit dem 1. 1. 2002 begründeten Mietverhältnisse. Für ältere Mietverhältnisse gelten die Vorschriften dagegen erst ab dem 1. 1. 2003.

Hervorzuheben sind die Neuerungen des Verjährungsrechts

- Die regelmäßige Verjährungsfrist, die für die meisten mietrechtlichen Ansprüche bisher 4 Jahre betrug, ist auf 3 Jahre verkürzt worden (§ 195 BGB). Sie beginnt mit dem Ende des Jahres, in dem der Anspruch entstanden ist und der Gläubiger von den Umständen, die den Anspruch begründen, sowie von der Person des Schuldners Kenntnis erlangt hat oder ohne grobe Fahrlässigkeit Kenntnis hätte erlangen können (§ 199 Abs. 1 BGB). Damit der Fristenbeginn im Hinblick auf die Kenntnis bzw. grob fahrlässige Unkenntnis des Gläubigers nicht endlos ausgedehnt wird, sind Höchstristen von 10 Jahren, wegen besonders gelagerter Fälle von 30 Jahren vorgesehen (§ 199 Abs. 2–4 BGB). Titulierte Ansprüche verjähren stets erst nach Ablauf einer Frist von 30 Jahren (§ 197 Abs. 1 Nr. 3 BGB).
- Die Hemmung des Ablaufs der Verjährungsfrist ist erweitert worden. Sie tritt insbesondere ein, solange Vergleichsverhandlungen über den Anspruch schweben (§ 203 BGB). Hervorzuheben sind noch die Zustellung der Klage oder eines Mahnbescheids sowie die Einleitung eines selbständigen Beweisverfahrens (§ 204 BGB). Die Hemmung dauert bis zum Abbruch der Verhandlungen bzw. bis zum Abschluss des Verfahrens, Demgegenüber

ist der Neubeginn der Verjährung, der der früheren Verjährungsunterbrechung entspricht, auf wenige Tatbestände begrenzt (§ 212 BGB), etwa wenn der Schuldner den Anspruch anerkannt hat oder eine Zwangsvollstreckungshandlung vorgenommen wird.

– Im Gegensatz zum bisherigen Recht kann die Verjährungsfrist vertraglich verlängert werden, jedoch nicht über 30 Jahre hinaus (§ 202 Abs. 2 BGB).
– Neben die fortbestehende Generalklausel von Treu und Glauben bei der Bewirkung der Leistung (§ 242 BGB) ist das Gebot der Rücksichtnahme auf die Rechte, Rechtsgüter und Interessen des anderen Teils (§ 241 Abs. 2 BGB) als weitere Generalklausel getreten. Sie wirkt sich auf das Mietverhältnis als eines personenbezogenen Vertragsverhältnisses in besonderem Maße aus.
– Das System der Leistungsstörungen ist erheblich vereinfacht worden, da es nur noch um den Grundtatbestand der Pflichtverletzung geht (§ 280 BGB). Schadensersatzpflichtig wird ein Schuldner nur, wenn er die Pflichtverletzung zu vertreten hat. Innerhalb der Pflichtverletzungen wird unterschieden, ob den Schuldner eine Leistungspflicht trifft. In diesem Fall werden nunmehr folgende Tatbestände einheitlich behandelt:
  – der Schuldner erbringt seine Leistung nicht,
  – der Schuldner erbringt die Leistung nicht wie geschuldet,
  – der Schuldner verzögert die Leistung.

  Leistungsstörungen sind mit nachstehenden Rechtsfolgen verknüpft:
– Schadensersatzansprüche des Gläubigers (§§ 280 f. BGB),
– Rücktrittsrecht des Gläubigers bei gegenseitigen Verträgen (§ 323 BGB).
– Ist dem Schuldner die Leistung unmöglich, sei es von Anfang an, sei es erst im Verlaufe der Vertragszeit, so wird er von der Leistung frei (§ 275 Abs. 1 BGB). Die bisherige Rechtsfolge, dass der Vertrag bei anfänglicher Unmöglichkeit nichtig ist, gilt also nicht mehr. Hat der Schuldner die Unmöglichkeit zu vertreten, so schuldet er Schadensersatz. Ist ihm die Leistung zwar möglich, wäre hierfür jedoch ein unverhältnismäßig hoher Aufwand erforderlich, so wird er ebenfalls von seiner Leistungspflicht frei; hat er das Leistungshindernis jedoch zu vertreten, so schuldet er Schadensersatz (§ 275 Abs. 2, 4 BGB).
– Erfüllt der Schuldner nicht oder nicht ordentlich und hat er dies zu vertreten, so kann der Gläubiger Schadensersatz statt Erfüllung verlangen, wenn er dem Schuldner zuvor eine angemessene Frist zur Leistung oder Nacherfüllung gesetzt hat (§ 281 Abs. 1 BGB). Anders als nach bisherigen Recht braucht er die Ablehnung der Schuldnerleistung nicht mehr anzudrohen. In besonderen Fällen, z. B. bei endgültiger Erfüllungsverweigerung, ist die Abmahnung nicht erforderlich.
– Die Veränderung der Geschäftsgrundlage kann der einen oder der anderen Vertragspartei das Recht geben, eine Vertragsänderung zu verlangen, wenn ihr das Festhalten am unveränderten Vertag nicht zugemutet werden kann. Verständigen sich die Vertragsparteien nicht auf eine Lösung, so entscheidet das Gericht darüber, ob und wie das Vertragsverhältnis neu zu gestalten ist. Diese Rechtsfolge ist nunmehr in § 312 BGB geregelt. Sie ist allerdings auf besondere Härtefälle beschränkt. Als mietrechtlicher Anwendungsfall kann etwa die Umlage von verbrauchsabhängigen Nebenkosten nach anteiliger Fläche bei langfristigen, hohen Leerständen in Betracht kommen: hier könnte das Gericht z. B. einen anderen, verbrauchsorien-

tierten und damit den Vermieter stärker entlastenden Umlagemaßstab festlegen.

- Bereits bei der Vertragsanbahnung können sich Hinweis- und Aufklärungspflichten der Vertragsparteien ergeben. Das hierzu entwickelte Rechtsinstitut des Verschuldens bei Vertragsverhandlungen ist nunmehr gesetzlich geregelt (§ 311 Abs. 2 BGB). Typisch sind etwa die vermieterseits häufig verlangten Selbstauskünfte von Mietinteressenten. Schuldhafte Verstöße gegen diese Pflichten führen zum Schadensersatz, zur Kündigung oder Anfechtung des Mietvertrages.
- Das Anliegen des Gesetzgebers, das Verbraucherschutzrecht ins BGB zu integrieren, soll nicht nur der Rechtseinheit dienen, sondern auch die Bedeutung dieses Rechtsgebiets herausstreichen. Das gilt vor allem für das Recht der allgemeinen Geschäftsbedingungen, das das Gegengewicht zum Prinzip der Vertragsfreiheit bilden soll. Die bisher im AGBG geregelte Materie ist in ihrem Kern ins BGB übernommen worden (§§ 305 f. BGB). Dies betrifft insbesondere die Inhaltskontrolle von Formularklauseln darauf, ob der Kunde durch den Klauselinhalt entgegen den Geboten von Treu und Glauben unangemessen benachteiligt wird (§ 307 BGB). Von Bedeutung für das Mietrecht ist die Regelung über sog. Verbraucherverträge in § 310 Abs. 3 BGB, die dem bisherigen § 24 a AGBG entspricht. Es handelt sich dabei um Verträge zwischen einem Unternehmer (z.B. einem Wohnungsunternehmen) und einem End-Verbraucher (z.B. einem Wohnungsmieter). Derartige Verträge unterliegen der Inhaltskontrolle auf ihre Angemessenheit wie Formularverträge auch dann, wenn sie nur zur einmaligen Verwendung bestimmt sind. Voraussetzung ist allerdings, dass der Unternehmer sie formuliert und in die Vertragsverhandlungen eingeführt hat.
- Der bisherige Verbraucherschutz bei Haustürgeschäften nach § 312 BGB a.F. ist durch das Gesetz zur Umsetzung der Verbraucherrechterichtlinie vom 14. 6. 2013 erheblich erweitert worden. Das Gesetz setzt eine entsprechende EG-Richtlinie um und ist am 13. 6. 2014 in Kraft getreten. Es erfasst auch Mietverträge über Wohnraum, sofern es sich hierbei um Verbraucherverträge i.S. von § 310 Abs. 3 BGB handelt. Der bisherige Begriff des Haustürgeschäfts ist erweitert worden und bezieht sich nunmehr auf alle Verträge, die bei gleichzeitiger Anwesenheit des Verbrauchers und des Unternehmers außerhalb von dessen Geschäftsräumen geschlossen worden sind (§ 312 b BGB). Kern ist neben Informationspflichten des Unternehmers das Widerrufsrecht des Verbrauchers (§ 355 BGB). Die Widerrufsfrist beträgt 14 Tage, gerechnet ab Vertragsabschluss; sie wird nicht in Lauf gesetzt, wenn der Verbraucher über das Widerrufsrecht nicht belehrt worden ist. In jedem Fall erlischt das Widerrufsrecht aber nach Ablauf von 12 Monaten und 14 Tagen. Sowohl für die Widerrufsbelehrung als auch für den Widerruf hält das Gesetz Muster bereit (Anlagen zu Art. 246 a EG BGB). In gleicher Weise sind Verbraucher bei Fernabsatzverträge (§ 312 c BGB) geschützt. Das Widerrufsrecht gilt nicht für den Abschluss von Mietverträgen über Wohnraum, wenn der (künftige) Mieter die Wohnung vor Abschluss des Mietvertrages hat besichtigen können (§ 312 Abs. 4 BGB).
- Die Regelungen über Teilzeit-Wohnrechtsverträge zählen zwar zum Verbraucherschutzrecht, sind jedoch vertragstyp-orientiert und deshalb in den Besonderen Teil des Schuldrechts übernommen worden (§§ 481 f. BGB).

Das frühere Teilzeit-Wohnrechtegesetz ist aufgehoben worden. Gesetzlich geregelt sind umfangreiche Informationspflichten des anbietenden Unternehmens (§§ 482, 483 BGB). Für den Abschluss des Vertrages ist die gesetzliche Schriftform vorgesehen (§ 484 BGB). Dem Verbraucher steht ein Widerrufsrecht entsprechend den Vorschriften über Verträge, die bei gleichzeitiger Anwesenheit des Verbrauchers und des Unternehmers außerhalb dessen Geschäftsräumen geschlossen worden sind, zu (§ 356 a BGB).

IV. Mietrechtsänderungsgesetze

1. Mietrechtsänderungsgesetz (MietRÄndG) 2013

Angesichts der knapper werdenden Energiereserven und der Auswirkungen des Klimawandels ist die energetische Modernisierung des vorhandenen Wohnungsbestandes zu einer dringlichen Aufgabe der Wohnungs- und Umweltpolitik sowie der Wohnungswirtschaft geworden. Dazu zählt auch, die Investitionsbereitschaft der Vermieter zu fördern. Außerdem erscheint geboten, den effektiven Rechtsschutz des Vermieters vor willkürlichen Mietschulden (insbesondere durch sog. Mietnomaden) zu verbessern und das Räumungsverfahren sowohl flexibler als auch kostengünstiger zu gestalten. Diesen Zielen dient das „Gesetz über die energetische Modernisierung von vermietetem Wohnraum und über die vereinfachte Durchsetzung von Räumungstiteln (MietRÄndG)“vom 11. März 2013 und ist am 1. Mai 2013 in Kraft getreten (BGBl. I 434) und hat im Wesentlichen den folgenden Inhalt:

a) Energetische Modernisierung. Die bisher divergierenden Regelungen *über die Duldung von Modernisierungsmaßnahmen* und einer hieraus folgenden Mieterhöhung sind harmonisiert worden (§§ 555 b, 559). Die Durchsetzung von Modernisierungsmaßnahmen und die Durchführung von Mieterhöhungen sind klarer als bisher geregelt und zum Teil vereinfacht worden.

Das Gesetz (§ 555 b BGB) definiert die *Modernisierungsmaßnahmen* enumerativ. Der Begriff der energetischen Modernisierung ist auf Maßnahmen beschränkt, durch die für die Mietsache Endenergie nachhaltig eingespart wird. Die Ankündigung der vom Mieter zu duldenden Modernisierungsmaßnahmen ist formal und inhaltlich erleichtert worden (§ 555 c Abs. 1, 3 BGB). Allerdings führen Mängel in der Ankündigung dazu, dass die spätere Mieterhöhung erst 6 Monate später als gesetzlich sonst vorgesehen zulässig ist (§ 559 b Abs. 2 Nr. 1 BGB). Im Rahmen der nach wie vor gebotenen Interessenabwägung sind einerseits nunmehr auch die Belange der Energieeinsparung und des Klimaschutzes zu beachten. Andererseits kommt es für die Duldungspflicht des Mieters nicht mehr auf dessen spätere finanzielle Belastung durch die Mieterhöhung an (§ 555 d Abs. 2 BGB). Dieser Härtegrund kann aber zum Ausschluss der Mieterhöhung führen (§ 559 Abs. 5 BGB). Der Mieter muss die Härtegründe, die seiner Duldungspflicht entgegenstehen, bis zum Ablauf des Monats, der auf eine zulässige Modernisierungsankündigung folgt, in Textform geltend machen (§ 555 d Abs. 3 BGB). Hierauf soll der Vermieter den Mieter in der Modernisierungsankündigung hinweisen (§ 555 c Abs. 2 BGB).

Die Durchführung von Maßnahmen der energetischen Modernisierung soll dadurch erleichtert werden, dass die Mietminderung wegen Gebrauchsbeeinträchtigungen infolge dieser Maßnahmen auf die Dauer von 3 Monaten ausgeschlossen ist (§ 536 Abs. 2a BGB).

Die nach *Durchführung* von Modernisierungsmaßnahmen zulässige *Mieterhöhung* von 11% – seit dem 1. 1. 2019: 8% – der für die Wohnung aufgewendeten Modernisierungskosten gilt nicht für Maßnahmen, durch die zwar Primärenergie, nicht aber Endenergie nachhaltig eingespart wird (§ 559 Abs. 1 BGB). Klargestellt wird, dass Kosten für Erhaltungsmaßnahmen nicht zu den Modernisierungskosten zählen (§ 559 Abs. 2 BGB). Zum Ausschluss der Mieterhöhung aus Härtegründen (§ 559 Abs. 5 BGB) und zum Wirkungsaufschub bei unwirksamer Modernisierungsankündigung (§ 559b Abs. 2 Nr. 1 BGB) wird auf die obigen Ausführungen verwiesen.

Auch auf *Mieterhöhungen bis zur ortsüblichen Vergleichsmiete* können sich energetische Modernisierungsmaßnahmen mieterhöhend auswirken. Zu den im Gesetz genannten Wohnwertmerkmalen treten nunmehr die energetische Beschaffenheit und Ausstattung hinzu (§ 558 Abs. 2 BGB). Das verbreitert die Möglichkeit, energetische Mietspiegel zu erstellen.

Dem Ziel, den Mietanstieg insbesondere in Ballungsgebieten zu begrenzen, dient die Absenkung der Kappungsgrenze auf 15% in Gemeinden, in denen die Versorgung mit Mietwohnungen zu angemessenen Bedingungen besonders gefährdet ist. Die Länder werden ermächtigt, diese Gebiete durch Rechtsverordnungen für die Dauer von jeweils 5 Jahren zu bestimmen (§ 558 Abs. 3 BGB).

Einer Verbesserung der Energieeffizienz soll auch die neue Regelung über die Umlage von Kosten der gewerblichen Wärmelieferung auf den Mieter dienen (§ 556c BGB). Die Umlage setzt allerdings eine Kostenneutralität voraus. Das Nähere ist in der Wärmelieferungsverordnung vom 7. 6. 2003 (Nr. 12a) geregelt. Deren mietrechtlicher Schwerpunkt liegt auf der Ermittlung der Kostenneutralität, die aus einem Vergleich der Kosten bei Eigenversorgung mit Wärme und Kosten der Wärmelieferung errechnet wird, ferner auf der Umstellungsankündigung des Vermieters gegenüber dem Mieter, die die Umstellung rechtsgestaltend bewirkt.

b) Weitere mietrechtliche Vorschriften. Ein Grund für die fristlose Kündigung eines Mietverhältnisses über Wohnraum ist nunmehr auch dann gegeben, wenn der Mieter mit der Leistung der Mietsicherheit in Höhe von zwei Monatsmieten in Verzug geraten ist (§ 569a Abs. 2a BGB). Einerseits bedarf es keiner Abmahnung, andererseits kann der Mieter die fristlose Kündigung durch Zahlung innerhalb der Schonfrist unwirksam machen. Ergänzend hierzu bestimmt die neu eingefügte Regelung in § 551 Abs. 2 Satz 2 BGB, dass die Folgeraten der Mietsicherheit im Anschluss an die zu Beginn des Mietverhältnisses fällig gewordene erste Rate fällig werden. Die Kündigungsbefugnis gilt nur für Mietverhältnisse, die nach Inkrafttreten des MietRÄndG entstanden sind (Art. 229 § 29 Abs. 2 EG BGB).

Der Kündigungsschutz des Mieters von in Wohnungseigentum umgewandelten Mietwohnungen ist verbessert worden. Die Sperrfrist von 3 Jahren für Eigenbedarfs- oder Verwertungskündigungen (§ 573 Abs. 2 Nr. 2, 3 BGB) gilt nunmehr auch dann, wenn die umgewandelte Mietwohnung an eine Personengesellschaft oder an mehrere Erwerber veräußert worden ist oder zugunsten der Genannten mit einem Recht belastet worden ist, bei dessen Ausübung dem Mieter letztlich räumen müsste (§ 577a Abs. 1a BGB). Die Sperrfrist beginnt mit der Veräußerung oder Rechtsbelastung.

c) Schutz vor Mietausfällen durch lange Verfahrensdauer und vor Vollstreckungsmissbräuchen. Dem Ziel, den Vermieter vor Mietausfällen durch lange Verfahrensdauer zu schützen, dient die in § 283 a ZPO neu eingeführte Sicherungsanordnung. Sie kommt zum Tragen, wenn eine Räumungsklage mit einer Zahlungsklage aus demselben Rechtsverhältnis verbunden wird, und bezieht sich auf Geldforderungen, die nach Rechtshängigkeit fällig geworden sind, sofern die Klage in Bezug auf diese Forderungen hohe Aussicht auf Erfolg hat und die Anordnung geboten ist, um aufgrund einer Interessenabwägung besondere Nachteile vom Kläger abzuwenden. Die nur auf Antrag zu erlassende Anordnung gibt dem Schuldner auf, binnen einer bestimmten Frist die Sicherheitsleistung nachzuweisen. Kommt der Schuldner dem nicht nach, so kann die Räumung von Wohnraum – von anderen Räumen ist nicht die Rede – durch eine einstweilige Verfügung angeordnet werden (§ 940 a Abs. 3 ZPO).

Dem Ziel, Schäden des Vermieters infolge einer lange Verfahrensdauer abzufedern, dient auch die neue Regelung, dass Verfahren in Räumungssachen vorrangig und beschleunigt durchzuführen sind (§ 272 Abs. 4 ZPO).

Der Beschleunigung und Verbilligung der Räumungsvollstreckung dient insbesondere die Einführung des sog. Berliner Vollstreckungsmodells in § 885 a ZPO. Danach kann der Gläubiger den Vollstreckungsauftrag dahin begrenzen, dass der Gerichtsvollzieher nur den Schuldner aus dem Besitz setzt und den Gläubiger in den Besitz einweist, ohne dass die Habe des Schuldners aus den Räumen entfernt wird. Den Gerichtsvollzieher trifft eine Dokumentationspflicht bezüglich der in den Räumen verbliebenen Sachen, den Gläubiger eine Aufbewahrfrist, die auf einen Monat begrenzt ist. Fordert der Schuldner die Sachen innerhalb dieser Frist nicht ab, so kann der Gläubiger sie nach den Regeln des Pfandverkaufs verwerten oder – falls unverwertbar – vernichten. Er haftet dem Schuldner nur für Vorsatz und grobe Fahrlässigkeit.

Um einem Vollstreckungsmissbrauch entgegenzuwirken, kann der Vermieter von Wohnraum, der einen vollstreckbaren Räumungstitel gegen den Mieter erlangt hat, eine einstweilige Verfügung auf Räumung gegenüber solchen Personen erwirken, die sich noch im Besitz der Mietsache befinden, wenn der Vermieter vom Besitzerwerb erst nach Schluss der mündlichen Verhandlung erfahren hat (§ 940 a Abs. 2 ZPO).

2. Mietrechtsnovellierungsgesetz (MietNovG) 2015

Das „Gesetz zur Dämpfung des Mietanstiegs auf angespannten Wohnungsmärkten und zur Stärkung des Bestellerprinzips bei der Wohnungsvermittlung (Mietrechtsnovellierungsgesetz – MietNovG)“ bezweckt, den Mietanstieg bei Neuvermietung von Wohnraum in besonders auszuweisenden Gebieten mit angespanntem Wohnungsmarkt zu begrenzen und bei der Wohnungsvermittlung das „Bestellerprinzip“ zu stärken.

a) Mietpreisbegrenzung. Kern des MietNovG ist die Begrenzung des Mietanstiegs bei Neuvermietungen in Gebieten mit angespanntem Wohnungsmarkt auf 10% oberhalb der ortsüblichen Vergleichsmiete (§ 556 d BGB). Die besonderen Gebiete werden durch Landesverordnungen nach gesetzlich vorgegebenen Kriterien auf die Dauer von höchstens 5 Jahren bestimmt. Die sog. Mietpreisbremse gestattet zahlreiche Ausnahmen: So darf die zulässige Grenze überschritten werden, wenn dies bereits bei einer Vorvermietung der Fall war. Auch bei Modernisie-rungen, die in den letzten 3 Jahren vor Beginn des Mietverhältnisses durchgeführt wurden, kommt eine Überschreitung in Betracht (§ 556e BGB). Ausgenommen von der „Mietpreisbremse" sind ferner Mietvereinbarungen über Wohnungen, die als solche nach dem 1. 10. 2014 erstmals genutzt und vermietet oder die umfassend modernisiert worden sind. (§ 556f BGB).

Vom Gesetz abweichende Vereinbarungen sind unwirksam. Der Mieter kann überzahlte Beträge zurückverlangen, jedoch nur für die Zeit ab Rüge des zu begründenden Gesetzesverstoßes (§ 556g BGB). Der Vermieter ist verpflichtet, dem Mieter Auskunft über die Zulässigkeit der vereinbarten Miete zu erteilen (§ 556g Abs. 3 BGB). Auch Staffel- und Indexmieten unterliegen der Mietpreisbegrenzung.

b) Bestellerprinzip. Ziel der Änderung des Gesetzes zur Regelung des Wohnungsvermittlung **(Nr. 6)** ist, dass die Gebühr für die Vermittlung einer Mietwohnung nicht auf den Wohnungssuchenden abgewälzt werden darf, wenn nicht dieser, sondern der die Wohnung Anbietende (in der Regel der Vermieter) den Makler beauftragt hat. Es gilt vielmehr der Grundsatz: „wer bestellt hat, muss auch zahlen."

3. Mietrechtsanpassungsgesetz (MietAnpG) 2018

Da die durch das MietNovG eingeführte „Mietpreisbremse (§§ 556d ff. BGB) nicht die in sie gesetzten Erwartungen erfüllte, setzten alsbald nach ihrem Inkrafttreten Bestrebungen ein, um die einschlägigen Regelungen zu verschärfen. Das Ergebnis ist das Mietrechtsanpassungsgesetz v. 18. 12. 2018 (BGBl. I S. 2648), das am 1. 1. 2019 in Kraft getreten ist. Sein Kern ist, zum einen die Transparenz der bei Vertragsabschluss verlangten Miete durch Auskunftspflichten des Vermieters zu erhöhen, und zum anderen modernisierungsbedingte Mieterhöhungen zu begrenzen, ohne den Anreiz zur Modernisierung zu beeinträchtigen.

a) Auskunftspflichten des Vermieters: Die die Neuabschlussmiete einschränkenden Tatbestände (§§ 556d-f BGB) bleiben unverändert; jedoch treffen den Vermieter Auskunftspflichten über die Tatbestandsvoraussetzungen in den §§ 556e, f BGB, die er vor Vertragsabschluss unaufgefordert und in Textform zu erfüllen hat (§ 556g Abs. 1a, 4 BGB). Eine Verletzung der Auskunftspflicht führt zu einem gänzlichen oder zeitlich begrenzten Ausschluss der Mieterhöhungsmöglichkeiten nach §§ 556e, f BGB.

b) Begrenzung von modernisierungsbedingten Mieterhöhungen: Auch im Hinblick auf die anhaltende Niedrigzinsphase ist die für die Berechnung der Mieterhöhung maßgebende Quote von 11% auf 8% der aufgewendeten Modernisierungskosten flächendeckend und ohne zeitliche Begrenzung abgesenkt worden. Darüber hinaus gilt eine Kappungsgrenze von 2-3 EURo/qm für die Dauer von 6 Jahren.

Ferner ist in dem neu eingefügten § 559c BGB ein „vereinfachtes Verfahren" für modernisierungsbedingte bauliche Maßnahmen mit einer Kostenobergrenze von 10.000 EURO je Wohnung eingeführt worden.

Ein Katalog widerlegbar vermuteter Pflichtverletzungen des Vermieters bei Ankündigung oder Durchführung einer baulichen Veränderung (§ 559d BGB) soll die Durchsetzung von Schadensersatzansprüchen des Mieters erleichtern.

c) Herausmodernisieren als Ordnungswidrigkeit: Nach dem neueingefügten § 6 Abs. 1 WiStG (**Nr. 3 a**) handelt ordnungswidrig, wer eine bauliche Veränderung, die zu erheblichen nicht notwendigen Belastungen des Mieters von Wohnraum führen kann, in der Absicht durchführt, den Mieter zur Kündigung oder einverständlichen Auflösung des Mietverhältnisses zu veranlassen. Die Ordnungswidrigkeit kann mit einer Geldbuße bis zu 100.000 € geahndet werden.

d) Privilegierung sozialfürsorgerischer Zwischenmietverhältnisse: Nach dem neu eingefügten Absatz 3 in § 578 BGB werden Mietverträge über die Anmietung von Räumen durch eine juristische Person oder einen anerkannten Träger der Wohlfahrtspflege zur Unterbringung von Personen mit dringendem Wohnbedarf – auch unter therapeutischen oder pädagogischen Gesichtspunkten – weitgehend den Vorschriften über die Wohnraummiete unterworfen, was die Regelungen über Mieterhöhungen nach §§ 558ff., 559ff. BGB und über den Kündigungsschutz nach §§ 573ff. BGB (mit Ausnahme der Sozialklausel in §§ 574ff. BGB) anbelangt. Derartige Mietverträge können als Zeitmietverträge nach § 575 Abs. 1 Satz 1 BGB befristet abgeschlossen werden, wenn der Vermieter die Räume nach Ablauf der Mietzeit für die ihm obliegenden oder übertragenen öffentlichen Aufgaben nutzen will. Die Regelung ist unabdingbar und tritt am 1. 1. 2019 in Kraft.

e) Übergangsbestimmungen: Art. 229 § 49 EG BGB (**Nr. 2**) enthält Übergangsbestimmungen für die Fälle, in denen eine Modernisierungsankündigung nach § 555c BGB oder eine Mieterhöhung nach §§ 558ff., 559ff. BGB vor Inkrafttreten des Gesetzes am 1. 1. 2019 erklärt worden ist. In diesen Fällen verbleibt es bei der bisherigen Rechtslage.

V. Das Mietrecht des BGB

Das Mietrecht des BGB regelt die Rechtsbeziehungen zwischen dem Vermieter und dem Mieter. Es bildet eine dispositive Vertragsordnung, die dann gilt, wenn die Parteien keine abweichende Regelung im Rahmen der Vertragsfreiheit vereinbart haben. Diese hat insbesondere bei der Wohnraummiete Schranken insbesondere zu Gunsten des als sozial schwächer vermuteten Mieters. Das gilt insbesondere für den Kündigungsschutz (§§ 573 Abs. 4, 574 Abs. 4 BGB) und für die Mietbegrenzungen nach dem Vergleichsmietensystem oder aus Anlass von Modernisierungen (§ 557 Abs. 4 BGB). Ebenso wenig kann z.B. das Recht der Mietminderung eingeschränkt werden (§ 536 Abs. 4 BGB), oder das Recht zur Abvermietung eines Teils der Wohnung, wenn hieran ein berechtigtes Interesse besteht (§ 553 Abs. 3 BGB). Als weitere Schranken sind die Vorschriften zur Inhaltskontrolle von Formularverträgen (§§ 307f. BGB) zu beachten, und schließlich die Generalklauseln des BGB, insbesondere das Verbot der Sittenwidrigkeit in § 138 BGB und das Schikaneverbot in § 226 BGB.

Das am 18. 8. 2006 in Kraft getretene Allgemeine Gleichberechtigungsgesetz (BGBl. I 2006, 1897, Nr. **2 a**) enthält mietrechtliche Vorschriften und wirkt sich insbesondere auf die Auswahl von Mietern und Nachmietern aus. Es gilt für Mietverträge, die seit dem 1. 12. 2006 abgeschlossen worden sind, und für ältere Mietverträge über Wohn- und Gewerberäume, soweit sie nach diesem Termin geändert worden sind.

1. Der Mietvertrag

Der Mietvertrag bildet die Rechtsgrundlage für das Mietverhältnis. Er bedarf grundsätzlich keiner Form. Auch nur mündlich abgeschlossene Verträge sind also wirksam. Eine wichtige Ausnahme besteht für Mietverträge über Räume – Wohnräume ebenso wie Geschäftsräume –, wenn eine längere Laufzeit als ein Jahr vereinbart worden ist. Solche Verträge müssen in schriftlicher Form abgeschlossen werden (§ 550 BGB). Wird gegen das Formerfordernis verstoßen, so ist der Vertrag nicht unwirksam, sondern gilt als auf unbestimmte Zeit abgeschlossen. Er kann also noch vor Ablauf der vorgesehen Dauer gekündigt werden, jedoch frühestens auf das Ende des ersten Vertragsjahres. Eine weitere Ausnahme von der Formfreiheit besteht dann, wenn der Mietvertrag Regelungen enthält, die für sich genommen einer strengeren Form als der Schriftform unterworfen sind, z.B. bei Einräumung eines Vorkaufsrechts zugunsten des Mieters, das notarieller Beurkundung bedarf (§ 311b BGB).

Der Schutz des Verbrauchers – also im vorliegenden Zusammenhang des Mieters – vor benachteiligenden Formularklauseln in Mietverträgen ist nunmehr im BGB (§§ 305, 307–309, abgedruckt unter Nr. **1**) verankert. Hervorzuheben ist, dass die individuell getroffenen Absprachen zwischen den Vertragsparteien den Vorrang vor Formularregelungen haben (§ 305b BGB). Überraschende Klauseln, mit denen der Kunde nicht zurechnen brauchte, etwa weil sie an versteckter Stelle stehen, sind unwirksam (§ 305c BGB). Die Inhaltskontrolle von Formularklauseln nach §§ 307–309 BGB dient der Sicherung der Vertragsfreiheit. Das Bundesjustizministerium hatte 1976 einen Mustermietvertrag herausgegeben (abgedruckt unter Nr. **29**), der Leitbild für die Gestaltung von Formularmietvertragen sein sollte. Auch wenn das Muster in einzelnen Teilen überholt ist, gibt es einen Überblick über die erforderlichen Regelungspunkte für den Inhalt eines Mietvertrages.

Hervorzuheben ist die Bestimmung über Verbraucherverträge (§ 310 Abs. 3 BGB). Sie erscheinen häufig als Zusatzvereinbarungen zu Formularmietverträgen. Anders als bei Formularverträgen kommt es auf die Häufigkeit der Verwendung nicht an. Entscheidend ist, ob der Unternehmer sie „ins Spiel gebracht" hat. Sie unterliegen dann der Inhaltskontrolle, ob der Verbraucher durch ihren Inhalt entgegen den Geboten von Treu und Glauben unangemessen benachteiligt wird (§§ 307f. BGB).

Die besonderen Reglungen über den Widerruf von Verbraucherverträgen (§§ 312ff., 355ff. BGB) gelten auch für den Abschluss von Mietverträgen über Wohnraum (s. dazu die Ausführungen zu III 2). Ausgenommen hiervon sind Mietverträge dann, wenn der Mieter die Wohnung zuvor besichtigt hat (§ 312 Abs. 4 Satz 2 BGB).

In diesen Zusammenhang gehört auch der Schutz des Wohnungsmieters als sog. Verbraucher vor Überrumpelung. Er war bisher im Haustürwiderrufsgesetz vom 16. 1. 1986 geregelt und gewährte dem Verbraucher ein Widerrufsrecht, das innerhalb von 2 Wochen nach Belehrung über dieses Recht auszuüben war. Durch das Gesetz zur Modernisierung des Schuldrechts ist diese Rechtslage nunmehr im BGB verankert (§§ 312, 355, abgedruckt unter der Nr. **1**). Das Widerrufsrecht muss binnen 2 Wochen ausgeübt werden, wenn der Verbraucher hierüber belehrt worden ist. Es erlischt spätestens nach 6 Monaten, außer wenn eine Belehrung unterblieben ist.

Schon vor Vertragsabschluss bestehen zwischen den künftigen Vertragsparteien gewisse Informations-, Hinweis- und Sicherungspflichten. Das Bestehen eines solchen Pflichtenkreises im Rahmen der Vertraganbahnung ist nunmehr in § 311 Abs. 2 BGB geregelt. Die Verletzung solcher Pflichten führt zum Schadensersatz nach §§ 280 f. BGB.

2. Mietgegenstand

a) Gegenstand der Miete können alle Sachen sein, die einen Gebrauchswert haben; verbrauchbare Sachen können dagegen nicht gemietet werden. Anders als bei Pacht können auch Rechte nicht gemietet werden. Man unterscheidet im Rechtssinne bewegliche und unbewegliche Sachen, wobei es auf die mehr oder weniger leichte physikalische Beweglichkeit nicht ankommt. Gemeint ist vielmehr die Unterscheidung zwischen Grundstücken und ihren Bestandteilen wie Gebäuden und anderen Sachen, der sog. Fahrnis.

Das Mietrecht des BGB ist zunächst für die Miete von Sachen konzipiert worden, ohne dass nach dem Mietgegenstand unterschieden wurde. Seine Regelungen waren komplexbezogen und nicht objektbezogen. Das bedeutet, dass ein Sachkomplex wie z. B. die Untervermietung, die fristlose Kündigung wegen Zahlungsverzug oder die Räumung in einer gesetzlichen Bestimmung oder einer Sequenz von gesetzlichen Bestimmungen mit Geltung für alle Mietgegenstände geregelt war. Mit der seit dem AbbauG von 1960 einsetzenden Tendenz, die in verschiedenen Schutzgesetzen zugunsten des Mieters von Wohnraum enthaltenen Vorschriften ins BGB zu überführen, wurden an die sachbezogenen Regelungen Sonderbestimmungen für die Wohnraummiete angehängt oder dazwischengeschoben. Damit blieb der sachkomplexe Bezug zu Lasten einer allerdings nicht mehr immer durchschaubaren Systematik erhalten. Die am 1. 9. 2001 in Kraft getretene Mietrechtsreform hat das Mietrecht neu systematisiert, indem die Regelungen an das jeweils gemietete Objekt anknüpfen, also objektbezogen sind. Leitbild ist dabei die Wohnraummiete wegen ihrer sozialpolitischen Bedeutung. Die allgemeinen Vorschriften in §§ 535–548 BGB gelten allerdings für die Miete von Sachen jeder Art. Die Vorschriften in §§ 549–577 a BGB gelten nur für Wohnraum, diejenigen in §§ 578, 579–580 a BGB betreffen die Miete von Grundstücken und Räumen, die keine Wohnräume sind, diejenigen in §§ 578 a–580 a BGB beziehen sich auf Schiffe, die ins Schiffsregister eingetragen sind. Für bewegliche Sachen gelten die §§ 579–580 a BGB.

Es ergibt sich die folgende Übersicht:

Gegenstand der Miete	anwendbare Vorschriften
Wohnraum	§§ 535–548, 549–577
Grundstücke	§§ 535–548, 578 I, 579 I–580 a
Räume außer Wohnraum	§§ 535–548, 578 II, 579 II–580 a
Eingetragene Schiffe	§§ 535–548, 578 a, 579 I–580 a
Bewegliche Sachen	§§ 535–548, 579 I–580 a

b) Die Wohnraummiete unterliegt verschiedenen Differenzierungen sowohl nach dem jeweiligen Schutzbedürfnis des Mieters als auch nach objektbezogenen Merkmalen.

Nicht schutzbedürftig im Hinblick auf den Schutz vor Mieterhöhung und Kündigung sind die in § 549 Abs. 2 BGB aufgeführten Mietverhältnisse, insbesondere solche zu nur vorübergehendem Gebrauch und solche über Wohnraum, der in der vom Vermieter selbst bewohnten Wohnung liegt und von ihm (zumindest) überwiegend mit Einrichtungsgegenständen auszustatten ist, sofern das Mietobjekt nicht zum Gebrauch für eine Familie oder für eine gemeinsame Haushaltsführung überlassen worden ist. Nur einen statusbezogenen abgeschwächten Schutz genießen Mieter von Wohnraum in Studenten- und Jugendwohnheimen.

Für Mietverhältnisse über eine Einliegerwohnung ist der Kündigungsschutz aufgelockert (§ 573a BGB). Eine Einliegerwohnung ist gegeben, wenn sich im Gebäude nicht mehr als 2 Wohnungen befinden, von denen die eine vom Vermieter selbst bewohnt wird. Entgegen früherem Recht kommt es nicht mehr auf die Art des Gebäudes an, sondern nur auf die Anzahl der darin befindlichen Wohnungen. Der Vermieter benötigt zur ordentlichen Kündigung kein berechtigtes Freimachungsinteresse im Sinne von § 573 BGB; dafür verlängert sich aber die Kündigungsfrist um 3 Monate.

Für Werkwohnungen (§§ 576f. BGB) besteht ebenfalls nur ein eingeschränkter Kündigungsschutz, solange das Mietverhältnis noch nicht 10 Jahre lang besteht oder wenn es sich um eine sog. funktionsgebundene Werkwohnung (§ 576 Abs. 1 Nr. 2 BGB) handelt.

Für Mietverhältnisse über Eigentumswohnungen gelten keine Besonderheiten, wenn die Umwandlung in Wohnungseigentum schon vor der Überlassung an den Mieter abgeschlossen war. Sonderreglungen bestehen demgegenüber, wenn das Wohnungseigentum erst nach der Überlassung der Wohnung an den Mieter begründet worden ist. In diesem Fall steht dem Mieter ein Vorkaufsrecht an der Wohnung nach § 577 BGB zu. Außerdem genießt er einen erhöhten Kündigungsschutz nach § 577a BGB: grundsätzlich kann sich ein Erwerber der Wohnung innerhalb einer Sperrfrist von 3 Jahren seit dem Erwerb nicht auf Eigenbedarf oder Hinderung angemessener wirtschaftlicher Verwertung seines Eigentums berufen, um die Wohnung zu kündigen. Befindet sich die Wohnung in einem Gebiet mit ungesicherter Wohnungsversorgung, so verlängert sich die Sperrfrist nach Maßgabe landesrechtlicher Reglungen bis zu 10 Jahren (s. hierzu Nr. 1a Anhang zum BGB). Um Umgehungsversuchen zu begegnen, sind im MietRÄndG 2013 die Kündigungsbeschränkungen auf diejenigen Fälle ausgedehnt worden, in denen der vermietete Wohnraum an eine Personengesellschaft oder an mehrere Erwerber veräußert worden ist und an ihm später Wohnungseigentum begründet und veräußert wird (§ 577a Abs. 1a, 2a BGB).

Da das Wohnungseigentumsgesetz vom 15. 3. 1951 Bedeutung für die Verwaltung einer vermieteten Eigentumswohnung hat, ist es in die Textsammlung (Nr. **7**) aufgenommen worden. Es regelt die Begründung von Wohnungseigentum, die Rechtsverhältnisse der Wohnungseigentümer untereinander, die Verwaltung von Wohnungseigentum sowie das Verfahren bei Streitigkeiten in Wohnungseigentumssachen.

c) Für Mietverhältnisse über Grundstücke und Räume, die keine Wohnräume sind, wird in § 578 BGB auf Vorschriften für die Wohnraummiete verwiesen, s. die nachstehende Übersicht:

vermietetes Grundstück	vermietete Räume
Schriftform des Vertrages (§ 550 BGB)	ebenso
Vermieterpfandrecht (§§ 562f. BGB)	ebenso
Kauf bricht nicht Miete (§§ 566ff.)	ebenso
Keine Zurückbehaltung gegenüber Räumungsanspruch (§ 570 BGB)	ebenso
–	Duldungspflicht des Mieters bei Modernisierungs- und Instandsetzungsmaßnahmen (§§ 555a f. BGB)
–	Kündigung wegen Gesundheitsgefährdung und wegen Störung des Hausfriedens (§ 569 BGB)

Daneben gelten die allgemeinen Vorschriften in §§ 535–548 BGB.

Privilegiert sind sozialfürsorgerische Zwischenmietverhältnisse nach § 578 Ans. 3 BGB: für Neuabschlüsse seit Inkrafttreten des MietAnpG am 1. 1. 2019 gelten die wohnraummietrechtlichen Vorschriften zu Mieterhöhungen nach §§ 558ff. BGB und Kündigungsschutz nach §§ 568, 573ff. BGB mit Ausnahme der Regelungen über die Sozialklausel in §§ 574ff. BGB.

3. Mietzeit

a) Grundsätzlich kann ein Mietverhältnis auf unbestimmte oder auf bestimmte Zeit eingegangen werden (§ 542 BGB). Das gilt für Mietverhältnisse über Wohnraum nur eingeschränkt nach Maßgabe der Vorschriften über Zeitmietverträge in §§ 575f. BGB. Ist die Mietzeit nicht bestimmt, so kann das Mietverhältnis nach den gesetzlichen Vorschriften über die ordentliche oder die außerordentlich befristete Kündigung gekündigt werden (s. weiter unter 7. Kündigung und Kündigungsschutz).

Das auf bestimmte Zeit eingegangene Mietverhältnis endet automatisch mit Zeitablauf. Ist der Mietvertrag für eine längere Zeit als 30 Jahre abgeschlossen worden, so kann jede Partei mit der gesetzlichen Frist (s. §§ 573d Abs. 2, 580a Abs. 4 BGB) kündigen. Ob das Gleiche gilt, wenn der Mietvertrag auf Lebenszeit des Vermieters oder des Mieters abgeschlossen worden ist, ist umstritten.

b) Besonderheiten gelten für Mietverhältnisse über Wohnraum. Eine ordentliche Kündigung ist nur zulässig, wenn der Vermieter ein berechtigtes Freimachungsinteresse im Sinne von § 573 BGB hat (s. weiter unter 7. Kündigung und Kündigungsschutz).

Mietverträge auf bestimmte Zeit können bei der Wohnraummiete nur noch unter engen Voraussetzungen begründet werden, sofern der Vermieter einen besonderen Befristungsgrund hat und diesen dem Mieter bei Vertragsabschluss schriftlich mitteilt (§ 575 BGB). Befristungsgründe sind:
- Eigennutzung, auch durch Familien- oder Haushaltsangehörige,
- Bauliche Maßnahmen wie Abbruch, wesentliche Veränderung, Instandsetzung,
- Vermietung an einen zur Dienstleistung Verpflichteten.

Ein Zeitmietvertrag nach § 575 BGB kann auch nach Ablauf eines privilegierten fürsorgerischen Zwischenmietverhältnisses abgeschlossen werden, wenn der Vermieter nach Ablauf der Mietzeit die Räume für ihm obliegende oder übertragene öffentliche Aufgaben nutzen will (§ 578 Abs. 3 BGB).

Eine zeitliche Höchstgrenze für die Befristung wie nach früherem Recht ist nicht mehr vorgesehen.

Dem Mieter steht frühestens 4 Monate vor Ablauf der Befristung ein Auskunftsanspruch gegenüber dem Vermieter zu, ob der Befristungsgrund noch besteht. Falls dieser erst später eintritt, kann der Mieter eine entsprechende Verlängerung des Mietverhältnisses verlangen. Entfällt der Grund, so kann er eine Verlängerung auf unbestimmte Zeit fordern. Endet das Mietverhältnis durch Zeitablauf unter gleichzeitigem Eintritt des Befristungsgrundes, so genießt der Mieter keinerlei Kündigungs- oder Bestandsschutz. Er kann insbesondere der Beendigung nicht mit Härtegründen nach der Sozialklausel (§ 574 BGB) begegnen. In einem Räumungsprozess kann ihm keine Räumungsfrist (§ 721 Abs. 7 ZPO), wohl aber Vollstreckungsschutz gewährt werden (§ 765 a ZPO).

Ein Mietverhältnis kann auch unter einer auflösenden Bedingung begründet werden (z. B. bis zur Fertigstellung des vom Mieter zu beziehenden Eigenheims oder bis zur Beendigung eines Arbeitsverhältnisses). Jedoch kann sich der Vermieter nicht auf eine Bedingung berufen, nach der der Mietvertrag zum Nachteil des Mieters aufgelöst wird (§ 572 Abs. 2 BGB), während es dem Mieter unbenommen bleibt, sich auf die Beendigung des Mietverhältnisses zu berufen.

4. Miete und Nebenkosten

a) Mietvereinbarung und Mietzahlung. Die Höhe der Miete für nicht preisgebundenen Wohnraum kann grundsätzlich frei vereinbart werden. Grenzen ergeben sich aus dem Wucherverbot (§ 138 Abs. 2 BGB) und dem Wirtschaftsstrafgesetz (s. dazu die Ausführungen zu VI 1) sowie aus der nunmehr verschärften „Mietpreisbremse" (s. die Ausführungen zu IV 2, 3).

Der Mieter ist nach § 535 Abs. 2 BGB verpflichtet, dem Vermieter die vereinbarte Miete zu zahlen. Im Gegensatz zum bisherigen Recht ist die Miete für Wohnraum und für Räume, die nicht Wohnraum sind, spätestens bis zum 3. Werktag der einzelnen Zeitabschnitte – in der Regel monatlich – im voraus zu zahlen (§§ 556 Abs. 1, 579 Abs. 2 BGB). Dagegen ist die Miete für andere Sachen – insbesondere Grundstücke und bewegliche Sachen – am Ende der Mietzeit oder dem jeweiligen Zeitabschnitt zu entrichten, sofern die Vertragsparteien nichts anderes vereinbart haben.

Der Mieter hat die Miete auch dann zu zahlen, wenn er von der Mietsache keinen Gebrauch macht oder hieran verhindert ist; er trägt also das Gebrauchsrisiko (§ 537 BGB). Der Vermieter muss sich jedoch die ersparten Aufwendungen (z. B. an Betriebskosten) und solche Vorteile anrechnen lassen, die er aus einer anderweitigen Verwertung erlangt. Der Mieter wird allerdings von seiner Pflicht frei, wenn der Vermieter den Gebrauch einem anderen überlässt, so dass der Mieter hierdurch vom eigenen Gebrauch ausgeschlossen wird. Dem ist die Eigennutzung gleichgestellt.

Reicht die Zahlung des Mieters nicht aus, um die aufgelaufenen Mietrückstände vollständig zu tilgen, so kann er bestimmen, auf welche Schuld seine Zahlung verrechnet werden soll. Trifft er keine Bestimmung, so richtet sich die Verrechnung nach der gesetzlichen Reihenfolge in § 366 Abs. 2 BGB (abgedruckt unter Nr. **1**). Es handelt sich hierbei aber um vertraglich abänderbares Recht.

Die Möglichkeit, gegenüber Mietforderungen des Vermieters aufzurechnen oder ein Zurückbehaltungsrecht auszuüben, kann grundsätzlich durch eine individuelle Vereinbarung eingeschränkt oder ausgeschlossen werden. Für Formular- und Verbraucherverträge gelten allerdings Beschränkungen in § 309 Nr. 2, 3 BGB. Für Wohnraummietverträge sind darüber hinaus auch für individuelle Vereinbarungen weitergehende Grenzen nach § 556b Abs. 2 BGB zu beachten: die Aufrechnung oder Zurückbehaltung mit Ansprüchen des Mieters auf Schadenserdsatz wegen Mängel oder auf Verwendungsersatz oder Rückforderung überzahlter Miete kann allenfalls von einer Ankündigung mit einer Ankündigungsfrist von einem Monat abhängig gemacht werden.

b) Mietänderung. Das Mietrecht des BGB enthält nunmehr eingehende Regelungen zur Mietänderung bei der Wohnraummiete. Das MHG, das diese Materie bisher regelte, ist aus Gründen der Rechtsvereinheitlichung inhaltlich in das BGB überführt worden. Es kann jedoch für Altfälle aus der Zeit vor Inkrafttreten der Mietrechtsreform am 1. 9. 2001 noch bedeutsam sein und verbleibt daher vorerst in der vorliegenden Sammlung.
Es bestehen folgende Erhöhungsmöglichkeiten:

Mieterhöhung durch Vereinbarung
- Mieterhöhung durch Einzelvereinbarung (§ 557 Abs. 1 BGB)
- Künftige Mieterhöhungen
  - Staffelmiete (§ 557a BGB)
  - Indexmiete (§ 557b BGB)

Mieterhöhung kraft Gesetzes
- Mieterhöhung bis zur ortsüblichen Vergleichsmiete (§§ 558f. BGB)
- Mieterhöhung wegen baulicher Veränderungen (§§ 559f. BGB)
- Erhöhung der Betriebskostenpauschale (§ 560 BGB).

Die Vereinbarung von Staffelmieten ist seit dem 1. 9. 2001 ohne zeitliche Höchstbegrenzung (zuvor 10 Jahre) zulässig (§ 557a BGB). Zwischen den einzelnen Mietstaffeln muss die Miete mindestens 1 Jahr unverändert bleiben. Während der Laufzeit der Staffelmiete ist der Mieter mit Mieterhöhungen bis zur ortsüblichen Vergleichsmiete oder wegen baulicher Maßnahmen nach § 559 BGB ausgeschlossen.

Die Vereinbarung von Indexmieten nach § 557b BGB ermöglicht es, die Miete an den vom Statistischen Bundesamt ermittelten Preisindex für die Lebenshaltung aller privaten Haushalte in Deutschland anzupassen. Diese Möglichkeit ist gegenüber dem früheren Rechtszustand in § 10a MHG erheblich vereinfacht worden, indem die 10-jährige Vertragsbindung des Vermieters entfallen ist. Auch bei Vereinbarung einer Indexmiete muss die Miete jeweils 1 Jahr unverändert bleiben. Mieterhöhungen außerhalb der Indexsteigerung können nur auf bauliche Maßnahmen, die der Vermieter nicht zu vertreten hat, oder auf Betriebskostenerhöhungen, wenn eine Betriebskostenpauschale vereinbart ist, gestützt werden. Die Indexsteigerung führt – anders als bei der währungsrechtlichen Gleitklausel – nicht zu einer automatischen Mieterhöhung, sondern gibt dem Vermieter nur die Befugnis, eine indexabhängige Mieterhöhung mit Wirkung für die Zukunft einseitig anzufordern. Die Anforderung ist zu erläutern.

Dem Vermieter steht das Recht zu, eine Anhebung der Miete bis zur ortsüblichen Vergleichsmiete zu verlangen (§ 558 BGB). Der Katalog der Wohnwertmerkmale für die Bestimmung der Vergleichsmiete ist durch das MietRÄndG 2013 um die energetische Ausstattung und Beschaffenheit erweitert worden (§ 558 Abs. 2 BGB). Das ermöglicht die Aufstellung energetischer Mietspiegel. Die Miete darf jedoch nicht um mehr als 20% innerhalb von 3 Jahren, gerechnet vom Zeitpunkt der letzten Mietänderung, angehoben werden (Kappungsgrenze). Dies führt dazu, den Mietanstieg abzubremsen. Um den Mietanstieg insbesondere in Ballungsgebieten zu bremsen, ist durch das MietRÄndG 2013 die Kappungsgrenze in Gebieten, in denen die ausreichende Wohnungsversorgung zu angemessenen Bedingungen gefährdet ist, auf 15% abgesenkt. Es ist Sache der Landesregierungen, diese Gebiete für die Dauer von höchstens 5 Jahren zu bestimmen (§ 558 Abs. 3 Satz 2 BGB). Die Vergleichsmiete ermittelt sich aus den gezahlten Mieten (Bestandsmieten) der letzten 4 Jahre, gerechnet ab dem Zeitpunkt, zu dem das Mieterhöhungsverlangen gestellt wird.

Das Mieterhöhungsverlangen des Vermieters bedarf der Textform; es handelt sich hierbei um eine vereinfachte automatisierte Form (s. § 126b BGB, abgedruckt unter Nr. **1**). Es muss begründet werden. Als Begründungsmittel dienten bisher: Mietspiegel, Sachverständigengutachten, Angabe von mindestens 3 Vergleichsmieten. Der Katalog ist durch die Mietrechtsreform 2001 um 2 weitere Begründungsmittel erweitert worden, nämlich den qualifizierten Mietspiegel (§ 558d BGB) und die Auskunft aus einer Mietdatenbank (§ 558e BGB). Nach wie vor kann der Vermieter das Erhöhungsverlangen auch auf sonstige Begründungsmittel stützen, denen jedenfalls formal ein gleicher Aussagewert wie den anderen Begründungsmittel zukommt. Im Gegensatz zum früheren Recht kann der Vermieter ein fehlerhaftes Erhöhungsverlangen im Rechtsstreit nachbessern, braucht es also nicht zu wiederholen (§ 558b Abs. 3 BGB). Dem Mieter steht eine Überlegungsfrist bis zum Ablauf des 2. Monats nach Zugang des Erhöhungsverlangens zu. Soweit er der Mieterhöhung zustimmt – eine Teilzustimmung ist zulässig –, schuldet er mit Beginn des 3. Monats, der auf den Zugang des Erhöhungsverlangens folgt, die erhöhte Miete. Soweit er nicht zustimmt, kann der Vermieter auf Erteilung der Zustimmung klagen. Die Klagefrist von nunmehr 3 Monaten schließt sich unmittelbar an den Ablauf der Überlegungsfrist an (§ 558b BGB).

Ein Kernstück des MietRÄndG 2013 ist die energetische Modernisierung des vorhandenen Wohnungsbestandes. Um diese für investierende Vermieter attraktiver zu machen, ist das Verfahren der einseitigen Mieterhöhung verbessert worden (§ 559 BGB). Es gilt für Maßnahmen der energetischen Modernisierung, die der nachhaltigen Einsparung von Endenergie dienen soll, ferner für Maßnahmen der nachhaltigen Reduzierung des Wasserverbrauchs, Maßnahmen zur nachhaltigen Erhöhung des Gebrauchswerts der Wohnung oder der Verbesserung der allgemeinen Wohnverhältnisse, schließlich für Maßnahmen aufgrund von Umständen, die der Vermieter nicht zu vertreten hat. Die jährliche Mieterhöhung betrug bisher 11% und beträgt ab 1. 1. 2019 nur noch 8% der für die Wohnung aufgewendeten Kosten. Hat der Vermieter für die Modernisierungsmaßnahmen öffentliche Mittel oder Finanzierungsleistungen des Mieters erhalten, so werden die sich hieraus für ihn ergebenden Zinsvorteile auf die Mieterhöhung angerechnet (§ 559a BGB). Neu ist, dass die wirtschaftliche Belastung des Mieters infolge der Mieterhöhung nicht mehr im Rahmen seiner Duldungspflicht sondern im Zusammenhang mit der modernisierungsbedingten Mieterhöhung geprüft wird (§ 559 Abs. 4, 5 BGB). Der Mieter muss entsprechende Härtegründe grundsätzlich innerhalb eines Monats nach Zugang der Modernisierungsankündigung in Textform geltend machen. Eine Interessenabwägung erfolgt aber nicht, wenn die Mietsache nur in einen Zustand versetzt werden soll, der allgemein üblich ist, oder wenn es sich um eine Maßnahme gehandelt hat, die auf vom Vermieter nicht zu vertretenden Umständen beruht. Die Mieterhöhung gilt ab Beginn des 3. Monats nach Zugang des Erhöhungsverlangens und gewährt dem Vermieter einen unmittelbaren Zahlungsanspruch. Hat der Vermieter es vor Durchführung der Maßnahme unterlassen, die Maßnahme ordnungsmäßig anzukündigen (s. § 555 c BGB), oder übersteigt die tatsächliche Mieterhöhung die angekündigte um mehr als 10%, so tritt die Mieterhöhung erst 6 Monate später ein (§ 559 b Abs. 2 BGB).

Durch das MietAnpG 2018 hat der Gesetzgeber ein vereinfachtes Verfahren für Modernisierungsmaßnahen mit einem Kostenaufwand von 10.000 EURO je Wohnung eingeführt (§ 559 c BGB). Werden durch die Modernisierungsmaßnahmen Erhaltungsmaßnahmen, die erforderlich gewesen wären, gegenstandslos, so sind pauschal 30% der aufgewendeten Kosten abzuziehen. Der Vermieter muss sowohl in der Modernisierungsankündigung nach § 555c BGB als auch in der späteren Mieterhöhungserklärung nach § 559b BGB angeben, die Mieterhöhung nach dem vereinfachten Verfahren zu berechnen bzw. berechnet zu haben.

Haben die Vertragsparteien eine Betriebskostenpauschale vereinbart und haben sich seitdem die Betriebskosten erhöht, so ist der Vermieter berechtigt, die Erhöhung anteilig auf die Mieter umzulegen, wenn dies im Mietvertrag vereinbart ist (§ 560 Abs. 1 BGB). Der Vermieter muss die Erhöhung der Pauschale gegenüber dem Mieter in Textform geltend machen und sie erläutern und berechnen. Ermäßigen sich die Betriebskosten, so ist er verpflichtet, die Pauschale unverzüglich herabzusetzen (§ 560 Abs. 3 BGB).

Erhöht der Vermieter die Miete bis zur ortsüblichen Vergleichsmiete nach § 558 BGB oder wegen baulicher Maßnahmen nach § 559 BGB, so steht dem Mieter ein Sonderkündigungsrecht nach § 561 BGB zu, das nur kurzfristig ausgeübt werden kann. Macht er davon Gebrauch, so tritt die Mieterhöhung nicht ein.

In langfristigen Mietverträgen über Gewerberäume sind Mietanpassungsklauseln üblich, die nicht den Beschränkungen des Wohnraummietrechts unterliegen. Enthalten sie eine Steigerungsautomatik, so sind sie nach § 3 Abs. 1, 3 Preisklauselgesetz (abgedruckt unter Nr. **28 a**) zulässig, wenn sie eine Vertragsbindung von mindestens 10 Jahren enthalten. Verbreitet sind vertragliche Leistungsvorbehalte, die dem Vermieter eine einseitige Erhöhungsbefugnis auf der Grundlage von Neuvermietungs- und/oder Bestandsmieten gewähren oder die im Falle der Nichteinigung über eine neue Miethöhe eine Schiedsgutachterabrede enthalten. Ein einseitiges Ermessen des Vermieters ist auf seine Billigkeit überprüfbar (§ 315 Abs. 3 BGB), ein Schiedsgutachten auf seine offenbare Unbilligkeit oder Unrichtigkeit (§ 319 Abs. 1 BGB). Die für Wohnraummietverhältnisse zulässigen Mieterhöhungsmöglichkeiten gelten allerdings zwingend für sozialfürsorgerische Zwischenmietverhältnisse nach § 578 Abs. 3 BGB.

c) Mietsicherheit und Vermieterpfandrecht. Die Vertragsparteien können eine Mietsicherheit vereinbaren. Bei der Wohnraummiete bestehen zugunsten des Mieters Schutzvorschriften (§ 551 BGB). So darf die Mietsicherheit das Dreifache der monatlichen Nettokaltmiete nicht übersteigen. Auch kann der Mieter die Sicherheit in 3 gleichen monatlichen Raten, die erste Rate fällig zu Beginn des Mietverhältnisses, zahlen. Durch das MietRÄndG 2013 ist geklärt, dass die weiteren Teilleistungen zusammen mit den unmittelbar folgenden Mietzahlungen fällig werden (§ 551 Abs. 2 Satz 3 BGB). Der Vermieter ist verpflichtet, die Mietsicherheit getrennt von seinem Vermögen bei einem Kreditinstitut zu dem für Spareinlagen mit dreimonatiger Kündigungsfrist üblichen Zinssatz anzulegen. Die Vertragsparteien können aber auch eine andere Anlageform vereinbaren. In jedem Fall stehen die Erträge aus der Mietsicherheit dem Mieter zu. Regelungen über die Abrechnungs- und Erstattungsmodalitäten der Mietsicherheit sind im Gesetz nicht enthalten. Zur Haftung des Veräußerers und des Erwerbers gegenüber dem Mieter s. § 566a BGB und die Ausführungen zu 9a (Wechsel der Vertragsparteien). Zur fristlosen Kündigung bei Zahlungsverzug des Mieters von Wohnraum mit der Kaution s. § 569 Abs. 2a BGB und die Ausführungen zu 7c (Kündigung und Kündigungsschutz).

Der Gesetzgeber hat das Vermieterpfandrecht in §§ 562f. BGB beibehalten, obwohl es bei der Wohnraummiete wegen der Unpfändbarkeit der meisten Haushaltsgegenstände sowie des in der Regel schlechten Verwertungsergebnisses nur eine geringe Rolle spielt.

d) Umlage und Abrechnung von Nebenkosten. Das Mietrecht des BGB gibt keine bestimmte Mietstruktur vor. Die Vertragsparteien können also vereinbaren, ob und in welchem Umfang mit der Miete auch die Betriebskosten abgegolten werden oder ob die Betriebskosten neben der Miete als Pauschale oder nach Abrechnung auf Vorauszahlungsbasis erhoben werden (§ 556 Abs. 2 BGB). Eine wichtige Ausnahme hiervon gilt für die Umlage von Heiz- und Warmwasserkosten aus dem Betrieb zentraler Anlagen nach Maßgabe der Heizkostenverordnung (abgedruckt unter Nr. **13**). Der Begriff der Betriebskosten ist nunmehr unmittelbar ins BGB übernommen. Näheres regelt die Betriebskostenverordnung (BetrKV), die am 1. 1. 2004 in Kraft getreten ist (abgedruckt unter Nr. **20**). Diese knüpft an die bisherigen Regelungen in § 27 II. BV (abgedruckt unter Nr. **18**) an und gilt nach § 556 Abs. 1 BGB für alle Mietverhältnisse über Wohnraum, auch soweit diese vor dem 1. 1. 2004 begründet worden sind. Über die Vorauszahlungen hat der Vermieter jährlich abzurechnen. Die Abrechnung muss den Anforderungen des § 259 BGB entsprechen. Sie ist spätestens bis zum Ablauf des 12. Monats nach Ende der Verbrauchsperiode zu erstellen (§ 556 Abs. 3 S. 2 BGB). Der Vermieter muss bei der Abrechnung den Grundsatz der Wirtschaftlichkeit beachten.

Die Vertragsparteien können den Umlagemaßstab grundsätzlich frei vereinbaren, soweit ein Umlagemaßstab gesetzlich nicht vorgeschrieben ist. Fehlt eine Vereinbarung, so sind die Betriebskosten nach anteiliger Wohnfläche umzulegen (§ 556a Abs. 1 BGB). Die am 1. 1. 2004 in Kraft getretene Wohnflächenverordnung (WoFlV, abgedruckt unter Nr. **19**) übernimmt im wesentlichen die Berechnungsvorschriften der II. BV, vereinfacht und präzisiert sie jedoch zum Teil. Die WoFlV gilt grundsätzlich nur für Neubauten, die nach dem 31. 12. 2003 errichtet worden sind, und für solche baulichen Veränderungen, die eine Neuberechnung der Wohnfläche erforderlich machen, also insbesondere grundsätzlich nicht für den bis zum 31. 12. 2003 errichteten

Wohnungsbestand. Auch ist sie nur auf den Wohnungsbestand anzuwenden, der nach dem WoFG (abgedruckt unter Nr. **14**) gefördert worden ist. Jedoch kann ihr Inhalt entweder kraft Vereinbarung oder einer Verkehrsübung zur Flächenberechnung von bereits bestehenden nicht preisgebundenem Wohn- oder Gewerberaum herangezogen werden. Können Kosten vom Vermieter verbrauchs- oder verursachungsabhängig erfasst werden (z.B. nach Einbau von Wohnungswasserzählern oder Müllschleusen), so ist der Vermieter bei Neuvermietungen zu einer verbrauchs- bzw. verursachungsabhängigen Abrechnung verpflichtet. Er ist aber im Verlaufe der Mietzeit auch berechtigt, durch einseitige Erklärung gegenüber dem Mieter ganz oder teilweise zu einer verbrauchs- bzw. verursachungsabhängigen Abrechnung überzugehen (§ 556a Abs. 2 BGB). Dies ist jedoch nur mit Wirkung für die Zukunft ab Beginn der auf die Erklärung folgenden Abrechnungsperiode zulässig.

Um einen Streit über das Abrechnungsergebnis beschleunigt zu beenden, hat der Gesetzgeber Sanktionen vorgesehen. Rechnet der Vermieter nicht innerhalb von 12 Monaten seit Ende der Verbrauchsperiode ab, so ist er mit Nachforderungen aus der Betriebskostenabrechnung ausgeschlossen (§ 556 Abs. 3 BGB). Umgekehrt ist der Mieter mit solchen Einwendungen gegenüber dem Abrechnungsergebnis ausgeschlossen, die er nicht binnen 12 Monaten seit Übersendung der Abrechnung dem Vermieter mitgeteilt hat (§ 556 Abs. 5 BGB). Die Ausschlüsse zu Lasten des Vermieters und des Mieters gelten nicht, wenn die Fristversäumnis auf Umständen beruht, die der Vermieter bzw. der Mieter nicht zu vertreten haben, also außerhalb ihrer Verantwortungsbereiche liegen.

Decken sich das Abrechnungsergebnis und die jährlichen Vorauszahlungen nicht, so können Vermieter und Mieter eine Anpassung der Vorauszahlungen anhand des Abrechnungsergebnisses einer inhaltlich richtigen Abrechnung verlangen (§ 560 Abs. 4 BGB). Das Verlangen ist in Textform (§ 126b BGB) zu stellen.

Die Regelungen über die Abrechnung der Betriebskosten in §§ 556, 556a BGB gelten auch für die Abrechnung der Kosten für Heizung und Warmwasser, soweit die HeizkostenV (abgedruckt unter Nr. **13**) keine spezielleren Reglungen enthält.

5. Rechte und Pflichten aus dem Mietverhältnis

a) Der Vermieter ist verpflichtet, dem Mieter den Mietgebrauch zu gewähren (§ 535 Abs. 1 BGB). Das schließt die Pflicht ein, ihm die Mietsache in einem zum vertragsgemäßen Gebrauch geeigneten Zustand zu überlassen und sie während der Mietzeit in diesem Zustand zu erhalten. Das schließt auch die Durchführung von Schönheitsreparaturen ein. Er hat sowohl die auf der Mietsache ruhenden Lasten (z.B. Hypothekenzinsen, Grundsteuer) als auch das Abnutzungsrisiko durch vertragsgemäßen Gebrauch seitens des Mieters zu tragen (§§ 535 Abs. 1 S. 3, 538 BGB). Dieser Pflichtenkreis enthält jedoch vertraglich abänderbares Recht. Markante Beispiele dafür sind, dass z.B. die Grundsteuer über die Betriebskostenumlage regelmäßig auf den Mieter abgewälzt wird und diesem auch die Durchführung der laufenden Schönheitsreparaturen übertragen werden, obwohl es sich dabei um Maßnahmen der Instandhaltung handelt.

Um das Gebäude zu erhalten und zu modernisieren, hat der Vermieter gegenüber dem Mieter einen Anspruch auf Duldung der entsprechenden Maßnahmen. Die Neuregelung des Duldungsanspruchs in §§ 555af. BGB steht im

Mittelpunkt der durch das MietRÄndG 2013 geänderten Vorschriften über die energetische Modernisierung. Sie gelten weitgehend auch für Mietverhältnisse über Gewerberäume (§ 578 Abs. 2 BGB). § 555b BGB enthält den Katalog der zu duldenden Modernisierungsmaßnahmen. Hervorzuheben ist, dass eine energetische Modernisierung eine nachhaltige Einsparung von Endenergie voraussetzt. Der Katalog umfasst ferner Maßnahmen zur Einsparung nicht erneuerbarer Primärenergie und zum Schutz des Klimas, zur Reduzierung des Wasserverbrauchs und der Erhöhung des Gebrauchswerts der Wohnung sowie zur Verbesserung der allgemeinen Wohnverhältnisse, außerdem Maßnahmen aufgrund vom Vermieter nicht zu vertretenden Umständen, schließlich Maßnahmen zur Schaffung neuen Wohnraums. Der Vermieter muss die baulichen Maßnahmen ankündigen (§§ 555a Abs. 2, 555c BGB), und zwar Modernisierungsmaßnahmen 3 Monate vor Beginn der Arbeiten in Textform. Die Formalien der Modernisierungsankündigung sind gegenüber dem bisherigen Recht erleichtert worden. Die Pflicht des Mieters, Modernisierungsmaßnahmen zu dulden, findet ihre Grenze an der Unzumutbarkeit (§ 555d Abs. 1 BGB) In die hierfür nötige Interessenabwägung sind nunmehr auch die Belange der Energieeinsparung und des Klimaschutzes einzubeziehen. Dagegen kommt es für die Duldungspflicht des Mieters auf die wirtschaftliche Härte infolge der künftigen Mietbelastung nicht mehr an; dieser Umstand kann vielmehr im Rahmen der späteren modernisierungsbedingten Mieterhöhung berücksichtigt werden (§ 559 Abs. 4 BGB). Der Mieter muss die Umstände, die eine Härte begründen, innerhalb eines Monats seit Zugang der Modernisierungsankündigung in Textform dem Vermieter mitteilen (§ 555d Abs. 3 BGB). Erleichterungen gelten, wenn er aufgrund von Umständen, die er nicht zu vertreten hat, die Frist nicht einhalten konnte. Der Vermieter soll den Mieter auf Form und Frist in der Modernisierungsankündigung hinweisen (§ 555c Abs. 2 BGB). Unterlässt er diesen Hinweis, so gelten Form und Frist für den Härteeinwand nicht; im Übrigen wirkt sich ein solcher Verstoß auf den Duldungsanspruch und das Recht zu Mieterhöhung nach § 559 BGB nicht aus.

b) Den Mieter trifft außer der Pflicht zur Zahlung der Miete keine Gebrauchspflicht, sofern diese nicht – wie häufig bei der Ladenmiete – vereinbart wird. Er ist aber verpflichtet, während der Mietzeit auftretende Mängel dem Vermieter anzuzeigen (§ 536c Abs. 1 BGB). Bei Verletzung dieser Pflicht kann er sich schadensersatzpflichtig machen und außerdem einen Rechtsverlust erleiden, soweit der Vermieter wegen der unterlassenen Anzeige keine Abhilfe schaffen konnte (§ 536c Abs. 2 BGB). Ferner trifft ihn eine allgemeine Obhutspflicht, die in § 543 Abs. 2 Nr. 2 BGB vorausgesetzt ist.

Das BGB regelt nur einige Gebrauchsrechte des Mieters. Ohne Erlaubnis des Vermieters darf der Mieter den Gebrauch der Mietsache nicht einem Dritten überlassen, sie insbesondere nicht untervermieten (§ 540 BGB). Verweigert der Vermieter die Erlaubnis, ohne dass in der Person des Untermieters ein wichtiger Grund vorliegt, so kann der Mieter das Mietverhältnis außerordentlich mit gesetzlicher Frist (§§ 573d Abs. 2, 580a Abs. 4 BGB) kündigen. Dieses außerordentliche Kündigungsrecht ist im Kontext damit zu sehen, dass der Mieter das Gebrauchsrisiko trägt (s. § 537 BGB).

Der Mieter von Wohnraum hat dagegen einen Anspruch auf Erlaubnis zur Untervermietung eines Teils der Wohnung, wenn für ihn nach Abschluss des Mietvertrages ein berechtigtes Interesse hieran entstanden ist (§ 553 Abs. 1

BGB). Das gilt aber nicht, wenn in der Person des Dritten oder des Untermieters ein wichtiger Grund liegt, die Wohnung im Falle der Drittüberlassung überbelegt werden würde oder dem Vermieter die Überlassung aus sonstigen Gründen nicht zugemutet werden kann. Der Vermieter kann einen Untermietzuschlag fordern, wenn ihm anderenfalls die Erteilung der Erlaubnis nicht zuzumuten wäre (§ 553 Abs. 2 BGB).

Auf dem Hintergrund einer Entscheidung des Bundesverfassungsgerichts (Beschluss vom 28. 3. 2000, NZM 2000, 539) hat der Gesetzgeber in § 554 a BGB dem Mieter von Wohnraum das Recht eingeräumt, vom Vermieter die Zustimmung zu baulichen Veränderungen zu verlangen, um die Mietwohnung behindertengerecht nutzen zu können. Der Anspruch hängt von einer Interessenabwägung ab. Soweit danach der Vermieter zur Erteilung der Erlaubnis verpflichtet ist, kann er eine Mietsicherheit verlangen, um die Kosten für den Rückbau der Maßnahme bei Beendigung des Mietverhältnisses sicherzustellen.

Macht der Mieter von der Mietsache einen vertragswidrigen Gebrauch und setzt er diesen trotz Abmahnung fort, so steht dem Vermieter nach § 541 BGB ein Unterlassungsanspruch zu. Auch kann er zur fristlosen oder ordentlichen Kündigung nach § 543 Abs. 2 Nr. 2 BGB oder § 573 Abs. 2 Nr. 1 BGB berechtigt sein.

6. Gewährleistung

a) Hat die Mietsache zur Zeit der Überlassung an den Mieter einen Fehler oder tritt ein solcher Fehler später auf, so greifen die Gewährleistungsvorschriften nach §§ 536f. BGB ein. Der Begriff des Fehlers beschränkt sich nicht auf Mängel an der Mietsache selbst, sondern erfasst jede Beeinträchtigung des Mietgebrauchs. Gleichgestellt ist ein Rechtsmangel, durch den dem Mieter der vertragsgemäße Gebrauch ganz oder zum Teil entzogen wird.

Dem Mieter stehen folgende Gewährleistungsrechte zu:

Er kann die Miete um einen angemessenen Betrag mindern (§ 536 Abs. 1 BGB); ist die Gebrauchstauglichkeit nur unerheblich beeinträchtigt, so besteht dieses Recht nicht. Zur Förderung der Investitionsbereitschaft in Maßnahmen der energetischen Modernisierung ist die Minderungsbefugnis des Mieters für die Dauer von drei Monaten ausgeschlossen, soweit die Tauglichkeit auf Grund derartiger Maßnahmen beeinträchtigt – nicht aber ausgeschlossen! – wird (§ 536 a Abs. 1 a BGB).

Der Mieter kann Schadensersatz verlangen (§ 536 a Abs. 1 BGB),
- wenn der Mangel schon bei Vertragsschluss vorhanden war, ohne Rücksicht auf Verschulden des Vermieters (sog. Garantiehaftung),
- wenn der Mangel nach Vertragsabschluss aufgetreten ist und der Vermieter den Schadenseintritt zu vertreten hat,
- wenn der Mangel nach Vertragsabschluss aufgetreten ist und der Vermieter sich mit der Behebung des Mangels im Verzug befindet.

Er kann Aufwendungsersatz verlangen (§ 536 a Abs. 2 BGB),
- wenn der Vermieter mit der Beseitigung des Mangels im Verzug ist,
- wenn es notwendig ist, den Mangel umgehend zu beseitigen, um die Mietsache zu erhalten oder wiederherzustellen.

Er kann das Mietverhältnis fristlos kündigen, nachdem er dem Vermieter zuvor vergeblich eine angemessene Frist zur Behebung des Mangels gesetzt hat (§ 543 Abs. 2 Nr. 1 BGB).

Er kann grundsätzlich Erfüllung – also Behebung des Mangels – verlangen.

b) Vor der Übergabe haftet der Vermieter dem Mieter wegen etwaiger Mängel auf Schadensersatz nach den allgemeinen Vorschriften über Pflichtverletzungen (§§ 280f. BGB); auch ist der Mieter zum Rücktritt vom Vertrag nach § 323 BGB berechtigt.

c) Die Gewährleistungsrechte des Mieters sind nach §§ 536b, c BGB in folgenden Fällen ausgeschlossen:
- wenn der Mieter bei Vertragsabschluss den Mangel kannte oder grob fahrlässig nicht kannte,
- wenn er eine mangelhafte Sache annimmt, obwohl er den Mangel kennt, es sei denn, dass er sich seine Rechte vorbehalten hat,
- wenn und soweit er seine Anzeigepflicht verletzt hat und der Vermieter deswegen keine Abhilfe schaffen konnte (§ 536c Abs. 2 BGB).

Eine Regelung für den Fall, dass der Mangel nachträglich auftritt und der Mieter in dessen Kenntnis die Miete vorbehaltlos längere Zeit weiter zahlt, fehlt. Gewährleistungsrechte können in diesem Fall aber nach den allgemeinen Grundsätzen über die Verwirkung ausgeschlossen sein. Das setzt neben einem längeren Zeitablauf ein schutzwürdiges Vertrauen des Vermieters voraus, dass der Mieter Gewährleistungsrechte nicht mehr geltend machen werde.

d) Die Mietminderung kann bei der Wohnraummiete vertraglich nicht ausgeschlossen oder eingeschränkt werden (§ 536 Abs. 4 BGB). Die Pflicht zu Schadens- und zum Aufwendungsersatz kann dagegen im Einzelfall ganz oder teilweise ausgeschlossen werden; für formularmäßige Beschränkungen bestehen allerdings enge Grenzen durch §§ 307–309 BGB.

7. Kündigung und Kündigungsschutz

a) Die ordentliche Kündigung ist eine Gestaltungserklärung, durch die ein Mietverhältnis, das auf unbestimmte Zeit begründet worden ist, fristgemäß beendet wird (§ 542 Abs. 1 BGB). Sie wird erst wirksam mit Ablauf der Kündigungsfrist. Diese beträgt für Mietverhältnisse über Wohnraum nunmehr grundsätzlich 3 Monate für Mieter und Vermieter, verlängert sich aber für die ordentliche Kündigung des Vermieters je nach der Wohndauer des Mieters bis zu 9 Monaten. Zu Lasten des Mieters können diese Fristen vertraglich nicht verlängert werden (§ 573c Abs. 4 BGB). Für Mietverhältnisse über Grundstücke und Räume, die weder Wohn- noch Geschäftsräume sind und bei denen die Miete nach Monaten bemessen ist, beträgt die Kündigungsfrist 3 Monate, bei gewerblich genutzten unbebauten Grundstücken kann die Kündigung jedoch nur zum Ablauf eines Kalendervierteljahres erklärt werden (§ 580a Abs. 1 Nr. 3 BGB). Bei Mietverhältnissen über Geschäftsräume ist die ordentliche Kündigung zu Beginn eines Kalendervierteljahres zum Ablauf des nächsten Kalendervierteljahres zulässig, was einer Kündigungsfrist von ca. 6 Monaten entspricht (§ 580a Abs. 2 BGB). Bei der Berechnung der Kündigungsfristen ist jeweils eine Karenzzeit von 3 Werktagen zu berücksichtigen: die Kündigung muss spätestens am 3. Werktag desjenigen Kalendermonats, der in die Berechnung der Kündigungsfrist einbezogen wird, dem Kündigungsempfänger zugehen.

Besonderheiten bei der ordentlichen Kündigung bestehen für Mietverhältnisse über Wohnraum. Die Kündigung bedarf der Schriftform (§ 568 Abs. 1 BGB). Für den Vermieter ist sie nur zulässig, wenn er ein berechtigtes Freimachungsinteresse hat (§ 573 BGB). Die Gründe hierfür sind im Gesetz nicht abschließend geregelt (s. § 573 Abs. 1 BGB), hervorgehoben sind aber (§ 573 Abs. 2 BGB):

- wenn der Mieter seine Pflichten schuldhaft nicht nur unerheblich verletzt hat,
- wenn der Vermieter Eigenbedarf für sich, seine Familien- oder Haushaltsangehörigen hat,
- wenn der Vermieter durch die Fortsetzung des Mietverhältnisses an einer angemessenen wirtschaftlichen Verwertung des Grundstücks gehindert werden und dadurch erhebliche Nachteile erleiden würde.

Eine Kündigung zum Zwecke der Mieterhöhung ist ausgeschlossen.

Eine Kündigung wegen Eigenbedarfs oder wegen Hinderung der wirtschaftlichen Verwertung nach § 573 Abs. 2 Nr. 2, 3 BGB setzt den Ablauf einer Sperrfrist von drei Jahren voraus, wenn die dem Mieter überlassene Wohnung nachträglich in Wohnungseigentum umgewandelt und veräußert worden ist (§ 577 a BGB). Die Sperrfrist kann bis zu 10 Jahren betragen, wenn in bestimmten Gebieten, die durch Rechtsverordnung der Länder festgelegt werden können (s. die Nachweise unter Nr. **1 a**), die Wohnungsversorgung gefährdet ist (§ 577 a Abs. 2 BGB). Die Kündigungssperre ist durch das MietRÄndG 2013 erweitert worden, um Missbräuchen bei der Umwandlung in Wohnungseigentum und der Gefahr der Verdrängung der Wohnraummieter zu begegnen (§ 577 a Abs. 1 a, 2 a BGB).

Wirksamkeitsvoraussetzung für die Kündigung ist, dass der Vermieter die Gründe für das berechtigte Interesse im Kündigungsschreiben konkret angibt. Andere Gründe als die in der Kündigung benannten werden nur berücksichtigt, soweit sie nachträglich entstanden sind (§ 573 Abs. 3 BGB). Das setzt allerdings voraus, dass die zunächst ausgesprochene Kündigung zulässig und begründet war; denn einer unwirksamen Kündigung können keine nachträglichen Gründe zur Wirksamkeit verhelfen.

Eine erleichterte Kündigungsmöglichkeit zugunsten des Vermieters besteht für Mietverhältnisse über Einliegerwohnungen, d.h. Gebäuden mit nicht mehr als zwei Wohnungen, von denen die eine vom Vermieter selbst bewohnt wird: in diesen Fällen benötigt der Vermieter kein berechtigtes Freimachungsinteresse, jedoch verlängert sich dafür die Kündigungsfrist um 3 Monate (§ 573 a BGB).

Der Mieter von Wohnraum kann einer ordentlichen Kündigung des Vermieters widersprechen und die Fortsetzung des Mietverhältnisses verlangen, wenn die Beendigung für ihn, seine Familie oder einen anderen Haushaltangehörigen eine unzumutbare Härte bedeuten würde, die auch in fehlendem Ersatzwohnraum zu zumutbaren Bedingungen liegen kann (§ 574 BGB). Diese „mietrechtliche Sozialklausel" wurde durch das Abbaugesetz 1960 als § 556 a BGB a. F. in das BGB eingefügt und ist die Keimzelle des Kündigungsschutzes nach Aufhebung des Mieterschutzgesetzes; sie ist bis zu ihrer heutigen Fassung mehrfach geändert worden. Der Widerspruch des Mieters muss schriftlich spätestens 2 Monate vor der Beendigung des Mietverhältnisses erklärt werden. Jedoch kann der Mieter den Widerspruch noch spätestens im ersten Termin des Räumungsrechtsstreits nachholen, wenn es der Vermieter unterlassen hat, ihn rechtzeitig vor Ablauf der Widerspruchsfrist auf Form und Frist dieses Behelfs hinzuweisen. Der Hinweis soll im Kündigungsschreiben erfolgen (§ 568 Abs. 2 BGB). Können sich Mieter und Vermieter über die Vertragsfortsetzung und deren Modalitäten nicht einigen, so hat hierüber das

Gericht zu entscheiden (§ 574 a Abs. 2 BGB, § 308 a ZPO). Unter besondern Umständen kommt auch eine Fortsetzung auf unbestimmte Zeit oder eine wiederholte befristete Fortsetzung in Betracht (§ 574 c BGB).

Teilkündigungen sind grundsätzlich nicht zulässig. Eine Ausnahme besteht bei Wohnraummietverhältnissen für Nebenräume oder Nebenflächen, wenn der Vermieter diese Flächen im Zusammenhang mit der Schaffung von neuem Mietwohnraum benötigt (§ 573 b BGB). Der Mieter kann in diesem Fall eine angemessene Senkung der Miete verlangen.

b) Eine außerordentliche befristete Kündigung ist in den ausdrücklich gesetzlich geregelten Fällen zulässig. Hervorzuheben ist das Recht zur außerordentlichen Kündigung von Vermieter und Erben bei Tod des Mieters (§ 564 S. 2 BGB), des Erstehers nach der Zwangsversteigerung (§ 57 a ZVG) oder des Mieters bei grundloser Versagung der Untermieterlaubnis (§ 540 Abs. 1 S. 2 BGB). Die Frist für die außerordentliche Kündigung beträgt grundsätzlich 3 Monate (§§ 573 d Abs. 2, 580 a Abs. 4 BGB), bei Mietverhältnissen über Geschäftsräume 6 Monate zum Quartalsende. Bei Wohnraummietverhältnissen bedarf die außerordentliche Kündigung der Schriftform. Zusätzlich benötigt der Vermieter auch hier ein Freimachungsinteresse wie bei der ordentlichen Kündigung (§ 573 d Abs. 1 BGB); dies ist ausnahmsweise aber bei der außerordentlichen Kündigung des Vermieters gegenüber dem Erben des verstorbenen Mieters nicht geboten. Der Mieter von Wohnraum kann der außerordentlichen Kündigung wie bei der ordentlichen Kündigung nach der Sozialklausel in § 574 BGB widersprechen und die Fortsetzung des Mietverhältnisses verlangen.

c) Das Recht der fristlosen Kündigung ist durch die Mietrechtsreform 2001 neu gestaltet worden. Die wesentlichen Kündigungsgründe sind in §§ 543, 569 BGB zusammengefasst worden. Danach kann das Mietverhältnis aus wichtigem Grund fristlos gekündigt werden. An die Spitze solcher Gründe ist gleichsam als Generalklausel die Unzumutbarkeit gesetzt worden, das Mietverhältnis bis zur ordentlichen Beendigung fortzusetzen (§ 543 Abs. 1 BGB). Die Unzumutbarkeit ist aufgrund einer Interessenabwägung unter Berücksichtigung der Umstände des Einzelfalles, insbesondere des Verschuldens einer Vertragspartei zu ermitteln. Ein wichtiger Kündigungsgrund liegt ferner insbesondere in folgenden Fällen vor:

Zugunsten des Mieters:

- Dem Mieter wird der vertragsgemäße Gebrauch ganz oder zum Teil nicht rechtzeitig gewährt oder wieder entzogen.

Zugunsten des Vermieters:

- Der Mieter verletzt die Rechte des Vermieters dadurch erheblich, dass er die Mietsache erheblich gefährdet, indem er seine Sorgfaltspflicht vernachlässigt oder die Mietsache unbefugt einem Dritten überlässt.
- Der Mieter gerät mit der Miete in Zahlungsverzug, und zwar entweder für 2 aufeinanderfolgende Termine mit einem Betrag, der eine Monatsmiete übersteigt, oder für einen nicht zusammenhängenden Zeitraum mit einem Betrag, der 2 Monatsmieten erreicht.
- Der Mieter von Wohnraum gerät mit der Leistung der Mietsicherheit in Höhe eines Betrages in Verzug, der der zweifachen Nettokaltmiete entspricht (§ 569 Abs. 2 a BGB, eingefügt durch das MietRÄndG 2013). Dieser Kündigungsgrund gilt jedoch nur für Mietverhältnisse, die nach Inkrafttreten des MietRÄndG abgeschlossen worden sind (Art. 229 § 29 Abs. 2 EG BGB).

Für Raummietverhältnisse – Wohn- und Geschäftsräume gleichermaßen – gelten als weitere wichtige Gründe (§ 569 BGB):
- Gesundheitsgefährdende Beschaffenheit des Mietraums als Kündigungsgrund nur für den Mieter,
- Nachhaltige Störung des Hausfriedens als Kündigungsgrund für Vermieter und Mieter,

Besteht der Kündigungsgrund in einer Pflichtverletzung, so ist die fristlose Kündigung erst zulässig, nachdem der Berechtigte eine Abhilfefrist gesetzt oder eine Abmahnung ausgesprochen hat. Dessen bedarf es nicht, wenn diese Maßnahmen offensichtlich keinen Erfolg versprechen oder nach den Umständen nicht gerechtfertigt sind, ferner nicht bei der Kündigung wegen Zahlungsverzugs (§ 543 Abs. 3 BGB).

Bei der Wohnraummiete sind noch folgende Besonderheiten zu beachten: Die fristlose Kündigung muss schriftlich erfolgen und in ihr müssen die Kündigungsgründe angegeben werden (§§ 568 Abs. 1, 569 Abs. 4 BGB). Das gilt gleichermaßen für die vom Vermieter oder vom Mieter ausgesprochene Kündigung. Für die fristlose Kündigung wegen Zahlungsverzugs ist ferner zu beachten, dass der Mieter die Kündigung durch Zahlung innerhalb der Schonfrist unwirksam machen kann (§ 569 Abs. 3 Nr. 2 BGB). Das gilt auch für den Fall des Verzuges mit einem Teil der Mietsicherheit. Die Schonfrist ist durch die Mietrechtsreform um einen Monat auf 2 Monate ab Rechtshängigkeit des Räumungsprozesses verlängert worden. Dem Mieter steht diese Vergünstigung nicht zu, wenn eine frühere fristlose Kündigung wegen Zahlungsverzuges innerhalb der letzten 2 Jahre durch Zahlung während der Schonfrist unwirksam gemacht worden war. Eine Kündigungssperre wegen Zahlungsverzuges besteht zu Lasten des Vermieters, wenn es um Mieterhöhungsbeträge geht. Ist der Mieter zur Zustimmung bzw. zur Zahlung von Mieterhöhungen verurteilt worden, so kann der Vermieter wegen hierauf beruhender Rückstände nicht vor Ablauf von 2 Monaten nach Rechtskraft des Urteils kündigen (§ 569 Abs. 3 Nr. 3 BGB). Gegenüber einer fristlosen Kündigung steht dem, Mieter kein Widerspruchsrecht nach der Sozialklausel zu (§ 574 Abs. 1 S. 2 BGB).

d) Aus Gründen der Rechtsklarheit sieht § 545 BGB vor, dass ein an sich beendetes Mietverhältnis auf unbestimmte Zeit verlängert wird, wenn der Mieter die Mietsache weiter gebraucht und keine Vertragspartei innerhalb von 2 Wochen gegenüber der anderen der Fortsetzung widerspricht. Die Regelung kann aber – auch durch Formularvertrag – abbedungen werden.

8. Abwicklung des Mietverhältnisses

a) Nach der Beendigung des Mietverhältnisses ist der Mieter verpflichtet, die Mietsache zurückzugeben (§ 546 Abs. 1 BGB). Bei der Raum- und Grundstücksmiete kann er sich gegenüber dem Rückgabeanspruch des Vermieters nicht auf ein Zurückbehaltungsrecht berufen (§§ 570, 578 BGB). Der Vermieter hat auch gegenüber demjenigen, dem der Mieter die Sache überlassen, z.B. untervermietet hat, einen unmittelbaren Räumungsanspruch (§ 546 Abs. 2 BGB). Anlässlich der Rückgabe der Mietsache kommt es häufiger zum Streit, ob ein vorgefundener Schaden schon zu Beginn des Mietverhältnisses vorhanden war. Die Beweislastregelung in § 363 BGB ist hierfür wichtig, ebenso wie die Vorschriften über das Schuldanerkenntnis in §§ 780, 781 BGB für das Protokoll der Wohnungsabnahme. Das Entsprechende gilt für andere Erfüllungswirkungen aus dem Mietverhältnis.

Gibt der Mieter die Mietsache nach Beendigung des Mietverhältnisses nicht zurück, so kann der Vermieter entweder die bisherige vereinbarte Miete oder die ortsübliche Miete als Nutzungsentschädigung verlangen (§ 546 a BGB). Daneben schuldet der Mieter Schadensersatz wegen nicht rechtzeitiger Rückgabe. Bei der Wohnraummiete gilt eine solche Schadensersatzpflicht nur eingeschränkt, nämlich wenn die Rückgabe infolge von Umständen unterblieben ist, die der Mieter zu vertreten hat. Das ist nicht der Fall, wenn ihm eine Räumungsfrist gewährt worden ist oder die Voraussetzungen hierfür vorliegen. Die Höhe des Schadens bestimmt sich nach der Billigkeit (§ 571 BGB). Die genannten Vergünstigungen gelten – mit Ausnahme bei Gewährung einer Räumungsfrist – nicht, wenn der Mieter selbst das Mietverhältnis gekündigt hat.

Der Mieter ist nicht nur verpflichtet, sondern auch berechtigt, Einrichtungen, mit denen er die Mietsache versehen hat, wegzunehmen (§ 539 BGB); er muss dann aber den früheren Zustand wieder herstellen (§ 258 BGB). Bei der Raummiete kann der Vermieter das Wegnahmerecht des Mieters dadurch abwenden, dass er dem Mieter eine angemessene Entschädigung zahlt, sofern nicht der Mieter ein berechtigtes Interesse an der Wegnahme hat (§§ 552, 578 Abs. 2 BGB). Bei der Wohnraummiete kann das Wegnahmerecht vertraglich nur ausgeschlossen werden, wenn zugunsten des Mieters ein angemessener Ausgleich vorgesehen ist.

Hat der Mieter die Miete im voraus gezahlt, so ist ihm der nicht verbrauchte Teil zu erstatten (§ 547 BGB). Hat er einen verlorenen Baukostenzuschuss geleistet, so hat der Vermieter den nicht abgewohnten Teil zu erstatten; dabei gilt ein Betrag in Höhe einer Jahresmiete durch eine Mietdauer von 4 Jahren als getilgt bzw. „abgewohnt" (§ 2 des Gesetzes über die Rückerstattung von Baukostenzuschüssen, abgedruckt unter Nr. **4**).

b) Für die Verjährung von Ansprüchen aus dem Mietverhältnis gelten zunächst die Vorschriften des Allgemeinen Teils des BGB (§§ 194 f. BGB, abgedruckt unter Nr. **1**). Grundsätzlich verjähren alle Ansprüche aus dem Mietverhältnis nach Ablauf der neuen Regelfrist von 3 Jahren (§ 195 BGB). Sie beginnt mit dem Schluss des Jahres, in dem der Anspruch entstanden ist und der Gläubiger Kenntnis von der Person des Schuldners sowie den anspruchsbegründenden Umständen erlangt hat (§ 199 Abs. 1 BGB). Grob fahrlässige Unkenntnis steht der Kenntnis gleich. Spätestens und ohne Rücksicht auf eine Kenntnis des Gläubigers verjähren die Ansprüche nach 10 Jahren gemäß § 199 Abs. 3, 4 BGB. Titulierte Ansprüche verjähren allerdings erst nach Ablauf von 30 Jahren (§ 197 Abs. 1 Nr. 3 BGB).

Mietrechtlich bestehen im Interesse einer beschleunigten Abwicklung des Mietverhältnisses folgende Besonderheiten gemäß § 548 BGB: Ersatzansprüche des Vermieters wegen Veränderungen, Verschlechterungen oder Beschädigungen der Mietsache verjähren in 6 Monaten, beginnend mit der Rückgabe der Mietsache. Hiervon sind insbesondere Schadensersatzansprüche des Vermieters wegen unterlassener Schönheitsreparaturen betroffen. Ansprüche des Mieters auf Ersatz von Aufwendungen oder auf Gestattung der Wegnahme einer Einrichtung (§§ 536 a Abs. 2, 539 BGB) verjähren in 6 Monaten nach Beendigung des Mietverhältnisses, ebenso Ansprüche wegen rechtsgrundlos ausgeführter Schönheitsreparaturen. Von der Beendigung des Mietverhältnisses ist auch auszugehen, wenn es im Verlaufe der Mietzeit zu einem Vermieterwechsel etwa durch Veräußerung des Mietgrundstücks kommt. Die Hemmung des Laufs der Verjährungsfrist und ihr Neubeginn richten sich nach den allgemeinen Vorschriften (§§ 203f., 212 BGB).

9. Wechsel der Vertragsparteien

a) „Kauf bricht nicht Miete". Die Mietrechtsreform hat diesen allgemeinen Grundsatz aus dem bisherigen Recht übernommen (§ 566 BGB). Er gilt für die Raum- und die Grundstücksmiete gleichermaßen. Er besagt, dass der Erwerber in das Mietverhältnis anstelle des bisherigen Vermieters eintritt, wenn dem Mieter die Mietsache bereits überlassen war und sobald der Erwerbsvorgang rechtlich abgeschlossen ist, also im Regelfall mit der Eintragung als neuer Eigentümer im Grundbuch. Durch die Mietrechtsreform 2001 ist geregelt, dass der Mieter gegen den Verlust seiner Mietsicherheit stärker als bisher geschützt wird (§ 566a BGB); Der Erwerber haftet für die Rückzahlung der Mietsicherheit selbst dann, wenn der Veräußerer sie ihm nicht ausgehändigt hat. Dies gilt aber nur für Erwerbsfälle seit Inkrafttreten der Mietrechtsreform am 1. 9. 2001. Umgekehrt haftet der Veräußerer gegenüber dem Mieter auf Rückgewähr der Mietsicherheit weiter, selbst wenn er sie an den Erwerber ausgekehrt hat, der Mieter sie aber von diesem nicht erlangen kann. Besondere Vorschriften regeln die Fragen, inwieweit der Erwerber Vorausverfügungen und Vereinbarungen über die Miete, die zwischen dem Veräußerer und dem Mieter getroffen worden sind, sowie Aufrechnungen durch den Mieter mit Altforderungen gegen sich gelten lassen muss (§§ 566b–566e BGB).

Bei der Vermietung zum Zwecke der gewerblichen Weitervermietung an Dritte bestehen Besonderheiten nach § 565 BGB. Enden die Rechtsbeziehungen zwischen dem Vermieter und dem Zwischenmieter, so müsste der Endmieter als bloßer Untermieter des Zwischenmieters die Wohnung räumen. Um dieser sozial unerwünschte Folge eines ehemaligen Steuersparmodells zu begegnen, ist für den genannten Fall geregelt, dass der Bauherr als Vermieter in die Rechte und Pflichten des zwischen dem bisherigen Zwischenmieter und dem Endmieter bestehenden Wohnraummietvertrages eintritt. Er kann stattdessen aber auch einen neuen Zwischenmieter einsetzen, der dann an die Stelle des bisherigen das Mietverhältnis mit dem Endmieter weiterführt (§ 565 BGB). Eine Ausnahme gilt für sozialfürsorgerische Zwischenmietverhältnisse nach § 578 Abs. 3 BGB: Es besteht zwar keine Eintrittspflicht des Vermieters bei Beendigung des Zwischenmietverhältnisses; jedoch genießt der Zwischenmieter bei seit dem 1. 1. 2019 begründeten Zwischenmietverhältnissen Kündigungsschutz wie ein Mieter von Wohnraum mit Ausnahme der Sozialklausel des § 574 BGB.

b) Stirbt der Mieter, so tritt dessen Erbe automatisch in alle Rechte und Pflichten aus dem Mietverhältnis ein (§ 1922 BGB). Sowohl dem Vermieter als auch dem Erben steht in diesem Fall ein außerordentliches Kündigungsrecht mit gesetzlicher Frist zu (§§ 564 S. 2, 580 BGB). Das Kündigungsrecht kann nur innerhalb eines Monats seit Kenntnis vom Tod des Mieters ausgeübt werden. Der Vermieter von Wohnraum benötigt für seine Kündigung gegenüber dem Erben ausnahmsweise kein darüber hinausgehendes Freimachungsinteresse (§ 573d Abs. 1 BGB).

Bei der Wohnraummiete bestehen Besonderheiten zum Schutz derjenigen Personen, die dem verstorbenen Mieter nahe standen und die mit ihm einen gemeinsamen Haushalt geführt haben. Ihnen steht ein Mieteintrittsrecht nach §§ 563–563b BGB zu. Berechtigt ist in erster Linie der Ehegatte, der nicht selbst Mitmieter ist. Daneben steht der Lebenspartner des verstorbenen Mieters. Lebenspartner ist nur der gleichgeschlechtliche Partner im Sinne von § 1 Lebenspartnerschaftsgesetz vom 16. 2. 2001. Personen, die mit dem verstorbenen Mieter eine andere Lebensgemeinschaft geführt haben, fallen unter den Begriff der Haushaltszugehörigen. Ihnen steht ein Eintrittsrecht ebenso zu wie den Kindern und den Familienangehörigen, die mit dem verstorbenen Mieter einen gemeinsamen Haushalt geführt haben. Vorrang haben allerdings stets der überlebende Ehegatte oder Lebenspartner. Der Eintritt ins Mietverhältnis erfolgt automatisch; die zum Eintritt berechtigten Personen können jedoch innerhalb eines Monats seit Kenntnis vom Tod des Mieters gegenüber dem Vermieter erklären, das Mietverhältnis nicht fortsetzen zu wollen. Bei mehreren Berechtigten kann jeder die Erklärung für sich abgeben. Lehnt ein vorrangig Eintrittsberechtigter ab, so treten die nachrangig Berechtigten an seine Stelle. Andererseits steht dem Vermieter ein befristetes außerordentliches Kündigungsrecht zu, wenn in der Person des Eingetretenen ein wichtiger Grund vorliegt, z. B. dieser in der Vergangenheit erheblich den Hausfrieden gestört hat. Ist das Mietverhältnis mit mehreren Personen begründet worden (z. B. bei Anmietung der Wohnung durch Ehegatten oder Lebenspartner), so wird es von dem (den) Überlebenden fortgesetzt. Die überlebende Mietpartei hat jedoch ein befristetes außerordentliches Kündigungsrecht (§ 563a BGB).

Diejenigen, die in das Mietverhältnis eintreten oder es allein fortsetzen, haften neben dem Erben des verstorbenen Mieters für alle bis zu dessen Tod entstandenen Verbindlichkeiten aus dem Mietverhältnis als Gesamtschuldner. Im Innenverhältnis zu den Eintretenden haftet der Erbe jedoch allein, sofern nichts anderes (z. B. durch letztwillige Verfügung oder Vertrag) geregelt ist (§ 563b). Hatte der Vermieter von dem verstorbenen Mieter keine Mietsicherheit erlangt, so kann er nunmehr von den Personen, die in das Mietverhältnis eintreten oder es allein fortsetzen, eine Mietsicherheit nach § 551 BGB fordern.

10. Übergangsrecht und Sonderrecht in den ostdeutschen Bundesländern

a) Jede Reform bringt es mit sich, dass Übergangsfälle zu lösen sind, in denen altes und neues Recht zusammentreffen. Bei der Miete gilt der Grundsatz der Rechtskontinuität: Ein Dauerschuldverhältnis wie das Mietverhältnis, das über den Tag der Rechtsänderung hinaus fortbesteht, richtet sich nach dem neuen Recht, sofern nicht besondere Übergangsvorschriften etwas anderes vorsehen. Diese sind in Art. 229 § 3 EGBGB (abgedruckt unter Nr. **2**) enthalten. Hervorzuheben sind folgende Regelungen: Die Wirksamkeit von Mieterhöhungserklärungen und von Kündigungen richtet sich nach der Rechtslage, die bei Zugang der Erklärung bestanden hat. Neues Recht ist also anzuwenden, wenn der Zugang der Erklärung nach dem 31. 8. 2001 erfolgte. Dagegen richtet sich die ordentliche Beendigung eines befristeten Mietverhältnisses über Wohnraum, das vor dem 1. 9. 2001 begründet worden ist, aus Gründen des Vertrauensschutzes nach bisherigem Recht (§ 564c

Abs. 1 BGB a. F.). Sind in Mietverträgen die vor dem 1. 9. 2001 abgeschlossen worden sind, Kündigungsfristen vereinbart, die zum Nachteil des Mieters von Wohnraum von den zu seinen Gunsten verkürzten Fristen abweichen (s. § 573c BGB), so gelten die vereinbarten Fristen (Art. 229 § 3 Abs. 10 EGBGB). Nach Änderung der Vorschrift besteht ein solcher Bestandsschutz für Kündigungen, die ab dem 1. Juni 2005 zugehen, nicht mehr, wenn die längeren Kündigungsfristen des früheren Rechts in Formularverträgen vereinbart worden sind. Diese gelten also nur noch dann fort, wenn sie individuell ausgehandelt worden waren.

Die unter Nr. **24 a** abgedruckte Kurzsynopse erleichtert den Vergleich zwischen dem bisherigen und dem neuen Mietrecht. Die Regeln des am 1.1.2019 in Kraft getretenen MietAnpG entfalten nach Art. 229 § 49 grundsätzlich nur Zukunftswirkung.

b) Die Vereinigung der beiden Teile Deutschlands am 3. 10. 1990 erforderte die Herstellung der Rechtseinheit. Diese ist auf dem Gebiet des Zivilrechts im wesentlichen durch die Übernahme des BGB in den ostdeutschen Bundesländern geschaffen worden. Die hierauf bezogenen Überleitungs- und Übergangsvorschriften sind in Art. 230 ff. EGBGB enthalten. Hervorzuheben ist hier Art. 232 § 2 EGBGB (abgedruckt unter Nr. **2**). Danach richten sich Mietverhältnisse auf Grund von Verträgen, die vor dem 3. 10. 1990 abgeschlossen worden sind, nach den Vorschriften des BGB. Das gilt auch für die bis 2004 gesperrt gewesene Kündigungsbefugnis des Vermieters wegen Hinderung wirtschaftlicher Verwertung nach § 573 Abs. 2 Nr. 3 BGB. Das gilt insbesondere für die Regelungen zu Schönheitsreparaturen (§§ 104 Abs. 1, 107 Abs. 2 ZGB) und für vom Mieter geschuldeten Rückbaumaßnahmen (§ 112 Abs. 2 ZGB). Soweit Rechte und Pflichten aus einem sog. Alt-Mietvertrag bereits vor dem 3. 10. 1990 entstanden waren, beurteilt sich die Rechtslage nach dem ZGB der DDR. Daraus rechtfertigt sich die Aufnahme der mietrechtlichen Vorschriften aus dem Zivilgesetzbuch der ehemaligen DDR (abgedruckt unter Nr. **25**).

VI. Mietrechtliche Nebengesetze

1. Wirtschaftsstrafgesetz

Die gesetzliche Ausrichtung der Mieterhöhung für preisfreien Wohnraum an die Entwicklung der ortsüblichen Miete soll dem Allgemeininteresse an einem stabilen und nicht überhöhten Mietpreisniveau dienen. Dieses Zielsetzung wird durch strafrechtliche Verbote flankiert, insbesondere durch § 5 WiStG (abgedruckt unter Nr. **3 a**). Die Vorschrift richtet sich gegen den sog. Sozialwucher, dient also in erster Linie dem Gemeinwohl, während das Wucherverbot eher am Schutz des einzelnen ausgerichtet ist, mithin der Bekämpfung des Individualwuchers dient. Nach § 5 WiStG handelt ordnungswidrig, wer unangemessen hohe Entgelte für die Überlassung von Wohnraum fordert, sich versprechen lässt oder annimmt. Unangemessen hoch sind Entgelte, die infolge der Ausnutzung eines geringen Angebots an vergleichbaren Räumen die ortsübliche Miete um mehr als 20% übersteigen. Der Schutz, den die Vorschrift bewirken soll, ist erheblich dadurch abgeschwächt, dass dem Vermieter eine Überschreitung der ortsüblichen Miete bis zur Wuchergrenze von 50% über der ortsüblichen Miete zugestanden wird, wenn er nachweisen kann, dass die vereinbarte Miete nicht oder gerade nur kostendeckend ist. Vereinbarungen einer nach § 5 WiStG überhöhten Miete sind gemäß § 134 BGB nichtig und lösen Rückforderungsansprüche des Mieters aus. Hierfür reicht es nicht aus, auf eine allgemeine Mangellage auf dem Wohnungsmarkt abzustellen; vielmehr soll es nach neuerer Rechtsprechung auf die individuellen Verhältnisse des jeweiligen Mieters und auf deren wohnungsmarktbezogene Ausnutzung durch den Vermieter ankommen.

Der Katalog der Ordnungswidrigkeiten ist durch das MietRAnpG 2018 um den Tatbestand des Herausmodernisierens im neu eingefügten § 6 WiStG erweitert worden. Danach handelt ordnungswidrig, wer in der Absicht, einen Mieter von Wohnraum zur Kündigung oder zum Abschluss eines Mietaufhebungsvertrages zu veranlassen, bauliche Veränderungen durchführt, die geeignet sind, zu erheblichen, objektiv nicht notwendigen Belastungen des Mieters zu führen.

2. Wohnungsvermittlungsgesetz

Mit diesem Gesetz (abgedruckt unter Nr. **6**) sollen Missstände beseitigt werden, die sich bei der Wohnungsvermittlung gezeigt hatten. Es soll einen Schutz vor ungerechtfertigten wirtschaftlichen Belastungen darstellen, die sich aus missbräuchlichen Vertragsgestaltungen oder unlauteren Geschäftsmethoden ergeben hatten. Das Gesetz legt fest, dass der Wohnungsvermittler nur dann Anspruch auf Entgelt hat, wenn durch seine Tätigkeit ein Vertragsschluss zustande gekommen ist. Das MietNovG (s. dazu die Ausführungen zu IV 2) hat in dem neu eingefügten § 2 Abs. 1a das sog. Bestellerprinzip verankert. Danach darf der Wohnungsvermittler vom Wohnungssuchenden nur dann ein Entgelt für die Vermittlung fordern, wenn er ausschließlich von dem Wohnungssuchenden beauftragt worden ist. Entgegenstehende Vereinbarungen – auch zur Umgehung dieser Beschränkung – sind unwirksam (§ 2 Abs. 5 Nr. 2).

Dem Vermittler ist verboten, irgendwelche Vorweggebühren, wie Einschreib-, Bearbeitungs- oder Computergebühren zu fordern. Das Entgelt ist nach einem Bruchteil oder Vielfachen der Monatsmiete zu berechnen. Nach dem 4. MietRÄndG vom 21. 7. 1993 ist es auf das Zweifache der monatlichen Nettomiete zuzüglich Umsatzsteuer begrenzt. Eigentümer der Wohnungen oder Vermieter dürfen selbst keine Maklergebühren verlangen, wie auch nicht die Hausverwalter in bezug auf die von ihnen verwalteten Wohnungen. Ein Wohnungsvermittler darf Wohnräume nur anbieten, wenn er dazu einen Auftrag von dem Vermieter oder einem anderen Berechtigten hat. Bei Mietverträgen über öffentlich geförderte oder sonst preisgebundene Wohnungen bestehen Ansprüche aus der Wohnungsvermittlung nach § 2 Abs. 3 Satz 1 WoVermittG schlechthin nicht.

Hervorzuheben ist die Regelung in § 4a WoVermittG. Danach sind Vereinbarungen unwirksam, in denen sich der Wohnungssuchende verpflichtet, dem bisherigen Mieter einen Abstand zu zahlen; ausgenommen hiervon ist die Erstattung nachgewiesener Umzugskosten. Ein Vertrag, in dem sich der Wohnungssuchende im Zusammenhang mit dem Abschluss eines Mietvertrages verpflichtet, vom Vermieter oder vom bisherigen Mieter eine Einrichtung oder Inventar zu erwerben, ist im Zweifel unter der aufschiebenden Bedingung abgeschlossen, dass es tatsächlich zum Abschluss des Mietvertrages kommt. Die Vereinbarung über das Entgelt ist unwirksam, soweit es die Wuchergrenze überschreitet. Sind nach dem WoVermittG unzulässige Leistungen erbracht worden, so gelten für die Verjährung der Rückforderungsansprüche die allgemeinen Verjährungsfristen der §§ 194ff. BGB (Nr. **1**).

3. Wohnungseigentumsgesetz

Das Wohnungseigentumsgesetz vom 15. 3. 1951 (Nr. **7**) ist durch das Änderungsgesetz vom 26. 3. 2007, in Kraft getreten am 1. Juli 2007, tiefgreifend geändert worden. Durch die Reform soll die Willensbildung innerhalb der Wohnungseigentümergemeinschaft erleichtert werden, indem verstärkt Mehrheitsentscheidungen zu Lasten des bisherigen Grundsatzes der Einstimmigkeit zugelassen werden. Durch solche Mehrheitsbeschlüsse (§ 25 WEG) können nur solche Angelegenheiten geordnet werden, über die die Wohnungseigentümer nach dem WEG oder aufgrund einer Vereinbarung im Beschlusswege entscheiden dürfen, so u.a. über Maßnahmen der ordnungsmäßigen Verwaltung (§ 21 Abs. 3 WEG), über die Änderung des Verteilerschlüssels für Betriebskosten (§ 16 Abs. 3 WEG), über Modernisierung und Anpassung des gemeinschaftlichen Eigentums an den Stand der Technik (§ 22 Abs. 2 WEG), über die Bestellung und Abberufung des Verwalters (§ 26 Abs. 1 WEG). Beschlüsse der Gemeinschaft müssen in einer Beschlusssammlung durch den Verwalter geführt werden (§ 24 Abs. 7, 8 WEG), so dass sich ein Erwerber über die aktuellen Rechte und Pflichten besser informieren kann.

Der Gemeinschaft der Wohnungseigentümer wird im Anschluss an die Rechtsprechung des BGH (Beschluss vom 2. 6. 2005) Teilrechtsfähigkeit zugebilligt (Folge aus §§ 10 Abs. 1, 6–8; 27 Abs. 1 und 3 WEG). Die Wohnungseigentümer bleiben allerdings Inhaber der Rechte und Pflichten aus dem Sondereigentum und dem gemeinschaftlichen Eigentum (§ 10 Abs. 1 WEG). Das Verwaltungsvermögen gehört dagegen der Gemeinschaft der Wohnungseigentümer (§ 10 Abs. 6 Satz 2, Abs. 7 WEG). Diese nimmt die Rechte und Pflichten der Wohnungseigentümer wahr. Sie muss die Bezeichnung „Wohnungsgemeinschaft" führen und kann vor Gericht klagen und verklagt werden (§ 10 Abs. 6 WEG). Der Verwalter ist im Rahmen des § 27 Abs. 3 WEG berechtigt, im Namen der Gemeinschaft der Wohnungseigentümer mit Wirkung für und gegen sie zu handeln.

Schließlich richtet sich das Verfahren in Wohnungseigentumssachen nicht mehr nach den Vorschriften des FGG sondern denjenigen der ZPO (§ 43f. WEG). Das bedeutet, dass nicht mehr der Grundsatz der Amtsermittlung gilt, sondern die Wohnungseigentümer bzw. die Wohnungseigentümergemeinschaft selbst die Sachaufklärung betreiben müssen. Der Umfang der Verfahren in Wohnungseigentumssachen ist in § 43 WEG geregelt. Hervorzuheben ist die Zuständigkeit für Streitigkeiten zwischen der Gemeinschaft der Wohnungseigentümer und den Wohnungseigentümern.

4. Wohnungszuweisung bei Ehescheidung

Die Behandlung der Ehewohnung im Falle der Ehescheidung, insbesondere ihre Zuweisung durch das Familiengericht an einen der beiden Ehegatten war bisher in der Hausratsverordnung (Nr. **8**) geregelt. Diese ist mit Wirkung zum 1. 9. 2009 durch die in das BGB neu eingefügte Bestimmung in § 1568a ersetzt worden (abgedruckt unter Nr. **1**). An die Stelle des bisherigen Zuweisungsverfahrens tritt eine zivilrechtliche Anspruchsgrundlage, die auf eine

Wohnungsüberlassung gerichtet ist. Sie kommt zum Tragen, wenn sich die Ehegatten nicht über das künftige Schicksal der bisherigen Ehewohnung einigen. Entscheidend ist alsdann, welcher Teil in stärkerem Maße auf die Wohnung angewiesen ist. Wesentliches Gewicht kommt in diesem Zusammenhang dem Kindeswohl zu (§ 1568a Abs. 1 BGB). Derjenige Ehegatte, dem die Wohnung überlassen werden soll, tritt entweder an die Stelle des bisherigen Alleinmieters oder setzt im Falle gemeinsamer Miete das Mietverhältnis allein fort, und zwar jeweils ab dem Zeitpunkt, zu dem die Ehegatten die Überlassung dem Vermieter angezeigt haben (§ 1568a Abs. 3 BGB). Im Falle des Eintritts des bisher nicht mietenden Ehegatten steht dem Vermieter ein außerordentliches Kündigungsrecht entsprechend § 563 Abs. 4 BGB zu. Der Anspruch auf Eintritt in das Mietverhältnis bzw. auf alleinige Fortsetzung erlischt ein Jahr nach Rechtskraft der Entscheidung in der Scheidungssache, sofern er nicht vorher rechtshängig gemacht worden ist (§ 1568a Abs. 6 BGB). Können sich die Ehegatten nicht einigen, so ist das Familiengericht, bei dem das Scheidungsverfahren anhängig ist, zur Entscheidung zuständig. Der Vermieter ist in diesem Fall Verfahrensbeteiligter.

5. Heimgesetz

Zum sozialen Mietrecht im weiteren Sinne ist auch das Heimgesetz zu zählen. Es ist durch Gesetz vom 5. 11. 2001 umfassend geändert und bekannt gemacht worden. Das Gesetz regelt die Interessen und Bedürfnisse der Bewohner von Heimen und sonstigen Einrichtungen, die alte und pflegebedürftige Menschen aufnehmen und betreuen. Es will verhindern, dass die aufgenommenen Personen übervorteilt werden, andererseits aber auch sicherstellen, dass diese Personenkreise eine ordnungsmäßige und statusgerechte Betreuung erhalten.

Ein Kern der bisherigen Regelung – nämlich die vertraglichen Beziehungen zwischen dem Heimträger und dem Bewohner – ist im Wohn- und Betreuungsvertragsgesetz – WBVG – vom 29. 7. 2009 geregelt (Nr. **10a**). Das Gesetz enthält folgende wesentliche Aussagen: Der Heimvertrag unterliegt besonderen Anforderungen, was die Information der Bewohner über Rechte und Pflichten des Trägers, insbesondere was den Leistungsumfang anbelangt (§ 3 WBVG). Grundsätzlich wird der Vertrag auf unbestimmte Zeit abgeschlossen und bedarf der Schriftform (§§ 4, 6 WBVG). Die Vereinbarung einer Sicherheitsleistung in Höhe des doppelten Betrages vom monatlichen Entgelt ist zulässig (§ 14 WBVG). Der Bewohner kann den Heimvertrag mit einer Frist von einem Monat schriftlich kündigen (§ 11 WBVG). Dagegen kann der Heimträger nur aus wichtigem Grund schriftlich unter Angabe der Gründe kündigen (§ 12 WBVG). Der Träger hat seine Leistungen, soweit ihm dies möglich ist, dem jeweiligen Betreuungsbedarf des Bewohners anzupassen (§ 8 WBVG). Bei Nicht- oder Schlechtleistung steht dem Bewohner unbeschadet weitergehender Ansprüche ein Kürzungsrecht zu (§ 10 WBVG). Der Träger ist berechtigt, vom Bewohner eine Erhöhung des Entgelts zu verlangen, wenn die Berechnungsgrundlage sich verändert hat und sowohl die Erhöhung als auch der erhöhte Betrag angemessen sind (§ 9 WBVG). Im Gegensatz zur bisherigen Regelung handelt es sich hierbei um ein einseitiges Gestaltungsrecht. Die Erhöhung wirkt frühestens vier Wochen nach Zugang des hinreichend begründeten Erhöhungsverlangens. Hat der Bewohner mit einer anderen Person, die selbst nicht Vertragspartei geworden ist, einen auf Dauer angelegten gemeinsamen Haushalt geführt, so kann das Vertragsverhältnis mit dieser Person bis zum Ablauf des dritten Kalendermonats nach dem Sterbetag des Bewohners fortgesetzt werden (§ 5 WBVG).

6. Energieeinsparung

Das Energieeinspargesetz vom 22. 7. 1976 (abgedruckt unter Nr. **11**) sieht für jedes neu zur Errichtung kommende Gebäude, das seiner Zweckbestimmung nach beheizt oder gekühlt werden muss, die Verpflichtung zum Entwurf und der Ausführung eines Wärmeschutzes vor, damit beim Heizen und Kühlen vermeidbare Energieverluste unterbleiben. Entsprechendes gilt, soweit in bestehenden Gebäuden u.a. Heizungen oder Warmwasserversorgungsanlagen eingebaut, ersetzt oder umgerüstet werden. Die hieran zu stellenden Anforderungen sind durch das 3. Änderungsgesetz vom 28. 3. 2009 verschärft worden. Das EnEG bildet zudem die gesetzliche Grundlage für die Einführung des Energieausweises (§ 5a EnEG) und die Ermächtigung zum Erlass der Energieeinsparungsverordnung (Nr. **12**) sowie der Heizkostenverordnung (Nr. **13**).

Die Energieeinsparungsverordnung vom 27. 7. 2007 (Nr. **12**), zuletzt geändert durch die Verordnung vom 24. 10. 2015, konkretisiert die Ziele des EnEG. Einen Schwerpunkt bilden die Regelungen über die Ausstellung und Verwendung von Energieausweisen, die die energetischen Eigenschaften eines Gebäudes dokumentieren (§§ 16f. EnEV). Der Energieausweis wird entweder auf der Grundlage des Energiebedarfs (§ 18 EnEV) oder des Energieverbrauchs (§ 19 EnEV) erstellt. Dem Verpflichteten steht grundsätzlich ein Wahlrecht zu, das aber durch zahlreiche Ausnahmen eingeschränkt wird (§ 17 EnEV). Die am 1. 5. 2014 in Kraft getretenen Neuregelungen dienen zunächst dem Verbrau-cherschutz. So müssen in kommerziellen Immobilienanzeigen Angaben über die Art des Energieausweises sowie über bestimmte energetische Beschaffenheitsmerkmale enthalten sein (§ 16a EnEV). Kommt es zum Abschluss eines Mietvertrages, so muss der Vermieter dem Mieter den Energieausweis oder eine Kopie hiervon übergeben (§ 16 Abs. 4 Satz 2 EnEV).

Im Übrigen verschärft die EnEV die Anforderungen an die Energieeinsparmaßnahmen, in die auch Anlagen für Kühle und Raumlufttechnik einbezogen werden (§ 13 EnEV). Öl- und Gasheizkessel, die vor 1985 eingebraut worden sind, müssen spätestens ab 2015 außer Betrieb genommen werden. Ferner müssen derartige Anlagen, die nach dem 1. 1. 1985 eingebaut worden sind, spätestens nach 30 Jahren ersetzt werden (§ 10 EnEV). Allerdings bestehen hiervon Ausnahmen. Dem Eigentümer obliegt eine Pflicht zur Wärmedämmung von bisher nicht wärmegedämmten Rohrleitungen; die gleiche bis zum Ende 2015 zu erfüllende Pflicht trifft ihn für Oberdecken, die nicht den Anforderungen an den Mindestwärmeschutz entsprechen (§ 10 Abs. 3 EnEV). Darüber hinaus unterliegen Wohn- und Nichtwohngebäude, die nach dem 1. 1. 2016 neu gebaut werden, erhöhten energetischen Anforderungen. Der Jahresbedarf an Primärenergie soll dadurch um 25% gesenkt werden (§ 3 EnEV). Soweit der Eigentümer, ohne hierzu verpflichtet zu sein, energieeinsparende Maßnahmen freiwillig durchführt, enthält § 9 EnEV Auflagen. Falls die Anforderungen infolge eines unangemessenen Aufwands oder aufgrund sonstiger besonderer Umstände zu einer unbilligen Härte führen würden, kann die zuständige Landesbehörde auf Antrag Befreiungen erteilen (§ 25 EnEV). Besondere Befreiungen sind zudem für Gebäude, die der Unterbringung von Asylsuchenden und Flüchtlingen dienen, in § 25a EnEV geregelt.

Das Modernisierungs- und Energieeinsparungsgesetz ist durch Art. 4 des Gesetzes zur Reform des Wohnungsbaurechts vom 13. 9. 2001 aufgehoben worden. Da seine Regelungen für Altfälle noch wichtig sein können und die Begriffsbestimmungen für Maßnahmen der Modernisierung und Energieeinsparung noch praktische Bedeutung haben, ist das Gesetz im Anhang (Nr. **24**) berücksichtigt worden.

Die HeizkostenV (Nr. **13**) in der Fassung vom 5. 10. 2009 wurde am 23. 2. 1989 erlassen und ist in den neuen Bundesländern am 1. 1. 1995 in Kraft gesetzt worden. Durch Verordnung vom 2. 12. 2008 ist sie umfassend novelliert worden. Sie regelt die Verteilung der Kosten des Betriebs zentraler Heiz- und zentraler Warmwasserversorgungsanlagen sowie der eigenständigen gewerblichen Lieferung von Wärme und Warmwasser (§ 1 HeizkostenV). Ihr Inhalt geht vertraglichen Regelungen vor, außer bei Gebäuden mit nicht mehr als 2 Wohnungen, von denen die eine vom Vermieter selbst bewohnt wird (§ 2 HeizkostenV). Mit der Pflicht des Gebäudeeigentümers zur Ausstattung mit Verbrauchserfassungsgeräten korrespondiert der entsprechende Anspruch des Nutzers (§ 4 HeizkostenV). Ausnahmen von der Ausstattungspflicht sind in § 11 HeizkostenV geregelt. Das ist u. a. der Fall, wenn die Ausstattung mit Geräten zur Verbrauchserfassung nur mit unverhältnismäßig hohen Kosten erfolgen könnte. Die Unverhältnismäßigkeit ist nach der Gesetzesdefinition in der Regel gegeben, wenn die aufzuwendenden Kosten nicht durch Einsparungen innerhalb von 10 Jahren erwirtschaftet werden können. Auf der Ausstattungspflicht baut die Pflicht zur verbrauchsabhängigen Kostenverteilung auf (§ 6 HeizkostenV). Mindestens 50%, höchstens 70% der Kosten sind verbrauchsabhängig abzurechnen (§ 7 Abs. 1 HeizkostenV). Die letztere Quote ist zwingend für solche Gebäude zu beachten, die den Anforderungen der Wärmeschutzverordnung vom 16. 8. 1994 nicht entsprechen. Bei Gebäuden mit erhöhter Rohrwärmeabgabe – etwa bei der Ausstattung mit Einrohrheizungen, ungedämmte Rohrleitungen über Putz – kann der Verbrauch nunmehr nach den „anerkannten Regeln der Technik" ermittelt werden. Allgemein können die Vertragsparteien auch eine vollständige verbrauchsabhängige Abrechnung vereinbaren (§ 10 HeizkostenV). Zu den umlagefähigen Kosten der Wärmeversorgung zählen auch die Kosten der Wärmelieferung (§ 7 Abs. 4 HeizkostenV). Besondere Regelungen über die Kostenschätzung und -verteilung bestehen, wenn Erfassungsgeräte ausfallen (§ 9a HeizkostenV) oder der Nutzer im Verlaufe einer Verbrauchsperiode wechselt (§ 9b HeizkostenV). Verstößt der Eigentümer gegen seine Pflicht, verbrauchabhängig abzurechnen, so ist der Nutzer berechtigt, den bei einer nicht verbrauchsabhängigen Abrechnung auf ihn entfallenden Kostenanteil um 15% zu kürzen (§ 12 Abs. 1 HeizkostenV).

7. Preisklauselgesetz

Wertsicherungsklauseln bedurften aufgrund des Preisangabe- und Preisklauselgesetzes vom 3. 12. 1984 der behördlichen Genehmigung, zuletzt durch das Bundesamt für Wirtschaft und Ausfuhrkontrolle. Die Einzelheiten waren in der Preisklauselverordnung vom 23. 9. 1998 (PrKV) geregelt. Nach § 4 PrKV galten Preisklauseln als genehmigt, wenn die Entwicklung des Miet- oder Pachtzinses u. a. an die Änderung eines amtlichen Indexes für die Gesamtlebenshaltungskosten geknüpft war und der Vermieter sich an eine Vertragslaufzeit von mindestens 10 Jahren gebunden hatte. Durch das Preisklauselgesetz vom 7. 9. 2007 (Nr. **28 a**), das am 14. 9. in Kraft getreten ist, ist das System der Genehmigung grundlegend geändert worden. Danach gilt ein generelles Verbot von Preisklauseln; ausgenommen hiervon sind Leistungsvorbehalte, Spannungs- und Kostenelementklauseln, so dass im Kern nur Wertsicherungsklauseln von dem Verbot betroffen sind (§ 1 PreisKlG). Für in § 3 PreisKlG aufgeführte Klauseln gibt es Ausnahmen, sofern sie im Einzelfall bestimmt sind und keine Vertragspartei unangemessen benachteiligen (§ 2 PreisKlG). Zu diesen zählen die mietrechtlich relevanten Klauseln in Verträgen, die für mindestens 10 Jahre befristet sind oder in denen der Gläubiger auf die Dauer von mindestens 10 Jahren auf das Recht zur ordentlichen Kündigung verzichtet hat oder der Schuldner das Recht hat, die Vertragsdauer auf mindestens 10 Jahre zu verlängern. Weitere Voraussetzung ist, dass die geschuldete Leistung durch die Änderung eines amtlichen Preisindexes für die Gesamtlebenshaltung bestimmt werden soll (§ 3 Abs. 1 Ziff. 1 e PreisKlG). Neu ist, dass die Zulässigkeit einer Preisklausel nicht mehr vorab in einem Genehmigungsverfahren von Amts wegen geprüft wird, sondern es den Vertragsparteien vorbehalten bleibt zu prüfen, ob die genannten Voraussetzungen für die Wirksamkeit der Klausel vorliegen. Deren Unwirksamkeit soll gemäß § 8 PreisKlG erst zu dem Zeitpunkt eintreten, zu dem der Verstoß gegen das PreisKlG rechtskräftig festgestellt worden ist, sofern die Parteien nicht eine frühere Unwirksamkeit vereinbart haben.

VII. Regelungen für preisgebundenen Wohnraum

Das Gesetz zur Reform des Wohnungsbaurecht vom 13. 9. 2001, das in seinen wesentlichen Teilen am 1. 1. 2002 in Kraft getreten ist, stellt das Recht des öffentlich geförderten Wohnraums und damit das Preisrecht auf neue Grundlagen. Kern des Gesetzes ist das Wohnraumförderungsgesetz (WoFG, abgedruckt unter Nr. **14**). Es löst die bisherigen Rechtsgrundlagen der Wohnungsbauförderung ab. Während das Wohnungsbindungsgesetz, die Neubaumietenverordnung und die II. Berechnungsverordnung übergangsweise für Altfälle weitergelten, ist das II. Wohnungsbaugesetz aufgehoben worden. Als Folge der Föderalismusreform ist die Zuständigkeit für die soziale Wohnungsbauförderung auf die Länder übergegangen. Dem trägt das Wohnraumförderungs-Überleitungsgesetz vom 5. 9. 2006 durch Änderungen des Wohnraumförderungsgesetzes (Nr. **14**) Rechnung.

1. Wohnungsbauförderungsgesetz

Das Gesetz verstärkt sowohl die Objekt- als auch die Bestandsförderung. Es verzichtet auf die bisherige Unterscheidung in verschiedene Förderwege, überlässt aber eine Differenzierung in dieser Hinsicht den Ländern und führt daher zu größerer Flexibilität. Ebenfalls verzichtet es auf ein besonderes, preisrechtlich bezogenes Mietrecht wie etwa im WoBindG, sondern stärkt die Einbeziehung des preisgebundenen Wohnraums in das allgemeine Mietrecht des BGB.

Mietrechtlich erheblich sind folgende Punkte: Der Verfügungsberechtigte darf Mietverträge nur mit Personen abschließen, die ihre Wohnberechtigung durch Übergabe eines Wohnberechtigungsscheins nachweisen (§ 27 WoFG).

Grundvoraussetzung für dessen Erteilung ist die Einhaltung bestimmter Einkommensgrenzen (§ 9 WoFG). Der Kreis der mit zu berücksichtigenden Haushaltsangehörigen erfasst nun auch den Lebenspartner und andere Partner einer auf Dauer angelegten Lebensgemeinschaft (§ 18 WoFG). Die soziale Bedürftigkeit der Begünstigten bestimmt sich nach der Höhe des Jahreseinkommens, das in § 21 definiert und durch das Alterseinkünftegesetz vom 5. 7. 2004 sowie durch Gesetz vom 15. 12. 2004 präzisiert worden ist. Im Falle eines Verstoßes gegen die Förderauflagen kann die zuständige Stelle neben sonstigen öffentlich-rechtlichen Sanktionen vom Verfügungsberechtigten verlangen, dass er das Mietverhältnis mit einem nicht wohnberechtigten Mieter kündigt. Vermag dieser die Kündigung nicht alsbald durchzusetzen, kann die zuständige Stelle gegenüber dem Mieter eine Räumungsverfügung erlassen (§ 27 Abs. 6 WoFG).

Die Mietbindung wird durch die Förderzusage bestimmt. Die danach höchstzulässige Miete ist eine Nettokaltmiete. Eine Mieterhöhung erfolgt nach den Grundsätzen des BGB, also nach §§ 558 f. BGB, jedoch unter Beachtung der Höchstmiete (§ 28 Abs. 3 WoFG). Bei der Mieterhöhung sind also drei Grenzen zu beachten: ortübliche Miete – Kappungsgrenze – preisrechtliche Höchstmiete. Zugunsten des Mieters ist stets die unterste Mietgrenze maßgebend. Der Mieter kann sich also auf die in der Förderzusage festgelegt Mietobergrenze berufen; er kann vom Vermieter – hilfsweise von der zuständigen Stelle – die hierfür erforderlichen Auskünfte verlangen (§ 28 Abs. 4, 5 WoFG).

Das II. Wohnungsbaugesetz (abgedruckt unter **Nr. 15**) ist zwar mit Wirkung zum 1.1.2002 aufgehoben worden. Es ist jedoch für sog. Altfälle aus der Zeit vor seiner Aufhebung wichtig. Zudem gelten über § 48 WoFG (**Nr. 14**) eine Reihe vom Bestimmungen weiter.

2. Wohnungsbindungsgesetz

Das WoBindG (abgedruckt unter **Nr. 16**) ist durch das Gesetz zur Reform des Wohnungsbaurechts vom 13. 9. 2001 geändert und neu gefasst worden. Das Gesetz diente dazu, die wohnungspolitischen Zielsetzungen des II. WoBauG – nämlich Belegungs- und Mietbindung – abzusichern. Dieser Zweck bezieht sich nunmehr im wesentlichen nur noch auf den bis zum 31. 12. 2001 geförderten Wohnungsbestand (§ 50 WoFG); das betrifft insbesondere die nach dem 1. Förderweg geförderten Gebäude.

Das WoBindG enthält grundsätzliche Reglungen über die Berechtigung, eine Sozialwohnung zu beziehen, die von der Einhaltung bestimmter Einkommensgrenzen abhängt (§§ 4–5 a WoBindG); sie sind mit denjenigen des WoFG harmonisiert. Die maßgebliche Mietobergrenze bildet die Kostenmiete, die zur Deckung der laufenden Aufwendungen erforderlich ist und aufgrund einer Wirtschaftlichkeitsberechnung zu ermitteln ist (§§ 8–8 b WoBindG). Einmalige verlorene Finanzierungsbeiträge sind unzulässig; das gilt jedoch nicht für den Erwerb von Genossenschaftsanteilen (§ 9 WoBindG). Eine Mietkaution darf nur dazu bestimmt sein, Ansprüche des Vermieters wegen Schäden an der Wohnung oder wegen unterlassener Schönheitsreparaturen abzusichern (§ 9 Abs. 5 WoBindG).

Ändern sich die laufenden Aufwendungen für das Grundstück, so ist der Vermieter berechtigt, durch schriftliche Erklärung gegenüber dem Mieter die Kostenmiete zu erhöhen. Das Mieterhöhungsverlangen ist nur wirksam, wenn die Mieterhöhung berechnet und erläutert wird; auch müssen hierfür bestimmte Nachweise vorgelegt werden (s. § 10 Abs. 1 WoBindG). Die Mieterhöhung wirkt auf den folgenden Monatsersten; wird das Erhöhungsverlangen erst nach dem 15. eines Monats gestellt, so wirkt die Erhöhung erst ab dem übernächsten Monatsersten (§ 10 Abs. 2 WoBindG). Der Mieter ist im Falle einer Mieterhöhung zu einer außerordentlichen Kündigung nach § 11 WoBindG (Nr. **16**) berechtigt.

Die bisherigen Regelungen über Informationspflichten und das Vorkaufsrecht des Mieters bei Umwandlung in Wohnungseigentum, ferner über das Verbot der Zweckentfremdung sind nunmehr in § 32 WoFG enthalten, auf die in § 2 WoBindG verwiesen wird.

Die NeubaumietenV (abgedruckt unter Nr. **17**) sowie die II. BV (abgedruckt unter Nr. **18**) enthalten im wesentlichen Ausführungsvorschriften zum WoBindG. Sie gelten noch im Rahmen jenes Gesetzes für bis zum 31. 12. 2001 geförderten Wohnraum weiter (§ 50 WoFG). Besondere Bedeutung auch für den preisfreien Wohnraum hat die zu § 27 II. BV erlassene Anlage 3, die den Katalog der umlagefähigen Betriebskosten enthält. Diese ist von der BetrKV v. 25. 11. 2003 (abgedruckt unter Nr. **20**) abgelöst worden, welche nunmehr Bestandteil des § 556 Ab. 1 Satz 3 BGB geworden ist.

Mietrechtlich hervorzuheben ist, dass durch das Gesetz zur Reform des Wohnungsbaurechts vom 13. 9. 2001 die Pauschalen für Verwaltungs- und für Instandhaltungskosten in §§ 26, 28 II. BV angehoben und mit Wirkung ab 1. 1. 2005 durch Bindung an den Lebenshaltungskostenindex flexibilisiert worden sind. Von Bedeutung sind auch noch die (aufgehobenen) Bestimmungen über die Berechnung von Wohnflächen in §§ 43, 44 II BV für – auch preisfreie – Wohnungen, die bis zum 31. 12. 2003 vermietet worden sind.

3. Gesetz über den Abbau der Fehlsubventionierung im Wohnungswesen

Das AFWoG vom 22. 12. 1981 (abgedruckt unter Nr. **21**) richtet sich gegen höher verdienende Bewohner von preisgebundenem, mit öffentlichen Mitteln geförderten Wohnraum, die nun unberechtigt Subventionsvorteile in Anspruch nehmen. Sie werden zu Ausgleichsabgaben herangezogen. Deren Höhe richtet sich einerseits nach Einkommensgrenzen (§ 3 AFWoG), andererseits nach dem Unterschiedsbetrag zwischen der zulässigen Kostenmiete und dem Höchstbetrag, der sich an der durch Mietspiegel ausgewiesenen ortsüblichen Vergleichsmiete orientiert (§ 6 AFWoG). Für die Inhaber von öffentlich geförderten Wohnungen besteht eine Auskunftspflicht (§ 5 AFWoG). Der Ausgleichsbetrag wird durch einen Leistungsbescheid festgelegt (§ 4 AFWoG). Die Leistungspflicht erlischt, sobald die Wohnung nicht mehr als öffentlich gefördert gilt, insbesondere also die Bindungsfrist nach § 16 WoBindG abgelaufen ist oder der Inhaber die Wohnung nicht mehr nutzt (§ 7 AFWoG). Die Ausgleichszahlungen fließen an das jeweilige Land und sind für die soziale Wohnraumförderung zu verwenden (§ 10 AFWoG). Einzelne Länder haben Ausführungsgesetze zum AFWoG erlassen; deren Fundstellen sind unter Nr. **21 a** abgedruckt.

Mietrechtlich ist hervorzuheben, dass die Kappungsgrenze nicht gilt, wenn der Mieter nach Wegfall der Preisbindung die Fehlbelegungsabgabe nicht mehr schuldet. An die Stelle der Kappungsgrenze tritt die Mietbelastung des Mieters, die sich aus der zuletzt preisrechtlich zulässigen Miete zuzüglich der Fehlbelegungsabgabe zusammensetzt (s. § 558 Abs. 4 BGB). Zu beachten bleibt aber, dass auch in diesem Fall die ortsübliche Miete die Obergrenze für eine Mieterhöhung des Vermieters bleibt. Der Mieter ist dem Vermieter über Grund und Höhe einer Ausgleichsabgabe auskunftspflichtig (§ 558 Abs. 4 S. 2 BGB).

VIII. Mietprozess

Im Zuge der Neuordnung des Wohnraummietrechts nach sozialen Gesichtspunkten hat der Gesetzgeber insbesondere durch das 3. MietRÄndG vom 14. 7. 1964 eine Reihe von Neuerungen für den Mietprozess, speziell für den Räumungsprozess, eingeführt. Die am 1. 1. 2002 in Kraft getretene ZPO-Reform beeinflusst den Mietprozess ebenfalls erheblich, auch wenn sie keinen mietspezifischen Bezug hat. Durch das MietRÄndG 2013 sind das Erkenntnisverfahren zum Schutz des Gläubigers vor zahlungsunwilligen Schuldnern und das Vollstreckungsverfahren in Räumungssachen zum Zweck der Beschleunigung sowie der Kostenersparnis effizienter ausgestaltet worden. Es sind folgende Besonderheiten zu beachten:

1. Zuständigkeit

Für Streitigkeiten aus einem Mietverhältnis über Wohnraum oder über den Bestand eines solchen Mietverhältnisses ist das Amtgericht ohne Rücksicht auf die Höhe des Streitwerts sachlich ausschließlich zuständig (§ 23 GVG, abgedruckt unter Nr. **23**). Örtlich ausschließlich zuständig in allen Streitigkeiten über Ansprüche aus Miet- und Pachtverträgen ist das Gericht, in dessen Bezirk sich die Räume befinden (§ 29 a Abs. 1 ZPO, abgedruckt unter Nr. **22**). Diese ausschließliche örtliche Zuständigkeit gilt auch für Streitigkeiten über Ansprüche aus Gewerbemietverträgen. Darin enthaltene oder nachträglich vereinbarte abweichende Gerichtsstandregelungen sind unwirksam (s. § 40 Abs. 2 Nr. 2 ZPO). Dahinter treten die besonderen Zuständigkeiten bei Wohnungseigentum (§ 29 b ZPO) und für Haustürgeschäfte (§ 29 c ZPO) zurück.

2. Erkenntnisverfahren

Eine Klage auf künftige Zahlung von Miete oder auf künftige Räumung ist in Wohnraummietsachen grundsätzlich unzulässig (§ 257 ZPO). Etwas anderes gilt nur, wenn nach den Umständen die Besorgnis besteht, dass der Mieter nicht rechtzeitig zahlen oder räumen werde (§ 259 ZPO). Die durch das MietRÄndG eingeführte gerichtliche Sicherungsanordnung (§ 283 a ZPO) soll verhindern, dass dem Gläubiger infolge einer längeren Prozessdauer Forderungsausfälle – z. B. Mietausfälle – entstehen. Sie ist auf Antrag des Klägers zulässig, wenn eine Räumungsklage mit einer Zahlungsklage verbunden wird, die Klage hohe Aussicht auf Erfolg hat und die Anordnung aufgrund einer Interessenabwägung gerechtfertigt ist, um wesentliche Nachteile für den Kläger abzuwenden. Gesichert werden nur die Geldforderungen, die nach Rechtshängigkeit fällig werden. Weist der Beklagte nicht nach, dass er die gerichtlich angeordnete Sicherheit innerhalb der ihm gesetzten Frist geleistet hat und war die Räumungsklage wegen Zahlungsverzugs erhoben worden, so darf die Räumung im Wege der einstweiligen Verfügung angeordnet werden (§ 940 a Abs. 3 ZPO). Die Entscheidung über die Sicherungsanordnung kann mit der sofortigen Beschwerde angegriffen werden.

Zum Zweck der Verfahrensbeschleunigung sind Räumungssachen vorrangig und beschleunigt durchzuführen (§ 272 Abs. 4 ZPO).

Hält das Gericht in einem Räumungsprozess das Fortsetzungsverlangen des Mieters nach der Sozialklausel in § 574 BGB für begründet, so hat es von Amts wegen auch ohne Antrag über die Dauer und die Modalitäten der Vertragsfortsetzung zu entscheiden (§ 308 a ZPO).

3. Rechtsmittel

Nach bisherigem Prozessrecht begann der Instanzenzug in Wohnraummietsachen beim Amtsgericht und endete beim Landgericht als Berufungsgericht (§ 72 GVG). Um der drohenden Gefahr einer Rechtszersplitterung zu begegnen, die sich hieraus ergab, hatte der Gesetzgeber durch Gesetz vom 5. 6. 1980 das Institut des Rechtsentscheids in § 541 ZPO eingeführt. Dadurch konnten auf Vorlage des Landgerichts obergerichtliche Entscheidungen zu Grundsatzfragen der Wohnraummiete erwirkt werden. Durch die ZPO-Reform ist das Rechtsentscheid-Verfahren abgeschafft worden; es hat nur noch für Übergangsfälle Bedeutung (§ 26 Nr. 6 EGZPO).

Allerdings ist nunmehr gegen Berufungsurteile auch in Wohnraummietsachen die Revision zum BGH statthaft (§§ 542f. ZPO) Sie ist aber nur zulässig, wenn sie entweder vom Berufungsgericht oder vom Revisionsgericht (auf eine Nichtzulassungsbeschwerde hin) zugelassen wird (§§ 543 Abs. 1, 544 ZPO). Vom Erreichen einer bestimmten Revisionssumme ist sie nicht abhängig. Jedoch gilt das erst nach einer gewissen Übergangszeit. Bis zum 31. 12. 2019 ist die Nichtzulassungsbeschwerde zum BGH nur zulässig, wenn die Revisionsbeschwer 20 000 € übersteigt (§ 26 Nr. 8 Satz 1 EGZPO).

4. Räumungsvollstreckung und Vollstreckungsschutz

a) Durch das MietRÄndG 2013 ist das sog. Berliner Vollstreckungsmodell ausgebaut und legalisiert worden (§ 885 a ZPO). Es ist gegenüber dem herkömmlichen Räumungsverfahren (§ 885 ZPO) flexibler und kostengünstiger. Es beruht auf einem beschränkten Vollstreckungsauftrag, den Schuldner aus dem Besitz zu setzen und den Gläubiger in den Besitz einzuweisen. Die Sachen des Schuldners, die nicht Gegenstand der Zwangsvollstreckung sind, muss der Gläubiger verwahren. Er haftet aber nur für Vorsatz oder grobe Fahrlässigkeit. Fordert der Schuldner die verwahrten Sachen nicht binnen eines Monats ab, so kann sie der Gläubiger verwerten und unverwertbare Sachen vernichten.

b) Wird auf Räumung von Wohnraum erkannt, so kann das Gericht auf Antrag oder von Amts wegen dem Schuldner eine Räumungsfrist gewähren (§ 721 ZPO). Die Höchstdauer der Räumungsfrist beträgt ein Jahr, gerechnet ab Rechtskraft des Räumungsurteils. Eine Räumungsfrist kann auch gewährt werden, wenn sich der Schuldner in einem gerichtlichen Vergleich zur Räumung verpflichtet hat (§ 794 a ZPO). Dagegen kann keine Räumungsfrist bewilligt werden, wenn es sich um einen Räumungsstreit aufgrund eines Zeitmietvertrages nach § 574 BGB handelt (§ 721 Abs. 7 ZPO). Eine Ausnahme besteht hier nur für den Fall, dass der Zeitmietvertrag vorzeitig beendet worden ist; dann ist dessen vorgesehene Dauer zugleich die zeitliche Grenze für eine Räumungsfrist (§ 794 a Abs. 5 ZPO).

c) Vollstreckungsschutz nach § 765 a ZPO kann bewilligt werden, wenn die Zwangsvollstreckung für den Schuldner auch unter Berücksichtigung der Interessen des Gläubigers eine sittenwidrige Härte bedeuten würde. In Räumungssachen muss der Schuldner den Antrag auf Vollstreckungsschutz spätestens 2 Wochen vor dem angesetzten Räumungstermin stellen, es sei denn, dass die Härtegründe erst nach Fristablauf eingetreten sind oder der Schuldner ohne sein Verschulden den Antrag nicht rechtzeitig stellen konnte.

5. Besondere Verfahren

a) Ein Anwaltsvergleich, der unter den Voraussetzungen des § 796 a ZPO zustande kommt, kann auch in Mietsachen einen Vollstreckungstitel bilden. Das gilt aber nicht für die Zustimmung zu einer Mieterhöhung oder für Vergleiche, die den Bestand eines Wohnraummietverhältnisses betreffen.

b) Eine einstweilige Verfügung auf Räumung von Wohnraum ist grundsätzlich unzulässig (§ 940 a ZPO), weil sie die Entscheidung in der Hautsache vorweg nehmen würde. Hiervon bestehen jedoch Ausnahmen, die durch das MietRÄndG 2013 erweitert worden sind. Wie bisher, kommt eine einstweilige Verfügung auf Räumung von Wohnraum in den Fällen der verbotenen Eigenmacht oder – eingefügt aufgrund des Gewaltschutzgesetzes vom 11. 12. 2001 – bei einer konkreten Gefahr für Leib oder Leben in Betracht. Weitere Ausnahmen gelten, wenn eine Sicherungsanordnung (§ 283 a ZPO) nicht befolgt wird (§ 940 a Abs. 3 ZPO) oder wenn sich ein vom Räumungstitel nicht erfasster Gewahrsamsinhaber im Besitz der Mietsache befindet und der Gläubiger, der einen vollstreckbaren Titel gegen den Schuldner erwirkt hat, von diesem Umstand erst nach Schluss der mündlichen Verhandlung Kenntnis erlangt hat (§ 940 a Abs. 2 ZPO).

c) Eine Schiedsvereinbarung ist grundsätzlich auch in Mietesachen über Wohnraum zulässig. Sie kann sich aber nicht auf Rechtsstreitigkeiten beziehen, die den Bestand des Mietverhältnisses betreffen, wenn der Wohnraum im Inland belegen ist und uneingeschränkt Wohnraummietrecht nach § 549 Abs. 1 BGB gilt.

6. Zwangsversteigerung und Insolvenz

a) Im Fall der Zwangsversteigerung des vermieteten Grundstücks tritt der Ersteher in das bestehende Mietverhältnis nach Maßgabe der §§ 566 f. BGB ein (§ 57 ZVG, s. Nr. **22 a**). Voraussetzung ist, dass dem Mieter das Mietobjekt zu diesem Zeitpunkt schon überlassen war. Der Ersteher haftet für die Rückgewähr der Kaution, selbst wenn er sie vom Schuldner nicht erhalten hat. Jedoch bleibt der Schuldner als früherer Vermieter sekundär in der Haftung (s. § 566 a BGB). Vorausverfügungen über den Mietzins wirken gegenüber dem Ersteher nach Maßgabe des § 57 b ZVG. Ihm steht jedoch ein außerordentliches Kündigungsrecht mit gesetzlicher Frist für den ersten zulässigen Termin nach § 57 a ZVG zu. Zur gesetzlichen Frist s. §§ 573 d Abs. 2, 580 a Abs. 4 BGB. Handelt es sich um ein Mietverhältnis über Wohnraum, das Kündigungsschutz genießt, so kann der Ersteher von seinem Kündigungsrecht nur Gebrauch machen, wenn ihm Kündigungsgründe nach § 573 BGB zur Seite stehen (s. § 573 d Abs. 1 BGB). Der Mieter von Wohnraum kann darüber hinaus einer Kündigung nach der Sozialklausel in § 574 BGB widersprechen.

b) Bei einer Insolvenz des Vermieters oder des Mieters bestehen Mietverhältnisse über Grundstücke oder Räume gegenüber der Insolvenzmasse und damit gegenüber dem Insolvenzverwalter fort (§ 108 Abs. 1 InsO, s. Nr. **22 b**).

Im Fall der Mieterinsolvenz kann der Insolvenzverwalter das Mietverhältnis mit einer Frist von 3 Monaten außerordentlich kündigen (§ 109 Abs. 1 InsO) oder vom Vertrag zurücktreten, falls dem Mieter das Mietobjekt zur Zeit der Eröffnung des Verfahrens noch nicht überlassen war (§ 109 Abs. 2 InsO). Handelt es sich um ein Mietverhältnis über Wohnraum, so ist eine außerordentliche Kündigung ausgeschlossen; stattdessen ist der Insolvenzverwalter berechtigt zu erklären, dass Ansprüche, die nach Ablauf von drei Monaten fällig werden, nicht im Insolvenzverfahren als Masseverbindlichkeiten geltend gemacht werden können. Der Vermieter hat dann wegen diesen Forderungen unmittelbare Ansprüche gegenüber dem Mieter, der mit der „Freigabe" die Verfügungsbefugnis über die Mietsache zurückerhält.

Dem Vermieter steht nach dem Antrag auf Eröffnung des Insolvenzverfahrens kein Kündigungsrecht u. a. wegen Zahlungsverzugs aus der Zeit vor dem Eröffnungsantrag zu (§ 112 InsO).

Im Fall der Vermieterinsolvenz besteht weder für den Insolvenzverwalter noch für den Mieter ein außerordentliches Kündigungsrecht. Besondere Regelungen, die denjenigen des Zwangsversteigerungsrechts entsprechen, gelten, wenn der Schuldner vor der Eröffnung des Verfahrens über die Mietzinsforderungen verfügt hat (§ 110 InsO). Veräußert der Insolvenzverwalter das Mietobjekt, so tritt der Erwerber in das Mietverhältnis ein; ihm steht jedoch ein außerordentliches Kündigungsrecht für den ersten zulässigen Termin zu (§ 111 InsO). Handelt es sich um ein Mietverhältnis über Wohnraum, so genießt der Mieter vollen Kündigungsschutz nach §§ 573 d, 574 BGB.

Vereinbarungen, die u. a. von den Vorschriften in §§ 108–112 abweichen, sind unwirksam (§ 119 InsO). Das gilt insbesondere für Klauseln, die dem Vermieter im Fall einer Mieterinsolvenz ein außerordentliches Kündigungsrecht einräumen.

I. Miete und Miethöhe

1. Bürgerliches Gesetzbuch (BGB)

In der Fassung der Bekanntmachung vom 2. Januar 2002[1]
(BGBl. I S. 42, ber. S. 2909 und 2003 I S. 738)

FNA 400-2

zuletzt geänd. durch Art. 4d QualifizierungschancenG v..18.12.2018 (BGBl. I S. 2651)

– Auszug –

Buch 1. Allgemeiner Teil

Abschnitt 1. Personen

Titel 2. Juristische Personen

Untertitel 1. Vereine

Kapitel 1. Allgemeine Vorschriften

§ 37 Berufung auf Verlangen einer Minderheit. (1) Die Mitgliederversammlung ist zu berufen, wenn der durch die Satzung bestimmte Teil oder in Ermangelung einer Bestimmung der zehnte Teil der Mitglieder die Berufung schriftlich unter Angabe des Zweckes und der Gründe verlangt.

(2) [1] Wird dem Verlangen nicht entsprochen, so kann das Amtsgericht die Mitglieder, die das Verlangen gestellt haben, zur Berufung der Versammlung ermächtigen; es kann Anordnungen über die Führung des Vorsitzes in der Versammlung treffen. [2] Zuständig ist das Amtsgericht, das für den Bezirk, in dem der Verein seinen Sitz hat, das Vereinsregister führt. [3] Auf die Ermächtigung muss bei der Berufung der Versammlung Bezug genommen werden.

Abschnitt 3. Rechtsgeschäfte

Titel 2. Willenserklärung

§ 125 Nichtigkeit wegen Formmangels. [1] Ein Rechtsgeschäft, welches der durch Gesetz vorgeschriebenen Form ermangelt, ist nichtig. [2] Der Mangel der durch Rechtsgeschäft bestimmten Form hat im Zweifel gleichfalls Nichtigkeit zur Folge.

§ 126 Schriftform. (1) Ist durch Gesetz schriftliche Form vorgeschrieben, so muss die Urkunde von dem Aussteller eigenhändig durch Namensunterschrift oder mittels notariell beglaubigten Handzeichens unterzeichnet werden.

(2) [1] Bei einem Vertrag muss die Unterzeichnung der Parteien auf derselben Urkunde erfolgen. [2] Werden über den Vertrag mehrere gleichlautende

---

[1] Neubekanntmachung des BGB v. 18.8.1896 (RGBl. S. 195) in der ab 1.1.2002 geltenden Fassung.

Urkunden aufgenommen, so genügt es, wenn jede Partei die für die andere Partei bestimmte Urkunde unterzeichnet.

(3) Die schriftliche Form kann durch die elektronische Form ersetzt werden, wenn sich nicht aus dem Gesetz ein anderes ergibt.

(4) Die schriftliche Form wird durch die notarielle Beurkundung ersetzt.

§ 126a Elektronische Form. (1) Soll die gesetzlich vorgeschriebene schriftliche Form durch die elektronische Form ersetzt werden, so muss der Aussteller der Erklärung dieser seinen Namen hinzufügen und das elektronische Dokument mit einer qualifizierten elektronischen Signatur versehen.

(2) Bei einem Vertrag müssen die Parteien jeweils ein gleichlautendes Dokument in der in Absatz 1 bezeichneten Weise elektronisch signieren.

§ 126b Textform. [1] Ist durch Gesetz Textform vorgeschrieben, so muss eine lesbare Erklärung, in der die Person des Erklärenden genannt ist, auf einem dauerhaften Datenträger abgegeben werden. [2] Ein dauerhafter Datenträger ist jedes Medium, das

1. es dem Empfänger ermöglicht, eine auf dem Datenträger befindliche, an ihn persönlich gerichtete Erklärung so aufzubewahren oder zu speichern, dass sie ihm während eines für ihren Zweck angemessenen Zeitraums zugänglich ist, und
2. geeignet ist, die Erklärung unverändert wiederzugeben.

§ 127 Vereinbarte Form. (1) Die Vorschriften des § 126, des § 126a oder des § 126b gelten im Zweifel auch für die durch Rechtsgeschäft bestimmte Form.

(2) [1] Zur Wahrung der durch Rechtsgeschäft bestimmten schriftlichen Form genügt, soweit nicht ein anderer Wille anzunehmen ist, die telekommunikative Übermittlung und bei einem Vertrag der Briefwechsel. [2] Wird eine solche Form gewählt, so kann nachträglich eine dem § 126 entsprechende Beurkundung verlangt werden.

(3) [1] Zur Wahrung der durch Rechtsgeschäft bestimmten elektronischen Form genügt, soweit nicht ein anderer Wille anzunehmen ist, auch eine andere als die in § 126a bestimmte elektronische Signatur und bei einem Vertrag der Austausch von Angebots- und Annahmeerklärung, die jeweils mit einer elektronischen Signatur versehen sind. [2] Wird eine solche Form gewählt, so kann nachträglich eine dem § 126a entsprechende elektronische Signierung oder, wenn diese einer der Parteien nicht möglich ist, eine dem § 126 entsprechende Beurkundung verlangt werden.

§ 132 Ersatz des Zugehens durch Zustellung.

(1) [1] Eine Willenserklärung gilt auch dann als zugegangen, wenn sie durch Vermittlung eines Gerichtsvollziehers zugestellt worden ist. [2] Die Zustellung erfolgt nach den Vorschriften der Zivilprozessordnung[1)].

(2) [1] Befindet sich der Erklärende über die Person desjenigen, welchem gegenüber die Erklärung abzugeben ist, in einer nicht auf Fahrlässigkeit

---

1) Auszugsweise abgedruckt unter Nr. **22**.

beruhenden Unkenntnis oder ist der Aufenthalt dieser Person unbekannt, so kann die Zustellung nach den für die öffentliche Zustellung geltenden Vorschriften der Zivilprozessordnung[1]) erfolgen. [2] Zuständig für die Bewilligung ist im ersteren Falle das Amtsgericht, in dessen Bezirk der Erklärende seinen Wohnsitz oder in Ermangelung eines inländischen Wohnsitzes seinen Aufenthalt hat, im letzteren Falle das Amtsgericht, in dessen Bezirk die Person, welcher zuzustellen ist, den letzten Wohnsitz oder in Ermangelung eines inländischen Wohnsitzes den letzten Aufenthalt hatte.

§ 133 Auslegung einer Willenserklärung. Bei der Auslegung einer Willenserklärung ist der wirkliche Wille zu erforschen und nicht an dem buchstäblichen Sinne des Ausdrucks zu haften.

§ 138 Sittenwidriges Rechtsgeschäft; Wucher. (1) Ein Rechtsgeschäft, das gegen die guten Sitten verstößt, ist nichtig.

(2) Nichtig ist insbesondere ein Rechtsgeschäft, durch das jemand unter Ausbeutung der Zwangslage, der Unerfahrenheit, des Mangels an Urteilsvermögen oder der erheblichen Willensschwäche eines anderen sich oder einem Dritten für eine Leistung Vermögensvorteile versprechen oder gewähren lässt, die in einem auffälligen Missverhältnis zu der Leistung stehen.

Titel 3. Vertrag

§ 145 Bindung an den Antrag. Wer einem anderen die Schließung eines Vertrags anträgt, ist an den Antrag gebunden, es sei denn, dass er die Gebundenheit ausgeschlossen hat.

§ 146 Erlöschen des Antrags. Der Antrag erlischt, wenn er dem Antragenden gegenüber abgelehnt oder wenn er nicht diesem gegenüber nach den §§ 147 bis 149 rechtzeitig angenommen wird.

§ 147 Annahmefrist. (1) [1] Der einem Anwesenden gemachte Antrag kann nur sofort angenommen werden. [2] Dies gilt auch von einem mittels Fernsprechers oder einer sonstigen technischen Einrichtung von Person zu Person gemachten Antrag.

(2) Der einem Abwesenden gemachte Antrag kann nur bis zu dem Zeitpunkt angenommen werden, in welchem der Antragende den Eingang der Antwort unter regelmäßigen Umständen erwarten darf.

§ 148 Bestimmung einer Annahmefrist. Hat der Antragende für die Annahme des Antrags eine Frist bestimmt, so kann die Annahme nur innerhalb der Frist erfolgen.

§ 149 Verspätet zugegangene Annahmeerklärung. [1] Ist eine dem Antragenden verspätet zugegangene Annahmeerklärung dergestalt abgesendet worden, dass sie bei regelmäßiger Beförderung ihm rechtzeitig zugegangen sein würde, und musste der Antragende dies erkennen, so hat er die Verspätung dem Annehmenden unverzüglich nach dem Empfang der Erklärung

---

[1]) Auszugsweise abgedruckt unter Nr. 22.

anzuzeigen, sofern es nicht schon vorher geschehen ist. [2] Verzögert er die Absendung der Anzeige, so gilt die Annahme als nicht verspätet.

§ 150 Verspätete und abändernde Annahme. (1) Die verspätete Annahme eines Antrags gilt als neuer Antrag.

(2) Eine Annahme unter Erweiterungen, Einschränkungen oder sonstigen Änderungen gilt als Ablehnung verbunden mit einem neuen Antrag.

§ 151 Annahme ohne Erklärung gegenüber dem Antragenden. [1] Der Vertrag kommt durch die Annahme des Antrags zustande, ohne dass die Annahme dem Antragenden gegenüber erklärt zu werden braucht, wenn eine solche Erklärung nach der Verkehrssitte nicht zu erwarten ist oder der Antragende auf sie verzichtet hat. [2] Der Zeitpunkt, in welchem der Antrag erlischt, bestimmt sich nach dem aus dem Antrag oder den Umständen zu entnehmenden Willen des Antragenden.

§ 152 Annahme bei notarieller Beurkundung. [1] Wird ein Vertrag notariell beurkundet, ohne dass beide Teile gleichzeitig anwesend sind, so kommt der Vertrag mit der nach § 128 erfolgten Beurkundung der Annahme zustande, wenn nicht ein anderes bestimmt ist. [2] Die Vorschrift des § 151 Satz 2 findet Anwendung.

§ 153 Tod oder Geschäftsunfähigkeit des Antragenden. Das Zustandekommen des Vertrags wird nicht dadurch gehindert, dass der Antragende vor der Annahme stirbt oder geschäftsunfähig wird, es sei denn, dass ein anderer Wille des Antragenden anzunehmen ist.

§ 154 Offener Einigungsmangel; fehlende Beurkundung. (1) [1] Solange nicht die Parteien sich über alle Punkte eines Vertrags geeinigt haben, über die nach der Erklärung auch nur einer Partei eine Vereinbarung getroffen werden soll, ist im Zweifel der Vertrag nicht geschlossen. [2] Die Verständigung über einzelne Punkte ist auch dann nicht bindend, wenn eine Aufzeichnung stattgefunden hat.

(2) Ist eine Beurkundung des beabsichtigten Vertrags verabredet worden, so ist im Zweifel der Vertrag nicht geschlossen, bis die Beurkundung erfolgt ist.

§ 155 Versteckter Einigungsmangel. Haben sich die Parteien bei einem Vertrag, den sie als geschlossen ansehen, über einen Punkt, über den eine Vereinbarung getroffen werden sollte, in Wirklichkeit nicht geeinigt, so gilt das Vereinbarte, sofern anzunehmen ist, dass der Vertrag auch ohne eine Bestimmung über diesen Punkt geschlossen sein würde.

§ 156 Vertragsschluss bei Versteigerung. [1] Bei einer Versteigerung kommt der Vertrag erst durch den Zuschlag zustande. [2] Ein Gebot erlischt, wenn ein Übergebot abgegeben oder die Versteigerung ohne Erteilung des Zuschlags geschlossen wird.

§ 157 Auslegung von Verträgen. Verträge sind so auszulegen, wie Treu und Glauben mit Rücksicht auf die Verkehrssitte es erfordern.

Abschnitt 4. Fristen, Termine

§ 193 Sonn- und Feiertag; Sonnabend. Ist an einem bestimmten Tage oder innerhalb einer Frist eine Willenserklärung abzugeben oder eine Leistung zu bewirken und fällt der bestimmte Tag oder der letzte Tag der Frist auf einen Sonntag, einen am Erklärungs- oder Leistungsort staatlich anerkannten allgemeinen Feiertag oder einen Sonnabend, so tritt an die Stelle eines solchen Tages der nächste Werktag.

Abschnitt 5. Verjährung

Titel 1. Gegenstand und Dauer der Verjährung

§ 194 Gegenstand der Verjährung. (1) Das Recht, von einem anderen ein Tun oder Unterlassen zu verlangen (Anspruch), unterliegt der Verjährung.

(2) Ansprüche aus einem familienrechtlichen Verhältnis unterliegen der Verjährung nicht, soweit sie auf die Herstellung des dem Verhältnis entsprechenden Zustands für die Zukunft oder auf die Einwilligung in eine genetische Untersuchung zur Klärung der leiblichen Abstammung gerichtet sind.

§ 195 Regelmäßige Verjährungsfrist. Die regelmäßige Verjährungsfrist beträgt drei Jahre.

§ 196 Verjährungsfrist bei Rechten an einem Grundstück. Ansprüche auf Übertragung des Eigentums an einem Grundstück sowie auf Begründung, Übertragung oder Aufhebung eines Rechts an einem Grundstück oder auf Änderung des Inhalts eines solchen Rechts sowie die Ansprüche auf die Gegenleistung verjähren in zehn Jahren.

§ 199 Beginn der regelmäßigen Verjährungsfrist und Verjährungshöchstfristen. (1) Die regelmäßige Verjährungsfrist beginnt, soweit nicht ein anderer Verjährungsbeginn bestimmt ist, mit dem Schluss des Jahres, in dem

1. der Anspruch entstanden ist und
2. der Gläubiger von den den Anspruch begründenden Umständen und der Person des Schuldners Kenntnis erlangt oder ohne grobe Fahrlässigkeit erlangen müsste.

(2) Schadensersatzansprüche, die auf der Verletzung des Lebens, des Körpers, der Gesundheit oder der Freiheit beruhen, verjähren ohne Rücksicht auf ihre Entstehung und die Kenntnis oder grob fahrlässige Unkenntnis in 30 Jahren von der Begehung der Handlung, der Pflichtverletzung oder dem sonstigen, den Schaden auslösenden Ereignis an.

(3) [1] Sonstige Schadensersatzansprüche verjähren

1. ohne Rücksicht auf die Kenntnis oder grob fahrlässige Unkenntnis in zehn Jahren von ihrer Entstehung an und
2. ohne Rücksicht auf ihre Entstehung und die Kenntnis oder grob fahrlässige Unkenntnis in 30 Jahren von der Begehung der Handlung, der Pflichtverletzung oder dem sonstigen, den Schaden auslösenden Ereignis an.

[2] Maßgeblich ist die früher endende Frist.

(3a) Ansprüche, die auf einem Erbfall beruhen oder deren Geltendmachung die Kenntnis einer Verfügung von Todes wegen voraussetzt, verjähren ohne Rücksicht auf die Kenntnis oder grob fahrlässige Unkenntnis in 30 Jahren von der Entstehung des Anspruchs an.

(4) Andere Ansprüche als die nach den Absätzen 2 bis 3a verjähren ohne Rücksicht auf die Kenntnis oder grob fahrlässige Unkenntnis in zehn Jahren von ihrer Entstehung an.

(5) Geht der Anspruch auf ein Unterlassen, so tritt an die Stelle der Entstehung die Zuwiderhandlung.

§ 200 Beginn anderer Verjährungsfristen. [1] Die Verjährungsfrist von Ansprüchen, die nicht der regelmäßigen Verjährungsfrist unterliegen, beginnt mit der Entstehung des Anspruchs, soweit nicht ein anderer Verjährungsbeginn bestimmt ist. [2] § 199 Abs. 5 findet entsprechende Anwendung.

§ 201 Beginn der Verjährungsfrist von festgestellten Ansprüchen. [1] Die Verjährung von Ansprüchen der in § 197 Abs. 1 Nr. 3 bis 6 bezeichneten Art beginnt mit der Rechtskraft der Entscheidung, der Errichtung des vollstreckbaren Titels oder der Feststellung im Insolvenzverfahren, nicht jedoch vor der Entstehung des Anspruchs. [2] § 199 Abs. 5 findet entsprechende Anwendung.

§ 202 Unzulässigkeit von Vereinbarungen über die Verjährung.

(1) Die Verjährung kann bei Haftung wegen Vorsatzes nicht im Voraus durch Rechtsgeschäft erleichtert werden.

(2) Die Verjährung kann durch Rechtsgeschäft nicht über eine Verjährungsfrist von 30 Jahren ab dem gesetzlichen Verjährungsbeginn hinaus erschwert werden.

Titel 2. Hemmung, Ablaufhemmung und Neubeginn der Verjährung

§ 203 Hemmung der Verjährung bei Verhandlungen. [1] Schweben zwischen dem Schuldner und dem Gläubiger Verhandlungen über den Anspruch oder die den Anspruch begründenden Umstände, so ist die Verjährung gehemmt, bis der eine oder der andere Teil die Fortsetzung der Verhandlungen verweigert. [2] Die Verjährung tritt frühestens drei Monate nach dem Ende der Hemmung ein.

§ 204 Hemmung der Verjährung durch Rechtsverfolgung. (1) Die Verjährung wird gehemmt durch

1. die Erhebung der Klage auf Leistung oder auf Feststellung des Anspruchs, auf Erteilung der Vollstreckungsklausel oder auf Erlass des Vollstreckungsurteils,

1a. die Erhebung einer Musterfeststellungsklage für einen Anspruch, den ein Gläubiger zu dem zu der Klage geführten Klageregister wirksam angemeldet hat, wenn dem angemeldeten Anspruch derselbe Lebenssachverhalt zugrunde liegt wie den Feststellungszielen der Musterfeststellungsklage,

2. die Zustellung des Antrags im vereinfachten Verfahren über den Unterhalt Minderjähriger,
3. die Zustellung des Mahnbescheids im Mahnverfahren oder des Europäischen Zahlungsbefehls im Europäischen Mahnverfahren nach der Verordnung (EG) Nr. 1896/2006 des Europäischen Parlaments und des Rates vom 12. Dezember 2006 zur Einführung eines Europäischen Mahnverfahrens (ABl. EU Nr. L 399 S. 1),
4. die Veranlassung der Bekanntgabe eines Antrags, mit dem der Anspruch geltend gemacht wird, bei einer
   a) staatlichen oder staatlich anerkannten Streitbeilegungsstelle oder
   b) anderen Streitbeilegungsstelle, wenn das Verfahren im Einvernehmen mit dem Antragsgegner betrieben wird;

   die Verjährung wird schon durch den Eingang des Antrags bei der Streitbeilegungsstelle gehemmt, wenn der Antrag demnächst bekannt gegeben wird,
5. die Geltendmachung der Aufrechnung des Anspruchs im Prozess,
6. die Zustellung der Streitverkündung,

6a. die Zustellung der Anmeldung zu einem Musterverfahren für darin bezeichnete Ansprüche, soweit diesen der gleiche Lebenssachverhalt zugrunde liegt wie den Feststellungszielen des Musterverfahrens und wenn innerhalb von drei Monaten nach dem rechtskräftigen Ende des Musterverfahrens die Klage auf Leistung oder Feststellung der in der Anmeldung bezeichneten Ansprüche erhoben wird,

7. die Zustellung des Antrags auf Durchführung eines selbständigen Beweisverfahrens,
8. den Beginn eines vereinbarten Begutachtungsverfahrens,
9. die Zustellung des Antrags auf Erlass eines Arrests, einer einstweiligen Verfügung oder einer einstweiligen Anordnung, oder, wenn der Antrag nicht zugestellt wird, dessen Einreichung, wenn der Arrestbefehl, die einstweilige Verfügung oder die einstweilige Anordnung innerhalb eines Monats seit Verkündung oder Zustellung an den Gläubiger dem Schuldner zugestellt wird,
10. die Anmeldung des Anspruchs im Insolvenzverfahren oder im Schifffahrtsrechtlichen Verteilungsverfahren,
11. den Beginn des schiedsrichterlichen Verfahrens,
12. die Einreichung des Antrags bei einer Behörde, wenn die Zulässigkeit der Klage von der Vorentscheidung dieser Behörde abhängt und innerhalb von drei Monaten nach Erledigung des Gesuchs die Klage erhoben wird; dies gilt entsprechend für bei einem Gericht oder bei einer in Nummer 4 bezeichneten Streitbeilegungsstelle zu stellende Anträge, deren Zulässigkeit von der Vorentscheidung einer Behörde abhängt,
13. die Einreichung des Antrags bei dem höheren Gericht, wenn dieses das zuständige Gericht zu bestimmen hat und innerhalb von drei Monaten nach Erledigung des Gesuchs die Klage erhoben oder der Antrag, für den die Gerichtsstandsbestimmung zu erfolgen hat, gestellt wird, und
14. die Veranlassung der Bekanntgabe des erstmaligen Antrags auf Gewährung von Prozesskostenhilfe oder Verfahrenskostenhilfe; wird die Bekanntgabe

demnächst nach der Einreichung des Antrags veranlasst, so tritt die Hemmung der Verjährung bereits mit der Einreichung ein.

(2) [1] Die Hemmung nach Absatz 1 endet sechs Monate nach der rechtskräftigen Entscheidung oder anderweitigen Beendigung des eingeleiteten Verfahrens. [2] Die Hemmung nach Absatz 1 Nummer 1a endet auch sechs Monate nach der Rücknahme der Anmeldung zum Klageregister. [3] Gerät das Verfahren dadurch in Stillstand, dass die Parteien es nicht betreiben, so tritt an die Stelle der Beendigung des Verfahrens die letzte Verfahrenshandlung der Parteien, des Gerichts oder der sonst mit dem Verfahren befassten Stelle. [4] Die Hemmung beginnt erneut, wenn eine der Parteien das Verfahren weiter betreibt.

(3) Auf die Frist nach Absatz 1 Nr. 6a, 9, 12 und 13 finden die §§ 206, 210 und 211 entsprechende Anwendung.

§ 205 Hemmung der Verjährung bei Leistungsverweigerungsrecht. Die Verjährung ist gehemmt, solange der Schuldner auf Grund einer Vereinbarung mit dem Gläubiger vorübergehend zur Verweigerung der Leistung berechtigt ist.

§ 209 Wirkung der Hemmung. Der Zeitraum, während dessen die Verjährung gehemmt ist, wird in die Verjährungsfrist nicht eingerechnet.

§ 210 Ablaufhemmung bei nicht voll Geschäftsfähigen. (1) [1] Ist eine geschäftsunfähige oder in der Geschäftsfähigkeit beschränkte Person ohne gesetzlichen Vertreter, so tritt eine für oder gegen sie laufende Verjährung nicht vor dem Ablauf von sechs Monaten nach dem Zeitpunkt ein, in dem die Person unbeschränkt geschäftsfähig oder der Mangel der Vertretung behoben wird. [2] Ist die Verjährungsfrist kürzer als sechs Monate, so tritt der für die Verjährung bestimmte Zeitraum an die Stelle der sechs Monate.

(2) Absatz 1 findet keine Anwendung, soweit eine in der Geschäftsfähigkeit beschränkte Person prozessfähig ist.

§ 212 Neubeginn der Verjährung. (1) Die Verjährung beginnt erneut, wenn

1. der Schuldner dem Gläubiger gegenüber den Anspruch durch Abschlagszahlung, Zinszahlung, Sicherheitsleistung oder in anderer Weise anerkennt oder
2. eine gerichtliche oder behördliche Vollstreckungshandlung vorgenommen oder beantragt wird.

(2) Der erneute Beginn der Verjährung infolge einer Vollstreckungshandlung gilt als nicht eingetreten, wenn die Vollstreckungshandlung auf Antrag des Gläubigers oder wegen Mangels der gesetzlichen Voraussetzungen aufgehoben wird.

(3) Der erneute Beginn der Verjährung durch den Antrag auf Vornahme einer Vollstreckungshandlung gilt als nicht eingetreten, wenn dem Antrag nicht stattgegeben oder der Antrag vor der Vollstreckungshandlung zurückgenommen oder die erwirkte Vollstreckungshandlung nach Absatz 2 aufgehoben wird.

§ 213 Hemmung, Ablaufhemmung und erneuter Beginn der Verjährung bei anderen Ansprüchen. Die Hemmung, die Ablaufhemmung und der erneute Beginn der Verjährung gelten auch für Ansprüche, die aus demselben Grunde wahlweise neben dem Anspruch oder an seiner Stelle gegeben sind.

Titel 3. Rechtsfolgen der Verjährung

§ 214 Wirkung der Verjährung. (1) Nach Eintritt der Verjährung ist der Schuldner berechtigt, die Leistung zu verweigern.

(2) [1] Das zur Befriedigung eines verjährten Anspruchs Geleistete kann nicht zurückgefordert werden, auch wenn in Unkenntnis der Verjährung geleistet worden ist. [2] Das Gleiche gilt von einem vertragsmäßigen Anerkenntnis sowie einer Sicherheitsleistung des Schuldners.

§ 215 Aufrechnung und Zurückbehaltungsrecht nach Eintritt der Verjährung. Die Verjährung schließt die Aufrechnung und die Geltendmachung eines Zurückbehaltungsrechts nicht aus, wenn der Anspruch in dem Zeitpunkt noch nicht verjährt war, in dem erstmals aufgerechnet oder die Leistung verweigert werden konnte.

§ 216 Wirkung der Verjährung bei gesicherten Ansprüchen. (1) Die Verjährung eines Anspruchs, für den eine Hypothek, eine Schiffshypothek oder ein Pfandrecht besteht, hindert den Gläubiger nicht, seine Befriedigung aus dem belasteten Gegenstand zu suchen.

(2) [1] Ist zur Sicherung eines Anspruchs ein Recht verschafft worden, so kann die Rückübertragung nicht auf Grund der Verjährung des Anspruchs gefordert werden. [2] Ist das Eigentum vorbehalten, so kann der Rücktritt vom Vertrag auch erfolgen, wenn der gesicherte Anspruch verjährt ist.

(3) Die Absätze 1 und 2 finden keine Anwendung auf die Verjährung von Ansprüchen auf Zinsen und andere wiederkehrende Leistungen.

§ 217 Verjährung von Nebenleistungen. Mit dem Hauptanspruch verjährt der Anspruch auf die von ihm abhängenden Nebenleistungen, auch wenn die für diesen Anspruch geltende besondere Verjährung noch nicht eingetreten ist.

Buch 2. Recht der Schuldverhältnisse

Abschnitt 1. Inhalt der Schuldverhältnisse

Titel 1. Verpflichtung zur Leistung

§ 241 Pflichten aus dem Schuldverhältnis–251. (1) [1] Kraft des Schuldverhältnisses ist der Gläubiger berechtigt, von dem Schuldner eine Leistung zu fordern. [2] Die Leistung kann auch in einem Unterlassen bestehen.

(2) Das Schuldverhältnis kann nach seinem Inhalt jeden Teil zur Rücksicht auf die Rechte, Rechtsgüter und Interessen des anderen Teils verpflichten.

§ 241a[1] Unbestellte Leistungen. (1) Durch die Lieferung beweglicher Sachen, die nicht auf Grund von Zwangsvollstreckungsmaßnahmen oder anderen gerichtlichen Maßnahmen verkauft werden (Waren), oder durch die Erbringung sonstiger Leistungen durch einen Unternehmer an den Verbraucher wird ein Anspruch gegen den Verbraucher nicht begründet, wenn der Verbraucher die Waren oder sonstigen Leistungen nicht bestellt hat.

(2) Gesetzliche Ansprüche sind nicht ausgeschlossen, wenn die Leistung nicht für den Empfänger bestimmt war oder in der irrigen Vorstellung einer Bestellung erfolgte und der Empfänger dies erkannt hat oder bei Anwendung der im Verkehr erforderlichen Sorgfalt hätte erkennen können.

(3) [1] Von den Regelungen dieser Vorschrift darf nicht zum Nachteil des Verbrauchers abgewichen werden. [2] Die Regelungen finden auch Anwendung, wenn sie durch anderweitige Gestaltungen umgangen werden.

§ 242 Leistung nach Treu und Glauben. Der Schuldner ist verpflichtet, die Leistung so zu bewirken, wie Treu und Glauben mit Rücksicht auf die Verkehrssitte es erfordern.

§ 249 Art und Umfang des Schadensersatzes. (1) Wer zum Schadensersatz verpflichtet ist, hat den Zustand herzustellen, der bestehen würde, wenn der zum Ersatz verpflichtende Umstand nicht eingetreten wäre.

(2) [1] Ist wegen Verletzung einer Person oder wegen Beschädigung einer Sache Schadensersatz zu leisten, so kann der Gläubiger statt der Herstellung den dazu erforderlichen Geldbetrag verlangen. [2] Bei der Beschädigung einer Sache schließt der nach Satz 1 erforderliche Geldbetrag die Umsatzsteuer nur mit ein, wenn und soweit sie tatsächlich angefallen ist.

§ 250 Schadensersatz in Geld nach Fristsetzung. [1] Der Gläubiger kann dem Ersatzpflichtigen zur Herstellung eine angemessene Frist mit der Erklärung bestimmen, dass er die Herstellung nach dem Ablauf der Frist ablehne. [2] Nach dem Ablauf der Frist kann der Gläubiger den Ersatz in Geld verlangen, wenn nicht die Herstellung rechtzeitig erfolgt; der Anspruch auf die Herstellung ist ausgeschlossen.

§ 251 Schadensersatz in Geld ohne Fristsetzung. (1) Soweit die Herstellung nicht möglich oder zur Entschädigung des Gläubigers nicht genügend ist, hat der Ersatzpflichtige den Gläubiger in Geld zu entschädigen.

(2) [1] Der Ersatzpflichtige kann den Gläubiger in Geld entschädigen, wenn die Herstellung nur mit unverhältnismäßigen Aufwendungen möglich ist. [2] Die aus der Heilbehandlung eines verletzten Tieres entstandenen Aufwendungen sind nicht bereits dann unverhältnismäßig, wenn sie dessen Wert erheblich übersteigen.

§ 252 Entgangener Gewinn. [1] Der zu ersetzende Schaden umfasst auch den entgangenen Gewinn. [2] Als entgangen gilt der Gewinn, welcher nach dem gewöhnlichen Lauf der Dinge oder nach den besonderen Umständen,

---

[1] **Amtl. Anm.:** Diese Vorschrift dient der Umsetzung von Artikel 9 der Richtlinie 97/7/EG des Europäischen Parlaments und des Rates vom 20. Mai 1997 über den Verbraucherschutz bei Vertragsabschlüssen im Fernabsatz (ABl. EG Nr. L 144 S. 19).

insbesondere nach den getroffenen Anstalten und Vorkehrungen, mit Wahrscheinlichkeit erwartet werden konnte.

§ 253 Immaterieller Schaden. (1) Wegen eines Schadens, der nicht Vermögensschaden ist, kann Entschädigung in Geld nur in den durch das Gesetz bestimmten Fällen gefordert werden.

(2) Ist wegen einer Verletzung des Körpers, der Gesundheit, der Freiheit oder der sexuellen Selbstbestimmung Schadensersatz zu leisten, kann auch wegen des Schadens, der nicht Vermögensschaden ist, eine billige Entschädigung in Geld gefordert werden.

§ 254 Mitverschulden. (1) Hat bei der Entstehung des Schadens ein Verschulden des Beschädigten mitgewirkt, so hängt die Verpflichtung zum Ersatz sowie der Umfang des zu leistenden Ersatzes von den Umständen, insbesondere davon ab, inwieweit der Schaden vorwiegend von dem einen oder dem anderen Teil verursacht worden ist.

(2) [1] Dies gilt auch dann, wenn sich das Verschulden des Beschädigten darauf beschränkt, dass er unterlassen hat, den Schuldner auf die Gefahr eines ungewöhnlich hohen Schadens aufmerksam zu machen, die der Schuldner weder kannte noch kennen musste, oder dass er unterlassen hat, den Schaden abzuwenden oder zu mindern. [2] Die Vorschrift des § 278 findet entsprechende Anwendung.

§ 258 Wegnahmerecht. [1] Wer berechtigt ist, von einer Sache, die er einem anderen herauszugeben hat, eine Einrichtung wegzunehmen, hat im Falle der Wegnahme die Sache auf seine Kosten in den vorigen Stand zu setzen. [2] Erlangt der andere den Besitz der Sache, so ist er verpflichtet, die Wegnahme der Einrichtung zu gestatten; er kann die Gestattung verweigern, bis ihm für den mit der Wegnahme verbundenen Schaden Sicherheit geleistet wird.

§ 259 Umfang der Rechenschaftspflicht. (1) Wer verpflichtet ist, über eine mit Einnahmen oder Ausgaben verbundene Verwaltung Rechenschaft abzulegen, hat dem Berechtigten eine die geordnete Zusammenstellung der Einnahmen oder der Ausgaben enthaltende Rechnung mitzuteilen und, soweit Belege erteilt zu werden pflegen, Belege vorzulegen.

(2) Besteht Grund zu der Annahme, dass die in der Rechnung enthaltenen Angaben über die Einnahmen nicht mit der erforderlichen Sorgfalt gemacht worden sind, so hat der Verpflichtete auf Verlangen zu Protokoll an Eides statt zu versichern, dass er nach bestem Wissen die Einnahmen so vollständig angegeben habe, als er dazu imstande sei.

(3) In Angelegenheiten von geringer Bedeutung besteht eine Verpflichtung zur Abgabe der eidesstattlichen Versicherung nicht.

§ 275[1)] Ausschluss der Leistungspflicht. (1) Der Anspruch auf Leistung ist ausgeschlossen, soweit diese für den Schuldner oder für jedermann unmöglich ist.

[1)] **Amtl. Anm.:** Diese Vorschrift dient auch der Umsetzung der Richtlinie 1999/44/EG des Europäischen Parlaments und des Rates vom 25. Mai 1999 zu bestimmten Aspekten des Verbrauchsgüterkaufs und der Garantien für Verbrauchsgüter (ABl. EG Nr. L 171 S. 12).

(2) [1] Der Schuldner kann die Leistung verweigern, soweit diese einen Aufwand erfordert, der unter Beachtung des Inhalts des Schuldverhältnisses und der Gebote von Treu und Glauben in einem groben Missverhältnis zu dem Leistungsinteresse des Gläubigers steht. [2] Bei der Bestimmung der dem Schuldner zuzumutenden Anstrengungen ist auch zu berücksichtigen, ob der Schuldner das Leistungshindernis zu vertreten hat.

(3) Der Schuldner kann die Leistung ferner verweigern, wenn er die Leistung persönlich zu erbringen hat und sie ihm unter Abwägung des seiner Leistung entgegenstehenden Hindernisses mit dem Leistungsinteresse des Gläubigers nicht zugemutet werden kann.

(4) Die Rechte des Gläubigers bestimmen sich nach den §§ 280, 283 bis 285, 311a und 326.

§ 276 Verantwortlichkeit des Schuldners. (1) [1] Der Schuldner hat Vorsatz und Fahrlässigkeit zu vertreten, wenn eine strengere oder mildere Haftung weder bestimmt noch aus dem sonstigen Inhalt des Schuldverhältnisses, insbesondere aus der Übernahme einer Garantie oder eines Beschaffungsrisikos, zu entnehmen ist. [2] Die Vorschriften der §§ 827 und 828 finden entsprechende Anwendung.

(2) Fahrlässig handelt, wer die im Verkehr erforderliche Sorgfalt außer Acht lässt.

(3) Die Haftung wegen Vorsatzes kann dem Schuldner nicht im Voraus erlassen werden.

§ 277 Sorgfalt in eigenen Angelegenheiten. Wer nur für diejenige Sorgfalt einzustehen hat, welche er in eigenen Angelegenheiten anzuwenden pflegt, ist von der Haftung wegen grober Fahrlässigkeit nicht befreit.

§ 278 Verantwortlichkeit des Schuldners für Dritte. [1] Der Schuldner hat ein Verschulden seines gesetzlichen Vertreters und der Personen, deren er sich zur Erfüllung seiner Verbindlichkeit bedient, in gleichem Umfang zu vertreten wie eigenes Verschulden. [2] Die Vorschrift des § 276 Abs. 3 findet keine Anwendung.

§ 279 (weggefallen)

§ 280 Schadensersatz wegen Pflichtverletzung. (1) [1] Verletzt der Schuldner eine Pflicht aus dem Schuldverhältnis, so kann der Gläubiger Ersatz des hierdurch entstehenden Schadens verlangen. [2] Dies gilt nicht, wenn der Schuldner die Pflichtverletzung nicht zu vertreten hat.

(2) Schadensersatz wegen Verzögerung der Leistung kann der Gläubiger nur unter der zusätzlichen Voraussetzung des § 286 verlangen.

(3) Schadensersatz statt der Leistung kann der Gläubiger nur unter den zusätzlichen Voraussetzungen des § 281, des § 282 oder des § 283 verlangen.

§ 281 Schadensersatz statt der Leistung wegen nicht oder nicht wie geschuldet erbrachter Leistung. (1) [1] Soweit der Schuldner die fällige Leistung nicht oder nicht wie geschuldet erbringt, kann der Gläubiger unter den Voraussetzungen des § 280 Abs. 1 Schadensersatz statt der Leistung verlangen, wenn er dem Schuldner erfolglos eine angemessene Frist zur Leistung oder Nacherfüllung bestimmt hat. [2] Hat der Schuldner eine Teilleistung bewirkt, so kann der Gläubiger Schadensersatz statt der ganzen Leistung nur verlangen, wenn er an der Teilleistung kein Interesse hat. [3] Hat der Schuldner die Leistung nicht wie geschuldet bewirkt, so kann der Gläubiger Schadensersatz statt der ganzen Leistung nicht verlangen, wenn die Pflichtverletzung unerheblich ist.

(2) Die Fristsetzung ist entbehrlich, wenn der Schuldner die Leistung ernsthaft und endgültig verweigert oder wenn besondere Umstände vorliegen, die unter Abwägung der beiderseitigen Interessen die sofortige Geltendmachung des Schadensersatzanspruchs rechtfertigen.

(3) Kommt nach der Art der Pflichtverletzung eine Fristsetzung nicht in Betracht, so tritt an deren Stelle eine Abmahnung.

(4) Der Anspruch auf die Leistung ist ausgeschlossen, sobald der Gläubiger statt der Leistung Schadensersatz verlangt hat.

(5) Verlangt der Gläubiger Schadensersatz statt der ganzen Leistung, so ist der Schuldner zur Rückforderung des Geleisteten nach den §§ 346 bis 348 berechtigt.

§ 282 Schadensersatz statt der Leistung wegen Verletzung einer Pflicht nach § 241 Abs. 2. Verletzt der Schuldner eine Pflicht nach § 241 Abs. 2, kann der Gläubiger unter den Voraussetzungen des § 280 Abs. 1 Schadensersatz statt der Leistung verlangen, wenn ihm die Leistung durch den Schuldner nicht mehr zuzumuten ist.

§ 283 Schadensersatz statt der Leistung bei Ausschluss der Leistungspflicht. [1] Braucht der Schuldner nach § 275 Abs. 1 bis 3 nicht zu leisten, kann der Gläubiger unter den Voraussetzungen des § 280 Abs. 1 Schadensersatz statt der Leistung verlangen. [2] § 281 Abs. 1 Satz 2 und 3 und Abs. 5 findet entsprechende Anwendung.

§ 284 Ersatz vergeblicher Aufwendungen. Anstelle des Schadensersatzes statt der Leistung kann der Gläubiger Ersatz der Aufwendungen verlangen, die er im Vertrauen auf den Erhalt der Leistung gemacht hat und billigerweise machen durfte, es sei denn, deren Zweck wäre auch ohne die Pflichtverletzung des Schuldners nicht erreicht worden.

§ 285 Herausgabe des Ersatzes. (1) Erlangt der Schuldner infolge des Umstands, auf Grund dessen er die Leistung nach § 275 Abs. 1 bis 3 nicht zu erbringen braucht, für den geschuldeten Gegenstand einen Ersatz oder einen Ersatzanspruch, so kann der Gläubiger Herausgabe des als Ersatz Empfangenen oder Abtretung des Ersatzanspruchs verlangen.

(2) Kann der Gläubiger statt der Leistung Schadensersatz verlangen, so mindert sich dieser, wenn er von dem in Absatz 1 bestimmten Recht Gebrauch macht, um den Wert des erlangten Ersatzes oder Ersatzanspruchs.

§ 286[1)] Verzug des Schuldners. (1) [1] Leistet der Schuldner auf eine Mahnung des Gläubigers nicht, die nach dem Eintritt der Fälligkeit erfolgt, so kommt er durch die Mahnung in Verzug. [2] Der Mahnung stehen die Erhebung der Klage auf die Leistung sowie die Zustellung eines Mahnbescheids im Mahnverfahren gleich.

(2) Der Mahnung bedarf es nicht, wenn

1. für die Leistung eine Zeit nach dem Kalender bestimmt ist,
2. der Leistung ein Ereignis vorauszugehen hat und eine angemessene Zeit für die Leistung in der Weise bestimmt ist, dass sie sich von dem Ereignis an nach dem Kalender berechnen lässt,
3. der Schuldner die Leistung ernsthaft und endgültig verweigert,
4. aus besonderen Gründen unter Abwägung der beiderseitigen Interessen der sofortige Eintritt des Verzugs gerechtfertigt ist.

(3) [1] Der Schuldner einer Entgeltforderung kommt spätestens in Verzug, wenn er nicht innerhalb von 30 Tagen nach Fälligkeit und Zugang einer Rechnung oder gleichwertigen Zahlungsaufstellung leistet; dies gilt gegenüber einem Schuldner, der Verbraucher ist, nur, wenn auf diese Folgen in der Rechnung oder Zahlungsaufstellung besonders hingewiesen worden ist. [2] Wenn der Zeitpunkt des Zugangs der Rechnung oder Zahlungsaufstellung unsicher ist, kommt der Schuldner, der nicht Verbraucher ist, spätestens 30 Tage nach Fälligkeit und Empfang der Gegenleistung in Verzug.

(4) Der Schuldner kommt nicht in Verzug, solange die Leistung infolge eines Umstands unterbleibt, den er nicht zu vertreten hat.

(5) Für eine von den Absätzen 1 bis 3 abweichende Vereinbarung über den Eintritt des Verzugs gilt § 271a Absatz 1 bis 5 entsprechend.

§ 287 Verantwortlichkeit während des Verzugs. [1] Der Schuldner hat während des Verzugs jede Fahrlässigkeit zu vertreten. [2] Er haftet wegen der Leistung auch für Zufall, es sei denn, dass der Schaden auch bei rechtzeitiger Leistung eingetreten sein würde.

Abschnitt 2. Gestaltung rechtsgeschäftlicher Schuldverhältnisse durch Allgemeine Geschäftsbedingungen

§ 305 Einbeziehung Allgemeiner Geschäftsbedingungen in den Vertrag. (1) [1] Allgemeine Geschäftsbedingungen sind alle für eine Vielzahl von Verträgen vorformulierten Vertragsbedingungen, die eine Vertragspartei (Verwender) der anderen Vertragspartei bei Abschluss eines Vertrags stellt. [2] Gleichgültig ist, ob die Bestimmungen einen äußerlich gesonderten Bestandteil des Vertrags bilden oder in die Vertragsurkunde selbst aufgenommen werden, welchen Umfang sie haben, in welcher Schriftart sie verfasst sind und welche Form der Vertrag hat. [3] Allgemeine Geschäftsbedingungen liegen nicht vor, soweit die Vertragsbedingungen zwischen den Vertragsparteien im Einzelnen ausgehandelt sind.

[1)] **Amtl. Anm.:** Diese Vorschrift dient zum Teil auch der Umsetzung der Richtlinie 2000/35/EG des Europäischen Parlaments und des Rates vom 29. Juni 2000 zur Bekämpfung von Zahlungsverzug im Geschäftsverkehr (ABl. EG Nr. L 200 S. 35).

(2) Allgemeine Geschäftsbedingungen werden nur dann Bestandteil eines Vertrags, wenn der Verwender bei Vertragsschluss

1. die andere Vertragspartei ausdrücklich oder, wenn ein ausdrücklicher Hinweis wegen der Art des Vertragsschlusses nur unter unverhältnismäßigen Schwierigkeiten möglich ist, durch deutlich sichtbaren Aushang am Orte des Vertragsschlusses auf sie hinweist und
2. der anderen Vertragspartei die Möglichkeit verschafft, in zumutbarer Weise, die auch eine für den Verwender erkennbare körperliche Behinderung der anderen Vertragspartei angemessen berücksichtigt, von ihrem Inhalt Kenntnis zu nehmen,

und wenn die andere Vertragspartei mit ihrer Geltung einverstanden ist.

(3) Die Vertragsparteien können für eine bestimmte Art von Rechtsgeschäften die Geltung bestimmter Allgemeiner Geschäftsbedingungen unter Beachtung der in Absatz 2 bezeichneten Erfordernisse im Voraus vereinbaren.

§ 305a Einbeziehung in besonderen Fällen. Auch ohne Einhaltung der in § 305 Abs. 2 Nr. 1 und 2 bezeichneten Erfordernisse werden einbezogen, wenn die andere Vertragspartei mit ihrer Geltung einverstanden ist,

1. die mit Genehmigung der zuständigen Verkehrsbehörde oder auf Grund von internationalen Übereinkommen erlassenen Tarife und Ausführungsbestimmungen der Eisenbahnen und die nach Maßgabe des Personenbeförderungsgesetzes genehmigten Beförderungsbedingungen der Straßenbahnen, Obusse und Kraftfahrzeuge im Linienverkehr in den Beförderungsvertrag,
2. die im Amtsblatt der Bundesnetzagentur für Elektrizität, Gas, Telekommunikation, Post und Eisenbahnen veröffentlichten und in den Geschäftsstellen des Verwenders bereitgehaltenen Allgemeinen Geschäftsbedingungen
   a) in Beförderungsverträge, die außerhalb von Geschäftsräumen durch den Einwurf von Postsendungen in Briefkästen abgeschlossen werden,
   b) in Verträge über Telekommunikations-, Informations- und andere Dienstleistungen, die unmittelbar durch Einsatz von Fernkommunikationsmitteln und während der Erbringung einer Telekommunikationsdienstleistung in einem Mal erbracht werden, wenn die Allgemeinen Geschäftsbedingungen der anderen Vertragspartei nur unter unverhältnismäßigen Schwierigkeiten vor dem Vertragsschluss zugänglich gemacht werden können.

§ 305b Vorrang der Individualabrede. Individuelle Vertragsabreden haben Vorrang vor Allgemeinen Geschäftsbedingungen.

§ 305c Überraschende und mehrdeutige Klauseln. (1) Bestimmungen in Allgemeinen Geschäftsbedingungen, die nach den Umständen, insbesondere nach dem äußeren Erscheinungsbild des Vertrags, so ungewöhnlich sind, dass der Vertragspartner des Verwenders mit ihnen nicht zu rechnen braucht, werden nicht Vertragsbestandteil.

(2) Zweifel bei der Auslegung Allgemeiner Geschäftsbedingungen gehen zu Lasten des Verwenders.

§ 306 Rechtsfolgen bei Nichteinbeziehung und Unwirksamkeit.
(1) Sind Allgemeine Geschäftsbedingungen ganz oder teilweise nicht Vertragsbestandteil geworden oder unwirksam, so bleibt der Vertrag im Übrigen wirksam.

(2) Soweit die Bestimmungen nicht Vertragsbestandteil geworden oder unwirksam sind, richtet sich der Inhalt des Vertrags nach den gesetzlichen Vorschriften.

(3) Der Vertrag ist unwirksam, wenn das Festhalten an ihm auch unter Berücksichtigung der nach Absatz 2 vorgesehenen Änderung eine unzumutbare Härte für eine Vertragspartei darstellen würde.

§ 306a Umgehungsverbot. Die Vorschriften dieses Abschnitts finden auch Anwendung, wenn sie durch anderweitige Gestaltungen umgangen werden.

§ 307 Inhaltskontrolle. (1) [1] Bestimmungen in Allgemeinen Geschäftsbedingungen sind unwirksam, wenn sie den Vertragspartner des Verwenders entgegen den Geboten von Treu und Glauben unangemessen benachteiligen. [2] Eine unangemessene Benachteiligung kann sich auch daraus ergeben, dass die Bestimmung nicht klar und verständlich ist.

(2) Eine unangemessene Benachteiligung ist im Zweifel anzunehmen, wenn eine Bestimmung

1. mit wesentlichen Grundgedanken der gesetzlichen Regelung, von der abgewichen wird, nicht zu vereinbaren ist oder
2. wesentliche Rechte oder Pflichten, die sich aus der Natur des Vertrags ergeben, so einschränkt, dass die Erreichung des Vertragszwecks gefährdet ist.

(3) [1] Die Absätze 1 und 2 sowie die §§ 308 und 309 gelten nur für Bestimmungen in Allgemeinen Geschäftsbedingungen, durch die von Rechtsvorschriften abweichende oder diese ergänzende Regelungen vereinbart werden. [2] Andere Bestimmungen können nach Absatz 1 Satz 2 in Verbindung mit Absatz 1 Satz 1 unwirksam sein.

§ 308 Klauselverbote mit Wertungsmöglichkeit. In Allgemeinen Geschäftsbedingungen ist insbesondere unwirksam

1. (Annahme- und Leistungsfrist)
eine Bestimmung, durch die sich der Verwender unangemessen lange oder nicht hinreichend bestimmte Fristen für die Annahme oder Ablehnung eines Angebots oder die Erbringung einer Leistung vorbehält; ausgenommen hiervon ist der Vorbehalt, erst nach Ablauf der Widerrufsfrist nach § 355 Absatz 1 und 2 zu leisten;

1a. (Zahlungsfrist)
eine Bestimmung, durch die sich der Verwender eine unangemessen lange Zeit für die Erfüllung einer Entgeltforderung des Vertragspartners vorbehält; ist der Verwender kein Verbraucher, ist im Zweifel anzunehmen, dass eine Zeit von mehr als 30 Tagen nach Empfang der Gegenleistung oder, wenn dem Schuldner nach Empfang der Gegenleistung eine Rechnung oder gleichwertige Zahlungsaufstellung zugeht, von mehr als 30

Tagen nach Zugang dieser Rechnung oder Zahlungsaufstellung unangemessen lang ist;

1b. (Überprüfungs- und Abnahmefrist)
eine Bestimmung, durch die sich der Verwender vorbehält, eine Entgeltforderung des Vertragspartners erst nach unangemessen langer Zeit für die Überprüfung oder Abnahme der Gegenleistung zu erfüllen; ist der Verwender kein Verbraucher, ist im Zweifel anzunehmen, dass eine Zeit von mehr als 15 Tagen nach Empfang der Gegenleistung unangemessen lang ist;

2. (Nachfrist)
eine Bestimmung, durch die sich der Verwender für die von ihm zu bewirkende Leistung abweichend von Rechtsvorschriften eine unangemessen lange oder nicht hinreichend bestimmte Nachfrist vorbehält;

3. (Rücktrittsvorbehalt)
die Vereinbarung eines Rechts des Verwenders, sich ohne sachlich gerechtfertigten und im Vertrag angegebenen Grund von seiner Leistungspflicht zu lösen; dies gilt nicht für Dauerschuldverhältnisse;

4. (Änderungsvorbehalt)
die Vereinbarung eines Rechts des Verwenders, die versprochene Leistung zu ändern oder von ihr abzuweichen, wenn nicht die Vereinbarung der Änderung oder Abweichung unter Berücksichtigung der Interessen des Verwenders für den anderen Vertragsteil zumutbar ist;

5. (Fingierte Erklärungen)
eine Bestimmung, wonach eine Erklärung des Vertragspartners des Verwenders bei Vornahme oder Unterlassung einer bestimmten Handlung als von ihm abgegeben oder nicht abgegeben gilt, es sei denn, dass
   a) dem Vertragspartner eine angemessene Frist zur Abgabe einer ausdrücklichen Erklärung eingeräumt ist und
   b) der Verwender sich verpflichtet, den Vertragspartner bei Beginn der Frist auf die vorgesehene Bedeutung seines Verhaltens besonders hinzuweisen;

6. (Fiktion des Zugangs)
eine Bestimmung, die vorsieht, dass eine Erklärung des Verwenders von besonderer Bedeutung dem anderen Vertragsteil als zugegangen gilt;

7. (Abwicklung von Verträgen)
eine Bestimmung, nach der der Verwender für den Fall, dass eine Vertragspartei vom Vertrag zurücktritt oder den Vertrag kündigt,
   a) eine unangemessen hohe Vergütung für die Nutzung oder den Gebrauch einer Sache oder eines Rechts oder für erbrachte Leistungen oder
   b) einen unangemessen hohen Ersatz von Aufwendungen verlangen kann;

8. (Nichtverfügbarkeit der Leistung)
die nach Nummer 3 zulässige Vereinbarung eines Vorbehalts des Verwenders, sich von der Verpflichtung zur Erfüllung des Vertrags bei Nichtverfügbarkeit der Leistung zu lösen, wenn sich der Verwender nicht verpflichtet,

a) den Vertragspartner unverzüglich über die Nichtverfügbarkeit zu informieren und

b) Gegenleistungen des Vertragspartners unverzüglich zu erstatten.

§ 309 Klauselverbote ohne Wertungsmöglichkeit. Auch soweit eine Abweichung von den gesetzlichen Vorschriften zulässig ist, ist in Allgemeinen Geschäftsbedingungen unwirksam

1. (Kurzfristige Preiserhöhungen)
eine Bestimmung, welche die Erhöhung des Entgelts für Waren oder Leistungen vorsieht, die innerhalb von vier Monaten nach Vertragsschluss geliefert oder erbracht werden sollen; dies gilt nicht bei Waren oder Leistungen, die im Rahmen von Dauerschuldverhältnissen geliefert oder erbracht werden;

2. (Leistungsverweigerungsrechte)
eine Bestimmung, durch die

a) das Leistungsverweigerungsrecht, das dem Vertragspartner des Verwenders nach § 320 zusteht, ausgeschlossen oder eingeschränkt wird oder

b) ein dem Vertragspartner des Verwenders zustehendes Zurückbehaltungsrecht, soweit es auf demselben Vertragsverhältnis beruht, ausgeschlossen oder eingeschränkt, insbesondere von der Anerkennung von Mängeln durch den Verwender abhängig gemacht wird;

3. (Aufrechnungsverbot)
eine Bestimmung, durch die dem Vertragspartner des Verwenders die Befugnis genommen wird, mit einer unbestrittenen oder rechtskräftig festgestellten Forderung aufzurechnen;

4. (Mahnung, Fristsetzung)
eine Bestimmung, durch die der Verwender von der gesetzlichen Obliegenheit freigestellt wird, den anderen Vertragsteil zu mahnen oder ihm eine Frist für die Leistung oder Nacherfüllung zu setzen;

5. (Pauschalierung von Schadensersatzansprüchen)
die Vereinbarung eines pauschalierten Anspruchs des Verwenders auf Schadensersatz oder Ersatz einer Wertminderung, wenn

a) die Pauschale den in den geregelten Fällen nach dem gewöhnlichen Lauf der Dinge zu erwartenden Schaden oder die gewöhnlich eintretende Wertminderung übersteigt oder

b) dem anderen Vertragsteil nicht ausdrücklich der Nachweis gestattet wird, ein Schaden oder eine Wertminderung sei überhaupt nicht entstanden oder wesentlich niedriger als die Pauschale;

6. (Vertragsstrafe)
eine Bestimmung, durch die dem Verwender für den Fall der Nichtabnahme oder verspäteten Abnahme der Leistung, des Zahlungsverzugs oder für den Fall, dass der andere Vertragsteil sich vom Vertrag löst, Zahlung einer Vertragsstrafe versprochen wird;

7. (Haftungsausschluss bei Verletzung von Leben, Körper, Gesundheit und bei grobem Verschulden)

a) (Verletzung von Leben, Körper, Gesundheit)

ein Ausschluss oder eine Begrenzung der Haftung für Schäden aus der Verletzung des Lebens, des Körpers oder der Gesundheit, die auf einer fahrlässigen Pflichtverletzung des Verwenders oder einer vorsätzlichen oder fahrlässigen Pflichtverletzung eines gesetzlichen Vertreters oder Erfüllungsgehilfen des Verwenders beruhen;

b) (Grobes Verschulden)
ein Ausschluss oder eine Begrenzung der Haftung für sonstige Schäden, die auf einer grob fahrlässigen Pflichtverletzung des Verwenders oder auf einer vorsätzlichen oder grob fahrlässigen Pflichtverletzung eines gesetzlichen Vertreters oder Erfüllungsgehilfen des Verwenders beruhen;

die Buchstaben a und b gelten nicht für Haftungsbeschränkungen in den nach Maßgabe des Personenbeförderungsgesetzes genehmigten Beförderungsbedingungen und Tarifvorschriften der Straßenbahnen, Obusse und Kraftfahrzeuge im Linienverkehr, soweit sie nicht zum Nachteil des Fahrgasts von der Verordnung über die Allgemeinen Beförderungsbedingungen für den Straßenbahn- und Obusverkehr sowie den Linienverkehr mit Kraftfahrzeugen vom 27. Februar 1970 abweichen; Buchstabe b gilt nicht für Haftungsbeschränkungen für staatlich genehmigte Lotterie- oder Ausspielverträge;

8. (Sonstige Haftungsausschlüsse bei Pflichtverletzung)

a) (Ausschluss des Rechts, sich vom Vertrag zu lösen)
eine Bestimmung, die bei einer vom Verwender zu vertretenden, nicht in einem Mangel der Kaufsache oder des Werkes bestehenden Pflichtverletzung das Recht des anderen Vertragsteils, sich vom Vertrag zu lösen, ausschließt oder einschränkt; dies gilt nicht für die in der Nummer 7 bezeichneten Beförderungsbedingungen und Tarifvorschriften unter den dort genannten Voraussetzungen;

b) (Mängel)
eine Bestimmung, durch die bei Verträgen über Lieferungen neu hergestellter Sachen und über Werkleistungen

aa) (Ausschluss und Verweisung auf Dritte)
die Ansprüche gegen den Verwender wegen eines Mangels insgesamt oder bezüglich einzelner Teile ausgeschlossen, auf die Einräumung von Ansprüchen gegen Dritte beschränkt oder von der vorherigen gerichtlichen Inanspruchnahme Dritter abhängig gemacht werden;

bb) (Beschränkung auf Nacherfüllung)
die Ansprüche gegen den Verwender insgesamt oder bezüglich einzelner Teile auf ein Recht auf Nacherfüllung beschränkt werden, sofern dem anderen Vertragsteil nicht ausdrücklich das Recht vorbehalten wird, bei Fehlschlagen der Nacherfüllung zu mindern oder, wenn nicht eine Bauleistung Gegenstand der Mängelhaftung ist, nach seiner Wahl vom Vertrag zurückzutreten;

cc) (Aufwendungen bei Nacherfüllung)
die Verpflichtung des Verwenders ausgeschlossen oder beschränkt wird, die zum Zweck der Nacherfüllung erforderlichen Aufwendungen nach § 439 Absatz 2 und 3 oder § 635 Absatz 2 zu tragen oder zu ersetzen;

dd) (Vorenthalten der Nacherfüllung)
der Verwender die Nacherfüllung von der vorherigen Zahlung des vollständigen Entgelts oder eines unter Berücksichtigung des Mangels unverhältnismäßig hohen Teils des Entgelts abhängig macht;

ee) (Ausschlussfrist für Mängelanzeige)
der Verwender dem anderen Vertragsteil für die Anzeige nicht offensichtlicher Mängel eine Ausschlussfrist setzt, die kürzer ist als die nach dem Doppelbuchstaben ff zulässige Frist;

ff) (Erleichterung der Verjährung)
die Verjährung von Ansprüchen gegen den Verwender wegen eines Mangels in den Fällen des § 438 Abs. 1 Nr. 2 und des § 634a Abs. 1 Nr. 2 erleichtert oder in den sonstigen Fällen eine weniger als ein Jahr betragende Verjährungsfrist ab dem gesetzlichen Verjährungsbeginn erreicht wird;

9. (Laufzeit bei Dauerschuldverhältnissen)
bei einem Vertragsverhältnis, das die regelmäßige Lieferung von Waren oder die regelmäßige Erbringung von Dienst- oder Werkleistungen durch den Verwender zum Gegenstand hat,

a) eine den anderen Vertragsteil länger als zwei Jahre bindende Laufzeit des Vertrags,

b) eine den anderen Vertragsteil bindende stillschweigende Verlängerung des Vertragsverhältnisses um jeweils mehr als ein Jahr oder

c) zu Lasten des anderen Vertragsteils eine längere Kündigungsfrist als drei Monate vor Ablauf der zunächst vorgesehenen oder stillschweigend verlängerten Vertragsdauer;

dies gilt nicht für Verträge über die Lieferung als zusammengehörig verkaufter Sachen sowie für Versicherungsverträge;

10. (Wechsel des Vertragspartners)
eine Bestimmung, wonach bei Kauf-, Darlehens-, Dienst- oder Werkverträgen ein Dritter anstelle des Verwenders in die sich aus dem Vertrag ergebenden Rechte und Pflichten eintritt oder eintreten kann, es sei denn, in der Bestimmung wird

a) der Dritte namentlich bezeichnet oder

b) dem anderen Vertragsteil das Recht eingeräumt, sich vom Vertrag zu lösen;

11. (Haftung des Abschlussvertreters)
eine Bestimmung, durch die der Verwender einem Vertreter, der den Vertrag für den anderen Vertragsteil abschließt,

a) ohne hierauf gerichtete ausdrückliche und gesonderte Erklärung eine eigene Haftung oder Einstandspflicht oder

b) im Falle vollmachtsloser Vertretung eine über § 179 hinausgehende Haftung

auferlegt;

12. (Beweislast)
eine Bestimmung, durch die der Verwender die Beweislast zum Nachteil des anderen Vertragsteils ändert, insbesondere indem er

a) diesem die Beweislast für Umstände auferlegt, die im Verantwortungsbereich des Verwenders liegen, oder

b) den anderen Vertragsteil bestimmte Tatsachen bestätigen lässt;

Buchstabe b gilt nicht für Empfangsbekenntnisse, die gesondert unterschrieben oder mit einer gesonderten qualifizierten elektronischen Signatur versehen sind;

13. (Form von Anzeigen und Erklärungen)
eine Bestimmung, durch die Anzeigen oder Erklärungen, die dem Verwender oder einem Dritten gegenüber abzugeben sind, gebunden werden

a) an eine strengere Form als die schriftliche Form in einem Vertrag, für den durch Gesetz notarielle Beurkundung vorgeschrieben ist oder

b) an eine strengere Form als die Textform in anderen als den in Buchstabe a genannten Verträgen oder

c) an besondere Zugangserfordernisse;

14. (Klageverzicht)
eine Bestimmung, wonach der andere Vertragsteil seine Ansprüche gegen den Verwender gerichtlich nur geltend machen darf, nachdem er eine gütliche Einigung in einem Verfahren zur außergerichtlichen Streitbeilegung versucht hat;

15. (Abschlagszahlungen und Sicherheitsleistung)
eine Bestimmung, nach der der Verwender bei einem Werkvertrag

a) für Teilleistungen Abschlagszahlungen vom anderen Vertragsteil verlangen kann, die wesentlich höher sind als die nach § 632a Absatz 1 und § 650m Absatz 1 zu leistenden Abschlagszahlungen, oder

b) die Sicherheitsleistung nach § 650m Absatz 2 nicht oder nur in geringerer Höhe leisten muss.

§ 310 Anwendungsbereich. (1) [1] § 305 Absatz 2 und 3, § 308 Nummer 1, 2 bis 8 und § 309 finden keine Anwendung auf Allgemeine Geschäftsbedingungen, die gegenüber einem Unternehmer, einer juristischen Person des öffentlichen Rechts oder einem öffentlich-rechtlichen Sondervermögen verwendet werden. [2] § 307 Abs. 1 und 2 findet in den Fällen des Satzes 1 auch insoweit Anwendung, als dies zur Unwirksamkeit von in § 308 Nummer 1, 2 bis 8 und § 309 genannten Vertragsbestimmungen führt; auf die im Handelsverkehr geltenden Gewohnheiten und Gebräuche ist angemessen Rücksicht zu nehmen. [3] In den Fällen des Satzes 1 finden § 307 Absatz 1 und 2 sowie § 308 Nummer 1a und 1b auf Verträge, in die die Vergabe- und Vertragsordnung für Bauleistungen Teil B (VOB/B) in der jeweils zum Zeitpunkt des Vertragsschlusses geltenden Fassung ohne inhaltliche Abweichungen insgesamt einbezogen ist, in Bezug auf eine Inhaltskontrolle einzelner Bestimmungen keine Anwendung.

(2) [1] Die §§ 308 und 309 finden keine Anwendung auf Verträge der Elektrizitäts-, Gas-, Fernwärme- und Wasserversorgungsunternehmen über die Versorgung von Sonderabnehmern mit elektrischer Energie, Gas, Fernwärme und Wasser aus dem Versorgungsnetz, soweit die Versorgungsbedingungen nicht zum Nachteil der Abnehmer von Verordnungen über Allgemeine Bedingungen für die Versorgung von Tarifkunden mit elektrischer Energie, Gas,

Fernwärme und Wasser abweichen. [2] Satz 1 gilt entsprechend für Verträge über die Entsorgung von Abwasser.

(3) Bei Verträgen zwischen einem Unternehmer und einem Verbraucher (Verbraucherverträge) finden die Vorschriften dieses Abschnitts mit folgenden Maßgaben Anwendung:

1. Allgemeine Geschäftsbedingungen gelten als vom Unternehmer gestellt, es sei denn, dass sie durch den Verbraucher in den Vertrag eingeführt wurden;
2. § 305c Abs. 2 und die §§ 306 und 307 bis 309 dieses Gesetzes sowie Artikel 46b des Einführungsgesetzes zum Bürgerlichen Gesetzbuche[1)] finden auf vorformulierte Vertragsbedingungen auch dann Anwendung, wenn diese nur zur einmaligen Verwendung bestimmt sind und soweit der Verbraucher auf Grund der Vorformulierung auf ihren Inhalt keinen Einfluss nehmen konnte;
3. bei der Beurteilung der unangemessenen Benachteiligung nach § 307 Abs. 1 und 2 sind auch die den Vertragsschluss begleitenden Umstände zu berücksichtigen.

(4) [1] Dieser Abschnitt findet keine Anwendung bei Verträgen auf dem Gebiet des Erb-, Familien- und Gesellschaftsrechts sowie auf Tarifverträge, Betriebs- und Dienstvereinbarungen. [2] Bei der Anwendung auf Arbeitsverträge sind die im Arbeitsrecht geltenden Besonderheiten angemessen zu berücksichtigen; § 305 Abs. 2 und 3 ist nicht anzuwenden. [3] Tarifverträge, Betriebs- und Dienstvereinbarungen stehen Rechtsvorschriften im Sinne von § 307 Abs. 3 gleich.

Abschnitt 3. Schuldverhältnisse aus Verträgen

Titel 1. Begründung, Inhalt und Beendigung

Untertitel 1. Begründung

§ 311 Rechtsgeschäftliche und rechtsgeschäftsähnliche Schuldverhältnisse. (1) Zur Begründung eines Schuldverhältnisses durch Rechtsgeschäft sowie zur Änderung des Inhalts eines Schuldverhältnisses ist ein Vertrag zwischen den Beteiligten erforderlich, soweit nicht das Gesetz ein anderes vorschreibt.

(2) Ein Schuldverhältnis mit Pflichten nach § 241 Abs. 2 entsteht auch durch

1. die Aufnahme von Vertragsverhandlungen,
2. die Anbahnung eines Vertrags, bei welcher der eine Teil im Hinblick auf eine etwaige rechtsgeschäftliche Beziehung dem anderen Teil die Möglichkeit zur Einwirkung auf seine Rechte, Rechtsgüter und Interessen gewährt oder ihm diese anvertraut, oder
3. ähnliche geschäftliche Kontakte.

(3) [1] Ein Schuldverhältnis mit Pflichten nach § 241 Abs. 2 kann auch zu Personen entstehen, die nicht selbst Vertragspartei werden sollen. [2] Ein solches Schuldverhältnis entsteht insbesondere, wenn der Dritte in besonderem Maße

---

[1)] **Schönfelder Nr. 21.**

Vertrauen für sich in Anspruch nimmt und dadurch die Vertragsverhandlungen oder den Vertragsschluss erheblich beeinflusst.

§ 311a Leistungshindernis bei Vertragsschluss. (1) Der Wirksamkeit eines Vertrags steht es nicht entgegen, dass der Schuldner nach § 275 Abs. 1 bis 3 nicht zu leisten braucht und das Leistungshindernis schon bei Vertragsschluss vorliegt.

(2) [1] Der Gläubiger kann nach seiner Wahl Schadensersatz statt der Leistung oder Ersatz seiner Aufwendungen in dem in § 284 bestimmten Umfang verlangen. [2] Dies gilt nicht, wenn der Schuldner das Leistungshindernis bei Vertragsschluss nicht kannte und seine Unkenntnis auch nicht zu vertreten hat. [3] § 281 Abs. 1 Satz 2 und 3 und Abs. 5 findet entsprechende Anwendung.

§ 311b Verträge über Grundstücke, das Vermögen und den Nachlass. (1) [1] Ein Vertrag, durch den sich der eine Teil verpflichtet, das Eigentum an einem Grundstück zu übertragen oder zu erwerben, bedarf der notariellen Beurkundung. [2] Ein ohne Beachtung dieser Form geschlossener Vertrag wird seinem ganzen Inhalt nach gültig, wenn die Auflassung und die Eintragung in das Grundbuch erfolgen.

(2) Ein Vertrag, durch den sich der eine Teil verpflichtet, sein künftiges Vermögen oder einen Bruchteil seines künftigen Vermögens zu übertragen oder mit einem Nießbrauch zu belasten, ist nichtig.

(3) Ein Vertrag, durch den sich der eine Teil verpflichtet, sein gegenwärtiges Vermögen oder einen Bruchteil seines gegenwärtigen Vermögens zu übertragen oder mit einem Nießbrauch zu belasten, bedarf der notariellen Beurkundung.

(4) [1] Ein Vertrag über den Nachlass eines noch lebenden Dritten ist nichtig. [2] Das Gleiche gilt von einem Vertrag über den Pflichtteil oder ein Vermächtnis aus dem Nachlass eines noch lebenden Dritten.

(5) [1] Absatz 4 gilt nicht für einen Vertrag, der unter künftigen gesetzlichen Erben über den gesetzlichen Erbteil oder den Pflichtteil eines von ihnen geschlossen wird. [2] Ein solcher Vertrag bedarf der notariellen Beurkundung.

§ 311c Erstreckung auf Zubehör. Verpflichtet sich jemand zur Veräußerung oder Belastung einer Sache, so erstreckt sich diese Verpflichtung im Zweifel auch auf das Zubehör der Sache.

Untertitel 2. Grundsätze bei Verbraucherverträgen und besondere Vertriebsformen

Kapitel 1. Anwendungsbereich und Grundsätze bei Verbraucherverträgen

§ 312 Anwendungsbereich. (1) Die Vorschriften der Kapitel 1 und 2 dieses Untertitels sind nur auf Verbraucherverträge im Sinne des § 310 Absatz 3 anzuwenden, die eine entgeltliche Leistung des Unternehmers zum Gegenstand haben.

(2) Von den Vorschriften der Kapitel 1 und 2 dieses Untertitels ist nur § 312a Absatz 1, 3, 4 und 6 auf folgende Verträge anzuwenden:

1. notariell beurkundete Verträge

a) über Finanzdienstleistungen, die außerhalb von Geschäftsräumen geschlossen werden,

b) die keine Verträge über Finanzdienstleistungen sind; für Verträge, für die das Gesetz die notarielle Beurkundung des Vertrags oder einer Vertragserklärung nicht vorschreibt, gilt dies nur, wenn der Notar darüber belehrt, dass die Informationspflichten nach § 312d Absatz 1 und das Widerrufsrecht nach § 312g Absatz 1 entfallen,

2. Verträge über die Begründung, den Erwerb oder die Übertragung von Eigentum oder anderen Rechten an Grundstücken,
3. Verbraucherbauverträge nach § 650i Absatz 1,
4. *(aufgehoben)*
5. Verträge über die Beförderung von Personen,
6. Verträge über Teilzeit-Wohnrechte, langfristige Urlaubsprodukte, Vermittlungen und Tauschsysteme nach den §§ 481 bis 481b,
7. Behandlungsverträge nach § 630a,
8. Verträge über die Lieferung von Lebensmitteln, Getränken oder sonstigen Haushaltsgegenständen des täglichen Bedarfs, die am Wohnsitz, am Aufenthaltsort oder am Arbeitsplatz eines Verbrauchers von einem Unternehmer im Rahmen häufiger und regelmäßiger Fahrten geliefert werden,
9. Verträge, die unter Verwendung von Warenautomaten und automatisierten Geschäftsräumen geschlossen werden,
10. Verträge, die mit Betreibern von Telekommunikationsmitteln mit Hilfe öffentlicher Münz- und Kartentelefone zu deren Nutzung geschlossen werden,
11. Verträge zur Nutzung einer einzelnen von einem Verbraucher hergestellten Telefon-, Internet- oder Telefaxverbindung,
12. außerhalb von Geschäftsräumen geschlossene Verträge, bei denen die Leistung bei Abschluss der Verhandlungen sofort erbracht und bezahlt wird und das vom Verbraucher zu zahlende Entgelt 40 Euro nicht überschreitet, und
13. Verträge über den Verkauf beweglicher Sachen auf Grund von Zwangsvollstreckungsmaßnahmen oder anderen gerichtlichen Maßnahmen.

(3) Auf Verträge über soziale Dienstleistungen, wie Kinderbetreuung oder Unterstützung von dauerhaft oder vorübergehend hilfsbedürftigen Familien oder Personen, einschließlich Langzeitpflege, sind von den Vorschriften der Kapitel 1 und 2 dieses Untertitels nur folgende anzuwenden:

1. die Definitionen der außerhalb von Geschäftsräumen geschlossenen Verträge und der Fernabsatzverträge nach den §§ 312b und 312c,
2. § 312a Absatz 1 über die Pflicht zur Offenlegung bei Telefonanrufen,
3. § 312a Absatz 3 über die Wirksamkeit der Vereinbarung, die auf eine über das vereinbarte Entgelt für die Hauptleistung hinausgehende Zahlung gerichtet ist,
4. § 312a Absatz 4 über die Wirksamkeit der Vereinbarung eines Entgelts für die Nutzung von Zahlungsmitteln,
5. § 312a Absatz 6,

6. § 312d Absatz 1 in Verbindung mit Artikel 246a § 1 Absatz 2 und 3 des Einführungsgesetzes zum Bürgerlichen Gesetzbuche[1)] über die Pflicht zur Information über das Widerrufsrecht und
7. § 312g über das Widerrufsrecht.

(4) [1] Auf Verträge über die Vermietung von Wohnraum sind von den Vorschriften der Kapitel 1 und 2 dieses Untertitels nur die in Absatz 3 Nummer 1 bis 7 genannten Bestimmungen anzuwenden. [2] Die in Absatz 3 Nummer 1, 6 und 7 genannten Bestimmungen sind jedoch nicht auf die Begründung eines Mietverhältnisses über Wohnraum anzuwenden, wenn der Mieter die Wohnung zuvor besichtigt hat.

(5) [1] Bei Vertragsverhältnissen über Bankdienstleistungen sowie Dienstleistungen im Zusammenhang mit einer Kreditgewährung, Versicherung, Altersversorgung von Einzelpersonen, Geldanlage oder Zahlung (Finanzdienstleistungen), die eine erstmalige Vereinbarung mit daran anschließenden aufeinanderfolgenden Vorgängen oder eine daran anschließende Reihe getrennter, in einem zeitlichen Zusammenhang stehender Vorgänge gleicher Art umfassen, sind die Vorschriften der Kapitel 1 und 2 dieses Untertitels nur auf die erste Vereinbarung anzuwenden. [2] § 312a Absatz 1, 3, 4 und 6 ist daneben auf jeden Vorgang anzuwenden. [3] Wenn die in Satz 1 genannten Vorgänge ohne eine solche Vereinbarung aufeinanderfolgen, gelten die Vorschriften über Informationspflichten des Unternehmers nur für den ersten Vorgang. [4] Findet jedoch länger als ein Jahr kein Vorgang der gleichen Art mehr statt, so gilt der nächste Vorgang als der erste Vorgang einer neuen Reihe im Sinne von Satz 3.

(6) Von den Vorschriften der Kapitel 1 und 2 dieses Untertitels ist auf Verträge über Versicherungen sowie auf Verträge über deren Vermittlung nur § 312a Absatz 3, 4 und 6 anzuwenden.

(7) [1] Auf Pauschalreiseverträge nach den §§ 651a und 651c sind von den Vorschriften dieses Untertitels nur § 312a Absatz 3 bis 6, die §§ 312i, 312j Absatz 2 bis 5 und § 312k anzuwenden; diese Vorschriften finden auch Anwendung, wenn der Reisende kein Verbraucher ist. [2] Ist der Reisende ein Verbraucher, ist auf Pauschalreiseverträge nach § 651a, die außerhalb von Geschäftsräumen geschlossen worden sind, auch § 312g Absatz 1 anzuwenden, es sei denn, die mündlichen Verhandlungen, auf denen der Vertragsschluss beruht, sind auf vorhergehende Bestellung des Verbrauchers geführt worden.

§ 312a Allgemeine Pflichten und Grundsätze bei Verbraucherverträgen; Grenzen der Vereinbarung von Entgelten. (1) Ruft der Unternehmer oder eine Person, die in seinem Namen oder Auftrag handelt, den Verbraucher an, um mit diesem einen Vertrag zu schließen, hat der Anrufer zu Beginn des Gesprächs seine Identität und gegebenenfalls die Identität der Person, für die er anruft, sowie den geschäftlichen Zweck des Anrufs offenzulegen.

(2) [1] Der Unternehmer ist verpflichtet, den Verbraucher nach Maßgabe des Artikels 246 des Einführungsgesetzes zum Bürgerlichen Gesetzbuche[1)] zu informieren. [2] Der Unternehmer kann von dem Verbraucher Fracht-, Liefer-

---

[1)] **Schönfelder Nr. 21.**

oder Versandkosten und sonstige Kosten nur verlangen, soweit er den Verbraucher über diese Kosten entsprechend den Anforderungen aus Artikel 246 Absatz 1 Nummer 3 des Einführungsgesetzes zum Bürgerlichen Gesetzbuche[1] informiert hat. [3] Die Sätze 1 und 2 sind weder auf außerhalb von Geschäftsräumen geschlossene Verträge noch auf Fernabsatzverträge noch auf Verträge über Finanzdienstleistungen anzuwenden.

(3) [1] Eine Vereinbarung, die auf eine über das vereinbarte Entgelt für die Hauptleistung hinausgehende Zahlung des Verbrauchers gerichtet ist, kann ein Unternehmer mit einem Verbraucher nur ausdrücklich treffen. [2] Schließen der Unternehmer und der Verbraucher einen Vertrag im elektronischen Geschäftsverkehr, wird eine solche Vereinbarung nur Vertragsbestandteil, wenn der Unternehmer die Vereinbarung nicht durch eine Voreinstellung herbeiführt.

(4) Eine Vereinbarung, durch die ein Verbraucher verpflichtet wird, ein Entgelt dafür zu zahlen, dass er für die Erfüllung seiner vertraglichen Pflichten ein bestimmtes Zahlungsmittel nutzt, ist unwirksam, wenn

1. für den Verbraucher keine gängige und zumutbare unentgeltliche Zahlungsmöglichkeit besteht oder
2. das vereinbarte Entgelt über die Kosten hinausgeht, die dem Unternehmer durch die Nutzung des Zahlungsmittels entstehen.

(5) [1] Eine Vereinbarung, durch die ein Verbraucher verpflichtet wird, ein Entgelt dafür zu zahlen, dass der Verbraucher den Unternehmer wegen Fragen oder Erklärungen zu einem zwischen ihnen geschlossenen Vertrag über eine Rufnummer anruft, die der Unternehmer für solche Zwecke bereithält, ist unwirksam, wenn das vereinbarte Entgelt das Entgelt für die bloße Nutzung des Telekommunikationsdienstes übersteigt. [2] Ist eine Vereinbarung nach Satz 1 unwirksam, ist der Verbraucher auch gegenüber dem Anbieter des Telekommunikationsdienstes nicht verpflichtet, ein Entgelt für den Anruf zu zahlen. [3] Der Anbieter des Telekommunikationsdienstes ist berechtigt, das Entgelt für die bloße Nutzung des Telekommunikationsdienstes von dem Unternehmer zu verlangen, der die unwirksame Vereinbarung mit dem Verbraucher geschlossen hat.

(6) Ist eine Vereinbarung nach den Absätzen 3 bis 5 nicht Vertragsbestandteil geworden oder ist sie unwirksam, bleibt der Vertrag im Übrigen wirksam.

Kapitel 2. Außerhalb von Geschäftsräumen geschlossene Verträge und Fernabsatzverträge

§ 312b Außerhalb von Geschäftsräumen geschlossene Verträge.

(1) [1] Außerhalb von Geschäftsräumen geschlossene Verträge sind Verträge,

1. die bei gleichzeitiger körperlicher Anwesenheit des Verbrauchers und des Unternehmers an einem Ort geschlossen werden, der kein Geschäftsraum des Unternehmers ist,
2. für die der Verbraucher unter den in Nummer 1 genannten Umständen ein Angebot abgegeben hat,
3. die in den Geschäftsräumen des Unternehmers oder durch Fernkommunikationsmittel geschlossen werden, bei denen der Verbraucher jedoch un-

---

[1] **Schönfelder Nr. 21.**

mittelbar zuvor außerhalb der Geschäftsräume des Unternehmers bei gleichzeitiger körperlicher Anwesenheit des Verbrauchers und des Unternehmers persönlich und individuell angesprochen wurde, oder

4. die auf einem Ausflug geschlossen werden, der von dem Unternehmer oder mit seiner Hilfe organisiert wurde, um beim Verbraucher für den Verkauf von Waren oder die Erbringung von Dienstleistungen zu werben und mit ihm entsprechende Verträge abzuschließen.

[2] Dem Unternehmer stehen Personen gleich, die in seinem Namen oder Auftrag handeln.

(2) [1] Geschäftsräume im Sinne des Absatzes 1 sind unbewegliche Gewerberäume, in denen der Unternehmer seine Tätigkeit dauerhaft ausübt, und bewegliche Gewerberäume, in denen der Unternehmer seine Tätigkeit für gewöhnlich ausübt. [2] Gewerberäume, in denen die Person, die im Namen oder Auftrag des Unternehmers handelt, ihre Tätigkeit dauerhaft oder für gewöhnlich ausübt, stehen Räumen des Unternehmers gleich.

§ 312c Fernabsatzverträge. (1) Fernabsatzverträge sind Verträge, bei denen der Unternehmer oder eine in seinem Namen oder Auftrag handelnde Person und der Verbraucher für die Vertragsverhandlungen und den Vertragsschluss ausschließlich Fernkommunikationsmittel verwenden, es sei denn, dass der Vertragsschluss nicht im Rahmen eines für den Fernabsatz organisierten Vertriebs- oder Dienstleistungssystems erfolgt.

(2) Fernkommunikationsmittel im Sinne dieses Gesetzes sind alle Kommunikationsmittel, die zur Anbahnung oder zum Abschluss eines Vertrags eingesetzt werden können, ohne dass die Vertragsparteien gleichzeitig körperlich anwesend sind, wie Briefe, Kataloge, Telefonanrufe, Telekopien, E-Mails, über den Mobilfunkdienst versendete Nachrichten (SMS) sowie Rundfunk und Telemedien.

§ 312d Informationspflichten. (1) [1] Bei außerhalb von Geschäftsräumen geschlossenen Verträgen und bei Fernabsatzverträgen ist der Unternehmer verpflichtet, den Verbraucher nach Maßgabe des Artikels 246a des Einführungsgesetzes zum Bürgerlichen Gesetzbuche[1)] zu informieren. [2] Die in Erfüllung dieser Pflicht gemachten Angaben des Unternehmers werden Inhalt des Vertrags, es sei denn, die Vertragsparteien haben ausdrücklich etwas anderes vereinbart.

(2) Bei außerhalb von Geschäftsräumen geschlossenen Verträgen und bei Fernabsatzverträgen über Finanzdienstleistungen ist der Unternehmer abweichend von Absatz 1 verpflichtet, den Verbraucher nach Maßgabe des Artikels 246b des Einführungsgesetzes zum Bürgerlichen Gesetzbuche[1)] zu informieren.

§ 312g Widerrufsrecht. (1) Dem Verbraucher steht bei außerhalb von Geschäftsräumen geschlossenen Verträgen und bei Fernabsatzverträgen ein Widerrufsrecht gemäß § 355 zu.

(2) Das Widerrufsrecht besteht, soweit die Parteien nichts anderes vereinbart haben, nicht bei folgenden Verträgen:

[1)] **Schönfelder Nr. 21.**

1. Verträge zur Lieferung von Waren, die nicht vorgefertigt sind und für deren Herstellung eine individuelle Auswahl oder Bestimmung durch den Verbraucher maßgeblich ist oder die eindeutig auf die persönlichen Bedürfnisse des Verbrauchers zugeschnitten sind,
2. Verträge zur Lieferung von Waren, die schnell verderben können oder deren Verfallsdatum schnell überschritten würde,
3. Verträge zur Lieferung versiegelter Waren, die aus Gründen des Gesundheitsschutzes oder der Hygiene nicht zur Rückgabe geeignet sind, wenn ihre Versiegelung nach der Lieferung entfernt wurde,
4. Verträge zur Lieferung von Waren, wenn diese nach der Lieferung auf Grund ihrer Beschaffenheit untrennbar mit anderen Gütern vermischt wurden,
5. Verträge zur Lieferung alkoholischer Getränke, deren Preis bei Vertragsschluss vereinbart wurde, die aber frühestens 30 Tage nach Vertragsschluss geliefert werden können und deren aktueller Wert von Schwankungen auf dem Markt abhängt, auf die der Unternehmer keinen Einfluss hat,
6. Verträge zur Lieferung von Ton- oder Videoaufnahmen oder Computersoftware in einer versiegelten Packung, wenn die Versiegelung nach der Lieferung entfernt wurde,
7. Verträge zur Lieferung von Zeitungen, Zeitschriften oder Illustrierten mit Ausnahme von Abonnement-Verträgen,
8. Verträge zur Lieferung von Waren oder zur Erbringung von Dienstleistungen, einschließlich Finanzdienstleistungen, deren Preis von Schwankungen auf dem Finanzmarkt abhängt, auf die der Unternehmer keinen Einfluss hat und die innerhalb der Widerrufsfrist auftreten können, insbesondere Dienstleistungen im Zusammenhang mit Aktien, mit Anteilen an offenen Investmentvermögen im Sinne von § 1 Absatz 4 des Kapitalanlagegesetzbuchs und mit anderen handelbaren Wertpapieren, Devisen, Derivaten oder Geldmarktinstrumenten,
9. Verträge zur Erbringung von Dienstleistungen in den Bereichen Beherbergung zu anderen Zwecken als zu Wohnzwecken, Beförderung von Waren, Kraftfahrzeugvermietung, Lieferung von Speisen und Getränken sowie zur Erbringung weiterer Dienstleistungen im Zusammenhang mit Freizeitbetätigungen, wenn der Vertrag für die Erbringung einen spezifischen Termin oder Zeitraum vorsieht,
10. Verträge, die im Rahmen einer Vermarktungsform geschlossen werden, bei der der Unternehmer Verbrauchern, die persönlich anwesend sind oder denen diese Möglichkeit gewährt wird, Waren oder Dienstleistungen anbietet, und zwar in einem vom Versteigerer durchgeführten, auf konkurrierenden Geboten basierenden transparenten Verfahren, bei dem der Bieter, der den Zuschlag erhalten hat, zum Erwerb der Waren oder Dienstleistungen verpflichtet ist (öffentlich zugängliche Versteigerung),
11. Verträge, bei denen der Verbraucher den Unternehmer ausdrücklich aufgefordert hat, ihn aufzusuchen, um dringende Reparatur- oder Instandhaltungsarbeiten vorzunehmen; dies gilt nicht hinsichtlich weiterer bei dem Besuch erbrachter Dienstleistungen, die der Verbraucher nicht ausdrücklich verlangt hat, oder hinsichtlich solcher bei dem Besuch geliefer-

ter Waren, die bei der Instandhaltung oder Reparatur nicht unbedingt als Ersatzteile benötigt werden,

12. Verträge zur Erbringung von Wett- und Lotteriedienstleistungen, es sei denn, dass der Verbraucher seine Vertragserklärung telefonisch abgegeben hat oder der Vertrag außerhalb von Geschäftsräumen geschlossen wurde, und
13. notariell beurkundete Verträge; dies gilt für Fernabsatzverträge über Finanzdienstleistungen nur, wenn der Notar bestätigt, dass die Rechte des Verbrauchers aus § 312d Absatz 2 gewahrt sind.

(3) Das Widerrufsrecht besteht ferner nicht bei Verträgen, bei denen dem Verbraucher bereits auf Grund der §§ 495, 506 bis 513 ein Widerrufsrecht nach § 355 zusteht, und nicht bei außerhalb von Geschäftsräumen geschlossenen Verträgen, bei denen dem Verbraucher bereits nach § 305 Absatz 1 bis 6 des Kapitalanlagegesetzbuchs ein Widerrufsrecht zusteht.

Untertitel 3. Anpassung und Beendigung von Verträgen

§ 313 Störung der Geschäftsgrundlage. (1) Haben sich Umstände, die zur Grundlage des Vertrags geworden sind, nach Vertragsschluss schwerwiegend verändert und hätten die Parteien den Vertrag nicht oder mit anderem Inhalt geschlossen, wenn sie diese Veränderung vorausgesehen hätten, so kann Anpassung des Vertrags verlangt werden, soweit einem Teil unter Berücksichtigung aller Umstände des Einzelfalls, insbesondere der vertraglichen oder gesetzlichen Risikoverteilung, das Festhalten am unveränderten Vertrag nicht zugemutet werden kann.

(2) Einer Veränderung der Umstände steht es gleich, wenn wesentliche Vorstellungen, die zur Grundlage des Vertrags geworden sind, sich als falsch herausstellen.

(3) [1] Ist eine Anpassung des Vertrags nicht möglich oder einem Teil nicht zumutbar, so kann der benachteiligte Teil vom Vertrag zurücktreten. [2] An die Stelle des Rücktrittsrechts tritt für Dauerschuldverhältnisse das Recht zur Kündigung.

§ 314 Kündigung von Dauerschuldverhältnissen aus wichtigem Grund. (1) [1] Dauerschuldverhältnisse kann jeder Vertragsteil aus wichtigem Grund ohne Einhaltung einer Kündigungsfrist kündigen. [2] Ein wichtiger Grund liegt vor, wenn dem kündigenden Teil unter Berücksichtigung aller Umstände des Einzelfalls und unter Abwägung der beiderseitigen Interessen die Fortsetzung des Vertragsverhältnisses bis zur vereinbarten Beendigung oder bis zum Ablauf einer Kündigungsfrist nicht zugemutet werden kann.

(2) [1] Besteht der wichtige Grund in der Verletzung einer Pflicht aus dem Vertrag, ist die Kündigung erst nach erfolglosem Ablauf einer zur Abhilfe bestimmten Frist oder nach erfolgloser Abmahnung zulässig. [2] Für die Entbehrlichkeit der Bestimmung einer Frist zur Abhilfe und für die Entbehrlichkeit einer Abmahnung findet § 323 Absatz 2 Nummer 1 und 2 entsprechende Anwendung. [3] Die Bestimmung einer Frist zur Abhilfe und eine Abmahnung sind auch entbehrlich, wenn besondere Umstände vorliegen, die unter Abwägung der beiderseitigen Interessen die sofortige Kündigung rechtfertigen.

(3) Der Berechtigte kann nur innerhalb einer angemessenen Frist kündigen, nachdem er vom Kündigungsgrund Kenntnis erlangt hat.

(4) Die Berechtigung, Schadensersatz zu verlangen, wird durch die Kündigung nicht ausgeschlossen.

Untertitel 4. Einseitige Leistungsbestimmungsrechte

§ 315 Bestimmung der Leistung durch eine Partei. (1) Soll die Leistung durch einen der Vertragschließenden bestimmt werden, so ist im Zweifel anzunehmen, dass die Bestimmung nach billigem Ermessen zu treffen ist.

(2) Die Bestimmung erfolgt durch Erklärung gegenüber dem anderen Teil.

(3) [1] Soll die Bestimmung nach billigem Ermessen erfolgen, so ist die getroffene Bestimmung für den anderen Teil nur verbindlich, wenn sie der Billigkeit entspricht. [2] Entspricht sie nicht der Billigkeit, so wird die Bestimmung durch Urteil getroffen; das Gleiche gilt, wenn die Bestimmung verzögert wird.

§ 316 Bestimmung der Gegenleistung. Ist der Umfang der für eine Leistung versprochenen Gegenleistung nicht bestimmt, so steht die Bestimmung im Zweifel demjenigen Teil zu, welcher die Gegenleistung zu fordern hat.

§ 317 Bestimmung der Leistung durch einen Dritten. (1) Ist die Bestimmung der Leistung einem Dritten überlassen, so ist im Zweifel anzunehmen, dass sie nach billigem Ermessen zu treffen ist.

(2) Soll die Bestimmung durch mehrere Dritte erfolgen, so ist im Zweifel Übereinstimmung aller erforderlich; soll eine Summe bestimmt werden, so ist, wenn verschiedene Summen bestimmt werden, im Zweifel die Durchschnittssumme maßgebend.

§ 318 Anfechtung der Bestimmung. (1) Die einem Dritten überlassene Bestimmung der Leistung erfolgt durch Erklärung gegenüber einem der Vertragschließenden.

(2) [1] Die Anfechtung der getroffenen Bestimmung wegen Irrtums, Drohung oder arglistiger Täuschung steht nur den Vertragschließenden zu; Anfechtungsgegner ist der andere Teil. [2] Die Anfechtung muss unverzüglich erfolgen, nachdem der Anfechtungsberechtigte von dem Anfechtungsgrund Kenntnis erlangt hat. [3] Sie ist ausgeschlossen, wenn 30 Jahre verstrichen sind, nachdem die Bestimmung getroffen worden ist.

§ 319 Unwirksamkeit der Bestimmung; Ersetzung. (1) [1] Soll der Dritte die Leistung nach billigem Ermessen bestimmen, so ist die getroffene Bestimmung für die Vertragschließenden nicht verbindlich, wenn sie offenbar unbillig ist. [2] Die Bestimmung erfolgt in diesem Falle durch Urteil; das Gleiche gilt, wenn der Dritte die Bestimmung nicht treffen kann oder will oder wenn er sie verzögert.

(2) Soll der Dritte die Bestimmung nach freiem Belieben treffen, so ist der Vertrag unwirksam, wenn der Dritte die Bestimmung nicht treffen kann oder will oder wenn er sie verzögert.

Titel 2. Gegenseitiger Vertrag

§ 320 Einrede des nicht erfüllten Vertrags. (1) [1] Wer aus einem gegenseitigen Vertrag verpflichtet ist, kann die ihm obliegende Leistung bis zur Bewirkung der Gegenleistung verweigern, es sei denn, dass er vorzuleisten verpflichtet ist. [2] Hat die Leistung an mehrere zu erfolgen, so kann dem einzelnen der ihm gebührende Teil bis zur Bewirkung der ganzen Gegenleistung verweigert werden. [3] Die Vorschrift des § 273 Abs. 3 findet keine Anwendung.

(2) Ist von der einen Seite teilweise geleistet worden, so kann die Gegenleistung insoweit nicht verweigert werden, als die Verweigerung nach den Umständen, insbesondere wegen verhältnismäßiger Geringfügigkeit des rückständigen Teils, gegen Treu und Glauben verstoßen würde.

§ 321 Unsicherheitseinrede. (1) [1] Wer aus einem gegenseitigen Vertrag vorzuleisten verpflichtet ist, kann die ihm obliegende Leistung verweigern, wenn nach Abschluss des Vertrags erkennbar wird, dass sein Anspruch auf die Gegenleistung durch mangelnde Leistungsfähigkeit des anderen Teils gefährdet wird. [2] Das Leistungsverweigerungsrecht entfällt, wenn die Gegenleistung bewirkt oder Sicherheit für sie geleistet wird.

(2) [1] Der Vorleistungspflichtige kann eine angemessene Frist bestimmen, in welcher der andere Teil Zug um Zug gegen die Leistung nach seiner Wahl die Gegenleistung zu bewirken oder Sicherheit zu leisten hat. [2] Nach erfolglosem Ablauf der Frist kann der Vorleistungspflichtige vom Vertrag zurücktreten. [3] § 323 findet entsprechende Anwendung.

§ 322 Verurteilung zur Leistung Zug-um-Zug. (1) Erhebt aus einem gegenseitigen Vertrag der eine Teil Klage auf die ihm geschuldete Leistung, so hat die Geltendmachung des dem anderen Teil zustehenden Rechts, die Leistung bis zur Bewirkung der Gegenleistung zu verweigern, nur die Wirkung, dass der andere Teil zur Erfüllung Zug um Zug zu verurteilen ist.

(2) Hat der klagende Teil vorzuleisten, so kann er, wenn der andere Teil im Verzug der Annahme ist, auf Leistung nach Empfang der Gegenleistung klagen.

(3) Auf die Zwangsvollstreckung findet die Vorschrift des § 274 Abs. 2 Anwendung.

§ 323 Rücktritt wegen nicht oder nicht vertragsgemäß erbrachter Leistung. (1) Erbringt bei einem gegenseitigen Vertrag der Schuldner eine fällige Leistung nicht oder nicht vertragsgemäß, so kann der Gläubiger, wenn er dem Schuldner erfolglos eine angemessene Frist zur Leistung oder Nacherfüllung bestimmt hat, vom Vertrag zurücktreten.

(2) Die Fristsetzung ist entbehrlich, wenn

1. der Schuldner die Leistung ernsthaft und endgültig verweigert,
2. der Schuldner die Leistung bis zu einem im Vertrag bestimmten Termin oder innerhalb einer im Vertrag bestimmten Frist nicht bewirkt, obwohl die termin- oder fristgerechte Leistung nach einer Mitteilung des Gläubigers an den Schuldner vor Vertragsschluss oder auf Grund anderer den

Vertragsabschluss begleitenden Umstände für den Gläubiger wesentlich ist, oder

3. im Falle einer nicht vertragsgemäß erbrachten Leistung besondere Umstände vorliegen, die unter Abwägung der beiderseitigen Interessen den sofortigen Rücktritt rechtfertigen.

(3) Kommt nach der Art der Pflichtverletzung eine Fristsetzung nicht in Betracht, so tritt an deren Stelle eine Abmahnung.

(4) Der Gläubiger kann bereits vor dem Eintritt der Fälligkeit der Leistung zurücktreten, wenn offensichtlich ist, dass die Voraussetzungen des Rücktritts eintreten werden.

(5) [1] Hat der Schuldner eine Teilleistung bewirkt, so kann der Gläubiger vom ganzen Vertrag nur zurücktreten, wenn er an der Teilleistung kein Interesse hat. [2] Hat der Schuldner die Leistung nicht vertragsgemäß bewirkt, so kann der Gläubiger vom Vertrag nicht zurücktreten, wenn die Pflichtverletzung unerheblich ist.

(6) Der Rücktritt ist ausgeschlossen, wenn der Gläubiger für den Umstand, der ihn zum Rücktritt berechtigen würde, allein oder weit überwiegend verantwortlich ist oder wenn der vom Schuldner nicht zu vertretende Umstand zu einer Zeit eintritt, zu welcher der Gläubiger im Verzug der Annahme ist.

§ 324 Rücktritt wegen Verletzung einer Pflicht nach § 241 Abs. 2. Verletzt der Schuldner bei einem gegenseitigen Vertrag eine Pflicht nach § 241 Abs. 2, so kann der Gläubiger zurücktreten, wenn ihm ein Festhalten am Vertrag nicht mehr zuzumuten ist.

§ 325 Schadensersatz und Rücktritt. Das Recht, bei einem gegenseitigen Vertrag Schadensersatz zu verlangen, wird durch den Rücktritt nicht ausgeschlossen.

§ 326 Befreiung von der Gegenleistung und Rücktritt beim Ausschluss der Leistungspflicht. (1) [1] Braucht der Schuldner nach § 275 Abs. 1 bis 3 nicht zu leisten, entfällt der Anspruch auf die Gegenleistung; bei einer Teilleistung findet § 441 Abs. 3 entsprechende Anwendung. [2] Satz 1 gilt nicht, wenn der Schuldner im Falle der nicht vertragsgemäßen Leistung die Nacherfüllung nach § 275 Abs. 1 bis 3 nicht zu erbringen braucht.

(2) [1] Ist der Gläubiger für den Umstand, auf Grund dessen der Schuldner nach § 275 Abs. 1 bis 3 nicht zu leisten braucht, allein oder weit überwiegend verantwortlich oder tritt dieser vom Schuldner nicht zu vertretende Umstand zu einer Zeit ein, zu welcher der Gläubiger im Verzug der Annahme ist, so behält der Schuldner den Anspruch auf die Gegenleistung. [2] Er muss sich jedoch dasjenige anrechnen lassen, was er infolge der Befreiung von der Leistung erspart oder durch anderweitige Verwendung seiner Arbeitskraft erwirbt oder zu erwerben böswillig unterlässt.

(3) [1] Verlangt der Gläubiger nach § 285 Herausgabe des für den geschuldeten Gegenstand erlangten Ersatzes oder Abtretung des Ersatzanspruchs, so bleibt er zur Gegenleistung verpflichtet. [2] Diese mindert sich jedoch nach Maßgabe des § 441 Abs. 3 insoweit, als der Wert des Ersatzes oder des Ersatzanspruchs hinter dem Wert der geschuldeten Leistung zurückbleibt.

(4) Soweit die nach dieser Vorschrift nicht geschuldete Gegenleistung bewirkt ist, kann das Geleistete nach den §§ 346 bis 348 zurückgefordert werden.

(5) Braucht der Schuldner nach § 275 Abs. 1 bis 3 nicht zu leisten, kann der Gläubiger zurücktreten; auf den Rücktritt findet § 323 mit der Maßgabe entsprechende Anwendung, dass die Fristsetzung entbehrlich ist.

§ 327 (weggefallen)

Titel 5. Rücktritt; Widerrufsrecht bei Verbraucherverträgen

Untertitel 2. Widerrufsrecht bei Verbraucherverträgen

§ 355 Widerrufsrecht bei Verbraucherverträgen. (1) [1] Wird einem Verbraucher durch Gesetz ein Widerrufsrecht nach dieser Vorschrift eingeräumt, so sind der Verbraucher und der Unternehmer an ihre auf den Abschluss des Vertrags gerichteten Willenserklärungen nicht mehr gebunden, wenn der Verbraucher seine Willenserklärung fristgerecht widerrufen hat. [2] Der Widerruf erfolgt durch Erklärung gegenüber dem Unternehmer. [3] Aus der Erklärung muss der Entschluss des Verbrauchers zum Widerruf des Vertrags eindeutig hervorgehen. [4] Der Widerruf muss keine Begründung enthalten. [5] Zur Fristwahrung genügt die rechtzeitige Absendung des Widerrufs.

(2) [1] Die Widerrufsfrist beträgt 14 Tage. [2] Sie beginnt mit Vertragsschluss, soweit nichts anderes bestimmt ist.

(3) [1] Im Falle des Widerrufs sind die empfangenen Leistungen unverzüglich zurückzugewähren. [2] Bestimmt das Gesetz eine Höchstfrist für die Rückgewähr, so beginnt diese für den Unternehmer mit dem Zugang und für den Verbraucher mit der Abgabe der Widerrufserklärung. [3] Ein Verbraucher wahrt diese Frist durch die rechtzeitige Absendung der Waren. [4] Der Unternehmer trägt bei Widerruf die Gefahr der Rücksendung der Waren.

§ 356 Widerrufsrecht bei außerhalb von Geschäftsräumen geschlossenen Verträgen und Fernabsatzverträgen. (1) [1] Der Unternehmer kann dem Verbraucher die Möglichkeit einräumen, das Muster-Widerrufsformular nach Anlage 2 zu Artikel 246a § 1 Absatz 2 Satz 1 Nummer 1 des Einführungsgesetzes zum Bürgerlichen Gesetzbuche[1)] oder eine andere eindeutige Widerrufserklärung auf der Webseite des Unternehmers auszufüllen und zu übermitteln. [2] Macht der Verbraucher von dieser Möglichkeit Gebrauch, muss der Unternehmer dem Verbraucher den Zugang des Widerrufs unverzüglich auf einem dauerhaften Datenträger bestätigen.

(2) Die Widerrufsfrist beginnt

1. bei einem Verbrauchsgüterkauf,
   a) der nicht unter die Buchstaben b bis d fällt, sobald der Verbraucher oder ein von ihm benannter Dritter, der nicht Frachtführer ist, die Waren erhalten hat,
   b) bei dem der Verbraucher mehrere Waren im Rahmen einer einheitlichen Bestellung bestellt hat und die Waren getrennt geliefert werden, sobald

---

1) **Schönfelder Nr. 21.**

der Verbraucher oder ein von ihm benannter Dritter, der nicht Frachtführer ist, die letzte Ware erhalten hat,

c) bei dem die Ware in mehreren Teilsendungen oder Stücken geliefert wird, sobald der Verbraucher oder ein vom Verbraucher benannter Dritter, der nicht Frachtführer ist, die letzte Teilsendung oder das letzte Stück erhalten hat,

d) der auf die regelmäßige Lieferung von Waren über einen festgelegten Zeitraum gerichtet ist, sobald der Verbraucher oder ein von ihm benannter Dritter, der nicht Frachtführer ist, die erste Ware erhalten hat,

2. bei einem Vertrag, der die nicht in einem begrenzten Volumen oder in einer bestimmten Menge angebotene Lieferung von Wasser, Gas oder Strom, die Lieferung von Fernwärme oder die Lieferung von nicht auf einem körperlichen Datenträger befindlichen digitalen Inhalten zum Gegenstand hat, mit Vertragsschluss.

(3) [1] Die Widerrufsfrist beginnt nicht, bevor der Unternehmer den Verbraucher entsprechend den Anforderungen des Artikels 246a § 1 Absatz 2 Satz 1 Nummer 1 oder des Artikels 246b § 2 Absatz 1 des Einführungsgesetzes zum Bürgerlichen Gesetzbuche[1)] unterrichtet hat. [2] Das Widerrufsrecht erlischt spätestens zwölf Monate und 14 Tage nach dem in Absatz 2 oder § 355 Absatz 2 Satz 2 genannten Zeitpunkt. [3] Satz 2 ist auf Verträge über Finanzdienstleistungen nicht anwendbar.

(4) [1] Das Widerrufsrecht erlischt bei einem Vertrag zur Erbringung von Dienstleistungen auch dann, wenn der Unternehmer die Dienstleistung vollständig erbracht hat und mit der Ausführung der Dienstleistung erst begonnen hat, nachdem der Verbraucher dazu seine ausdrückliche Zustimmung gegeben hat und gleichzeitig seine Kenntnis davon bestätigt hat, dass er sein Widerrufsrecht bei vollständiger Vertragserfüllung durch den Unternehmer verliert. [2] Bei einem außerhalb von Geschäftsräumen geschlossenen Vertrag muss die Zustimmung des Verbrauchers auf einem dauerhaften Datenträger übermittelt werden. [3] Bei einem Vertrag über die Erbringung von Finanzdienstleistungen erlischt das Widerrufsrecht abweichend von Satz 1, wenn der Vertrag von beiden Seiten auf ausdrücklichen Wunsch des Verbrauchers vollständig erfüllt ist, bevor der Verbraucher sein Widerrufsrecht ausübt.

(5) Das Widerrufsrecht erlischt bei einem Vertrag über die Lieferung von nicht auf einem körperlichen Datenträger befindlichen digitalen Inhalten auch dann, wenn der Unternehmer mit der Ausführung des Vertrags begonnen hat, nachdem der Verbraucher

1. ausdrücklich zugestimmt hat, dass der Unternehmer mit der Ausführung des Vertrags vor Ablauf der Widerrufsfrist beginnt, und
2. seine Kenntnis davon bestätigt hat, dass er durch seine Zustimmung mit Beginn der Ausführung des Vertrags sein Widerrufsrecht verliert.

§ 356a Widerrufsrecht bei Teilzeit-Wohnrechteverträgen, Verträgen über ein langfristiges Urlaubsprodukt, bei Vermittlungsverträgen und Tauschsystemverträgen. (1) Der Widerruf ist in Textform zu erklären.

[1)] **Schönfelder Nr. 21.**

(2) [1] Die Widerrufsfrist beginnt mit dem Zeitpunkt des Vertragsschlusses oder des Abschlusses eines Vorvertrags. [2] Erhält der Verbraucher die Vertragsurkunde oder die Abschrift des Vertrags erst nach Vertragsschluss, beginnt die Widerrufsfrist mit dem Zeitpunkt des Erhalts.

(3) [1] Sind dem Verbraucher die in § 482 Absatz 1 bezeichneten vorvertraglichen Informationen oder das in Artikel 242 § 1 Absatz 2 des Einführungsgesetzes zum Bürgerlichen Gesetzbuche[1)] bezeichnete Formblatt vor Vertragsschluss nicht, nicht vollständig oder nicht in der in § 483 Absatz 1 vorgeschriebenen Sprache überlassen worden, so beginnt die Widerrufsfrist abweichend von Absatz 2 erst mit dem vollständigen Erhalt der vorvertraglichen Informationen und des Formblatts in der vorgeschriebenen Sprache. [2] Das Widerrufsrecht erlischt spätestens drei Monate und 14 Tage nach dem in Absatz 2 genannten Zeitpunkt.

(4) [1] Ist dem Verbraucher die in § 482a bezeichnete Widerrufsbelehrung vor Vertragsschluss nicht, nicht vollständig oder nicht in der in § 483 Absatz 1 vorgeschriebenen Sprache überlassen worden, so beginnt die Widerrufsfrist abweichend von Absatz 2 erst mit dem vollständigen Erhalt der Widerrufsbelehrung in der vorgeschriebenen Sprache. [2] Das Widerrufsrecht erlischt gegebenenfalls abweichend von Absatz 3 Satz 2 spätestens zwölf Monate und 14 Tage nach dem in Absatz 2 genannten Zeitpunkt.

(5) [1] Hat der Verbraucher einen Teilzeit-Wohnrechtevertrag und einen Tauschsystemvertrag abgeschlossen und sind ihm diese Verträge zum gleichen Zeitpunkt angeboten worden, so beginnt die Widerrufsfrist für beide Verträge mit dem nach Absatz 2 für den Teilzeit-Wohnrechtevertrag geltenden Zeitpunkt. [2] Die Absätze 3 und 4 gelten entsprechend.

§ 357 Rechtsfolgen des Widerrufs von außerhalb von Geschäftsräumen geschlossenen Verträgen und Fernabsatzverträgen mit Ausnahme von Verträgen über Finanzdienstleistungen. (1) Die empfangenen Leistungen sind spätestens nach 14 Tagen zurückzugewähren.

(2) [1] Der Unternehmer muss auch etwaige Zahlungen des Verbrauchers für die Lieferung zurückgewähren. [2] Dies gilt nicht, soweit dem Verbraucher zusätzliche Kosten entstanden sind, weil er sich für eine andere Art der Lieferung als die vom Unternehmer angebotene günstigste Standardlieferung entschieden hat.

(3) [1] Für die Rückzahlung muss der Unternehmer dasselbe Zahlungsmittel verwenden, das der Verbraucher bei der Zahlung verwendet hat. [2] Satz 1 gilt nicht, wenn ausdrücklich etwas anderes vereinbart worden ist und dem Verbraucher dadurch keine Kosten entstehen.

(4) [1] Bei einem Verbrauchsgüterkauf kann der Unternehmer die Rückzahlung verweigern, bis er die Waren zurückerhalten hat oder der Verbraucher den Nachweis erbracht hat, dass er die Waren abgesandt hat. [2] Dies gilt nicht, wenn der Unternehmer angeboten hat, die Waren abzuholen.

(5) Der Verbraucher ist nicht verpflichtet, die empfangenen Waren zurückzusenden, wenn der Unternehmer angeboten hat, die Waren abzuholen.

[1)] Nr. 2.

(6) [1] Der Verbraucher trägt die unmittelbaren Kosten der Rücksendung der Waren, wenn der Unternehmer den Verbraucher nach Artikel 246a § 1 Absatz 2 Satz 1 Nummer 2 des Einführungsgesetzes zum Bürgerlichen Gesetzbuche[1)] von dieser Pflicht unterrichtet hat. [2] Satz 1 gilt nicht, wenn der Unternehmer sich bereit erklärt hat, diese Kosten zu tragen. [3] Bei außerhalb von Geschäftsräumen geschlossenen Verträgen, bei denen die Waren zum Zeitpunkt des Vertragsschlusses zur Wohnung des Verbrauchers geliefert worden sind, ist der Unternehmer verpflichtet, die Waren auf eigene Kosten abzuholen, wenn die Waren so beschaffen sind, dass sie nicht per Post zurückgesandt werden können.

(7) Der Verbraucher hat Wertersatz für einen Wertverlust der Ware zu leisten, wenn

1. der Wertverlust auf einen Umgang mit den Waren zurückzuführen ist, der zur Prüfung der Beschaffenheit, der Eigenschaften und der Funktionsweise der Waren nicht notwendig war, und
2. der Unternehmer den Verbraucher nach Artikel 246a § 1 Absatz 2 Satz 1 Nummer 1 des Einführungsgesetzes zum Bürgerlichen Gesetzbuche[1)] über sein Widerrufsrecht unterrichtet hat.

(8) [1] Widerruft der Verbraucher einen Vertrag über die Erbringung von Dienstleistungen oder über die Lieferung von Wasser, Gas oder Strom in nicht bestimmten Mengen oder nicht begrenztem Volumen oder über die Lieferung von Fernwärme, so schuldet der Verbraucher dem Unternehmer Wertersatz für die bis zum Widerruf erbrachte Leistung, wenn der Verbraucher von dem Unternehmer ausdrücklich verlangt hat, dass dieser mit der Leistung vor Ablauf der Widerrufsfrist beginnt. [2] Der Anspruch aus Satz 1 besteht nur, wenn der Unternehmer den Verbraucher nach Artikel 246a § 1 Absatz 2 Satz 1 Nummer 1 und 3 des Einführungsgesetzes zum Bürgerlichen Gesetzbuche[1)] ordnungsgemäß informiert hat. [3] Bei außerhalb von Geschäftsräumen geschlossenen Verträgen besteht der Anspruch nach Satz 1 nur dann, wenn der Verbraucher sein Verlangen nach Satz 1 auf einem dauerhaften Datenträger übermittelt hat. [4] Bei der Berechnung des Wertersatzes ist der vereinbarte Gesamtpreis zu Grunde zu legen. [5] Ist der vereinbarte Gesamtpreis unverhältnismäßig hoch, ist der Wertersatz auf der Grundlage des Marktwerts der erbrachten Leistung zu berechnen.

(9) Widerruft der Verbraucher einen Vertrag über die Lieferung von nicht auf einem körperlichen Datenträger befindlichen digitalen Inhalten, so hat er keinen Wertersatz zu leisten.

§ 357b Rechtsfolgen des Widerrufs von Teilzeit-Wohnrechteverträgen, Verträgen über ein langfristiges Urlaubsprodukt, Vermittlungsverträgen und Tauschsystemverträgen. (1) [1] Der Verbraucher hat im Falle des Widerrufs keine Kosten zu tragen. [2] Die Kosten des Vertrags, seiner Durchführung und seiner Rückabwicklung hat der Unternehmer dem Verbraucher zu erstatten. [3] Eine Vergütung für geleistete Dienste sowie für die Überlassung von Wohngebäuden zur Nutzung ist ausgeschlossen.

[1)] **Schönfelder Nr. 21.**

(2) Der Verbraucher hat für einen Wertverlust der Unterkunft im Sinne des § 481 nur Wertersatz zu leisten, soweit der Wertverlust auf einer nicht bestimmungsgemäßen Nutzung der Unterkunft beruht.

§ 358 Mit dem widerrufenen Vertrag verbundener Vertrag. (1) Hat der Verbraucher seine auf den Abschluss eines Vertrags über die Lieferung einer Ware oder die Erbringung einer anderen Leistung durch einen Unternehmer gerichtete Willenserklärung wirksam widerrufen, so ist er auch an seine auf den Abschluss eines mit diesem Vertrag verbundenen Darlehensvertrags gerichtete Willenserklärung nicht mehr gebunden.

(2) Hat der Verbraucher seine auf den Abschluss eines Darlehensvertrags gerichtete Willenserklärung auf Grund des § 495 Absatz 1 oder des § 514 Absatz 2 Satz 1 wirksam widerrufen, so ist er auch nicht mehr an diejenige Willenserklärung gebunden, die auf den Abschluss eines mit diesem Darlehensvertrag verbundenen Vertrags über die Lieferung einer Ware oder die Erbringung einer anderen Leistung gerichtet ist.

(3) [1] Ein Vertrag über die Lieferung einer Ware oder über die Erbringung einer anderen Leistung und ein Darlehensvertrag nach den Absätzen 1 oder 2 sind verbunden, wenn das Darlehen ganz oder teilweise der Finanzierung des anderen Vertrags dient und beide Verträge eine wirtschaftliche Einheit bilden. [2] Eine wirtschaftliche Einheit ist insbesondere anzunehmen, wenn der Unternehmer selbst die Gegenleistung des Verbrauchers finanziert, oder im Falle der Finanzierung durch einen Dritten, wenn sich der Darlehensgeber bei der Vorbereitung oder dem Abschluss des Darlehensvertrags der Mitwirkung des Unternehmers bedient. [3] Bei einem finanzierten Erwerb eines Grundstücks oder eines grundstücksgleichen Rechts ist eine wirtschaftliche Einheit nur anzunehmen, wenn der Darlehensgeber selbst dem Verbraucher das Grundstück oder das grundstücksgleiche Recht verschafft oder wenn er über die Zurverfügungstellung von Darlehen hinaus den Erwerb des Grundstücks oder grundstücksgleichen Rechts durch Zusammenwirken mit dem Unternehmer fördert, indem er sich dessen Veräußerungsinteressen ganz oder teilweise zu Eigen macht, bei der Planung, Werbung oder Durchführung des Projekts Funktionen des Veräußerers übernimmt oder den Veräußerer einseitig begünstigt.

(4) [1] Auf die Rückabwicklung des verbundenen Vertrags sind unabhängig von der Vertriebsform § 355 Absatz 3 und, je nach Art des verbundenen Vertrags, die §§ 357 bis 357b entsprechend anzuwenden. [2] Ist der verbundene Vertrag ein Vertrag über die Lieferung von nicht auf einem körperlichen Datenträger befindlichen digitalen Inhalten und hat der Unternehmer dem Verbraucher eine Abschrift oder Bestätigung des Vertrags nach § 312f zur Verfügung gestellt, hat der Verbraucher abweichend von § 357 Absatz 9 unter den Voraussetzungen des § 356 Absatz 5 zweiter und dritter Halbsatz Wertersatz für die bis zum Widerruf gelieferten digitalen Inhalte zu leisten. [3] Ist der verbundene Vertrag ein im Fernabsatz oder außerhalb von Geschäftsräumen geschlossener Ratenlieferungsvertrag, ist neben § 355 Absatz 3 auch § 357 entsprechend anzuwenden; im Übrigen gelten für verbundene Ratenlieferungsverträge § 355 Absatz 3 und § 357c entsprechend. [4] Im Falle des Absatzes 1 sind jedoch Ansprüche auf Zahlung von Zinsen und Kosten aus der Rückabwicklung des Darlehensvertrags gegen den Verbraucher ausgeschlossen. [5] Der Darlehensgeber tritt im Verhältnis zum Verbraucher hin-

sichtlich der Rechtsfolgen des Widerrufs in die Rechte und Pflichten des Unternehmers aus dem verbundenen Vertrag ein, wenn das Darlehen dem Unternehmer bei Wirksamwerden des Widerrufs bereits zugeflossen ist.

(5) Die Absätze 2 und 4 sind nicht anzuwenden auf Darlehensverträge, die der Finanzierung des Erwerbs von Finanzinstrumenten dienen.

§ 359 Einwendungen bei verbundenen Verträgen. (1) [1] Der Verbraucher kann die Rückzahlung des Darlehens verweigern, soweit Einwendungen aus dem verbundenen Vertrag ihn gegenüber dem Unternehmer, mit dem er den verbundenen Vertrag geschlossen hat, zur Verweigerung seiner Leistung berechtigen würden. [2] Dies gilt nicht bei Einwendungen, die auf einer Vertragsänderung beruhen, welche zwischen diesem Unternehmer und dem Verbraucher nach Abschluss des Darlehensvertrags vereinbart wurde. [3] Kann der Verbraucher Nacherfüllung verlangen, so kann er die Rückzahlung des Darlehens erst verweigern, wenn die Nacherfüllung fehlgeschlagen ist.

(2) Absatz 1 ist nicht anzuwenden auf Darlehensverträge, die der Finanzierung des Erwerbs von Finanzinstrumenten dienen, oder wenn das finanzierte Entgelt weniger als 200 Euro beträgt.

§ 360 Zusammenhängende Verträge. (1) [1] Hat der Verbraucher seine auf den Abschluss eines Vertrags gerichtete Willenserklärung wirksam widerrufen und liegen die Voraussetzungen für einen verbundenen Vertrag nicht vor, so ist er auch an seine auf den Abschluss eines damit zusammenhängenden Vertrags gerichtete Willenserklärung nicht mehr gebunden. [2] Auf die Rückabwicklung des zusammenhängenden Vertrags ist § 358 Absatz 4 Satz 1 bis 3 entsprechend anzuwenden. [3] Widerruft der Verbraucher einen Teilzeit-Wohnrechtevertrag oder einen Vertrag über ein langfristiges Urlaubsprodukt, hat er auch für den zusammenhängenden Vertrag keine Kosten zu tragen; § 357b Absatz 1 Satz 2 und 3 gilt entsprechend.

(2) [1] Ein zusammenhängender Vertrag liegt vor, wenn er einen Bezug zu dem widerrufenen Vertrag aufweist und eine Leistung betrifft, die von dem Unternehmer des widerrufenen Vertrags oder einem Dritten auf der Grundlage einer Vereinbarung zwischen dem Dritten und dem Unternehmer des widerrufenen Vertrags erbracht wird. [2] Ein Darlehensvertrag ist auch dann ein zusammenhängender Vertrag, wenn das Darlehen, das ein Unternehmer einem Verbraucher gewährt, ausschließlich der Finanzierung des widerrufenen Vertrags dient und die Leistung des Unternehmers aus dem widerrufenen Vertrag in dem Darlehensvertrag genau angegeben ist.

§ 361 Weitere Ansprüche, abweichende Vereinbarungen und Beweislast. (1) Über die Vorschriften dieses Untertitels hinaus bestehen keine weiteren Ansprüche gegen den Verbraucher infolge des Widerrufs.

(2) [1] Von den Vorschriften dieses Untertitels darf, soweit nicht ein anderes bestimmt ist, nicht zum Nachteil des Verbrauchers abgewichen werden. [2] Die Vorschriften dieses Untertitels finden, soweit nichts anderes bestimmt ist, auch Anwendung, wenn sie durch anderweitige Gestaltungen umgangen werden.

(3) Ist der Beginn der Widerrufsfrist streitig, so trifft die Beweislast den Unternehmer.

Abschnitt 4. Erlöschen der Schuldverhältnisse

Titel 1. Erfüllung

§ 363 Beweislast bei Annahme als Erfüllung. Hat der Gläubiger eine ihm als Erfüllung angebotene Leistung als Erfüllung angenommen, so trifft ihn die Beweislast, wenn er die Leistung deshalb nicht als Erfüllung gelten lassen will, weil sie eine andere als die geschuldete Leistung oder weil sie unvollständig gewesen sei.

§ 366 Anrechnung der Leistung auf mehrere Forderungen. (1) Ist der Schuldner dem Gläubiger aus mehreren Schuldverhältnissen zu gleichartigen Leistungen verpflichtet und reicht das von ihm Geleistete nicht zur Tilgung sämtlicher Schulden aus, so wird diejenige Schuld getilgt, welche er bei der Leistung bestimmt.

(2) Trifft der Schuldner keine Bestimmung, so wird zunächst die fällige Schuld, unter mehreren fälligen Schulden diejenige, welche dem Gläubiger geringere Sicherheit bietet, unter mehreren gleich sicheren die dem Schuldner lästigere, unter mehreren gleich lästigen die ältere Schuld und bei gleichem Alter jede Schuld verhältnismäßig getilgt.

§ 367 Anrechnung auf Zinsen und Kosten. (1) Hat der Schuldner außer der Hauptleistung Zinsen und Kosten zu entrichten, so wird eine zur Tilgung der ganzen Schuld nicht ausreichende Leistung zunächst auf die Kosten, dann auf die Zinsen und zuletzt auf die Hauptleistung angerechnet.

(2) Bestimmt der Schuldner eine andere Anrechnung, so kann der Gläubiger die Annahme der Leistung ablehnen.

Abschnitt 7. Mehrheit von Schuldnern und Gläubigern

§ 421 Gesamtschuldner. [1] Schulden mehrere eine Leistung in der Weise, dass jeder die ganze Leistung zu bewirken verpflichtet, der Gläubiger aber die Leistung nur einmal zu fordern berechtigt ist (Gesamtschuldner), so kann der Gläubiger die Leistung nach seinem Belieben von jedem der Schuldner ganz oder zu einem Teil fordern. [2] Bis zur Bewirkung der ganzen Leistung bleiben sämtliche Schuldner verpflichtet.

§ 422 Wirkung der Erfüllung. (1) [1] Die Erfüllung durch einen Gesamtschuldner wirkt auch für die übrigen Schuldner. [2] Das Gleiche gilt von der Leistung an Erfüllungs statt, der Hinterlegung und der Aufrechnung.

(2) Eine Forderung, die einem Gesamtschuldner zusteht, kann nicht von den übrigen Schuldnern aufgerechnet werden.

§ 423 Wirkung des Erlasses. Ein zwischen dem Gläubiger und einem Gesamtschuldner vereinbarter Erlass wirkt auch für die übrigen Schuldner, wenn die Vertragschließenden das ganze Schuldverhältnis aufheben wollten.

§ 424 Wirkung des Gläubigerverzugs. Der Verzug des Gläubigers gegenüber einem Gesamtschuldner wirkt auch für die übrigen Schuldner.

§ 425 Wirkung anderer Tatsachen. (1) Andere als die in den §§ 422 bis 424 bezeichneten Tatsachen wirken, soweit sich nicht aus dem Schuldverhältnis ein anderes ergibt, nur für und gegen den Gesamtschuldner, in dessen Person sie eintreten.

(2) Dies gilt insbesondere von der Kündigung, dem Verzug, dem Verschulden, von der Unmöglichkeit der Leistung in der Person eines Gesamtschuldners, von der Verjährung, deren Neubeginn, Hemmung und Ablaufhemmung, von der Vereinigung der Forderung mit der Schuld und von dem rechtskräftigen Urteil.

§ 426 Ausgleichungspflicht, Forderungsübergang. (1) [1] Die Gesamtschuldner sind im Verhältnis zueinander zu gleichen Anteilen verpflichtet, soweit nicht ein anderes bestimmt ist. [2] Kann von einem Gesamtschuldner der auf ihn entfallende Beitrag nicht erlangt werden, so ist der Ausfall von den übrigen zur Ausgleichung verpflichteten Schuldnern zu tragen.

(2) [1] Soweit ein Gesamtschuldner den Gläubiger befriedigt und von den übrigen Schuldnern Ausgleichung verlangen kann, geht die Forderung des Gläubigers gegen die übrigen Schuldner auf ihn über. [2] Der Übergang kann nicht zum Nachteil des Gläubigers geltend gemacht werden.

§ 428 Gesamtgläubiger. [1] Sind mehrere eine Leistung in der Weise zu fordern berechtigt, dass jeder die ganze Leistung fordern kann, der Schuldner aber die Leistung nur einmal zu bewirken verpflichtet ist (Gesamtgläubiger), so kann der Schuldner nach seinem Belieben an jeden der Gläubiger leisten. [2] Dies gilt auch dann, wenn einer der Gläubiger bereits Klage auf die Leistung erhoben hat.

§ 430 Ausgleichungspflicht der Gesamtgläubiger. Die Gesamtgläubiger sind im Verhältnis zueinander zu gleichen Anteilen berechtigt, soweit nicht ein anderes bestimmt ist.

§ 432 Mehrere Gläubiger einer unteilbaren Leistung. (1) [1] Haben mehrere eine unteilbare Leistung zu fordern, so kann, sofern sie nicht Gesamtgläubiger sind, der Schuldner nur an alle gemeinschaftlich leisten und jeder Gläubiger nur die Leistung an alle fordern. [2] Jeder Gläubiger kann verlangen, dass der Schuldner die geschuldete Sache für alle Gläubiger hinterlegt oder, wenn sie sich nicht zur Hinterlegung eignet, an einen gerichtlich zu bestellenden Verwahrer abliefert.

(2) Im Übrigen wirkt eine Tatsache, die nur in der Person eines der Gläubiger eintritt, nicht für und gegen die übrigen Gläubiger.

Abschnitt 8. Einzelne Schuldverhältnisse

Titel 1. Kauf, Tausch

Untertitel 1. Allgemeine Vorschriften

§ 433 Vertragstypische Pflichten beim Kaufvertrag. (1) [1] Durch den Kaufvertrag wird der Verkäufer einer Sache verpflichtet, dem Käufer die Sache zu übergeben und das Eigentum an der Sache zu verschaffen. [2] Der

Verkäufer hat dem Käufer die Sache frei von Sach- und Rechtsmängeln zu verschaffen.

(2) Der Käufer ist verpflichtet, dem Verkäufer den vereinbarten Kaufpreis zu zahlen und die gekaufte Sache abzunehmen.

§ 434 Sachmangel. (1) [1] Die Sache ist frei von Sachmängeln, wenn sie bei Gefahrübergang die vereinbarte Beschaffenheit hat. [2] Soweit die Beschaffenheit nicht vereinbart ist, ist die Sache frei von Sachmängeln,

1. wenn sie sich für die nach dem Vertrag vorausgesetzte Verwendung eignet, sonst
2. wenn sie sich für die gewöhnliche Verwendung eignet und eine Beschaffenheit aufweist, die bei Sachen der gleichen Art üblich ist und die der Käufer nach der Art der Sache erwarten kann.

[3] Zu der Beschaffenheit nach Satz 2 Nr. 2 gehören auch Eigenschaften, die der Käufer nach den öffentlichen Äußerungen des Verkäufers, des Herstellers (§ 4 Abs. 1 und 2 des Produkthaftungsgesetzes[1]) oder seines Gehilfen insbesondere in der Werbung oder bei der Kennzeichnung über bestimmte Eigenschaften der Sache erwarten kann, es sei denn, dass der Verkäufer die Äußerung nicht kannte und auch nicht kennen musste, dass sie im Zeitpunkt des Vertragsschlusses in gleichwertiger Weise berichtigt war oder dass sie die Kaufentscheidung nicht beeinflussen konnte.

(2) [1] Ein Sachmangel ist auch dann gegeben, wenn die vereinbarte Montage durch den Verkäufer oder dessen Erfüllungsgehilfen unsachgemäß durchgeführt worden ist. [2] Ein Sachmangel liegt bei einer zur Montage bestimmten Sache ferner vor, wenn die Montageanleitung mangelhaft ist, es sei denn, die Sache ist fehlerfrei montiert worden.

(3) Einem Sachmangel steht es gleich, wenn der Verkäufer eine andere Sache oder eine zu geringe Menge liefert.

§ 435 Rechtsmangel. [1] Die Sache ist frei von Rechtsmängeln, wenn Dritte in Bezug auf die Sache keine oder nur die im Kaufvertrag übernommenen Rechte gegen den Käufer geltend machen können. [2] Einem Rechtsmangel steht es gleich, wenn im Grundbuch ein Recht eingetragen ist, das nicht besteht.

§ 436 Öffentliche Lasten von Grundstücken. (1) Soweit nicht anders vereinbart, ist der Verkäufer eines Grundstücks verpflichtet, Erschließungsbeiträge und sonstige Anliegerbeiträge für die Maßnahmen zu tragen, die bis zum Tage des Vertragsschlusses bautechnisch begonnen sind, unabhängig vom Zeitpunkt des Entstehens der Beitragsschuld.

(2) Der Verkäufer eines Grundstücks haftet nicht für die Freiheit des Grundstücks von anderen öffentlichen Abgaben und von anderen öffentlichen Lasten, die zur Eintragung in das Grundbuch nicht geeignet sind.

---

[1] **Schönfelder Nr. 27.**

Titel 2. Teilzeit-Wohnrechteverträge, Verträge über langfristige Urlaubsprodukte, Vermittlungsverträge und Tauschsystemverträge

§ 481 Teilzeit-Wohnrechtevertrag. (1) [1] Ein Teilzeit-Wohnrechtevertrag ist ein Vertrag, durch den ein Unternehmer einem Verbraucher gegen Zahlung eines Gesamtpreises das Recht verschafft oder zu verschaffen verspricht, für die Dauer von mehr als einem Jahr ein Wohngebäude mehrfach für einen bestimmten oder zu bestimmenden Zeitraum zu Übernachtungszwecken zu nutzen. [2] Bei der Berechnung der Vertragsdauer sind sämtliche im Vertrag vorgesehenen Verlängerungsmöglichkeiten zu berücksichtigen.

(2) [1] Das Recht kann ein dingliches oder anderes Recht sein und insbesondere auch durch eine Mitgliedschaft in einem Verein oder einen Anteil an einer Gesellschaft eingeräumt werden. [2] Das Recht kann auch darin bestehen, aus einem Bestand von Wohngebäuden ein Wohngebäude zur Nutzung zu wählen.

(3) Einem Wohngebäude steht ein Teil eines Wohngebäudes gleich, ebenso eine bewegliche, als Übernachtungsunterkunft gedachte Sache oder ein Teil derselben.

§ 481a Vertrag über ein langfristiges Urlaubsprodukt. [1] Ein Vertrag über ein langfristiges Urlaubsprodukt ist ein Vertrag für die Dauer von mehr als einem Jahr, durch den ein Unternehmer einem Verbraucher gegen Zahlung eines Gesamtpreises das Recht verschafft oder zu verschaffen verspricht, Preisnachlässe oder sonstige Vergünstigungen in Bezug auf eine Unterkunft zu erwerben. [2] § 481 Absatz 1 Satz 2 gilt entsprechend.

§ 481b Vermittlungsvertrag, Tauschsystemvertrag. (1) Ein Vermittlungsvertrag ist ein Vertrag, durch den sich ein Unternehmer von einem Verbraucher ein Entgelt versprechen lässt für den Nachweis der Gelegenheit zum Abschluss eines Vertrags oder für die Vermittlung eines Vertrags, durch den die Rechte des Verbrauchers aus einem Teilzeit-Wohnrechtevertrag oder einem Vertrag über ein langfristiges Urlaubsprodukt erworben oder veräußert werden sollen.

(2) Ein Tauschsystemvertrag ist ein Vertrag, durch den sich ein Unternehmer von einem Verbraucher ein Entgelt versprechen lässt für den Nachweis der Gelegenheit zum Abschluss eines Vertrags oder für die Vermittlung eines Vertrags, durch den einzelne Rechte des Verbrauchers aus einem Teilzeit-Wohnrechtevertrag oder einem Vertrag über ein langfristiges Urlaubsprodukt getauscht oder auf andere Weise erworben oder veräußert werden sollen.

§ 482 Vorvertragliche Informationen, Werbung und Verbot des Verkaufs als Geldanlage. (1) [1] Der Unternehmer hat dem Verbraucher rechtzeitig vor Abgabe von dessen Vertragserklärung zum Abschluss eines Teilzeit-Wohnrechtevertrags, eines Vertrags über ein langfristiges Urlaubsprodukt, eines Vermittlungsvertrags oder eines Tauschsystemvertrags vorvertragliche Informationen nach Artikel 242 § 1 des Einführungsgesetzes zum Bürgerlichen Gesetzbuche[1)] in Textform zur Verfügung zu stellen. [2] Diese müssen klar und verständlich sein.

[1)] Nr. 2.

(2) [1] In jeder Werbung für solche Verträge ist anzugeben, dass vorvertragliche Informationen erhältlich sind und wo diese angefordert werden können. [2] Der Unternehmer hat bei der Einladung zu Werbe- oder Verkaufsveranstaltungen deutlich auf den gewerblichen Charakter der Veranstaltung hinzuweisen. [3] Dem Verbraucher sind auf solchen Veranstaltungen die vorvertraglichen Informationen jederzeit zugänglich zu machen.

(3) Ein Teilzeit-Wohnrecht oder ein Recht aus einem Vertrag über ein langfristiges Urlaubsprodukt darf nicht als Geldanlage beworben oder verkauft werden.

§ 482a Widerrufsbelehrung. [1] Der Unternehmer muss den Verbraucher vor Vertragsschluss in Textform auf das Widerrufsrecht einschließlich der Widerrufsfrist sowie auf das Anzahlungsverbot nach § 486 hinweisen. [2] Der Erhalt der entsprechenden Vertragsbestimmungen ist vom Verbraucher schriftlich zu bestätigen. [3] Die Einzelheiten sind in Artikel 242 § 2 des Einführungsgesetzes zum Bürgerlichen Gesetzbuche[1)] geregelt.

§ 483 Sprache des Vertrags und der vorvertraglichen Informationen.

(1) [1] Der Teilzeit-Wohnrechtevertrag, der Vertrag über ein langfristiges Urlaubsprodukt, der Vermittlungsvertrag oder der Tauschsystemvertrag ist in der Amtssprache oder, wenn es dort mehrere Amtssprachen gibt, in der vom Verbraucher gewählten Amtssprache des Mitgliedstaats der Europäischen Union oder des Vertragsstaats des Abkommens über den Europäischen Wirtschaftsraum abzufassen, in dem der Verbraucher seinen Wohnsitz hat. [2] Ist der Verbraucher Angehöriger eines anderen Mitgliedstaats, so kann er statt der Sprache seines Wohnsitzstaats auch die oder eine der Amtssprachen des Staats, dem er angehört, wählen. [3] Die Sätze 1 und 2 gelten auch für die vorvertraglichen Informationen und für die Widerrufsbelehrung.

(2) Ist der Vertrag von einem deutschen Notar zu beurkunden, so gelten die §§ 5 und 16 des Beurkundungsgesetzes[2)] mit der Maßgabe, dass dem Verbraucher eine beglaubigte Übersetzung des Vertrags in der von ihm nach Absatz 1 gewählten Sprache auszuhändigen ist.

(3) Verträge, die Absatz 1 Satz 1 und 2 oder Absatz 2 nicht entsprechen, sind nichtig.

§ 484 Form und Inhalt des Vertrags. (1) Der Teilzeit-Wohnrechtevertrag, der Vertrag über ein langfristiges Urlaubsprodukt, der Vermittlungsvertrag oder der Tauschsystemvertrag bedarf der schriftlichen Form, soweit nicht in anderen Vorschriften eine strengere Form vorgeschrieben ist.

(2) [1] Die dem Verbraucher nach § 482 Absatz 1 zur Verfügung gestellten vorvertraglichen Informationen werden Inhalt des Vertrags, soweit sie nicht einvernehmlich oder einseitig durch den Unternehmer geändert wurden. [2] Der Unternehmer darf die vorvertraglichen Informationen nur einseitig ändern, um sie an Veränderungen anzupassen, die durch höhere Gewalt verursacht wurden. [3] Die Änderungen nach Satz 1 müssen dem Verbraucher vor Abschluss des Vertrags in Textform mitgeteilt werden. [4] Sie werden nur wirk-

[1)] Nr. 2.
[2)] **Schönfelder Nr. 23.**

sam, wenn sie in die Vertragsdokumente mit dem Hinweis aufgenommen werden, dass sie von den nach § 482 Absatz 1 zur Verfügung gestellten vorvertraglichen Informationen abweichen. [5] In die Vertragsdokumente sind aufzunehmen:

1. die vorvertraglichen Informationen nach § 482 Absatz 1 unbeschadet ihrer Geltung nach Satz 1,
2. die Namen und ladungsfähigen Anschriften beider Parteien sowie
3. Datum und Ort der Abgabe der darin enthaltenen Vertragserklärungen.

(3) [1] Der Unternehmer hat dem Verbraucher die Vertragsurkunde oder eine Abschrift des Vertrags zu überlassen. [2] Bei einem Teilzeit-Wohnrechtevertrag hat er, wenn die Vertragssprache und die Amtssprache des Mitgliedstaats der Europäischen Union oder des Vertragsstaats des Abkommens über den Europäischen Wirtschaftsraum, in dem sich das Wohngebäude befindet, verschieden sind, eine beglaubigte Übersetzung des Vertrags in einer Amtssprache des Staats beizufügen, in dem sich das Wohngebäude befindet. [3] Die Pflicht zur Beifügung einer beglaubigten Übersetzung entfällt, wenn sich der Teilzeit-Wohnrechtevertrag auf einen Bestand von Wohngebäuden bezieht, die sich in verschiedenen Staaten befinden.

§ 485 Widerrufsrecht. Dem Verbraucher steht bei einem Teilzeit-Wohnrechtevertrag, einem Vertrag über ein langfristiges Urlaubsprodukt, einem Vermittlungsvertrag oder einem Tauschsystemvertrag ein Widerrufsrecht nach § 355 zu.

§ 485a *(aufgehoben)*

§ 486 Anzahlungsverbot. (1) Der Unternehmer darf Zahlungen des Verbrauchers vor Ablauf der Widerrufsfrist nicht fordern oder annehmen.

(2) Es dürfen keine Zahlungen des Verbrauchers im Zusammenhang mit einem Vermittlungsvertrag gefordert oder angenommen werden, bis der Unternehmer seine Pflichten aus dem Vermittlungsvertrag erfüllt hat oder diese Vertragsbeziehung beendet ist.

§ 486a Besondere Vorschriften für Verträge über langfristige Urlaubsprodukte. (1) [1] Bei einem Vertrag über ein langfristiges Urlaubsprodukt enthält das in Artikel 242 § 1 Absatz 2 des Einführungsgesetzes zum Bürgerlichen Gesetzbuche[1)] bezeichnete Formblatt einen Ratenzahlungsplan. [2] Der Unternehmer darf von den dort genannten Zahlungsmodalitäten nicht abweichen. [3] Er darf den laut Formblatt fälligen jährlichen Teilbetrag vom Verbraucher nur fordern oder annehmen, wenn er den Verbraucher zuvor in Textform zur Zahlung dieses Teilbetrags aufgefordert hat. [4] Die Zahlungsaufforderung muss dem Verbraucher mindestens zwei Wochen vor Fälligkeit des jährlichen Teilbetrags zugehen.

(2) Ab dem Zeitpunkt, der nach Absatz 1 für die Zahlung des zweiten Teilbetrags vorgesehen ist, kann der Verbraucher den Vertrag innerhalb von zwei Wochen ab Zugang der Zahlungsaufforderung zum Fälligkeitstermin gemäß Absatz 1 kündigen.

[1)] Nr. 2.

§ 487 Abweichende Vereinbarungen. [1] Von den Vorschriften dieses Titels darf nicht zum Nachteil des Verbrauchers abgewichen werden. [2] Die Vorschriften dieses Titels finden, soweit nicht ein anderes bestimmt ist, auch Anwendung, wenn sie durch anderweitige Gestaltungen umgangen werden.

Titel 5.[1)] Mietvertrag, Pachtvertrag

Untertitel 1. Allgemeine Vorschriften für Mietverhältnisse

§ 535 Inhalt und Hauptpflichten des Mietvertrags. (1) [1] Durch den Mietvertrag wird der Vermieter verpflichtet, dem Mieter den Gebrauch der Mietsache während der Mietzeit zu gewähren. [2] Der Vermieter hat die Mietsache dem Mieter in einem zum vertragsgemäßen Gebrauch geeigneten Zustand zu überlassen und sie während der Mietzeit in diesem Zustand zu erhalten. [3] Er hat die auf der Mietsache ruhenden Lasten zu tragen.

(2) Der Mieter ist verpflichtet, dem Vermieter die vereinbarte Miete zu entrichten.

§ 536 Mietminderung bei Sach- und Rechtsmängeln. (1) [1] Hat die Mietsache zur Zeit der Überlassung an den Mieter einen Mangel, der ihre Tauglichkeit zum vertragsgemäßen Gebrauch aufhebt, oder entsteht während der Mietzeit ein solcher Mangel, so ist der Mieter für die Zeit, in der die Tauglichkeit aufgehoben ist, von der Entrichtung der Miete befreit. [2] Für die Zeit, während der die Tauglichkeit gemindert ist, hat er nur eine angemessen herabgesetzte Miete zu entrichten. [3] Eine unerhebliche Minderung der Tauglichkeit bleibt außer Betracht.

(1a) Für die Dauer von drei Monaten bleibt eine Minderung der Tauglichkeit außer Betracht, soweit diese auf Grund einer Maßnahme eintritt, die einer energetischen Modernisierung nach § 555b Nummer 1 dient.

(2) Absatz 1 Satz 1 und 2 gilt auch, wenn eine zugesicherte Eigenschaft fehlt oder später wegfällt.

(3) Wird dem Mieter der vertragsgemäße Gebrauch der Mietsache durch das Recht eines Dritten ganz oder zum Teil entzogen, so gelten die Absätze 1 und 2 entsprechend.

(4) Bei einem Mietverhältnis über Wohnraum ist eine zum Nachteil des Mieters abweichende Vereinbarung unwirksam.

§ 536a Schadens- und Aufwendungsersatzanspruch des Mieters wegen eines Mangels. (1) Ist ein Mangel im Sinne des § 536 bei Vertrags-

---

[1)] Beachte hierzu auch Art. 6 G zur Verbesserung des Mietrechts und zur Begrenzung des Mietanstiegs sowie zur Regelung von Ingenieur- und Architektenleistungen (Nr. **5**).

Zum Verbot der Zweckentfremdung von Wohnraum haben die Länder folgende Vorschriften erlassen:

– **Baden-Württemberg:** ZweckentfremdungsverbotsG v. 19.12.2013 (GBl. S. 484)
– **Bayern:** ZweckentfremdungsG v. 10.12.2007 (GVBl. S. 864), zuletzt geänd. durch G v. 19.6. 2017 (GVBl. S. 182)
– **Berlin:** Zweckentfremdungsverbot-G v. 29.11.2013 (GVBl. S. 626), zuletzt geänd. durch G v. 9.4.2018 (GVBl. S. 211); Zweckentfremdungsverbot-VO v. 4.3.2014 (GVBl. S. 73), geänd. durch VO v. 16.10.2018 (GVBl. S. 607)
– **Mecklenburg-Vorpommern:** ZweckentfremdungsübertragungsG v. 25.6.1996 (GVOBl. M-V S. 286).

schluss vorhanden oder entsteht ein solcher Mangel später wegen eines Umstands, den der Vermieter zu vertreten hat, oder kommt der Vermieter mit der Beseitigung eines Mangels in Verzug, so kann der Mieter unbeschadet der Rechte aus § 536 Schadensersatz verlangen.

(2) Der Mieter kann den Mangel selbst beseitigen und Ersatz der erforderlichen Aufwendungen verlangen, wenn

1. der Vermieter mit der Beseitigung des Mangels in Verzug ist oder
2. die umgehende Beseitigung des Mangels zur Erhaltung oder Wiederherstellung des Bestands der Mietsache notwendig ist.

§ 536b Kenntnis des Mieters vom Mangel bei Vertragsschluss oder Annahme. [1] Kennt der Mieter bei Vertragsschluss den Mangel der Mietsache, so stehen ihm die Rechte aus den §§ 536 und 536a nicht zu. [2] Ist ihm der Mangel infolge grober Fahrlässigkeit unbekannt geblieben, so stehen ihm diese Rechte nur zu, wenn der Vermieter den Mangel arglistig verschwiegen hat. [3] Nimmt der Mieter eine mangelhafte Sache an, obwohl er den Mangel kennt, so kann er die Rechte aus den §§ 536 und 536a nur geltend machen, wenn er sich seine Rechte bei der Annahme vorbehält.

§ 536c Während der Mietzeit auftretende Mängel; Mängelanzeige durch den Mieter. (1) [1] Zeigt sich im Laufe der Mietzeit ein Mangel der Mietsache oder wird eine Maßnahme zum Schutz der Mietsache gegen eine nicht vorhergesehene Gefahr erforderlich, so hat der Mieter dies dem Vermieter unverzüglich anzuzeigen. [2] Das Gleiche gilt, wenn ein Dritter sich ein Recht an der Sache anmaßt.

(2) [1] Unterlässt der Mieter die Anzeige, so ist er dem Vermieter zum Ersatz des daraus entstehenden Schadens verpflichtet. [2] Soweit der Vermieter infolge der Unterlassung der Anzeige nicht Abhilfe schaffen konnte, ist der Mieter nicht berechtigt,

1. die in § 536 bestimmten Rechte geltend zu machen,
2. nach § 536a Abs. 1 Schadensersatz zu verlangen oder
3. ohne Bestimmung einer angemessenen Frist zur Abhilfe nach § 543 Abs. 3 Satz 1 zu kündigen.

§ 536d Vertraglicher Ausschluss von Rechten des Mieters wegen eines Mangels. Auf eine Vereinbarung, durch die die Rechte des Mieters wegen eines Mangels der Mietsache ausgeschlossen oder beschränkt werden, kann sich der Vermieter nicht berufen, wenn er den Mangel arglistig verschwiegen hat.

§ 537 Entrichtung der Miete bei persönlicher Verhinderung des Mieters. (1) [1] Der Mieter wird von der Entrichtung der Miete nicht dadurch befreit, dass er durch einen in seiner Person liegenden Grund an der Ausübung seines Gebrauchsrechts gehindert wird. [2] Der Vermieter muss sich jedoch den Wert der ersparten Aufwendungen sowie derjenigen Vorteile anrechnen lassen, die er aus einer anderweitigen Verwertung des Gebrauchs erlangt.

(2) Solange der Vermieter infolge der Überlassung des Gebrauchs an einen Dritten außerstande ist, dem Mieter den Gebrauch zu gewähren, ist der Mieter zur Entrichtung der Miete nicht verpflichtet.

§ 538 Abnutzung der Mietsache durch vertragsgemäßen Gebrauch. Veränderungen oder Verschlechterungen der Mietsache, die durch den vertragsgemäßen Gebrauch herbeigeführt werden, hat der Mieter nicht zu vertreten.

§ 539 Ersatz sonstiger Aufwendungen und Wegnahmerecht des Mieters. (1) Der Mieter kann vom Vermieter Aufwendungen auf die Mietsache, die der Vermieter ihm nicht nach § 536a Abs. 2 zu ersetzen hat, nach den Vorschriften über die Geschäftsführung ohne Auftrag ersetzt verlangen.

(2) Der Mieter ist berechtigt, eine Einrichtung wegzunehmen, mit der er die Mietsache versehen hat.

§ 540 Gebrauchsüberlassung an Dritte. (1) [1] Der Mieter ist ohne die Erlaubnis des Vermieters nicht berechtigt, den Gebrauch der Mietsache einem Dritten zu überlassen, insbesondere sie weiter zu vermieten. [2] Verweigert der Vermieter die Erlaubnis, so kann der Mieter das Mietverhältnis außerordentlich mit der gesetzlichen Frist kündigen, sofern nicht in der Person des Dritten ein wichtiger Grund vorliegt.

(2) Überlässt der Mieter den Gebrauch einem Dritten, so hat er ein dem Dritten bei dem Gebrauch zur Last fallendes Verschulden zu vertreten, auch wenn der Vermieter die Erlaubnis zur Überlassung erteilt hat.

§ 541 Unterlassungsklage bei vertragswidrigem Gebrauch. Setzt der Mieter einen vertragswidrigen Gebrauch der Mietsache trotz einer Abmahnung des Vermieters fort, so kann dieser auf Unterlassung klagen.

§ 542 Ende des Mietverhältnisses. (1) Ist die Mietzeit nicht bestimmt, so kann jede Vertragspartei das Mietverhältnis nach den gesetzlichen Vorschriften kündigen.

(2) Ein Mietverhältnis, das auf bestimmte Zeit eingegangen ist, endet mit dem Ablauf dieser Zeit, sofern es nicht

1. in den gesetzlich zugelassenen Fällen außerordentlich gekündigt oder
2. verlängert wird.

§ 543 Außerordentliche fristlose Kündigung aus wichtigem Grund.

(1) [1] Jede Vertragspartei kann das Mietverhältnis aus wichtigem Grund außerordentlich fristlos kündigen. [2] Ein wichtiger Grund liegt vor, wenn dem Kündigenden unter Berücksichtigung aller Umstände des Einzelfalls, insbesondere eines Verschuldens der Vertragsparteien, und unter Abwägung der beiderseitigen Interessen die Fortsetzung des Mietverhältnisses bis zum Ablauf der Kündigungsfrist oder bis zur sonstigen Beendigung des Mietverhältnisses nicht zugemutet werden kann.

(2) [1] Ein wichtiger Grund liegt insbesondere vor, wenn

1. dem Mieter der vertragsgemäße Gebrauch der Mietsache ganz oder zum Teil nicht rechtzeitig gewährt oder wieder entzogen wird,

2. der Mieter die Rechte des Vermieters dadurch in erheblichem Maße verletzt, dass er die Mietsache durch Vernachlässigung der ihm obliegenden Sorgfalt erheblich gefährdet oder sie unbefugt einem Dritten überlässt oder
3. der Mieter
   a) für zwei aufeinander folgende Termine mit der Entrichtung der Miete oder eines nicht unerheblichen Teils der Miete in Verzug ist oder
   b) in einem Zeitraum, der sich über mehr als zwei Termine erstreckt, mit der Entrichtung der Miete in Höhe eines Betrages in Verzug ist, der die Miete für zwei Monate erreicht.

[2] Im Falle des Satzes 1 Nr. 3 ist die Kündigung ausgeschlossen, wenn der Vermieter vorher befriedigt wird. [3] Sie wird unwirksam, wenn sich der Mieter von seiner Schuld durch Aufrechnung befreien konnte und unverzüglich nach der Kündigung die Aufrechnung erklärt.

(3) [1] Besteht der wichtige Grund in der Verletzung einer Pflicht aus dem Mietvertrag, so ist die Kündigung erst nach erfolglosem Ablauf einer zur Abhilfe bestimmten angemessenen Frist oder nach erfolgloser Abmahnung zulässig. [2] Dies gilt nicht, wenn

1. eine Frist oder Abmahnung offensichtlich keinen Erfolg verspricht,
2. die sofortige Kündigung aus besonderen Gründen unter Abwägung der beiderseitigen Interessen gerechtfertigt ist oder
3. der Mieter mit der Entrichtung der Miete im Sinne des Absatzes 2 Nr. 3 in Verzug ist.

(4) [1] Auf das dem Mieter nach Absatz 2 Nr. 1 zustehende Kündigungsrecht sind die §§ 536b und 536d entsprechend anzuwenden. [2] Ist streitig, ob der Vermieter den Gebrauch der Mietsache rechtzeitig gewährt oder die Abhilfe vor Ablauf der hierzu bestimmten Frist bewirkt hat, so trifft ihn die Beweislast.

§ 544 Vertrag über mehr als 30 Jahre. [1] Wird ein Mietvertrag für eine längere Zeit als 30 Jahre geschlossen, so kann jede Vertragspartei nach Ablauf von 30 Jahren nach Überlassung der Mietsache das Mietverhältnis außerordentlich mit der gesetzlichen Frist kündigen. [2] Die Kündigung ist unzulässig, wenn der Vertrag für die Lebenszeit des Vermieters oder des Mieters geschlossen worden ist.

§ 545 Stillschweigende Verlängerung des Mietverhältnisses. [1] Setzt der Mieter nach Ablauf der Mietzeit den Gebrauch der Mietsache fort, so verlängert sich das Mietverhältnis auf unbestimmte Zeit, sofern nicht eine Vertragspartei ihren entgegenstehenden Willen innerhalb von zwei Wochen dem anderen Teil erklärt. [2] Die Frist beginnt

1. für den Mieter mit der Fortsetzung des Gebrauchs,
2. für den Vermieter mit dem Zeitpunkt, in dem er von der Fortsetzung Kenntnis erhält.

§ 546[1)] Rückgabepflicht des Mieters. (1) Der Mieter ist verpflichtet, die Mietsache nach Beendigung des Mietverhältnisses zurückzugeben.

(2) Hat der Mieter den Gebrauch der Mietsache einem Dritten überlassen, so kann der Vermieter die Sache nach Beendigung des Mietverhältnisses auch von dem Dritten zurückfordern.

§ 546a Entschädigung des Vermieters bei verspäteter Rückgabe.

(1) Gibt der Mieter die Mietsache nach Beendigung des Mietverhältnisses nicht zurück, so kann der Vermieter für die Dauer der Vorenthaltung als Entschädigung die vereinbarte Miete oder die Miete verlangen, die für vergleichbare Sachen ortsüblich ist.

(2) Die Geltendmachung eines weiteren Schadens ist nicht ausgeschlossen.

§ 547 Erstattung von im Voraus entrichteter Miete. (1) [1] Ist die Miete für die Zeit nach Beendigung des Mietverhältnisses im Voraus entrichtet worden, so hat der Vermieter sie zurückzuerstatten und ab Empfang zu verzinsen. [2] Hat der Vermieter die Beendigung des Mietverhältnisses nicht zu vertreten, so hat er das Erlangte nach den Vorschriften über die Herausgabe einer ungerechtfertigten Bereicherung zurückzuerstatten.

(2) Bei einem Mietverhältnis über Wohnraum ist eine zum Nachteil des Mieters abweichende Vereinbarung unwirksam.

§ 548 Verjährung der Ersatzansprüche und des Wegnahmerechts.

(1) [1] Die Ersatzansprüche des Vermieters wegen Veränderungen oder Verschlechterungen der Mietsache verjähren in sechs Monaten. [2] Die Verjährung beginnt mit dem Zeitpunkt, in dem er die Mietsache zurückerhält. [3] Mit der Verjährung des Anspruchs des Vermieters auf Rückgabe der Mietsache verjähren auch seine Ersatzansprüche.

(2) Ansprüche des Mieters auf Ersatz von Aufwendungen oder auf Gestattung der Wegnahme einer Einrichtung verjähren in sechs Monaten nach der Beendigung des Mietverhältnisses.

Untertitel 2. Mietverhältnisse über Wohnraum

Kapitel 1. Allgemeine Vorschriften

§ 549 Auf Wohnraummietverhältnisse anwendbare Vorschriften.

(1) Für Mietverhältnisse über Wohnraum gelten die §§ 535 bis 548, soweit sich nicht aus den §§ 549 bis 577a etwas anderes ergibt.

(2) Die Vorschriften über die Miethöhe bei Mietbeginn in Gebieten mit angespannten Wohnungsmärkten (§§ 556d bis 556g), über die Mieterhöhung (§§ 557 bis 561) und über den Mieterschutz bei Beendigung des Mietverhältnisses sowie bei der Begründung von Wohnungseigentum (§ 568 Abs. 2,

---

[1)] Zur Rückerstattungspflicht des Vermieters von verlorenen Zuschüssen, die der Mieter mit Rücksicht auf die Vermietung geleistet hat, vgl. Art. VI G zur Änderung des Zweiten Wohnungsbaugesetzes, anderer wohnungsbaurechtlicher Vorschriften und über die Rückerstattung von Baukostenzuschüssen v. 21.7.1961 (BGBl. I S. 1041), zuletzt geänd. durch G v. 19.6.2001 (BGBl. I S. 1149).

§§ 573, 573a, 573d Abs. 1, §§ 574 bis 575, 575a Abs. 1 und §§ 577, 577a) gelten nicht für Mietverhältnisse über

1. Wohnraum, der nur zum vorübergehenden Gebrauch vermietet ist,
2. Wohnraum, der Teil der vom Vermieter selbst bewohnten Wohnung ist und den der Vermieter überwiegend mit Einrichtungsgegenständen auszustatten hat, sofern der Wohnraum dem Mieter nicht zum dauernden Gebrauch mit seiner Familie oder mit Personen überlassen ist, mit denen er einen auf Dauer angelegten gemeinsamen Haushalt führt,
3. Wohnraum, den eine juristische Person des öffentlichen Rechts oder ein anerkannter privater Träger der Wohlfahrtspflege angemietet hat, um ihn Personen mit dringendem Wohnungsbedarf zu überlassen, wenn sie den Mieter bei Vertragsschluss auf die Zweckbestimmung des Wohnraums und die Ausnahme von den genannten Vorschriften hingewiesen hat.

(3) Für Wohnraum in einem Studenten- oder Jugendwohnheim gelten die §§ 556d bis 561 sowie die §§ 573, 573a, 573d Abs. 1 und §§ 575, 575a Abs. 1, §§ 577, 577a nicht.

§ 550 Form des Mietvertrags. [1] Wird der Mietvertrag für längere Zeit als ein Jahr nicht in schriftlicher Form geschlossen, so gilt er für unbestimmte Zeit. [2] Die Kündigung ist jedoch frühestens zum Ablauf eines Jahres nach Überlassung des Wohnraums zulässig.

§ 551 Begrenzung und Anlage von Mietsicherheiten. (1) Hat der Mieter dem Vermieter für die Erfüllung seiner Pflichten Sicherheit zu leisten, so darf diese vorbehaltlich des Absatzes 3 Satz 4 höchstens das Dreifache der auf einen Monat entfallenden Miete ohne die als Pauschale oder als Vorauszahlung ausgewiesenen Betriebskosten betragen.

(2) [1] Ist als Sicherheit eine Geldsumme bereitzustellen, so ist der Mieter zu drei gleichen monatlichen Teilzahlungen berechtigt. [2] Die erste Teilzahlung ist zu Beginn des Mietverhältnisses fällig. [3] Die weiteren Teilzahlungen werden zusammen mit den unmittelbar folgenden Mietzahlungen fällig.

(3) [1] Der Vermieter hat eine ihm als Sicherheit überlassene Geldsumme bei einem Kreditinstitut zu dem für Spareinlagen mit dreimonatiger Kündigungsfrist üblichen Zinssatz anzulegen. [2] Die Vertragsparteien können eine andere Anlageform vereinbaren. [3] In beiden Fällen muss die Anlage vom Vermögen des Vermieters getrennt erfolgen und stehen die Erträge dem Mieter zu. [4] Sie erhöhen die Sicherheit. [5] Bei Wohnraum in einem Studenten- oder Jugendwohnheim besteht für den Vermieter keine Pflicht, die Sicherheitsleistung zu verzinsen.

(4) Eine zum Nachteil des Mieters abweichende Vereinbarung ist unwirksam.

§ 552 Abwendung des Wegnahmerechts des Mieters. (1) Der Vermieter kann die Ausübung des Wegnahmerechts (§ 539 Abs. 2) durch Zahlung einer angemessenen Entschädigung abwenden, wenn nicht der Mieter ein berechtigtes Interesse an der Wegnahme hat.

(2) Eine Vereinbarung, durch die das Wegnahmerecht ausgeschlossen wird, ist nur wirksam, wenn ein angemessener Ausgleich vorgesehen ist.

§ 553 Gestattung der Gebrauchsüberlassung an Dritte. (1) [1] Entsteht für den Mieter nach Abschluss des Mietvertrags ein berechtigtes Interesse, einen Teil des Wohnraums einem Dritten zum Gebrauch zu überlassen, so kann er von dem Vermieter die Erlaubnis hierzu verlangen. [2] Dies gilt nicht, wenn in der Person des Dritten ein wichtiger Grund vorliegt, der Wohnraum übermäßig belegt würde oder dem Vermieter die Überlassung aus sonstigen Gründen nicht zugemutet werden kann.

(2) Ist dem Vermieter die Überlassung nur bei einer angemessenen Erhöhung der Miete zuzumuten, so kann er die Erlaubnis davon abhängig machen, dass der Mieter sich mit einer solchen Erhöhung einverstanden erklärt.

(3) Eine zum Nachteil des Mieters abweichende Vereinbarung ist unwirksam.

§ 554 *(aufgehoben)*

§ 554a Barrierefreiheit. (1) [1] Der Mieter kann vom Vermieter die Zustimmung zu baulichen Veränderungen oder sonstigen Einrichtungen verlangen, die für eine behindertengerechte Nutzung der Mietsache oder den Zugang zu ihr erforderlich sind, wenn er ein berechtigtes Interesse daran hat. [2] Der Vermieter kann seine Zustimmung verweigern, wenn sein Interesse an der unveränderten Erhaltung der Mietsache oder des Gebäudes das Interesse des Mieters an einer behindertengerechten Nutzung der Mietsache überwiegt. [3] Dabei sind auch die berechtigten Interessen anderer Mieter in dem Gebäude zu berücksichtigen.

(2) [1] Der Vermieter kann seine Zustimmung von der Leistung einer angemessenen zusätzlichen Sicherheit für die Wiederherstellung des ursprünglichen Zustandes abhängig machen. [2] § 551 Abs. 3 und 4 gilt entsprechend.

(3) Eine zum Nachteil des Mieters von Absatz 1 abweichende Vereinbarung ist unwirksam.

§ 555 Unwirksamkeit einer Vertragsstrafe. Eine Vereinbarung, durch die sich der Vermieter eine Vertragsstrafe vom Mieter versprechen lässt, ist unwirksam.

Kapitel 1a. Erhaltungs- und Modernisierungsmaßnahmen

§ 555a Erhaltungsmaßnahmen. (1) Der Mieter hat Maßnahmen zu dulden, die zur Instandhaltung oder Instandsetzung der Mietsache erforderlich sind (Erhaltungsmaßnahmen).

(2) Erhaltungsmaßnahmen sind dem Mieter rechtzeitig anzukündigen, es sei denn, sie sind nur mit einer unerheblichen Einwirkung auf die Mietsache verbunden oder ihre sofortige Durchführung ist zwingend erforderlich.

(3) [1] Aufwendungen, die der Mieter infolge einer Erhaltungsmaßnahme machen muss, hat der Vermieter in angemessenem Umfang zu ersetzen. [2] Auf Verlangen hat er Vorschuss zu leisten.

(4) Eine zum Nachteil des Mieters von Absatz 2 oder 3 abweichende Vereinbarung ist unwirksam.

§ 555b Modernisierungsmaßnahmen. Modernisierungsmaßnahmen sind bauliche Veränderungen,

1. durch die in Bezug auf die Mietsache Endenergie nachhaltig eingespart wird (energetische Modernisierung),
2. durch die nicht erneuerbare Primärenergie nachhaltig eingespart oder das Klima nachhaltig geschützt wird, sofern nicht bereits eine energetische Modernisierung nach Nummer 1 vorliegt,
3. durch die der Wasserverbrauch nachhaltig reduziert wird,
4. durch die der Gebrauchswert der Mietsache nachhaltig erhöht wird,
5. durch die die allgemeinen Wohnverhältnisse auf Dauer verbessert werden,
6. die auf Grund von Umständen durchgeführt werden, die der Vermieter nicht zu vertreten hat, und die keine Erhaltungsmaßnahmen nach § 555a sind, oder
7. durch die neuer Wohnraum geschaffen wird.

§ 555c[1] Ankündigung von Modernisierungsmaßnahmen. (1) [1] Der Vermieter hat dem Mieter eine Modernisierungsmaßnahme spätestens drei Monate vor ihrem Beginn in Textform anzukündigen (Modernisierungsankündigung). [2] Die Modernisierungsankündigung muss Angaben enthalten über:

1. die Art und den voraussichtlichen Umfang der Modernisierungsmaßnahme in wesentlichen Zügen,
2. den voraussichtlichen Beginn und die voraussichtliche Dauer der Modernisierungsmaßnahme,
3. den Betrag der zu erwartenden Mieterhöhung, sofern eine Erhöhung nach § 559 oder § 559c verlangt werden soll, sowie die voraussichtlichen künftigen Betriebskosten.

(2) Der Vermieter soll den Mieter in der Modernisierungsankündigung auf die Form und die Frist des Härteeinwands nach § 555d Absatz 3 Satz 1 hinweisen.

(3) In der Modernisierungsankündigung für eine Modernisierungsmaßnahme nach § 555b Nummer 1 und 2 kann der Vermieter insbesondere hinsichtlich der energetischen Qualität von Bauteilen auf allgemein anerkannte Pauschalwerte Bezug nehmen.

(4) Die Absätze 1 bis 3 gelten nicht für Modernisierungsmaßnahmen, die nur mit einer unerheblichen Einwirkung auf die Mietsache verbunden sind und nur zu einer unerheblichen Mieterhöhung führen.

(5) Eine zum Nachteil des Mieters abweichende Vereinbarung ist unwirksam.

§ 555d Duldung von Modernisierungsmaßnahmen, Ausschlussfrist.

(1) Der Mieter hat eine Modernisierungsmaßnahme zu dulden.

(2) [1] Eine Duldungspflicht nach Absatz 1 besteht nicht, wenn die Modernisierungsmaßnahme für den Mieter, seine Familie oder einen Angehörigen seines Haushalts eine Härte bedeuten würde, die auch unter Würdigung der

---

[1] Beachte hierzu Übergangsvorschrift in Art. 229 § 49 EGBGB (Nr. **2**).

berechtigten Interessen sowohl des Vermieters als auch anderer Mieter in dem Gebäude sowie von Belangen der Energieeinsparung und des Klimaschutzes nicht zu rechtfertigen ist. [2] Die zu erwartende Mieterhöhung sowie die voraussichtlichen künftigen Betriebskosten bleiben bei der Abwägung im Rahmen der Duldungspflicht außer Betracht; sie sind nur nach § 559 Absatz 4 und 5 bei einer Mieterhöhung zu berücksichtigen.

(3) [1] Der Mieter hat dem Vermieter Umstände, die eine Härte im Hinblick auf die Duldung oder die Mieterhöhung begründen, bis zum Ablauf des Monats, der auf den Zugang der Modernisierungsankündigung folgt, in Textform mitzuteilen. [2] Der Lauf der Frist beginnt nur, wenn die Modernisierungsankündigung den Vorschriften des § 555c entspricht.

(4) [1] Nach Ablauf der Frist sind Umstände, die eine Härte im Hinblick auf die Duldung oder die Mieterhöhung begründen, noch zu berücksichtigen, wenn der Mieter ohne Verschulden an der Einhaltung der Frist gehindert war und er dem Vermieter die Umstände sowie die Gründe der Verzögerung unverzüglich in Textform mitteilt. [2] Umstände, die eine Härte im Hinblick auf die Mieterhöhung begründen, sind nur zu berücksichtigen, wenn sie spätestens bis zum Beginn der Modernisierungsmaßnahme mitgeteilt werden.

(5) [1] Hat der Vermieter in der Modernisierungsankündigung nicht auf die Form und die Frist des Härteeinwands hingewiesen (§ 555c Absatz 2), so bedarf die Mitteilung des Mieters nach Absatz 3 Satz 1 nicht der dort bestimmten Form und Frist. [2] Absatz 4 Satz 2 gilt entsprechend.

(6) § 555a Absatz 3 gilt entsprechend.

(7) Eine zum Nachteil des Mieters abweichende Vereinbarung ist unwirksam.

§ 555e Sonderkündigungsrecht des Mieters bei Modernisierungsmaßnahmen. (1) [1] Nach Zugang der Modernisierungsankündigung kann der Mieter das Mietverhältnis außerordentlich zum Ablauf des übernächsten Monats kündigen. [2] Die Kündigung muss bis zum Ablauf des Monats erfolgen, der auf den Zugang der Modernisierungsankündigung folgt.

(2) § 555c Absatz 4 gilt entsprechend.

(3) Eine zum Nachteil des Mieters abweichende Vereinbarung ist unwirksam.

§ 555f Vereinbarungen über Erhaltungs- oder Modernisierungsmaßnahmen. Die Vertragsparteien können nach Abschluss des Mietvertrags aus Anlass von Erhaltungs- oder Modernisierungsmaßnahmen Vereinbarungen treffen, insbesondere über die

1. zeitliche und technische Durchführung der Maßnahmen,
2. Gewährleistungsrechte und Aufwendungsersatzansprüche des Mieters,
3. künftige Höhe der Miete.

Kapitel 2. Die Miete

Unterkapitel 1. Vereinbarungen über die Miete

§ 556 Vereinbarungen über Betriebskosten. (1) [1] Die Vertragsparteien können vereinbaren, dass der Mieter Betriebskosten trägt. [2] Betriebskosten sind die Kosten, die dem Eigentümer oder Erbbauberechtigten durch das Eigentum oder das Erbbaurecht am Grundstück oder durch den bestimmungsmäßigen Gebrauch des Gebäudes, der Nebengebäude, Anlagen, Einrichtungen und des Grundstücks laufend entstehen. [3] Für die Aufstellung der Betriebskosten gilt die Betriebskostenverordnung[1)] vom 25. November 2003 (BGBl. I S. 2346, 2347) fort. [4] Die Bundesregierung wird ermächtigt, durch Rechtsverordnung ohne Zustimmung des Bundesrates Vorschriften über die Aufstellung der Betriebskosten zu erlassen.

(2) [1] Die Vertragsparteien können vorbehaltlich anderweitiger Vorschriften vereinbaren, dass Betriebskosten als Pauschale oder als Vorauszahlung ausgewiesen werden. [2] Vorauszahlungen für Betriebskosten dürfen nur in angemessener Höhe vereinbart werden.

(3) [1] Über die Vorauszahlungen für Betriebskosten ist jährlich abzurechnen; dabei ist der Grundsatz der Wirtschaftlichkeit zu beachten. [2] Die Abrechnung ist dem Mieter spätestens bis zum Ablauf des zwölften Monats nach Ende des Abrechnungszeitraums mitzuteilen. [3] Nach Ablauf dieser Frist ist die Geltendmachung einer Nachforderung durch den Vermieter ausgeschlossen, es sei denn, der Vermieter hat die verspätete Geltendmachung nicht zu vertreten. [4] Der Vermieter ist zu Teilabrechnungen nicht verpflichtet. [5] Einwendungen gegen die Abrechnung hat der Mieter dem Vermieter spätestens bis zum Ablauf des zwölften Monats nach Zugang der Abrechnung mitzuteilen. [6] Nach Ablauf dieser Frist kann der Mieter Einwendungen nicht mehr geltend machen, es sei denn, der Mieter hat die verspätete Geltendmachung nicht zu vertreten.

(4) Eine zum Nachteil des Mieters von Absatz 1, Absatz 2 Satz 2 oder Absatz 3 abweichende Vereinbarung ist unwirksam.

§ 556a Abrechnungsmaßstab für Betriebskosten. (1) [1] Haben die Vertragsparteien nichts anderes vereinbart, sind die Betriebskosten vorbehaltlich anderweitiger Vorschriften nach dem Anteil der Wohnfläche umzulegen. [2] Betriebskosten, die von einem erfassten Verbrauch oder einer erfassten Verursachung durch die Mieter abhängen, sind nach einem Maßstab umzulegen, der dem unterschiedlichen Verbrauch oder der unterschiedlichen Verursachung Rechnung trägt.

(2) [1] Haben die Vertragsparteien etwas anderes vereinbart, kann der Vermieter durch Erklärung in Textform bestimmen, dass die Betriebskosten zukünftig abweichend von der getroffenen Vereinbarung ganz oder teilweise nach einem Maßstab umgelegt werden dürfen, der dem erfassten unterschiedlichen Verbrauch oder der erfassten unterschiedlichen Verursachung Rechnung trägt. [2] Die Erklärung ist nur vor Beginn eines Abrechnungszeitraums zulässig. [3] Sind die Kosten bislang in der Miete enthalten, so ist diese entsprechend herabzusetzen.

(3) Eine zum Nachteil des Mieters von Absatz 2 abweichende Vereinbarung ist unwirksam.

[1)] Nr. **20**.

§ 556b Fälligkeit der Miete, Aufrechnungs- und Zurückbehaltungsrecht. (1) Die Miete ist zu Beginn, spätestens bis zum dritten Werktag der einzelnen Zeitabschnitte zu entrichten, nach denen sie bemessen ist.

(2) [1] Der Mieter kann entgegen einer vertraglichen Bestimmung gegen eine Mietforderung mit einer Forderung auf Grund der §§ 536a, 539 oder aus ungerechtfertigter Bereicherung wegen zu viel gezahlter Miete aufrechnen oder wegen einer solchen Forderung ein Zurückbehaltungsrecht ausüben, wenn er seine Absicht dem Vermieter mindestens einen Monat vor der Fälligkeit der Miete in Textform angezeigt hat. [2] Eine zum Nachteil des Mieters abweichende Vereinbarung ist unwirksam.

§ 556c Kosten der Wärmelieferung als Betriebskosten, Verordnungsermächtigung. (1) [1] Hat der Mieter die Betriebskosten für Wärme oder Warmwasser zu tragen und stellt der Vermieter die Versorgung von der Eigenversorgung auf die eigenständig gewerbliche Lieferung durch einen Wärmelieferanten (Wärmelieferung) um, so hat der Mieter die Kosten der Wärmelieferung als Betriebskosten zu tragen, wenn

1. die Wärme mit verbesserter Effizienz entweder aus einer vom Wärmelieferanten errichteten neuen Anlage oder aus einem Wärmenetz geliefert wird und
2. die Kosten der Wärmelieferung die Betriebskosten für die bisherige Eigenversorgung mit Wärme oder Warmwasser nicht übersteigen.

[2] Beträgt der Jahresnutzungsgrad der bestehenden Anlage vor der Umstellung mindestens 80 Prozent, kann sich der Wärmelieferant anstelle der Maßnahmen nach Nummer 1 auf die Verbesserung der Betriebsführung der Anlage beschränken.

(2) Der Vermieter hat die Umstellung spätestens drei Monate zuvor in Textform anzukündigen (Umstellungsankündigung).

(3) [1] Die Bundesregierung wird ermächtigt, durch Rechtsverordnung[1)] ohne Zustimmung des Bundesrates Vorschriften für Wärmelieferverträge, die bei einer Umstellung nach Absatz 1 geschlossen werden, sowie für die Anforderungen nach den Absätzen 1 und 2 zu erlassen. [2] Hierbei sind die Belange von Vermietern, Mietern und Wärmelieferanten angemessen zu berücksichtigen.

(4) Eine zum Nachteil des Mieters abweichende Vereinbarung ist unwirksam.

Unterkapitel 1a. Vereinbarungen über die Miethöhe bei Mietbeginn in Gebieten mit angespannten Wohnungsmärkten

§ 556d Zulässige Miethöhe bei Mietbeginn; Verordnungsermächtigung. (1) Wird ein Mietvertrag über Wohnraum abgeschlossen, der in einem durch Rechtsverordnung nach Absatz 2 bestimmten Gebiet mit einem angespannten Wohnungsmarkt liegt, so darf die Miete zu Beginn des Mietverhältnisses die ortsübliche Vergleichsmiete (§ 558 Absatz 2) höchstens um 10 Prozent übersteigen.

[1)] Siehe die Wärmelieferverordnung (Nr. **12a**).

(2) [1] Die Landesregierungen werden ermächtigt, Gebiete mit angespannten Wohnungsmärkten durch Rechtsverordnung[1)] für die Dauer von höchstens fünf Jahren zu bestimmen. [2] Gebiete mit angespannten Wohnungsmärkten liegen vor, wenn die ausreichende Versorgung der Bevölkerung mit Mietwohnungen in einer Gemeinde oder einem Teil der Gemeinde zu angemessenen Bedingungen besonders gefährdet ist. [3] Dies kann insbesondere dann der Fall sein, wenn

1. die Mieten deutlich stärker steigen als im bundesweiten Durchschnitt,
2. die durchschnittliche Mietbelastung der Haushalte den bundesweiten Durchschnitt deutlich übersteigt,
3. die Wohnbevölkerung wächst, ohne dass durch Neubautätigkeit insoweit erforderlicher Wohnraum geschaffen wird, oder
4. geringer Leerstand bei großer Nachfrage besteht.

[4] Eine Rechtsverordnung nach Satz 1 muss spätestens am 31. Dezember 2020 in Kraft treten. [5] Sie muss begründet werden. [6] Aus der Begründung muss sich ergeben, auf Grund welcher Tatsachen ein Gebiet mit einem angespannten Wohnungsmarkt im Einzelfall vorliegt. [7] Ferner muss sich aus der Begründung ergeben, welche Maßnahmen die Landesregierung in dem nach Satz 1 durch die Rechtsverordnung jeweils bestimmten Gebiet und Zeitraum ergreifen wird, um Abhilfe zu schaffen.

§ 556e Berücksichtigung der Vormiete oder einer durchgeführten Modernisierung. (1) [1] Ist die Miete, die der vorherige Mieter zuletzt schuldete (Vormiete), höher als die nach § 556d Absatz 1 zulässige Miete, so darf eine Miete bis zur Höhe der Vormiete vereinbart werden. [2] Bei der Ermittlung der Vormiete unberücksichtigt bleiben Mietminderungen sowie solche Mieterhöhungen, die mit dem vorherigen Mieter innerhalb des letzten Jahres vor Beendigung des Mietverhältnisses vereinbart worden sind.

(2) [1] Hat der Vermieter in den letzten drei Jahren vor Beginn des Mietverhältnisses Modernisierungsmaßnahmen im Sinne des § 555b durchgeführt, so darf die nach § 556d Absatz 1 zulässige Miete um den Betrag überschritten werden, der sich bei einer Mieterhöhung nach § 559 Absatz 1 bis 3a und § 559a Absatz 1 bis 4 ergäbe. [2] Bei der Berechnung nach Satz 1 ist von der ortsüblichen Vergleichsmiete (§ 558 Absatz 2) auszugehen, die bei Beginn des Mietverhältnisses ohne Berücksichtigung der Modernisierung anzusetzen wäre.

[1)] Die Länder haben hierzu folgende Vorschriften erlassen:
Baden-Württemberg: MietpreisbegrenzungsVO v. 29.9.2015 (GBl. S. 852)
Bayern: MieterschutzVO v. 10.11.2015 (GVBl. S. 398)
Berlin: MietenbegrenzungsVO v. 28.4.2015 (GVBl. S. 101)
Brandenburg: MietpreisbegrenzungsVO v. 8.12.2015 (GVBl. II Nr. 65)
Bremen: Mietenbegrenzungs-VO v. 17.11.2015 (Brem.GBl. S. 512)
Hamburg: MietpreisbegrenzungsVO v. 3.7.2018 (HmbGVBl. S. 225)
Hessen: MietenbegrenzungsVO v. 17.11.2015 (GVBl. S. 397)
Mecklenburg-Vorpommern: Mietpreisbegrenzungs- und KappungsgrenzenlandesVO v. 13.9. 2018 (GVOBl. M-V S. 359)
Nordrhein-Westfalen: MietpreisbegrenzungsVO v. 23.6.2015 (GV. NRW. S. 489)
Rheinland-Pfalz: MietpreisbegrenzungsVO v. 28.9.2015 (GVBl. S. 264)
Schleswig-Holstein: MietpreisVO v. 11.11.2015 (GVOBl. Schl.-H. S. 402)
Thüringen: Thüringer MietpreisbegrenzungsVO v. 10.3.2016 (GVBl. S. 166).

§ 556f Ausnahmen. [1] § 556d ist nicht anzuwenden auf eine Wohnung, die nach dem 1. Oktober 2014 erstmals genutzt und vermietet wird. [2] Die §§ 556d und 556e sind nicht anzuwenden auf die erste Vermietung nach umfassender Modernisierung.

§ 556g Rechtsfolgen; Auskunft über die Miete. (1) [1] Eine zum Nachteil des Mieters von den Vorschriften dieses Unterkapitels abweichende Vereinbarung ist unwirksam. [2] Für Vereinbarungen über die Miethöhe bei Mietbeginn gilt dies nur, soweit die zulässige Miete überschritten wird. [3] Der Vermieter hat dem Mieter zu viel gezahlte Miete nach den Vorschriften über die Herausgabe einer ungerechtfertigten Bereicherung herauszugeben. [4] Die §§ 814 und 817 Satz 2 sind nicht anzuwenden.

(1a)[1)] [1] Soweit die Zulässigkeit der Miete auf § 556e oder § 556f beruht, ist der Vermieter verpflichtet, dem Mieter vor dessen Abgabe der Vertragserklärung über Folgendes unaufgefordert Auskunft zu erteilen:

1. im Fall des § 556e Absatz 1 darüber, wie hoch die Vormiete ein Jahr vor Beendigung des Vormietverhältnisses war,
2. im Fall des § 556e Absatz 2 darüber, dass in den letzten drei Jahren vor Beginn des Mietverhältnisses Modernisierungsmaßnahmen durchgeführt wurden,
3. im Fall des § 556f Satz 1 darüber, dass die Wohnung nach dem 1. Oktober 2014 erstmals genutzt und vermietet wurde,
4. im Fall des § 556f Satz 2 darüber, dass es sich um die erste Vermietung nach umfassender Modernisierung handelt.

[2] Soweit der Vermieter die Auskunft nicht erteilt hat, kann er sich nicht auf eine nach § 556e oder § 556f zulässige Miete berufen. [3] Hat der Vermieter die Auskunft nicht erteilt und hat er diese in der vorgeschriebenen Form nachgeholt, kann er sich erst zwei Jahre nach Nachholung der Auskunft auf eine nach § 556e oder § 556f zulässige Miete berufen. [4] Hat der Vermieter die Auskunft nicht in der vorgeschriebenen Form erteilt, so kann er sich auf eine nach § 556e oder § 556f zulässige Miete erst dann berufen, wenn er die Auskunft in der vorgeschriebenen Form nachgeholt hat.

(2)[1)] [1] Der Mieter kann von dem Vermieter eine nach den §§ 556d und 556e nicht geschuldete Miete nur zurückverlangen, wenn er einen Verstoß gegen die Vorschriften dieses Unterkapitels gerügt hat und die zurückverlangte Miete nach Zugang der Rüge fällig geworden ist. [2] Hat der Vermieter eine Auskunft nach Absatz 1a Satz 1 erteilt, so muss die Rüge sich auf diese Auskunft beziehen.

(3) [1] Der Vermieter ist auf Verlangen des Mieters verpflichtet, Auskunft über diejenigen Tatsachen zu erteilen, die für die Zulässigkeit der vereinbarten Miete nach den Vorschriften dieses Unterkapitels maßgeblich sind, soweit diese Tatsachen nicht allgemein zugänglich sind und der Vermieter hierüber unschwer Auskunft geben kann. [2] Für die Auskunft über Modernisierungsmaßnahmen (§ 556e Absatz 2) gilt § 559b Absatz 1 Satz 2 und 3 entsprechend.

[1)] Beachte hierzu Übergangsvorschrift in Art. 229 § 49 EGBGB (Nr. **2**).

(4) Sämtliche Erklärungen nach den Absätzen 1a bis 3 bedürfen der Textform.

Unterkapitel 2. Regelungen über die Miethöhe

§ 557 Mieterhöhungen nach Vereinbarung oder Gesetz. (1) Während des Mietverhältnisses können die Parteien eine Erhöhung der Miete vereinbaren.

(2) Künftige Änderungen der Miethöhe können die Vertragsparteien als Staffelmiete nach § 557a oder als Indexmiete nach § 557b vereinbaren.

(3) Im Übrigen kann der Vermieter Mieterhöhungen nur nach Maßgabe der §§ 558 bis 560 verlangen, soweit nicht eine Erhöhung durch Vereinbarung ausgeschlossen ist oder sich der Ausschluss aus den Umständen ergibt.

(4) Eine zum Nachteil des Mieters abweichende Vereinbarung ist unwirksam.

§ 557a Staffelmiete. (1) Die Miete kann für bestimmte Zeiträume in unterschiedlicher Höhe schriftlich vereinbart werden; in der Vereinbarung ist die jeweilige Miete oder die jeweilige Erhöhung in einem Geldbetrag auszuweisen (Staffelmiete).

(2) [1] Die Miete muss jeweils mindestens ein Jahr unverändert bleiben. [2] Während der Laufzeit einer Staffelmiete ist eine Erhöhung nach den §§ 558 bis 559b ausgeschlossen.

(3) [1] Das Kündigungsrecht des Mieters kann für höchstens vier Jahre seit Abschluss der Staffelmietvereinbarung ausgeschlossen werden. [2] Die Kündigung ist frühestens zum Ablauf dieses Zeitraums zulässig.

(4) [1] Die §§ 556d bis 556g sind auf jede Mietstaffel anzuwenden. [2] Maßgeblich für die Berechnung der nach § 556d Absatz 1 zulässigen Höhe der zweiten und aller weiteren Mietstaffeln ist statt des Beginns des Mietverhältnisses der Zeitpunkt, zu dem die erste Miete der jeweiligen Mietstaffel fällig wird. [3] Die in einer vorangegangenen Mietstaffel wirksam begründete Miethöhe bleibt erhalten.

(5) Eine zum Nachteil des Mieters abweichende Vereinbarung ist unwirksam.

§ 557b Indexmiete. (1) Die Vertragsparteien können schriftlich vereinbaren, dass die Miete durch den vom Statistischen Bundesamt ermittelten Preisindex für die Lebenshaltung aller privaten Haushalte in Deutschland bestimmt wird (Indexmiete).

(2) [1] Während der Geltung einer Indexmiete muss die Miete, von Erhöhungen nach den §§ 559 bis 560 abgesehen, jeweils mindestens ein Jahr unverändert bleiben. [2] Eine Erhöhung nach § 559 kann nur verlangt werden, soweit der Vermieter bauliche Maßnahmen auf Grund von Umständen durchgeführt hat, die er nicht zu vertreten hat. [3] Eine Erhöhung nach § 558 ist ausgeschlossen.

(3) [1] Eine Änderung der Miete nach Absatz 1 muss durch Erklärung in Textform geltend gemacht werden. [2] Dabei sind die eingetretene Änderung des Preisindexes sowie die jeweilige Miete oder die Erhöhung in einem Geld-

betrag anzugeben. [3]Die geänderte Miete ist mit Beginn des übernächsten Monats nach dem Zugang der Erklärung zu entrichten.

(4) Die §§ 556d bis 556g sind nur auf die Ausgangsmiete einer Indexmietvereinbarung anzuwenden.

(5) Eine zum Nachteil des Mieters abweichende Vereinbarung ist unwirksam.

§ 558 Mieterhöhung bis zur ortsüblichen Vergleichsmiete. (1) [1]Der Vermieter kann die Zustimmung zu einer Erhöhung der Miete bis zur ortsüblichen Vergleichsmiete verlangen, wenn die Miete in dem Zeitpunkt, zu dem die Erhöhung eintreten soll, seit 15 Monaten unverändert ist. [2]Das Mieterhöhungsverlangen kann frühestens ein Jahr nach der letzten Mieterhöhung geltend gemacht werden. [3]Erhöhungen nach den §§ 559 bis 560 werden nicht berücksichtigt.

(2) [1]Die ortsübliche Vergleichsmiete wird gebildet aus den üblichen Entgelten, die in der Gemeinde oder einer vergleichbaren Gemeinde für Wohnraum vergleichbarer Art, Größe, Ausstattung, Beschaffenheit und Lage einschließlich der energetischen Ausstattung und Beschaffenheit in den letzten vier Jahren vereinbart oder, von Erhöhungen nach § 560 abgesehen, geändert worden sind. [2]Ausgenommen ist Wohnraum, bei dem die Miethöhe durch Gesetz oder im Zusammenhang mit einer Förderzusage festgelegt worden ist.

(3) [1]Bei Erhöhungen nach Absatz 1 darf sich die Miete innerhalb von drei Jahren, von Erhöhungen nach den §§ 559 bis 560 abgesehen, nicht um mehr als 20 vom Hundert erhöhen (Kappungsgrenze). [2]Der Prozentsatz nach Satz 1 beträgt 15 vom Hundert, wenn die ausreichende Versorgung der Bevölkerung mit Mietwohnungen zu angemessenen Bedingungen in einer Gemeinde oder einem Teil einer Gemeinde besonders gefährdet ist und diese Gebiete nach Satz 3 bestimmt sind. [3]Die Landesregierungen werden ermächtigt, diese Gebiete durch Rechtsverordnung[1)] für die Dauer von jeweils höchstens fünf Jahren zu bestimmen.

(4) [1]Die Kappungsgrenze gilt nicht,

1. wenn eine Verpflichtung des Mieters zur Ausgleichszahlung nach den Vorschriften über den Abbau der Fehlsubventionierung im Wohnungswesen wegen des Wegfalls der öffentlichen Bindung erloschen ist und

---

[1)] Die Länder haben ua folgende Vorschriften erlassen:
- **Baden-Württemberg:** Kappungsgrenzenverordnung Baden-Württemberg v. 9.6.2015 (GBl. S. 346)
- **Berlin:** Kappungsgrenzen-Verordnung v. 10.4.2018 (GVBl. S. 370)
- **Brandenburg:** Kappungsgrenzen-Verordnung v. 5.8.2014 (GVBl. II Nr. 54)
- **Bremen:** Kappungsgrenzen-Verordnung v. 5.8.2014 (Brem.GBl. S. 388)
- **Hamburg:** Kappungsgrenzenverordnung v. 26.6.2018 (HmbGVBl. S. 215)
- **Hessen:** Hessische Kappungsgrenzenverordnung v. 8.10.2014 (GVBl. S. 226)
- **Mecklenburg-Vorpommern:** Mietpreisbegrenzungs- und Kappungsgrenzenlandesverordnung v. 13.9.2018 (GVOBl. M-V S. 359)
- **Nordrhein-Westfalen:** Kappungsgrenzen-Verordnung v. 20.5.2014 (GV. NRW. S. 298)
- **Rheinland-Pfalz:** Kappungsgrenzenverordnung v. 4.2.2015 (GVBl. S. 16)
- **Sachsen:** Kappungsgrenzen-Verordnung v. 10.7.2015 (SächsGVBl. S. 441), geänd. durch VO v. 23.1.2018 (SächsGVBl S. 22)
- **Schleswig-Holstein:** Schleswig-Holsteinische Kappungsgrenzenverordnung v. 14.11.2014 (GVOBl. Schl.-H. S. 338, ber. S. 559), zuletzt geänd. durch VO v. 27.2.2018 (GVOBl. Schl.-H. S. 73)

2. soweit die Erhöhung den Betrag der zuletzt zu entrichtenden Ausgleichszahlung nicht übersteigt.

[2] Der Vermieter kann vom Mieter frühestens vier Monate vor dem Wegfall der öffentlichen Bindung verlangen, ihm innerhalb eines Monats über die Verpflichtung zur Ausgleichszahlung und über deren Höhe Auskunft zu erteilen. [3] Satz 1 gilt entsprechend, wenn die Verpflichtung des Mieters zur Leistung einer Ausgleichszahlung nach den §§ 34 bis 37 des Wohnraumförderungsgesetzes[1)] und den hierzu ergangenen landesrechtlichen Vorschriften wegen Wegfalls der Mietbindung erloschen ist.

(5) Von dem Jahresbetrag, der sich bei einer Erhöhung auf die ortsübliche Vergleichsmiete ergäbe, sind Drittmittel im Sinne des § 559a abzuziehen, im Falle des § 559a Absatz 1 mit 8 Prozent des Zuschusses.

(6) Eine zum Nachteil des Mieters abweichende Vereinbarung ist unwirksam.

§ 558a Form und Begründung der Mieterhöhung. (1) Das Mieterhöhungsverlangen nach § 558 ist dem Mieter in Textform zu erklären und zu begründen.

(2) Zur Begründung kann insbesondere Bezug genommen werden auf

1. einen Mietspiegel (§§ 558c, 558d),
2. eine Auskunft aus einer Mietdatenbank (§ 558e),
3. ein mit Gründen versehenes Gutachten eines öffentlich bestellten und vereidigten Sachverständigen,
4. entsprechende Entgelte für einzelne vergleichbare Wohnungen; hierbei genügt die Benennung von drei Wohnungen.

(3) Enthält ein qualifizierter Mietspiegel (§ 558d Abs. 1), bei dem die Vorschrift des § 558d Abs. 2 eingehalten ist, Angaben für die Wohnung, so hat der Vermieter in seinem Mieterhöhungsverlangen diese Angaben auch dann mitzuteilen, wenn er die Mieterhöhung auf ein anderes Begründungsmittel nach Absatz 2 stützt.

(4) [1] Bei der Bezugnahme auf einen Mietspiegel, der Spannen enthält, reicht es aus, wenn die verlangte Miete innerhalb der Spanne liegt. [2] Ist in dem Zeitpunkt, in dem der Vermieter seine Erklärung abgibt, kein Mietspiegel vorhanden, bei dem § 558c Abs. 3 oder § 558d Abs. 2 eingehalten ist, so kann auch ein anderer, insbesondere ein veralteter Mietspiegel oder ein Mietspiegel einer vergleichbaren Gemeinde verwendet werden.

(5) Eine zum Nachteil des Mieters abweichende Vereinbarung ist unwirksam.

§ 558b Zustimmung zur Mieterhöhung. (1) Soweit der Mieter der Mieterhöhung zustimmt, schuldet er die erhöhte Miete mit Beginn des dritten Kalendermonats nach dem Zugang des Erhöhungsverlangens.

(2) [1] Soweit der Mieter der Mieterhöhung nicht bis zum Ablauf des zweiten Kalendermonats nach dem Zugang des Verlangens zustimmt, kann der Ver-

---

[1)] Nr. **14**.

mieter auf Erteilung der Zustimmung klagen. [2] Die Klage muss innerhalb von drei weiteren Monaten erhoben werden.

(3) [1] Ist der Klage ein Erhöhungsverlangen vorausgegangen, das den Anforderungen des § 558a nicht entspricht, so kann es der Vermieter im Rechtsstreit nachholen oder die Mängel des Erhöhungsverlangens beheben. [2] Dem Mieter steht auch in diesem Fall die Zustimmungsfrist nach Absatz 2 Satz 1 zu.

(4) Eine zum Nachteil des Mieters abweichende Vereinbarung ist unwirksam.

§ 558c Mietspiegel. (1) Ein Mietspiegel ist eine Übersicht über die ortsübliche Vergleichsmiete, soweit die Übersicht von der Gemeinde oder von Interessenvertretern der Vermieter und der Mieter gemeinsam erstellt oder anerkannt worden ist.

(2) Mietspiegel können für das Gebiet einer Gemeinde oder mehrerer Gemeinden oder für Teile von Gemeinden erstellt werden.

(3) Mietspiegel sollen im Abstand von zwei Jahren der Marktentwicklung angepasst werden.

(4) [1] Gemeinden sollen Mietspiegel erstellen, wenn hierfür ein Bedürfnis besteht und dies mit einem vertretbaren Aufwand möglich ist. [2] Die Mietspiegel und ihre Änderungen sollen veröffentlicht werden.

(5) Die Bundesregierung wird ermächtigt, durch Rechtsverordnung mit Zustimmung des Bundesrates Vorschriften über den näheren Inhalt und das Verfahren zur Aufstellung und Anpassung von Mietspiegeln zu erlassen.

§ 558d Qualifizierter Mietspiegel. (1) Ein qualifizierter Mietspiegel ist ein Mietspiegel, der nach anerkannten wissenschaftlichen Grundsätzen erstellt und von der Gemeinde oder von Interessenvertretern der Vermieter und der Mieter anerkannt worden ist.

(2) [1] Der qualifizierte Mietspiegel ist im Abstand von zwei Jahren der Marktentwicklung anzupassen. [2] Dabei kann eine Stichprobe oder die Entwicklung des vom Statistischen Bundesamt ermittelten Preisindexes für die Lebenshaltung aller privaten Haushalte in Deutschland zugrunde gelegt werden. [3] Nach vier Jahren ist der qualifizierte Mietspiegel neu zu erstellen.

(3) Ist die Vorschrift des Absatzes 2 eingehalten, so wird vermutet, dass die im qualifizierten Mietspiegel bezeichneten Entgelte die ortsübliche Vergleichsmiete wiedergeben.

§ 558e Mietdatenbank. Eine Mietdatenbank ist eine zur Ermittlung der ortsüblichen Vergleichsmiete fortlaufend geführte Sammlung von Mieten, die von der Gemeinde oder von Interessenvertretern der Vermieter und der Mieter gemeinsam geführt oder anerkannt wird und aus der Auskünfte gegeben werden, die für einzelne Wohnungen einen Schluss auf die ortsübliche Vergleichsmiete zulassen.

§ 559[1]) Mieterhöhung nach Modernisierungsmaßnahmen. (1) Hat der Vermieter Modernisierungsmaßnahmen im Sinne des § 555b Nummer 1, 3, 4, 5 oder 6 durchgeführt, so kann er die jährliche Miete um 8 Prozent der für die Wohnung aufgewendeten Kosten erhöhen.

(2) Kosten, die für Erhaltungsmaßnahmen erforderlich gewesen wären, gehören nicht zu den aufgewendeten Kosten nach Absatz 1; sie sind, soweit erforderlich, durch Schätzung zu ermitteln.

(3) Werden Modernisierungsmaßnahmen für mehrere Wohnungen durchgeführt, so sind die Kosten angemessen auf die einzelnen Wohnungen aufzuteilen.

(3a) [1] Bei Erhöhungen der jährlichen Miete nach Absatz 1 darf sich die monatliche Miete innerhalb von sechs Jahren, von Erhöhungen nach § 558 oder § 560 abgesehen, nicht um mehr als 3 Euro je Quadratmeter Wohnfläche erhöhen. [2] Beträgt die monatliche Miete vor der Mieterhöhung weniger als 7 Euro pro Quadratmeter Wohnfläche, so darf sie sich abweichend von Satz 1 nicht um mehr als 2 Euro je Quadratmeter Wohnfläche erhöhen.

(4) [1] Die Mieterhöhung ist ausgeschlossen, soweit sie auch unter Berücksichtigung der voraussichtlichen künftigen Betriebskosten für den Mieter eine Härte bedeuten würde, die auch unter Würdigung der berechtigten Interessen des Vermieters nicht zu rechtfertigen ist. [2] Eine Abwägung nach Satz 1 findet nicht statt, wenn

1. die Mietsache lediglich in einen Zustand versetzt wurde, der allgemein üblich ist, oder
2. die Modernisierungsmaßnahme auf Grund von Umständen durchgeführt wurde, die der Vermieter nicht zu vertreten hatte.

(5) [1] Umstände, die eine Härte nach Absatz 4 Satz 1 begründen, sind nur zu berücksichtigen, wenn sie nach § 555d Absatz 3 bis 5 rechtzeitig mitgeteilt worden sind. [2] Die Bestimmungen über die Ausschlussfrist nach Satz 1 sind nicht anzuwenden, wenn die tatsächliche Mieterhöhung die angekündigte um mehr als 10 Prozent übersteigt.

(6) Eine zum Nachteil des Mieters abweichende Vereinbarung ist unwirksam.

§ 559a Anrechnung von Drittmitteln. (1) Kosten, die vom Mieter oder für diesen von einem Dritten übernommen oder die mit Zuschüssen aus öffentlichen Haushalten gedeckt werden, gehören nicht zu den aufgewendeten Kosten im Sinne des § 559.

(2) [1] Werden die Kosten für die Modernisierungsmaßnahmen ganz oder teilweise durch zinsverbilligte oder zinslose Darlehen aus öffentlichen Haushalten gedeckt, so verringert sich der Erhöhungsbetrag nach § 559 um den Jahresbetrag der Zinsermäßigung. [2] Dieser wird errechnet aus dem Unterschied zwischen dem ermäßigten Zinssatz und dem marktüblichen Zinssatz für den Ursprungsbetrag des Darlehens. [3] Maßgebend ist der marktübliche Zinssatz für erstrangige Hypotheken zum Zeitpunkt der Beendigung der Modernisierungsmaßnahmen. [4] Werden Zuschüsse oder Darlehen zur De-

---

[1]) Beachte hierzu Übergangsvorschrift in Art. 229 § 49 EGBGB (Nr. **2**).

ckung von laufenden Aufwendungen gewährt, so verringert sich der Erhöhungsbetrag um den Jahresbetrag des Zuschusses oder Darlehens.

(3) [1] Ein Mieterdarlehen, eine Mietvorauszahlung oder eine von einem Dritten für den Mieter erbrachte Leistung für die Modernisierungsmaßnahmen stehen einem Darlehen aus öffentlichen Haushalten gleich. [2] Mittel der Finanzierungsinstitute des Bundes oder eines Landes gelten als Mittel aus öffentlichen Haushalten.

(4) Kann nicht festgestellt werden, in welcher Höhe Zuschüsse oder Darlehen für die einzelnen Wohnungen gewährt worden sind, so sind sie nach dem Verhältnis der für die einzelnen Wohnungen aufgewendeten Kosten aufzuteilen.

(5) Eine zum Nachteil des Mieters abweichende Vereinbarung ist unwirksam.

§ 559b Geltendmachung der Erhöhung, Wirkung der Erhöhungserklärung. (1) [1] Die Mieterhöhung nach § 559 ist dem Mieter in Textform zu erklären. [2] Die Erklärung ist nur wirksam, wenn in ihr die Erhöhung auf Grund der entstandenen Kosten berechnet und entsprechend den Voraussetzungen der §§ 559 und 559a erläutert wird. [3] § 555c Absatz 3 gilt entsprechend.

(2) [1] Der Mieter schuldet die erhöhte Miete mit Beginn des dritten Monats nach dem Zugang der Erklärung. [2] Die Frist verlängert sich um sechs Monate, wenn

1. der Vermieter dem Mieter die Modernisierungsmaßnahme nicht nach den Vorschriften des § 555c Absatz 1 und 3 bis 5 angekündigt hat oder
2. die tatsächliche Mieterhöhung die angekündigte um mehr als 10 Prozent übersteigt.

(3) Eine zum Nachteil des Mieters abweichende Vereinbarung ist unwirksam.

§ 559c[1)] Vereinfachtes Verfahren. (1) [1] Übersteigen die für die Modernisierungsmaßnahme geltend gemachten Kosten für die Wohnung vor Abzug der Pauschale nach Satz 2 10 000 Euro nicht, so kann der Vermieter die Mieterhöhung nach einem vereinfachten Verfahren berechnen. [2] Als Kosten, die für Erhaltungsmaßnahmen erforderlich gewesen wären (§ 559 Absatz 2), werden pauschal 30 Prozent der nach Satz 1 geltend gemachten Kosten abgezogen. [3] § 559 Absatz 4 und § 559a Absatz 2 Satz 1 bis 3 finden keine Anwendung.

(2) Hat der Vermieter die Miete in den letzten fünf Jahren bereits nach Absatz 1 oder nach § 559 erhöht, so mindern sich die Kosten, die nach Absatz 1 Satz 1 für die weitere Modernisierungsmaßnahme geltend gemacht werden können, um die Kosten, die in diesen früheren Verfahren für Modernisierungsmaßnahmen geltend gemacht wurden.

(3) [1] § 559b gilt für das vereinfachte Verfahren entsprechend. [2] Der Vermieter muss in der Mieterhöhungserklärung angeben, dass er die Mieterhöhung nach dem vereinfachten Verfahren berechnet hat.

[1)] Beachte hierzu Übergangsvorschrift in Art. 229 § 49 EGBGB (Nr. **2**).

(4) [1] Hat der Vermieter eine Mieterhöhung im vereinfachten Verfahren geltend gemacht, so kann er innerhalb von fünf Jahren nach Zugang der Mieterhöhungserklärung beim Mieter keine Mieterhöhungen nach § 559 geltend machen. [2] Dies gilt nicht,

1. soweit der Vermieter in diesem Zeitraum Modernisierungsmaßnahmen auf Grund einer gesetzlichen Verpflichtung durchzuführen hat und er diese Verpflichtung bei Geltendmachung der Mieterhöhung im vereinfachten Verfahren nicht kannte oder kennen musste,
2. sofern eine Modernisierungsmaßnahme auf Grund eines Beschlusses von Wohnungseigentümern durchgeführt wird, der frühestens zwei Jahre nach Zugang der Mieterhöhungserklärung beim Mieter gefasst wurde.

(5) Für die Modernisierungsankündigung, die zu einer Mieterhöhung nach dem vereinfachten Verfahren führen soll, gilt § 555c mit den Maßgaben, dass

1. der Vermieter in der Modernisierungsankündigung angeben muss, dass er von dem vereinfachten Verfahren Gebrauch macht,
2. es der Angabe der voraussichtlichen künftigen Betriebskosten nach § 555c Absatz 1 Satz 2 Nummer 3 nicht bedarf.

§ 559d[1)] Pflichtverletzungen bei Ankündigung oder Durchführung einer baulichen Veränderung. [1] Es wird vermutet, dass der Vermieter seine Pflichten aus dem Schuldverhältnis verletzt hat, wenn

1. mit der baulichen Veränderung nicht innerhalb von zwölf Monaten nach deren angekündigtem Beginn oder, wenn Angaben hierzu nicht erfolgt sind, nach Zugang der Ankündigung der baulichen Veränderung begonnen wird,
2. in der Ankündigung nach § 555c Absatz 1 ein Betrag für die zu erwartende Mieterhöhung angegeben wird, durch den die monatliche Miete mindestens verdoppelt würde,
3. die bauliche Veränderung in einer Weise durchgeführt wird, die geeignet ist, zu erheblichen, objektiv nicht notwendigen Belastungen des Mieters zu führen, oder
4. die Arbeiten nach Beginn der baulichen Veränderung mehr als zwölf Monate ruhen.

[2] Diese Vermutung gilt nicht, wenn der Vermieter darlegt, dass für das Verhalten im Einzelfall ein nachvollziehbarer objektiver Grund vorliegt.

§ 560 Veränderungen von Betriebskosten. (1) [1] Bei einer Betriebskostenpauschale ist der Vermieter berechtigt, Erhöhungen der Betriebskosten durch Erklärung in Textform anteilig auf den Mieter umzulegen, soweit dies im Mietvertrag vereinbart ist. [2] Die Erklärung ist nur wirksam, wenn in ihr der Grund für die Umlage bezeichnet und erläutert wird.

(2) [1] Der Mieter schuldet den auf ihn entfallenden Teil der Umlage mit Beginn des auf die Erklärung folgenden übernächsten Monats. [2] Soweit die Erklärung darauf beruht, dass sich die Betriebskosten rückwirkend erhöht haben, wirkt sie auf den Zeitpunkt der Erhöhung der Betriebskosten, höchstens jedoch auf den Beginn des der Erklärung vorausgehenden Kalenderjahres

---

1) Beachte hierzu Übergangsvorschrift in Art. 229 § 49 EGBGB (Nr. **2**).

zurück, sofern der Vermieter die Erklärung innerhalb von drei Monaten nach Kenntnis von der Erhöhung abgibt.

(3) [1] Ermäßigen sich die Betriebskosten, so ist eine Betriebskostenpauschale vom Zeitpunkt der Ermäßigung an entsprechend herabzusetzen. [2] Die Ermäßigung ist dem Mieter unverzüglich mitzuteilen.

(4) Sind Betriebskostenvorauszahlungen vereinbart worden, so kann jede Vertragspartei nach einer Abrechnung durch Erklärung in Textform eine Anpassung auf eine angemessene Höhe vornehmen.

(5) Bei Veränderungen von Betriebskosten ist der Grundsatz der Wirtschaftlichkeit zu beachten.

(6) Eine zum Nachteil des Mieters abweichende Vereinbarung ist unwirksam.

§ 561 Sonderkündigungsrecht des Mieters nach Mieterhöhung.

(1) [1] Macht der Vermieter eine Mieterhöhung nach § 558 oder § 559 geltend, so kann der Mieter bis zum Ablauf des zweiten Monats nach dem Zugang der Erklärung des Vermieters das Mietverhältnis außerordentlich zum Ablauf des übernächsten Monats kündigen. [2] Kündigt der Mieter, so tritt die Mieterhöhung nicht ein.

(2) Eine zum Nachteil des Mieters abweichende Vereinbarung ist unwirksam.

Kapitel 3. Pfandrecht des Vermieters

§ 562 Umfang des Vermieterpfandrechts. (1) [1] Der Vermieter hat für seine Forderungen aus dem Mietverhältnis ein Pfandrecht an den eingebrachten Sachen des Mieters. [2] Es erstreckt sich nicht auf die Sachen, die der Pfändung nicht unterliegen.

(2) Für künftige Entschädigungsforderungen und für die Miete für eine spätere Zeit als das laufende und das folgende Mietjahr kann das Pfandrecht nicht geltend gemacht werden.

§ 562a Erlöschen des Vermieterpfandrechts. [1] Das Pfandrecht des Vermieters erlischt mit der Entfernung der Sachen von dem Grundstück, außer wenn diese ohne Wissen oder unter Widerspruch des Vermieters erfolgt. [2] Der Vermieter kann nicht widersprechen, wenn sie den gewöhnlichen Lebensverhältnissen entspricht oder wenn die zurückbleibenden Sachen zur Sicherung des Vermieters offenbar ausreichen.

§ 562b Selbsthilferecht, Herausgabeanspruch. (1) [1] Der Vermieter darf die Entfernung der Sachen, die seinem Pfandrecht unterliegen, auch ohne Anrufen des Gerichts verhindern, soweit er berechtigt ist, der Entfernung zu widersprechen. [2] Wenn der Mieter auszieht, darf der Vermieter diese Sachen in seinen Besitz nehmen.

(2) [1] Sind die Sachen ohne Wissen oder unter Widerspruch des Vermieters entfernt worden, so kann er die Herausgabe zum Zwecke der Zurückschaffung auf das Grundstück und, wenn der Mieter ausgezogen ist, die Überlassung des Besitzes verlangen. [2] Das Pfandrecht erlischt mit dem Ablauf eines Monats, nachdem der Vermieter von der Entfernung der Sachen Kenntnis

erlangt hat, wenn er diesen Anspruch nicht vorher gerichtlich geltend gemacht hat.

§ 562c Abwendung des Pfandrechts durch Sicherheitsleistung. [1] Der Mieter kann die Geltendmachung des Pfandrechts des Vermieters durch Sicherheitsleistung abwenden. [2] Er kann jede einzelne Sache dadurch von dem Pfandrecht befreien, dass er in Höhe ihres Wertes Sicherheit leistet.

§ 562d Pfändung durch Dritte. Wird eine Sache, die dem Pfandrecht des Vermieters unterliegt, für einen anderen Gläubiger gepfändet, so kann diesem gegenüber das Pfandrecht nicht wegen der Miete für eine frühere Zeit als das letzte Jahr vor der Pfändung geltend gemacht werden.

Kapitel 4. Wechsel der Vertragsparteien

§ 563 Eintrittsrecht bei Tod des Mieters. (1) Der Ehegatte oder Lebenspartner, der mit dem Mieter einen gemeinsamen Haushalt führt, tritt mit dem Tod des Mieters in das Mietverhältnis ein.

(2) [1] Leben in dem gemeinsamen Haushalt Kinder des Mieters, treten diese mit dem Tod des Mieters in das Mietverhältnis ein, wenn nicht der Ehegatte oder Lebenspartner eintritt. [2] Andere Familienangehörige, die mit dem Mieter einen gemeinsamen Haushalt führen, treten mit dem Tod des Mieters in das Mietverhältnis ein, wenn nicht der Ehegatte oder der Lebenspartner eintritt. [3] Dasselbe gilt für Personen, die mit dem Mieter einen auf Dauer angelegten gemeinsamen Haushalt führen.

(3) [1] Erklären eingetretene Personen im Sinne des Absatzes 1 oder 2 innerhalb eines Monats, nachdem sie vom Tod des Mieters Kenntnis erlangt haben, dem Vermieter, dass sie das Mietverhältnis nicht fortsetzen wollen, gilt der Eintritt als nicht erfolgt. [2] Für geschäftsunfähige oder in der Geschäftsfähigkeit beschränkte Personen gilt § 210 entsprechend. [3] Sind mehrere Personen in das Mietverhältnis eingetreten, so kann jeder die Erklärung für sich abgeben.

(4) Der Vermieter kann das Mietverhältnis innerhalb eines Monats, nachdem er von dem endgültigen Eintritt in das Mietverhältnis Kenntnis erlangt hat, außerordentlich mit der gesetzlichen Frist kündigen, wenn in der Person des Eingetretenen ein wichtiger Grund vorliegt.

(5) Eine abweichende Vereinbarung zum Nachteil des Mieters oder solcher Personen, die nach Absatz 1 oder 2 eintrittsberechtigt sind, ist unwirksam.

§ 563a Fortsetzung mit überlebenden Mietern. (1) Sind mehrere Personen im Sinne des § 563 gemeinsam Mieter, so wird das Mietverhältnis beim Tod eines Mieters mit den überlebenden Mietern fortgesetzt.

(2) Die überlebenden Mieter können das Mietverhältnis innerhalb eines Monats, nachdem sie vom Tod des Mieters Kenntnis erlangt haben, außerordentlich mit der gesetzlichen Frist kündigen.

(3) Eine abweichende Vereinbarung zum Nachteil der Mieter ist unwirksam.

§ 563b Haftung bei Eintritt oder Fortsetzung. (1) [1] Die Personen, die nach § 563 in das Mietverhältnis eingetreten sind oder mit denen es nach § 563a fortgesetzt wird, haften neben dem Erben für die bis zum Tod des

Mieters entstandenen Verbindlichkeiten als Gesamtschuldner. [2] Im Verhältnis zu diesen Personen haftet der Erbe allein, soweit nichts anderes bestimmt ist.

(2) Hat der Mieter die Miete für einen nach seinem Tod liegenden Zeitraum im Voraus entrichtet, sind die Personen, die nach § 563 in das Mietverhältnis eingetreten sind oder mit denen es nach § 563a fortgesetzt wird, verpflichtet, dem Erben dasjenige herauszugeben, was sie infolge der Vorausentrichtung der Miete ersparen oder erlangen.

(3) Der Vermieter kann, falls der verstorbene Mieter keine Sicherheit geleistet hat, von den Personen, die nach § 563 in das Mietverhältnis eingetreten sind oder mit denen es nach § 563a fortgesetzt wird, nach Maßgabe des § 551 eine Sicherheitsleistung verlangen.

§ 564 Fortsetzung des Mietverhältnisses mit dem Erben, außerordentliche Kündigung. [1] Treten beim Tod des Mieters keine Personen im Sinne des § 563 in das Mietverhältnis ein oder wird es nicht mit ihnen nach § 563a fortgesetzt, so wird es mit dem Erben fortgesetzt. [2] In diesem Fall ist sowohl der Erbe als auch der Vermieter berechtigt, das Mietverhältnis innerhalb eines Monats außerordentlich mit der gesetzlichen Frist zu kündigen, nachdem sie vom Tod des Mieters und davon Kenntnis erlangt haben, dass ein Eintritt in das Mietverhältnis oder dessen Fortsetzung nicht erfolgt sind.

§ 565 Gewerbliche Weitervermietung. (1) [1] Soll der Mieter nach dem Mietvertrag den gemieteten Wohnraum gewerblich einem Dritten zu Wohnzwecken weitervermieten, so tritt der Vermieter bei der Beendigung des Mietverhältnisses in die Rechte und Pflichten aus dem Mietverhältnis zwischen dem Mieter und dem Dritten ein. [2] Schließt der Vermieter erneut einen Mietvertrag zur gewerblichen Weitervermietung ab, so tritt der Mieter anstelle der bisherigen Vertragspartei in die Rechte und Pflichten aus dem Mietverhältnis mit dem Dritten ein.

(2) Die §§ 566a bis 566e gelten entsprechend.

(3) Eine zum Nachteil des Dritten abweichende Vereinbarung ist unwirksam.

§ 566 Kauf bricht nicht Miete. (1) Wird der vermietete Wohnraum nach der Überlassung an den Mieter von dem Vermieter an einen Dritten veräußert, so tritt der Erwerber anstelle des Vermieters in die sich während der Dauer seines Eigentums aus dem Mietverhältnis ergebenden Rechte und Pflichten ein.

(2) [1] Erfüllt der Erwerber die Pflichten nicht, so haftet der Vermieter für den von dem Erwerber zu ersetzenden Schaden wie ein Bürge, der auf die Einrede der Vorausklage verzichtet hat. [2] Erlangt der Mieter von dem Übergang des Eigentums durch Mitteilung des Vermieters Kenntnis, so wird der Vermieter von der Haftung befreit, wenn nicht der Mieter das Mietverhältnis zum ersten Termin kündigt, zu dem die Kündigung zulässig ist.

§ 566a Mietsicherheit. [1] Hat der Mieter des veräußerten Wohnraums dem Vermieter für die Erfüllung seiner Pflichten Sicherheit geleistet, so tritt der Erwerber in die dadurch begründeten Rechte und Pflichten ein. [2] Kann bei Beendigung des Mietverhältnisses der Mieter die Sicherheit von dem Erwerber nicht erlangen, so ist der Vermieter weiterhin zur Rückgewähr verpflichtet.

§ 566b[1] **Vorausverfügung über die Miete.** (1) [1] Hat der Vermieter vor dem Übergang des Eigentums über die Miete verfügt, die auf die Zeit der Berechtigung des Erwerbers entfällt, so ist die Verfügung wirksam, soweit sie sich auf die Miete für den zur Zeit des Eigentumsübergangs laufenden Kalendermonat bezieht. [2] Geht das Eigentum nach dem 15. Tag des Monats über, so ist die Verfügung auch wirksam, soweit sie sich auf die Miete für den folgenden Kalendermonat bezieht.

(2) Eine Verfügung über die Miete für eine spätere Zeit muss der Erwerber gegen sich gelten lassen, wenn er sie zur Zeit des Übergangs des Eigentums kennt.

§ 566c Vereinbarung zwischen Mieter und Vermieter über die Miete. [1] Ein Rechtsgeschäft, das zwischen dem Mieter und dem Vermieter über die Mietforderung vorgenommen wird, insbesondere die Entrichtung der Miete, ist dem Erwerber gegenüber wirksam, soweit es sich nicht auf die Miete für eine spätere Zeit als den Kalendermonat bezieht, in welchem der Mieter von dem Übergang des Eigentums Kenntnis erlangt. [2] Erlangt der Mieter die Kenntnis nach dem 15. Tag des Monats, so ist das Rechtsgeschäft auch wirksam, soweit es sich auf die Miete für den folgenden Kalendermonat bezieht. [3] Ein Rechtsgeschäft, das nach dem Übergang des Eigentums vorgenommen wird, ist jedoch unwirksam, wenn der Mieter bei der Vornahme des Rechtsgeschäfts von dem Übergang des Eigentums Kenntnis hat.

§ 566d Aufrechnung durch den Mieter. [1] Soweit die Entrichtung der Miete an den Vermieter nach § 566c dem Erwerber gegenüber wirksam ist, kann der Mieter gegen die Mietforderung des Erwerbers eine ihm gegen den Vermieter zustehende Forderung aufrechnen. [2] Die Aufrechnung ist ausgeschlossen, wenn der Mieter die Gegenforderung erworben hat, nachdem er von dem Übergang des Eigentums Kenntnis erlangt hat, oder wenn die Gegenforderung erst nach der Erlangung der Kenntnis und später als die Miete fällig geworden ist.

§ 566e Mitteilung des Eigentumsübergangs durch den Vermieter.

(1) Teilt der Vermieter dem Mieter mit, dass er das Eigentum an dem vermieteten Wohnraum auf einen Dritten übertragen hat, so muss er in Ansehung der Mietforderung dem Mieter gegenüber die mitgeteilte Übertragung gegen sich gelten lassen, auch wenn sie nicht erfolgt oder nicht wirksam ist.

(2) Die Mitteilung kann nur mit Zustimmung desjenigen zurückgenommen werden, der als der neue Eigentümer bezeichnet worden ist.

§ 567 Belastung des Wohnraums durch den Vermieter. [1] Wird der vermietete Wohnraum nach der Überlassung an den Mieter von dem Ver-

---

[1] Beachte hierzu G über die Pfändung von Miet- und Pachtzinsforderungen wegen Ansprüchen aus öffentlichen Grundstückslasten v. 9.3.1934 (RGBl. I S. 181), geänd. durch G v. 19.6.2001 (BGBl. I S. 1149).

mieter mit dem Recht eines Dritten belastet, so sind die §§ 566 bis 566e entsprechend anzuwenden, wenn durch die Ausübung des Rechts dem Mieter der vertragsgemäße Gebrauch entzogen wird. [2] Wird der Mieter durch die Ausübung des Rechts in dem vertragsgemäßen Gebrauch beschränkt, so ist der Dritte dem Mieter gegenüber verpflichtet, die Ausübung zu unterlassen, soweit sie den vertragsgemäßen Gebrauch beeinträchtigen würde.

§ 567a Veräußerung oder Belastung vor der Überlassung des Wohnraums. Hat vor der Überlassung des vermieteten Wohnraums an den Mieter der Vermieter den Wohnraum an einen Dritten veräußert oder mit einem Recht belastet, durch dessen Ausübung der vertragsgemäße Gebrauch dem Mieter entzogen oder beschränkt wird, so gilt das Gleiche wie in den Fällen des § 566 Abs. 1 und des § 567, wenn der Erwerber dem Vermieter gegenüber die Erfüllung der sich aus dem Mietverhältnis ergebenden Pflichten übernommen hat.

§ 567b Weiterveräußerung oder Belastung durch Erwerber. [1] Wird der vermietete Wohnraum von dem Erwerber weiterveräußert oder belastet, so sind § 566 Abs. 1 und die §§ 566a bis 567a entsprechend anzuwenden. [2] Erfüllt der neue Erwerber die sich aus dem Mietverhältnis ergebenden Pflichten nicht, so haftet der Vermieter dem Mieter nach § 566 Abs. 2.

Kapitel 5. Beendigung des Mietverhältnisses

Unterkapitel 1. Allgemeine Vorschriften

§ 568 Form und Inhalt der Kündigung. (1) Die Kündigung des Mietverhältnisses bedarf der schriftlichen Form.

(2) Der Vermieter soll den Mieter auf die Möglichkeit, die Form und die Frist des Widerspruchs nach den §§ 574 bis 574b rechtzeitig hinweisen.

§ 569 Außerordentliche fristlose Kündigung aus wichtigem Grund.

(1) [1] Ein wichtiger Grund im Sinne des § 543 Abs. 1 liegt für den Mieter auch vor, wenn der gemietete Wohnraum so beschaffen ist, dass seine Benutzung mit einer erheblichen Gefährdung der Gesundheit verbunden ist. [2] Dies gilt auch, wenn der Mieter die Gefahr bringende Beschaffenheit bei Vertragsschluss gekannt oder darauf verzichtet hat, die ihm wegen dieser Beschaffenheit zustehenden Rechte geltend zu machen.

(2) Ein wichtiger Grund im Sinne des § 543 Abs. 1 liegt ferner vor, wenn eine Vertragspartei den Hausfrieden nachhaltig stört, so dass dem Kündigenden unter Berücksichtigung aller Umstände des Einzelfalls, insbesondere eines Verschuldens der Vertragsparteien, und unter Abwägung der beiderseitigen Interessen die Fortsetzung des Mietverhältnisses bis zum Ablauf der Kündigungsfrist oder bis zur sonstigen Beendigung des Mietverhältnisses nicht zugemutet werden kann.

(2a) [1] Ein wichtiger Grund im Sinne des § 543 Absatz 1 liegt ferner vor, wenn der Mieter mit einer Sicherheitsleistung nach § 551 in Höhe eines Betrages im Verzug ist, der der zweifachen Monatsmiete entspricht. [2] Die als Pauschale oder als Vorauszahlung ausgewiesenen Betriebskosten sind bei der Berechnung der Monatsmiete nach Satz 1 nicht zu berücksichtigen. [3] Einer Abhilfefrist oder einer Abmahnung nach § 543 Absatz 3 Satz 1 bedarf es nicht. [4] Absatz 3 Nummer 2 Satz 1 sowie § 543 Absatz 2 Satz 2 sind entsprechend anzuwenden.

(3) Ergänzend zu § 543 Abs. 2 Satz 1 Nr. 3 gilt:

1. Im Falle des § 543 Abs. 2 Satz 1 Nr. 3 Buchstabe a ist der rückständige Teil der Miete nur dann als nicht unerheblich anzusehen, wenn er die Miete für einen Monat übersteigt. Dies gilt nicht, wenn der Wohnraum nur zum vorübergehenden Gebrauch vermietet ist.
2. Die Kündigung wird auch dann unwirksam, wenn der Vermieter spätestens bis zum Ablauf von zwei Monaten nach Eintritt der Rechtshängigkeit des Räumungsanspruchs hinsichtlich der fälligen Miete und der fälligen Entschädigung nach § 546a Abs. 1 befriedigt wird oder sich eine öffentliche Stelle zur Befriedigung verpflichtet. Dies gilt nicht, wenn der Kündigung vor nicht länger als zwei Jahren bereits eine nach Satz 1 unwirksam gewordene Kündigung vorausgegangen ist.
3. Ist der Mieter rechtskräftig zur Zahlung einer erhöhten Miete nach den §§ 558 bis 560 verurteilt worden, so kann der Vermieter das Mietverhältnis wegen Zahlungsverzugs des Mieters nicht vor Ablauf von zwei Monaten nach rechtskräftiger Verurteilung kündigen, wenn nicht die Voraussetzungen der außerordentlichen fristlosen Kündigung schon wegen der bisher geschuldeten Miete erfüllt sind.

(4) Der zur Kündigung führende wichtige Grund ist in dem Kündigungsschreiben anzugeben.

(5) [1] Eine Vereinbarung, die zum Nachteil des Mieters von den Absätzen 1 bis 3 dieser Vorschrift oder von § 543 abweicht, ist unwirksam. [2] Ferner ist eine Vereinbarung unwirksam, nach der der Vermieter berechtigt sein soll, aus anderen als den im Gesetz zugelassenen Gründen außerordentlich fristlos zu kündigen.

§ 570 Ausschluss des Zurückbehaltungsrechts. Dem Mieter steht kein Zurückbehaltungsrecht gegen den Rückgabeanspruch des Vermieters zu.

§ 571 Weiterer Schadensersatz bei verspäteter Rückgabe von Wohnraum. (1) [1] Gibt der Mieter den gemieteten Wohnraum nach Beendigung des Mietverhältnisses nicht zurück, so kann der Vermieter einen weiteren Schaden im Sinne des § 546a Abs. 2 nur geltend machen, wenn die Rückgabe infolge von Umständen unterblieben ist, die der Mieter zu vertreten hat. [2] Der Schaden ist nur insoweit zu ersetzen, als die Billigkeit eine Schadloshaltung erfordert. [3] Dies gilt nicht, wenn der Mieter gekündigt hat.

(2) Wird dem Mieter nach § 721 oder § 794a der Zivilprozessordnung[1)] eine Räumungsfrist gewährt, so ist er für die Zeit von der Beendigung des Mietverhältnisses bis zum Ablauf der Räumungsfrist zum Ersatz eines weiteren Schadens nicht verpflichtet.

(3) Eine zum Nachteil des Mieters abweichende Vereinbarung ist unwirksam.

[1)] Nr. **22**.

§ 572 Vereinbartes Rücktrittsrecht; Mietverhältnis unter auflösender Bedingung. (1) Auf eine Vereinbarung, nach der der Vermieter berechtigt sein soll, nach Überlassung des Wohnraums an den Mieter vom Vertrag zurückzutreten, kann der Vermieter sich nicht berufen.

(2) Ferner kann der Vermieter sich nicht auf eine Vereinbarung berufen, nach der das Mietverhältnis zum Nachteil des Mieters auflösend bedingt ist.

Unterkapitel 2. Mietverhältnisse auf unbestimmte Zeit

§ 573 Ordentliche Kündigung des Vermieters. (1) [1] Der Vermieter kann nur kündigen, wenn er ein berechtigtes Interesse an der Beendigung des Mietverhältnisses hat. [2] Die Kündigung zum Zwecke der Mieterhöhung ist ausgeschlossen.

(2) Ein berechtigtes Interesse des Vermieters an der Beendigung des Mietverhältnisses liegt insbesondere vor, wenn

1. der Mieter seine vertraglichen Pflichten schuldhaft nicht unerheblich verletzt hat,
2. der Vermieter die Räume als Wohnung für sich, seine Familienangehörigen oder Angehörige seines Haushalts benötigt oder
3. der Vermieter durch die Fortsetzung des Mietverhältnisses an einer angemessenen wirtschaftlichen Verwertung des Grundstücks gehindert und dadurch erhebliche Nachteile erleiden würde; die Möglichkeit, durch eine anderweitige Vermietung als Wohnraum eine höhere Miete zu erzielen, bleibt außer Betracht; der Vermieter kann sich auch nicht darauf berufen, dass er die Mieträume im Zusammenhang mit einer beabsichtigten oder nach Überlassung an den Mieter erfolgten Begründung von Wohnungseigentum veräußern will.

(3) [1] Die Gründe für ein berechtigtes Interesse des Vermieters sind in dem Kündigungsschreiben anzugeben. [2] Andere Gründe werden nur berücksichtigt, soweit sie nachträglich entstanden sind.

(4) Eine zum Nachteil des Mieters abweichende Vereinbarung ist unwirksam.

§ 573a Erleichterte Kündigung des Vermieters. (1) [1] Ein Mietverhältnis über eine Wohnung in einem vom Vermieter selbst bewohnten Gebäude mit nicht mehr als zwei Wohnungen kann der Vermieter auch kündigen, ohne dass es eines berechtigten Interesses im Sinne des § 573 bedarf. [2] Die Kündigungsfrist verlängert sich in diesem Fall um drei Monate.

(2) Absatz 1 gilt entsprechend für Wohnraum innerhalb der vom Vermieter selbst bewohnten Wohnung, sofern der Wohnraum nicht nach § 549 Abs. 2 Nr. 2 vom Mieterschutz ausgenommen ist.

(3) In dem Kündigungsschreiben ist anzugeben, dass die Kündigung auf die Voraussetzungen des Absatzes 1 oder 2 gestützt wird.

(4) Eine zum Nachteil des Mieters abweichende Vereinbarung ist unwirksam.

§ 573b Teilkündigung des Vermieters. (1) Der Vermieter kann nicht zum Wohnen bestimmte Nebenräume oder Teile eines Grundstücks ohne ein berechtigtes Interesse im Sinne des § 573 kündigen, wenn er die Kündigung auf diese Räume oder Grundstücksteile beschränkt und sie dazu verwenden will,

1. Wohnraum zum Zwecke der Vermietung zu schaffen oder
2. den neu zu schaffenden und den vorhandenen Wohnraum mit Nebenräumen oder Grundstücksteilen auszustatten.

(2) Die Kündigung ist spätestens am dritten Werktag eines Kalendermonats zum Ablauf des übernächsten Monats zulässig.

(3) Verzögert sich der Beginn der Bauarbeiten, so kann der Mieter eine Verlängerung des Mietverhältnisses um einen entsprechenden Zeitraum verlangen.

(4) Der Mieter kann eine angemessene Senkung der Miete verlangen.

(5) Eine zum Nachteil des Mieters abweichende Vereinbarung ist unwirksam.

§ 573c Fristen der ordentlichen Kündigung. (1) [1] Die Kündigung ist spätestens am dritten Werktag eines Kalendermonats zum Ablauf des übernächsten Monats zulässig. [2] Die Kündigungsfrist für den Vermieter verlängert sich nach fünf und acht Jahren seit der Überlassung des Wohnraums um jeweils drei Monate.

(2) Bei Wohnraum, der nur zum vorübergehenden Gebrauch vermietet worden ist, kann eine kürzere Kündigungsfrist vereinbart werden.

(3) Bei Wohnraum nach § 549 Abs. 2 Nr. 2 ist die Kündigung spätestens am 15. eines Monats zum Ablauf dieses Monats zulässig.

(4) Eine zum Nachteil des Mieters von Absatz 1 oder 3 abweichende Vereinbarung ist unwirksam.

§ 573d Außerordentliche Kündigung mit gesetzlicher Frist.

(1) Kann ein Mietverhältnis außerordentlich mit der gesetzlichen Frist gekündigt werden, so gelten mit Ausnahme der Kündigung gegenüber Erben des Mieters nach § 564 die §§ 573 und 573a entsprechend.

(2) [1] Die Kündigung ist spätestens am dritten Werktag eines Kalendermonats zum Ablauf des übernächsten Monats zulässig, bei Wohnraum nach § 549 Abs. 2 Nr. 2 spätestens am 15. eines Monats zum Ablauf dieses Monats (gesetzliche Frist). [2] § 573a Abs. 1 Satz 2 findet keine Anwendung.

(3) Eine zum Nachteil des Mieters abweichende Vereinbarung ist unwirksam.

§ 574 Widerspruch des Mieters gegen die Kündigung. (1) [1] Der Mieter kann der Kündigung des Vermieters widersprechen und von ihm die Fortsetzung des Mietverhältnisses verlangen, wenn die Beendigung des Mietverhältnisses für den Mieter, seine Familie oder einen anderen Angehörigen seines Haushalts eine Härte bedeuten würde, die auch unter Würdigung der berechtigten Interessen des Vermieters nicht zu rechtfertigen ist. [2] Dies gilt nicht, wenn ein Grund vorliegt, der den Vermieter zur außerordentlichen fristlosen Kündigung berechtigt.

(2) Eine Härte liegt auch vor, wenn angemessener Ersatzwohnraum zu zumutbaren Bedingungen nicht beschafft werden kann.

(3) Bei der Würdigung der berechtigten Interessen des Vermieters werden nur die in dem Kündigungsschreiben nach § 573 Abs. 3 angegebenen Gründe berücksichtigt, außer wenn die Gründe nachträglich entstanden sind.

(4) Eine zum Nachteil des Mieters abweichende Vereinbarung ist unwirksam.

§ 574a Fortsetzung des Mietverhältnisses nach Widerspruch.

(1) [1] Im Falle des § 574 kann der Mieter verlangen, dass das Mietverhältnis so lange fortgesetzt wird, wie dies unter Berücksichtigung aller Umstände angemessen ist. [2] Ist dem Vermieter nicht zuzumuten, das Mietverhältnis zu den bisherigen Vertragsbedingungen fortzusetzen, so kann der Mieter nur verlangen, dass es unter einer angemessenen Änderung der Bedingungen fortgesetzt wird.

(2) [1] Kommt keine Einigung zustande, so werden die Fortsetzung des Mietverhältnisses, deren Dauer sowie die Bedingungen, zu denen es fortgesetzt wird, durch Urteil bestimmt. [2] Ist ungewiss, wann voraussichtlich die Umstände wegfallen, auf Grund derer die Beendigung des Mietverhältnisses eine Härte bedeutet, so kann bestimmt werden, dass das Mietverhältnis auf unbestimmte Zeit fortgesetzt wird.

(3) Eine zum Nachteil des Mieters abweichende Vereinbarung ist unwirksam.

§ 574b Form und Frist des Widerspruchs. (1) [1] Der Widerspruch des Mieters gegen die Kündigung ist schriftlich zu erklären. [2] Auf Verlangen des Vermieters soll der Mieter über die Gründe des Widerspruchs unverzüglich Auskunft erteilen.

(2) [1] Der Vermieter kann die Fortsetzung des Mietverhältnisses ablehnen, wenn der Mieter ihm den Widerspruch nicht spätestens zwei Monate vor der Beendigung des Mietverhältnisses erklärt hat. [2] Hat der Vermieter nicht rechtzeitig vor Ablauf der Widerspruchsfrist auf die Möglichkeit des Widerspruchs sowie auf dessen Form und Frist hingewiesen, so kann der Mieter den Widerspruch noch im ersten Termin des Räumungsrechtsstreits erklären.

(3) Eine zum Nachteil des Mieters abweichende Vereinbarung ist unwirksam.

§ 574c Weitere Fortsetzung des Mietverhältnisses bei unvorhergesehenen Umständen. (1) Ist auf Grund der §§ 574 bis 574b durch Einigung oder Urteil bestimmt worden, dass das Mietverhältnis auf bestimmte Zeit fortgesetzt wird, so kann der Mieter dessen weitere Fortsetzung nur verlangen, wenn dies durch eine wesentliche Änderung der Umstände gerechtfertigt ist oder wenn Umstände nicht eingetreten sind, deren vorgesehener Eintritt für die Zeitdauer der Fortsetzung bestimmend gewesen war.

(2) [1] Kündigt der Vermieter ein Mietverhältnis, dessen Fortsetzung auf unbestimmte Zeit durch Urteil bestimmt worden ist, so kann der Mieter der Kündigung widersprechen und vom Vermieter verlangen, das Mietverhältnis auf unbestimmte Zeit fortzusetzen. [2] Haben sich die Umstände verändert, die für die Fortsetzung bestimmend gewesen waren, so kann der Mieter eine Fortsetzung des Mietverhältnisses nur nach § 574 verlangen; unerhebliche Veränderungen bleiben außer Betracht.

(3) Eine zum Nachteil des Mieters abweichende Vereinbarung ist unwirksam.

Unterkapitel 3. Mietverhältnisse auf bestimmte Zeit

§ 575 Zeitmietvertrag. (1) [1] Ein Mietverhältnis kann auf bestimmte Zeit eingegangen werden, wenn der Vermieter nach Ablauf der Mietzeit

1. die Räume als Wohnung für sich, seine Familienangehörigen oder Angehörige seines Haushalts nutzen will,
2. in zulässiger Weise die Räume beseitigen oder so wesentlich verändern oder instand setzen will, dass die Maßnahmen durch eine Fortsetzung des Mietverhältnisses erheblich erschwert würden, oder
3. die Räume an einen zur Dienstleistung Verpflichteten vermieten will

und er dem Mieter den Grund der Befristung bei Vertragsschluss schriftlich mitteilt. [2] Anderenfalls gilt das Mietverhältnis als auf unbestimmte Zeit abgeschlossen.

(2) [1] Der Mieter kann vom Vermieter frühestens vier Monate vor Ablauf der Befristung verlangen, dass dieser ihm binnen eines Monats mitteilt, ob der Befristungsgrund noch besteht. [2] Erfolgt die Mitteilung später, so kann der Mieter eine Verlängerung des Mietverhältnisses um den Zeitraum der Verspätung verlangen.

(3) [1] Tritt der Grund der Befristung erst später ein, so kann der Mieter eine Verlängerung des Mietverhältnisses um einen entsprechenden Zeitraum verlangen. [2] Entfällt der Grund, so kann der Mieter eine Verlängerung auf unbestimmte Zeit verlangen. [3] Die Beweislast für den Eintritt des Befristungsgrundes und die Dauer der Verzögerung trifft den Vermieter.

(4) Eine zum Nachteil des Mieters abweichende Vereinbarung ist unwirksam.

§ 575a Außerordentliche Kündigung mit gesetzlicher Frist. (1) Kann ein Mietverhältnis, das auf bestimmte Zeit eingegangen ist, außerordentlich mit der gesetzlichen Frist gekündigt werden, so gelten mit Ausnahme der Kündigung gegenüber Erben des Mieters nach § 564 die §§ 573 und 573a entsprechend.

(2) Die §§ 574 bis 574c gelten entsprechend mit der Maßgabe, dass die Fortsetzung des Mietverhältnisses höchstens bis zum vertraglich bestimmten Zeitpunkt der Beendigung verlangt werden kann.

(3) [1] Die Kündigung ist spätestens am dritten Werktag eines Kalendermonats zum Ablauf des übernächsten Monats zulässig, bei Wohnraum nach § 549 Abs. 2 Nr. 2 spätestens am 15. eines Monats zum Ablauf dieses Monats (gesetzliche Frist). [2] § 573a Abs. 1 Satz 2 findet keine Anwendung.

(4) Eine zum Nachteil des Mieters abweichende Vereinbarung ist unwirksam.

Unterkapitel 4. Werkwohnungen

§ 576 Fristen der ordentlichen Kündigung bei Werkmietwohnungen. (1) Ist Wohnraum mit Rücksicht auf das Bestehen eines Dienstverhältnisses vermietet, so kann der Vermieter nach Beendigung des Dienstverhältnisses abweichend von § 573c Abs. 1 Satz 2 mit folgenden Fristen kündigen:

1. bei Wohnraum, der dem Mieter weniger als zehn Jahre überlassen war, spätestens am dritten Werktag eines Kalendermonats zum Ablauf des übernächsten Monats, wenn der Wohnraum für einen anderen zur Dienstleistung Verpflichteten benötigt wird;
2. spätestens am dritten Werktag eines Kalendermonats zum Ablauf dieses Monats, wenn das Dienstverhältnis seiner Art nach die Überlassung von Wohnraum erfordert hat, der in unmittelbarer Beziehung oder Nähe zur Arbeitsstätte steht, und der Wohnraum aus dem gleichen Grund für einen anderen zur Dienstleistung Verpflichteten benötigt wird.

(2) Eine zum Nachteil des Mieters abweichende Vereinbarung ist unwirksam.

§ 576a Besonderheiten des Widerspruchsrechts bei Werkmietwohnungen. (1) Bei der Anwendung der §§ 574 bis 574c auf Werkmietwohnungen sind auch die Belange des Dienstberechtigten zu berücksichtigen.

(2) Die §§ 574 bis 574c gelten nicht, wenn

1. der Vermieter nach § 576 Abs. 1 Nr. 2 gekündigt hat;
2. der Mieter das Dienstverhältnis gelöst hat, ohne dass ihm von dem Dienstberechtigten gesetzlich begründeter Anlass dazu gegeben war, oder der Mieter durch sein Verhalten dem Dienstberechtigten gesetzlich begründeten Anlass zur Auflösung des Dienstverhältnisses gegeben hat.

(3) Eine zum Nachteil des Mieters abweichende Vereinbarung ist unwirksam.

§ 576b Entsprechende Geltung des Mietrechts bei Werkdienstwohnungen. (1) Ist Wohnraum im Rahmen eines Dienstverhältnisses überlassen, so gelten für die Beendigung des Rechtsverhältnisses hinsichtlich des Wohnraums die Vorschriften über Mietverhältnisse entsprechend, wenn der zur Dienstleistung Verpflichtete den Wohnraum überwiegend mit Einrichtungsgegenständen ausgestattet hat oder in dem Wohnraum mit seiner Familie oder Personen lebt, mit denen er einen auf Dauer angelegten gemeinsamen Haushalt führt.

(2) Eine zum Nachteil des Mieters abweichende Vereinbarung ist unwirksam.

Kapitel 6. Besonderheiten bei der Bildung von Wohnungseigentum an vermieteten Wohnungen

§ 577 Vorkaufsrecht des Mieters. (1) [1] Werden vermietete Wohnräume, an denen nach der Überlassung an den Mieter Wohnungseigentum begründet worden ist oder begründet werden soll, an einen Dritten verkauft, so ist der Mieter zum Vorkauf berechtigt. [2] Dies gilt nicht, wenn der Vermieter die Wohnräume an einen Familienangehörigen oder an einen Angehörigen seines Haushalts verkauft. [3] Soweit sich nicht aus den nachfolgenden Absätzen etwas anderes ergibt, finden auf das Vorkaufsrecht die Vorschriften über den Vorkauf Anwendung.

(2) Die Mitteilung des Verkäufers oder des Dritten über den Inhalt des Kaufvertrags ist mit einer Unterrichtung des Mieters über sein Vorkaufsrecht zu verbinden.

(3) Die Ausübung des Vorkaufsrechts erfolgt durch schriftliche Erklärung des Mieters gegenüber dem Verkäufer.

(4) Stirbt der Mieter, so geht das Vorkaufsrecht auf diejenigen über, die in das Mietverhältnis nach § 563 Abs. 1 oder 2 eintreten.

(5) Eine zum Nachteil des Mieters abweichende Vereinbarung ist unwirksam.

§ 577a Kündigungsbeschränkung bei Wohnungsumwandlung.

(1) Ist an vermieteten Wohnräumen nach der Überlassung an den Mieter Wohnungseigentum begründet und das Wohnungseigentum veräußert worden, so kann sich ein Erwerber auf berechtigte Interessen im Sinne des § 573 Abs. 2 Nr. 2 oder 3 erst nach Ablauf von drei Jahren seit der Veräußerung berufen.

(1a) [1] Die Kündigungsbeschränkung nach Absatz 1 gilt entsprechend, wenn vermieteter Wohnraum nach der Überlassung an den Mieter

1. an eine Personengesellschaft oder an mehrere Erwerber veräußert worden ist oder
2. zu Gunsten einer Personengesellschaft oder mehrerer Erwerber mit einem Recht belastet worden ist, durch dessen Ausübung dem Mieter der vertragsgemäße Gebrauch entzogen wird.

[2] Satz 1 ist nicht anzuwenden, wenn die Gesellschafter oder Erwerber derselben Familie oder demselben Haushalt angehören oder vor Überlassung des Wohnraums an den Mieter Wohnungseigentum begründet worden ist.

(2)[1)] [1] Die Frist nach Absatz 1 oder nach Absatz 1a beträgt bis zu zehn Jahre, wenn die ausreichende Versorgung der Bevölkerung mit Mietwohnungen zu angemessenen Bedingungen in einer Gemeinde oder einem Teil einer Gemeinde besonders gefährdet ist und diese Gebiete nach Satz 2 bestimmt sind. [2] Die Landesregierungen werden ermächtigt, diese Gebiete und die Frist nach Satz 1 durch Rechtsverordnung für die Dauer von jeweils höchstens zehn Jahren zu bestimmen.

(2a) Wird nach einer Veräußerung oder Belastung im Sinne des Absatzes 1a Wohnungseigentum begründet, so beginnt die Frist, innerhalb der eine Kündigung nach § 573 Absatz 2 Nummer 2 oder 3 ausgeschlossen ist, bereits mit der Veräußerung oder Belastung nach Absatz 1a.

(3) Eine zum Nachteil des Mieters abweichende Vereinbarung ist unwirksam.

Untertitel 3. Mietverhältnisse über andere Sachen

§ 578 Mietverhältnisse über Grundstücke und Räume. (1) Auf Mietverhältnisse über Grundstücke sind die Vorschriften der §§ 550, 562 bis 562d, 566 bis 567b sowie 570 entsprechend anzuwenden.

[1)] Siehe auch den Anhang Kündigungsbeschränkung bei Wohnungsumwandlung (Nr. **1a**).

(2) [1] Auf Mietverhältnisse über Räume, die keine Wohnräume sind, sind die in Absatz 1 genannten Vorschriften sowie § 552 Abs. 1, § 555a Absatz 1 bis 3, §§ 555b, 555c Absatz 1 bis 4, § 555d Absatz 1 bis 6, § 555e Absatz 1 und 2, § 555f und § 569 Abs. 2 entsprechend anzuwenden. [2] § 556c Absatz 1 und 2 sowie die auf Grund des § 556c Absatz 3 erlassene Rechtsverordnung sind entsprechend anzuwenden, abweichende Vereinbarungen sind zulässig. [3] Sind die Räume zum Aufenthalt von Menschen bestimmt, so gilt außerdem § 569 Abs. 1 entsprechend.

(3)[1)] [1] Auf Verträge über die Anmietung von Räumen durch eine juristische Person des öffentlichen Rechts oder einen anerkannten privaten Träger der Wohlfahrtspflege, die geschlossen werden, um die Räume Personen mit dringendem Wohnungsbedarf zum Wohnen zu überlassen, sind die in den Absätzen 1 und 2 genannten Vorschriften sowie die §§ 557, 557a Absatz 1 bis 3 und 5, § 557b Absatz 1 bis 3 und 5, die §§ 558 bis 559d, 561, 568 Absatz 1, § 569 Absatz 3 bis 5, die §§ 573 bis 573d, 575, 575a Absatz 1, 3 und 4 , die §§ 577 und 577a entsprechend anzuwenden. [2] Solche Verträge können zusätzlich zu den in § 575 Absatz 1 Satz 1 genannten Gründen auch dann auf bestimmte Zeit geschlossen werden, wenn der Vermieter die Räume nach Ablauf der Mietzeit für ihm obliegende oder ihm übertragene öffentliche Aufgaben nutzen will.

§ 578a Mietverhältnisse über eingetragene Schiffe. (1) Die Vorschriften der §§ 566, 566a, 566e bis 567b gelten im Falle der Veräußerung oder Belastung eines im Schiffsregister eingetragenen Schiffs entsprechend.

(2) [1] Eine Verfügung, die der Vermieter vor dem Übergang des Eigentums über die Miete getroffen hat, die auf die Zeit der Berechtigung des Erwerbers entfällt, ist dem Erwerber gegenüber wirksam. [2] Das Gleiche gilt für ein Rechtsgeschäft, das zwischen dem Mieter und dem Vermieter über die Mietforderung vorgenommen wird, insbesondere die Entrichtung der Miete; ein Rechtsgeschäft, das nach dem Übergang des Eigentums vorgenommen wird, ist jedoch unwirksam, wenn der Mieter bei der Vornahme des Rechtsgeschäfts von dem Übergang des Eigentums Kenntnis hat. [3] § 566d gilt entsprechend.

§ 579 Fälligkeit der Miete. (1) [1] Die Miete für ein Grundstück und für bewegliche Sachen ist am Ende der Mietzeit zu entrichten. [2] Ist die Miete nach Zeitabschnitten bemessen, so ist sie nach Ablauf der einzelnen Zeitabschnitte zu entrichten. [3] Die Miete für ein Grundstück ist, sofern sie nicht nach kürzeren Zeitabschnitten bemessen ist, jeweils nach Ablauf eines Kalendervierteljahrs am ersten Werktag des folgenden Monats zu entrichten.

(2) Für Mietverhältnisse über Räume gilt § 556b Abs. 1 entsprechend.

§ 580 Außerordentliche Kündigung bei Tod des Mieters. Stirbt der Mieter, so ist sowohl der Erbe als auch der Vermieter berechtigt, das Mietverhältnis innerhalb eines Monats, nachdem sie vom Tod des Mieters Kenntnis erlangt haben, außerordentlich mit der gesetzlichen Frist zu kündigen.

[1)] Beachte hierzu Übergangsvorschrift in Art. 229 § 49 EGBGB (Nr. **2**).

§ 580a Kündigungsfristen. (1) Bei einem Mietverhältnis über Grundstücke, über Räume, die keine Geschäftsräume sind, ist die ordentliche Kündigung zulässig,
1. wenn die Miete nach Tagen bemessen ist, an jedem Tag zum Ablauf des folgenden Tages;
2. wenn die Miete nach Wochen bemessen ist, spätestens am ersten Werktag einer Woche zum Ablauf des folgenden Sonnabends;
3. wenn die Miete nach Monaten oder längeren Zeitabschnitten bemessen ist, spätestens am dritten Werktag eines Kalendermonats zum Ablauf des übernächsten Monats, bei einem Mietverhältnis über gewerblich genutzte unbebaute Grundstücke jedoch nur zum Ablauf eines Kalendervierteljahrs.

(2) Bei einem Mietverhältnis über Geschäftsräume ist die ordentliche Kündigung spätestens am dritten Werktag eines Kalendervierteljahres zum Ablauf des nächsten Kalendervierteljahrs zulässig.

(3) Bei einem Mietverhältnis über bewegliche Sachen ist die ordentliche Kündigung zulässig,
1. wenn die Miete nach Tagen bemessen ist, an jedem Tag zum Ablauf des folgenden Tages;
2. wenn die Miete nach längeren Zeitabschnitten bemessen ist, spätestens am dritten Tag vor dem Tag, mit dessen Ablauf das Mietverhältnis enden soll.

(4) Absatz 1 Nr. 3, Absatz 2 und 3 Nr. 2 sind auch anzuwenden, wenn ein Mietverhältnis außerordentlich mit der gesetzlichen Frist gekündigt werden kann.

Untertitel 4. Pachtvertrag

§ 581 Vertragstypische Pflichten beim Pachtvertrag. (1) [1] Durch den Pachtvertrag wird der Verpächter verpflichtet, dem Pächter den Gebrauch des verpachteten Gegenstands und den Genuss der Früchte, soweit sie nach den Regeln einer ordnungsmäßigen Wirtschaft als Ertrag anzusehen sind, während der Pachtzeit zu gewähren. [2] Der Pächter ist verpflichtet, dem Verpächter die vereinbarte Pacht zu entrichten.

(2) Auf den Pachtvertrag mit Ausnahme des Landpachtvertrags sind, soweit sich nicht aus den §§ 582 bis 584b etwas anderes ergibt, die Vorschriften über den Mietvertrag entsprechend anzuwenden.

§ 582 Erhaltung des Inventars. (1) Wird ein Grundstück mit Inventar verpachtet, so obliegt dem Pächter die Erhaltung der einzelnen Inventarstücke.

(2) [1] Der Verpächter ist verpflichtet, Inventarstücke zu ersetzen, die infolge eines vom Pächter nicht zu vertretenden Umstands in Abgang kommen. [2] Der Pächter hat jedoch den gewöhnlichen Abgang der zum Inventar gehörenden Tiere insoweit zu ersetzen, als dies einer ordnungsmäßigen Wirtschaft entspricht.

§ 582a Inventarübernahme zum Schätzwert. (1) [1] Übernimmt der Pächter eines Grundstücks das Inventar zum Schätzwert mit der Verpflichtung, es bei Beendigung des Pachtverhältnisses zum Schätzwert zurückzugewähren, so trägt er die Gefahr des zufälligen Untergangs und der zufälligen

Verschlechterung des Inventars. [2] Innerhalb der Grenzen einer ordnungsmäßigen Wirtschaft kann er über die einzelnen Inventarstücke verfügen.

(2) [1] Der Pächter hat das Inventar in dem Zustand zu erhalten und in dem Umfang laufend zu ersetzen, der den Regeln einer ordnungsmäßigen Wirtschaft entspricht. [2] Die von ihm angeschafften Stücke werden mit der Einverleibung in das Inventar Eigentum des Verpächters.

(3) [1] Bei Beendigung des Pachtverhältnisses hat der Pächter das vorhandene Inventar dem Verpächter zurückzugewähren. [2] Der Verpächter kann die Übernahme derjenigen von dem Pächter angeschafften Inventarstücke ablehnen, welche nach den Regeln einer ordnungsmäßigen Wirtschaft für das Grundstück überflüssig oder zu wertvoll sind; mit der Ablehnung geht das Eigentum an den abgelehnten Stücken auf den Pächter über. [3] Besteht zwischen dem Gesamtschätzwert des übernommenen und dem des zurückzugewährenden Inventars ein Unterschied, so ist dieser in Geld auszugleichen. [4] Den Schätzwerten sind die Preise im Zeitpunkt der Beendigung des Pachtverhältnisses zugrunde zu legen.

§ 583 Pächterpfandrecht am Inventar. (1) Dem Pächter eines Grundstücks steht für die Forderungen gegen den Verpächter, die sich auf das mitgepachtete Inventar beziehen, ein Pfandrecht an den in seinen Besitz gelangten Inventarstücken zu.

(2) [1] Der Verpächter kann die Geltendmachung des Pfandrechts des Pächters durch Sicherheitsleistung abwenden. [2] Er kann jedes einzelne Inventarstück dadurch von dem Pfandrecht befreien, dass er in Höhe des Wertes Sicherheit leistet.

§ 583a Verfügungsbeschränkungen bei Inventar. Vertragsbestimmungen, die den Pächter eines Betriebs verpflichten, nicht oder nicht ohne Einwilligung des Verpächters über Inventarstücke zu verfügen oder Inventar an den Verpächter zu veräußern, sind nur wirksam, wenn sich der Verpächter verpflichtet, das Inventar bei der Beendigung des Pachtverhältnisses zum Schätzwert zu erwerben.

§ 584 Kündigungsfrist. (1) Ist bei dem Pachtverhältnis über ein Grundstück oder ein Recht die Pachtzeit nicht bestimmt, so ist die Kündigung nur für den Schluss eines Pachtjahrs zulässig; sie hat spätestens am dritten Werktag des halben Jahres zu erfolgen, mit dessen Ablauf die Pacht enden soll.

(2) Dies gilt auch, wenn das Pachtverhältnis außerordentlich mit der gesetzlichen Frist gekündigt werden kann.

§ 584a Ausschluss bestimmter mietrechtlicher Kündigungsrechte.

(1) Dem Pächter steht das in § 540 Abs. 1 bestimmte Kündigungsrecht nicht zu.

(2) Der Verpächter ist nicht berechtigt, das Pachtverhältnis nach § 580 zu kündigen.

§ 584b Verspätete Rückgabe. [1] Gibt der Pächter den gepachteten Gegenstand nach der Beendigung des Pachtverhältnisses nicht zurück, so kann der Verpächter für die Dauer der Vorenthaltung als Entschädigung die vereinbarte

Pacht nach dem Verhältnis verlangen, in dem die Nutzungen, die der Pächter während dieser Zeit gezogen hat oder hätte ziehen können, zu den Nutzungen des ganzen Pachtjahrs stehen. [2] Die Geltendmachung eines weiteren Schadens ist nicht ausgeschlossen.

Untertitel 5. Landpachtvertrag

§ 585 Begriff des Landpachtvertrags. (1) [1] Durch den Landpachtvertrag wird ein Grundstück mit den seiner Bewirtschaftung dienenden Wohn- oder Wirtschaftsgebäuden (Betrieb) oder ein Grundstück ohne solche Gebäude überwiegend zur Landwirtschaft verpachtet. [2] Landwirtschaft sind die Bodenbewirtschaftung und die mit der Bodennutzung verbundene Tierhaltung, um pflanzliche oder tierische Erzeugnisse zu gewinnen, sowie die gartenbauliche Erzeugung.

(2) Für Landpachtverträge gelten § 581 Abs. 1 und die §§ 582 bis 583a sowie die nachfolgenden besonderen Vorschriften.

(3) Die Vorschriften über Landpachtverträge gelten auch für Pachtverhältnisse über forstwirtschaftliche Grundstücke, wenn die Grundstücke zur Nutzung in einem überwiegend landwirtschaftlichen Betrieb verpachtet werden.

§ 585a Form des Landpachtvertrags. Wird der Landpachtvertrag für längere Zeit als zwei Jahre nicht in schriftlicher Form geschlossen, so gilt er für unbestimmte Zeit.

§ 585b Beschreibung der Pachtsache. (1) [1] Der Verpächter und der Pächter sollen bei Beginn des Pachtverhältnisses gemeinsam eine Beschreibung der Pachtsache anfertigen, in der ihr Umfang sowie der Zustand, in dem sie sich bei der Überlassung befindet, festgestellt werden. [2] Dies gilt für die Beendigung des Pachtverhältnisses entsprechend. [3] Die Beschreibung soll mit der Angabe des Tages der Anfertigung versehen werden und ist von beiden Teilen zu unterschreiben.

(2) [1] Weigert sich ein Vertragsteil, bei der Anfertigung einer Beschreibung mitzuwirken, oder ergeben sich bei der Anfertigung Meinungsverschiedenheiten tatsächlicher Art, so kann jeder Vertragsteil verlangen, dass eine Beschreibung durch einen Sachverständigen angefertigt wird, es sei denn, dass seit der Überlassung der Pachtsache mehr als neun Monate oder seit der Beendigung des Pachtverhältnisses mehr als drei Monate verstrichen sind; der Sachverständige wird auf Antrag durch das Landwirtschaftsgericht ernannt. [2] Die insoweit entstehenden Kosten trägt jeder Vertragsteil zur Hälfte.

(3) Ist eine Beschreibung der genannten Art angefertigt, so wird im Verhältnis der Vertragsteile zueinander vermutet, dass sie richtig ist.

§ 586 Vertragstypische Pflichten beim Landpachtvertrag. (1) [1] Der Verpächter hat die Pachtsache dem Pächter in einem zu der vertragsmäßigen Nutzung geeigneten Zustand zu überlassen und sie während der Pachtzeit in diesem Zustand zu erhalten. [2] Der Pächter hat jedoch die gewöhnlichen Ausbesserungen der Pachtsache, insbesondere die der Wohn- und Wirtschaftsgebäude, der Wege, Gräben, Dränungen und Einfriedigungen, auf seine Kosten durchzuführen. [3] Er ist zur ordnungsmäßigen Bewirtschaftung der Pachtsache verpflichtet.

(2) Für die Haftung des Verpächters für Sach- und Rechtsmängel der Pachtsache sowie für die Rechte und Pflichten des Pächters wegen solcher Mängel gelten die Vorschriften des § 536 Abs. 1 bis 3 und der §§ 536a bis 536d entsprechend.

§ 586a Lasten der Pachtsache. Der Verpächter hat die auf der Pachtsache ruhenden Lasten zu tragen.

§ 587 Fälligkeit der Pacht; Entrichtung der Pacht bei persönlicher Verhinderung des Pächters. (1) [1] Die Pacht ist am Ende der Pachtzeit zu entrichten. [2] Ist die Pacht nach Zeitabschnitten bemessen, so ist sie am ersten Werktag nach dem Ablauf der einzelnen Zeitabschnitte zu entrichten.

(2) [1] Der Pächter wird von der Entrichtung der Pacht nicht dadurch befreit, dass er durch einen in seiner Person liegenden Grund an der Ausübung des ihm zustehenden Nutzungsrechts verhindert ist. [2] § 537 Abs. 1 Satz 2 und Abs. 2 gilt entsprechend.

§ 588 Maßnahmen zur Erhaltung oder Verbesserung. (1) Der Pächter hat Einwirkungen auf die Pachtsache zu dulden, die zu ihrer Erhaltung erforderlich sind.

(2) [1] Maßnahmen zur Verbesserung der Pachtsache hat der Pächter zu dulden, es sei denn, dass die Maßnahme für ihn eine Härte bedeuten würde, die auch unter Würdigung der berechtigten Interessen des Verpächters nicht zu rechtfertigen ist. [2] Der Verpächter hat die dem Pächter durch die Maßnahme entstandenen Aufwendungen und entgangenen Erträge in einem den Umständen nach angemessenen Umfang zu ersetzen. [3] Auf Verlangen hat der Verpächter Vorschuss zu leisten.

(3) Soweit der Pächter infolge von Maßnahmen nach Absatz 2 Satz 1 höhere Erträge erzielt oder bei ordnungsmäßiger Bewirtschaftung erzielen könnte, kann der Verpächter verlangen, dass der Pächter in eine angemessene Erhöhung der Pacht einwilligt, es sei denn, dass dem Pächter eine Erhöhung der Pacht nach den Verhältnissen des Betriebs nicht zugemutet werden kann.

(4) [1] Über Streitigkeiten nach den Absätzen 1 und 2 entscheidet auf Antrag das Landwirtschaftsgericht. [2] Verweigert der Pächter in den Fällen des Absatzes 3 seine Einwilligung, so kann sie das Landwirtschaftsgericht auf Antrag des Verpächters ersetzen.

§ 589 Nutzungsüberlassung an Dritte. (1) Der Pächter ist ohne Erlaubnis des Verpächters nicht berechtigt,

1. die Nutzung der Pachtsache einem Dritten zu überlassen, insbesondere die Sache weiter zu verpachten,
2. die Pachtsache ganz oder teilweise einem landwirtschaftlichen Zusammenschluss zum Zwecke der gemeinsamen Nutzung zu überlassen.

(2) Überlässt der Pächter die Nutzung der Pachtsache einem Dritten, so hat er ein Verschulden, das dem Dritten bei der Nutzung zur Last fällt, zu vertreten, auch wenn der Verpächter die Erlaubnis zur Überlassung erteilt hat.

§ 590 Änderung der landwirtschaftlichen Bestimmung oder der bisherigen Nutzung. (1) Der Pächter darf die landwirtschaftliche Bestimmung der Pachtsache nur mit vorheriger Erlaubnis des Verpächters ändern.

(2) [1] Zur Änderung der bisherigen Nutzung der Pachtsache ist die vorherige Erlaubnis des Verpächters nur dann erforderlich, wenn durch die Änderung die Art der Nutzung über die Pachtzeit hinaus beeinflusst wird. [2] Der Pächter darf Gebäude nur mit vorheriger Erlaubnis des Verpächters errichten. [3] Verweigert der Verpächter die Erlaubnis, so kann sie auf Antrag des Pächters durch das Landwirtschaftsgericht ersetzt werden, soweit die Änderung zur Erhaltung oder nachhaltigen Verbesserung der Rentabilität des Betriebs geeignet erscheint und dem Verpächter bei Berücksichtigung seiner berechtigten Interessen zugemutet werden kann. [4] Dies gilt nicht, wenn der Pachtvertrag gekündigt ist oder das Pachtverhältnis in weniger als drei Jahren endet. [5] Das Landwirtschaftsgericht kann die Erlaubnis unter Bedingungen und Auflagen ersetzen, insbesondere eine Sicherheitsleistung anordnen sowie Art und Umfang der Sicherheit bestimmen. [6] Ist die Veranlassung für die Sicherheitsleistung weggefallen, so entscheidet auf Antrag das Landwirtschaftsgericht über die Rückgabe der Sicherheit; § 109 der Zivilprozessordnung[1)] gilt entsprechend.

(3) Hat der Pächter das nach § 582a zum Schätzwert übernommene Inventar im Zusammenhang mit einer Änderung der Nutzung der Pachtsache wesentlich vermindert, so kann der Verpächter schon während der Pachtzeit einen Geldausgleich in entsprechender Anwendung des § 582a Abs. 3 verlangen, es sei denn, dass der Erlös der veräußerten Inventarstücke zu einer zur Höhe des Erlöses in angemessenem Verhältnis stehenden Verbesserung der Pachtsache nach § 591 verwendet worden ist.

§ 590a Vertragswidriger Gebrauch. Macht der Pächter von der Pachtsache einen vertragswidrigen Gebrauch und setzt er den Gebrauch ungeachtet einer Abmahnung des Verpächters fort, so kann der Verpächter auf Unterlassung klagen.

§ 590b Notwendige Verwendungen. Der Verpächter ist verpflichtet, dem Pächter die notwendigen Verwendungen auf die Pachtsache zu ersetzen.

§ 591 Wertverbessernde Verwendungen. (1) Andere als notwendige Verwendungen, denen der Verpächter zugestimmt hat, hat er dem Pächter bei Beendigung des Pachtverhältnisses zu ersetzen, soweit die Verwendungen den Wert der Pachtsache über die Pachtzeit hinaus erhöhen (Mehrwert).

(2) [1] Weigert sich der Verpächter, den Verwendungen zuzustimmen, so kann die Zustimmung auf Antrag des Pächters durch das Landwirtschaftsgericht ersetzt werden, soweit die Verwendungen zur Erhaltung oder nachhaltigen Verbesserung der Rentabilität des Betriebs geeignet sind und dem Verpächter bei Berücksichtigung seiner berechtigten Interessen zugemutet werden können. [2] Dies gilt nicht, wenn der Pachtvertrag gekündigt ist oder das Pachtverhältnis in weniger als drei Jahren endet. [3] Das Landwirtschaftsgericht kann die Zustimmung unter Bedingungen und Auflagen ersetzen.

---

1) **Schönfelder Nr. 100.**

(3) [1] Das Landwirtschaftsgericht kann auf Antrag auch über den Mehrwert Bestimmungen treffen und ihn festsetzen. [2] Es kann bestimmen, dass der Verpächter den Mehrwert nur in Teilbeträgen zu ersetzen hat, und kann Bedingungen für die Bewilligung solcher Teilzahlungen festsetzen. [3] Ist dem Verpächter ein Ersatz des Mehrwerts bei Beendigung des Pachtverhältnisses auch in Teilbeträgen nicht zuzumuten, so kann der Pächter nur verlangen, dass das Pachtverhältnis zu den bisherigen Bedingungen so lange fortgesetzt wird, bis der Mehrwert der Pachtsache abgegolten ist. [4] Kommt keine Einigung zustande, so entscheidet auf Antrag das Landwirtschaftsgericht über eine Fortsetzung des Pachtverhältnisses.

§ 591a Wegnahme von Einrichtungen. [1] Der Pächter ist berechtigt, eine Einrichtung, mit der er die Sache versehen hat, wegzunehmen. [2] Der Verpächter kann die Ausübung des Wegnahmerechts durch Zahlung einer angemessenen Entschädigung abwenden, es sei denn, dass der Pächter ein berechtigtes Interesse an der Wegnahme hat. [3] Eine Vereinbarung, durch die das Wegnahmerecht des Pächters ausgeschlossen wird, ist nur wirksam, wenn ein angemessener Ausgleich vorgesehen ist.

§ 591b Verjährung von Ersatzansprüchen. (1) Die Ersatzansprüche des Verpächters wegen Veränderung oder Verschlechterung der verpachteten Sache sowie die Ansprüche des Pächters auf Ersatz von Verwendungen oder auf Gestattung der Wegnahme einer Einrichtung verjähren in sechs Monaten.

(2) [1] Die Verjährung der Ersatzansprüche des Verpächters beginnt mit dem Zeitpunkt, in welchem er die Sache zurückerhält. [2] Die Verjährung der Ansprüche des Pächters beginnt mit der Beendigung des Pachtverhältnisses.

(3) Mit der Verjährung des Anspruchs des Verpächters auf Rückgabe der Sache verjähren auch die Ersatzansprüche des Verpächters.

§ 592 Verpächterpfandrecht. [1] Der Verpächter hat für seine Forderungen aus dem Pachtverhältnis ein Pfandrecht an den eingebrachten Sachen des Pächters sowie an den Früchten der Pachtsache. [2] Für künftige Entschädigungsforderungen kann das Pfandrecht nicht geltend gemacht werden. [3] Mit Ausnahme der in § 811 Abs. 1 Nr. 4 der Zivilprozessordnung[1)] genannten Sachen erstreckt sich das Pfandrecht nicht auf Sachen, die der Pfändung nicht unterworfen sind. [4] Die Vorschriften der §§ 562a bis 562c gelten entsprechend.

§ 593 Änderung von Landpachtverträgen. (1) [1] Haben sich nach Abschluss des Pachtvertrags die Verhältnisse, die für die Festsetzung der Vertragsleistungen maßgebend waren, nachhaltig so geändert, dass die gegenseitigen Verpflichtungen in ein grobes Missverhältnis zueinander geraten sind, so kann jeder Vertragsteil eine Änderung des Vertrags mit Ausnahme der Pachtdauer verlangen. [2] Verbessert oder verschlechtert sich infolge der Bewirtschaftung der Pachtsache durch den Pächter deren Ertrag, so kann, soweit nichts anderes vereinbart ist, eine Änderung der Pacht nicht verlangt werden.

(2) [1] Eine Änderung kann frühestens zwei Jahre nach Beginn des Pachtverhältnisses oder nach dem Wirksamwerden der letzten Änderung der Ver-

---

1) Schönfelder Nr. 100.

tragsleistungen verlangt werden. [2] Dies gilt nicht, wenn verwüstende Naturereignisse, gegen die ein Versicherungsschutz nicht üblich ist, das Verhältnis der Vertragsleistungen grundlegend und nachhaltig verändert haben.

(3) Die Änderung kann nicht für eine frühere Zeit als für das Pachtjahr verlangt werden, in dem das Änderungsverlangen erklärt wird.

(4) Weigert sich ein Vertragsteil, in eine Änderung des Vertrags einzuwilligen, so kann der andere Teil die Entscheidung des Landwirtschaftsgerichts beantragen.

(5) [1] Auf das Recht, eine Änderung des Vertrags nach den Absätzen 1 bis 4 zu verlangen, kann nicht verzichtet werden. [2] Eine Vereinbarung, dass einem Vertragsteil besondere Nachteile oder Vorteile erwachsen sollen, wenn er die Rechte nach den Absätzen 1 bis 4 ausübt oder nicht ausübt, ist unwirksam.

§ 593a Betriebsübergabe. [1] Wird bei der Übergabe eines Betriebs im Wege der vorweggenommenen Erbfolge ein zugepachtetes Grundstück, das der Landwirtschaft dient, mit übergeben, so tritt der Übernehmer anstelle des Pächters in den Pachtvertrag ein. [2] Der Verpächter ist von der Betriebsübergabe jedoch unverzüglich zu benachrichtigen. [3] Ist die ordnungsmäßige Bewirtschaftung der Pachtsache durch den Übernehmer nicht gewährleistet, so ist der Verpächter berechtigt, das Pachtverhältnis außerordentlich mit der gesetzlichen Frist zu kündigen.

§ 593b Veräußerung oder Belastung des verpachteten Grundstücks. Wird das verpachtete Grundstück veräußert oder mit dem Recht eines Dritten belastet, so gelten die §§ 566 bis 567b entsprechend.

§ 594 Ende und Verlängerung des Pachtverhältnisses. [1] Das Pachtverhältnis endet mit dem Ablauf der Zeit, für die es eingegangen ist. [2] Es verlängert sich bei Pachtverträgen, die auf mindestens drei Jahre geschlossen worden sind, auf unbestimmte Zeit, wenn auf die Anfrage eines Vertragsteils, ob der andere Teil zur Fortsetzung des Pachtverhältnisses bereit ist, dieser nicht binnen einer Frist von drei Monaten die Fortsetzung ablehnt. [3] Die Anfrage und die Ablehnung bedürfen der schriftlichen Form. [4] Die Anfrage ist ohne Wirkung, wenn in ihr nicht auf die Folge der Nichtbeachtung ausdrücklich hingewiesen wird und wenn sie nicht innerhalb des drittletzten Pachtjahrs gestellt wird.

§ 594a Kündigungsfristen. (1) [1] Ist die Pachtzeit nicht bestimmt, so kann jeder Vertragsteil das Pachtverhältnis spätestens am dritten Werktag eines Pachtjahrs für den Schluss des nächsten Pachtjahrs kündigen. [2] Im Zweifel gilt das Kalenderjahr als Pachtjahr. [3] Die Vereinbarung einer kürzeren Frist bedarf der Schriftform.

(2) Für die Fälle, in denen das Pachtverhältnis außerordentlich mit der gesetzlichen Frist vorzeitig gekündigt werden kann, ist die Kündigung nur für den Schluss eines Pachtjahrs zulässig; sie hat spätestens am dritten Werktag des halben Jahres zu erfolgen, mit dessen Ablauf die Pacht enden soll.

§ 594b Vertrag über mehr als 30 Jahre. [1] Wird ein Pachtvertrag für eine längere Zeit als 30 Jahre geschlossen, so kann nach 30 Jahren jeder Vertragsteil das Pachtverhältnis spätestens am dritten Werktag eines Pachtjahrs für den

Schluss des nächsten Pachtjahrs kündigen. [2] Die Kündigung ist nicht zulässig, wenn der Vertrag für die Lebenszeit des Verpächters oder des Pächters geschlossen ist.

§ 594c Kündigung bei Berufsunfähigkeit des Pächters. [1] Ist der Pächter berufsunfähig im Sinne der Vorschriften der gesetzlichen Rentenversicherung geworden, so kann er das Pachtverhältnis außerordentlich mit der gesetzlichen Frist kündigen, wenn der Verpächter der Überlassung der Pachtsache zur Nutzung an einen Dritten, der eine ordnungsmäßige Bewirtschaftung gewährleistet, widerspricht. [2] Eine abweichende Vereinbarung ist unwirksam.

§ 594d Tod des Pächters. (1) Stirbt der Pächter, so sind sowohl seine Erben als auch der Verpächter innerhalb eines Monats, nachdem sie vom Tod des Pächters Kenntnis erlangt haben, berechtigt, das Pachtverhältnis mit einer Frist von sechs Monaten zum Ende eines Kalendervierteljahrs zu kündigen.

(2) [1] Die Erben können der Kündigung des Verpächters widersprechen und die Fortsetzung des Pachtverhältnisses verlangen, wenn die ordnungsmäßige Bewirtschaftung der Pachtsache durch sie oder durch einen von ihnen beauftragten Miterben oder Dritten gewährleistet erscheint. [2] Der Verpächter kann die Fortsetzung des Pachtverhältnisses ablehnen, wenn die Erben den Widerspruch nicht spätestens drei Monate vor Ablauf des Pachtverhältnisses erklärt und die Umstände mitgeteilt haben, nach denen die weitere ordnungsmäßige Bewirtschaftung der Pachtsache gewährleistet erscheint. [3] Die Widerspruchserklärung und die Mitteilung bedürfen der schriftlichen Form. [4] Kommt keine Einigung zustande, so entscheidet auf Antrag das Landwirtschaftsgericht.

(3) Gegenüber einer Kündigung des Verpächters nach Absatz 1 ist ein Fortsetzungsverlangen des Erben nach § 595 ausgeschlossen.

§ 594e Außerordentliche fristlose Kündigung aus wichtigem Grund.

(1) Die außerordentliche fristlose Kündigung des Pachtverhältnisses ist in entsprechender Anwendung der §§ 543, 569 Abs. 1 und 2 zulässig.

(2) [1] Abweichend von § 543 Abs. 2 Nr. 3 Buchstaben a und b liegt ein wichtiger Grund insbesondere vor, wenn der Pächter mit der Entrichtung der Pacht oder eines nicht unerheblichen Teils der Pacht länger als drei Monate in Verzug ist. [2] Ist die Pacht nach Zeitabschnitten von weniger als einem Jahr bemessen, so ist die Kündigung erst zulässig, wenn der Pächter für zwei aufeinander folgende Termine mit der Entrichtung der Pacht oder eines nicht unerheblichen Teils der Pacht in Verzug ist.

§ 594f Schriftform der Kündigung. Die Kündigung bedarf der schriftlichen Form.

§ 595 Fortsetzung des Pachtverhältnisses. (1) [1] Der Pächter kann vom Verpächter die Fortsetzung des Pachtverhältnisses verlangen, wenn

1. bei einem Betriebspachtverhältnis der Betrieb seine wirtschaftliche Lebensgrundlage bildet,

2. bei dem Pachtverhältnis über ein Grundstück der Pächter auf dieses Grundstück zur Aufrechterhaltung seines Betriebs, der seine wirtschaftliche Lebensgrundlage bildet, angewiesen ist

und die vertragsmäßige Beendigung des Pachtverhältnisses für den Pächter oder seine Familie eine Härte bedeuten würde, die auch unter Würdigung der berechtigten Interessen des Verpächters nicht zu rechtfertigen ist. [2] Die Fortsetzung kann unter diesen Voraussetzungen wiederholt verlangt werden.

(2) [1] Im Falle des Absatzes 1 kann der Pächter verlangen, dass das Pachtverhältnis so lange fortgesetzt wird, wie dies unter Berücksichtigung aller Umstände angemessen ist. [2] Ist dem Verpächter nicht zuzumuten, das Pachtverhältnis nach den bisher geltenden Vertragsbedingungen fortzusetzen, so kann der Pächter nur verlangen, dass es unter einer angemessenen Änderung der Bedingungen fortgesetzt wird.

(3) Der Pächter kann die Fortsetzung des Pachtverhältnisses nicht verlangen, wenn

1. er das Pachtverhältnis gekündigt hat,
2. der Verpächter zur außerordentlichen fristlosen Kündigung oder im Falle des § 593a zur außerordentlichen Kündigung mit der gesetzlichen Frist berechtigt ist,
3. die Laufzeit des Vertrags bei einem Pachtverhältnis über einen Betrieb, der Zupachtung von Grundstücken, durch die ein Betrieb entsteht, oder bei einem Pachtverhältnis über Moor- und Ödland, das vom Pächter kultiviert worden ist, auf mindestens 18 Jahre, bei der Pacht anderer Grundstücke auf mindestens zwölf Jahre vereinbart ist,
4. der Verpächter die nur vorübergehend verpachtete Sache in eigene Nutzung nehmen oder zur Erfüllung gesetzlicher oder sonstiger öffentlicher Aufgaben verwenden will.

(4) [1] Die Erklärung des Pächters, mit der er die Fortsetzung des Pachtverhältnisses verlangt, bedarf der schriftlichen Form. [2] Auf Verlangen des Verpächters soll der Pächter über die Gründe des Fortsetzungsverlangens unverzüglich Auskunft erteilen.

(5) [1] Der Verpächter kann die Fortsetzung des Pachtverhältnisses ablehnen, wenn der Pächter die Fortsetzung nicht mindestens ein Jahr vor Beendigung des Pachtverhältnisses vom Verpächter verlangt oder auf eine Anfrage des Verpächters nach § 594 die Fortsetzung abgelehnt hat. [2] Ist eine zwölfmonatige oder kürzere Kündigungsfrist vereinbart, so genügt es, wenn das Verlangen innerhalb eines Monats nach Zugang der Kündigung erklärt wird.

(6) [1] Kommt keine Einigung zustande, so entscheidet auf Antrag das Landwirtschaftsgericht über eine Fortsetzung und über die Dauer des Pachtverhältnisses sowie über die Bedingungen, zu denen es fortgesetzt wird. [2] Das Gericht kann die Fortsetzung des Pachtverhältnisses jedoch nur bis zu einem Zeitpunkt anordnen, der die in Absatz 3 Nr. 3 genannten Fristen, ausgehend vom Beginn des laufenden Pachtverhältnisses, nicht übersteigt. [3] Die Fortsetzung kann auch auf einen Teil der Pachtsache beschränkt werden.

(7) [1] Der Pächter hat den Antrag auf gerichtliche Entscheidung spätestens neun Monate vor Beendigung des Pachtverhältnisses und im Falle einer zwölfmonatigen oder kürzeren Kündigungsfrist zwei Monate nach Zugang der Kündigung bei dem Landwirtschaftsgericht zu stellen. [2] Das Gericht kann

den Antrag nachträglich zulassen, wenn es zur Vermeidung einer unbilligen Härte geboten erscheint und der Pachtvertrag noch nicht abgelaufen ist.

(8) [1] Auf das Recht, die Verlängerung eines Pachtverhältnisses nach den Absätzen 1 bis 7 zu verlangen, kann nur verzichtet werden, wenn der Verzicht zur Beilegung eines Pachtstreits vor Gericht oder vor einer berufsständischen Pachtschlichtungsstelle erklärt wird. [2] Eine Vereinbarung, dass einem Vertragsteil besondere Nachteile oder besondere Vorteile erwachsen sollen, wenn er die Rechte nach den Absätzen 1 bis 7 ausübt oder nicht ausübt, ist unwirksam.

§ 595a Vorzeitige Kündigung von Landpachtverträgen. (1) Soweit die Vertragsteile zur außerordentlichen Kündigung eines Landpachtverhältnisses mit der gesetzlichen Frist berechtigt sind, steht ihnen dieses Recht auch nach Verlängerung des Landpachtverhältnisses oder Änderung des Landpachtvertrags zu.

(2) [1] Auf Antrag eines Vertragsteils kann das Landwirtschaftsgericht Anordnungen über die Abwicklung eines vorzeitig beendeten oder eines teilweise beendeten Landpachtvertrags treffen. [2] Wird die Verlängerung eines Landpachtvertrags auf einen Teil der Pachtsache beschränkt, kann das Landwirtschaftsgericht die Pacht für diesen Teil festsetzen.

(3) [1] Der Inhalt von Anordnungen des Landwirtschaftsgerichts gilt unter den Vertragsteilen als Vertragsinhalt. [2] Über Streitigkeiten, die diesen Vertragsinhalt betreffen, entscheidet auf Antrag das Landwirtschaftsgericht.

§ 596 Rückgabe der Pachtsache. (1) Der Pächter ist verpflichtet, die Pachtsache nach Beendigung des Pachtverhältnisses in dem Zustand zurückzugeben, der einer bis zur Rückgabe fortgesetzten ordnungsmäßigen Bewirtschaftung entspricht.

(2) Dem Pächter steht wegen seiner Ansprüche gegen den Verpächter ein Zurückbehaltungsrecht am Grundstück nicht zu.

(3) Hat der Pächter die Nutzung der Pachtsache einem Dritten überlassen, so kann der Verpächter die Sache nach Beendigung des Pachtverhältnisses auch von dem Dritten zurückfordern.

§ 596a Ersatzpflicht bei vorzeitigem Pachtende. (1) [1] Endet das Pachtverhältnis im Laufe eines Pachtjahrs, so hat der Verpächter dem Pächter den Wert der noch nicht getrennten, jedoch nach den Regeln einer ordnungsmäßigen Bewirtschaftung vor dem Ende des Pachtjahrs zu trennenden Früchte zu ersetzen. [2] Dabei ist das Ernterisiko angemessen zu berücksichtigen.

(2) Lässt sich der in Absatz 1 bezeichnete Wert aus jahreszeitlich bedingten Gründen nicht feststellen, so hat der Verpächter dem Pächter die Aufwendungen auf diese Früchte insoweit zu ersetzen, als sie einer ordnungsmäßigen Bewirtschaftung entsprechen.

(3) [1] Absatz 1 gilt auch für das zum Einschlag vorgesehene, aber noch nicht eingeschlagene Holz. [2] Hat der Pächter mehr Holz eingeschlagen, als bei ordnungsmäßiger Nutzung zulässig war, so hat er dem Verpächter den Wert der die normale Nutzung übersteigenden Holzmenge zu ersetzen. [3] Die Geltendmachung eines weiteren Schadens ist nicht ausgeschlossen.

§ 596b Rücklassungspflicht. (1) Der Pächter eines Betriebs hat von den bei Beendigung des Pachtverhältnisses vorhandenen landwirtschaftlichen Erzeugnissen so viel zurückzulassen, wie zur Fortführung der Wirtschaft bis zur nächsten Ernte nötig ist, auch wenn er bei Beginn des Pachtverhältnisses solche Erzeugnisse nicht übernommen hat.

(2) Soweit der Pächter nach Absatz 1 Erzeugnisse in größerer Menge oder besserer Beschaffenheit zurückzulassen verpflichtet ist, als er bei Beginn des Pachtverhältnisses übernommen hat, kann er vom Verpächter Ersatz des Wertes verlangen.

§ 597 Verspätete Rückgabe. [1] Gibt der Pächter die Pachtsache nach Beendigung des Pachtverhältnisses nicht zurück, so kann der Verpächter für die Dauer der Vorenthaltung als Entschädigung die vereinbarte Pacht verlangen. [2] Die Geltendmachung eines weiteren Schadens ist nicht ausgeschlossen.

Titel 22. Schuldversprechen, Schuldanerkenntnis

§ 780 Schuldversprechen. [1] Zur Gültigkeit eines Vertrags, durch den eine Leistung in der Weise versprochen wird, dass das Versprechen die Verpflichtung selbständig begründen soll (Schuldversprechen), ist, soweit nicht eine andere Form vorgeschrieben ist, schriftliche Erteilung des Versprechens erforderlich. [2] Die Erteilung des Versprechens in elektronischer Form ist ausgeschlossen.

§ 781 Schuldanerkenntnis. [1] Zur Gültigkeit eines Vertrags, durch den das Bestehen eines Schuldverhältnisses anerkannt wird (Schuldanerkenntnis), ist schriftliche Erteilung der Anerkennungserklärung erforderlich. [2] Die Erteilung der Anerkennungserklärung in elektronischer Form ist ausgeschlossen. [3] Ist für die Begründung des Schuldverhältnisses, dessen Bestehen anerkannt wird, eine andere Form vorgeschrieben, so bedarf der Anerkennungsvertrag dieser Form.

Titel 25. Vorlegung von Sachen

§ 809 Besichtigung einer Sache. Wer gegen den Besitzer einer Sache einen Anspruch in Ansehung der Sache hat oder sich Gewissheit verschaffen will, ob ihm ein solcher Anspruch zusteht, kann, wenn die Besichtigung der Sache aus diesem Grunde für ihn von Interesse ist, verlangen, dass der Besitzer ihm die Sache zur Besichtigung vorlegt oder die Besichtigung gestattet.

§ 810 Einsicht in Urkunden. Wer ein rechtliches Interesse daran hat, eine in fremdem Besitz befindliche Urkunde einzusehen, kann von dem Besitzer die Gestattung der Einsicht verlangen, wenn die Urkunde in seinem Interesse errichtet oder in der Urkunde ein zwischen ihm und einem anderen bestehendes Rechtsverhältnis beurkundet ist oder wenn die Urkunde Verhandlungen über ein Rechtsgeschäft enthält, die zwischen ihm und einem anderen oder zwischen einem von beiden und einem gemeinschaftlichen Vermittler gepflogen worden sind.

§ 811 Vorlegungsort, Gefahr und Kosten. (1) [1] Die Vorlegung hat in den Fällen der §§ 809, 810 an dem Orte zu erfolgen, an welchem sich die vorzulegende Sache befindet. [2]Jeder Teil kann die Vorlegung an einem anderen Orte verlangen, wenn ein wichtiger Grund vorliegt.

(2) [1]Die Gefahr und die Kosten hat derjenige zu tragen, welcher die Vorlegung verlangt. [2]Der Besitzer kann die Vorlegung verweigern, bis ihm der andere Teil die Kosten vorschießt und wegen der Gefahr Sicherheit leistet.

Titel 26. Ungerechtfertigte Bereicherung

§ 812 Herausgabeanspruch. (1) [1]Wer durch die Leistung eines anderen oder in sonstiger Weise auf dessen Kosten etwas ohne rechtlichen Grund erlangt, ist ihm zur Herausgabe verpflichtet. [2]Diese Verpflichtung besteht auch dann, wenn der rechtliche Grund später wegfällt oder der mit einer Leistung nach dem Inhalt des Rechtsgeschäfts bezweckte Erfolg nicht eintritt.

(2) Als Leistung gilt auch die durch Vertrag erfolgte Anerkennung des Bestehens oder des Nichtbestehens eines Schuldverhältnisses.

Titel 27. Unerlaubte Handlungen

§ 823 Schadensersatzpflicht. (1) Wer vorsätzlich oder fahrlässig das Leben, den Körper, die Gesundheit, die Freiheit, das Eigentum oder ein sonstiges Recht eines anderen widerrechtlich verletzt, ist dem anderen zum Ersatz des daraus entstehenden Schadens verpflichtet.

(2) [1]Die gleiche Verpflichtung trifft denjenigen, welcher gegen ein den Schutz eines anderen bezweckendes Gesetz verstößt. [2]Ist nach dem Inhalt des Gesetzes ein Verstoß gegen dieses auch ohne Verschulden möglich, so tritt die Ersatzpflicht nur im Falle des Verschuldens ein.

§ 836 Haftung des Grundstücksbesitzers. (1) [1]Wird durch den Einsturz eines Gebäudes oder eines anderen mit einem Grundstück verbundenen Werkes oder durch die Ablösung von Teilen des Gebäudes oder des Werkes ein Mensch getötet, der Körper oder die Gesundheit eines Menschen verletzt oder eine Sache beschädigt, so ist der Besitzer des Grundstücks, sofern der Einsturz oder die Ablösung die Folge fehlerhafter Errichtung oder mangelhafter Unterhaltung ist, verpflichtet, dem Verletzten den daraus entstehenden Schaden zu ersetzen. [2]Die Ersatzpflicht tritt nicht ein, wenn der Besitzer zum Zwecke der Abwendung der Gefahr die im Verkehr erforderliche Sorgfalt beobachtet hat.

(2) Ein früherer Besitzer des Grundstücks ist für den Schaden verantwortlich, wenn der Einsturz oder die Ablösung innerhalb eines Jahres nach der Beendigung seines Besitzes eintritt, es sei denn, dass er während seines Besitzes die im Verkehr erforderliche Sorgfalt beobachtet hat oder ein späterer Besitzer durch Beobachtung dieser Sorgfalt die Gefahr hätte abwenden können.

(3) Besitzer im Sinne dieser Vorschriften ist der Eigenbesitzer.

§ 837 Haftung des Gebäudebesitzers. Besitzt jemand auf einem fremden Grundstück in Ausübung eines Rechts ein Gebäude oder ein anderes Werk, so trifft ihn anstelle des Besitzers des Grundstücks die im § 836 bestimmte Verantwortlichkeit.

§ 838 Haftung des Gebäudeunterhaltungspflichtigen. Wer die Unterhaltung eines Gebäudes oder eines mit einem Grundstück verbundenen Werkes für den Besitzer übernimmt oder das Gebäude oder das Werk vermöge eines ihm zustehenden Nutzungsrechts zu unterhalten hat, ist für den durch den Einsturz oder die Ablösung von Teilen verursachten Schaden in gleicher Weise verantwortlich wie der Besitzer.

Buch 3. Sachenrecht

Abschnitt 2. Allgemeine Vorschriften über Rechte an Grundstücken

§ 873 Erwerb durch Einigung und Eintragung. (1) Zur Übertragung des Eigentums an einem Grundstück, zur Belastung eines Grundstücks mit einem Recht sowie zur Übertragung oder Belastung eines solchen Rechts ist die Einigung des Berechtigten und des anderen Teils über den Eintritt der Rechtsänderung und die Eintragung der Rechtsänderung in das Grundbuch erforderlich, soweit nicht das Gesetz ein anderes vorschreibt.

(2) Vor der Eintragung sind die Beteiligten an die Einigung nur gebunden, wenn die Erklärungen notariell beurkundet oder vor dem Grundbuchamt abgegeben oder bei diesem eingereicht sind oder wenn der Berechtigte dem anderen Teil eine den Vorschriften der Grundbuchordnung[1)] entsprechende Eintragungsbewilligung ausgehändigt hat.

§ 874 Bezugnahme auf die Eintragungsbewilligung. [1] Bei der Eintragung eines Rechts, mit dem ein Grundstück belastet wird, kann zur näheren Bezeichnung des Inhalts des Rechts auf die Eintragungsbewilligung Bezug genommen werden, soweit nicht das Gesetz ein anderes vorschreibt. [2] Einer Bezugnahme auf die Eintragungsbewilligung steht die Bezugnahme auf die bisherige Eintragung nach § 44 Absatz 3 Satz 2 der Grundbuchordnung[1)] gleich.

§ 875 Aufhebung eines Rechts. (1) [1] Zur Aufhebung eines Rechts an einem Grundstück ist, soweit nicht das Gesetz ein anderes vorschreibt, die Erklärung des Berechtigten, dass er das Recht aufgebe, und die Löschung des Rechts im Grundbuch erforderlich. [2] Die Erklärung ist dem Grundbuchamt oder demjenigen gegenüber abzugeben, zu dessen Gunsten sie erfolgt.

(2) Vor der Löschung ist der Berechtigte an seine Erklärung nur gebunden, wenn er sie dem Grundbuchamt gegenüber abgegeben oder demjenigen, zu dessen Gunsten sie erfolgt, eine den Vorschriften der Grundbuchordnung[1)] entsprechende Löschungsbewilligung ausgehändigt hat.

§ 876 Aufhebung eines belasteten Rechts. [1] Ist ein Recht an einem Grundstück mit dem Recht eines Dritten belastet, so ist zur Aufhebung des belasteten Rechts die Zustimmung des Dritten erforderlich. [2] Steht das aufzuhebende Recht dem jeweiligen Eigentümer eines anderen Grundstücks zu, so ist, wenn dieses Grundstück mit dem Recht eines Dritten belastet ist, die Zustimmung des Dritten erforderlich, es sei denn, dass dessen Recht durch

---

[1)] **Schönfelder Nr. 114.**

die Aufhebung nicht berührt wird. [3] Die Zustimmung ist dem Grundbuchamt oder demjenigen gegenüber zu erklären, zu dessen Gunsten sie erfolgt; sie ist unwiderruflich.

§ 877 Rechtsänderungen. Die Vorschriften der §§ 873, 874, 876 finden auch auf Änderungen des Inhalts eines Rechts an einem Grundstück Anwendung.

§ 878 Nachträgliche Verfügungsbeschränkungen. Eine von dem Berechtigten in Gemäßheit der §§ 873, 875, 877 abgegebene Erklärung wird nicht dadurch unwirksam, dass der Berechtigte in der Verfügung beschränkt wird, nachdem die Erklärung für ihn bindend geworden und der Antrag auf Eintragung bei dem Grundbuchamt gestellt worden ist.

§ 879 Rangverhältnis mehrerer Rechte. (1) [1] Das Rangverhältnis unter mehreren Rechten, mit denen ein Grundstück belastet ist, bestimmt sich, wenn die Rechte in derselben Abteilung des Grundbuchs eingetragen sind, nach der Reihenfolge der Eintragungen. [2] Sind die Rechte in verschiedenen Abteilungen eingetragen, so hat das unter Angabe eines früheren Tages eingetragene Recht den Vorrang; Rechte, die unter Angabe desselben Tages eingetragen sind, haben gleichen Rang.

(2) Die Eintragung ist für das Rangverhältnis auch dann maßgebend, wenn die nach § 873 zum Erwerb des Rechts erforderliche Einigung erst nach der Eintragung zustande gekommen ist.

(3) Eine abweichende Bestimmung des Rangverhältnisses bedarf der Eintragung in das Grundbuch.

§ 880 Rangänderung. (1) Das Rangverhältnis kann nachträglich geändert werden.

(2) [1] Zu der Rangänderung ist die Einigung des zurücktretenden und des vortretenden Berechtigten und die Eintragung der Änderung in das Grundbuch erforderlich; die Vorschriften des § 873 Abs. 2 und des § 878 finden Anwendung. [2] Soll eine Hypothek, eine Grundschuld oder eine Rentenschuld zurücktreten, so ist außerdem die Zustimmung des Eigentümers erforderlich. [3] Die Zustimmung ist dem Grundbuchamt oder einem der Beteiligten gegenüber zu erklären; sie ist unwiderruflich.

(3) Ist das zurücktretende Recht mit dem Recht eines Dritten belastet, so findet die Vorschrift des § 876 entsprechende Anwendung.

(4) Der dem vortretenden Recht eingeräumte Rang geht nicht dadurch verloren, dass das zurücktretende Recht durch Rechtsgeschäft aufgehoben wird.

(5) Rechte, die den Rang zwischen dem zurücktretenden und dem vortretenden Recht haben, werden durch die Rangänderung nicht berührt.

§ 881 Rangvorbehalt. (1) Der Eigentümer kann sich bei der Belastung des Grundstücks mit einem Recht die Befugnis vorbehalten, ein anderes, dem Umfang nach bestimmtes Recht mit dem Rang vor jenem Recht eintragen zu lassen.

(2) Der Vorbehalt bedarf der Eintragung in das Grundbuch; die Eintragung muss bei dem Recht erfolgen, das zurücktreten soll.

(3) Wird das Grundstück veräußert, so geht die vorbehaltene Befugnis auf den Erwerber über.

(4) Ist das Grundstück vor der Eintragung des Rechts, dem der Vorrang beigelegt ist, mit einem Recht ohne einen entsprechenden Vorbehalt belastet worden, so hat der Vorrang insoweit keine Wirkung, als das mit dem Vorbehalt eingetragene Recht infolge der inzwischen eingetretenen Belastung eine über den Vorbehalt hinausgehende Beeinträchtigung erleiden würde.

§ 882 Höchstbetrag des Wertersatzes. [1] Wird ein Grundstück mit einem Recht belastet, für welches nach den für die Zwangsversteigerung geltenden Vorschriften dem Berechtigten im Falle des Erlöschens durch den Zuschlag der Wert aus dem Erlös zu ersetzen ist, so kann der Höchstbetrag des Ersatzes bestimmt werden. [2] Die Bestimmung bedarf der Eintragung in das Grundbuch.

§ 883 Voraussetzungen und Wirkung der Vormerkung. (1) [1] Zur Sicherung des Anspruchs auf Einräumung oder Aufhebung eines Rechts an einem Grundstück oder an einem das Grundstück belastenden Recht oder auf Änderung des Inhalts oder des Ranges eines solchen Rechts kann eine Vormerkung in das Grundbuch eingetragen werden. [2] Die Eintragung einer Vormerkung ist auch zur Sicherung eines künftigen oder eines bedingten Anspruchs zulässig.

(2) [1] Eine Verfügung, die nach der Eintragung der Vormerkung über das Grundstück oder das Recht getroffen wird, ist insoweit unwirksam, als sie den Anspruch vereiteln oder beeinträchtigen würde. [2] Dies gilt auch, wenn die Verfügung im Wege der Zwangsvollstreckung oder der Arrestvollziehung oder durch den Insolvenzverwalter erfolgt.

(3) Der Rang des Rechts, auf dessen Einräumung der Anspruch gerichtet ist, bestimmt sich nach der Eintragung der Vormerkung.

§ 884 Wirkung gegenüber Erben. Soweit der Anspruch durch die Vormerkung gesichert ist, kann sich der Erbe des Verpflichteten nicht auf die Beschränkung seiner Haftung berufen.

§ 885 Voraussetzung für die Eintragung der Vormerkung. (1) [1] Die Eintragung einer Vormerkung erfolgt auf Grund einer einstweiligen Verfügung oder auf Grund der Bewilligung desjenigen, dessen Grundstück oder dessen Recht von der Vormerkung betroffen wird. [2] Zur Erlassung der einstweiligen Verfügung ist nicht erforderlich, dass eine Gefährdung des zu sichernden Anspruchs glaubhaft gemacht wird.

(2) Bei der Eintragung kann zur näheren Bezeichnung des zu sichernden Anspruchs auf die einstweilige Verfügung oder die Eintragungsbewilligung Bezug genommen werden.

§ 886 Beseitigungsanspruch. Steht demjenigen, dessen Grundstück oder dessen Recht von der Vormerkung betroffen wird, eine Einrede zu, durch welche die Geltendmachung des durch die Vormerkung gesicherten Anspruchs dauernd ausgeschlossen wird, so kann er von dem Gläubiger die Beseitigung der Vormerkung verlangen.

§ 887 Aufgebot des Vormerkungsgläubigers. [1] Ist der Gläubiger, dessen Anspruch durch die Vormerkung gesichert ist, unbekannt, so kann er im Wege des Aufgebotsverfahrens mit seinem Recht ausgeschlossen werden, wenn die im § 1170 für die Ausschließung eines Hypothekengläubigers bestimmten Voraussetzungen vorliegen. [2] Mit der Rechtskraft des Ausschließungsbeschlusses erlischt die Wirkung der Vormerkung.

§ 888 Anspruch des Vormerkungsberechtigten auf Zustimmung.

(1) Soweit der Erwerb eines eingetragenen Rechts oder eines Rechts an einem solchen Recht gegenüber demjenigen, zu dessen Gunsten die Vormerkung besteht, unwirksam ist, kann dieser von dem Erwerber die Zustimmung zu der Eintragung oder der Löschung verlangen, die zur Verwirklichung des durch die Vormerkung gesicherten Anspruchs erforderlich ist.

(2) Das Gleiche gilt, wenn der Anspruch durch ein Veräußerungsverbot gesichert ist.

§ 889 Ausschluss der Konsolidation bei dinglichen Rechten. Ein Recht an einem fremden Grundstück erlischt nicht dadurch, dass der Eigentümer des Grundstücks das Recht oder der Berechtigte das Eigentum an dem Grundstück erwirbt.

§ 890 Vereinigung von Grundstücken; Zuschreibung. (1) Mehrere Grundstücke können dadurch zu einem Grundstück vereinigt werden, dass der Eigentümer sie als ein Grundstück in das Grundbuch eintragen lässt.

(2) Ein Grundstück kann dadurch zum Bestandteil eines anderen Grundstücks gemacht werden, dass der Eigentümer es diesem im Grundbuch zuschreiben lässt.

§ 891 Gesetzliche Vermutung. (1) Ist im Grundbuch für jemand ein Recht eingetragen, so wird vermutet, dass ihm das Recht zustehe.

(2) Ist im Grundbuch ein eingetragenes Recht gelöscht, so wird vermutet, dass das Recht nicht bestehe.

§ 892 Öffentlicher Glaube des Grundbuchs. (1) [1] Zugunsten desjenigen, welcher ein Recht an einem Grundstück oder ein Recht an einem solchen Recht durch Rechtsgeschäft erwirbt, gilt der Inhalt des Grundbuchs als richtig, es sei denn, dass ein Widerspruch gegen die Richtigkeit eingetragen oder die Unrichtigkeit dem Erwerber bekannt ist. [2] Ist der Berechtigte in der Verfügung über ein im Grundbuch eingetragenes Recht zugunsten einer bestimmten Person beschränkt, so ist die Beschränkung dem Erwerber gegenüber nur wirksam, wenn sie aus dem Grundbuch ersichtlich oder dem Erwerber bekannt ist.

(2) Ist zu dem Erwerb des Rechts die Eintragung erforderlich, so ist für die Kenntnis des Erwerbers die Zeit der Stellung des Antrags auf Eintragung oder, wenn die nach § 873 erforderliche Einigung erst später zustande kommt, die Zeit der Einigung maßgebend.

§ 893 Rechtsgeschäft mit dem Eingetragenen. Die Vorschrift des § 892 findet entsprechende Anwendung, wenn an denjenigen, für welchen ein Recht im Grundbuch eingetragen ist, auf Grund dieses Rechts eine Leistung bewirkt oder wenn zwischen ihm und einem anderen in Ansehung dieses Rechts ein nicht unter die Vorschrift des § 892 fallendes Rechtsgeschäft vorgenommen wird, das eine Verfügung über das Recht enthält.

§ 894 Berichtigung des Grundbuchs. Steht der Inhalt des Grundbuchs in Ansehung eines Rechts an dem Grundstück, eines Rechts an einem solchen Recht oder einer Verfügungsbeschränkung der in § 892 Abs. 1 bezeichneten Art mit der wirklichen Rechtslage nicht im Einklang, so kann derjenige, dessen Recht nicht oder nicht richtig eingetragen oder durch die Eintragung einer nicht bestehenden Belastung oder Beschränkung beeinträchtigt ist, die Zustimmung zu der Berichtigung des Grundbuchs von demjenigen verlangen, dessen Recht durch die Berichtigung betroffen wird.

§ 895 Voreintragung des Verpflichteten. Kann die Berichtigung des Grundbuchs erst erfolgen, nachdem das Recht des nach § 894 Verpflichteten eingetragen worden ist, so hat dieser auf Verlangen sein Recht eintragen zu lassen.

§ 896 Vorlegung des Briefes. Ist zur Berichtigung des Grundbuchs die Vorlegung eines Hypotheken-, Grundschuld- oder Rentenschuldbriefs erforderlich, so kann derjenige, zu dessen Gunsten die Berichtigung erfolgen soll, von dem Besitzer des Briefes verlangen, dass der Brief dem Grundbuchamt vorgelegt wird.

§ 897 Kosten der Berichtigung. Die Kosten der Berichtigung des Grundbuchs und der dazu erforderlichen Erklärungen hat derjenige zu tragen, welcher die Berichtigung verlangt, sofern nicht aus einem zwischen ihm und dem Verpflichteten bestehenden Rechtsverhältnis sich ein anderes ergibt.

§ 898 Unverjährbarkeit der Berichtigungsansprüche. Die in den §§ 894 bis 896 bestimmten Ansprüche unterliegen nicht der Verjährung.

§ 899 Eintragung eines Widerspruchs. (1) In den Fällen des § 894 kann ein Widerspruch gegen die Richtigkeit des Grundbuchs eingetragen werden.

(2) [1] Die Eintragung erfolgt auf Grund einer einstweiligen Verfügung oder auf Grund einer Bewilligung desjenigen, dessen Recht durch die Berichtigung des Grundbuchs betroffen wird. [2] Zur Erlassung der einstweiligen Verfügung ist nicht erforderlich, dass eine Gefährdung des Rechts des Widersprechenden glaubhaft gemacht wird.

§ 899a Maßgaben für die Gesellschaft bürgerlichen Rechts. [1] Ist eine Gesellschaft bürgerlichen Rechts im Grundbuch eingetragen, so wird in Ansehung des eingetragenen Rechts auch vermutet, dass diejenigen Personen Gesellschafter sind, die nach § 47 Absatz 2 Satz 1 der Grundbuchordnung im Grundbuch eingetragen sind, und dass darüber hinaus keine weiteren Gesellschafter vorhanden sind. [2] Die §§ 892 bis 899 gelten bezüglich der Eintragung der Gesellschafter entsprechend.

§ 900 Buchersitzung. (1) [1]Wer als Eigentümer eines Grundstücks im Grundbuch eingetragen ist, ohne dass er das Eigentum erlangt hat, erwirbt das Eigentum, wenn die Eintragung 30 Jahre bestanden und er während dieser Zeit das Grundstück im Eigenbesitz gehabt hat. [2]Die dreißigjährige Frist wird in derselben Weise berechnet wie die Frist für die Ersitzung einer beweglichen Sache. [3]Der Lauf der Frist ist gehemmt, solange ein Widerspruch gegen die Richtigkeit der Eintragung im Grundbuch eingetragen ist.

(2) [1]Diese Vorschriften finden entsprechende Anwendung, wenn für jemand ein ihm nicht zustehendes anderes Recht im Grundbuch eingetragen ist, das zum Besitz des Grundstücks berechtigt oder dessen Ausübung nach den für den Besitz geltenden Vorschriften geschützt ist. [2]Für den Rang des Rechts ist die Eintragung maßgebend.

§ 901 Erlöschen nicht eingetragener Rechte. [1]Ist ein Recht an einem fremden Grundstück im Grundbuch mit Unrecht gelöscht, so erlischt es, wenn der Anspruch des Berechtigten gegen den Eigentümer verjährt ist. [2]Das Gleiche gilt, wenn ein kraft Gesetzes entstandenes Recht an einem fremden Grundstück nicht in das Grundbuch eingetragen worden ist.

§ 902 Unverjährbarkeit eingetragener Rechte. (1) [1]Die Ansprüche aus eingetragenen Rechten unterliegen nicht der Verjährung. [2]Dies gilt nicht für Ansprüche, die auf Rückstände wiederkehrender Leistungen oder auf Schadensersatz gerichtet sind.

(2) Ein Recht, wegen dessen ein Widerspruch gegen die Richtigkeit des Grundbuchs eingetragen ist, steht einem eingetragenen Recht gleich.

Abschnitt 3. Eigentum

Titel 1. Inhalt des Eigentums

§ 903 Befugnisse des Eigentümers. [1]Der Eigentümer einer Sache kann, soweit nicht das Gesetz oder Rechte Dritter entgegenstehen, mit der Sache nach Belieben verfahren und andere von jeder Einwirkung ausschließen. [2]Der Eigentümer eines Tieres hat bei der Ausübung seiner Befugnisse die besonderen Vorschriften zum Schutz der Tiere zu beachten.

§ 905 Begrenzung des Eigentums. [1]Das Recht des Eigentümers eines Grundstücks erstreckt sich auf den Raum über der Oberfläche und auf den Erdkörper unter der Oberfläche. [2]Der Eigentümer kann jedoch Einwirkungen nicht verbieten, die in solcher Höhe oder Tiefe vorgenommen werden, dass er an der Ausschließung kein Interesse hat.

§ 906 Zuführung unwägbarer Stoffe. (1) [1]Der Eigentümer eines Grundstücks kann die Zuführung von Gasen, Dämpfen, Gerüchen, Rauch, Ruß, Wärme, Geräusch, Erschütterungen und ähnliche von einem anderen Grundstück ausgehende Einwirkungen insoweit nicht verbieten, als die Einwirkung die Benutzung seines Grundstücks nicht oder nur unwesentlich beeinträchtigt. [2]Eine unwesentliche Beeinträchtigung liegt in der Regel vor, wenn die in Gesetzen oder Rechtsverordnungen festgelegten Grenz- oder Richtwerte von den nach diesen Vorschriften ermittelten und bewerteten Einwirkungen nicht überschritten werden. [3]Gleiches gilt für Werte in allgemeinen Verwaltungsvorschriften, die nach § 48 des Bundes-Immissionsschutzgesetzes erlassen worden sind und den Stand der Technik wiedergeben.

(2) [1] Das Gleiche gilt insoweit, als eine wesentliche Beeinträchtigung durch eine ortsübliche Benutzung des anderen Grundstücks herbeigeführt wird und nicht durch Maßnahmen verhindert werden kann, die Benutzern dieser Art wirtschaftlich zumutbar sind. [2] Hat der Eigentümer hiernach eine Einwirkung zu dulden, so kann er von dem Benutzer des anderen Grundstücks einen angemessenen Ausgleich in Geld verlangen, wenn die Einwirkung eine ortsübliche Benutzung seines Grundstücks oder dessen Ertrag über das zumutbare Maß hinaus beeinträchtigt.

(3) Die Zuführung durch eine besondere Leitung ist unzulässig.

§ 907 Gefahr drohende Anlagen. (1) [1] Der Eigentümer eines Grundstücks kann verlangen, dass auf den Nachbargrundstücken nicht Anlagen hergestellt oder gehalten werden, von denen mit Sicherheit vorauszusehen ist, dass ihr Bestand oder ihre Benutzung eine unzulässige Einwirkung auf sein Grundstück zur Folge hat. [2] Genügt eine Anlage den landesgesetzlichen Vorschriften, die einen bestimmten Abstand von der Grenze oder sonstige Schutzmaßregeln vorschreiben, so kann die Beseitigung der Anlage erst verlangt werden, wenn die unzulässige Einwirkung tatsächlich hervortritt.

(2) Bäume und Sträucher gehören nicht zu den Anlagen im Sinne dieser Vorschriften.

Titel 2. Erwerb und Verlust des Eigentums an Grundstücken

§ 925 Auflassung. (1) [1] Die zur Übertragung des Eigentums an einem Grundstück nach § 873 erforderliche Einigung des Veräußerers und des Erwerbers (Auflassung) muss bei gleichzeitiger Anwesenheit beider Teile vor einer zuständigen Stelle erklärt werden. [2] Zur Entgegennahme der Auflassung ist, unbeschadet der Zuständigkeit weiterer Stellen, jeder Notar zuständig. [3] Eine Auflassung kann auch in einem gerichtlichen Vergleich oder in einem rechtskräftig bestätigten Insolvenzplan erklärt werden.

(2) Eine Auflassung, die unter einer Bedingung oder einer Zeitbestimmung erfolgt, ist unwirksam.

§ 925a Urkunde über Grundgeschäft. Die Erklärung einer Auflassung soll nur entgegengenommen werden, wenn die nach § 311b Abs. 1 Satz 1 erforderliche Urkunde über den Vertrag vorgelegt oder gleichzeitig errichtet wird.

§ 926 Zubehör des Grundstücks. (1) [1] Sind der Veräußerer und der Erwerber darüber einig, dass sich die Veräußerung auf das Zubehör des Grundstücks erstrecken soll, so erlangt der Erwerber mit dem Eigentum an dem Grundstück auch das Eigentum an den zur Zeit des Erwerbs vorhandenen Zubehörstücken, soweit sie dem Veräußerer gehören. [2] Im Zweifel ist anzunehmen, dass sich die Veräußerung auf das Zubehör erstrecken soll.

(2) Erlangt der Erwerber auf Grund der Veräußerung den Besitz von Zubehörstücken, die dem Veräußerer nicht gehören oder mit Rechten Dritter belastet sind, so finden die Vorschriften der §§ 932 bis 936 Anwendung; für

den guten Glauben des Erwerbers ist die Zeit der Erlangung des Besitzes maßgebend.

§ 927 Aufgebotsverfahren. (1) [1] Der Eigentümer eines Grundstücks kann, wenn das Grundstück seit 30 Jahren im Eigenbesitz eines anderen ist, im Wege des Aufgebotsverfahrens mit seinem Recht ausgeschlossen werden. [2] Die Besitzzeit wird in gleicher Weise berechnet wie die Frist für die Ersitzung einer beweglichen Sache. [3] Ist der Eigentümer im Grundbuch eingetragen, so ist das Aufgebotsverfahren nur zulässig, wenn er gestorben oder verschollen ist und eine Eintragung in das Grundbuch, die der Zustimmung des Eigentümers bedurfte, seit 30 Jahren nicht erfolgt ist.

(2) Derjenige, welcher den Ausschließungsbeschluss erwirkt hat, erlangt das Eigentum dadurch, dass er sich als Eigentümer in das Grundbuch eintragen lässt.

(3) Ist vor dem Erlass des Ausschließungsbeschlusses ein Dritter als Eigentümer oder wegen des Eigentums eines Dritten ein Widerspruch gegen die Richtigkeit des Grundbuchs eingetragen worden, so wirkt der Ausschließungsbeschluss nicht gegen den Dritten.

§ 928 Aufgabe des Eigentums, Aneignung des Fiskus. (1) Das Eigentum an einem Grundstück kann dadurch aufgegeben werden, dass der Eigentümer den Verzicht dem Grundbuchamt gegenüber erklärt und der Verzicht in das Grundbuch eingetragen wird.

(2) [1] Das Recht zur Aneignung des aufgegebenen Grundstücks steht dem Fiskus des Landes zu, in dem das Grundstück liegt. [2] Der Fiskus erwirbt das Eigentum dadurch, dass er sich als Eigentümer in das Grundbuch eintragen lässt.

Buch 4. Familienrecht

Abschnitt 1. Bürgerliche Ehe

Titel 7. Scheidung der Ehe

Untertitel 1a. Behandlung der Ehewohnung und der Haushaltsgegenstände anlässlich der Scheidung

§ 1568a Ehewohnung. (1) Ein Ehegatte kann verlangen, dass ihm der andere Ehegatte anlässlich der Scheidung die Ehewohnung überlässt, wenn er auf deren Nutzung unter Berücksichtigung des Wohls der im Haushalt lebenden Kinder und der Lebensverhältnisse der Ehegatten in stärkerem Maße angewiesen ist als der andere Ehegatte oder die Überlassung aus anderen Gründen der Billigkeit entspricht.

(2) [1] Ist einer der Ehegatten allein oder gemeinsam mit einem Dritten Eigentümer des Grundstücks, auf dem sich die Ehewohnung befindet, oder steht einem Ehegatten allein oder gemeinsam mit einem Dritten ein Nießbrauch, das Erbbaurecht oder ein dingliches Wohnrecht an dem Grundstück zu, so kann der andere Ehegatte die Überlassung nur verlangen, wenn dies notwendig ist, um eine unbillige Härte zu vermeiden. [2] Entsprechendes gilt für das Wohnungseigentum und das Dauerwohnrecht.

(3) [1] Der Ehegatte, dem die Wohnung überlassen wird, tritt

1. zum Zeitpunkt des Zugangs der Mitteilung der Ehegatten über die Überlassung an den Vermieter oder
2. mit Rechtskraft der Endentscheidung im Wohnungszuweisungsverfahren

an Stelle des zur Überlassung verpflichteten Ehegatten in ein von diesem eingegangenes Mietverhältnis ein oder setzt ein von beiden eingegangenes Mietverhältnis allein fort. [2] § 563 Absatz 4 gilt entsprechend.

(4) Ein Ehegatte kann die Begründung eines Mietverhältnisses über eine Wohnung, die die Ehegatten auf Grund eines Dienst- oder Arbeitsverhältnisses innehaben, das zwischen einem von ihnen und einem Dritten besteht, nur verlangen, wenn der Dritte einverstanden oder dies notwendig ist, um eine schwere Härte zu vermeiden.

(5) [1] Besteht kein Mietverhältnis über die Ehewohnung, so kann sowohl der Ehegatte, der Anspruch auf deren Überlassung hat, als auch die zur Vermietung berechtigte Person die Begründung eines Mietverhältnisses zu ortsüblichen Bedingungen verlangen. [2] Unter den Voraussetzungen des § 575 Absatz 1 oder wenn die Begründung eines unbefristeten Mietverhältnisses unter Würdigung der berechtigten Interessen des Vermieters unbillig ist, kann der Vermieter eine angemessene Befristung des Mietverhältnisses verlangen. [3] Kommt eine Einigung über die Höhe der Miete nicht zustande, kann der Vermieter eine angemessene Miete, im Zweifel die ortsübliche Vergleichsmiete, verlangen.

(6) In den Fällen der Absätze 3 und 5 erlischt der Anspruch auf Eintritt in ein Mietverhältnis oder auf seine Begründung ein Jahr nach Rechtskraft der Endentscheidung in der Scheidungssache, wenn er nicht vorher rechtshängig gemacht worden ist.

§ 1568b Haushaltsgegenstände. (1) Jeder Ehegatte kann verlangen, dass ihm der andere Ehegatte anlässlich der Scheidung die im gemeinsamen Eigentum stehenden Haushaltsgegenstände überlässt und übereignet, wenn er auf deren Nutzung unter Berücksichtigung des Wohls der im Haushalt lebenden Kinder und der Lebensverhältnisse der Ehegatten in stärkerem Maße angewiesen ist als der andere Ehegatte oder dies aus anderen Gründen der Billigkeit entspricht.

(2) Haushaltsgegenstände, die während der Ehe für den gemeinsamen Haushalt angeschafft wurden, gelten für die Verteilung als gemeinsames Eigentum der Ehegatten, es sei denn, das Alleineigentum eines Ehegatten steht fest.

(3) Der Ehegatte, der sein Eigentum nach Absatz 1 überträgt, kann eine angemessene Ausgleichszahlung verlangen.

1a. Anhang zum BGB: Kündigungsbeschränkung bei Wohnungsumwandlung

§ 577a Abs. 2 BGB[1]: Wegen Gefährdung der ausreichenden Versorgung der Bevölkerung mit Mietwohnungen zu angemessenen Bedingungen haben folgende Bundesländer Verordnungen erlassen und darin folgende Gebiete bezeichnet (dort also Wartezeit vor Ausspruch einer Eigenbedarfskündigung: höchstens 10 Jahre):

1. Baden-Württemberg:

Verordnung vom 11.12.2001 (GBl. S. 686): Freiburg im Breisgau, Heidelberg, Konstanz, Mannheim, Tübingen
bis zum 31.12.2006.

2. Bayern:

Wohnungsgebieteverordnung vom 15.5.2012 (GVBl S. 189),zuletzt geänd. durch VO v. 23.7.2013 (GVBl S. 470);
bis zum 14.5.2018

Regierungsbezirk Oberbayern

Kreisfreie Städte: München, Rosenheim. Landkreis Bad Tölz-Wolfratshausen: Bad Heilbrunn, Bad Tölz, Bichl, Eurasburg, Greiling, Icking, Lenggries, Sachsenkam, Wackersberg, Wolfratshausen. Landkreis Berchtesgadener Land: Bad Reichenhall, Bayerisch Gmain, Freilassing. Landkreis Dachau: Bergkirchen, Dachau, Haimhausen, Hebertshausen, Hilgertshausen-Tandern, Karlsfeld, Markt Indersdorf, Pfaffenhofen a.d. Glonn, Schwabhausen, Sulzemoos. Landkreis Ebersberg: Aßling, Baiern, Ebersberg, Forstinning, Frauenneuharting, Grafing, Kirchseeon, Markt Schwaben, Moosach, Oberpframmern, Poing, Vaterstetten, Zorneding. Landkreis Erding: Erding. Landkreis Freising: Attenkirchen, Eching, Freising, Gammelsdorf, Haag a.d. Amper, Hallbergmoos, Langenbach, Marzling, Moosburg a.d. Isar, Nandlstadt, Neufahrn b. Freising, Wang, Zolling. Landkreis Fürstenfeldbruck: Emmering, Fürstenfeldbruck, Germering, Mammendorf, Olching, Puchheim, Schöngeising. Landkreis Garmisch-Partenkirchen: Bad Kohlgrub, Farchant, Murnau a. Staffelsee, Seehausen a. Staffelsee, Uffing a. Staffelsee. Landkreis Landsberg am Lech: Eching a. Ammersee, Geltendorf, Landsberg a. Lech, Schondorf a. Ammersee, Utting a. Ammersee, Windach. Landkreis Miesbach: Bad Wiessee, Gmund a. Tegernsee, Holzkirchen, Kreuth, Miesbach, Otterfing, Schliersee, Valley. Landkreis München: Aschheim, Aying, Baierbrunn, Brunnthal, Feldkirchen, Garching b. München, Gräfelfing, Grasbrunn, Grünwald, Haar, Höhenkirchen-Siegertsbrunn, Hohenbrunn, Ismaning, Neubiberg, Neuried,

[1] Nr. 1.

Oberhaching, Oberschleißheim, Ottobrunn, Sauerlach, Unterföhring, Unterhaching, Unterschleißheim. Landkreis Rosenheim: Aschau i. Chiemgau, Bad Aibling, Bad Endorf, Bad Feilnbach, Bernau a. Chiemsee, Bruckmühl, Eggstätt, Feldkirchen-Westerham, Flintsbach a. Inn, Großkarolinenfeld, Oberaudorf, Prien a. Chiemsee, Raubling, Riedering. Landkreis Starnberg: Andechs, Berg, Feldafing, Gauting, Gilching, Herrsching a. Ammersee, Inning a. Ammersee, Krailling, Pöcking, Seefeld, Starnberg, Tutzing, Weßling, Wörthsee. Landkreis Weilheim-Schongau: Bernried am Starnberger See, Weilheim i. OB.

Regierungsbezirk Oberpfalz

Landkreis Regensburg: Lappertsdorf, Neitraubling, Pentling.

Regierungsbezirk Mittelfranken

Kreisfreie Städte: Erlangen, Fürth, Nürnberg. Landkreis Fürth: Zirndorf.

Regierungsbezirk Schwaben

Kreisfreie Stadt: Kempten (Allgäu). Landkreis Augsburg: Stadtbergen. Landkreis Lindau (Bodensee): Bodolz. Landkreis Neu-Ulm: Neu-Ulm. Landkreis Oberallgäu: Balderschwang, Fischen i. Allgäu.

bis zum 30.6.2022.

3. Berlin:

Verordnung vom 16.8.2011 (GVBl. S. 442, ber. S. 466): Bezirke Charlottenburg-Wilmersdorf, Friedrichshain-Kreuzberg, Mitte, Pankow, Steglitz-Zehlendorf und Tempelhof-Schöneberg

bis zum 31.8.2018.

4. Brandenburg:

Verordnung vom 28.12.2000 (GVBl. II 2001 S. 3): die kreisfreie Stadt: Potsdam in den Landkreisen: Barnim: die amtsfreie Gemeinde Bernau alle amtsangehörigen Gemeinden der Ämter Ahrensfelde/Blumberg, Panketal, Wandlitz, Werneuchen Dahme-Spreewald: die amtsfreien Gemeinden Bestensee, Eichwalde, Königs Wusterhausen, Schulzendorf, Wildau, Zeuthen alle amtsangehörigen Gemeinden der Ämter Friedersdorf, Mittenwalde, Schönefeld, Unteres Dahmeland Havelland: die amtsfreien Gemeinden Dallgow-Döberitz, Falkensee, Nauen alle amtsangehörigen Gemeinden der Ämter Brieselang, Ketzin, Nauen-Land, Schönwalde (Glien), Wustermark Märkisch-Oderland: die amtsfreien Gemeinden Fredersdorf-Vogelsdorf, Neuenhagen bei Berlin, Petershagen/Eggersdorf, Strausberg alle amtsangehörigen Gemeinden der Ämter Altlandsberg, Hoppegarten, Rüdersdorf Oberhavel: die amtsfreien Gemeinden Birkenwerder, Glienicke/Nordbahn, Hennigsdorf, Hohen Neuendorf, Leegebruch, Oranienburg, Velten alle amtsangehörigen Gemeinden der Ämter Kremmen, Oberkrämer, Oranienburg-Land, Schildow Oder-Spree: die amtsfreien Gemeinden Erkner, Fürstenwalde/Spree, Schöneiche bei Berlin, Woltersdorf alle amtsangehörigen Gemeinden der Ämter Grünheide (Mark), Spreenhagen Potsdam-Mittelmark: die amtsfreien Gemeinden Kleinmachnow, Seddiner See, Teltow, Werder (Havel) alle amtsangehörigen Gemeinden der Ämter Beelitz, Fahrland, Groß Kreutz, Michendorf, Rehbrücke, Schwielowsee, Stahnsdorf, Werder Teltow-Fläming: die amtsfreie Gemeinde Ludwigsfelde alle amtsangehörigen Gemeinden der Ämter Blankenfelde/Mahlow, Ludwigsfelde-Land, Rangsdorf, Trebbin, Zossen

5. Bremen:

Verordnung vom 8.6.1993 (GVBl.S. 159), zuletzt geänd. durch G v. 21.11. 2006 (Brem.GBl. S. 457): Stadtgemeinde Bremen

bis zum 31.12.2007 (Diese Vorschrift ist nicht mehr verlängert worden).

6. Hamburg:

Verordnung vom 27.1.2004 (GVBl. S. 30): Hamburg

bis zum 31.1.2014 (Diese Vorschrift ist nicht verlängert worden).

7. Hessen:

Verordnung vom 21.7.2004 (GVBl. S. 262), zuletzt geänd. durch VO v. 2.12.2014 (GVBl. S. 339): Die Städte Darmstadt, Frankfurt am Main, Wiesbaden, Rüsselsheim, Bad Homburg v.d. Höhe, Kronberg im Taunus, Oberursel (Taunus), Bad Soden am Taunus, Kelkheim (Taunus) und Schwalbach am Taunus

bis zum 31.12.2019.

8. Mecklenburg-Vorpommern:

Keine Vorschrift erlassen.

9. Niedersachsen:

Verordnung vom 27.5.1991 (Nds. GVBl. S. 191), zuletzt geänd durch VO vom 7.5.1996 (Nds. GVBl. S. 220): die Landeshauptstadt Hannover, die Städte Achim, Bad Harzburg, Barsinghausen, Braunschweig, Buchholz in der Nordheide, Burgdorf, Buxtehude, Celle, Cuxhaven, Delmenhorst, Emden, Garbsen, Gehrden, Georgsmarienhütte, Gifhorn, Göttingen, Goslar, Hameln, Helmstedt, Hildesheim, Laatzen, Langenhagen, Leer (Ostfriesland), Lehrte, Lüneburg, Neustadt am Rübenberge, Nienburg (Weser), Norderney, Northeim, Oldenburg (Oldenburg), Osnabrück, Pattensen, Peine, Ronnenberg, Salzgitter, Seelze, Springe, Stade, Uelzen, Verden (Aller), Winsen (Luhe), Wolfenbüttel, Wolfsburg und Wunstorf, die Flecken Bovenden und den Gemeinden Burgwedel, Edemissen, Hohenhameln, Hemmingen, Ilsede, Isernhagen, Lahstedt, Lengede, Rosdorf, Seevetal, Sehnde, Uetze, Vechelde, Wedemark, Wendeburg und Wennigsen (Deister)

bis zum 31.5.2001 (Diese Vorschrift ist nicht mehr verlängert worden).

10. Nordrhein-Westfalen:

Kündigungssperrfristverordnung (KSpVO) vom 24.1.2012 (GVBl. S. 82): Die Frist beträgt in folgenden Gebieten fünf Jahre:

1. In den kreisfreien Städten Bottrop, Dortmund, Leverkusen und der Stadt Aachen;
2. in kreisangehörigen Städten und Gemeinden

im Regierungsbezirk Arnsberg: Ennepe-Ruhr-Kreis: Hattingen; im Regierungsbezirk Detmold: Kreis Lippe:Leopoldshöhe; Kreis Paderborn: Paderborn; im Regierungsbezirk Düsseldorf: Kreis Kleve: Bedburg-Hau, Emmerich am Rhien, Kerken, Kranenburg; Kreis Mettmann: Langenfeld (Rhld.), Mettmann, Monheim a. Rhein, Ratingen; Kreis Viersen: Niederkrüchten, Willich; im Regierungsbezirk Köln: Städteregion Aachen: Herzogenrath, Roetgen, Würselen; Kreis Euskirchen: Weilerswist; Oberbergischer Kreis: Lindlar; Rhein-Sieg-Kreis: Alfter, Bad Honnef, Bornheim, Neunkirchen-Seelscheid, Niederkassel, Rheinbach, Siegburg, Wachtberg; im Regierungsbezirk Münster: Kreis Recklinghausen: Waltrop; Kreis Warendorf: Drensteinfurt, Ostbevern.

bis zum 31.12.2021.

11. Rheinland-Pfalz:

Verordnung vom 29.7.1993 (GVBl. S. 352), geänd. durch VO vom 2.7. 1999 (GVBl. S. 262): Ludwigshafen am Rhein, Mainz und Trier

bis 31.7.1999 (Diese Vorschrift ist nicht mehr verlängert worden).

12. Saarland:

Keine Vorschrift erlassen.

13. Sachsen:

Keine Vorschrift erlassen.

14. Sachsen-Anhalt:

Keine Vorschrift erlassen.

15. Schleswig-Holstein:

Verordnung vom 5.7.1994 (GVOBl. S. 371): Flensburg, Landeshauptstadt Kiel, Hansestadt Lübeck, Neumünster; Kreis Ostholstein: Bad Schwartau, Zentralort Stockelsdorf, im Westen und Nordwesten begrenzt durch die L 184 und im übrigen begrenzt durch die Gemeindegrenze zu den Städten Bad Schwartau und Lübeck, ohne die Dorfschaften Arfrade, Curau, Dissau, Eckhorst, Horsdorf, Klein Parin, Krumbeck, Malkendorf, Obernwohlde und Pohnsdorf; Kreis Pinneberg: Barmstedt, Elmshorn, Halstenbek, Pinneberg, Rellingen, Schenefeld, Uetersen, Wedel; Kreis Rendsburg-Eckernförde: Eckernförde, Rendsburg; Kreis Schleswig-Flensburg: Schleswig; Kreis Segeberg: Norderstedt; Kreis Stormarn: Barsbüttel, Ahrensburg, Ammersbek, Glinde, Oststeinbek, Reinbek

bis zum 6.7.2000 (Diese Vorschrift ist nicht verlängert worden).

16. Thüringen:

Keine Vorschrift erlassen.

2. Einführungsgesetz zum Bürgerlichen Gesetzbuche

In der Fassung der Bekanntmachung vom 21. September 1994[1]
(BGBl. I S 2494, ber. 1997 I S. 1061)

FNA 400-1

zuletzt geänd. durch Art. 2 MietrechtsanpassungsG v. 18.12.2018 (BGBl. I S. 2648)

– Auszug –

Fünfter Teil. Übergangsvorschriften aus Anlaß jüngerer Änderungen des Bürgerlichen Gesetzbuchs und dieses Einführungsgesetzes

Art. 229. Weitere Überleitungsvorschriften

§ 3 Übergangsvorschriften zum Gesetz zur Neugliederung, Vereinfachung und Reform des Mietrechts vom 19. Juni 2001. (1) Auf ein am 1. September 2001 bestehendes Mietverhältnis oder Pachtverhältnis sind

1. im Falle einer vor dem 1. September 2001 zugegangenen Kündigung § 554 Abs. 2 Nr. 2, §§ 565, 565c Satz 1 Nr. 1b, § 565d Abs. 2, § 570 des Bürgerlichen Gesetzbuchs sowie § 9 Abs. 1 des Gesetzes zur Regelung der Miethöhe jeweils in der bis zu diesem Zeitpunkt geltenden Fassung anzuwenden;
2. im Falle eines vor dem 1. September 2001 zugegangenen Mieterhöhungsverlangens oder einer vor diesem Zeitpunkt zugegangenen Mieterhöhungserklärung die §§ 2, 3, 5, 7, 11 bis 13, 15 und 16 des Gesetzes zur Regelung der Miethöhe in der bis zu diesem Zeitpunkt geltenden Fassung anzuwenden; darüber hinaus richten sich auch nach dem in Satz 1 genannten Zeitpunkt Mieterhöhungen nach § 7 Abs. 1 bis 3 des Gesetzes zur Regelung der Miethöhe in der bis zu diesem Zeitpunkt geltenden Fassung, soweit es sich um Mietverhältnisse im Sinne des § 7 Abs. 1 jenes Gesetzes handelt;
3. im Falle einer vor dem 1. September 2001 zugegangenen Erklärung über eine Betriebskostenänderung § 4 Abs. 2 bis 4 des Gesetzes zur Regelung der Miethöhe in der bis zu diesem Zeitpunkt geltenden Fassung anzuwenden;
4. im Falle einer vor dem 1. September 2001 zugegangenen Erklärung über die Abrechnung von Betriebskosten § 4 Abs. 5 Satz 1 Nr. 2 und § 14 des Gesetzes zur Regelung der Miethöhe in der bis zu diesem Zeitpunkt geltenden Fassung anzuwenden;
5. im Falle des Todes des Mieters oder Pächters die §§ 569 bis 569b, 570b Abs. 3 und § 594d Abs. 1 des Bürgerlichen Gesetzbuchs in der bis zum 1. September 2001 geltenden Fassung anzuwenden, wenn der Mieter oder

---

[1] Neubekanntmachung des EGBGB v. 18.8.1896 (RGBl. S. 604) in der ab 1.10.1994 geltenden Fassung.

Pächter vor diesem Zeitpunkt verstorben ist, im Falle der Vermieterkündigung eines Mietverhältnisses über Wohnraum gegenüber dem Erben jedoch nur, wenn auch die Kündigungserklärung dem Erben vor diesem Zeitpunkt zugegangen ist;

6. im Falle einer vor dem 1. September 2001 zugegangenen Mitteilung über die Durchführung von Modernisierungsmaßnahmen § 541b des Bürgerlichen Gesetzbuchs in der bis zu diesem Zeitpunkt geltenden Fassung anzuwenden;
7. hinsichtlich der Fälligkeit § 551 des Bürgerlichen Gesetzbuchs in der bis zum 1. September 2001 geltenden Fassung anzuwenden.

(2) Ein am 1. September 2001 bestehendes Mietverhältnis im Sinne des § 564b Abs. 4 Nr. 2 oder Abs. 7 Nr. 4 des Bürgerlichen Gesetzbuchs in der bis zum 1. September 2001 geltenden Fassung kann noch bis zum 31. August 2006 nach § 564b des Bürgerlichen Gesetzbuchs in der vorstehend genannten Fassung gekündigt werden.

(3) Auf ein am 1. September 2001 bestehendes Mietverhältnis auf bestimmte Zeit sind § 564c in Verbindung mit § 564b sowie die §§ 556a bis 556c, 565a Abs. 1 und § 570 des Bürgerlichen Gesetzbuchs in der bis zu diesem Zeitpunkt geltenden Fassung anzuwenden.

(4) Auf ein am 1. September 2001 bestehendes Mietverhältnis, bei dem die Betriebskosten ganz oder teilweise in der Miete enthalten sind, ist wegen Erhöhungen der Betriebskosten § 560 Abs. 1, 2, 5 und 6 des Bürgerlichen Gesetzbuchs[1)] entsprechend anzuwenden, soweit im Mietvertrag vereinbart ist, dass der Mieter Erhöhungen der Betriebskosten zu tragen hat; bei Ermäßigungen der Betriebskosten gilt § 560 Abs. 3 des Bürgerlichen Gesetzbuchs[1)] entsprechend.

(5) [1] Auf einen Mietspiegel, der vor dem 1. September 2001 unter Voraussetzungen erstellt worden ist, die § 558d Abs. 1 und 2 des Bürgerlichen Gesetzbuchs[1)] entsprechen, sind die Vorschriften über den qualifizierten Mietspiegel anzuwenden, wenn die Gemeinde ihn nach dem 1. September 2001 als solchen veröffentlicht hat. [2] War der Mietspiegel vor diesem Zeitpunkt bereits veröffentlicht worden, so ist es ausreichend, wenn die Gemeinde ihn später öffentlich als qualifizierten Mietspiegel bezeichnet hat. [3] In jedem Fall sind § 558a Abs. 3 und § 558d Abs. 3 des Bürgerlichen Gesetzbuchs[1)] nicht anzuwenden auf Mieterhöhungsverlangen, die dem Mieter vor dieser Veröffentlichung zugegangen sind.

(6) [1] Auf vermieteten Wohnraum, der sich in einem Gebiet befindet, das aufgrund

1. des § 564b Abs. 2 Nr. 2, auch in Verbindung mit Nr. 3, des Bürgerlichen Gesetzbuchs in der bis zum 1. September 2001 geltenden Fassung oder
2. des Gesetzes über eine Sozialklausel in Gebieten mit gefährdeter Wohnungsversorgung vom 22. April 1993 (BGBl. I S. 466, 487)

bestimmt ist, sind die am 31. August 2001 geltenden vorstehend genannten Bestimmungen über Beschränkungen des Kündigungsrechts des Vermieters bis zum 31. August 2004 weiter anzuwenden. [2] Ein am 1. September 2001 bereits verstrichener Teil einer Frist nach den vorstehend genannten Bestim-

---

[1)] Nr. 1.

mungen wird auf die Frist nach § 577a des Bürgerlichen Gesetzbuchs[1] angerechnet. [3] § 577a des Bürgerlichen Gesetzbuchs[1] ist jedoch nicht anzuwenden im Falle einer Kündigung des Erwerbers nach § 573 Abs. 2 Nr. 3 jenes Gesetzes[1], wenn die Veräußerung vor dem 1. September 2001 erfolgt ist und sich die veräußerte Wohnung nicht in einem nach Satz 1 bezeichneten Gebiet befindet.

(7) § 548 Abs. 3 des Bürgerlichen Gesetzbuchs[1][2] ist nicht anzuwenden, wenn das selbständige Beweisverfahren vor dem 1. September 2001 beantragt worden ist.

(8) § 551 Abs. 3 Satz 1 des Bürgerlichen Gesetzbuchs[1] ist nicht anzuwenden, wenn die Verzinsung vor dem 1. Januar 1983 durch Vertrag ausgeschlossen worden ist.

(9) § 556 Abs. 3 Satz 2 bis 6 und § 556a Abs. 1 des Bürgerlichen Gesetzbuchs[1] sind nicht anzuwenden auf Abrechnungszeiträume, die vor dem 1. September 2001 beendet waren.

(10) [1] § 573c Abs. 4 des Bürgerlichen Gesetzbuchs[1] ist nicht anzuwenden, wenn die Kündigungsfristen vor dem 1. September 2001 durch Vertrag vereinbart worden sind. [2] Für Kündigungen, die ab dem 1. Juni 2005 zugehen, gilt dies nicht, wenn die Kündigungsfristen des § 565 Abs. 2 Satz 1 und 2 des Bürgerlichen Gesetzbuchs in der bis zum 1. September 2001 geltenden Fassung durch Allgemeine Geschäftsbedingungen vereinbart worden sind.

(11) [1] Nicht unangemessen hoch im Sinn des § 5 des Wirtschaftsstrafgesetzes 1954[3] sind Entgelte für Wohnraum im Sinn des § 11 Abs. 2 des Gesetzes zur Regelung der Miethöhe[4] in der bis zum 31. August 2001 geltenden Fassung, die

1. bis zum 31. Dezember 1997 nach § 3 oder § 13 des Gesetzes zur Regelung der Miethöhe in der bis zum 31. August 2001 geltenden Fassung geändert oder nach § 13 in Verbindung mit § 17 jenes Gesetzes in der bis zum 31. August 2001 geltenden Fassung vereinbart oder
2. bei der Wiedervermietung in einer der Nummer 1 entsprechenden Höhe vereinbart

worden sind. [2] Für Zwecke des Satzes 1 bleiben die hier genannten Bestimmungen weiterhin anwendbar.

§ 5 Allgemeine Überleitungsvorschrift zum Gesetz zur Modernisierung des Schuldrechts vom 26. November 2001. [1] Auf Schuldverhältnisse, die vor dem 1. Januar 2002 entstanden sind, sind das Bürgerliche Gesetzbuch, das AGB-Gesetz, das Handelsgesetzbuch, das Verbraucherkreditgesetz, das Fernabsatzgesetz, das Fernunterrichtsschutzgesetz, das Gesetz über den Widerruf von Haustürgeschäften und ähnlichen Geschäften, das Teilzeit-Wohnrechtegesetz, die Verordnung über Kundeninformationspflichten, die Verordnung über Informationspflichten von Reiseveranstaltern und die Verordnung betreffend die Hauptmängel und Gewährfristen beim Viehhandel,

---

[1] Nr. **1**.
[2] § 548 Abs. 3 BGB aufgehoben durch G zur Modernisierung des Schuldrechts v. 26.11.2001 (BGBl. I S 3138).
[3] Nr. **3a**.
[4] Nr. **26**.

soweit nicht ein anderes bestimmt ist, in der bis zu diesem Tag geltenden Fassung anzuwenden. [2] Satz 1 gilt für Dauerschuldverhältnisse mit der Maßgabe, dass anstelle der in Satz 1 bezeichneten Gesetze vom 1. Januar 2003 an nur das Bürgerliche Gesetzbuch, das Handelsgesetzbuch[1)], das Fernunterrichtsschutzgesetz und die Verordnung über Informationspflichten nach Bürgerlichem Recht in der dann geltenden Fassung anzuwenden sind.

§ 6 Überleitungsvorschrift zum Verjährungsrecht nach dem Gesetz zur Modernisierung des Schuldrechts vom 26. November 2001.

(1) [1] Die Vorschriften des Bürgerlichen Gesetzbuchs über die Verjährung in der seit dem 1. Januar 2002 geltenden Fassung finden auf die an diesem Tag bestehenden und noch nicht verjährten Ansprüche Anwendung. [2] Der Beginn, die Hemmung, die Ablaufhemmung und der Neubeginn der Verjährung bestimmen sich jedoch für den Zeitraum vor dem 1. Januar 2002 nach dem Bürgerlichen Gesetzbuch in der bis zu diesem Tag geltenden Fassung. [3] Wenn nach Ablauf des 31. Dezember 2001 ein Umstand eintritt, bei dessen Vorliegen nach dem Bürgerlichen Gesetzbuch in der vor dem 1. Januar 2002 geltenden Fassung eine vor dem 1. Januar 2002 eintretende Unterbrechung der Verjährung als nicht erfolgt oder als erfolgt gilt, so ist auch insoweit das Bürgerliche Gesetzbuch in der vor dem 1. Januar 2002 geltenden Fassung anzuwenden.

(2) Soweit die Vorschriften des Bürgerlichen Gesetzbuchs in der seit dem 1. Januar 2002 geltenden Fassung anstelle der Unterbrechung der Verjährung deren Hemmung vorsehen, so gilt eine Unterbrechung der Verjährung, die nach den anzuwendenden Vorschriften des Bürgerlichen Gesetzbuchs in der vor dem 1. Januar 2002 geltenden Fassung vor dem 1. Januar 2002 eintritt und mit Ablauf des 31. Dezember 2001 noch nicht beendigt ist, als mit dem Ablauf des 31. Dezember 2001 beendigt, und die neue Verjährung ist mit Beginn des 1. Januar 2002 gehemmt.

(3) Ist die Verjährungsfrist nach dem Bürgerlichen Gesetzbuch in der seit dem 1. Januar 2002 geltenden Fassung länger als nach dem Bürgerlichen Gesetzbuch in der bis zu diesem Tag geltenden Fassung, so ist die Verjährung mit dem Ablauf der im Bürgerlichen Gesetzbuch in der bis zu diesem Tag geltenden Fassung bestimmten Frist vollendet.

(4) [1] Ist die Verjährungsfrist nach dem Bürgerlichen Gesetzbuch in der seit dem 1. Januar 2002 geltenden Fassung kürzer als nach dem Bürgerlichen Gesetzbuch in der bis zu diesem Tag geltenden Fassung, so wird die kürzere Frist von dem 1. Januar 2002 an berechnet. [2] Läuft jedoch die im Bürgerlichen Gesetzbuch in der bis zu diesem Tag geltenden Fassung bestimmte längere Frist früher als die im Bürgerlichen Gesetzbuch in der seit diesem Tag geltenden Fassung bestimmten Frist ab, so ist die Verjährung mit dem Ablauf der im Bürgerlichen Gesetzbuch in der bis zu diesem Tag geltenden Fassung bestimmten Frist vollendet.

(5) Die vorstehenden Absätze sind entsprechend auf Fristen anzuwenden, die für die Geltendmachung, den Erwerb oder den Verlust eines Rechts maßgebend sind.

[1)] **Schönfelder Nr. 50.**

(6) Die vorstehenden Absätze gelten für die Fristen nach dem Handelsgesetzbuch[1] und dem Umwandlungsgesetz[2] entsprechend.

§ 9 Überleitungsvorschrift zum OLG-Vertretungsänderungsgesetz vom 23. Juli 2002. (1) [1]Die §§ 312a, 312d, 346, 355, 358, 491, 492, 494, 495, 497, 498, 502, 505 und 506 des Bürgerlichen Gesetzbuchs[3] in der seit dem 1. August 2002 geltenden Fassung sind, soweit nichts anderes bestimmt ist, nur anzuwenden auf

1. Haustürgeschäfte, die nach dem 1. August 2002 abgeschlossen worden sind, einschließlich ihrer Rückabwicklung und
2. andere Schuldverhältnisse, die nach dem 1. November 2002 entstanden sind.

[2]§ 355 Abs. 3 des Bürgerlichen Gesetzbuchs[4] in der in Satz 1 genannten Fassung ist jedoch auch auf Haustürgeschäfte anzuwenden, die nach dem 31. Dezember 2001 abgeschlossen worden sind, einschließlich ihrer Rückabwicklung.

(2) § 355 Abs. 2 ist in der in Absatz 1 Satz 1 genannten Fassung auch auf Verträge anzuwenden, die vor diesem Zeitpunkt geschlossen worden sind, wenn die erforderliche Belehrung über das Widerrufs- oder Rückgaberecht erst nach diesem Zeitpunkt erteilt wird.

§ 11 Überleitungsvorschrift zu dem Gesetz zur Änderung der Vorschriften über Fernabsatzverträge bei Finanzdienstleistungen vom 2. Dezember 2004. (1) [1]Auf Schuldverhältnisse, die bis zum Ablauf des 7. Dezember 2004 entstanden sind, finden das Bürgerliche Gesetzbuch und die BGB-Informationspflichten-Verordnung in der bis zu diesem Tag geltenden Fassung Anwendung. [2]Satz 1 gilt für Vertragsverhältnisse im Sinne des § 312b Abs. 4 Satz 1 des Bürgerlichen Gesetzbuchs[4] mit der Maßgabe, dass es auf die Entstehung der erstmaligen Vereinbarung ankommt.

(2) Verkaufsprospekte, die vor dem Ablauf des 7. Dezember 2004 hergestellt wurden und die der Neufassung der BGB-Informationspflichten-Verordnung nicht genügen, dürfen bis zum 31. März 2005 aufgebraucht werden, soweit sie ausschließlich den Fernabsatz von Waren und Dienstleistungen betreffen, die nicht Finanzdienstleistungen sind.

§ 12 Überleitungsvorschrift zum Gesetz zur Anpassung von Verjährungsvorschriften an das Gesetz zur Modernisierung des Schuldrechts. (1) [1]Auf die Verjährungsfristen gemäß den durch das Gesetz zur Anpassung von Verjährungsvorschriften an das Gesetz zur Modernisierung des Schuldrechts vom 9. Dezember 2004 (BGBl. I S. 3214) geänderten Vorschriften

1. im Arzneimittelgesetz,
2. im Lebensmittelspezialitätengesetz,
3. in der Bundesrechtsanwaltsordnung,

---

[1] **Schönfelder Nr. 50.**
[2] **Schönfelder Nr. 52a.**
[3] Nr. **1**, **Schönfelder Nr. 20**.
[4] Nr. **1**.

4. in der Insolvenzordnung[1],
5. im Bürgerlichen Gesetzbuch[2],
6. im Gesetz zur Regelung der Wohnungsvermittlung[3],
7. im Handelsgesetzbuch[4],
8. im Umwandlungsgesetz[5],
9. im Aktiengesetz[6],
10. im Gesetz betreffend die Gesellschaften mit beschränkter Haftung[7],
11. im Gesetz betreffend die Erwerbs- und Wirtschaftsgenossenschaften[8],
12. in der Patentanwaltsordnung,
13. im Steuerberatungsgesetz,
14. in der Verordnung über Allgemeine Bedingungen für die Elektrizitätsversorgung von Tarifkunden,
15. in der Verordnung über Allgemeine Bedingungen für die Gasversorgung von Tarifkunden,
16. in der Verordnung über Allgemeine Bedingungen für die Versorgung mit Wasser,
17. in der Verordnung über Allgemeine Bedingungen für die Versorgung mit Fernwärme,
18. im Rindfleischetikettierungsgesetz,
19. in der Telekommunikations-Kundenschutzverordnung und
20. in der Verordnung über die Allgemeinen Beförderungsbedingungen für den Straßenbahn- und Obusverkehr sowie für den Linienverkehr mit Kraftfahrzeugen

ist § 6 entsprechend anzuwenden, soweit nicht ein anderes bestimmt ist. [2] An die Stelle des 1. Januar 2002 tritt der 15. Dezember 2004, an die Stelle des 31. Dezember 2001 der 14. Dezember 2004.

(2) [1] Noch nicht verjährte Ansprüche, deren Verjährung sich nach Maßgabe des bis zum 14. Dezember 2004 geltenden Rechts nach den Regelungen über die regelmäßige Verjährung nach dem Bürgerlichen Gesetzbuch[2] bestimmt hat und für die durch das Gesetz zur Anpassung von Verjährungsvorschriften an das Gesetz zur Modernisierung des Schuldrechts längere Verjährungsfristen bestimmt werden, verjähren nach den durch dieses Gesetz eingeführten Vorschriften. [2] Der Zeitraum, der vor dem 15. Dezember 2004 abgelaufen ist, wird in die Verjährungsfrist eingerechnet.

---

[1] Auszugsweise abgedruckt unter Nr. **22b**.
[2] Auszugsweise abgedruckt unter Nr. **1**.
[3] Nr. **6**.
[4] **Schönfelder Nr. 50.**
[5] **Schönfelder Nr. 52a.**
[6] **Schönfelder Nr. 51.**
[7] **Schönfelder Nr. 52.**
[8] **Schönfelder Nr. 53.**

§ 29 Übergangsvorschriften zum Mietrechtsänderungsgesetz vom 11. März 2013. (1) Auf ein bis zum 1. Mai 2013 entstandenes Mietverhältnis sind die §§ 536, 554, 559 bis 559b, 578 des Bürgerlichen Gesetzbuchs[1] in der bis zum 1. Mai 2013 geltenden Fassung weiter anzuwenden, wenn

1. bei Modernisierungsmaßnahmen die Mitteilung nach § 554 Absatz 3 Satz 1 des Bürgerlichen Gesetzbuchs[1] dem Mieter vor dem 1. Mai 2013 zugegangen ist oder
2. bei Modernisierungsmaßnahmen, auf die § 554 Absatz 3 Satz 3 des Bürgerlichen Gesetzbuchs[1] in der bis zum 1. Mai 2013 geltenden Fassung anzuwenden ist, der Vermieter mit der Ausführung der Maßnahme vor dem 1. Mai 2013 begonnen hat.

(2) § 569 Absatz 2a des Bürgerlichen Gesetzbuchs[1] ist auf ein vor dem 1. Mai 2013 entstandenes Mietverhältnis nicht anzuwenden.

§ 35 Übergangsvorschriften zum Mietrechtsnovellierungsgesetz vom 21. April 2015. (1) Die §§ 556d bis 556g, 557a Absatz 4 und § 557b Absatz 4 des Bürgerlichen Gesetzbuchs[1] sind nicht anzuwenden auf Mietverträge und Staffelmietvereinbarungen über Wohnraum, die abgeschlossen worden sind, bevor die vertragsgegenständliche Mietwohnung in den Anwendungsbereich einer Rechtsverordnung nach § 556d Absatz 2 des Bürgerlichen Gesetzbuchs[1] fällt.

(2) § 557a Absatz 4 des Bürgerlichen Gesetzbuchs[1] ist nicht mehr anzuwenden auf Mietstaffeln, deren erste Miete zu einem Zeitpunkt fällig wird, in dem die vertragsgegenständliche Mietwohnung nicht mehr in den Anwendungsbereich einer Rechtsverordnung nach § 556d Absatz 2 des Bürgerlichen Gesetzbuchs[1] fällt.

§ 38 Übergangsvorschrift zum Gesetz zur Umsetzung der Wohnimmobilienkreditrichtlinie und zur Änderung handelsrechtlicher Vorschriften. (1) [1] Dieses Gesetz und das Bürgerliche Gesetzbuch[2] jeweils in der bis zum 20. März 2016 geltenden Fassung sind vorbehaltlich des Absatzes 2 auf folgende Verträge anzuwenden, wenn sie vor dem 21. März 2016 abgeschlossen wurden:

1. Verbraucherdarlehensverträge und Verträge über entgeltliche Finanzierungshilfen,
2. Verträge über die Vermittlung von Verträgen gemäß Nummer 1.

[2] Für Verbraucherdarlehensverträge gemäß § 504 des Bürgerlichen Gesetzbuchs[3] ist der Zeitpunkt des Abschlusses des Vertrags maßgeblich, mit dem der Darlehensgeber dem Darlehensnehmer das Recht einräumt, sein laufendes Konto in bestimmter Höhe zu überziehen. [3] Für Verbraucherdarlehensverträge gemäß § 505 Absatz 1 des Bürgerlichen Gesetzbuchs[3] ist der Zeitpunkt des Abschlusses des Vertrags maßgeblich, mit dem der Unternehmer mit dem Verbraucher ein Entgelt für den Fall vereinbart, dass er eine Überziehung seines laufenden Kontos duldet.

---

[1] Nr. 1.
[2] Auszugsweise abgedruckt unter Nr. 1.
[3] **Schönfelder Nr. 20.**

(2) Die §§ 504a und 505 Absatz 2 des Bürgerlichen Gesetzbuchs[1] sind auf Verbraucherdarlehensverträge gemäß den §§ 504 und 505 des Bürgerlichen Gesetzbuchs[1] auch dann anzuwenden, wenn diese Verträge vor dem 21. März 2016 abgeschlossen wurden.

(3) [1] Bei Immobiliardarlehensverträgen gemäß § 492 Absatz 1a Satz 2 des Bürgerlichen Gesetzbuchs[1] in der vom 1. August 2002 bis einschließlich 10. Juni 2010 geltenden Fassung, die zwischen dem 1. September 2002 und dem 10. Juni 2010 geschlossen wurden, erlischt ein fortbestehendes Widerrufsrecht spätestens drei Monate nach dem 21. März 2016, wenn das Fortbestehen des Widerrufsrechts darauf beruht, dass die dem Verbraucher erteilte Widerrufsbelehrung den zum Zeitpunkt des Vertragsschlusses geltenden Anforderungen des Bürgerlichen Gesetzbuchs[2] nicht entsprochen hat. [2] Bei Haustürgeschäften ist Satz 1 nur anzuwenden, wenn die beiderseitigen Leistungen aus dem Verbraucherdarlehensvertrag bei Ablauf des 21. Mai 2016 vollständig erbracht worden sind, andernfalls erlöschen die fortbestehenden Widerrufsrechte erst einen Monat nach vollständiger Erbringung der beiderseitigen Leistungen aus dem Vertrag.

§ 39 Übergangsvorschrift zum Gesetz zur Reform des Bauvertragsrechts, zur Änderung der kaufrechtlichen Mängelhaftung, zur Stärkung des zivilprozessualen Rechtsschutzes und zum maschinellen Siegel im Grundbuch- und Schiffsregisterverfahren. Auf ein Schuldverhältnis, das vor dem 1. Januar 2018 entstanden ist, finden die Vorschriften dieses Gesetzes, des Bürgerlichen Gesetzbuchs[2] und der Verordnung über Abschlagszahlungen bei Bauträgerverträgen in der bis zu diesem Tag geltenden Fassung Anwendung.

§ 49 Übergangsvorschriften zum Mietrechtsanpassungsgesetz vom 18. Dezember 2018. (1) [1] Auf ein bis einschließlich 31. Dezember 2018 entstandenes Mietverhältnis sind die §§ 555c und 559 des Bürgerlichen Gesetzbuchs[3] in der bis dahin geltenden Fassung weiter anzuwenden, wenn dem Mieter bei Modernisierungsmaßnahmen die Mitteilung nach § 555c Absatz 1 Satz 1 des Bürgerlichen Gesetzbuchs[3] bis einschließlich 31. Dezember 2018 zugegangen ist. [2] Hat der Vermieter die Modernisierungsmaßnahme nicht oder nicht ordnungsgemäß nach § 555c Absatz 1 Satz 1 des Bürgerlichen Gesetzbuchs[3] angekündigt, so gilt Satz 1 mit der Maßgabe, dass es an Stelle des Zugangs der Mitteilung nach § 555c Absatz 1 Satz 1 des Bürgerlichen Gesetzbuchs[3] auf den Zugang der Mieterhöhungserklärung nach § 559b Absatz 1 Satz 1 des Bürgerlichen Gesetzbuchs[3] ankommt. [3] § 559c des Bürgerlichen Gesetzbuchs[3] ist nur anzuwenden, wenn der Vermieter die Modernisierungsmaßnahme nach dem 31. Dezember 2018 angekündigt hat. [4] § 559d des Bürgerlichen Gesetzbuchs[3] ist nur anzuwenden auf ein Verhalten nach dem 31. Dezember 2018.

(2) [1] Auf ein bis einschließlich 31. Dezember 2018 entstandenes Mietverhältnis ist § 556g Absatz 1a des Bürgerlichen Gesetzbuchs[3] nicht anzuwenden. [2] § 556g Absatz 2 des Bürgerlichen Gesetzbuchs[3] ist in der bis ein-

[1] **Schönfelder Nr. 20.**
[2] Auszugsweise abgedruckt unter Nr. **1**.
[3] Nr. **1**.

schließlich 31. Dezember 2018 geltenden Fassung weiter auf Mietverhältnisse anzuwenden, die bis zu diesem Zeitpunkt im Anwendungsbereich der §§ 556d bis 556g des Bürgerlichen Gesetzbuchs[1] abgeschlossen worden sind.

(3) Auf ein bis einschließlich 31. Dezember 2018 entstandenes Mietverhältnis ist § 578 Absatz 3 des Bürgerlichen Gesetzbuchs[1] nicht anzuwenden.

Sechster Teil. Inkrafttreten und Übergangsrecht aus Anlaß der Einführung des Bürgerlichen Gesetzbuchs und dieses Einführungsgesetzes in dem in Artikel 3 des Einigungsvertrages genannten Gebiet

Art. 232. Zweites Buch. Recht der Schuldverhältnisse

§ 1 Allgemeine Bestimmungen für Schuldverhältnisse. Für ein Schuldverhältnis, das vor dem Wirksamwerden des Beitritts entstanden ist, bleibt das bisherige für das in Artikel 3 des Einigungsvertrages genannte Gebiet geltende Recht maßgebend.

§ 1a Überlassungsverträge. Ein vor dem 3. Oktober 1990 geschlossener Vertrag, durch den ein bisher staatlich verwaltetes (§ 1 Abs. 4 des Vermögensgesetzes) Grundstück durch den staatlichen Verwalter oder die von ihm beauftragte Stelle gegen Leistung eines Geldbetrages für das Grundstück sowie etwa aufstehende Gebäude und gegen Übernahme der öffentlichen Lasten einem anderen zur Nutzung überlassen wurde (Überlassungsvertrag), ist wirksam.

§ 2 Mietverträge. Mietverhältnisse aufgrund von Verträgen, die vor dem Wirksamwerden des Beitritts geschlossen worden sind, richten sich von diesem Zeitpunkt an nach den Vorschriften des Bürgerlichen Gesetzbuchs[2].

§ 3 Pachtverträge. (1) Pachtverhältnisse aufgrund von Verträgen, die vor dem Wirksamwerden des Beitritts geschlossen worden sind, richten sich von diesem Zeitpunkt an nach den §§ 581 bis 597 des Bürgerlichen Gesetzbuchs[1].

(2) Die §§ 51 und 52 des Landwirtschaftsanpassungsgesetzes vom 29. Juni 1990 (GBl. I Nr. 42 S. 642) bleiben unberührt.

§ 4 Nutzung von Bodenflächen zur Erholung. (1) [1] Nutzungsverhältnisse nach den §§ 312 bis 315 des Zivilgesetzbuchs der Deutschen Demokratischen Republik aufgrund von Verträgen, die vor dem Wirksamwerden des Beitritts geschlossen worden sind, richten sich weiterhin nach den genannten Vorschriften des Zivilgesetzbuchs. [2] Abweichende Regelungen bleiben einem besonderen Gesetz vorbehalten.

(2) [1] Die Bundesregierung wird ermächtigt, durch Rechtsverordnung[3] mit Zustimmung des Bundesrates Vorschriften über eine angemessene Gestaltung der Nutzungsentgelte zu erlassen. [2] Angemessen sind Entgelte bis zur Höhe

[1] Nr. 1.
[2] Auszugsweise abgedruckt unter Nr. 1.
[3] NutzungsentgeltVO idF der Bek. v. 24.6.2002 (BGBl. I S. 2562).

der ortsüblichen Pacht für Grundstücke, die auch hinsichtlich der Art und des Umfangs der Bebauung in vergleichbarer Weise genutzt werden. [3] In der Rechtsverordnung können Bestimmungen über die Ermittlung der ortsüblichen Pacht, über das Verfahren der Entgelterhöhung sowie über die Kündigung im Fall der Erhöhung getroffen werden.

(3) Für Nutzungsverhältnisse innerhalb von Kleingartenanlagen bleibt die Anwendung des Bundeskleingartengesetzes vom 28. Februar 1983 (BGBl. I S. 210) mit den in Anlage I Kapitel XIV Abschnitt II Nr. 4 zum Einigungsvertrag enthaltenen Ergänzungen unberührt.

(4) Die Absätze 1 bis 3 gelten auch für vor dem 1. Januar 1976 geschlossene Verträge, durch die land- oder forstwirtschaftlich nicht genutzte Bodenflächen Bürgern zum Zwecke der nicht gewerblichen kleingärtnerischen Nutzung, Erholung und Freizeitgestaltung überlassen wurden.

§ 4a Vertrags-Moratorium. (1) [1] Verträge nach § 4 können, auch soweit sie Garagen betreffen, gegenüber dem Nutzer bis zum Ablauf des 31. Dezember 1994 nur aus den in § 554 des Bürgerlichen Gesetzbuchs[1)] bezeichneten Gründen gekündigt oder sonst beendet werden. [2] Sie verlängern sich, wenn nicht der Nutzer etwas Gegenteiliges mitteilt, bis zu diesem Zeitpunkt, wenn sie nach ihrem Inhalt vorher enden würden.

(2) Hat der Nutzer einen Vertrag nach § 4 nicht mit dem Eigentümer des betreffenden Grundstücks, sondern aufgrund des § 18 oder § 46 in Verbindung mit § 18 des Gesetzes über die landwirtschaftlichen Produktionsgenossenschaften – LPG-Gesetz – vom 2. Juli 1982 (GBl. I Nr. 25 S. 443) in der vor dem 1. Juli 1990 geltenden Fassung mit einer der dort genannten Genossenschaften oder Stellen geschlossen, so ist er nach Maßgabe des Vertrages und des Absatzes 1 bis zum Ablauf des 31. Dezember 1994 auch dem Grundstückseigentümer gegenüber zum Besitz berechtigt.

(3) [1] Die Absätze 1 und 2 gelten ferner, wenn ein Vertrag nach § 4 mit einer staatlichen Stelle abgeschlossen wurde, auch wenn diese hierzu nicht ermächtigt war. [2] Dies gilt jedoch nicht, wenn der Nutzer Kenntnis von dem Fehlen einer entsprechenden Ermächtigung hatte.

(4) Die Absätze 1 und 2 gelten ferner auch, wenn ein Vertrag nach § 4 mit einer staatlichen Stelle abgeschlossen wurde und diese bei Vertragsschluß nicht ausdrücklich in fremdem Namen, sondern im eigenen Namen handelte, obwohl es sich nicht um ein volkseigenes, sondern ein von ihr verwaltetes Grundstück handelte, es sei denn, daß der Nutzer hiervon Kenntnis hatte.

(5) [1] In den Fällen der Absätze 2 bis 4 ist der Vertragspartner des Nutzers unbeschadet des § 51 des Landwirtschaftsanpassungsgesetzes verpflichtet, die gezogenen Entgelte unter Abzug der mit ihrer Erzielung verbundenen Kosten an den Grundstückseigentümer abzuführen. [2] Entgelte, die in der Zeit von dem 1. Januar 1992 an bis zum Inkrafttreten dieser Vorschrift erzielt wurden, sind um 20 vom Hundert gemindert an den Grundstückseigentümer auszukehren; ein weitergehender Ausgleich für gezogene Entgelte und Aufwendungen findet nicht statt. [3] Ist ein Entgelt nicht vereinbart, so ist das Entgelt, das für Verträge der betreffenden Art gewöhnlich zu erzielen ist, unter Abzug der mit seiner Erzielung verbundenen Kosten an den Grundstückseigentümer

---

1) Nr. 1.

auszukehren. [4]Der Grundstückseigentümer kann von dem Vertragspartner des Nutzers die Abtretung der Entgeltansprüche verlangen.

(6) [1]Die Absätze 1 bis 5 gelten auch, wenn der unmittelbare Nutzer Verträge mit einer Vereinigung von Kleingärtnern und diese mit einer der dort genannten Stellen den Hauptnutzungsvertrag geschlossen hat. [2]Ist Gegenstand des Vertrages die Nutzung des Grundstücks für eine Garage, so kann der Eigentümer die Verlegung der Nutzung auf eine andere Stelle des Grundstücks oder ein anderes Grundstück verlangen, wenn die Nutzung ihn besonders beeinträchtigt, die andere Stelle für den Nutzer gleichwertig ist und die rechtlichen Voraussetzungen für die Nutzung geschaffen worden sind; die Kosten der Verlegung hat der Eigentümer zu tragen und vorzuschießen.

(7) Die Absätze 1 bis 6 finden keine Anwendung, wenn die Betroffenen nach dem 2. Oktober 1990 etwas Abweichendes vereinbart haben oder zwischen ihnen abweichende rechtskräftige Urteile ergangen sind.

Siebter Teil. Durchführung des Bürgerlichen Gesetzbuchs, Verordnungsermächtigungen, Länderöffnungsklauseln, Informationspflichten

Art. 242. Informationspflichten bei Teilzeit-Wohnrechteverträgen, Verträgen über langfristige Urlaubsprodukte, Vermittlungsverträgen sowie Tauschsystemverträgen

§ 1 Vorvertragliche und vertragliche Pflichtangaben. (1) Als vorvertragliche Informationen nach § 482 Absatz 1 des Bürgerlichen Gesetzbuchs[1)] für den Abschluss eines Teilzeit-Wohnrechtevertrags, eines Vertrags über ein langfristiges Urlaubsprodukt, eines Vermittlungsvertrags oder eines Tauschsystemvertrags sind die Angaben nach den Anhängen der Richtlinie 2008/122/EG des Europäischen Parlaments und des Rates vom 14. Januar 2009 über den Schutz der Verbraucher im Hinblick auf bestimmte Aspekte von Teilzeitnutzungsverträgen, Verträgen über langfristige Urlaubsprodukte sowie Wiederverkaufs- und Tauschverträgen (ABl. L 33 vom 3.2.2009, S. 10) in leicht zugänglicher Form zur Verfügung zu stellen, und zwar

1. für einen Teilzeit-Wohnrechtevertrag die Angaben nach Anhang I der Richtlinie,
2. für einen Vertrag über ein langfristiges Urlaubsprodukt die Angaben nach Anhang II der Richtlinie,
3. für einen Vermittlungsvertrag die Angaben nach Anhang III der Richtlinie,
4. für einen Tauschsystemvertrag die Angaben nach Anhang IV der Richtlinie.

(2) [1]Die Angaben in den Teilen 1 und 2 der Anhänge nach Absatz 1 Nummer 1 bis 4 sind in einem Formblatt nach den in den Anhängen enthaltenen Mustern zur Verfügung zu stellen. [2]Die Angaben nach Teil 3 des Anhangs können in das Formblatt aufgenommen oder auf andere Weise zur Verfügung gestellt werden. [3]Werden sie nicht in das Formblatt aufgenommen, ist auf dem Formblatt darauf hinzuweisen, wo die Angaben zu finden sind.

---

1) Nr. 1.

§ 2 Informationen über das Widerrufsrecht. Einem Teilzeit-Wohnrechtevertrag, einem Vertrag über ein langfristiges Urlaubsprodukt, einem Vermittlungsvertrag oder einem Tauschsystemvertrag ist ein Formblatt gemäß dem Muster in Anhang V der Richtlinie 2008/122/EG des Europäischen Parlaments und des Rates vom 14. Januar 2009 über den Schutz der Verbraucher im Hinblick auf bestimmte Aspekte von Teilzeitnutzungsverträgen, Verträgen über langfristige Urlaubsprodukte sowie Wiederverkaufs- und Tauschverträgen (ABl. L 33 vom 3.2.2009, S. 10) in der Sprache nach § 483 Absatz 1 des Bürgerlichen Gesetzbuchs[1] beizufügen, in das die einschlägigen Informationen zum Widerrufsrecht deutlich und verständlich eingefügt sind.

Art. 243 Ver- und Entsorgungsbedingungen. [1] Das Bundesministerium für Wirtschaft und Energie kann im Einvernehmen mit dem Bundesministerium der Justiz und für Verbraucherschutz durch Rechtsverordnung mit Zustimmung des Bundesrates die Allgemeinen Bedingungen für die Versorgung mit Wasser und Fernwärme sowie die Entsorgung von Abwasser einschließlich von Rahmenregelungen über die Entgelte ausgewogen gestalten und hierbei unter angemessener Berücksichtigung der beiderseitigen Interessen

1. die Bestimmungen der Verträge einheitlich festsetzen,
2. Regelungen über den Vertragsschluss, den Gegenstand und die Beendigung der Verträge treffen sowie
3. die Rechte und Pflichten der Vertragsparteien festlegen.

[2] Satz 1 gilt entsprechend für Bedingungen öffentlich-rechtlich gestalteter Ver- und Entsorgungsverhältnisse mit Ausnahme der Regelung des Verwaltungsverfahrens.

Art. 244 Abschlagszahlungen beim Hausbau. Das Bundesministerium der Justiz und für Verbraucherschutz wird ermächtigt, im Einvernehmen mit dem Bundesministerium für Wirtschaft und Energie durch Rechtsverordnung ohne Zustimmung des Bundesrates auch unter Abweichung von § 632a oder § 650m des Bürgerlichen Gesetzbuchs[2] zu regeln, welche Abschlagszahlungen bei Werkverträgen verlangt werden können, die die Errichtung oder den Umbau eines Hauses oder eines vergleichbaren Bauwerks zum Gegenstand haben, insbesondere wie viele Abschläge vereinbart werden können, welche erbrachten Gewerke hierbei mit welchen Prozentsätzen der Gesamtbausumme angesetzt werden können, welcher Abschlag für eine in dem Vertrag enthaltene Verpflichtung zur Verschaffung des Eigentums angesetzt werden kann und welche Sicherheit dem Besteller hierfür zu leisten ist.

Art. 249. Informationspflichten bei Verbraucherbauverträgen

§ 1 Informationspflichten bei Verbraucherbauverträgen. Der Unternehmer ist nach § 650j des Bürgerlichen Gesetzbuchs[2] verpflichtet, dem Verbraucher rechtzeitig vor Abgabe von dessen Vertragserklärung eine Baubeschreibung in Textform zur Verfügung zu stellen.

[1] Nr. 1.
[2] **Schönfelder Nr. 20.**

§ 2 Inhalt der Baubeschreibung. (1) [1] In der Baubeschreibung sind die wesentlichen Eigenschaften des angebotenen Werks in klarer Weise darzustellen. [2] Sie muss mindestens folgende Informationen enthalten:

1. allgemeine Beschreibung des herzustellenden Gebäudes oder der vorzunehmenden Umbauten, gegebenenfalls Haustyp und Bauweise,
2. Art und Umfang der angebotenen Leistungen, gegebenenfalls der Planung und der Bauleitung, der Arbeiten am Grundstück und der Baustelleneinrichtung sowie der Ausbaustufe,
3. Gebäudedaten, Pläne mit Raum- und Flächenangaben sowie Ansichten, Grundrisse und Schnitte,
4. gegebenenfalls Angaben zum Energie-, zum Brandschutz- und zum Schallschutzstandard sowie zur Bauphysik
5. Angaben zur Beschreibung der Baukonstruktionen aller wesentlichen Gewerke,
6. gegebenenfalls Beschreibung des Innenausbaus,
7. gegebenenfalls Beschreibung der gebäudetechnischen Anlagen,
8. Angaben zu Qualitätsmerkmalen, denen das Gebäude oder der Umbau genügen muss,
9. gegebenenfalls Beschreibung der Sanitärobjekte, der Armaturen, der Elektroanlage, der Installationen, der Informationstechnologie und der Außenanlagen.

(2) [1] Die Baubeschreibung hat verbindliche Angaben zum Zeitpunkt der Fertigstellung des Werks zu enthalten. [2] Steht der Beginn der Baumaßnahme noch nicht fest, ist ihre Dauer anzugeben.

§ 3 Widerrufsbelehrung. (1) [1] Steht dem Verbraucher ein Widerrufsrecht nach § 650l Satz 1 des Bürgerlichen Gesetzbuchs[1)] zu, ist der Unternehmer verpflichtet, den Verbraucher vor Abgabe von dessen Vertragserklärung in Textform über sein Widerrufsrecht zu belehren. [2] Die Widerrufsbelehrung muss deutlich gestaltet sein und dem Verbraucher seine wesentlichen Rechte in einer an das benutzte Kommunikationsmittel angepassten Weise deutlich machen. [3] Sie muss Folgendes enthalten:

1. einen Hinweis auf das Recht zum Widerruf,
2. einen Hinweis darauf, dass der Widerruf durch Erklärung gegenüber dem Unternehmer erfolgt und keiner Begründung bedarf,
3. den Namen, die ladungsfähige Anschrift und die Telefonnummer desjenigen, gegenüber dem der Widerruf zu erklären ist, gegebenenfalls seine Telefaxnummer und E-Mail-Adresse,
4. einen Hinweis auf die Dauer und den Beginn der Widerrufsfrist sowie darauf, dass zur Fristwahrung die rechtzeitige Absendung der Widerrufserklärung genügt, und
5. einen Hinweis darauf, dass der Verbraucher dem Unternehmer Wertersatz nach § 357d des Bürgerlichen Gesetzbuchs[1)] schuldet, wenn die Rückgewähr der bis zum Widerruf erbrachten Leistung ihrer Natur nach ausgeschlossen ist.

[1)] **Schönfelder Nr. 20.**

(2) Der Unternehmer kann seine Belehrungspflicht dadurch erfüllen, dass er dem Verbraucher das in Anlage 10 vorgesehene Muster für die Widerrufsbelehrung zutreffend ausgefüllt in Textform übermittelt.

2a. Allgemeines Gleichbehandlungsgesetz (AGG)[1]

Vom 14. August 2006
(BGBl. I S. 1897)

FNA 402-40

zuletzt geänd. durch Art. 3 SEPA-BegleitG v. 3.4.2013 (BGBl. I S. 610)

– Auszug –

Abschnitt 1. Allgemeiner Teil

§ 1 Ziel des Gesetzes. Ziel des Gesetzes ist, Benachteiligungen aus Gründen der Rasse oder wegen der ethnischen Herkunft, des Geschlechts, der Religion oder Weltanschauung, einer Behinderung, des Alters oder der sexuellen Identität zu verhindern oder zu beseitigen.

§ 2 Anwendungsbereich. (1) Benachteiligungen aus einem in § 1 genannten Grund sind nach Maßgabe dieses Gesetzes unzulässig in Bezug auf:

1. die Bedingungen, einschließlich Auswahlkriterien und Einstellungsbedingungen, für den Zugang zu unselbstständiger und selbstständiger Erwerbstätigkeit, unabhängig von Tätigkeitsfeld und beruflicher Position, sowie für den beruflichen Aufstieg,
2. die Beschäftigungs- und Arbeitsbedingungen einschließlich Arbeitsentgelt und Entlassungsbedingungen, insbesondere in individual- und kollektivrechtlichen Vereinbarungen und Maßnahmen bei der Durchführung und Beendigung eines Beschäftigungsverhältnisses sowie beim beruflichen Aufstieg,
3. den Zugang zu allen Formen und allen Ebenen der Berufsberatung, der Berufsbildung einschließlich der Berufsausbildung, der beruflichen Weiterbildung und der Umschulung sowie der praktischen Berufserfahrung,
4. die Mitgliedschaft und Mitwirkung in einer Beschäftigten- oder Arbeitgebervereinigung oder einer Vereinigung, deren Mitglieder einer bestimmten Berufsgruppe angehören, einschließlich der Inanspruchnahme der Leistungen solcher Vereinigungen,
5. den Sozialschutz, einschließlich der sozialen Sicherheit und der Gesundheitsdienste,
6. die sozialen Vergünstigungen,
7. die Bildung,
8. den Zugang zu und die Versorgung mit Gütern und Dienstleistungen, die der Öffentlichkeit zur Verfügung stehen, einschließlich von Wohnraum.

---

[1] Verkündet als Art. 1 G zur Umsetzung europäischen Richtlinie zur Verwirklichung des Grundsatzes der Gleichbehandlung v. 14.8.2006 (BGBl. I S. 1897); Inkrafttreten gem. Art. 4 Satz 1 dieses G am 18.8.2006.

(2) [1] Für Leistungen nach dem Sozialgesetzbuch gelten § 33c des Ersten Buches Sozialgesetzbuch und § 19a des Vierten Buches Sozialgesetzbuch. [2] Für die betriebliche Altersvorsorge gilt das Betriebsrentengesetz.

(3) [1] Die Geltung sonstiger Benachteiligungsverbote oder Gebote der Gleichbehandlung wird durch dieses Gesetz nicht berührt. [2] Dies gilt auch für öffentlich-rechtliche Vorschriften, die dem Schutz bestimmter Personengruppen dienen.

(4) Für Kündigungen gelten ausschließlich die Bestimmungen zum allgemeinen und besonderen Kündigungsschutz.

§ 3 Begriffsbestimmungen. (1) [1] Eine unmittelbare Benachteiligung liegt vor, wenn eine Person wegen eines in § 1 genannten Grundes eine weniger günstige Behandlung erfährt, als eine andere Person in einer vergleichbaren Situation erfährt, erfahren hat oder erfahren würde. [2] Eine unmittelbare Benachteiligung wegen des Geschlechts liegt in Bezug auf § 2 Abs. 1 Nr. 1 bis 4 auch im Falle einer ungünstigeren Behandlung einer Frau wegen Schwangerschaft oder Mutterschaft vor.

(2) Eine mittelbare Benachteiligung liegt vor, wenn dem Anschein nach neutrale Vorschriften, Kriterien oder Verfahren Personen wegen eines in § 1 genannten Grundes gegenüber anderen Personen in besonderer Weise benachteiligen können, es sei denn, die betreffenden Vorschriften, Kriterien oder Verfahren sind durch ein rechtmäßiges Ziel sachlich gerechtfertigt und die Mittel sind zur Erreichung dieses Ziels angemessen und erforderlich.

(3) Eine Belästigung ist eine Benachteiligung, wenn unerwünschte Verhaltensweisen, die mit einem in § 1 genannten Grund in Zusammenhang stehen, bezwecken oder bewirken, dass die Würde der betreffenden Person verletzt und ein von Einschüchterungen, Anfeindungen, Erniedrigungen, Entwürdigungen oder Beleidigungen gekennzeichnetes Umfeld geschaffen wird.

(4) Eine sexuelle Belästigung ist eine Benachteiligung in Bezug auf § 2 Abs. 1 Nr. 1 bis 4, wenn ein unerwünschtes, sexuell bestimmtes Verhalten, wozu auch unerwünschte sexuelle Handlungen und Aufforderungen zu diesen, sexuell bestimmte körperliche Berührungen, Bemerkungen sexuellen Inhalts sowie unerwünschtes Zeigen und sichtbares Anbringen von pornographischen Darstellungen gehören, bezweckt oder bewirkt, dass die Würde der betreffenden Person verletzt wird, insbesondere wenn ein von Einschüchterungen, Anfeindungen, Erniedrigungen, Entwürdigungen oder Beleidigungen gekennzeichnetes Umfeld geschaffen wird.

(5) [1] Die Anweisung zur Benachteiligung einer Person aus einem in § 1 genannten Grund gilt als Benachteiligung. [2] Eine solche Anweisung liegt in Bezug auf § 2 Abs. 1 Nr. 1 bis 4 insbesondere vor, wenn jemand eine Person zu einem Verhalten bestimmt, das einen Beschäftigten oder eine Beschäftigte wegen eines in § 1 genannten Grundes benachteiligt oder benachteiligen kann.

§ 4 Unterschiedliche Behandlung wegen mehrerer Gründe. Erfolgt eine unterschiedliche Behandlung wegen mehrerer der in § 1 genannten Gründe, so kann diese unterschiedliche Behandlung nach den §§ 8 bis 10 und 20 nur gerechtfertigt werden, wenn sich die Rechtfertigung auf alle diese Gründe erstreckt, derentwegen die unterschiedliche Behandlung erfolgt.

§ 5 Positive Maßnahmen. Ungeachtet der in den §§ 8 bis 10 sowie in § 20 benannten Gründe ist eine unterschiedliche Behandlung auch zulässig, wenn durch geeignete und angemessene Maßnahmen bestehende Nachteile wegen eines in § 1 genannten Grundes verhindert oder ausgeglichen werden sollen.

Abschnitt 2. Schutz der Beschäftigten vor Benachteiligung

(hier nicht wiedergegeben)

Abschnitt 3. Schutz vor Benachteiligung im Zivilrechtsverkehr

§ 19 Zivilrechtliches Benachteiligungsverbot. (1) Eine Benachteiligung aus Gründen der Rasse oder wegen der ethnischen Herkunft, wegen des Geschlechts, der Religion, einer Behinderung, des Alters oder der sexuellen Identität bei der Begründung, Durchführung und Beendigung zivilrechtlicher Schuldverhältnisse, die

1. typischerweise ohne Ansehen der Person zu vergleichbaren Bedingungen in einer Vielzahl von Fällen zustande kommen (Massengeschäfte) oder bei denen das Ansehen der Person nach der Art des Schuldverhältnisses eine nachrangige Bedeutung hat und die zu vergleichbaren Bedingungen in einer Vielzahl von Fällen zustande kommen oder
2. eine privatrechtliche Versicherung zum Gegenstand haben,

ist unzulässig.

(2) Eine Benachteiligung aus Gründen der Rasse oder wegen der ethnischen Herkunft ist darüber hinaus auch bei der Begründung, Durchführung und Beendigung sonstiger zivilrechtlicher Schuldverhältnisse im Sinne des § 2 Abs. 1 Nr. 5 bis 8 unzulässig.

(3) Bei der Vermietung von Wohnraum ist eine unterschiedliche Behandlung im Hinblick auf die Schaffung und Erhaltung sozial stabiler Bewohnerstrukturen und ausgewogener Siedlungsstrukturen sowie ausgeglichener wirtschaftlicher, sozialer und kultureller Verhältnisse zulässig.

(4) Die Vorschriften dieses Abschnitts finden keine Anwendung auf familien- und erbrechtliche Schuldverhältnisse.

(5) [1] Die Vorschriften dieses Abschnitts finden keine Anwendung auf zivilrechtliche Schuldverhältnisse, bei denen ein besonderes Nähe- oder Vertrauensverhältnis der Parteien oder ihrer Angehörigen begründet wird. [2] Bei Mietverhältnissen kann dies insbesondere der Fall sein, wenn die Parteien oder ihre Angehörigen Wohnraum auf demselben Grundstück nutzen. [3] Die Vermietung von Wohnraum zum nicht nur vorübergehenden Gebrauch ist in der Regel kein Geschäft im Sinne des Absatzes 1 Nr. 1, wenn der Vermieter insgesamt nicht mehr als 50 Wohnungen vermietet.

§ 20 Zulässige unterschiedliche Behandlung. (1) [1] Eine Verletzung des Benachteiligungsverbots ist nicht gegeben, wenn für eine unterschiedliche Behandlung wegen der Religion, einer Behinderung, des Alters, der sexuellen Identität oder des Geschlechts ein sachlicher Grund vorliegt. [2] Das kann insbesondere der Fall sein, wenn die unterschiedliche Behandlung

1. der Vermeidung von Gefahren, der Verhütung von Schäden oder anderen Zwecken vergleichbarer Art dient,
2. dem Bedürfnis nach Schutz der Intimsphäre oder der persönlichen Sicherheit Rechnung trägt,
3. besondere Vorteile gewährt und ein Interesse an der Durchsetzung der Gleichbehandlung fehlt,
4. an die Religion eines Menschen anknüpft und im Hinblick auf die Ausübung der Religionsfreiheit oder auf das Selbstbestimmungsrecht der Religionsgemeinschaften, der ihnen zugeordneten Einrichtungen ohne Rücksicht auf ihre Rechtsform sowie der Vereinigungen, die sich die gemeinschaftliche Pflege einer Religion zur Aufgabe machen, unter Beachtung des jeweiligen Selbstverständnisses gerechtfertigt ist.

(2) [1] Kosten im Zusammenhang mit Schwangerschaft und Mutterschaft dürfen auf keinen Fall zu unterschiedlichen Prämien oder Leistungen führen. [2] Eine unterschiedliche Behandlung wegen der Religion, einer Behinderung, des Alters oder der sexuellen Identität ist im Falle des § 19 Abs. 1 Nr. 2 nur zulässig, wenn diese auf anerkannten Prinzipien risikoadäquater Kalkulation beruht, insbesondere auf einer versicherungsmathematisch ermittelten Risikobewertung unter Heranziehung statistischer Erhebungen.

§ 21 Ansprüche. (1) [1] Der Benachteiligte kann bei einem Verstoß gegen das Benachteiligungsverbot unbeschadet weiterer Ansprüche die Beseitigung der Beeinträchtigung verlangen. [2] Sind weitere Beeinträchtigungen zu besorgen, so kann er auf Unterlassung klagen.

(2) [1] Bei einer Verletzung des Benachteiligungsverbots ist der Benachteiligende verpflichtet, den hierdurch entstandenen Schaden zu ersetzen. [2] Dies gilt nicht, wenn der Benachteiligende die Pflichtverletzung nicht zu vertreten hat. [3] Wegen eines Schadens, der nicht Vermögensschaden ist, kann der Benachteiligte eine angemessene Entschädigung in Geld verlangen.

(3) Ansprüche aus unerlaubter Handlung bleiben unberührt.

(4) Auf eine Vereinbarung, die von dem Benachteiligungsverbot abweicht, kann sich der Benachteiligende nicht berufen.

(5) [1] Ein Anspruch nach den Absätzen 1 und 2 muss innerhalb einer Frist von zwei Monaten geltend gemacht werden. [2] Nach Ablauf der Frist kann der Anspruch nur geltend gemacht werden, wenn der Benachteiligte ohne Verschulden an der Einhaltung der Frist verhindert war.

Abschnitt 4. Rechtsschutz

§ 22 Beweislast. Wenn im Streitfall die eine Partei Indizien beweist, die eine Benachteiligung wegen eines in § 1 genannten Grundes vermuten lassen, trägt die andere Partei die Beweislast dafür, dass kein Verstoß gegen die Bestimmungen zum Schutz vor Benachteiligung vorgelegen hat.

§ 23 Unterstützung durch Antidiskriminierungsverbände. (1) [1] Antidiskriminierungsverbände sind Personenzusammenschlüsse, die nicht gewerbsmäßig und nicht nur vorübergehend entsprechend ihrer Satzung die besonderen Interessen von benachteiligten Personen oder Personengruppen nach Maßgabe von § 1 wahrnehmen. [2] Die Befugnisse nach den Absätzen 2 bis 4 stehen ihnen zu, wenn sie mindestens 75 Mitglieder haben oder einen Zusammenschluss aus mindestens sieben Verbänden bilden.

(2) [1] Antidiskriminierungsverbände sind befugt, im Rahmen ihres Satzungszwecks in gerichtlichen Verfahren als Beistände Benachteiligter in der Verhandlung aufzutreten. [2] Im Übrigen bleiben die Vorschriften der Verfahrensordnungen, insbesondere diejenigen, nach denen Beiständen weiterer Vortrag untersagt werden kann, unberührt.

(3) Antidiskriminierungsverbänden ist im Rahmen ihres Satzungszwecks die Besorgung von Rechtsangelegenheiten Benachteiligter gestattet.

(4) Besondere Klagerechte und Vertretungsbefugnisse von Verbänden zu Gunsten von behinderten Menschen bleiben unberührt.

Abschnitt 5. Sonderregelungen für öffentlich-rechtliche Dienstverhältnisse

(hier nicht wiedergegeben)

Abschnitt 6. Antidiskriminierungsstelle

§ 25 Antidiskriminierungsstelle des Bundes. (1) Beim Bundesministerium für Familie, Senioren, Frauen und Jugend wird unbeschadet der Zuständigkeit der Beauftragten des Deutschen Bundestages oder der Bundesregierung die Stelle des Bundes zum Schutz vor Benachteiligungen wegen eines in § 1 genannten Grundes (Antidiskriminierungsstelle des Bundes) errichtet.

(2) [1] Der Antidiskriminierungsstelle des Bundes ist die für die Erfüllung ihrer Aufgaben notwendige Personal- und Sachausstattung zur Verfügung zu stellen. [2] Sie ist im Einzelplan des Bundesministeriums für Familie, Senioren, Frauen und Jugend in einem eigenen Kapitel auszuweisen.

§ 26 Rechtsstellung der Leitung der Antidiskriminierungsstelle des Bundes. (1) [1] Die Bundesministerin oder der Bundesminister für Familie, Senioren, Frauen und Jugend ernennt auf Vorschlag der Bundesregierung eine Person zur Leitung der Antidiskriminierungsstelle des Bundes. [2] Sie steht nach Maßgabe dieses Gesetzes in einem öffentlich-rechtlichen Amtsverhältnis zum Bund. [3] Sie ist in Ausübung ihres Amtes unabhängig und nur dem Gesetz unterworfen.

(2) Das Amtsverhältnis beginnt mit der Aushändigung der Urkunde über die Ernennung durch die Bundesministerin oder den Bundesminister für Familie, Senioren, Frauen und Jugend.

(3) [1] Das Amtsverhältnis endet außer durch Tod

1. mit dem Zusammentreten eines neuen Bundestages,
2. durch Ablauf der Amtszeit mit Erreichen der Altersgrenze nach § 51 Abs. 1 und 2 des Bundesbeamtengesetzes,
3. mit der Entlassung.

[2] Die Bundesministerin oder der Bundesminister für Familie, Senioren, Frauen und Jugend entlässt die Leiterin oder den Leiter der Antidiskriminierungsstelle des Bundes auf deren Verlangen oder wenn Gründe vorliegen, die bei einer Richterin oder einem Richter auf Lebenszeit die Entlassung aus dem Dienst rechtfertigen. [3] Im Falle der Beendigung des Amtsverhältnisses erhält die Leiterin oder der Leiter der Antidiskriminierungsstelle des Bundes eine von der Bundesministerin oder dem Bundesminister für Familie, Senioren, Frauen und Jugend vollzogene Urkunde. [4] Die Entlassung wird mit der Aushändigung der Urkunde wirksam.

(4) [1] Das Rechtsverhältnis der Leitung der Antidiskriminierungsstelle des Bundes gegenüber dem Bund wird durch Vertrag mit dem Bundesministerium für Familie, Senioren, Frauen und Jugend geregelt. [2] Der Vertrag bedarf der Zustimmung der Bundesregierung.

(5) [1] Wird eine Bundesbeamtin oder ein Bundesbeamter zur Leitung der Antidiskriminierungsstelle des Bundes bestellt, scheidet er oder sie mit Beginn des Amtsverhältnisses aus dem bisherigen Amt aus. [2] Für die Dauer des Amtsverhältnisses ruhen die aus dem Beamtenverhältnis begründeten Rechte und Pflichten mit Ausnahme der Pflicht zur Amtsverschwiegenheit und des Verbots der Annahme von Belohnungen oder Geschenken. [3] Bei unfallverletzten Beamtinnen oder Beamten bleiben die gesetzlichen Ansprüche auf das Heilverfahren und einen Unfallausgleich unberührt.

§ 27 Aufgaben. (1) Wer der Ansicht ist, wegen eines in § 1 genannten Grundes benachteiligt worden zu sein, kann sich an die Antidiskriminierungsstelle des Bundes wenden.

(2) [1] Die Antidiskriminierungsstelle des Bundes unterstützt auf unabhängige Weise Personen, die sich nach Absatz 1 an sie wenden, bei der Durchsetzung ihrer Rechte zum Schutz vor Benachteiligungen. [2] Hierbei kann sie insbesondere

1. über Ansprüche und die Möglichkeiten des rechtlichen Vorgehens im Rahmen gesetzlicher Regelungen zum Schutz vor Benachteiligungen informieren,
2. Beratung durch andere Stellen vermitteln,
3. eine gütliche Beilegung zwischen den Beteiligten anstreben.

[3] Soweit Beauftragte des Deutschen Bundestages oder der Bundesregierung zuständig sind, leitet die Antidiskriminierungsstelle des Bundes die Anliegen der in Absatz 1 genannten Personen mit deren Einverständnis unverzüglich an diese weiter.

(3) Die Antidiskriminierungsstelle des Bundes nimmt auf unabhängige Weise folgende Aufgaben wahr, soweit nicht die Zuständigkeit der Beauftragten der Bundesregierung oder des Deutschen Bundestages berührt ist:

1. Öffentlichkeitsarbeit,

2. Maßnahmen zur Verhinderung von Benachteiligungen aus den in § 1 genannten Gründen,
3. Durchführung wissenschaftlicher Untersuchungen zu diesen Benachteiligungen.

(4) [1] Die Antidiskriminierungsstelle des Bundes und die in ihrem Zuständigkeitsbereich betroffenen Beauftragten der Bundesregierung und des Deutschen Bundestages legen gemeinsam dem Deutschen Bundestag alle vier Jahre Berichte über Benachteiligungen aus den in § 1 genannten Gründen vor und geben Empfehlungen zur Beseitigung und Vermeidung dieser Benachteiligungen. [2] Sie können gemeinsam wissenschaftliche Untersuchungen zu Benachteiligungen durchführen.

(5) Die Antidiskriminierungsstelle des Bundes und die in ihrem Zuständigkeitsbereich betroffenen Beauftragten der Bundesregierung und des Deutschen Bundestages sollen bei Benachteiligungen aus mehreren der in § 1 genannten Gründe zusammenarbeiten.

§ 28 Befugnisse. (1) Die Antidiskriminierungsstelle des Bundes kann in Fällen des § 27 Abs. 2 Satz 2 Nr. 3 Beteiligte um Stellungnahmen ersuchen, soweit die Person, die sich nach § 27 Abs. 1 an sie gewandt hat, hierzu ihr Einverständnis erklärt.

(2) [1] Alle Bundesbehörden und sonstigen öffentlichen Stellen im Bereich des Bundes sind verpflichtet, die Antidiskriminierungsstelle des Bundes bei der Erfüllung ihrer Aufgaben zu unterstützen, insbesondere die erforderlichen Auskünfte zu erteilen. [2] Die Bestimmungen zum Schutz personenbezogener Daten bleiben unberührt.

§ 29 Zusammenarbeit mit Nichtregierungsorganisationen und anderen Einrichtungen. Die Antidiskriminierungsstelle des Bundes soll bei ihrer Tätigkeit Nichtregierungsorganisationen sowie Einrichtungen, die auf europäischer, Bundes-, Landes- oder regionaler Ebene zum Schutz vor Benachteiligungen wegen eines in § 1 genannten Grundes tätig sind, in geeigneter Form einbeziehen.

§ 30 Beirat. (1) [1] Zur Förderung des Dialogs mit gesellschaftlichen Gruppen und Organisationen, die sich den Schutz vor Benachteiligungen wegen eines in § 1 genannten Grundes zum Ziel gesetzt haben, wird der Antidiskriminierungsstelle des Bundes ein Beirat beigeordnet. [2] Der Beirat berät die Antidiskriminierungsstelle des Bundes bei der Vorlage von Berichten und Empfehlungen an den Deutschen Bundestag nach § 27 Abs. 4 und kann hierzu sowie zu wissenschaftlichen Untersuchungen nach § 27 Abs. 3 Nr. 3 eigene Vorschläge unterbreiten.

(2) [1] Das Bundesministerium für Familie, Senioren, Frauen und Jugend beruft im Einvernehmen mit der Leitung der Antidiskriminierungsstelle des Bundes sowie den entsprechend zuständigen Beauftragten der Bundesregierung oder des Deutschen Bundestages die Mitglieder dieses Beirats und für jedes Mitglied eine Stellvertretung. [2] In den Beirat sollen Vertreterinnen und Vertreter gesellschaftlicher Gruppen und Organisationen sowie Expertinnen und Experten in Benachteiligungsfragen berufen werden. [3] Die Gesamtzahl

der Mitglieder des Beirats soll 16 Personen nicht überschreiten. [4] Der Beirat soll zu gleichen Teilen mit Frauen und Männern besetzt sein.

(3) Der Beirat gibt sich eine Geschäftsordnung, die der Zustimmung des Bundesministeriums für Familie, Senioren, Frauen und Jugend bedarf.

(4) [1] Die Mitglieder des Beirats üben die Tätigkeit nach diesem Gesetz ehrenamtlich aus. [2] Sie haben Anspruch auf Aufwandsentschädigung sowie Reisekostenvergütung, Tagegelder und Übernachtungsgelder. [3] Näheres regelt die Geschäftsordnung.

Abschnitt 7. Schlussvorschriften

§ 31 Unabdingbarkeit. Von den Vorschriften dieses Gesetzes kann nicht zu Ungunsten der geschützten Personen abgewichen werden.

§ 32 Schlussbestimmung. Soweit in diesem Gesetz nicht Abweichendes bestimmt ist, gelten die allgemeinen Bestimmungen.

§ 33 Übergangsbestimmungen. (1) Bei Benachteiligungen nach den §§ 611a, 611b und 612 Abs. 3 des Bürgerlichen Gesetzbuchs oder sexuellen Belästigungen nach dem Beschäftigtenschutzgesetz ist das vor dem 18. August 2006 maßgebliche Recht anzuwenden.

(2) [1] Bei Benachteiligungen aus Gründen der Rasse oder wegen der ethnischen Herkunft sind die §§ 19 bis 21 nicht auf Schuldverhältnisse anzuwenden, die vor dem 18. August 2006 begründet worden sind. [2] Satz 1 gilt nicht für spätere Änderungen von Dauerschuldverhältnissen.

(3) [1] Bei Benachteiligungen wegen des Geschlechts, der Religion, einer Behinderung, des Alters oder der sexuellen Identität sind die §§ 19 bis 21 nicht auf Schuldverhältnisse anzuwenden, die vor dem 1. Dezember 2006 begründet worden sind. [2] Satz 1 gilt nicht für spätere Änderungen von Dauerschuldverhältnissen.

(4) [1] Auf Schuldverhältnisse, die eine privatrechtliche Versicherung zum Gegenstand haben, ist § 19 Abs. 1 nicht anzuwenden, wenn diese vor dem 22. Dezember 2007 begründet worden sind. [2] Satz 1 gilt nicht für spätere Änderungen solcher Schuldverhältnisse.

(5) [1] Bei Versicherungsverhältnissen, die vor dem 21. Dezember 2012 begründet werden, ist eine unterschiedliche Behandlung wegen des Geschlechts im Falle des § 19 Absatz 1 Nummer 2 bei den Prämien oder Leistungen nur zulässig, wenn dessen Berücksichtigung bei einer auf relevanten und genauen versicherungsmathematischen und statistischen Daten beruhenden Risikobewertung ein bestimmender Faktor ist. [2] Kosten im Zusammenhang mit Schwangerschaft und Mutterschaft dürfen auf keinen Fall zu unterschiedlichen Prämien oder Leistungen führen.

3. Strafgesetzbuch (StGB)

In der Fassung der Bekanntmachung vom 13. November 1998[1)]
(BGBl. I S. 3322)

FNA 450-2

zuletzt geänd. durch Art. 14 G zur Umsetzung des G zur Einführung des Rechts auf Eheschließung für Personen gleichen Geschlechts v. 18.12.2018 (BGBl. I S. 2639)

– Auszug –

Besonderer Teil

Fünfundzwanzigster Abschnitt. Strafbarer Eigennutz[2)]

§ 291 Wucher. (1) [1] Wer die Zwangslage, die Unerfahrenheit, den Mangel an Urteilsvermögen oder die erhebliche Willensschwäche eines anderen dadurch ausbeutet, daß er sich oder einem Dritten

1. für die Vermietung von Räumen zum Wohnen oder damit verbundene Nebenleistungen,
2. für die Gewährung eines Kredits,
3. für eine sonstige Leistung oder
4. für die Vermittlung einer der vorbezeichneten Leistungen

Vermögensvorteile versprechen oder gewähren läßt, die in einem auffälligen Mißverhältnis zu der Leistung oder deren Vermittlung stehen, wird mit Freiheitsstrafe bis zu drei Jahren oder mit Geldstrafe bestraft. [2] Wirken mehrere Personen als Leistende, Vermittler oder in anderer Weise mit und ergibt sich dadurch ein auffälliges Mißverhältnis zwischen sämtlichen Vermögensvorteilen und sämtlichen Gegenleistungen, so gilt Satz 1 für jeden, der die Zwangslage oder sonstige Schwäche des anderen für sich oder einen Dritten zur Erzielung eines übermäßigen Vermögensvorteils ausnutzt.

(2) [1] In besonders schweren Fällen ist die Strafe Freiheitsstrafe von sechs Monaten bis zu zehn Jahren. [2] Ein besonders schwerer Fall liegt in der Regel vor, wenn der Täter

1. durch die Tat den anderen in wirtschaftliche Not bringt,
2. die Tat gewerbsmäßig begeht,
3. sich durch Wechsel wucherische Vermögensvorteile versprechen läßt.

[1)] Neubekanntmachung des StGB idF der Bek. v. 10.3.1987 (BGBl. I S. 945, 1160) in der seit 1.1.1999 geltenden Fassung.

[2)] Siehe hierzu auch die §§ 3 ff. Wirtschaftsstrafgesetz 1954 (Nr. **3a**).

3a. Gesetz zur weiteren Vereinfachung des Wirtschaftsstrafrechts (Wirtschaftsstrafgesetz 1954)

In der Fassung der Bekanntmachung vom 3. Juni 1975[1]
(BGBl. I S. 1313)

FNA 453-11

zuletzt geänd. durch Art. 3 MietrechtsanpassungsG v. 18.12.2018 (BGBl. I S. 2648)

– Auszug –

Erster Abschnitt. Ahndung von Zuwiderhandlungen im Bereich des Wirtschaftsrechts

§ 3 Verstöße gegen die Preisregelung. (1) [1] Ordnungswidrig handelt, wer in anderen als den in den §§ 1, 2 bezeichneten Fällen vorsätzlich oder fahrlässig einer Rechtsvorschrift über

1. Preise, Preisspannen, Zuschläge oder Abschläge,
2. Preisangaben,
3. Zahlungs- oder Lieferungsbedingungen oder
4. andere der Preisbildung oder dem Preisschutz dienende Maßnahmen

oder einer auf Grund einer solchen Rechtsvorschrift ergangenen vollziehbaren Verfügung zuwiderhandelt, soweit die Rechtsvorschrift für einen bestimmten Tatbestand auf diese Vorschrift verweist. [2] Die Verweisung ist nicht erforderlich, soweit § 16 dies bestimmt.

(2) Die Ordnungswidrigkeit kann mit einer Geldbuße bis zu fünfundzwanzigtausend Euro geahndet werden.

§ 4 Preisüberhöhung in einem Beruf oder Gewerbe. (1) Ordnungswidrig handelt, wer vorsätzlich oder leichtfertig in befugter oder unbefugter Betätigung in einem Beruf oder Gewerbe für Gegenstände oder Leistungen des lebenswichtigen Bedarfs Entgelte fordert, verspricht, vereinbart, annimmt oder gewährt, die infolge einer Beschränkung des Wettbewerbs oder infolge der Ausnutzung einer wirtschaftlichen Machtstellung oder einer Mangellage unangemessen hoch sind.

(2) Die Ordnungswidrigkeit kann mit einer Geldbuße bis zu fünfundzwanzigtausend Euro geahndet werden.

§ 5 Mietpreisüberhöhung.[2] (1) Ordnungswidrig handelt, wer vorsätzlich oder leichtfertig für die Vermietung von Räumen zum Wohnen oder damit

---

[1] Neubekanntmachung des WiStG (WirtschaftsstrafG 1954) v. 9.7.1954 (BGBl. I S. 175) in der ab 1.1.1975 geltenden Fassung.

[2] Siehe auch § 291 StGB (Nr. **3**).

verbundene Nebenleistungen unangemessen hohe Entgelte fordert, sich versprechen lässt oder annimmt.

(2) [1] Unangemessen hoch sind Entgelte, die infolge der Ausnutzung eines geringen Angebots an vergleichbaren Räumen die üblichen Entgelte um mehr als 20 vom Hundert übersteigen, die in der Gemeinde oder in vergleichbaren Gemeinden für die Vermietung von Räumen vergleichbarer Art, Größe, Ausstattung, Beschaffenheit und Lage oder damit verbundene Nebenleistungen in den letzten vier Jahren vereinbart oder, von Erhöhungen der Betriebskosten abgesehen, geändert worden sind. [2] Nicht unangemessen hoch sind Entgelte, die zur Deckung der laufenden Aufwendungen des Vermieters erforderlich sind, sofern sie unter Zugrundelegung der nach Satz 1 maßgeblichen Entgelte nicht in einem auffälligen Missverhältnis zu der Leistung des Vermieters stehen.

(3) Die Ordnungswidrigkeit kann mit einer Geldbuße bis zu fünfzigtausend Euro geahndet werden.

§ 6 Durchführung einer baulichen Veränderung in missbräuchlicher Weise. (1) Ordnungswidrig handelt, wer in der Absicht, einen Mieter von Wohnraum hierdurch zur Kündigung oder zur Mitwirkung an der Aufhebung des Mietverhältnisses zu veranlassen, eine bauliche Veränderung in einer Weise durchführt oder durchführen lässt, die geeignet ist, zu erheblichen, objektiv nicht notwendigen Belastungen des Mieters zu führen.

(2) Die Ordnungswidrigkeit kann mit einer Geldbuße bis zu hunderttausend Euro geahndet werden.

Zweiter Abschnitt. Ergänzende Vorschriften

§ 7 Einziehung. Ist eine Zuwiderhandlung im Sinne der §§ 1 bis 4 begangen worden, so können

1. Gegenstände, auf die sich die Tat bezieht, und
2. Gegenstände, die zu ihrer Begehung oder Vorbereitung gebraucht worden oder bestimmt gewesen sind,

eingezogen werden.

§ 8 Abführung des Mehrerlöses. (1) [1] Hat der Täter durch eine Zuwiderhandlung im Sinne der §§ 1 bis 6 einen höheren als den zulässigen Preis erzielt, so ist anzuordnen, daß er den Unterschiedsbetrag zwischen dem zulässigen und dem erzielten Preis (Mehrerlös) an das Land abführt, soweit er ihn nicht auf Grund einer rechtlichen Verpflichtung zurückerstattet hat. [2] Die Abführung kann auch angeordnet werden, wenn eine rechtswidrige Tat nach den §§ 1 bis 6 vorliegt, der Täter jedoch nicht schuldhaft gehandelt hat oder die Tat aus anderen Gründen nicht geahndet werden kann.

(2) [1] Wäre die Abführung des Mehrerlöses eine unbillige Härte, so kann die Anordnung auf einen angemessenen Betrag beschränkt werden oder ganz unterbleiben. [2] Sie kann auch unterbleiben, wenn der Mehrerlös gering ist.

(3) [1] Die Höhe des Mehrerlöses kann geschätzt werden. [2] Der abzuführende Betrag ist zahlenmäßig zu bestimmen.

(4) [1] Die Abführung des Mehrerlöses tritt an die Stelle der Einziehung von Taterträgen (§§ 73 bis 73e und 75 des Strafgesetzbuches[1]), § 29a des Gesetzes über Ordnungswidrigkeiten[2]). [2] Bei Zuwiderhandlungen im Sinne des § 1 gelten die Vorschriften des Strafgesetzbuches[3]) über die Verjährung der Einziehung von Taterträgen entsprechend.

§ 9 Rückerstattung des Mehrerlöses. (1) Statt der Abführung kann auf Antrag des Geschädigten die Rückerstattung des Mehrerlöses an ihn angeordnet werden, wenn sein Rückforderungsanspruch gegen den Täter begründet erscheint.

(2) Legt der Täter oder der Geschädigte, nachdem die Abführung des Mehrerlöses angeordnet ist, eine rechtskräftige Entscheidung vor, in welcher der Rückforderungsanspruch gegen den Täter festgestellt ist, so ordnet die Vollstreckungsbehörde an, daß die Anordnung der Abführung des Mehrerlöses insoweit nicht mehr vollstreckt oder der Geschädigte aus dem bereits abgeführten Mehrerlös befriedigt wird.

(3) Die Vorschriften der Strafprozeßordnung[4]) über die Entschädigung des Verletzten (§§ 403 bis 406c) sind mit Ausnahme des § 405 Satz 1, § 406a Abs. 3 und § 406c Abs. 2 entsprechend anzuwenden.

§ 10 Selbständige Abführung des Mehrerlöses. (1) Kann ein Straf- oder Bußgeldverfahren nicht durchgeführt werden, so kann die Abführung oder Rückerstattung des Mehrerlöses selbständig angeordnet werden, wenn im übrigen die Voraussetzungen des § 8 oder § 9 vorliegen.

(2) Ist eine rechtswidrige Tat nach diesem Gesetz in einem Betrieb begangen worden, so kann die Abführung des Mehrerlöses gegen den Inhaber oder Leiter des Betriebes und, falls der Inhaber eine juristische Person oder eine Personengesellschaft des Handelsrechts ist, auch gegen diese selbständig angeordnet werden, wenn ihnen der Mehrerlös zugeflossen ist.

§ 11 Verfahren. (1) [1] Im Strafverfahren ist die Abführung des Mehrerlöses im Urteil auszusprechen. [2] Für das selbständige Verfahren gelten § 435 Absatz 1, 2 und 3 Satz 1 und § 436 Absatz 1 und 2 in Verbindung mit § 434 Absatz 2 oder 3 der Strafprozeßordnung[4]) entsprechend.

(2) [1] Im Bußgeldverfahren ist die Abführung des Mehrerlöses im Bußgeldbescheid auszusprechen. [2] Im selbständigen Verfahren steht der von der Verwaltungsbehörde zu erlassende Bescheid einem Bußgeldbescheid gleich.

§ 12 (weggefallen)

§ 13 Besondere Vorschriften für das Strafverfahren. (1) [1] Soweit für Straftaten nach § 1 das Amtsgericht sachlich zuständig ist, ist örtlich zuständig das Amtsgericht, in dessen Bezirk das Landgericht seinen Sitz hat. [2] Die Landesregierung kann durch Rechtsverordnung die örtliche Zuständigkeit des Amtsgerichts abweichend regeln, soweit dies mit Rücksicht auf die Wirt-

---

[1]) **Schönfelder Nr. 85.**
[2]) **Schönfelder Nr. 94.**
[3]) Auszugsweise abgedruckt unter Nr. **3.**
[4]) **Schönfelder Nr. 90.**

schafts- oder Verkehrsverhältnisse, den Aufbau der Verwaltungsbehörden oder andere örtliche Bedürfnisse zweckmäßig erscheint. [3] Die Landesregierung kann diese Ermächtigung auf die Landesjustizverwaltung übertragen.

(2) Im Strafverfahren wegen einer Zuwiderhandlung im Sinne des § 1 gelten die §§ 49, 63 Abs. 1 bis 3 Satz 1 und § 76 Abs. 1, 4 des Gesetzes über Ordnungswidrigkeiten[1] über die Beteiligung der Verwaltungsbehörde im Verfahren der Staatsanwaltschaft und im gerichtlichen Verfahren entsprechend.

---

[1] **Schönfelder Nr. 94.**

4. Gesetz ... über die Rückerstattung von Baukostenzuschüssen (Gesetz zur Änderung des Zweiten Wohnungsbaugesetzes, anderer wohnungsbaurechtlicher Vorschriften und über die Rückerstattung von Baukostenzuschüssen)

Vom 21. Juli 1961
(BGBl. I S. 1041)

FNA 2330-2-4

zuletzt geänd. durch Gesetz v. 19. Juni 2001 (BGBl. I S. 1149)

– Auszug –

Inhaltsübersicht

Artikel VI. Rückerstattung verlorener Zuschüsse

§ 1 [1] Hat ein Mieter oder für ihn ein Dritter dem Vermieter mit Rücksicht auf die Vermietung einer Wohnung auf Grund vertraglicher Verpflichtung einen verlorenen Zuschuß, insbesondere einen verlorenen Baukostenzuschuß, geleistet, und wird das Mietverhältnis nach dem 31. Oktober 1965 beendigt, so hat der Vermieter die Leistung, soweit sie nicht durch die Dauer des Mietverhältnisses als getilgt anzusehen ist, nach Maßgabe des § 347 des Bürgerlichen Gesetzbuchs[1)] zurückzuerstatten. [2] Erfolgt die Beendigung des Mietverhältnisses wegen eines Umstandes, den der Vermieter nicht zu ver-

[1)] **Schönfelder Nr. 20.**

treten hat, so hat er die Leistung nach den Vorschriften über die Herausgabe einer ungerechtfertigten Bereicherung zurückzuerstatten.

§ 2 [1] Beruht der Zuschuß auf einer nach dem Inkrafttreten dieses Gesetzes getroffenen Vereinbarung, so gilt ein Betrag in Höhe einer Jahresmiete durch eine Mietdauer von vier Jahren von der Leistung an als getilgt. [2] Dabei ist die ortsübliche Miete für Wohnungen gleicher Art, Finanzierungsweise, Lage und Ausstattung zur Zeit der Leistung maßgebend. [3] Leistungen, die den Betrag einer Vierteljahresmiete nicht erreichen, bleiben außer Betracht.

§ 3 Beruht der Zuschuß auf einer vor dem Inkrafttreten dieses Gesetzes getroffenen Vereinbarung, so gilt er als für eine Mietdauer gewährt, die unter Berücksichtigung aller Umstände, insbesondere der Höhe des Zuschusses und der laufenden Miete, der Billigkeit entspricht.

§ 4 Der Anspruch auf Rückerstattung verjährt nach Ablauf eines Jahres von der Beendigung des Mietverhältnisses an.

§ 5 Eine von den Vorschriften der §§ 1 bis 4 zum Nachteil des Mieters abweichende Vereinbarung ist unwirksam.

§ 6 Die §§ 1 bis 5 gelten nicht für verlorene Zuschüsse, die wegen ihrer Unzulässigkeit nach anderen Vorschriften zurückzuerstatten sind.

§ 7 *(gegenstandslos)*

5. Gesetz zur Verbesserung des Mietrechts und zur Begrenzung des Mietanstiegs sowie zur Regelung von Ingenieur- und Architektenleistungen[1)]

[1)] Zum MietRVerbessG wurden folgende Ländervorschriften erlassen:

- **Baden-Württemberg:** Siebte Verordnung der Landesregierung über das Verbot der Zweckentfremdung von Wohnraum v. 11.12.2001 (GBl. S. 685) *(außer Kraft)*
- **Bayern:** Gesetz über das Verbot der Zweckentfremdung von Wohnraum (ZwEWG) v. 10.12.2007 (GVBl S. 864), zuletzt geänd. durch G v. 22.3.2013 (GVBl S. 77) *(außer Kraft 30.6.2017)*; Vollzug des Verbots der Zweckentfremdung von Wohnraum (VollzBekZwE) v. 6.12.2001 (AllMBl S. 841), aufgeh. durch VwV v. 14.3.2011 (AllMBl S. 81); Verordnung über das Verbot der Zweckentfremdung von Wohnraum (ZwEV) v. 28.7.1992 (GVBl S. 278), aufgeh. durch G v. 10.12.2007 (GVBl S. 864)
- **Berlin:** Zweite Verordnung über das Verbot der Zweckentfremdung von Wohnraum (2. Zweckentfremdungsverbot-Verordnung – 2. ZwVbVO) v. 15.3.1994 (GVBl. S. 91, ber. S. 272), aufgeh. durch VO v. 11.7.2003 (GVBl. S. 283)
- **Brandenburg:** Zweite Verordnung über das Verbot der Zweckentfremdung von Wohnraum v. 11.3.1998 (GVBl. II S. 270), aufgeh. durch VO v. 28.12.2000 (GVBl. 2001 II S. 2)
- **Bremen:** Bremisches Gesetz zur Sicherung der Zweckbestimmung von Sozialwohnungen (Bremisches Wohnungsbindungsgesetz – BremWoBindG) v. 18.11.2008 (Brem.GBl. S. 392), geänd. durch Bek. v. 24.1.2012 (Brem.GBl. S. 24); Verordnung über das Verbot der Zweckentfremdung von Wohnraum v. 19.12.1989 (Brem.GBl. S. 436) *(außer Kraft)*
- **Hamburg:** Verordnung über die Feststellung einer Gefährdungslage nach § 9 Absatz 1 des Hamburgischen Wohnraumschutzgesetzes v. 1.4.2008 (HmbGVBl. S. 136) *(außer Kraft 31.3.2018)*; Verordnung über das Verbot der Zweckentfremdung von Wohnraum v. 7.12.1971 (HmbGVBl. S. 223), aufgeh. durch VO v. 1.4.2008 (HmbGVBl. S. 136)
- **Hessen:** Hessisches Gesetz zur Bekämpfung der Zweckentfremdung von Wohnraum (HWoZBG) v. 29.11.1994 (GVBl. I S. 705) *(außer Kraft 31.12.2005)*; Erste Hessische Verordnung über das Verbot der Zweckentfremdung von Wohnraum v. 25.1.1972 (GVBl. I S. 19), aufgeh. durch VO v. 13.5.2004 (GVBl. I S. 198)
- **Mecklenburg-Vorpommern:** Gesetz zur Übertragung der Aufgaben nach Artikel 6 des Gesetzes zur Verbesserung des Mietrechts und zur Begrenzung des Mietanstiegs sowie zur Regelung von Ingenieur- und Architektenleistungen (Zweckentfremdungsübertragungsgesetz – ZwG M-V) v. 25.6.1996 (GVOBl. M-V S. 286); Verordnung über das Verbot der Zweckentfremdung von Wohnraum v. 20.8.1996 (GVOBl. M-V S. 377), aufgeh. durch VO v. 4.5.2004 (GVOBl. M-V S. 186)
- **Niedersachsen:** Niedersächsische Bauordnung v. 3.4.2012 (Nds. GVBl. S. 46), zuletzt geänd. durch G v. 12.9.2018 (Nds. GVBl. S. 190); Verordnung über das Verbot der Zweckentfremdung von Wohnraum v. 20.3.1991 (Nds. GVBl. S. 152), aufgeh. durch VO v. 17.11.2003 (Nds. GVBl. S. 382)
- **Nordrhein-Westfalen:** Verordnung über das Verbot der Zweckentfremdung von Wohnraum v. 12.6.2001 (GV. NRW. S. 458) *(außer Kraft 31.12.2006)*
- **Rheinland-Pfalz:** Verordnung über das Verbot der Zweckentfremdung von Wohnraum *(außer Kraft)*
- **Saarland:** *(keine Vorschrift erlassen)*
- **Sachsen:** Verordnung der Sächsischen Staatsregierung über das Verbot der Zweckentfremdung von Wohnraum v. 12.12.1996 (SächsGVBl. S. 539) *(außer Kraft 30.12.1998)*
- **Sachsen-Anhalt:** Verordnung über das Verbot der Zweckentfremdung von Wohnraum v. 17.1.1996 (GVBl. LSA S. 34), aufgeh. durch VO v. 18.5.1999 (GVBl. LSA S. 154)
- **Schleswig-Holstein:** *(keine Vorschrift erlassen)*
- **Thüringen:** Thüringer Verordnung über die Genehmigungspflicht der Zweckentfremdung von Wohnraum v. 11.5.1992 (GVBl. S. 170), aufgeh. durch G v. 31.1.2013 (GVBl. S. 1) *(außer Kraft mWv 31.3.2013)*

Vom 4. November 1971
(BGBl. I S. 1745)

FNA 402-24-8

zuletzt geänd. durch Art. 209 Abs. 5 Erstes G über die Bereinigung von BundesR im Zuständigkeitsbereich des BMJ v. 19.4.2006 (BGBl. I S. 866)

– Auszug –

Art. 1 Änderung des Bürgerlichen Gesetzbuches. *(hier nicht wiedergegeben)*

Art. 2 Änderung der Zivilprozessordnung. *(hier nicht wiedergegeben)*

Art. 3 Änderung des Mieterschutzgesetzes. *(hier nicht wiedergegeben)*

Art. 4 *(aufgehoben)*

Art. 5 Änderung des Ersten Bundesmietengesetzes und des Wohnungsbindungsgesetzes 1965. *(hier nicht wiedergegeben)*

Art. 6. Verbot der Zweckentfremdung von Wohnraum

§ 1 (1) [1] Die Landesregierungen werden ermächtigt, für Gemeinden, in denen die Versorgung der Bevölkerung mit ausreichendem Wohnraum zu angemessenen Bedingungen besonders gefährdet ist, durch Rechtsverordnung zu bestimmen, daß Wohnraum anderen als Wohnzwecken nur mit Genehmigung der von der Landesregierung bestimmten Stelle zugeführt werden darf. [2] Als Aufgabe des Wohnzweckes im Sinne des Satzes 1 ist es auch anzusehen, wenn Wohnraum zum Zwecke einer dauernden Fremdenbeherbergung, insbesondere einer gewerblichen Zimmervermietung oder der Einrichtung von Schlafstellen verwendet werden soll. [3] Einer Genehmigung bedarf es nicht für

a) die Umwandlung eines Wohnraumes in einen Nebenraum, insbesondere einen Baderaum,

b) die anderweitige Verwendung von Wohnraum, der nach dem 31. Mai 1990 unter wesentlichem Bauaufwand aus Räumen geschaffen wurde, die anderen als Wohnzwecken dienten.

(2) [1] Die Genehmigung kann auch befristet, bedingt oder unter Auflagen erteilt werden. [2] Ist die Wirksamkeit der Genehmigung erloschen, so ist der Raum wieder als Wohnraum zu behandeln.

§ 2 (1) Ordnungswidrig handelt, wer ohne die erforderliche Genehmigung Wohnraum für andere als Wohnzwecke im Sinne des § 1 Abs. 1 verwendet oder überläßt.

(2) Die Ordnungswidrigkeit kann mit einer Geldbuße bis zu fünfzigtausend Euro geahndet werden.

§ 3 § 27 Abs. 7 des Wohnraumförderungsgesetzes[1] und § 7 Abs. 3 des Wohnungsbindungsgesetzes[2] in Verbindung mit § 27 Abs. 7 des Wohnraumförderungsgesetzes sowie die landesrechtlichen Vorschriften über Belegungsbindungen bleiben unberührt.

Art. 7 Änderung des Strafgesetzbuches. *(hier nicht wiedergegeben)*

Art. 8 Änderung des Wirtschaftsstrafgesetzes 1954. *(hier nicht wiedergegeben)*

Art. 9 Gesetz zur Regelung der Wohnungsvermittlung.[3] *(hier nicht wiedergegeben)*

Art. 10 Gesetz zur Regelung von Ingenieur- und Architektenleistungen. *(hier nicht wiedergegeben)*[4]

Art. 11. Schlußvorschriften

§ 1 (gegenstandslos)

§ 2 [Inkrafttreten, Außerkrafttreten] (1) Die Vorschriften dieses Gesetzes treten unbeschadet des Absatzes 2 am Tage nach der Verkündung[5] in Kraft.

(2) [1] Soweit das Mieterschutzgesetz noch in Geltung ist, tritt Artikel 1 mit dessen Außerkrafttreten in Kraft. [2] Das Inkrafttreten des Artikels 4 gemäß Absatz 1 bleibt hiervon unberührt.

---

[1] Nr. **14**.
[2] Nr. **16**.
[3] Nr. **6**.
[4] Abgedruckt in Beck'sche Textausgaben „Miet-, Wohn- und Wohnungsbaurecht“, Nr. **230**. Siehe hierzu auch die Honorarordnung für Architekten und Ingenieure (HOAI), abgedruckt im selben Werk, dort Nr. **231**.
[5] Verkündet am 9.11.1971.

6. Gesetz zur Regelung der Wohnungsvermittlung[1)]

Vom 4. November 1971
(BGBl. I S. 1745)
FNA 402-24-8-1

zuletzt geänd. durch Art. 3 MietrechtsnovellierungsG v. 21.4.2015 (BGBl. I S. 610)

§ 1 [Begriff des Wohnungsvermittlers] (1) Wohnungsvermittler im Sinne dieses Gesetzes ist, wer den Abschluß von Mietverträgen über Wohnräume vermittelt oder die Gelegenheit zum Abschluß von Mietverträgen über Wohnräume nachweist.

(2) Zu den Wohnräumen im Sinne dieses Gesetzes gehören auch solche Geschäftsräume, die wegen ihres räumlichen oder wirtschaftlichen Zusammenhangs mit Wohnräumen mit diesen zusammen vermietet werden.

(3) Die Vorschriften dieses Gesetzes gelten nicht für die Vermittlung oder den Nachweis der Gelegenheit zum Abschluß von Mietverträgen über Wohnräume im Fremdenverkehr.

§ 2 [Anspruch auf Entgelt] (1) [1] Ein Anspruch auf Entgelt für die Vermittlung oder den Nachweis der Gelegenheit zum Abschluß von Mietverträgen über Wohnräume steht dem Wohnungsvermittler nur zu, wenn infolge seiner Vermittlung oder infolge seines Nachweises ein Mietvertrag zustande kommt. [2] Der Vermittlungsvertrag bedarf der Textform.

(1a) Der Wohnungsvermittler darf vom Wohnungssuchenden für die Vermittlung oder den Nachweis der Gelegenheit zum Abschluss von Mietverträgen über Wohnräume kein Entgelt fordern, sich versprechen lassen oder annehmen, es sei denn, der Wohnungsvermittler holt ausschließlich wegen des Vermittlungsvertrags mit dem Wohnungssuchenden vom Vermieter oder von einem anderen Berechtigten den Auftrag ein, die Wohnung anzubieten (§ 6 Absatz 1).

(2) [1] Ein Anspruch nach Absatz 1 Satz 1 steht dem Wohnungsvermittler nicht zu, wenn

1. durch den Mietvertrag ein Mietverhältnis über dieselben Wohnräume fortgesetzt, verlängert oder erneuert wird,
2. der Mietvertrag über Wohnräume abgeschlossen wird, deren Eigentümer, Verwalter, Mieter oder Vermieter der Wohnungsvermittler ist, oder
3. der Mietvertrag über Wohnräume abgeschlossen wird, deren Eigentümer, Verwalter oder Vermieter eine juristische Person ist, an der der Wohnungsvermittler rechtlich oder wirtschaftlich beteiligt ist.

[2] Das gleiche gilt, wenn eine natürliche oder juristische Person Eigentümer, Verwalter oder Vermieter von Wohnräumen ist und ihrerseits an einer juristischen Person, die sich als Wohnungsvermittler betätigt, rechtlich oder wirtschaftlich beteiligt ist.

[1)] Verkündet als Art. 9 G zur Verbesserung des Mietrechts und zur Begrenzung des Mietanstiegs sowie zur Regelung von Ingenieur- und Architektenleistungen v. 4.11.1971 (BGBl. I S. 1745, 1747); Inkrafttreten gem. Art. 11 § 2 Abs. 1 dieses G am 10.11.1971.

(3) [1] Ein Anspruch nach Absatz 1 Satz 1 steht dem Wohnungsvermittler gegenüber dem Wohnungssuchenden nicht zu, wenn der Mietvertrag über öffentlich geförderte Wohnungen oder über sonstige preisgebundene Wohnungen abgeschlossen wird, die nach dem 20. Juni 1948 bezugsfertig geworden sind oder bezugsfertig werden. [2] Satz 1 gilt auch für die Wohnungen, die nach den §§ 88d und 88e des Zweiten Wohnungsbaugesetzes, nach dem Wohnraumförderungsgesetz[1)] oder nach entsprechenden landesrechtlichen Vorschriften gefördert werden, solange das Belegungsrecht besteht. [3] Das gleiche gilt für die Vermittlung einzelner Wohnräume der in den Sätzen 1 und 2 genannten Wohnungen.

(4) Vorschüsse dürfen nicht gefordert, vereinbart oder angenommen werden.

(5) Eine Vereinbarung ist unwirksam, wenn

1. sie von den Absätzen 1 bis 4 abweicht oder
2. durch sie der Wohnungssuchende verpflichtet wird, ein vom Vermieter oder einem Dritten geschuldetes Vermittlungsentgelt zu zahlen.

§ 3 [Entgelt; Auslagen] (1) Das Entgelt nach § 2 Abs. 1 Satz 1 ist in einem Bruchteil oder Vielfachen der Monatsmiete anzugeben.

(2) [1] Der Wohnungsvermittler darf vom Wohnungssuchenden für die Vermittlung oder den Nachweis der Gelegenheit zum Abschluß von Mietverträgen über Wohnräume kein Entgelt fordern, sich versprechen lassen oder annehmen, das zwei Monatsmieten zuzüglich der gesetzlichen Umsatzsteuer übersteigt. [2] Nebenkosten, über die gesondert abzurechnen ist, bleiben bei der Berechnung der Monatsmiete unberücksichtigt.

(3) [1] Außer dem Entgelt nach § 2 Abs. 1 Satz 1 dürfen für Tätigkeiten, die mit der Vermittlung oder dem Nachweis der Gelegenheit zum Abschluß von Mietverträgen über Wohnräume zusammenhängen, sowie für etwaige Nebenleistungen keine Vergütungen irgendwelcher Art, insbesondere keine Einschreibgebühren, Schreibgebühren oder Auslagenerstattungen, vereinbart oder angenommen werden. [2] Dies gilt nicht, soweit die nachgewiesenen Auslagen eine Monatsmiete übersteigen. [3] Es kann jedoch vereinbart werden, daß bei Nichtzustandekommen eines Mietvertrages die in Erfüllung des Auftrages nachweisbar entstandenen Auslagen zu erstatten sind.

(4) [1] Eine Vereinbarung, durch die der Auftraggeber sich im Zusammenhang mit dem Auftrag verpflichtet, Waren zu beziehen oder Dienst- oder Werkleistungen in Anspruch zu nehmen, ist unwirksam. [2] Die Wirksamkeit des Vermittlungsvertrags bleibt unberührt. [3] Satz 1 gilt nicht, wenn die Verpflichtung die Übernahme von Einrichtungs- oder Ausstattungsgegenständen des bisherigen Inhabers der Wohnräume zum Gegenstand hat.

§ 4 [Vertragsstrafe] [1] Der Wohnungsvermittler und der Auftraggeber können vereinbaren, daß bei Nichterfüllung von vertraglichen Verpflichtungen eine Vertragsstrafe zu zahlen ist. [2] Die Vertragsstrafe darf 10 Prozent des gemäß § 2 Abs. 1 Satz 1 vereinbarten Entgelts, höchstens jedoch 25 Euro nicht übersteigen.

---

1) Nr. **14**.

§ 4a [Unwirksame Vereinbarungen] (1) [1] Eine Vereinbarung, die den Wohnungssuchenden oder für ihn einen Dritten verpflichtet, ein Entgelt dafür zu leisten, daß der bisherige Mieter die gemieteten Wohnräume räumt, ist unwirksam. [2] Die Erstattung von Kosten, die dem bisherigen Mieter nachweislich für den Umzug entstehen, ist davon ausgenommen.

(2) [1] Ein Vertrag, durch den der Wohnungssuchende sich im Zusammenhang mit dem Abschluß eines Mietvertrages über Wohnräume verpflichtet, von dem Vermieter oder dem bisherigen Mieter eine Einrichtung oder ein Inventarstück zu erwerben, ist im Zweifel unter der aufschiebenden Bedingung geschlossen, daß der Mietvertrag zustande kommt. [2] Die Vereinbarung über das Entgelt ist unwirksam, soweit dieses in einem auffälligen Mißverhältnis zum Wert der Einrichtung oder des Inventarstücks steht.

§ 5 [Rückforderung von Leistungen] (1) Soweit an den Wohnungsvermittler ein ihm nach diesem Gesetz nicht zustehendes Entgelt, eine Vergütung anderer Art, eine Auslagenerstattung, ein Vorschuß oder eine Vertragsstrafe, die den in § 4 genannten Satz übersteigt, geleistet worden ist, kann die Leistung nach den allgemeinen Vorschriften des bürgerlichen Rechts zurückgefordert werden; die Vorschrift des § 817 Satz 2 des Bürgerlichen Gesetzbuchs[1)] ist nicht anzuwenden.

(2) Soweit Leistungen auf Grund von Vereinbarungen erbracht worden sind, die nach § 2 Absatz 5 Nummer 2 oder § 4a unwirksam oder nicht wirksam geworden sind, ist Absatz 1 entsprechend anzuwenden.

§ 6 [Angebote; Anforderungen an Anzeigen] (1) Der Wohnungsvermittler darf Wohnräume nur anbieten, wenn er dazu einen Auftrag von dem Vermieter oder einem anderen Berechtigten hat.

(2) Der Wohnungsvermittler darf öffentlich, insbesondere in Zeitungsanzeigen, auf Aushängetafeln und dergleichen, nur unter Angabe seines Namens und der Bezeichnung als Wohnungsvermittler Wohnräume anbieten oder suchen; bietet er Wohnräume an, so hat er auch den Mietpreis der Wohnräume anzugeben und darauf hinzuweisen, ob Nebenleistungen besonders zu vergüten sind.

§ 7 [Ausnahmen von § 3 Abs. 1 und § 6] Die Vorschriften des § 3 Abs. 1 und des § 6 gelten nur, soweit der Wohnungsvermittler die in § 1 Abs. 1 bezeichnete Tätigkeit gewerbsmäßig ausübt.

§ 8 [Ordnungswidrigkeiten] (1) Ordnungswidrig handelt, wer als Wohnungsvermittler vorsätzlich oder fahrlässig

1. entgegen § 2 Absatz 1a vom Wohnungssuchenden ein Entgelt fordert, sich versprechen lässt oder annimmt,

1a. entgegen § 3 Abs. 1 das Entgelt nicht in einem Bruchteil oder Vielfachen der Monatsmiete angibt,

2. entgegen § 3 Abs. 2 ein Entgelt fordert, sich versprechen läßt oder annimmt, das den dort genannten Betrag übersteigt,

3. entgegen § 6 Abs. 1 ohne Auftrag Wohnräume anbietet oder

---

1) **Schönfelder Nr. 20.**

4. entgegen § 6 Abs. 2 seinen Namen, die Bezeichnung als Wohnungsvermittler oder den Mietpreis nicht angibt oder auf Nebenkosten nicht hinweist.

(2) Die Ordnungswidrigkeit nach Absatz 1 Nummer 1 und 2 kann mit einer Geldbuße bis zu 25 000 Euro, die Ordnungswidrigkeit nach Absatz 1 Nummer 1a, 3 und 4 mit einer Geldbuße bis zu 2 500 Euro geahndet werden.

§ 9 [Inkrafttreten] (1) Mit dem Inkrafttreten dieses Gesetzes tritt die Verordnung zur Regelung der Entgelte der Wohnungsvermittler vom 19. Oktober 1942 (Reichsgesetzbl. I S. 625) außer Kraft.

(2) *(aufgehoben)*

(3) § 2 gilt für das Land Berlin und für das Saarland mit der Maßgabe, daß das Datum „20. Juni 1948“ für das Land Berlin durch das Datum „24. Juni 1948“, für das Saarland durch das Datum „1. April 1948“ zu ersetzen ist.

7. Gesetz über das Wohnungseigentum und das Dauerwohnrecht (Wohnungseigentumsgesetz)

Vom 15. März 1951
(BGBl. I S. 175, ber. S. 209)

BGBl. III/FNA 403-1

zuletzt geänd. durch Art. 4 G zur Erleichterung der Umsetzung der Grundbuchamtsreform in BW sowie zur Änd. des EGZPO und des WohnungseigentumsG v. 5.12.2014 (BGBl. I S. 1962)

I. Teil. Wohnungseigentum

§ 1 Begriffsbestimmungen. (1) Nach Maßgabe dieses Gesetzes kann an Wohnungen das Wohnungseigentum, an nicht zu Wohnzwecken dienenden Räumen eines Gebäudes das Teileigentum begründet werden.

(2) Wohnungseigentum ist das Sondereigentum an einer Wohnung in Verbindung mit dem Miteigentumsanteil an dem gemeinschaftlichen Eigentum, zu dem es gehört.

(3) Teileigentum ist das Sondereigentum an nicht zu Wohnzwecken dienenden Räumen eines Gebäudes in Verbindung mit dem Miteigentumsanteil an dem gemeinschaftlichen Eigentum, zu dem es gehört.

(4) Wohnungseigentum und Teileigentum können nicht in der Weise begründet werden, daß das Sondereigentum mit Miteigentum an mehreren Grundstücken verbunden wird.

(5) Gemeinschaftliches Eigentum im Sinne dieses Gesetzes sind das Grundstück sowie die Teile, Anlagen und Einrichtungen des Gebäudes, die nicht im Sondereigentum oder im Eigentum eines Dritten stehen.

(6) Für das Teileigentum gelten die Vorschriften über das Wohnungseigentum entsprechend.

1. Abschnitt. Begründung des Wohnungseigentums

§ 2 Arten der Begründung. Wohnungseigentum wird durch die vertragliche Einräumung von Sondereigentum (§ 3) oder durch Teilung (§ 8) begründet.

§ 3 Vertragliche Einräumung von Sondereigentum. (1) Das Miteigentum (§ 1008 des Bürgerlichen Gesetzbuches[1]) an einem Grundstück kann durch Vertrag der Miteigentümer in der Weise beschränkt werden, daß jedem der Miteigentümer abweichend von § 93 des Bürgerlichen Gesetzbuches[1] das Sondereigentum an einer bestimmten Wohnung oder an nicht zu Wohnzwecken dienenden bestimmten Räumen in einem auf dem Grundstück errichteten oder zu errichtenden Gebäude eingeräumt wird.

---

[1] **Schönfelder Nr. 20.**

(2) [1] Sondereigentum soll nur eingeräumt werden, wenn die Wohnungen oder sonstigen Räume in sich abgeschlossen sind. [2] Garagenstellplätze gelten als abgeschlossene Räume, wenn ihre Flächen durch dauerhafte Markierungen ersichtlich sind.

§ 4 Formvorschriften. (1) Zur Einräumung und zur Aufhebung des Sondereigentums ist die Einigung der Beteiligten über den Eintritt der Rechtsänderung und die Eintragung in das Grundbuch erforderlich.

(2) [1] Die Einigung bedarf der für die Auflassung vorgeschriebenen Form. [2] Sondereigentum kann nicht unter einer Bedingung oder Zeitbestimmung eingeräumt oder aufgehoben werden.

(3) Für einen Vertrag, durch den sich ein Teil verpflichtet, Sondereigentum einzuräumen, zu erwerben oder aufzuheben, gilt § 311b Abs. 1 des Bürgerlichen Gesetzbuchs[1)] entsprechend.

§ 5 Gegenstand und Inhalt des Sondereigentums. (1) Gegenstand des Sondereigentums sind die gemäß § 3 Abs. 1 bestimmten Räume sowie die zu diesen Räumen gehörenden Bestandteile des Gebäudes, die verändert, beseitigt oder eingefügt werden können, ohne daß dadurch das gemeinschaftliche Eigentum oder ein auf Sondereigentum beruhendes Recht eines anderen Wohnungseigentümers über das nach § 14 zulässige Maß hinaus beeinträchtigt oder die äußere Gestaltung des Gebäudes verändert wird.

(2) Teile des Gebäudes, die für dessen Bestand oder Sicherheit erforderlich sind, sowie Anlagen und Einrichtungen, die dem gemeinschaftlichen Gebrauch der Wohnungseigentümer dienen, sind nicht Gegenstand des Sondereigentums, selbst wenn sie sich im Bereich der im Sondereigentum stehenden Räume befinden.

(3) Die Wohnungseigentümer können vereinbaren, daß Bestandteile des Gebäudes, die Gegenstand des Sondereigentums sein können, zum gemeinschaftlichen Eigentum gehören.

(4) [1] Vereinbarungen über das Verhältnis der Wohnungseigentümer untereinander können nach den Vorschriften des 2. und 3. Abschnittes zum Inhalt des Sondereigentums gemacht werden. [2] Ist das Wohnungseigentum mit der Hypothek, Grund- oder Rentenschuld oder der Reallast eines Dritten belastet, so ist dessen nach anderen Rechtsvorschriften notwendige Zustimmung zu der Vereinbarung nur erforderlich, wenn ein Sondernutzungsrecht begründet oder ein mit dem Wohnungseigentum verbundenes Sondernutzungsrecht aufgehoben, geändert oder übertragen wird. [3] Bei der Begründung eines Sondernutzungsrechts ist die Zustimmung des Dritten nicht erforderlich, wenn durch die Vereinbarung gleichzeitig das zu seinen Gunsten belastete Wohnungseigentum mit einem Sondernutzungsrecht verbunden wird.

§ 6 Unselbständigkeit des Sondereigentums. (1) Das Sondereigentum kann ohne den Miteigentumsanteil, zu dem es gehört, nicht veräußert oder belastet werden.

(2) Rechte an dem Miteigentumsanteil erstrecken sich auf das zu ihm gehörende Sondereigentum.

[1)] Nr. **1**.

§ 7 Grundbuchvorschriften. (1) [1] Im Falle des § 3 Abs. 1 wird für jeden Miteigentumsanteil von Amts wegen ein besonderes Grundbuchblatt (Wohnungsgrundbuch, Teileigentumsgrundbuch) angelegt. [2] Auf diesem ist das zu dem Miteigentumsanteil gehörende Sondereigentum und als Beschränkung des Miteigentums die Einräumung der zu den anderen Miteigentumsanteilen gehörenden Sondereigentumsrechte einzutragen. [3] Das Grundbuchblatt des Grundstücks wird von Amts wegen geschlossen.

(2) *(aufgehoben)*

(3) Zur näheren Bezeichnung des Gegenstandes und des Inhalts des Sondereigentums kann auf die Eintragungsbewilligung Bezug genommen werden.

(4) [1] Der Eintragungsbewilligung sind als Anlagen beizufügen:

1. eine von der Baubehörde mit Unterschrift und Siegel oder Stempel versehene Bauzeichnung, aus der die Aufteilung des Gebäudes sowie die Lage und Größe der im Sondereigentum und der im gemeinschaftlichen Eigentum stehenden Gebäudeteile ersichtlich ist (Aufteilungsplan); alle zu demselben Wohnungseigentum gehörenden Einzelräume sind mit der jeweils gleichen Nummer zu kennzeichnen;
2. eine Bescheinigung der Baubehörde, daß die Voraussetzungen des § 3 Abs. 2 vorliegen.

[2] Wenn in der Eintragungsbewilligung für die einzelnen Sondereigentumsrechte Nummern angegeben werden, sollen sie mit denen des Aufteilungsplanes übereinstimmen. [3] Die Landesregierungen können durch Rechtsverordnung bestimmen, dass und in welchen Fällen der Aufteilungsplan (Satz 1 Nr. 1) und die Abgeschlossenheit (Satz 1 Nr. 2) von einem öffentlich bestellten oder anerkannten Sachverständigen für das Bauwesen statt von der Baubehörde ausgefertigt und bescheinigt werden. [4] Werden diese Aufgaben von dem Sachverständigen wahrgenommen, so gelten die Bestimmungen der Allgemeinen Verwaltungsvorschrift für die Ausstellung von Bescheinigungen gemäß § 7 Abs. 4 Nr. 2 und § 32 Abs. 2 Nr. 2 des Wohnungseigentumsgesetzes vom 19. März 1974 (BAnz. Nr. 58 vom 23. März 1974) entsprechend. [5] In diesem Fall bedürfen die Anlagen nicht der Form des § 29 der Grundbuchordnung[1]. [6] Die Landesregierungen können die Ermächtigung durch Rechtsverordnung auf die Landesbauverwaltungen übertragen.

(5) Für Teileigentumsgrundbücher gelten die Vorschriften über Wohnungsgrundbücher entsprechend.

§ 8 Teilung durch den Eigentümer. (1) Der Eigentümer eines Grundstücks kann durch Erklärung gegenüber dem Grundbuchamt das Eigentum an dem Grundstück in Miteigentumsanteile in der Weise teilen, daß mit jedem Anteil das Sondereigentum an einer bestimmten Wohnung oder an nicht zu Wohnzwecken dienenden bestimmten Räumen in einem auf dem Grundstück errichteten oder zu errichtenden Gebäude verbunden ist.

(2) [1] Im Falle des Absatzes 1 gelten die Vorschriften des § 3 Abs. 2 und der §§ 5, 6, § 7 Abs. 1, 3 bis 5 entsprechend. [2] Die Teilung wird mit der Anlegung der Wohnungsgrundbücher wirksam.

---

[1] **Schönfelder Nr. 114.**

§ 9 Schließung der Wohnungsgrundbücher. (1) Die Wohnungsgrundbücher werden geschlossen:

1. von Amts wegen, wenn die Sondereigentumsrechte gemäß § 4 aufgehoben werden;
2. auf Antrag sämtlicher Wohnungseigentümer, wenn alle Sondereigentumsrechte durch völlige Zerstörung des Gebäudes gegenstandslos geworden sind und der Nachweis hierfür durch eine Bescheinigung der Baubehörde erbracht ist;
3. auf Antrag des Eigentümers, wenn sich sämtliche Wohnungseigentumsrechte in einer Person vereinigen.

(2) Ist ein Wohnungseigentum selbständig mit dem Rechte eines Dritten belastet, so werden die allgemeinen Vorschriften, nach denen zur Aufhebung des Sondereigentums die Zustimmung des Dritten erforderlich ist, durch Absatz 1 nicht berührt.

(3) Werden die Wohnungsgrundbücher geschlossen, so wird für das Grundstück ein Grundbuchblatt nach den allgemeinen Vorschriften angelegt; die Sondereigentumsrechte erlöschen, soweit sie nicht bereits aufgehoben sind, mit der Anlegung des Grundbuchblatts.

2. Abschnitt. Gemeinschaft der Wohnungseigentümer

§ 10 Allgemeine Grundsätze. (1) Inhaber der Rechte und Pflichten nach den Vorschriften dieses Gesetzes, insbesondere des Sondereigentums und des gemeinschaftlichen Eigentums, sind die Wohnungseigentümer, soweit nicht etwas anderes ausdrücklich bestimmt ist.

(2) [1] Das Verhältnis der Wohnungseigentümer untereinander bestimmt sich nach den Vorschriften dieses Gesetzes und, soweit dieses Gesetz keine besonderen Bestimmungen enthält, nach den Vorschriften des Bürgerlichen Gesetzbuches über die Gemeinschaft. [2] Die Wohnungseigentümer können von den Vorschriften dieses Gesetzes abweichende Vereinbarungen treffen, soweit nicht etwas anderes ausdrücklich bestimmt ist. [3] Jeder Wohnungseigentümer kann eine vom Gesetz abweichende Vereinbarung oder die Anpassung einer Vereinbarung verlangen, soweit ein Festhalten an der geltenden Regelung aus schwerwiegenden Gründen unter Berücksichtigung aller Umstände des Einzelfalles, insbesondere der Rechte und Interessen der anderen Wohnungseigentümer, unbillig erscheint.

(3) Vereinbarungen, durch die die Wohnungseigentümer ihr Verhältnis untereinander in Ergänzung oder Abweichung von Vorschriften dieses Gesetzes regeln, sowie die Abänderung oder Aufhebung solcher Vereinbarungen wirken gegen den Sondernachfolger eines Wohnungseigentümers nur, wenn sie als Inhalt des Sondereigentums im Grundbuch eingetragen sind.

(4) [1] Beschlüsse der Wohnungseigentümer gemäß § 23 und gerichtliche Entscheidungen in einem Rechtsstreit gemäß § 43 bedürfen zu ihrer Wirksamkeit gegen den Sondernachfolger eines Wohnungseigentümers nicht der Eintragung in das Grundbuch. [2] Dies gilt auch für die gemäß § 23 Abs. 1 aufgrund einer Vereinbarung gefassten Beschlüsse, die vom Gesetz abweichen oder eine Vereinbarung ändern.

(5) Rechtshandlungen in Angelegenheiten, über die nach diesem Gesetz oder nach einer Vereinbarung der Wohnungseigentümer durch Stimmenmehrheit beschlossen werden kann, wirken, wenn sie auf Grund eines mit solcher Mehrheit gefaßten Beschlusses vorgenommen werden, auch für und gegen die Wohnungseigentümer, die gegen den Beschluß gestimmt oder an der Beschlußfassung nicht mitgewirkt haben.

(6) [1] Die Gemeinschaft der Wohnungseigentümer kann im Rahmen der gesamten Verwaltung des gemeinschaftlichen Eigentums gegenüber Dritten und Wohnungseigentümern selbst Rechte erwerben und Pflichten eingehen. [2] Sie ist Inhaberin der als Gemeinschaft gesetzlich begründeten und rechtsgeschäftlich erworbenen Rechte und Pflichten. [3] Sie übt die gemeinschaftsbezogenen Rechte der Wohnungseigentümer aus und nimmt die gemeinschaftsbezogenen Pflichten der Wohnungseigentümer wahr, ebenso sonstige Rechte und Pflichten der Wohnungseigentümer,soweit diese gemeinschaftlich geltend gemacht werden können oder zu erfüllen sind. [4] Die Gemeinschaft muss die Bezeichnung „Wohnungseigentümergemeinschaft" gefolgt von der bestimmten Angabe des gemeinschaftlichen Grundstücks führen. [5] Sie kann vor Gericht klagen und verklagt werden.

(7) [1] Das Verwaltungsvermögen gehört der Gemeinschaft der Wohnungseigentümer. [2] Es besteht aus den im Rahmen der gesamten Verwaltung des gemeinschaftlichen Eigentums gesetzlich begründeten und rechtsgeschäftlich erworbenen Sachen und Rechten sowie den entstandenen Verbindlichkeiten. [3] Zu dem Verwaltungsvermögen gehören insbesondere die Ansprüche und Befugnisse aus Rechtsverhältnissen mit Dritten und mit Wohnungseigentümern sowie die eingenommenen Gelder. [4] Vereinigen sich sämtliche Wohnungseigentumsrechte in einer Person, geht das Verwaltungsvermögen auf den Eigentümer des Grundstücks über.

(8) [1] Jeder Wohnungseigentümer haftet einem Gläubiger nach dem Verhältnis seines Miteigentumsanteils (§ 16 Abs. 1 Satz 2) für Verbindlichkeiten der Gemeinschaft der Wohnungseigentümer, die während seiner Zugehörigkeit zur Gemeinschaft entstanden oder während dieses Zeitraums fällig geworden sind; für die Haftung nach Veräußerung des Wohnungseigentums ist § 160 des Handelsgesetzbuches[1)] entsprechend anzuwenden. [2] Er kann gegenüber einem Gläubiger neben den in seiner Person begründeten auch die der Gemeinschaft zustehenden Einwendungen und Einreden geltend machen, nicht aber seine Einwendungen und Einreden gegenüber der Gemeinschaft. [3] Für die Einrede der Anfechtbarkeit und Aufrechenbarkeit ist § 770 des Bürgerlichen Gesetzbuches[2)] entsprechend anzuwenden. [4] Die Haftung eines Wohnungseigentümers gegenüber der Gemeinschaft wegen nicht ordnungsmäßiger Verwaltung bestimmt sich nach Satz 1.

§ 11 Unauflöslichkeit der Gemeinschaft. (1) [1] Kein Wohnungseigentümer kann die Aufhebung der Gemeinschaft verlangen. [2] Dies gilt auch für eine Aufhebung aus wichtigem Grund. [3] Eine abweichende Vereinbarung ist nur für den Fall zulässig, daß das Gebäude ganz oder teilweise zerstört wird und eine Verpflichtung zum Wiederaufbau nicht besteht.

[1)] **Schönfelder Nr. 50.**
[2)] **Schönfelder Nr. 20.**

(2) Das Recht eines Pfändungsgläubigers (§ 751 des Bürgerlichen Gesetzbuchs[1]) sowie das im Insolvenzverfahren bestehende Recht (§ 84 Abs. 2 der Insolvenzordnung[2]), die Aufhebung der Gemeinschaft zu verlangen, ist ausgeschlossen.

(3) Ein Insolvenzverfahren über das Verwaltungsvermögen der Gemeinschaft findet nicht statt.

§ 12 Veräußerungsbeschränkung. (1) Als Inhalt des Sondereigentums kann vereinbart werden, daß ein Wohnungseigentümer zur Veräußerung seines Wohnungseigentums der Zustimmung anderer Wohnungseigentümer oder eines Dritten bedarf.

(2) [1] Die Zustimmung darf nur aus einem wichtigen Grunde versagt werden. [2] Durch Vereinbarung gemäß Absatz 1 kann dem Wohnungseigentümer darüber hinaus für bestimmte Fälle ein Anspruch auf Erteilung der Zustimmung eingeräumt werden.

(3) [1] Ist eine Vereinbarung gemäß Absatz 1 getroffen, so ist eine Veräußerung des Wohnungseigentums und ein Vertrag, durch den sich der Wohnungseigentümer zu einer solchen Veräußerung verpflichtet, unwirksam, solange nicht die erforderliche Zustimmung erteilt ist. [2] Einer rechtsgeschäftlichen Veräußerung steht eine Veräußerung im Wege der Zwangsvollstreckung oder durch den Insolvenzverwalter gleich.

(4) [1] Die Wohnungseigentümer können durch Stimmenmehrheit beschließen, dass eine Veräußerungsbeschränkung gemäß Absatz 1 aufgehoben wird. [2] Diese Befugnis kann durch Vereinbarung der Wohnungseigentümer nicht eingeschränkt oder ausgeschlossen werden. [3] Ist ein Beschluss gemäß Satz 1 gefasst, kann die Veräußerungsbeschränkung im Grundbuch gelöscht werden. [4] Der Bewilligung gemäß § 19 der Grundbuchordnung[3] bedarf es nicht, wenn der Beschluss gemäß Satz 1 nachgewiesen wird. [5] Für diesen Nachweis ist § 26 Abs. 3 entsprechend anzuwenden.

§ 13 Rechte des Wohnungseigentümers. (1) Jeder Wohnungseigentümer kann, soweit nicht das Gesetz oder Rechte Dritter entgegenstehen, mit den im Sondereigentum stehenden Gebäudeteilen nach Belieben verfahren, insbesondere diese bewohnen, vermieten, verpachten oder in sonstiger Weise nutzen, und andere von Einwirkungen ausschließen.

(2) [1] Jeder Wohnungseigentümer ist zum Mitgebrauch des gemeinschaftlichen Eigentums nach Maßgabe der §§ 14, 15 berechtigt. [2] An den sonstigen Nutzungen des gemeinschaftlichen Eigentums gebührt jedem Wohnungseigentümer ein Anteil nach Maßgabe des § 16.

§ 14 Pflichten des Wohnungseigentümers. Jeder Wohnungseigentümer ist verpflichtet:

1. die im Sondereigentum stehenden Gebäudeteile so instand zu halten und von diesen sowie von dem gemeinschaftlichen Eigentum nur in solcher Weise Gebrauch zu machen, daß dadurch keinem der anderen Wohnungs-

---

[1] **Schönfelder Nr. 20.**
[2] **Schönfelder Nr. 110.**
[3] **Schönfelder Nr. 114.**

eigentümer über das bei einem geordneten Zusammenleben unvermeidliche Maß hinaus ein Nachteil erwächst;
2. für die Einhaltung der in Nr. 1 bezeichneten Pflichten durch Personen zu sorgen, die seinem Hausstand oder Geschäftsbetrieb angehören oder denen er sonst die Benutzung der in Sonder- oder Miteigentum stehenden Grundstücks- oder Gebäudeteile überläßt;
3. Einwirkungen auf die im Sondereigentum stehenden Gebäudeteile und das gemeinschaftliche Eigentum zu dulden, soweit sie auf einem nach Nrn. 1, 2 zulässigen Gebrauch beruhen;
4. das Betreten und die Benutzung der im Sondereigentum stehenden Gebäudeteile zu gestatten, soweit dies zur Instandhaltung und Instandsetzung des gemeinschaftlichen Eigentums erforderlich ist; der hierdurch entstehende Schaden ist zu ersetzen.

§ 15 Gebrauchsregelung. (1) Die Wohnungseigentümer können den Gebrauch des Sondereigentums und des gemeinschaftlichen Eigentums durch Vereinbarung regeln.

(2) Soweit nicht eine Vereinbarung nach Absatz 1 entgegensteht, können die Wohnungseigentümer durch Stimmenmehrheit einen der Beschaffenheit der im Sondereigentum stehenden Gebäudeteile und des gemeinschaftlichen Eigentums entsprechenden ordnungsmäßigen Gebrauch beschließen.

(3) Jeder Wohnungseigentümer kann einen Gebrauch der im Sondereigentum stehenden Gebäudeteile und des gemeinschaftlichen Eigentums verlangen, der dem Gesetz, den Vereinbarungen und Beschlüssen und, soweit sich die Regelung hieraus nicht ergibt, dem Interesse der Gesamtheit der Wohnungseigentümer nach billigem Ermessen entspricht.

§ 16 Nutzungen, Lasten und Kosten. (1) [1] Jedem Wohnungseigentümer gebührt ein seinem Anteil entsprechender Bruchteil der Nutzungen des gemeinschaftlichen Eigentums. [2] Der Anteil bestimmt sich nach dem gemäß § 47 der Grundbuchordnung[1)] im Grundbuch eingetragenen Verhältnis der Miteigentumsanteile.

(2) Jeder Wohnungseigentümer ist den anderen Wohnungseigentümern gegenüber verpflichtet, die Lasten des gemeinschaftlichen Eigentums sowie die Kosten der Instandhaltung, Instandsetzung, sonstigen Verwaltung und eines gemeinschaftlichen Gebrauchs des gemeinschaftlichen Eigentums nach dem Verhältnis seines Anteils (Absatz 1 Satz 2) zu tragen.

(3) Die Wohnungseigentümer können abweichend von Absatz 2 durch Stimmenmehrheit beschließen, dass die Betriebskosten des gemeinschaftlichen Eigentums oder des Sondereigentums im Sinne des § 556 Abs. 1 des Bürgerlichen Gesetzbuches[2)], die nicht unmittelbar gegenüber Dritten abgerechnet werden, und die Kosten der Verwaltung nach Verbrauch oder Verursachung erfasst und nach diesem oder nach einem anderen Maßstab verteilt werden, soweit dies ordnungsmäßiger Verwaltung entspricht.

(4) [1] Die Wohnungseigentümer können im Einzelfall zur Instandhaltung oder Instandsetzung im Sinne des § 21 Abs. 5 Nr. 2 oder zu baulichen Ver-

[1)] **Schönfelder Nr. 114**
[2)] Nr. **1**.

änderungen oder Aufwendungen im Sinne des § 22 Abs. 1 und 2 durch Beschluss die Kostenverteilung abweichend von Absatz 2 regeln, wenn der abweichende Maßstab dem Gebrauch oder der Möglichkeit des Gebrauchs durch die Wohnungseigentümer Rechnung trägt. [2] Der Beschluss zur Regelung der Kostenverteilung nach Satz 1 bedarf einer Mehrheit von drei Viertel aller stimmberechtigten Wohnungseigentümer im Sinne des § 25 Abs. 2 und mehr als der Hälfte aller Miteigentumsanteile.

(5) Die Befugnisse im Sinne der Absätze 3 und 4 können durch Vereinbarung der Wohnungseigentümer nicht eingeschränkt oder ausgeschlossen werden.

(6) [1] Ein Wohnungseigentümer, der einer Maßnahme nach § 22 Abs. 1 nicht zugestimmt hat, ist nicht berechtigt, einen Anteil an Nutzungen, die auf einer solchen Maßnahme beruhen, zu beanspruchen; er ist nicht verpflichtet, Kosten, die durch eine solche Maßnahme verursacht sind, zu tragen. [2] Satz 1 ist bei einer Kostenverteilung gemäß Absatz 4 nicht anzuwenden.

(7) Zu den Kosten der Verwaltung im Sinne des Absatzes 2 gehören insbesondere Kosten eines Rechtsstreits gemäß § 18 und der Ersatz des Schadens im Falle des § 14 Nr. 4.

(8) Kosten eines Rechtsstreits gemäß § 43 gehören nur dann zu den Kosten der Verwaltung im Sinne des Absatzes 2, wenn es sich um Mehrkosten gegenüber der gesetzlichen Vergütung eines Rechtsanwalts aufgrund einer Vereinbarung über die Vergütung (§ 27 Abs. 2 Nr. 4, Abs. 3 Nr. 6) handelt.

§ 17 Anteil bei Aufhebung der Gemeinschaft. [1] Im Falle der Aufhebung der Gemeinschaft bestimmt sich der Anteil der Miteigentümer nach dem Verhältnis des Wertes ihrer Wohnungseigentumsrechte zur Zeit der Aufhebung der Gemeinschaft. [2] Hat sich der Wert eines Miteigentumsanteils durch Maßnahmen verändert, deren Kosten der Wohnungseigentümer nicht getragen hat, so bleibt eine solche Veränderung bei der Berechnung des Wertes dieses Anteils außer Betracht.

§ 18 Entziehung des Wohnungseigentums. (1) [1] Hat ein Wohnungseigentümer sich einer so schweren Verletzung der ihm gegenüber anderen Wohnungseigentümern obliegenden Verpflichtungen schuldig gemacht, daß diesen die Fortsetzung der Gemeinschaft mit ihm nicht mehr zugemutet werden kann, so können die anderen Wohnungseigentümer von ihm die Veräußerung seines Wohnungseigentums verlangen. [2] Die Ausübung des Entziehungsrechts steht der Gemeinschaft der Wohnungseigentümer zu, soweit es sich nicht um eine Gemeinschaft handelt, die nur aus zwei Wohnungseigentümern besteht.

(2) Die Voraussetzungen des Absatzes 1 liegen insbesondere vor, wenn

1. der Wohnungseigentümer trotz Abmahnung wiederholt gröblich gegen die ihm nach § 14 obliegenden Pflichten verstößt;
2. der Wohnungseigentümer sich mit der Erfüllung seiner Verpflichtungen zur Lasten- und Kostentragung (§ 16 Abs. 2) in Höhe eines Betrages, der drei vom Hundert des Einheitswertes seines Wohnungseigentums übersteigt, länger als drei Monate in Verzug befindet; in diesem Fall steht § 30 der Abgabenordnung einer Mitteilung des Einheitswerts an die Gemeinschaft der Wohnungseigentümer oder, soweit die Gemeinschaft nur aus

zwei Wohnungseigentümern besteht, an den anderen Wohnungseigentümer nicht entgegen.

(3) [1] Über das Verlangen nach Absatz 1 beschließen die Wohnungseigentümer durch Stimmenmehrheit. [2] Der Beschluß bedarf einer Mehrheit von mehr als der Hälfte der stimmberechtigten Wohnungseigentümer. [3] Die Vorschriften des § 25 Abs. 3, 4 sind in diesem Falle nicht anzuwenden.

(4) Der in Absatz 1 bestimmte Anspruch kann durch Vereinbarung der Wohnungseigentümer nicht eingeschränkt oder ausgeschlossen werden.

§ 19 Wirkung des Urteils. (1) [1] Das Urteil, durch das ein Wohnungseigentümer zur Veräußerung seines Wohnungseigentums verurteilt wird, berechtigt jeden Miteigentümer zur Zwangsvollstreckung entsprechend den Vorschriften des Ersten Abschnitts des Gesetzes über die Zwangsversteigerung und die Zwangsverwaltung[1)][2)]. [2] Die Ausübung dieses Rechts steht der Gemeinschaft der Wohnungseigentümer zu, soweit es sich nicht um eine Gemeinschaft handelt, die nur aus zwei Wohnungseigentümern besteht.

(2) Der Wohnungseigentümer kann im Falle des § 18 Abs. 2 Nr. 2 bis zur Erteilung des Zuschlags die in Absatz 1 bezeichnete Wirkung des Urteils dadurch abwenden, daß er die Verpflichtungen, wegen deren Nichterfüllung er verurteilt ist, einschließlich der Verpflichtung zum Ersatz der durch den Rechtsstreit und das Versteigerungsverfahren entstandenen Kosten sowie die fälligen weiteren Verpflichtungen zur Lasten- und Kostentragung erfüllt.

(3) Ein gerichtlicher oder vor einer Gütestelle geschlossener Vergleich, durch den sich der Wohnungseigentümer zur Veräußerung seines Wohnungseigentums verpflichtet, steht dem in Absatz 1 bezeichneten Urteil gleich.

3. Abschnitt. Verwaltung

§ 20 Gliederung der Verwaltung. (1) Die Verwaltung des gemeinschaftlichen Eigentums obliegt den Wohnungseigentümern nach Maßgabe der §§ 21 bis 25 und dem Verwalter nach Maßgabe der §§ 26 bis 28, im Falle der Bestellung eines Verwaltungsbeirats auch diesem nach Maßgabe des § 29.

(2) Die Bestellung eines Verwalters kann nicht ausgeschlossen werden.

§ 21 Verwaltung durch die Wohnungseigentümer. (1) Soweit nicht in diesem Gesetz oder durch Vereinbarung der Wohnungseigentümer etwas anderes bestimmt ist, steht die Verwaltung des gemeinschaftlichen Eigentums den Wohnungseigentümern gemeinschaftlich zu.

(2) Jeder Wohnungseigentümer ist berechtigt, ohne Zustimmung der anderen Wohnungseigentümer die Maßnahmen zu treffen, die zur Abwendung eines dem gemeinschaftlichen Eigentum unmittelbar drohenden Schadens notwendig sind.

(3) Soweit die Verwaltung des gemeinschaftlichen Eigentums nicht durch Vereinbarung der Wohnungseigentümer geregelt ist, können die Wohnungseigentümer eine der Beschaffenheit des gemeinschaftlichen Eigentums ent-

---

1) Auszugsweise abgedruckt unter Nr. **22a**.
2) §§ 1–161 ZVG **(Schönfelder Nr. 108)**.

sprechende ordnungsmäßige Verwaltung durch Stimmenmehrheit beschließen.

(4) Jeder Wohnungseigentümer kann eine Verwaltung verlangen, die den Vereinbarungen und Beschlüssen und, soweit solche nicht bestehen, dem Interesse der Gesamtheit der Wohnungseigentümer nach billigem Ermessen entspricht.

(5) Zu einer ordnungsmäßigen, dem Interesse der Gesamtheit der Wohnungseigentümer entsprechenden Verwaltung gehört insbesondere:

1. die Aufstellung einer Hausordnung;
2. die ordnungsmäßige Instandhaltung und Instandsetzung des gemeinschaftlichen Eigentums;
3. die Feuerversicherung des gemeinschaftlichen Eigentums zum Neuwert sowie die angemessene Versicherung der Wohnungseigentümer gegen Haus- und Grundbesitzerhaftpflicht;
4. die Ansammlung einer angemessenen Instandhaltungsrückstellung;
5. die Aufstellung eines Wirtschaftsplans (§ 28);
6. die Duldung aller Maßnahmen, die zur Herstellung einer Fernsprechteilnehmereinrichtung, einer Rundfunkempfangsanlage oder eines Energieversorgungsanschlusses zugunsten eines Wohnungseigentümers erforderlich sind.

(6) Der Wohnungseigentümer, zu dessen Gunsten eine Maßnahme der in Absatz 5 Nr. 6 bezeichneten Art getroffen wird, ist zum Ersatz des hierdurch entstehenden Schadens verpflichtet.

(7) Die Wohnungseigentümer können die Regelung der Art und Weise von Zahlungen, der Fälligkeit und der Folgen des Verzugs sowie der Kosten für eine besondere Nutzung des gemeinschaftlichen Eigentums oder für einen besonderen Verwaltungsaufwand mit Stimmenmehrheit beschließen.

(8) Treffen die Wohnungseigentümer eine nach dem Gesetz erforderliche Maßnahme nicht, so kann an ihrer Stelle das Gericht in einem Rechtsstreit gemäß § 43 nach billigem Ermessen entscheiden, soweit sich die Maßnahme nicht aus dem Gesetz, einer Vereinbarung oder einem Beschluss der Wohnungseigentümer ergibt.

§ 22 Besondere Aufwendungen, Wiederaufbau. (1) [1] Bauliche Veränderungen und Aufwendungen, die über die ordnungsmäßige Instandhaltung oder Instandsetzung des gemeinschaftlichen Eigentums hinausgehen, können beschlossen oder verlangt werden, wenn jeder Wohnungseigentümer zustimmt, dessen Rechte durch die Maßnahmen über das in § 14 Nr. 1 bestimmte Maß hinaus beeinträchtigt werden. [2] Die Zustimmung ist nicht erforderlich, soweit die Rechte eines Wohnungseigentümers nicht in der in Satz 1 bezeichneten Weise beeinträchtigt werden.

(2) [1] Maßnahmen gemäß Absatz 1 Satz 1, die der Modernisierung entsprechend § 555b Nummer 1 bis 5 des Bürgerlichen Gesetzbuches[1)] oder der Anpassung des gemeinschaftlichen Eigentums an den Stand der Technik dienen, die Eigenart der Wohnanlage nicht ändern und keinen Wohnungs-

[1)] Nr. **1**.

eigentümer gegenüber anderen unbillig beeinträchtigen, können abweichend von Absatz 1 durch eine Mehrheit von drei Viertel aller stimmberechtigten Wohnungseigentümer im Sinne des § 25 Abs. 2 und mehr als der Hälfte aller Miteigentumsanteile beschlossen werden. [2] Die Befugnis im Sinne des Satzes 1 kann durch Vereinbarung der Wohnungseigentümer nicht eingeschränkt oder ausgeschlossen werden.

(3) Für Maßnahmen der modernisierenden Instandsetzung im Sinne des § 21 Abs. 5 Nr. 2 verbleibt es bei den Vorschriften des § 21 Abs. 3 und 4.

(4) Ist das Gebäude zu mehr als der Hälfte seines Wertes zerstört und ist der Schaden nicht durch eine Versicherung oder in anderer Weise gedeckt, so kann der Wiederaufbau nicht gemäß § 21 Abs. 3 beschlossen oder gemäß § 21 Abs. 4 verlangt werden.

§ 23 Wohnungseigentümerversammlung. (1) Angelegenheiten, über die nach diesem Gesetz oder nach einer Vereinbarung der Wohnungseigentümer die Wohnungseigentümer durch Beschluß entscheiden können, werden durch Beschlußfassung in einer Versammlung der Wohnungseigentümer geordnet.

(2) Zur Gültigkeit eines Beschlusses ist erforderlich, daß der Gegenstand bei der Einberufung bezeichnet ist.

(3) Auch ohne Versammlung ist ein Beschluß gültig, wenn alle Wohnungseigentümer ihre Zustimmung zu diesem Beschluß schriftlich erklären.

(4) [1] Ein Beschluss, der gegen eine Rechtsvorschrift verstößt, auf deren Einhaltung rechtswirksam nicht verzichtet werden kann, ist nichtig. [2] Im Übrigen ist ein Beschluss gültig, solange er nicht durch rechtskräftiges Urteil für ungültig erklärt ist.

§ 24 Einberufung, Vorsitz, Niederschrift. (1) Die Versammlung der Wohnungseigentümer wird von dem Verwalter mindestens einmal im Jahre einberufen.

(2) Die Versammlung der Wohnungseigentümer muß von dem Verwalter in den durch Vereinbarung der Wohnungseigentümer bestimmten Fällen, im übrigen dann einberufen werden, wenn dies schriftlich unter Angabe des Zweckes und der Gründe von mehr als einem Viertel der Wohnungseigentümer verlangt wird.

(3) Fehlt ein Verwalter oder weigert er sich pflichtwidrig, die Versammlung der Wohnungseigentümer einzuberufen, so kann die Versammlung auch, falls ein Verwaltungsbeirat bestellt ist, von dessen Vorsitzenden oder seinem Vertreter einberufen werden.

(4) [1] Die Einberufung erfolgt in Textform. [2] Die Frist der Einberufung soll, sofern nicht ein Fall besonderer Dringlichkeit vorliegt, mindestens zwei Wochen betragen.

(5) Den Vorsitz in der Wohnungseigentümerversammlung führt, sofern diese nichts anderes beschließt, der Verwalter.

(6) [1] Über die in der Versammlung gefaßten Beschlüsse ist eine Niederschrift aufzunehmen. [2] Die Niederschrift ist von dem Vorsitzenden und einem Wohnungseigentümer und, falls ein Verwaltungsbeirat bestellt ist, auch von

dessen Vorsitzenden oder seinem Vertreter zu unterschreiben. [3] Jeder Wohnungseigentümer ist berechtigt, die Niederschriften einzusehen.

(7) [1] Es ist eine Beschluss-Sammlung zu führen. [2] Die Beschluss-Sammlung enthält nur den Wortlaut

1. der in der Versammlung der Wohnungseigentümer verkündeten Beschlüsse mit Angabe von Ort und Datum der Versammlung,
2. der schriftlichen Beschlüsse mit Angabe von Ort und Datum der Verkündung und
3. der Urteilsformeln der gerichtlichen Entscheidungen in einem Rechtsstreit gemäß § 43 mit Angabe ihres Datums, des Gerichts und der Parteien,

soweit diese Beschlüsse und gerichtlichen Entscheidungen nach dem 1. Juli 2007 ergangen sind. [3] Die Beschlüsse und gerichtlichen Entscheidungen sind fortlaufend einzutragen und zu nummerieren. [4] Sind sie angefochten oder aufgehoben worden, so ist dies anzumerken. [5] Im Falle einer Aufhebung kann von einer Anmerkung abgesehen und die Eintragung gelöscht werden. [6] Eine Eintragung kann auch gelöscht werden, wenn sie aus einem anderen Grund für die Wohnungseigentümer keine Bedeutung mehr hat. [7] Die Eintragungen, Vermerke und Löschungen gemäß den Sätzen 3 bis 6 sind unverzüglich zu erledigen und mit Datum zu versehen. [8] Einem Wohnungseigentümer oder einem Dritten, den ein Wohnungseigentümer ermächtigt hat, ist auf sein Verlangen Einsicht in die Beschluss-Sammlung zu geben.

(8) [1] Die Beschluss-Sammlung ist von dem Verwalter zu führen. [2] Fehlt ein Verwalter, so ist der Vorsitzende der Wohnungseigentümerversammlung verpflichtet, die Beschluss-Sammlung zu führen, sofern die Wohnungseigentümer durch Stimmenmehrheit keinen anderen für diese Aufgabe bestellt haben.

§ 25 Mehrheitsbeschluß. (1) Für die Beschlußfassung in Angelegenheiten, über die die Wohnungseigentümer durch Stimmenmehrheit beschließen, gelten die Vorschriften der Absätze 2 bis 5.

(2) [1] Jeder Wohnungseigentümer hat eine Stimme. [2] Steht ein Wohnungseigentum mehreren gemeinschaftlich zu, so können sie das Stimmrecht nur einheitlich ausüben.

(3) Die Versammlung ist nur beschlußfähig, wenn die erschienenen stimmberechtigten Wohnungseigentümer mehr als die Hälfte der Miteigentumsanteile, berechnet nach der im Grundbuch eingetragenen Größe dieser Anteile, vertreten.

(4) [1] Ist eine Versammlung nicht gemäß Absatz 3 beschlußfähig, so beruft der Verwalter eine neue Versammlung mit dem gleichen Gegenstand ein. [2] Diese Versammlung ist ohne Rücksicht auf die Höhe der vertretenen Anteile beschlußfähig; hierauf ist bei der Einberufung hinzuweisen.

(5) Ein Wohnungseigentümer ist nicht stimmberechtigt, wenn die Beschlußfassung die Vornahme eines auf die Verwaltung des gemeinschaftlichen Eigentums bezüglichen Rechtsgeschäfts mit ihm oder die Einleitung oder Erledigung eines Rechtsstreits der anderen Wohnungseigentümer gegen ihn betrifft oder wenn er nach § 18 rechtskräftig verurteilt ist.

§ 26 Bestellung und Abberufung des Verwalters. (1) [1] Über die Bestellung und Abberufung des Verwalters beschließen die Wohnungseigentümer mit Stimmenmehrheit. [2] Die Bestellung darf auf höchstens fünf Jahre vorgenommen werden, im Falle der ersten Bestellung nach der Begründung von Wohnungseigentum aber auf höchstens drei Jahre. [3] Die Abberufung des Verwalters kann auf das Vorliegen eines wichtigen Grundes beschränkt werden. [4] Ein wichtiger Grund liegt regelmäßig vor, wenn der Verwalter die Beschluss-Sammlung nicht ordnungsmäßig führt. [5] Andere Beschränkungen der Bestellung oder Abberufung des Verwalters sind nicht zulässig.

(2) Die wiederholte Bestellung ist zulässig; sie bedarf eines erneuten Beschlusses der Wohnungseigentümer, der frühestens ein Jahr vor Ablauf der Bestellungszeit gefaßt werden kann.

(3) Soweit die Verwaltereigenschaft durch eine öffentlich beglaubigte Urkunde nachgewiesen werden muß, genügt die Vorlage einer Niederschrift über den Bestellungsbeschluß, bei der die Unterschriften der in § 24 Abs. 6 bezeichneten Personen öffentlich beglaubigt sind.

§ 27 Aufgaben und Befugnisse des Verwalters. (1) Der Verwalter ist gegenüber den Wohnungseigentümern und gegenüber der Gemeinschaft der Wohnungseigentümer berechtigt und verpflichtet,

1. Beschlüsse der Wohnungseigentümer durchzuführen und für die Durchführung der Hausordnung zu sorgen;
2. die für die ordnungsmäßige Instandhaltung und Instandsetzung des gemeinschaftlichen Eigentums erforderlichen Maßnahmen zu treffen;
3. in dringenden Fällen sonstige zur Erhaltung des gemeinschaftlichen Eigentums erforderliche Maßnahmen zu treffen;
4. Lasten- und Kostenbeiträge, Tilgungsbeträge und Hypothekenzinsen anzufordern, in Empfang zu nehmen und abzuführen, soweit es sich um gemeinschaftliche Angelegenheiten der Wohnungseigentümer handelt;
5. alle Zahlungen und Leistungen zu bewirken und entgegenzunehmen, die mit der laufenden Verwaltung des gemeinschaftlichen Eigentums zusammenhängen;
6. eingenommene Gelder zu verwalten;
7. die Wohnungseigentümer unverzüglich darüber zu unterrichten, dass ein Rechtsstreit gemäß § 43 anhängig ist;
8. die Erklärungen abzugeben, die zur Vornahme der in § 21 Abs. 5 Nr. 6 bezeichneten Maßnahmen erforderlich sind.

(2) Der Verwalter ist berechtigt, im Namen aller Wohnungseigentümer und mit Wirkung für und gegen sie

1. Willenserklärungen und Zustellungen entgegenzunehmen, soweit sie an alle Wohnungseigentümer in dieser Eigenschaft gerichtet sind;
2. Maßnahmen zu treffen, die zur Wahrung einer Frist oder zur Abwendung eines sonstigen Rechtsnachteils erforderlich sind, insbesondere einen gegen die Wohnungseigentümer gerichteten Rechtsstreit gemäß § 43 Nr. 1, Nr. 4 oder Nr. 5 im Erkenntnis- und Vollstreckungsverfahren zu führen;

3. Ansprüche gerichtlich und außergerichtlich geltend zu machen, sofern er hierzu durch Vereinbarung oder Beschluss mit Stimmenmehrheit der Wohnungseigentümer ermächtigt ist;
4. mit einem Rechtsanwalt wegen eines Rechtsstreits gemäß § 43 Nr. 1, Nr. 4 oder Nr. 5 zu vereinbaren, dass sich die Gebühren nach einem höheren als dem gesetzlichen Streitwert, höchstens nach einem gemäß § 49a Abs. 1 Satz 1 des Gerichtskostengesetzes[1] bestimmten Streitwert bemessen.

(3) [1] Der Verwalter ist berechtigt, im Namen der Gemeinschaft der Wohnungseigentümer und mit Wirkung für und gegen sie
1. Willenserklärungen und Zustellungen entgegenzunehmen;
2. Maßnahmen zu treffen, die zur Wahrung einer Frist oder zur Abwendung eines sonstigen Rechtsnachteils erforderlich sind, insbesondere einen gegen die Gemeinschaft gerichteten Rechtsstreit gemäß § 43 Nr. 2 oder Nr. 5 im Erkenntnis- und Vollstreckungsverfahren zu führen;
3. die laufenden Maßnahmen der erforderlichen ordnungsmäßigen Instandhaltung und Instandsetzung gemäß Absatz 1 Nr. 2 zu treffen;
4. die Maßnahmen gemäß Absatz 1 Nr. 3 bis 5 und 8 zu treffen;
5. im Rahmen der Verwaltung der eingenommenen Gelder gemäß Absatz 1 Nr. 6 Konten zu führen;
6. mit einem Rechtsanwalt wegen eines Rechtsstreits gemäß § 43 Nr. 2 oder Nr. 5 eine Vergütung gemäß Absatz 2 Nr. 4 zu vereinbaren;
7. sonstige Rechtsgeschäfte und Rechtshandlungen vorzunehmen, soweit er hierzu durch Vereinbarung oder Beschluss der Wohnungseigentümer mit Stimmenmehrheit ermächtigt ist.

[2] Fehlt ein Verwalter oder ist er zur Vertretung nicht berechtigt, so vertreten alle Wohnungseigentümer die Gemeinschaft. [3] Die Wohnungseigentümer können durch Beschluss mit Stimmenmehrheit einen oder mehrere Wohnungseigentümer zur Vertretung ermächtigen.

(4) Die dem Verwalter nach den Absätzen 1 bis 3 zustehenden Aufgaben und Befugnisse können durch Vereinbarung der Wohnungseigentümer nicht eingeschränkt oder ausgeschlossen werden.

(5) [1] Der Verwalter ist verpflichtet, eingenommene Gelder von seinem Vermögen gesondert zu halten. [2] Die Verfügung über solche Gelder kann durch Vereinbarung oder Beschluss der Wohnungseigentümer mit Stimmenmehrheit von der Zustimmung eines Wohnungseigentümers oder eines Dritten abhängig gemacht werden.

(6) Der Verwalter kann von den Wohnungseigentümern die Ausstellung einer Vollmachts- und Ermächtigungsurkunde verlangen, aus der der Umfang seiner Vertretungsmacht ersichtlich ist.

§ 28 Wirtschaftsplan, Rechnungslegung. (1) [1] Der Verwalter hat jeweils für ein Kalenderjahr einen Wirtschaftsplan aufzustellen. [2] Der Wirtschaftsplan enthält:

---

[1] **Schönfelder Nr. 115.**

1. die voraussichtlichen Einnahmen und Ausgaben bei der Verwaltung des gemeinschaftlichen Eigentums;
2. die anteilmäßige Verpflichtung der Wohnungseigentümer zur Lasten- und Kostentragung;
3. die Beitragsleistung der Wohnungseigentümer zu der in § 21 Abs. 5 Nr. 4 vorgesehenen Instandhaltungsrückstellung.

(2) Die Wohnungseigentümer sind verpflichtet, nach Abruf durch den Verwalter dem beschlossenen Wirtschaftsplan entsprechende Vorschüsse zu leisten.

(3) Der Verwalter hat nach Ablauf des Kalenderjahres eine Abrechnung aufzustellen.

(4) Die Wohnungseigentümer können durch Mehrheitsbeschluß jederzeit von dem Verwalter Rechnungslegung verlangen.

(5) Über den Wirtschaftsplan, die Abrechnung und die Rechnungslegung des Verwalters beschließen die Wohnungseigentümer durch Stimmenmehrheit.

§ 29 Verwaltungsbeirat. (1) [1] Die Wohnungseigentümer können durch Stimmenmehrheit die Bestellung eines Verwaltungsbeirats beschließen. [2] Der Verwaltungsbeirat besteht aus einem Wohnungseigentümer als Vorsitzenden und zwei weiteren Wohnungseigentümern als Beisitzern.

(2) Der Verwaltungsbeirat unterstützt den Verwalter bei der Durchführung seiner Aufgaben.

(3) Der Wirtschaftsplan, die Abrechnung über den Wirtschaftsplan, Rechnungslegungen und Kostenanschläge sollen, bevor über sie die Wohnungseigentümerversammlung beschließt, vom Verwaltungsbeirat geprüft und mit dessen Stellungnahme versehen werden.

(4) Der Verwaltungsbeirat wird von dem Vorsitzenden nach Bedarf einberufen.

4. Abschnitt. Wohnungserbbaurecht

§ 30 [Wohnungserbbaurecht] (1) Steht ein Erbbaurecht mehreren gemeinschaftlich nach Bruchteilen zu, so können die Anteile in der Weise beschränkt werden, daß jedem der Mitberechtigten das Sondereigentum an einer bestimmten Wohnung oder an nicht zu Wohnzwecken dienenden bestimmten Räumen in einem auf Grund des Erbbaurechts errichteten oder zu errichtenden Gebäude eingeräumt wird (Wohnungserbbaurecht, Teilerbbaurecht).

(2) Ein Erbbauberechtigter kann das Erbbaurecht in entsprechender Anwendung des § 8 teilen.

(3) [1] Für jeden Anteil wird von Amts wegen ein besonderes Erbbaugrundbuchblatt angelegt (Wohnungserbbaugrundbuch, Teilerbbaugrundbuch). [2] Im übrigen gelten für das Wohnungserbbaurecht (Teilerbbaurecht) die Vorschriften über das Wohnungseigentum (Teileigentum) entsprechend.

II. Teil. Dauerwohnrecht

§ 31 Begriffsbestimmungen. (1) [1] Ein Grundstück kann in der Weise belastet werden, daß derjenige, zu dessen Gunsten die Belastung erfolgt, berechtigt ist, unter Ausschluß des Eigentümers eine bestimmte Wohnung in einem auf dem Grundstück errichteten oder zu errichtenden Gebäude zu bewohnen oder in anderer Weise zu nutzen (Dauerwohnrecht). [2] Das Dauerwohnrecht kann auf einen außerhalb des Gebäudes liegenden Teil des Grundstücks erstreckt werden, sofern die Wohnung wirtschaftlich die Hauptsache bleibt.

(2) Ein Grundstück kann in der Weise belastet werden, daß derjenige, zu dessen Gunsten die Belastung erfolgt, berechtigt ist, unter Ausschluß des Eigentümers nicht zu Wohnzwecken dienende bestimmte Räume in einem auf dem Grundstück errichteten oder zu errichtenden Gebäude zu nutzen (Dauernutzungsrecht).

(3) Für das Dauernutzungsrecht gelten die Vorschriften über das Dauerwohnrecht entsprechend.

§ 32 Voraussetzungen der Eintragung. (1) Das Dauerwohnrecht soll nur bestellt werden, wenn die Wohnung in sich abgeschlossen ist.

(2) [1] Zur näheren Bezeichnung des Gegenstandes und des Inhalts des Dauerwohnrechts kann auf die Eintragungsbewilligung Bezug genommen werden. [2] Der Eintragungsbewilligung sind als Anlagen beizufügen:

1. eine von der Baubehörde mit Unterschrift und Siegel oder Stempel versehene Bauzeichnung, aus der die Aufteilung des Gebäudes sowie die Lage und Größe der dem Dauerwohnrecht unterliegenden Gebäude- und Grundstücksteile ersichtlich ist (Aufteilungsplan); alle zu demselben Dauerwohnrecht gehörenden Einzelräume sind mit der jeweils gleichen Nummer zu kennzeichnen;
2. eine Bescheinigung der Baubehörde, daß die Voraussetzungen des Absatzes 1 vorliegen.

[3] Wenn in der Eintragungsbewilligung für die einzelnen Dauerwohnrechte Nummern angegeben werden, sollen sie mit denen des Aufteilungsplans übereinstimmen. [4] Die Landesregierungen können durch Rechtsverordnung bestimmen, dass und in welchen Fällen der Aufteilungsplan (Satz 2 Nr. 1) und die Abgeschlossenheit (Satz 2 Nr. 2) von einem öffentlich bestellten oder anerkannten Sachverständigen für das Bauwesen statt von der Baubehörde ausgefertigt und bescheinigt werden. [5] Werden diese Aufgaben von dem Sachverständigen wahrgenommen, so gelten die Bestimmungen der Allgemeinen Verwaltungsvorschrift für die Ausstellung von Bescheinigungen gemäß § 7 Abs. 4 Nr. 2 und § 32 Abs. 2 Nr. 2 des Wohnungseigentumsgesetzes vom 19. März 1974 (BAnz. Nr. 58 vom 23. März 1974) entsprechend. [6] In diesem Fall bedürfen die Anlagen nicht der Form des § 29 der Grundbuchordnung[1)]. [7] Die Landesregierungen können die Ermächtigung durch Rechtsverordnung auf die Landesbauverwaltungen übertragen.

[1)] **Schönfelder Nr. 114.**

(3) Das Grundbuchamt soll die Eintragung des Dauerwohnrechts ablehnen, wenn über die in § 33 Abs. 4 Nrn. 1 bis 4 bezeichneten Angelegenheiten, über die Voraussetzungen des Heimfallanspruchs (§ 36 Abs. 1) und über die Entschädigung beim Heimfall (§ 36 Abs. 4) keine Vereinbarungen getroffen sind.

§ 33 Inhalt des Dauerwohnrechts. (1) [1] Das Dauerwohnrecht ist veräußerlich und vererblich. [2] Es kann nicht unter einer Bedingung bestellt werden.

(2) Auf das Dauerwohnrecht sind, soweit nicht etwas anderes vereinbart ist, die Vorschriften des § 14 entsprechend anzuwenden.

(3) Der Berechtigte kann die zum gemeinschaftlichen Gebrauch bestimmten Teile, Anlagen und Einrichtungen des Gebäudes und Grundstücks mitbenutzen, soweit nichts anderes vereinbart ist.

(4) Als Inhalt des Dauerwohnrechts können Vereinbarungen getroffen werden über:

1. Art und Umfang der Nutzungen;
2. Instandhaltung und Instandsetzung der dem Dauerwohnrecht unterliegenden Gebäudeteile;
3. die Pflicht des Berechtigten zur Tragung öffentlicher oder privatrechtlicher Lasten des Grundstücks;
4. die Versicherung des Gebäudes und seinen Wiederaufbau im Falle der Zerstörung;
5. das Recht des Eigentümers, bei Vorliegen bestimmter Voraussetzungen Sicherheitsleistung zu verlangen.

§ 34 Ansprüche des Eigentümers und der Dauerwohnberechtigten.

(1) Auf die Ersatzansprüche des Eigentümers wegen Veränderungen oder Verschlechterungen sowie auf die Ansprüche der Dauerwohnberechtigten auf Ersatz von Verwendungen oder auf Gestattung der Wegnahme einer Einrichtung sind die §§ 1049, 1057 des Bürgerlichen Gesetzbuches[1)] entsprechend anzuwenden.

(2) Wird das Dauerwohnrecht beeinträchtigt, so sind auf die Ansprüche des Berechtigten die für die Ansprüche aus dem Eigentum geltenden Vorschriften entsprechend anzuwenden.

§ 35 Veräußerungsbeschränkung. [1] Als Inhalt des Dauerwohnrechts kann vereinbart werden, daß der Berechtigte zur Veräußerung des Dauerwohnrechts der Zustimmung des Eigentümers oder eines Dritten bedarf. [2] Die Vorschriften des § 12 gelten in diesem Falle entsprechend.

§ 36 Heimfallanspruch. (1) [1] Als Inhalt des Dauerwohnrechts kann vereinbart werden, daß der Berechtigte verpflichtet ist, das Dauerwohnrecht beim Eintritt bestimmter Voraussetzungen auf den Grundstückseigentümer oder einen von diesem zu bezeichnenden Dritten zu übertragen (Heimfall-

---

1) Schönfelder Nr. 20.

anspruch). ²Der Heimfallanspruch kann nicht von dem Eigentum an dem Grundstück getrennt werden.

(2) Bezieht sich das Dauerwohnrecht auf Räume, die dem Mieterschutz unterliegen, so kann der Eigentümer von dem Heimfallanspruch nur Gebrauch machen, wenn ein Grund vorliegt, aus dem ein Vermieter die Aufhebung des Mietverhältnisses verlangen oder kündigen kann.

(3) Der Heimfallanspruch verjährt in sechs Monaten von dem Zeitpunkt an, in dem der Eigentümer von dem Eintritt der Voraussetzungen Kenntnis erlangt, ohne Rücksicht auf diese Kenntnis in zwei Jahren von dem Eintritt der Voraussetzungen an.

(4) ¹Als Inhalt des Dauerwohnrechts kann vereinbart werden, daß der Eigentümer dem Berechtigten eine Entschädigung zu gewähren hat, wenn er von dem Heimfallanspruch Gebrauch macht. ²Als Inhalt des Dauerwohnrechts können Vereinbarungen über die Berechnung oder Höhe der Entschädigung oder die Art ihrer Zahlung getroffen werden.

§ 37 Vermietung. (1) Hat der Dauerwohnberechtigte die dem Dauerwohnrecht unterliegenden Gebäude- oder Grundstücksteile vermietet oder verpachtet, so erlischt das Miet- oder Pachtverhältnis, wenn das Dauerwohnrecht erlischt.

(2) Macht der Eigentümer von seinem Heimfallanspruch Gebrauch, so tritt er oder derjenige, auf den das Dauerwohnrecht zu übertragen ist, in das Miet- oder Pachtverhältnis ein; die Vorschriften der §§ 566 bis 566e des Bürgerlichen Gesetzbuches[1] gelten entsprechend.

(3) ¹Absatz 2 gilt entsprechend, wenn das Dauerwohnrecht veräußert wird. ²Wird das Dauerwohnrecht im Wege der Zwangsvollstreckung veräußert, so steht dem Erwerber ein Kündigungsrecht in entsprechender Anwendung des § 57a des Gesetzes über die Zwangsversteigerung und Zwangsverwaltung[2] zu.

§ 38 Eintritt in das Rechtsverhältnis. (1) Wird das Dauerwohnrecht veräußert, so tritt der Erwerber an Stelle des Veräußerers in die sich während der Dauer seiner Berechtigung aus dem Rechtsverhältnis zu dem Eigentümer ergebenden Verpflichtungen ein.

(2) ¹Wird das Grundstück veräußert, so tritt der Erwerber an Stelle des Veräußerers in die sich während der Dauer seines Eigentums aus dem Rechtsverhältnis zu dem Dauerwohnberechtigten ergebenden Rechte ein. ²Das gleiche gilt für den Erwerb auf Grund Zuschlages in der Zwangsversteigerung, wenn das Dauerwohnrecht durch den Zuschlag nicht erlischt.

§ 39 Zwangsversteigerung. (1) Als Inhalt des Dauerwohnrechts kann vereinbart werden, daß das Dauerwohnrecht im Falle der Zwangsversteigerung des Grundstücks abweichend von § 44 des Gesetzes über die Zwangsversteigerung und Zwangsverwaltung[3] auch dann bestehen bleiben soll, wenn der Gläubiger einer dem Dauerwohnrecht im Range vorgehenden oder gleich-

---

[1] Nr. **1**.
[2] Nr. **22a**.
[3] **Schönfelder Nr. 108.**

stehenden Hypothek, Grundschuld, Rentenschuld oder Reallast die Zwangsversteigerung in das Grundstück betreibt.

(2) Eine Vereinbarung gemäß Absatz 1 bedarf zu ihrer Wirksamkeit der Zustimmung derjenigen, denen eine dem Dauerwohnrecht im Range vorgehende oder gleichstehende Hypothek, Grundschuld, Rentenschuld oder Reallast zusteht.

(3) Eine Vereinbarung gemäß Absatz 1 ist nur wirksam für den Fall, daß der Dauerwohnberechtigte im Zeitpunkt der Feststellung der Versteigerungsbedingungen seine fälligen Zahlungsverpflichtungen gegenüber dem Eigentümer erfüllt hat; in Ergänzung einer Vereinbarung nach Absatz 1 kann vereinbart werden, daß das Fortbestehen des Dauerwohnrechts vom Vorliegen weiterer Voraussetzungen abhängig ist.

§ 40 Haftung des Entgelts. (1) [1] Hypotheken, Grundschulden, Rentenschulden und Reallasten, die dem Dauerwohnrecht im Range vorgehen oder gleichstehen, sowie öffentliche Lasten, die in wiederkehrenden Leistungen bestehen, erstrecken sich auf den Anspruch auf das Entgelt für das Dauerwohnrecht in gleicher Weise wie auf eine Mietforderung, soweit nicht in Absatz 2 etwas Abweichendes bestimmt ist. [2] Im übrigen sind die für Mietforderungen geltenden Vorschriften nicht entsprechend anzuwenden.

(2) [1] Als Inhalt des Dauerwohnrechts kann vereinbart werden, daß Verfügungen über den Anspruch auf das Entgelt, wenn es in wiederkehrenden Leistungen ausbedungen ist, gegenüber dem Gläubiger einer dem Dauerwohnrecht im Range vorgehenden oder gleichstehenden Hypothek, Grundschuld, Rentenschuld oder Reallast wirksam sind. [2] Für eine solche Vereinbarung gilt § 39 Abs. 2 entsprechend.

§ 41 Besondere Vorschriften für langfristige Dauerwohnrechte.

(1) Für Dauerwohnrechte, die zeitlich unbegrenzt oder für einen Zeitraum von mehr als zehn Jahren eingeräumt sind, gelten die besonderen Vorschriften der Absätze 2 und 3.

(2) Der Eigentümer ist, sofern nicht etwas anderes vereinbart ist, dem Dauerwohnberechtigten gegenüber verpflichtet, eine dem Dauerwohnrecht im Range vorgehende oder gleichstehende Hypothek löschen zu lassen für den Fall, daß sie sich mit dem Eigentum in einer Person vereinigt, und die Eintragung einer entsprechenden Löschungsvormerkung in das Grundbuch zu bewilligen.

(3) Der Eigentümer ist verpflichtet, dem Dauerwohnberechtigten eine angemessene Entschädigung zu gewähren, wenn er von dem Heimfallanspruch Gebrauch macht.

§ 42 Belastung eines Erbbaurechts. (1) Die Vorschriften der §§ 31 bis 41 gelten für die Belastung eines Erbbaurechts mit einem Dauerwohnrecht entsprechend.

(2) Beim Heimfall des Erbbaurechts bleibt das Dauerwohnrecht bestehen.

III. Teil. Verfahrensvorschriften

§ 43 Zuständigkeit. Das Gericht, in dessen Bezirk das Grundstück liegt, ist ausschließlich zuständig für
1. Streitigkeiten über die sich aus der Gemeinschaft der Wohnungseigentümer und aus der Verwaltung des gemeinschaftlichen Eigentums ergebenden Rechte und Pflichten der Wohnungseigentümer untereinander;
2. Streitigkeiten über die Rechte und Pflichten zwischen der Gemeinschaft der Wohnungseigentümer und Wohnungseigentümern;
3. Streitigkeiten über die Rechte und Pflichten des Verwalters bei der Verwaltung des gemeinschaftlichen Eigentums;
4. Streitigkeiten über die Gültigkeit von Beschlüssen der Wohnungseigentümer;
5. Klagen Dritter, die sich gegen die Gemeinschaft der Wohnungseigentümer oder gegen Wohnungseigentümer richten und sich auf das gemeinschaftliche Eigentum, seine Verwaltung oder das Sondereigentum beziehen;
6. Mahnverfahren, wenn die Gemeinschaft der Wohnungseigentümer Antragstellerin ist. Insoweit ist § 689 Abs. 2 der Zivilprozessordnung[1)] nicht anzuwenden.

§ 44 Bezeichnung der Wohnungseigentümer in der Klageschrift.
(1) [1] Wird die Klage durch oder gegen alle Wohnungseigentümer mit Ausnahme des Gegners erhoben, so genügt für ihre nähere Bezeichnung in der Klageschrift die bestimmte Angabe des gemeinschaftlichen Grundstücks; wenn die Wohnungseigentümer Beklagte sind, sind in der Klageschrift außerdem der Verwalter und der gemäß § 45 Abs. 2 Satz 1 bestellte Ersatzzustellungsvertreter zu bezeichnen. [2] Die namentliche Bezeichnung der Wohnungseigentümer hat spätestens bis zum Schluss der mündlichen Verhandlung zu erfolgen.

(2) [1] Sind an dem Rechtsstreit nicht alle Wohnungseigentümer als Partei beteiligt, so sind die übrigen Wohnungseigentümer entsprechend Absatz 1 von dem Kläger zu bezeichnen. [2] Der namentlichen Bezeichnung der übrigen Wohnungseigentümer bedarf es nicht, wenn das Gericht von ihrer Beiladung gemäß § 48 Abs. 1 Satz 1 absieht.

§ 45 Zustellung. (1) Der Verwalter ist Zustellungsvertreter der Wohnungseigentümer, wenn diese Beklagte oder gemäß § 48 Abs. 1 Satz 1 beizuladen sind, es sei denn, dass er als Gegner der Wohnungseigentümer an dem Verfahren beteiligt ist oder aufgrund des Streitgegenstandes die Gefahr besteht, der Verwalter werde die Wohnungseigentümer nicht sachgerecht unterrichten.

(2) [1] Die Wohnungseigentümer haben für den Fall, dass der Verwalter als Zustellungsvertreter ausgeschlossen ist, durch Beschluss mit Stimmenmehrheit einen Ersatzzustellungsvertreter sowie dessen Vertreter zu bestellen, auch wenn ein Rechtsstreit noch nicht anhängig ist. [2] Der Ersatzzustellungsvertre-

---

[1)] **Schönfelder Nr. 100.**

ter tritt in die dem Verwalter als Zustellungsvertreter der Wohnungseigentümer zustehenden Aufgaben und Befugnisse ein, sofern das Gericht die Zustellung an ihn anordnet; Absatz 1 gilt entsprechend.

(3) Haben die Wohnungseigentümer entgegen Absatz 2 Satz 1 keinen Ersatzzustellungsvertreter bestellt oder ist die Zustellung nach den Absätzen 1 und 2 aus sonstigen Gründen nicht ausführbar, kann das Gericht einen Ersatzzustellungsvertreter bestellen.

§ 46 Anfechtungsklage. (1) [1] Die Klage eines oder mehrerer Wohnungseigentümer auf Erklärung der Ungültigkeit eines Beschlusses der Wohnungseigentümer ist gegen die übrigen Wohnungseigentümer und die Klage des Verwalters ist gegen die Wohnungseigentümer zu richten. [2] Sie muss innerhalb eines Monats nach der Beschlussfassung erhoben und innerhalb zweier Monate nach der Beschlussfassung begründet werden. [3] Die §§ 233 bis 238 der Zivilprozessordnung[1)] gelten entsprechend.

(2) Hat der Kläger erkennbar eine Tatsache übersehen, aus der sich ergibt, dass der Beschluss nichtig ist, so hat das Gericht darauf hinzuweisen.

§ 46a *(aufgehoben)*

§ 47 Prozessverbindung. [1] Mehrere Prozesse, in denen Klagen auf Erklärung oder Feststellung der Ungültigkeit desselben Beschlusses der Wohnungseigentümer erhoben werden, sind zur gleichzeitigen Verhandlung und Entscheidung zu verbinden. [2] Die Verbindung bewirkt, dass die Kläger der vorher selbständigen Prozesse als Streitgenossen anzusehen sind.

§ 48 Beiladung, Wirkung des Urteils. (1) [1] Richtet sich die Klage eines Wohnungseigentümers, der in einem Rechtsstreit gemäß § 43 Nr. 1 oder Nr. 3 einen ihm allein zustehenden Anspruch geltend macht, nur gegen einen oder einzelne Wohnungseigentümer oder nur gegen den Verwalter, so sind die übrigen Wohnungseigentümer beizuladen, es sei denn, dass ihre rechtlichen Interessen erkennbar nicht betroffen sind. [2] Soweit in einem Rechtsstreit gemäß § 43 Nr. 3 oder Nr. 4 der Verwalter nicht Partei ist, ist er ebenfalls beizuladen.

(2) [1] Die Beiladung erfolgt durch Zustellung der Klageschrift, der die Verfügungen des Vorsitzenden beizufügen sind. [2] Die Beigeladenen können der einen oder anderen Partei zu deren Unterstützung beitreten. [3] Veräußert ein beigeladener Wohnungseigentümer während des Prozesses sein Wohnungseigentum, ist § 265 Abs. 2 der Zivilprozessordnung[1)] entsprechend anzuwenden.

(3) Über die in § 325 der Zivilprozessordnung[1)] angeordneten Wirkungen hinaus wirkt das rechtskräftige Urteil auch für und gegen alle beigeladenen Wohnungseigentümer und ihre Rechtsnachfolger sowie den beigeladenen Verwalter.

(4) Wird durch das Urteil eine Anfechtungsklage als unbegründet abgewiesen, so kann auch nicht mehr geltend gemacht werden, der Beschluss sei nichtig.

[1)] **Schönfelder Nr. 100.**

§ 49 Kostenentscheidung. (1) Wird gemäß § 21 Abs. 8 nach billigem Ermessen entschieden, so können auch die Prozesskosten nach billigem Ermessen verteilt werden.

(2) Dem Verwalter können Prozesskosten auferlegt werden, soweit die Tätigkeit des Gerichts durch ihn veranlasst wurde und ihn ein grobes Verschulden trifft, auch wenn er nicht Partei des Rechtsstreits ist.

§ 50 Kostenerstattung. Den Wohnungseigentümern sind als zur zweckentsprechenden Rechtsverfolgung oder Rechtsverteidigung notwendige Kosten nur die Kosten eines bevollmächtigten Rechtsanwalts zu erstatten, wenn nicht aus Gründen, die mit dem Gegenstand des Rechtsstreits zusammenhängen, eine Vertretung durch mehrere bevollmächtigte Rechtsanwälte geboten war.

§§ 51–58 *(aufgehoben)*

IV. Teil. Ergänzende Bestimmungen

§§ 59, 60 *(aufgehoben)*

§ 61 [Veräußerung ohne Zustimmung] [1] Fehlt eine nach § 12 erforderliche Zustimmung, so sind die Veräußerung und das zugrundeliegende Verpflichtungsgeschäft unbeschadet der sonstigen Voraussetzungen wirksam, wenn die Eintragung der Veräußerung oder einer Auflassungsvormerkung in das Grundbuch vor dem 15. Januar 1994 erfolgt ist und es sich um die erstmalige Veräußerung dieses Wohnungseigentums nach seiner Begründung handelt, es sei denn, daß eine rechtskräftige gerichtliche Entscheidung entgegensteht. [2] Das Fehlen der Zustimmung steht in diesen Fällen dem Eintritt der Rechtsfolgen des § 878 des Bürgerlichen Gesetzbuchs[1)] nicht entgegen. [3] Die Sätze 1 und 2 gelten entsprechend in den Fällen der §§ 30 und 35 des Wohnungseigentumsgesetzes.

§ 62 Übergangsvorschrift. (1) Für die am 1. Juli 2007 bei Gericht anhängigen Verfahren in Wohnungseigentums- oder in Zwangsversteigerungssachen oder für die bei einem Notar beantragten freiwilligen Versteigerungen sind die durch die Artikel 1 und 2 des Gesetzes vom 26. März 2007 (BGBl. I S. 370) geänderten Vorschriften des III. Teils dieses Gesetzes sowie die des Gesetzes über die Zwangsversteigerung und die Zwangsverwaltung in ihrer bis dahin geltenden Fassung weiter anzuwenden.

(2) In Wohnungseigentumssachen nach § 43 Nr. 1 bis 4 finden die Bestimmungen über die Nichtzulassungsbeschwerde (§ 543 Abs. 1 Nr. 2, § 544 der Zivilprozessordnung[2)]) keine Anwendung, soweit die anzufechtende Entscheidung vor dem 31. Dezember 2015 verkündet worden ist.

§ 63 Überleitung bestehender Rechtsverhältnisse. (1) Werden Rechtsverhältnisse, mit denen ein Rechtserfolg bezweckt wird, der den durch dieses

---

[1)] Nr. **1**.
[2)] **Schönfelder Nr. 100.**

Gesetz geschaffenen Rechtsformen entspricht, in solche Rechtsformen umgewandelt, so ist als Geschäftswert für die Berechnung der hierdurch veranlaßten Gebühren der Gerichte und Notare im Falle des Wohnungseigentums ein Fünfundzwanzigstel des Einheitswertes des Grundstückes, im Falle des Dauerwohnrechtes ein Fünfundzwanzigstel des Wertes des Rechtes anzunehmen.

(2) *(gegenstandslose Übergangsvorschrift)*

(3) Durch Landesgesetz können Vorschriften zur Überleitung bestehender, auf Landesrecht beruhender Rechtsverhältnisse in die durch dieses Gesetz geschaffenen Rechtsformen getroffen werden.

§ 64 Inkrafttreten. Dieses Gesetz tritt am Tage nach seiner Verkündung[1] in Kraft.

---

[1] Verkündet am 19.3.1951.

8. *Verordnung über die Behandlung der Ehewohnung und des Hausrats*[1)]

Vom 21. Oktober 1944
(RGBl. I S. 256)

FNA 404-3

zuletzt geänd. durch Art. 2 G zur Änd. des Zugewinnausgleichs- und Vormundschaftsrechts v. 6.7.2009 (BGBl. I S. 1696)

1. Abschnitt. Allgemeine Vorschriften

§ 1 *(aufgehoben)*

§ 2 *Grundsätze für die rechtsgestaltende Entscheidung.* *[1] Soweit der Richter nach dieser Verordnung Rechtsverhältnisse zu gestalten hat, entscheidet er nach billigem Ermessen. [2] Dabei hat er alle Umstände des Einzelfalls, insbesondere das Wohl der Kinder und die Erfordernisse des Gemeinschaftslebens, zu berücksichtigen*

2. Abschnitt. Besondere Vorschriften für die Wohnung

§ 3 *Wohnung im eigenen Hause eines Ehegatten.* *(1) Ist einer der Ehegatten allein oder gemeinsam mit einem Dritten Eigentümer des Hauses, in dem sich die Ehewohnung befindet, so soll der Richter die Wohnung dem anderen Ehegatten nur zuweisen, wenn dies notwendig ist, um eine unbillige Härte zu vermeiden.*

(2) Das gleiche gilt, wenn einem Ehegatten allein oder gemeinsam mit einem Dritten der Nießbrauch, das Erbbaurecht oder ein dingliches Wohnrecht an dem Grundstück zusteht, auf dem sich die Ehewohnung befindet.

§ 4 *Dienst- und Werkwohnung.* *Eine Wohnung, die die Ehegatten auf Grund eines Dienst- oder Arbeitsverhältnisses innehaben, das zwischen einem von ihnen und einem Dritten besteht, soll der Richter dem anderen Ehegatten nur zuweisen, wenn der Dritte einverstanden ist.*

§ 5 *Gestaltung der Rechtsverhältnisse.* *(1) [1] Für eine Mietwohnung kann der Richter bestimmen, daß ein von beiden Ehegatten eingegangenes Mietverhältnis von einem Ehegatten allein fortgesetzt wird oder daß ein Ehegatte an Stelle des anderen in ein von diesem eingegangenes Mietverhältnis eintritt. [2] Der Richter kann den Ehegatten gegenüber Anordnungen treffen, die geeignet sind, die aus dem Mietverhältnis herrührenden Ansprüche des Vermieters zu sichern.*

(2) [1] Besteht kein Mietverhältnis an der Ehewohnung, so kann der Richter zugunsten eines Ehegatten ein Mietverhältnis an der Wohnung begründen. [2] Hierbei setzt der Richter die Miete fest.

[1)] **Aufgehoben mWv 1.9.2009** durch Art. 2 G zur Änd. des Zugewinnausgleichs- und Vormundschaftsrechts v. 6.7.2009 (BGBl. I S. 1696).

§ 6 Teilung der Wohnung. *(1) [1] Ist eine Teilung der Wohnung möglich und zweckmäßig, so kann der Richter auch anordnen, daß die Wohnung zwischen den Ehegatten geteilt wird. [2] Dabei kann er bestimmen, wer die Kosten zu tragen hat, die durch die Teilung und ihre etwaige spätere Wiederbeseitigung entstehen.*

(2) [1] Für die Teilwohnungen kann der Richter neue Mietverhältnisse begründen, die, wenn ein Mietverhältnis schon bestand, an dessen Stelle treten. [2] § 5 Abs. 2 Sätze 2 und 3 gelten sinngemäß.

§ 7 *(aufgehoben)*

3. Abschnitt. Besondere Vorschriften für den Hausrat

§ 8 Gemeinsames Eigentum beider Ehegatten. *(1) Hausrat, der beiden Ehegatten gemeinsam gehört, verteilt der Richter gerecht und zweckmäßig.*

(2) Hausrat, der während der Ehe für den gemeinsamen Haushalt angeschafft ist, gilt für die Verteilung (Absatz 1) auch dann, wenn er nicht zum Gesamtgut einer Gütergemeinschaft gehört, als gemeinsames Eigentum, es sei denn, daß das Alleineigentum eines Ehegatten feststeht.

(3) [1] Die Gegenstände gehen in das Alleineigentum des Ehegatten über, dem sie der Richter zuteilt. [2] Der Richter soll diesem Ehegatten zugunsten des anderen eine Ausgleichszahlung auferlegen, wenn dies der Billigkeit entspricht.

§ 9 Alleineigentum eines Ehegatten. *(1) Notwendige Gegenstände, die im Alleineigentum eines Ehegatten stehen, kann der Richter dem anderen Ehegatten zuweisen, wenn dieser auf ihre Weiterbenutzung angewiesen ist und es dem Eigentümer zugemutet werden kann, sie dem anderen zu überlassen.*

(2) [1] Im Falle des Absatzes 1 kann der Richter ein Mietverhältnis zwischen dem Eigentümer und dem anderen Ehegatten begründen und die Miete festsetzen. [2] Soweit im Einzelfall eine endgültige Auseinandersetzung über den Hausrat notwendig ist, kann er statt dessen das Eigentum an den Gegenständen auf den anderen Ehegatten übertragen und dafür ein angemessenes Entgelt festsetzen.

§ 10 Gläubigerrechte. *(1) Haftet ein Ehegatte allein oder haften beide Ehegatten als Gesamtschuldner für Schulden, die mit dem Hausrat zusammenhängen, so kann der Richter bestimmen, welcher Ehegatte im Innenverhältnis zur Bezahlung der Schuld verpflichtet ist.*

(2) Gegenstände, die einem der Ehegatten unter Eigentumsvorbehalt geliefert sind, soll der Richter dem anderen nur zuteilen, wenn der Gläubiger einverstanden ist.

4. Abschnitt. Verfahrensvorschriften

§ 11 *(aufgehoben)*

§ 12 Zeitpunkt der Antragstellung. *Wird der Antrag auf Auseinandersetzung über die Ehewohnung später als ein Jahr nach Rechtskraft der richterlihcen Entscheidung über die Scheidungs gestellt, so darf der Richter in die Rechte des Vermieters oder eines anderen Drittbeteiligten nur eingreifen, wenn dieser einverstanden ist.*

§§ 13–17 *(aufgehoben)*

§ 18 Rechtsstreit über Ehewohnung und Hausrat. *(1) [1] Macht ein Beteiligter Ansprüche hinsichtlich der Ehewohnung oder des Hausrats in einem Rechtsstreit geltend, so hat das Prozeßgericht die Sache insoweit an das zuständige Familiengericht abzugeben. [2] Der Abgabebeschluß kann nach Anhörung der Parteien auch ohne mündliche Verhandlung ergehen. [3] Er ist für das in ihm bezeichnete Gericht bindend.*

(2) Im Falle des Absatzes 1 ist für die Berechnung der in § 12 bestimmten Frist der Zeitpunkt der Klageerhebung maßgebend.

§§ 18a, 19 *(aufgehoben)*

5. Abschnitt. Kostenvorschriften

§ 20–23 *(aufgehoben)*

6. Abschnitt. Schlußvorschriften

§ 24 *(aufgehoben)*

§ 25 Aufhebung und Nichtigerklärung der Ehe. *Wird eine Ehe aufgehoben, so gelten die vorstehenden Vorschriften entsprechend.*

§ 26 *(aufgehoben)*

§ 27 Inkrafttreten. *Diese Verordnung tritt am 1. November 1944 in Kraft.*

9. Gesetz zur Anpassung schuldrechtlicher Nutzungsverhältnisse an Grundstücken im Beitrittsgebiet (Schuldrechtsanpassungsgesetz – SchuldRAnpG)[1]

Vom 21. September 1994
(BGBl. I S. 2538)

FNA 402-31

zuletzt geänd. durch Art. 20 G zur Bereinigung des Rechts der Lebenspartner v. 20.11.2015 (BGBl. I S. 2010)

Inhaltsübersicht

Kapitel 1. Allgemeine Vorschriften

Abschnitt 1. Anwendungsbereich

§ 1 Betroffene Rechtsverhältnisse. (1) Dieses Gesetz regelt Rechtsverhältnisse an Grundstücken in dem in Artikel 3 des Einigungsvertrages genannten Gebiet (Beitrittsgebiet), die aufgrund

1. eines Vertrages zum Zwecke der kleingärtnerischen Nutzung, Erholung oder Freizeitgestaltung oder zur Errichtung von Garagen oder anderen

[1] Verkündet als Art. 1 G zur Änd. schuldrechtlicher Bestimmungen im Beitrittsgebiet (Schuldrechtsänderungsgesetz – SchuldRÄndG) vom 21. September 1994 (BGBl. I S. 2538); Inkrafttreten gem. Art. 6 des G am 1.1.1995.

persönlichen, jedoch nicht Wohnzwecken dienenden Bauwerken überlassen,

2. eines Überlassungsvertrages im Sinne des Artikels 232 § 1a des Einführungsgesetzes zum Bürgerlichen Gesetzbuche[1] zu Wohnzwecken oder zu gewerblichen Zwecken übergeben oder
3. eines Miet-, Pacht- oder sonstigen Nutzungsvertrages von einem anderen als dem Grundstückseigentümer bis zum Ablauf des 2. Oktober 1990 mit Billigung staatlicher Stellen mit einem Wohn- oder gewerblichen Zwecken dienenden Bauwerk bebaut

worden sind.

(2) Wurde das Grundstück einem anderen als dem unmittelbar Nutzungsberechtigten (Zwischenpächter) zum Zwecke der vertraglichen Überlassung an Dritte übergeben, sind die Bestimmungen dieses Gesetzes auch auf diesen Vertrag anzuwenden.

§ 2 Nicht einbezogene Rechtsverhältnisse. (1) [1] Die Bestimmungen dieses Gesetzes sind nicht auf Rechtsverhältnisse anzuwenden, deren Bereinigung im Sachenrechtsbereinigungsgesetz vorgesehen ist. [2] Dies gilt insbesondere für

1. Nutzungsverträge nach § 1 Abs. 1 Nr. 1 und 3, wenn die in § 5 Abs. 1 Nr. 3 Satz 2 Buchstabe d und e des Sachenrechtsbereinigungsgesetzes bezeichneten Voraussetzungen des Eigenheimbaus vorliegen,
2. Überlassungsverträge nach § 1 Abs. 1 Nr. 2, wenn der Nutzer mit Billigung staatlicher Stellen ein Eigenheim errichtet oder bauliche Investitionen nach § 12 Abs. 2 des Sachenrechtsbereinigungsgesetzes in ein vorhandenes Gebäude vorgenommen hat, und
3. Miet-, Pacht- oder sonstige Nutzungsverträge nach § 1 Abs. 1 Nr. 3, wenn der Nutzer für seinen Handwerks- oder Gewerbebetrieb auf einem ehemals volkseigenen Grundstück einen Neubau errichtet oder eine bauliche Maßnahme nach § 12 Abs. 1 des Sachenrechtsbereinigungsgesetzes vorgenommen hat.

(2) Dieses Gesetz gilt ferner nicht für die in § 71 des Vertragsgesetzes der Deutschen Demokratischen Republik bezeichneten Verträge.

(3) [1] Für Nutzungsverhältnisse innerhalb von Kleingartenanlagen bleibt die Anwendung des Bundeskleingartengesetzes vom 28. Februar 1983 (BGBl. I S. 210), zuletzt geändert durch Artikel 5 des Schuldrechtsänderungsgesetzes vom 21. September 1994 (BGBl. I S. 2538), unberührt. [2] Ist das Grundstück nach Ablauf des 2. Oktober 1990 in eine Kleingartenanlage eingegliedert worden, sind vom Zeitpunkt der Eingliederung an die Bestimmungen des Bundeskleingartengesetzes anzuwenden.

§ 3 Zeitliche Begrenzung. Die Bestimmungen dieses Gesetzes sind nur auf solche Verträge anzuwenden, die bis zum Ablauf des 2. Oktober 1990 abgeschlossen worden sind.

---

[1] Nr. 2.

Abschnitt 2. Begriffsbestimmungen

§ 4 Nutzer. (1) Nutzer im Sinne dieses Gesetzes sind natürliche oder juristische Personen des privaten oder öffentlichen Rechts, die aufgrund eines Überlassungs-, Miet-, Pacht- oder sonstigen Vertrages zur Nutzung eines Grundstücks berechtigt sind.

(2) [1] Ist der Vertrag mit einer Personengemeinschaft nach den §§ 266 bis 273 des Zivilgesetzbuchs der Deutschen Demokratischen Republik geschlossen worden, sind deren Mitglieder gemeinschaftlich Nutzer. [2] Soweit die Nutzer nichts anderes vereinbart haben, sind die Vorschriften des Bürgerlichen Gesetzbuchs[1)] über die Gesellschaft anzuwenden.

§ 5 Bauwerke. (1) Bauwerke sind Gebäude, Baulichkeiten nach § 296 Abs. 1 des Zivilgesetzbuchs der Deutschen Demokratischen Republik und Grundstückseinrichtungen.

(2) Grundstückseinrichtungen sind insbesondere die zur Einfriedung und Erschließung des Grundstücks erforderlichen Anlagen.

Abschnitt 3. Grundsätze

Unterabschnitt 1. Durchführung der Schuldrechtsanpassung

§ 6 Gesetzliche Umwandlung. (1) Auf die in § 1 Abs. 1 bezeichneten Verträge sind die Bestimmungen des Bürgerlichen Gesetzbuchs[1)] über den Miet- oder den Pachtvertrag anzuwenden, soweit dieses Gesetz nichts anderes bestimmt.

(2) [1] Vereinbarungen, die die Beteiligten (Grundstückseigentümer und Nutzer) nach Ablauf des 2. Oktober 1990 getroffen haben, bleiben von den Bestimmungen dieses Gesetzes unberührt. [2] Dies gilt unabhängig von ihrer Vereinbarkeit mit Rechtsvorschriften der Deutschen Demokratischen Republik auch für bis zu diesem Zeitpunkt getroffene Abreden, die vom Inhalt eines Vertrages vergleichbarer Art abweichen, nicht zu einer unangemessenen Benachteiligung eines Beteiligten führen und von denen anzunehmen ist, daß die Beteiligten sie auch getroffen hätten, wenn sie die durch den Beitritt bedingte Änderung der wirtschaftlichen und sozialen Verhältnisse vorausgesehen hätten.

(3) In einem Überlassungsvertrag getroffene Abreden bleiben nur wirksam, soweit es in diesem Gesetz bestimmt ist.

§ 7 Kündigungsschutz durch Moratorium. (1) [1] Eine vom Grundstückseigentümer oder einem anderen Vertragschließenden (§ 8 Abs. 1 Satz 1) nach Ablauf des 2. Oktober 1990 ausgesprochene Kündigung eines in § 1 Abs. 1 bezeichneten Vertrages ist unwirksam, wenn der Nutzer nach Artikel 233 § 2a Abs. 1 des Einführungsgesetzes zum Bürgerlichen Gesetzbuche[2)] gegenüber dem Grundstückseigentümer zum Besitz berechtigt war und den Besitz noch ausübt. [2] Satz 1 ist auch anzuwenden, wenn dem Nutzer der Besitz durch verbotene Eigenmacht entzogen wurde. [3] Abweichende rechtskräftige Entscheidungen bleiben unberührt.

[1)] Auszugsweise abgedruckt unter Nr. **1**.
[2)] **Schönfelder Nr. 21.**

(2) Absatz 1 ist nicht anzuwenden, wenn die Kündigung wegen vertragswidrigen Gebrauchs, Zahlungsverzugs des Nutzers oder aus einem anderen wichtigen Grund erfolgt ist.

(3) Artikel 232 § 4a des Einführungsgesetzes zum Bürgerlichen Gesetzbuche[1] bleibt unberührt.

Unterabschnitt 2. Rechtsgeschäfte mit anderen Vertragschließenden

§ 8 Vertragseintritt. (1) [1] Der Grundstückseigentümer tritt in die sich ab dem 1. Januar 1995 ergebenden Rechte und Pflichten aus einem Vertragsverhältnis über den Gebrauch oder die Nutzung seines Grundstücks ein, das landwirtschaftliche Produktionsgenossenschaften bis zum Ablauf des 30. Juni 1990 oder staatliche Stellen im Sinne des § 10 Abs. 1 des Sachenrechtsbereinigungsgesetzes bis zum Ablauf des 2. Oktober 1990 im eigenen oder in seinem Namen mit dem Nutzer abgeschlossen haben. [2] Die in § 46 des Gesetzes über die landwirtschaftlichen Produktionsgenossenschaften vom 2. Juli 1982 (GBl. I Nr. 25 S. 443) bezeichneten Genossenschaften und Kooperationsbeziehungen stehen landwirtschaftlichen Produktionsgenossenschaften gleich. [3] Die Regelungen zum Vertragsübergang in § 17 des Vermögensgesetzes bleiben unberührt.

(2) Ist der Vertrag mit einem Zwischenpächter abgeschlossen worden, tritt der Grundstückseigentümer in dieses Vertragsverhältnis ein.

(3) [1] Absatz 1 Satz 1 gilt nicht, wenn der andere Vertragschließende zur Überlassung des Grundstücks nicht berechtigt war und der Nutzer beim Vertragsabschluß den Mangel der Berechtigung des anderen Vertragschließenden kannte. [2] Kannte nur der Zwischenpächter den Mangel der Berechtigung des anderen Vertragschließenden, tritt der Grundstückseigentümer in den vom Zwischenpächter mit dem unmittelbar Nutzungsberechtigten geschlossenen Vertrag ein. [3] Ein Verstoß gegen die in § 18 Abs. 2 Satz 2 des Gesetzes über die landwirtschaftlichen Produktionsgenossenschaften vom 2. Juli 1982 genannten Voraussetzungen ist nicht beachtlich.

(4) Abweichende rechtskräftige Entscheidungen bleiben unberührt.

§ 9 Vertragliche Nebenpflichten. [1] Grundstückseigentümer und Nutzer können die Erfüllung solcher Pflichten verweigern, die nicht unmittelbar die Nutzung des Grundstücks betreffen und nach ihrem Inhalt von oder gegenüber dem anderen Vertragschließenden zu erbringen waren. [2] Dies gilt insbesondere für die Unterhaltung von Gemeinschaftsanlagen in Wochenendhaussiedlungen und die Verpflichtung des Nutzers zur Mitarbeit in einer landwirtschaftlichen Produktionsgenossenschaft.

§ 10 Verantwortlichkeit für Fehler oder Schäden. (1) Der Grundstückseigentümer haftet dem Nutzer nicht für Fehler oder Schäden, die infolge eines Umstandes eingetreten sind, den der andere Vertragschließende zu vertreten hat.

(2) Soweit der Grundstückseigentümer nach Absatz 1 nicht haftet, kann der Nutzer unbeschadet des gesetzlichen Vertragseintritts Schadensersatz von dem anderen Vertragschließenden verlangen.

---

[1] Nr. 2.

Unterabschnitt 3. Beendigung des Vertragsverhältnisses

§ 11 Eigentumserwerb an Baulichkeiten. (1) [1] Mit der Beendigung des Vertragsverhältnisses geht das nach dem Recht der Deutschen Demokratischen Republik begründete, fortbestehende Eigentum an Baulichkeiten auf den Grundstückseigentümer über. [2] Eine mit dem Grund und Boden nicht nur zu einem vorübergehenden Zweck fest verbundene Baulichkeit wird wesentlicher Bestandteil des Grundstücks.

(2) [1] Rechte Dritter an der Baulichkeit erlöschen. [2] Sicherungsrechte setzen sich an der Entschädigung nach § 12 fort. [3] Im übrigen kann der Dritte Wertersatz aus der Entschädigung nach § 12 verlangen.

§ 12 Entschädigung für das Bauwerk. (1) [1] Der Grundstückseigentümer hat dem Nutzer nach Beendigung des Vertragsverhältnisses eine Entschädigung für ein entsprechend den Rechtsvorschriften der Deutschen Demokratischen Republik errichtetes Bauwerk nach Maßgabe der folgenden Vorschriften zu leisten. [2] Das Recht des Nutzers, für ein rechtswidrig errichtetes Bauwerk Ersatz nach Maßgabe der Vorschriften über die Herausgabe einer ungerechtfertigten Bereicherung zu verlangen, bleibt unberührt.

(2) [1] Endet das Vertragsverhältnis durch Kündigung des Grundstückseigentümers, ist die Entschädigung nach dem Zeitwert des Bauwerks im Zeitpunkt der Rückgabe des Grundstücks zu bemessen. [2] Satz 1 ist nicht anzuwenden, wenn der Nutzer durch sein Verhalten Anlaß zu einer Kündigung aus wichtigem Grund gegeben hat oder das Vertragsverhältnis zu einem Zeitpunkt endet, in dem die Frist, in der der Grundstückseigentümer nur unter den in diesem Gesetz genannten besonderen Voraussetzungen zur Kündigung berechtigt ist (Kündigungsschutzfrist), seit mindestens sieben Jahren verstrichen ist.

(3) In anderen als den in Absatz 2 genannten Fällen kann der Nutzer eine Entschädigung verlangen, soweit der Verkehrswert des Grundstücks durch das Bauwerk im Zeitpunkt der Rückgabe erhöht ist.

(4) [1] Der Nutzer ist zur Wegnahme des Bauwerks berechtigt. [2] Er kann das Bauwerk vom Grundstück abtrennen und sich aneignen. [3] § 258 des Bürgerlichen Gesetzbuchs[1)] ist anzuwenden.

(5) Ansprüche des Nutzers auf Wertersatz wegen anderer werterhöhender Maßnahmen nach den allgemeinen Vorschriften bleiben von den Bestimmungen dieses Gesetzes unberührt.

§ 13 Entschädigungsleistung bei Sicherungsrechten. [1] Hat der Sicherungsnehmer dem Grundstückseigentümer das Bestehen eines Sicherungsrechts an der Baulichkeit angezeigt, kann der Grundstückseigentümer die Entschädigung nach § 12 nur an den Sicherungsnehmer und den Nutzer

---

[1)] Nr. **1**.

gemeinschaftlich leisten. [2] § 1281 Satz 2 des Bürgerlichen Gesetzbuchs[1)] ist entsprechend anzuwenden.

§ 14[2)] Entschädigung für Vermögensnachteile. [1] Endet das Vertragsverhältnis durch Kündigung des Grundstückseigentümers vor Ablauf der Kündigungsschutzfrist, kann der Nutzer neben der Entschädigung für das Bauwerk nach § 12 eine Entschädigung für die Vermögensnachteile verlangen, die ihm durch die vorzeitige Beendigung des Vertragsverhältnisses entstanden sind. [2] Bei einem Vertragsverhältnis nach § 1 Abs. 1 Nr. 1 besteht der Anspruch nach Satz 1 nur, wenn das Vertragsverhältnis aus den in § 23 Abs. 2 Satz 1 Nr. 2 oder Abs. 6 Satz 3 genannten Gründen gekündigt wird. [3] Der Anspruch nach Satz 1 besteht nicht, wenn der Nutzer durch sein Verhalten Anlaß zu einer Kündigung aus wichtigem Grund gegeben hat.

§ 15 Beseitigung des Bauwerks; Abbruchkosten. (1) [1] Der Nutzer ist bei Vertragsbeendigung zur Beseitigung eines entsprechend den Rechtsvorschriften der Deutschen Demokratischen Republik errichteten Bauwerks nicht verpflichtet. [2] Er hat jedoch die Hälfte der Kosten für den Abbruch des Bauwerks zu tragen, wenn

1. das Vertragsverhältnis von ihm oder nach Ablauf der in § 12 Abs. 2 bestimmten Frist vom Grundstückseigentümer gekündigt wird oder er durch sein Verhalten Anlaß zu einer Kündigung aus wichtigem Grund gegeben hat und
2. der Abbruch innerhalb eines Jahres nach Besitzübergang vorgenommen wird.

(2) [1] Der Grundstückseigentümer hat dem Nutzer den beabsichtigten Abbruch des Bauwerks rechtzeitig anzuzeigen. [2] Der Nutzer ist berechtigt, die Beseitigung selbst vorzunehmen oder vornehmen zu lassen.

(3) Die Absätze 1 und 2 sind nicht mehr anzuwenden, wenn das Vertragsverhältnis nach Ablauf des 31. Dezember 2022 endet.

§ 16 Kündigung bei Tod des Nutzers. (1) Stirbt der Nutzer, ist sowohl dessen Erbe als auch der Grundstückseigentümer zur Kündigung des Vertrages nach § 564 Satz 2, § 580 des Bürgerlichen Gesetzbuchs[3)] berechtigt.

(2) Ein Vertrag nach § 1 Absatz 1 Nummer 1 zur kleingärtnerischen Nutzung, Erholung oder Freizeitgestaltung wird beim Tod eines Nutzers mit dessen Ehegatten oder Lebenspartner fortgesetzt, wenn auch der Ehegatte oder Lebenspartner Nutzer ist.

[1)] **Schönfelder Nr. 20.**

[2)] Vgl. hierzu aus dem Beschluss des Bundesverfassungsgerichts vom 14.7.1999:

„§ 14 Satz 1 des Gesetzes zur Anpassung schuldrechtlicher Nutzungsverhältnisse an Grundstücken im Beitrittsgebiet (Schuldrechtsanpassungsgesetz – SchuldRAnpG) vom 21. September 1994 (Bundesgesetzblatt I Seite 2538) ist, soweit er Vertragsverhältnisse nach § 1 Absatz 1 Nummer 1 und ihre vorzeitige Beendigung nach § 23 Absatz 2 Satz 1 Nummer 1, auch in Verbindung mit Absatz 6 Satz 1, und nach Absatz 3 dieses Gesetzes betrifft, mit Artikel 14 Absatz 1 des Grundgesetzes v. 23.5.1949 (BGBl. I S. 1), zuletzt geänd. durch G v. 13.7.2017 (BGBl. I S. 2347) unvereinbar und nichtig."

[3)] Nr. **1**.

§ 17 Unredlicher Erwerb. (1) [1] Der Grundstückseigentümer kann ein Vertragsverhältnis nach § 1 Abs. 1 kündigen, wenn der Nutzer beim Abschluß des Vertrages unredlich im Sinne des § 4 des Vermögensgesetzes gewesen ist. [2] Die Kündigung ist spätestens am dritten Werktag eines Kalendermonats für den Ablauf des auf die Kündigung folgenden fünften Monats zulässig. [3] Kündigungen gemäß Satz 1 sind nur wirksam, wenn sie bis zum 31. Dezember 1996 erklärt werden.

(2) Der Grundstückseigentümer ist zu einer Kündigung nach Absatz 1 nicht berechtigt, wenn er die Aufhebung des Nutzungsvertrages durch Bescheid des Amtes zur Regelung offener Vermögensfragen beantragen kann oder beantragen konnte.

(3) [1] Für ein bis zum Ablauf des 2. Oktober 1990 errichtetes Bauwerk kann der Nutzer eine Entschädigung nach § 12 Abs. 2 verlangen. [2] § 14 ist nicht anzuwenden.

Kapitel 2. Vertragliche Nutzungen zu anderen persönlichen Zwecken als Wohnzwecken

Abschnitt 1. Allgemeine Vorschriften

§ 18 Anwendbarkeit der nachfolgenden Bestimmungen. Auf Verträge über die Nutzung von Grundstücken zu anderen persönlichen Zwecken als Wohnzwecken nach § 1 Abs. 1 Nr. 1 sind die nachfolgenden Bestimmungen anzuwenden.

§ 19 Heilung von Mängeln. (1) Ein Vertrag nach § 1 Abs. 1 Nr. 1 ist nicht deshalb unwirksam, weil die nach § 312 Abs. 1 Satz 2 des Zivilgesetzbuchs der Deutschen Demokratischen Republik vorgesehene Schriftform nicht eingehalten worden ist.

(2) Das Fehlen der Zustimmung zur Bebauung nach § 313 Abs. 2 des Zivilgesetzbuchs ist unbeachtlich, wenn der Nutzungsvertrag von einer staatlichen Stelle abgeschlossen worden ist und eine Behörde dieser Körperschaft dem Nutzer eine Bauzustimmung erteilt hat.

(3) Abweichende rechtskräftige Entscheidungen bleiben unberührt.

§ 20[1)] Nutzungsentgelt. (1) [1] Der Grundstückseigentümer kann vom Nutzer die Zahlung eines Nutzungsentgelts verlangen. [2] Die Höhe des Entgelts richtet sich nach der Nutzungsentgeltverordnung vom 22. Juli 1993 (BGBl. I S. 1339)[2)] in ihrer jeweils gültigen Fassung.

(2) [1] Auf die bisher unentgeltlichen Nutzungsverträge sind die Bestimmungen der Nutzungsentgeltverordnung entsprechend anzuwenden. [2] Der

---

[1)] Vgl. hierzu aus dem Beschluss des Bundesverfassungsgerichts vom 14.7.1999:
„§ 20 Absatz 1 und 2 des Schuldrechtsanpassungsgesetzes in Verbindung mit § 3 Absatz 1 der Nutzungsentgeltverordnung vom 22. Juli 1993 (Bundesgesetzblatt I Seite 1339), auch in der Fassung der Verordnung vom 24. Juli 1997 (Bundesgesetzblatt I Seite 1920), ist, soweit er eine angemessene Beteiligung der Nutzer an den öffentlichen Lasten des Grundstücks ausschließt, mit Artikel 14 Absatz 1 des Grundgesetzes unvereinbar."

[2)] Vgl. jetzt: Nutzungsentgeltverordnung idF der Bek. v. 24.6.2002 (BGBl. I S. 2562).

Grundstückseigentümer kann den Betrag verlangen, den der Nutzer im Falle einer entgeltlichen Nutzung nach den §§ 3 bis 5 der Nutzungsentgeltverordnung zu zahlen hätte.

(3) [1] Hat das Nutzungsentgelt die ortsübliche Höhe erreicht, kann jede Partei bis zum Ablauf der Kündigungsschutzfrist eine Entgeltanpassung nach Maßgabe der folgenden Bestimmungen verlangen. [2] Eine Anpassung ist zulässig, wenn das Nutzungsentgelt seit einem Jahr nicht geändert worden ist und das ortsübliche Entgelt sich seitdem um mehr als zehn vom Hundert verändert hat. [3] Das Anpassungsverlangen ist gegenüber dem anderen Teil in Textform geltend zu machen. [4] Das angepaßte Nutzungsentgelt wird vom Beginn des dritten Kalendermonats an geschuldet, der auf den Zugang des Anpassungsverlangens folgt.

§ 20a Beteiligung des Nutzers an öffentlichen Lasten. (1) [1] Der Grundstückseigentümer kann vom Nutzer eines außerhalb von Kleingartenanlagen kleingärtnerisch genutzten Grundstücks, eines Erholungsgrundstücks oder eines Freizeitgrundstücks die Erstattung der nach Ablauf des 30. Juni 2001 für das genutzte Grundstück oder den genutzten Grundstücksteil anfallenden regelmäßig wiederkehrenden öffentlichen Lasten verlangen. [2] Das Erstattungsverlangen ist dem Nutzer spätestens bis zum Ablauf des zwölften Monats nach dem Ende eines Pachtjahres für die in diesem Pachtjahr angefallenen Lasten in Textform zu erklären. [3] Nach Ablauf dieser Frist kann eine Erstattung nicht mehr verlangt werden, es sei denn, der Grundstückseigentümer hat die verspätete Geltendmachung nicht zu vertreten.

(2) [1] Die Erstattung der für das genutzte Grundstück oder den genutzten Grundstücksteil nach Ablauf des 2. Oktober 1990 grundstücksbezogenen einmalig erhobenen Beiträge und sonstigen Abgaben kann der Grundstückseigentümer vom Nutzer eines außerhalb von Kleingartenanlagen kleingärtnerisch genutzten Grundstücks, eines Erholungsgrundstücks oder eines Freizeitgrundstücks bis zu einer Höhe von 50 Prozent verlangen. [2] Das Erstattungsverlangen ist dem Nutzer schriftlich zu erklären. [3] Von dem nach Satz 1 verlangten Betrag wird jährlich ein Teilbetrag in Höhe von 10 Prozent zum Ende des Pachtjahres fällig, solange das Vertragsverhältnis besteht; der erste Teilbetrag wird jedoch nicht vor Beginn des dritten auf die Erklärung folgenden Monats fällig. [4] Die Erstattung der Erschließungsbeiträge nach den §§ 127 bis 135 des Baugesetzbuches kann der Grundstückseigentümer nicht verlangen, soweit die Beiträge zinslos gestundet sind.

(3) Die Absätze 1 und 2 gelten sinngemäß, wenn sich das Grundstück im Eigentum der Gemeinde befindet.

(4) Vor dem 1. Juni 2002 ergangene rechtskräftige Entscheidungen bleiben unberührt.

§ 21 Gebrauchsüberlassung an Dritte. (1) [1] Macht der Grundstückseigentümer innerhalb der Kündigungsschutzfrist seinen Anspruch auf Anpassung des Nutzungsentgelts geltend, kann der Nutzer bis zum Ablauf des zweiten auf die Erhöhungserklärung folgenden Monats vom Grundstückseigentümer die Erlaubnis zur entgeltlichen Überlassung des Grundstücks oder eines Grundstücksteils an einen Dritten verlangen. [2] Ist dem Grundstückseigentümer die Überlassung nur bei einer angemessenen Erhöhung des Nutzungsentgelts zuzumuten, kann der die Erteilung der Erlaubnis davon abhängig machen, daß sich der Nutzer mit einer solchen Erhöhung einverstanden erklärt.

(2) [1] Ist dem Grundstückseigentümer die Unterverpachtung unter Berücksichtigung der berechtigten Interessen des Nutzers nicht zuzumuten, kann er den Nutzer unter Hinweis, daß er das Vertragsverhältnis kündigen werde, zur Abgabe einer Erklärung darüber auffordern, ob der Nutzer den Vertrag zu den geänderten Bedingungen auch ohne Unterverpachtung fortsetzen will. [2] Lehnt der Nutzer die Fortsetzung des Vertrages ab oder erklärt er sich innerhalb einer Frist von einem Monat nicht, kann der Grundstückseigentümer die Erteilung der Erlaubnis verweigern und das Vertragsverhältnis unter Einhaltung der sich aus den §§ 580a und 584 des Bürgerlichen Gesetzbuchs[1)] ergebenden Frist zum nächstmöglichen Termin kündigen. [3] Bis zu diesem Zeitpunkt ist der Nutzer nur zur Zahlung des bisherigen Nutzungsentgelts verpflichtet.

§ 22 Zustimmung zu baulichen Investitionen. (1) Die Neuerrichtung eines Bauwerks sowie Veränderungen an einem bestehenden Bauwerk, durch die dessen Nutzfläche vergrößert oder dessen Wert nicht nur unwesentlich erhöht wird, bedürfen der Zustimmung des Grundstückseigentümers.

(2) Absatz 1 gilt nicht, wenn der Nutzer die beabsichtigten baulichen Investitionen dem Grundstückseigentümer anzeigt, auf ihre Entschädigung nach § 12 verzichtet und sich zur Übernahme der Abbruchkosten verpflichtet.

§ 23[2)] Kündigungsschutzfrist. (1) Der Grundstückseigentümer kann den Vertrag bis zum Ablauf des 31. Dezember 1999 nicht kündigen.

(2) [1] Vom 1. Januar 2000 an kann der Grundstückseigentümer den Vertrag nur kündigen, wenn er das Grundstück

1. zur Errichtung eines Ein- oder Zweifamilienhauses als Wohnung für sich, die zu seinem Hausstand gehörenden Personen oder seine Familienangehörigen benötigt und der Ausschluß des Kündigungsrechts dem Grundstückseigentümer angesichts seines Wohnbedarfs und seiner sonstigen berechtigten Interessen auch unter Würdigung der Interessen des Nutzers nicht zugemutet werden kann oder
2. alsbald der im Bebauungsplan festgesetzten anderen Nutzung zuführen oder alsbald für diese Nutzung vorbereiten will.

[1)] Nr. **1**.

[2)] Vgl. hierzu aus dem Beschluss des Bundesverfassungsgerichts vom 14.7.1999:

„§ 23 Absatz 1 bis 3, 5 und 6 des Schuldrechtsanpassungsgesetzes ist mit Artikel 14 Absatz 1 des Grundgesetzes v. 23.5.1949 (BGBl. I S. 1), zuletzt geänd. durch G v. 13.7.2017 (BGBl. I S. 2347) unvereinbar, soweit er nicht die Möglichkeit vorsieht, bei besonders großen Erholungs- und Freizeitgrundstücken die Verträge hinsichtlich einer Teilfläche zu kündigen.

Die verfassungswidrigen Regelungen sind spätestens bis zum 30. Juni 2001 durch verfassungsgemäße Regelungen zu ersetzen.

§ 23 Absatz 6 Satz 1 und 3 des Schuldrechtsanpassungsgesetzes ist, soweit er die Eigentümer von Garagengrundstücken für die Zeit vom 1. Januar 2000 bis zum 31. Dezember 2002 auf die Kündigungsgründe des § 23 Absatz 2 und 6 Satz 3 dieses Gesetzes beschränkt, mit Artikel 14 Absatz 1 des Grundgesetzes v. 23.5.1949 (BGBl. I S. 1), zuletzt geänd. durch G v. 13.7.2017 (BGBl. I S. 2347) unvereinbar und nichtig."

[2] In den Fällen des Satzes 1 Nr. 2 ist die Kündigung auch vor Rechtsverbindlichkeit des Bebauungsplans zulässig, wenn die Gemeinde seine Aufstellung, Änderung oder Ergänzung beschlossen hat, nach dem Stand der Planungsarbeiten anzunehmen ist, daß die beabsichtigte andere Nutzung festgesetzt wird, und dringende Gründe des öffentlichen Interesses die Vorbereitung oder die Verwirklichung der anderen Nutzung vor Rechtsverbindlichkeit des Bebauungsplans erfordern.

(3) Vom 1. Januar 2005 an kann der Grundstückseigentümer den Vertrag auch dann kündigen, wenn er das Grundstück

1. zur Errichtung eines Ein- oder Zweifamilienhauses als Wohnung für sich, die zu seinem Hausstand gehörenden Personen oder seine Familienangehörigen benötigt oder
2. selbst zu kleingärtnerischen Zwecken, zur Erholung oder Freizeitgestaltung benötigt und der Ausschluß des Kündigungsrechts dem Grundstückseigentümer angesichts seines Erholungsbedarfs und seiner sonstigen berechtigten Interessen auch unter Berücksichtigung der Interessen des Nutzers nicht zugemutet werden kann.

(4) Vom 4. Oktober 2015 an kann der Grundstückseigentümer den Vertrag nach Maßgabe der allgemeinen Bestimmungen kündigen.

(5) Hatte der Nutzer am 3. Oktober 1990 das 60. Lebensjahr vollendet, ist eine Kündigung durch den Grundstückseigentümer zu Lebzeiten dieses Nutzers nicht zulässig.

(6) [1] Für Verträge im Sinne des § 1 Abs. 1 Nr. 1 über Grundstücke, die der Nutzer nicht bis zum Ablauf des 16. Juni 1994 bebaut hat, gilt der besondere Kündigungsschutz nach den Absätzen 1 und 2 nur bis zum 31. Dezember 2002, für Nutzungsverträge über Garagengrundstücke nur bis zum 31. Dezember 1999. [2] Absatz 5 ist nicht anzuwenden. [3] Diese Verträge kann der Grundstückseigentümer auch dann kündigen, wenn er das Grundstück einem besonderen Investitionszweck im Sinne des § 3 Abs. 1 des Investitionsvorranggesetzes zuführen will.

(7) [1] Handelt es sich um ein Grundstück oder den Teil eines Grundstücks, das aufgrund eines Vertrages zur Errichtung von Garagen überlassen wurde, kann der Grundstückseigentümer abweichend von den Absätzen 1 bis 6 den Vertrag auch kündigen, wenn

1. er als Wohnungsunternehmen gemäß § 4 Abs. 5 Nr. 1 und § 5 Abs. 1 des Altschuldenhilfe-Gesetzes auf dem Grundstück gelegene Wohnungen an deren Mieter veräußern will und
2. der Nutzer der Garage nicht Mieter einer auf dem Grundstück gelegenen Wohnung ist.

[2] Der Nutzer kann der Kündigung widersprechen und die Fortsetzung des Vertragsverhältnisses verlangen, wenn dessen Beendigung für ihn eine Härte bedeuten würde, die auch unter Würdigung der berechtigten Interessen des Grundstückseigentümers nicht zu rechtfertigen ist.

§ 23a Teilkündigung. (1) [1] Erstreckt sich das Nutzungsrecht an einem Erholungs- und Freizeitgrundstück nach dem Vertrag auf eine Fläche von mindestens 1000 Quadratmeter, so kann der Grundstückseigentümer den Vertrag abweichend von § 23 hinsichtlich einer Teilfläche kündigen, soweit dem Nutzer mindestens eine Gesamtfläche von 400 Quadratmeter verbleibt und er die bisherige Nutzung ohne unzumutbare Einbußen fortsetzen kann. [2] Auf die Kündigung ist § 25 Abs. 2 und 3 entsprechend anzuwenden. [3] Die Kündigung nach § 25 Abs. 1 bleibt unberührt.

(2) Der Grundstückseigentümer hat dem Nutzer die Aufwendungen zu ersetzen, die infolge der Einschränkung der räumlichen Erstreckung des Nutzungsrechts notwendig sind.

(3) Der Nutzer hat die Maßnahmen zu dulden, die zur Gewährleistung der zulässigen Nutzung der gekündigten Teilfläche erforderlich sind.

(4) [1] Der Nutzer kann den Grundstückseigentümer auffordern, innerhalb einer Frist von sechs Monaten ab Zugang der Aufforderung sein Recht zur Teilkündigung nach Absatz 1 auszuüben. [2] Übt der Grundstückseigentümer sein Recht zur Teilkündigung nicht aus, kann der Nutzer nach Ablauf der in Satz 1 genannten Frist innerhalb von drei Monaten nach Maßgabe der Sätze 3 und 4 kündigen; in dieser Zeit ist die Teilkündigung durch den Grundstückseigentümer nach Absatz 1 ausgeschlossen. [3] Die Kündigung durch den Nutzer ist zulässig, wenn sich das Nutzungsrecht an einem Erholungs- und Freizeitgrundstück nach dem Vertrag auf eine Fläche von mindestens 1000 Quadratmeter erstreckt, die gekündigte Teilfläche mindestens 400 Quadratmeter beträgt, sie durch den Grundstückseigentümer zumutbar und angemessen nutzbar ist und die Fortsetzung des Vertragsverhältnisses ohne die Teilkündigung für den Nutzer zu einer unzumutbaren Härte führen würde. [4] Eine angemessene Nutzung durch den Grundstückseigentümer liegt insbesondere vor, wenn die in einem bebaubaren Gebiet gelegene Teilfläche selbständig baulich nutzbar oder wenn sie in nicht bebaubaren Gebieten sonst angemessen wirtschaftlich nutzbar ist. [5] Auf die Kündigung ist § 25 Abs. 2 und 3 entsprechend anzuwenden. [6] Der Nutzer hat dem Grundstückseigentümer die Aufwendungen zu ersetzen, die infolge der Einschränkung der räumlichen Erstreckung des Nutzungsrechts notwendig sind.

§ 24 Sonderregelungen für bewohnte Gebäude. (1) [1] Wohnt der Nutzer in einem zum dauernden Wohnen geeigneten Wochenendhaus, kann er auch nach Ablauf der in § 23 genannten Fristen der Kündigung des Grundstückseigentümers widersprechen und die Fortsetzung des Vertragsverhältnisses verlangen, wenn die Beendigung des Vertragsverhältnisses für ihn oder seine Familie eine Härte bedeuten würde, die auch unter Berücksichtigung der Interessen des Grundstückseigentümers nicht zu rechtfertigen ist. [2] Die §§ 574 bis 574b des Bürgerlichen Gesetzbuchs[1)] sind entsprechend anzuwenden.

(2) [1] Ist das Grundstück veräußert worden, kann der Erwerber vor Ablauf von drei Jahren seit der Eintragung der Rechtsänderung in das Grundbuch nicht kündigen, wenn er das Grundstück einer in § 23 Abs. 2 Nr. 1 und Abs. 3 Nr. 1 und 2 genannten Verwendung zuführen will. [2] Satz 1 ist nicht anzuwenden, wenn der auf die Veräußerung des Grundstücks gerichtete Vertrag vor dem 13. Januar 1994 abgeschlossen worden ist.

[1)] Nr. **1**.

(3) Die Absätze 1 und 2 sind nicht anzuwenden, wenn der Grundstückseigentümer oder der andere Vertragschließende der Nutzung zu Wohnzwecken ausdrücklich widersprochen hatte.

(4) Die Absätze 1 bis 3 sind nicht anzuwenden, wenn der Nutzer nach dem 20. Juli 1993 seine Wohnung aufgibt und ein Wochenendhaus nunmehr dauernd als Wohnung nutzt.

§ 25 Nutzungsrechtsbestellung mit Nutzungsvertrag. (1) [1] Wurde der Vertrag im Zusammenhang mit der Bestellung eines Nutzungsrechts zur Errichtung eines Eigenheimes abgeschlossen und bilden die genutzten Flächen eine räumliche Einheit, die die für den Eigenheimbau vorgesehene Regelgröße von 500 Quadratmetern übersteigt, so kann der Grundstückseigentümer den Vertrag abweichend von § 23 ganz oder hinsichtlich einer Teilfläche kündigen, soweit die betroffene Fläche abtrennbar und selbständig baulich nutzbar ist und dem Nutzer mindestens eine Gesamtfläche von 500 Quadratmetern verbleibt. [2] Die Kündigung ist ferner zulässig, soweit die betroffene Fläche abtrennbar und angemessen wirtschaftlich nutzbar ist und dem Nutzer mindestens eine Gesamtfläche von 1000 Quadratmetern verbleibt. [3] § 13 des Sachenrechtsbereinigungsgesetzes ist entsprechend anzuwenden.

(2) [1] Wird der Vertrag gemäß Absatz 1 hinsichtlich einer Teilfläche gekündigt, so wird er über die Restfläche fortgesetzt. [2] Der Nutzer kann eine Anpassung des Nutzungsentgelts verlangen. [3] Das angepaßte Entgelt wird vom Beginn des Kalendermonats an geschuldet, in dem die Kündigung wirksam wird.

(3) Die Kündigung ist spätestens am dritten Werktag eines Kalendermonats für den Ablauf des auf die Kündigung folgenden fünften Monats zulässig, wenn sich nicht aus § 584 Abs. 1 des Bürgerlichen Gesetzbuchs[1)] eine längere Frist ergibt.

(4) [1] Der Nutzer kann einer Kündigung nach Absatz 1 widersprechen, wenn die Beendigung des Vertrages für ihn zu einer unzumutbaren Härte im Sinne des § 26 Abs. 3 des Sachenrechtsbereinigungsgesetzes führen würde. [2] Der Grundstückseigentümer kann in diesem Fall vom Nutzer den Ankauf des Grundstücks zum ungeteilten Bodenwert nach Maßgabe der Bestimmungen des Sachenrechtsbereinigungsgesetzes verlangen.

§ 26 Mehrere Grundstückseigentümer. (1) Erstreckt sich die dem Nutzer zugewiesene Fläche über mehrere Grundstücke, können die Grundstückseigentümer das Vertragsverhältnis nur gemeinsam kündigen.

(2) [1] Im Falle der gemeinsamen Kündigung haften die Grundstückseigentümer dem Nutzer für die nach diesem Gesetz zu leistenden Entschädigungen als Gesamtschuldner. [2] Befindet sich ein vom Nutzer errichtetes Bauwerk auf mehreren Grundstücken, sind die Grundstückseigentümer im Verhältnis zueinander im Zweifel zu gleichen Teilen verpflichtet. [3] Entschädigungen nach den §§ 14 und 27 sind im Zweifel im Verhältnis der auf den jeweiligen Eigentümer entfallenden Fläche aufzuteilen.

---

1) Nr. 1.

(3) [1] Das Recht zur Kündigung steht einem Grundstückseigentümer allein zu, wenn die auf seinem Grundstück befindliche Teilfläche selbständig nutzbar ist. [2] Das Kündigungsrecht besteht auch, wenn die Teilfläche gemeinsam mit einer weiteren auf dem Grundstück zur Nutzung zugewiesenen Bodenfläche selbständig nutzbar ist. [3] Der Grundstückseigentümer hat dem anderen Grundstückseigentümer seine Kündigungsabsicht rechtzeitig anzuzeigen.

(4) [1] Wird der Vertrag nach Absatz 3 von einem Grundstückseigentümer gekündigt, kann der Nutzer vom Eigentümer des anderen Grundstücks die Fortsetzung des Vertrages über die auf dessen Grundstück befindliche Teilfläche verlangen. [2] Das Fortsetzungsverlangen muß schriftlich bis zum Ablauf des zweiten auf den Zugang der Kündigung folgenden Monats erklärt werden. [3] § 25 Abs. 2 Satz 2 und 3 ist entsprechend anzuwenden.

(5) [1] Wird der Vertrag nicht nach Absatz 4 fortgesetzt, hat der kündigende Grundstückseigentümer dem anderen Grundstückseigentümer nach Maßgabe des § 14 die Vermögensnachteile auszugleichen, die diesem durch die vorzeitige Beendigung der Gemeinschaft entstehen. [2] Der kündigende Grundstückseigentümer hat den anderen Grundstückseigentümer von einer Entschädigungspflicht nach § 12 Abs. 1 freizustellen.

§ 27 Entschädigung für Anpflanzungen. [1] Nach Beendigung des Vertrages hat der Grundstückseigentümer dem Nutzer neben der Entschädigung für das Bauwerk auch eine Entschädigung für die Anpflanzungen zu leisten. [2] § 12 Abs. 2 bis 4 ist entsprechend anzuwenden.

§ 28 Überlassungsverträge zu Erholungszwecken. [1] Ist die Nutzungsbefugnis am Grundstück durch einen Überlassungsvertrag im Sinne des Artikels 232 § 1a des Einführungsgesetzes zum Bürgerlichen Gesetzbuche[1)] eingeräumt worden, richtet sich die Verpflichtung des Nutzers zur Tragung der öffentlichen Lasten des Grundstücks nach § 36. [2] Die Ansprüche des Nutzers auf Auskehr des bei Vertragsabschluß hinterlegten Betrages und auf Erstattung der Beträge, die vom staatlichen Verwalter zur Ablösung von Verbindlichkeiten des Grundstückseigentümers verwandt wurden, bestimmen sich nach § 37.

Abschnitt 2. Besondere Bestimmungen für Ferienhaus- und Wochenendhaussiedlungen sowie andere Gemeinschaften

§ 29 Begriffsbestimmung. Ferienhaus- und Wochenendhaussiedlungen sind Flächen, die

1. nach ihrer Zweckbestimmung und der Art der Nutzung zur Erholung dienen,
2. mit mehreren Ferien- oder Wochenendhäusern oder anderen, Erholungszwecken dienenden Bauwerken bebaut worden sind,
3. durch gemeinschaftliche Einrichtungen, insbesondere Wege, Spielflächen und Versorgungseinrichtungen, zu einer Anlage verbunden sind und
4. nicht Kleingartenanlagen im Sinne des § 1 des Bundeskleingartengesetzes sind.

[1)] Nr. 2.

§ 30 Kündigung des Zwischenpachtvertrages. (1) [1] Der Grundstückseigentümer ist berechtigt, die Kündigung des Zwischenpachtvertrages auf eine Teilfläche zu beschränken. [2] Ist eine Interessenabwägung nach § 23 Abs. 2 Nr. 1 oder Abs. 3 Nr. 2 vorzunehmen, sind auch die Belange des unmittelbar Nutzungsberechtigten zu berücksichtigen. [3] Im Falle einer Teilflächenkündigung wird der Zwischenpachtvertrag über die Restfläche fortgesetzt.

(2) [1] Wird das Vertragsverhältnis aus einem in der Person des Zwischenpächters liegenden Grund gekündigt, tritt der Grundstückseigentümer in die Vertragsverhältnisse des Zwischenpächters mit den unmittelbar Nutzungsberechtigten ein. [2] Schließt der Grundstückseigentümer mit einem anderen Zwischenpächter einen Vertrag ab, so tritt dieser anstelle des bisherigen Zwischenpächters in die Vertragsverhältnisse mit den unmittelbar Nutzungsberechtigten ein.

§ 31 Kündigung durch den Zwischenpächter. (1) Der Zwischenpächter kann den Vertrag mit dem unmittelbar Nutzungsberechtigten auch kündigen, wenn die Beendigung des Vertrages zur Neuordnung der Siedlung erforderlich ist.

(2) Die Entschädigung nach den §§ 12, 14 und 27 sowie die Abbruchkosten hat der Zwischenpächter zu tragen.

§ 32 Benutzung gemeinschaftlicher Einrichtungen. (1) Der Grundstückseigentümer, der das Grundstück zur Erholung oder Freizeitgestaltung nutzt, ist berechtigt, die in der Siedlung belegenen gemeinschaftlichen Einrichtungen zu nutzen.

(2) [1] Die Nutzung der gemeinschaftlichen Einrichtungen eines Vereins erfolgt durch Ausübung der Rechte als Vereinsmitglied. [2] Wird der Grundstückseigentümer nicht Mitglied, kann er die Nutzung dieser Einrichtungen gegen Zahlung eines angemessenen Entgelts verlangen.

(3) Eine Personengemeinschaft nach § 4 Abs. 2 kann für die Nutzung der Einrichtungen ein angemessenes Entgelt verlangen, wenn der Grundstückseigentümer nicht Mitglied der Gemeinschaft wird.

§ 33 Andere Gemeinschaften. Auf Rechtsverhältnisse in Garagen-, Bootsschuppen- und vergleichbaren Gemeinschaften sind die Bestimmungen der §§ 29 bis 32 entsprechend anzuwenden.

Kapitel 3. Überlassungsverträge

Abschnitt 1. Überlassungsverträge zu Wohnzwecken

§ 34 Anwendbarkeit des Mietrechts. [1] Überlassungsverträge zu Wohnzwecken werden als auf unbestimmte Zeit geschlossene Mietverträge fortgesetzt. [2] Auf sie sind die allgemeinen Bestimmungen über die Wohnraummietverhältnisse anzuwenden, soweit nicht im folgenden etwas anderes bestimmt ist.

§ 35 Mietzins. [1] Der Grundstückseigentümer kann vom Nutzer die Zahlung einer Miete verlangen. [2] Die Miete wird an dem ersten Tag des zweiten Monats fällig, der auf die in Textform vorzulegende Anforderung der Miete durch den Vermieter gegenüber dem Mieter folgt.

(2) [1] Vom 1. Januar 1995 bis zum Ablauf des 10. Juni 1995 bestimmt sich die Miete nach der Ersten und der Zweiten Grundmietenverordnung sowie der Betriebskosten-Umlageverordnung in der zu diesem Zeitpunkt geltenden Fassung. [2] Von dem 11. Juni 1995 an bis zum 31. August 2001 kann der Vermieter eine Erhöhung dieser Miete und die Betriebskosten nach näherer Maßgabe des § 11 Abs. 2 des Gesetzes zur Regelung der Miethöhe und der dort angeführten Vorschriften jeweils in der bis zum 31. August 2001 geltenden Fassung verlangen. [3] Für die Erhöhung nach § 12 jenes Gesetzes gilt dessen § 2 Abs. 1 Satz 1 Nr. 1 jeweils in der bis zum 31. August 2001 geltenden Fassung nicht.

§ 36 Öffentliche Lasten. (1) [1] Hat sich der Nutzer vertraglich zur Übernahme der auf dem Grundstück ruhenden öffentlichen Lasten verpflichtet, ist er von dieser Verpflichtung freizustellen, sobald der Anspruch auf Zahlung einer Miete nach diesem Gesetz erstmals geltend gemacht wird. [2] Der Nutzer hat dem Grundstückseigentümer über die Höhe der von ihm getragenen Lasten Auskunft zu erteilen.

(2) Einmalig zu zahlende öffentliche Lasten hat der Nutzer nicht zu tragen.

§ 37 Sicherheitsleistung. (1) Die Ansprüche des Nutzers auf Erstattung der Beträge, die vom staatlichen Verwalter aus dem bei Vertragsabschluß vom Nutzer hinterlegten Betrag zur Ablösung von Verbindlichkeiten des Grundstückseigentümers verwandt wurden, bestimmen sich nach § 38 Abs. 2 und 3 des Sachenrechtsbereinigungsgesetzes.

(2) [1] Der Nutzer kann vom Grundstückseigentümer die Zustimmung zur Auszahlung der bei Abschluß des Vertrages hinterlegten Beträge mit Ausnahme der aufgelaufenen Zinsen, der Grundstückseigentümer vom Nutzer die Zustimmung zur Auszahlung der Zinsen verlangen. [2] Satz 1 ist auf die Zinsen nicht anzuwenden, die auf die Zeit entfallen, in der der Nutzer nach diesem Gesetz zur Zahlung von Miete oder Pacht verpflichtet ist.

(3) [1] Ein vertraglich vereinbartes Recht des Nutzers, den Anspruch nach Absatz 1 durch Eintragung einer Sicherungshypothek am Grundstück zu sichern, bleibt unberührt. [2] Der Grundstückseigentümer ist berechtigt, eine andere in § 232 Abs. 1 des Bürgerlichen Gesetzbuchs[1)] bezeichnete Sicherheit zu leisten.

§ 38 Beendigung der Verträge. (1) Eine Kündigung des Mietvertrages durch den Grundstückseigentümer ist bis zum Ablauf des 31. Dezember 1995 ausgeschlossen.

(2) Bis zum Ablauf des 31. Dezember 2000 kann der Grundstückseigentümer den Mietvertrag nur kündigen, wenn er das auf dem Grundstück stehende Gebäude zu Wohnzwecken für sich, die zu seinem Hausstand gehörenden Personen oder seine Familienangehörigen benötigt und der Ausschluß des

---

[1)] **Schönfelder Nr. 20.**

Kündigungsrechts dem Grundstückseigentümer angesichts seines Wohnbedarfs und seiner sonstigen berechtigten Interessen auch unter Würdigung der Interessen des Nutzers nicht zugemutet werden kann.

(3) [1] Ist das Grundstück veräußert worden, kann sich der Erwerber nicht vor Ablauf von drei Jahren seit der Eintragung der Rechtsänderung in das Grundbuch auf Eigenbedarf zu Wohnzwecken berufen. [2] Satz 1 ist nicht anzuwenden, wenn der auf die Veräußerung des Grundstücks gerichtete Vertrag vor dem 13. Januar 1994 abgeschlossen worden ist.

§ 39 Verlängerung der Kündigungsschutzfrist. [1] Hat der Nutzer auf dem Grundstück in nicht unerheblichem Umfang Um- und Ausbauten oder wesentliche bauliche Maßnahmen zur Substanzerhaltung des Gebäudes unternommen, die nicht den in § 12 Abs. 2 des Sachenrechtsbereinigungsgesetzes bestimmten Umfang erreichen, verlängert sich die in § 38 Abs. 2 bestimmte Frist bis zum 31. Dezember 2010. [2] Satz 1 ist nicht anzuwenden, wenn mit den Arbeiten nach dem 20. Juli 1993 begonnen wurde.

§ 40 Kündigung bei abtrennbaren Teilflächen. [1] Der Grundstückseigentümer ist berechtigt, eine Kündigung des Mietvertrages für eine abtrennbare, nicht überbaute Teilfläche des Grundstücks zu erklären. [2] Die Kündigung ist zulässig, wenn das Grundstück die für den Eigenheimbau vorgesehene Regelgröße von 500 Quadratmetern übersteigt und die über die Regelgröße hinausgehende Fläche abtrennbar und selbständig baulich nutzbar ist. [3] Das Recht zur Kündigung steht dem Grundstückseigentümer auch hinsichtlich einer über 1000 Quadratmeter hinausgehenden Fläche zu, die abtrennbar und angemessen wirtschaftlich nutzbar ist. [4] § 25 Abs. 2 bis 4 ist entsprechend anzuwenden.

§ 41 Verwendungsersatz. (1) [1] Der Nutzer kann bei Beendigung des Mietvertrages vom Grundstückseigentümer für alle werterhöhenden Aufwendungen, die er bis zum 1. Januar 1995 vorgenommen hat, Ersatz nach Maßgabe des mit dem staatlichen Verwalter abgeschlossenen Vertrages verlangen. [2] Im Zweifel ist die Entschädigung nach dem Wert zu bestimmen, um den das Grundstück zum Zeitpunkt der Herausgabe durch die Aufwendungen des Nutzers noch erhöht ist.

(2) Ein vertraglicher Anspruch des Nutzers auf Sicherung des Ersatzanspruchs für die von ihm bis zum 1. Januar 1995 vorgenommenen werterhöhenden Aufwendungen bleibt unberührt.

Abschnitt 2. Andere Überlassungsverträge

§ 42 Überlassungsverträge für gewerbliche und andere Zwecke.

(1) Überlassungsverträge über gewerblich oder zu anderen als den in den §§ 18 und 34 genannten Zwecken genutzte Grundstücke werden als unbefristete Miet- oder Pachtverträge fortgesetzt.

(2) Eine Kündigung des Vertrages durch den Grundstückseigentümer ist bis zum Ablauf des 31. Dezember 1995 ausgeschlossen.

(3) [1] Der Grundstückseigentümer kann die Zahlung des für die Nutzung ortsüblichen Entgelts verlangen. [2] Der Anspruch entsteht mit Beginn des

dritten auf den Zugang des Zahlungsverlangens folgenden Monats. [3] Die §§ 36, 37 und 41 sind entsprechend anzuwenden.

Kapitel 4. Errichtung von Gebäuden aufgrund eines Miet-, Pacht- oder sonstigen Nutzungsvertrages

Abschnitt 1. Grundsätze

§ 43 Erfaßte Verträge. Auf Miet-, Pacht- oder sonstige Nutzungsverträge über Grundstücke finden die nachstehenden Regelungen Anwendung, wenn der Nutzer auf dem Grundstück bis zum Ablauf des 2. Oktober 1990 mit Billigung staatlicher Stellen ein Wohn- oder gewerblichen Zwecken dienendes Bauwerk errichtet, mit dem Bau eines solchen Bauwerks begonnen oder ein solches Bauwerk aufgrund einer vertraglichen Vereinbarung vom vorherigen Nutzer übernommen hat (§ 1 Abs. 1 Nr. 3).

§ 44 Vermuteter Vertragsabschluß. [1] Sind Flächen oder Räumlichkeiten nach der Gewerberaumlenkungsverordnung vom 6. Februar 1986 (GBl. I Nr. 16 S. 249) oder der Wohnraumlenkungsverordnung vom 16. Oktober 1985 (GBl. I Nr. 27 S. 301) zugewiesen worden, gilt mit dem 1. Januar 1995 ein Vertrag zwischen dem Grundstückseigentümer und dem Nutzer als zustande gekommen, wenn ein Vertrag nicht abgeschlossen wurde, der Nutzer mit Billigung staatlicher Stellen ein Gebäude errichtet hat und der Nutzer den Besitz in diesem Zeitpunkt noch ausübt. [2] Auf den Vertrag sind die Bestimmungen dieses Gesetzes anzuwenden.

Abschnitt 2. Gewerblich genutzte Grundstücke

§ 45 Bauliche Maßnahmen des Nutzers. (1) Bauwerke im Sinne dieses Abschnitts sind nur Gebäude und die in § 12 Abs. 3 des Sachenrechtsbereinigungsgesetzes bezeichneten baulichen Anlagen.

(2) Der Errichtung eines Bauwerks stehen die in § 12 Abs. 1 des Sachenrechtsbereinigungsgesetzes bezeichneten baulichen Maßnahmen gleich.

§ 46 Gebrauchsüberlassung an Dritte. Der Nutzer ist ohne Erlaubnis des Grundstückseigentümers berechtigt, Grundstück und aufstehendes Bauwerk einem Dritten zum Gebrauch zu überlassen, wenn nach dem Inhalt des Vertrages zwischen dem Nutzer und dem Dritten das vom Nutzer errichtete Bauwerk weiter genutzt werden soll.

§ 47 Entgelt. (1) [1] Der Grundstückseigentümer kann vom Nutzer die Zahlung des für die Nutzung des Grundstücks ortsüblichen Entgelts verlangen. [2] Im Zweifel sind sieben vom Hundert des Verkehrswertes des unbebauten Grundstücks jährlich in Ansatz zu bringen. [3] Die Zahlungspflicht entsteht mit dem Beginn des dritten auf den Zugang des Zahlungsverlangens folgenden Monats.

(2) [1] Das Entgelt ermäßigt sich

1. in den ersten zwei Jahren auf ein Viertel,
2. in den folgenden zwei Jahren auf die Hälfte und

3. in den darauf folgenden zwei Jahren auf drei Viertel

des sich aus Absatz 1 ergebenden Betrages (Eingangsphase). [2] Die Eingangsphase beginnt mit dem Eintritt der Zahlungspflicht nach diesem Gesetz, spätestens am 1. Juli 1995. [3] Satz 1 ist nicht anzuwenden, wenn die Beteiligten ein höheres Nutzungsentgelt vereinbart haben.

(3) [1] Nach Ablauf der Eingangsphase kann jede Vertragspartei bis zum Ablauf der Kündigungsschutzfrist eine Anpassung des Nutzungsentgelts verlangen, wenn seit der letzten Zinsanpassung drei Jahre vergangen sind und der ortsübliche Zins sich seit der letzten Anpassung um mehr als zehn vom Hundert verändert hat. [2] Das Anpassungsverlangen ist gegenüber dem anderen Teil in Textform geltend zu machen und zu begründen. [3] Das angepaßte Entgelt wird vom Beginn des dritten Kalendermonats an geschuldet, der auf den Zugang des Anpassungsverlangens folgt.

§ 48 Zustimmung zu baulichen Investitionen. (1) Um- und Ausbauten an bestehenden Bauwerken durch den Nutzer bedürfen nicht der Zustimmung des Grundstückseigentümers.

(2) [1] Der Nutzer kann bei Beendigung des Vertragsverhältnisses Ersatz für seine baulichen Maßnahmen, die er nach dem 1. Januar 1995 vorgenommen hat, nur dann verlangen, wenn der Grundstückseigentümer den baulichen Maßnahmen zugestimmt hat. [2] In diesem Fall ist die Entschädigung nach dem Zeitwert des Bauwerks im Zeitpunkt der Rückgabe des Grundstücks zu bestimmen. [3] Die Zustimmung des Grundstückseigentümers muß schriftlich erteilt werden und ein Anerkenntnis der Verpflichtung zum Wertersatz enthalten.

§ 49 Kündigungsschutzfristen. (1) [1] Der Grundstückseigentümer kann den Vertrag bis zum Ablauf des 31. Dezember 2000 nur kündigen, wenn das vom Nutzer errichtete Bauwerk nicht mehr nutzbar und mit einer Wiederherstellung der Nutzbarkeit durch den Nutzer nicht mehr zu rechnen ist. [2] Ist die Nutzung für mindestens ein Jahr aufgegeben worden, ist zu vermuten, daß eine Nutzung auch in Zukunft nicht stattfinden wird.

(2) [1] In den darauf folgenden fünf Kalenderjahren kann der Grundstückseigentümer den Vertrag auch dann kündigen, wenn er

1. auf die eigene Nutzung des Grundstücks für Wohn- oder betriebliche Zwecke angewiesen ist oder
2. Inhaber eines Unternehmens ist und
   a) das Gebäude oder die bauliche Anlage auf dem Betriebsgrundstück steht und die betriebliche Nutzung des Grundstücks erheblich beeinträchtigt oder
   b) das Gebäude, die bauliche Anlage oder die Funktionsfläche für betriebliche Erweiterungen in Anspruch genommen werden soll und der Grundstückseigentümer die in § 3 Abs. 1 Nr. 1 des Investitionsvorranggesetzes vom 14. Juli 1992 (BGBl. I S. 1268) bezeichneten Zwecke verfolgt oder der Nutzer keine Gewähr für eine Fortsetzung der betrieblichen Nutzung des Wirtschaftsgebäudes bietet.

[2] Satz 1 ist nicht anzuwenden, wenn den betrieblichen Belangen des Nutzers eine erheblich höhere Bedeutung zukommt als den betrieblichen Zwecken

nach Nummer 1 oder den investiven Interessen des Grundstückseigentümers nach Nummer 2 Buchstabe b. [3] Die in Satz 1 bestimmte Frist verlängert sich um die Restnutzungsdauer des vom Nutzer errichteten Gebäudes, längstens bis zum 31. Dezember 2020.

Abschnitt 3. Zu Wohnzwecken genutzte Grundstücke

§ 50 Bauliche Maßnahme des Nutzers. (1) Gebäude im Sinne dieses Abschnitts sind Wohnhäuser und die in § 5 Abs. 2 Satz 2 des Sachenrechtsbereinigungsgesetzes bezeichneten Nebengebäude.

(2) Der Errichtung eines Gebäudes stehen bauliche Maßnahmen im Sinne des § 12 Abs. 1 des Sachenrechtsbereinigungsgesetzes gleich.

§ 51 Entgelt. (1) [1] Der Grundstückseigentümer kann vom Nutzer die Zahlung des für die Nutzung des Grundstücks ortsüblichen Entgelts verlangen. [2] Im Zweifel sind vier vom Hundert des Verkehrswertes des unbebauten Grundstücks jährlich in Ansatz zu bringen.

(2) Hat der Nutzer ein Eigenheim errichtet, darf das Entgelt nicht über den Betrag hinausgehen, der nach den im Beitrittsgebiet geltenden mietpreisrechtlichen Bestimmungen für die Nutzung eines vergleichbaren Gebäudes zu zahlen wäre.

(3) Im übrigen ist § 47 entsprechend anzuwenden.

§ 52 Kündigung aus besonderen Gründen. (1) Der Grundstückseigentümer kann den Vertrag bis zum Ablauf des 31. Dezember 2000 nur kündigen, wenn das vom Nutzer errichtete Gebäude nicht mehr nutzbar und mit einer Wiederherstellung der Nutzbarkeit durch den Nutzer nicht mehr zu rechnen ist.

(2) [1] In den darauf folgenden fünf Kalenderjahren kann der Grundstückseigentümer den Vertrag auch dann kündigen, wenn er das auf dem Grundstück stehende Gebäude zu Wohnzwecken für sich, die zu seinem Hausstand gehörenden Personen oder seine Familienangehörigen benötigt und ihm der Ausschluß des Kündigungsrechts angesichts seines Wohnbedarfs und seiner sonstigen berechtigten Interessen auch unter Würdigung der Interessen des Nutzers nicht zugemutet werden kann. [2] Die in Satz 1 bestimmte Frist verlängert sich um die Restnutzungsdauer des vom Nutzer errichteten Gebäudes, längstens bis zum 31. Dezember 2020.

(3) [1] Ist das Grundstück veräußert worden, kann sich der Erwerber nicht vor Ablauf von drei Jahren seit der Eintragung der Rechtsänderung in das Grundbuch auf Eigenbedarf zu Wohnzwecken berufen. [2] Satz 1 ist nicht anzuwenden, wenn der auf die Veräußerung des Grundstücks gerichtete Vertrag vor dem 13. Januar 1994 abgeschlossen worden ist.

§ 53 Kündigung bei abtrennbaren Teilflächen. Auf die Kündigung abtrennbarer Teilflächen ist § 40 entsprechend anzuwenden.

§ 54 Anwendbarkeit des Abschnitts 2. Im übrigen sind die Bestimmungen der §§ 46 und 48 entsprechend anzuwenden.

Kapitel 5. Verfahrensvorschriften

§ 55 Zuständigkeit des Amtsgerichts. Das Amtsgericht, in dessen Bezirk das genutzte Grundstück ganz oder zum größten Teil belegen ist, ist ohne Rücksicht auf den Wert des Streitgegenstandes für alle Streitigkeiten zwischen Grundstückseigentümern und Nutzern über Ansprüche aus Vertragsverhältnissen nach § 1 Abs. 1 oder über das Bestehen solcher Verhältnisse ausschließlich zuständig.

§ 56 *(aufgehoben)*

Kapitel 6. Vorkaufsrecht

§ 57 Vorkaufsrecht des Nutzers. (1) Der Nutzer ist zum Vorkauf berechtigt, wenn das Grundstück erstmals an einen Dritten verkauft wird.

(2) Das Vorkaufsrecht besteht nicht, wenn

1. der Nutzer das Grundstück nicht vertragsgemäß nutzt,
2. der Nutzer die Bestellung eines Vorkaufsrechts nach § 20 des Vermögensgesetzes verlangen kann oder verlangen konnte,
3. das Grundstück an Abkömmlinge, den Ehegatten oder Lebenspartner oder an Geschwister des Grundstückseigentümers verkauft wird oder
4. der Erwerber das Grundstück einem besonderen Investitionszweck im Sinne des § 3 Abs. 1 des Investitionsvorranggesetzes zuführen will.

(3) Das Vorkaufsrecht besteht ferner nicht, wenn der Nutzer

1. eine Partei, eine mit ihr verbundene Massenorganisation oder eine juristische Person im Sinne der §§ 20a und 20b des Parteiengesetzes der Deutschen Demokratischen Republik ist oder
2. ein Unternehmen oder ein Rechtsnachfolger eines Unternehmens ist, das bis zum 31. März 1990 oder zu einem früheren Zeitpunkt zum Bereich „Kommerzielle Koordinierung" gehört hat.

(4) Die Mitteilung des Verkäufers oder des Dritten über den Inhalt des Kaufvertrages ist mit einer Unterrichtung des Nutzers über sein Vorkaufsrecht zu verbinden.

(5) [1] Das Vorkaufsrecht erlischt mit der Beendigung des Vertragsverhältnisses. [2] Stirbt der Nutzer, so geht das Vorkaufsrecht auf denjenigen über, der das Vertragsverhältnis mit dem Grundstückseigentümer gemäß den Bestimmungen dieses Gesetzes fortsetzt.

(6) [1] Erstreckt sich die Nutzungsbefugnis auf eine Teilfläche eines Grundstücks, kann das Vorkaufsrecht nur ausgeübt werden, wenn die einem oder mehreren Nutzern überlassene Fläche die halbe Grundstücksgröße übersteigt. [2] Mehreren Nutzern steht das Vorkaufsrecht in bezug auf ein Grundstück gemeinschaftlich zu. [3] Im übrigen sind die §§ 463 bis 473 des Bürgerlichen Gesetzbuchs[1)] entsprechend anzuwenden.

[1)] **Schönfelder Nr. 20.**

10. Heimgesetz[1)][2)]

In der Fassung der Bekanntmachung vom 5. November 2001[3)]
(BGBl. I S. 2970)

FNA 2170-5

zuletzt geänd. durch Art. 3 Satz 2 G zur Neuregelung der zivilrechtl. Vorschriften des HeimG nach der Föderalismusreform v. 29.7.2009 (BGBl. I S. 2319)

Inhaltsübersicht

[1)] Siehe die Verordnung über die Mitwirkung der Bewohnerinnen und Bewohner in Angelegenheiten des Heimbetriebes (Heimmitwirkungsverordnung – HeimmwV) idF der Bek. v. 25.7.2002 (BGBl. I S. 2896); die Verordnung über bauliche Mindestanforderungen für Altenheime, Altenwohnheime und Pflegeheime für Volljährige (Heimmindestbauverordnung – HeimMindBauV) idF der Bek. v. 3.5.1983 (BGBl. I S. 550), zuletzt geänd. durch VO v. 25.11.2003 (BGBl. I S. 2346); die Heimsicherungs-Verordnung (HeimsicherungsV) v. 24.4.1978 (BGBl. I S. 553), geänd. durch G v. 27.12.2003 (BGBl. I S. 3022); die Verordnung über personelle Anforderungen für Heime (Heimpersonalverordnung – HeimPersV) v. 19.7.1993 (BGBl. I S. 1205), zuletzt geänd. durch VO v. 22.6. 1998 (BGBl. I S. 1506); alle Verordnungen abgedruckt in: Beck'sche Textausgaben „Miet-, Wohn- und Wohnungsbaurecht", dort Nrn. **61–64**.

[2)] In den Ländern wurde das Heimgesetz ua durch folgende Vorschriften ersetzt:
- **Baden-Württemberg:** Wohn-, Teilhabe- und Pflegegesetz v. 20.5.2014 (GBl. S. 241)
- **Bayern:** Pflege- und Wohnqualitätsgesetz – PfleWoqG v. 8.7.2008 (GVBl. S. 346), zuletzt geänd. durch V v. 22.7.2014 (GVBl S. 286)
- **Berlin:** Wohnteilhabegesetz – WTG v. 3.6.2010 (GVBl. S. 285), zuletzt geänd. durch G v. 2.2. 2018 (GVBl. S. 160)
- **Brandenburg:** Brandenburgisches Pflege- und Betreuungswohngesetz – BbgPBWoG v. 8.7. 2009 (GVBl. I S. 298)
- **Bremen:** Bremisches Wohn- und Betreuungsgesetz – BremWoBeG v. 12.12.2017 (Brem.GBl. S. 730), geänd. durch G v. 30.1.2018 (Brem.GBl. S. 17)
- **Hamburg:** Hamburgisches Wohn- und Betreuungsqualitätsgesetz v. 15.12.2009 (HmbGVBl. S. 494), zuletzt geänd. durch G v. 4.10.2018 (HmbGVBl. S. 336)
- **Hessen:** Hessisches Gesetz über Betreuungs- und Pflegeleistungen (HGBP) v. 7.3.2012 (GVBl. S. 34), zuletzt geänd. durch G v. 19.12.2016 (GVBl. S. 322)
- **Mecklenburg-Vorpommern:** Einrichtungenqualitätsgesetz – EQG M-V v. 17.5.2010 (GVOBl. M-V S. 241), geänd. durch G v. 10.12.2012 (GVOBl. M-V S. 532)
- **Niedersachsen:** Niedersächsisches Heimgesetz (NHeimG) v. 29.6.2011 (Nds. GVBl. S. 196), geänd. durch G v. 14.4.2016 (Nds. GVBl. S. 70)
- **Nordrhein-Westfalen:** Wohn- und Teilhabegesetz – WTG v. 2.10.2014 (GV. NRW. S. 625, 632), geänd. durch G v. 21.3.2017 (GV. NRW. S. 375)
- **Rheinland-Pfalz:** Landesgesetz über Wohnformen und Teilhabe (LWTG) v. 22.12.2009 (GVBl. S. 399), zuletzt geänd. durch G v. 19 12.2018 (GVBl. S. 448)
- **Saarland:** Landesheimgesetz Saarland – LHeimGS v. 6.5.2009 (Amtsbl. S. 906), zuletzt geänd. durch G v. 22.8.2018 (Amtsbl. I S. 674)
- **Sachsen:** Sächsisches Betreuungs- und Wohnqualitätsgesetz – SächsBeWoG v. 12.7.2012 (SächsGVBl. S. 397), geänd. durch G v. 26.4.2018 (SächsGVBl. S. 198)
- **Sachsen-Anhalt:** Wohn- und Teilhabegesetz – WTG LSA v. 17.2.2011 (GVBl. LSA S. 136)
- **Schleswig-Holstein:** Selbstbestimmungsstärkungsgesetz – SbStG v. 17.7.2009 (GVOBl. Schl.-H. S. 402), geänd. durch G v. 17.12.2010 (GVOBl. Schl.-H. S. 789).
- **Thüringen:** Thüringer Wohn- und Teilhabegesetz – ThürWTG –) v. 10.6.2014 (GVBl. S. 161), geänd. durch G v. 6.6.2018 (GVBl. S. 229).

[3)] Neubekanntmachung des HeimG idF der Bek. v. 23.4.1990 (BGBl. I S. 763, 1069) in der ab 1.1.2002 geltenden Fassung.

§ 1 Anwendungsbereich. (1) [1] Dieses Gesetz gilt für Heime. [2] Heime im Sinne dieses Gesetzes sind Einrichtungen, die dem Zweck dienen, ältere Menschen oder pflegebedürftige oder behinderte Volljährige aufzunehmen, ihnen Wohnraum zu überlassen sowie Betreuung und Verpflegung zur Verfügung zu stellen oder vorzuhalten, und die in ihrem Bestand von Wechsel und Zahl der Bewohnerinnen und Bewohner unabhängig sind und entgeltlich betrieben werden.

(2) [1] Die Tatsache, dass ein Vermieter von Wohnraum durch Verträge mit Dritten oder auf andere Weise sicherstellt, dass den Mietern Betreuung und Verpflegung angeboten werden, begründet allein nicht die Anwendung dieses Gesetzes. [2] Dies gilt auch dann, wenn die Mieter vertraglich verpflichtet sind, allgemeine Betreuungsleistungen wie Notrufdienste oder Vermittlung von Dienst- und Pflegeleistungen von bestimmten Anbietern anzunehmen und das Entgelt hierfür im Verhältnis zur Miete von untergeordneter Bedeutung ist. [3] Dieses Gesetz ist anzuwenden, wenn die Mieter vertraglich verpflichtet sind, Verpflegung und weitergehende Betreuungsleistungen von bestimmten Anbietern anzunehmen.

(3) [1] Auf Heime oder Teile von Heimen im Sinne des Absatzes 1, die der vorübergehenden Aufnahme Volljähriger dienen (Kurzzeitheime), sowie auf stationäre Hospize finden die §§ 6, 7, 10 und 14 Abs. 2 Nr. 3 und 4, Abs. 3, 4 und 7 keine Anwendung. [2] Nehmen die Heime nach Satz 1 in der Regel mindestens sechs Personen auf, findet § 10 mit der Maßgabe Anwendung, dass ein Heimfürsprecher zu bestellen ist.

(4) Als vorübergehend im Sinne dieses Gesetzes ist ein Zeitraum von bis zu drei Monaten anzusehen.

(5) [1] Dieses Gesetz gilt auch für Einrichtungen der Tages- und der Nachtpflege mit Ausnahme der §§ 10 und 14 Abs. 2 Nr. 3 und 4, Abs. 3, 4 und 7. [2] Nimmt die Einrichtung in der Regel mindestens sechs Personen auf, findet § 10 mit der Maßgabe Anwendung, dass ein Heimfürsprecher zu bestellen ist.

(6) [1] Dieses Gesetz gilt nicht für Krankenhäuser im Sinne des § 2 Nr. 1 des Krankenhausfinanzierungsgesetzes. [2] In Einrichtungen zur Rehabilitation gilt dieses Gesetz für die Teile, die die Voraussetzungen des Absatzes 1 erfüllen. [3] Dieses Gesetz gilt nicht für Internate der Berufsbildungs- und Berufsförderungswerke.

§ 2 Zweck des Gesetzes. (1) Zweck des Gesetzes ist es,

1. die Würde sowie die Interessen und Bedürfnisse der Bewohnerinnen und Bewohner von Heimen vor Beeinträchtigungen zu schützen,
2. die Selbständigkeit, die Selbstbestimmung und die Selbstverantwortung der Bewohnerinnen und Bewohner zu wahren und zu fördern,
3. die Einhaltung der dem Träger des Heims (Träger) gegenüber den Bewohnerinnen und Bewohnern obliegenden Pflichten zu sichern,
4. die Mitwirkung der Bewohnerinnen und Bewohner zu sichern,
5. eine dem allgemein anerkannten Stand der fachlichen Erkenntnisse entsprechende Qualität des Wohnens und der Betreuung zu sichern,
6. die Beratung in Heimangelegenheiten zu fördern sowie
7. die Zusammenarbeit der für die Durchführung dieses Gesetzes zuständigen Behörden mit den Trägern und deren Verbänden, den Pflegekassen, dem Medizinischen Dienst der Krankenversicherung sowie den Trägern der Sozialhilfe zu fördern.

(2) Die Selbständigkeit der Träger in Zielsetzung und Durchführung ihrer Aufgaben bleibt unberührt.

§ 3 Leistungen des Heims, Rechtsverordnungen. (1) Die Heime sind verpflichtet, ihre Leistungen nach dem jeweils allgemein anerkannten Stand fachlicher Erkenntnisse zu erbringen.

(2) Zur Durchführung des § 2 kann das Bundesministerium für Familie, Senioren, Frauen und Jugend im Einvernehmen mit dem Bundesministerium für Wirtschaft und Technologie, dem Bundesministerium für Verkehr, Bau und Stadtentwicklung und dem Bundesministerium für Gesundheit durch Rechtsverordnung[1)] mit Zustimmung des Bundesrates dem allgemein anerkannten Stand der fachlichen Erkenntnisse entsprechende Regelungen (Mindestanforderungen) erlassen

1. für die Räume, insbesondere die Wohn-, Aufenthalts-, Therapie- und Wirtschaftsräume sowie die Verkehrsflächen, sanitären Anlagen und die technischen Einrichtungen,
2. für die Eignung der Leitung des Heims (Leitung) und der Beschäftigten.

§ 4 Beratung. Die zuständigen Behörden informieren und beraten

1. die Bewohnerinnen und Bewohner sowie die Heimbeiräte und Heimfürsprecher über ihre Rechte und Pflichten,

---

[1)] Siehe die HeimmindestbauVO idF der Bek. v. 3.5.1983 (BGBl. I S. 550), zuletzt geänd. durch VO v. 25.11.2003 (BGBl. I S. 2346).

2. Personen, die ein berechtigtes Interesse haben, über Heime im Sinne des § 1 und über die Rechte und Pflichten der Träger und der Bewohnerinnen und Bewohner solcher Heime und
3. auf Antrag Personen und Träger, die die Schaffung von Heimen im Sinne des § 1 anstreben oder derartige Heime betreiben, bei der Planung und dem Betrieb der Heime.

§§ 5–9 *(aufgehoben)*

§ 10 Mitwirkung der Bewohnerinnen und Bewohner. (1) [1] Die Bewohnerinnen und Bewohner wirken durch einen Heimbeirat in Angelegenheiten des Heimbetriebs wie Unterkunft, Betreuung, Aufenthaltsbedingungen, Heimordnung, Verpflegung und Freizeitgestaltung mit. [2] Die Mitwirkung bezieht sich auch auf die Sicherung einer angemessenen Qualität der Betreuung im Heim und auf die Leistungs-, Vergütungs-, Qualitäts- und Prüfungsvereinbarungen nach § 7 Abs. 4 und 5. [3] Sie ist auf die Verwaltung sowie die Geschäfts- und Wirtschaftsführung des Heims zu erstrecken, wenn Leistungen im Sinne des § 14 Abs. 2 Nr. 3 erbracht worden sind. [4] Der Heimbeirat kann bei der Wahrnehmung seiner Aufgaben und Rechte fach- und sachkundige Personen seines Vertrauens hinzuziehen. [5] Diese sind zur Verschwiegenheit verpflichtet.

(2) Die für die Durchführung dieses Gesetzes zuständigen Behörden fördern die Unterrichtung der Bewohnerinnen und Bewohner und der Mitglieder von Heimbeiräten über die Wahl und die Befugnisse sowie die Möglichkeiten des Heimbeirats, die Interessen der Bewohnerinnen und Bewohner in Angelegenheiten des Heimbetriebs zur Geltung zu bringen.

(3) [1] Der Heimbeirat soll mindestens einmal im Jahr die Bewohnerinnen und Bewohner zu einer Versammlung einladen, zu der jede Bewohnerin oder jeder Bewohner eine Vertrauensperson beiziehen kann. [2] Näheres kann in der Rechtsverordnung nach Absatz 5 geregelt werden.

(4) [1] Für die Zeit, in der ein Heimbeirat nicht gebildet werden kann, werden seine Aufgaben durch einen Heimfürsprecher wahrgenommen. [2] Seine Tätigkeit ist unentgeltlich und ehrenamtlich. [3] Der Heimfürsprecher wird im Benehmen mit der Heimleitung von der zuständigen Behörde bestellt. [4] Die Bewohnerinnen und Bewohner des Heims oder deren gesetzliche Vertreter können der zuständigen Behörde Vorschläge zur Auswahl des Heimfürsprechers unterbreiten. [5] Die zuständige Behörde kann von der Bestellung eines Heimfürsprechers absehen, wenn die Mitwirkung der Bewohnerinnen und Bewohner auf andere Weise gewährleistet ist.

(5) [1] Das Bundesministerium für Familie, Senioren, Frauen und Jugend erlässt im Einvernehmen mit dem Bundesministerium für Gesundheit durch Rechtsverordnung[1)] mit Zustimmung des Bundesrates Regelungen über die Wahl des Heimbeirats und die Bestellung des Heimfürsprechers sowie über Art, Umfang und Form ihrer Mitwirkung. [2] In der Rechtsverordnung ist vorzusehen, dass auch Angehörige und sonstige Vertrauenspersonen der Bewohnerinnen und Bewohner, von der zuständigen Behörde vorgeschlagene Personen sowie Mitglieder der örtlichen Seniorenvertretungen und Mitglie-

[1)] Siehe die HeimmitwirkungsVO idF der Bek. v. 25.7.2002 (BGBl. I S. 2896).

der von örtlichen Behindertenorganisationen in angemessenem Umfang in den Heimbeirat gewählt werden können.

§ 11 Anforderungen an den Betrieb eines Heims. (1) Ein Heim darf nur betrieben werden, wenn der Träger und die Leitung

1. die Würde sowie die Interessen und Bedürfnisse der Bewohnerinnen und Bewohner vor Beeinträchtigungen schützen,
2. die Selbständigkeit, die Selbstbestimmung und die Selbstverantwortung der Bewohnerinnen und Bewohner wahren und fördern, insbesondere bei behinderten Menschen die sozialpädagogische Betreuung und heilpädagogische Förderung sowie bei Pflegebedürftigen eine humane und aktivierende Pflege unter Achtung der Menschenwürde gewährleisten,
3. eine angemessene Qualität der Betreuung der Bewohnerinnen und Bewohner, auch soweit sie pflegebedürftig sind, in dem Heim selbst oder in angemessener anderer Weise einschließlich der Pflege nach dem allgemein anerkannten Stand medizinisch-pflegerischer Erkenntnisse sowie die ärztliche und gesundheitliche Betreuung sichern,
4. die Eingliederung behinderter Menschen fördern,
5. den Bewohnerinnen und Bewohnern eine nach Art und Umfang ihrer Betreuungsbedürftigkeit angemessene Lebensgestaltung ermöglichen und die erforderlichen Hilfen gewähren,
6. die hauswirtschaftliche Versorgung sowie eine angemessene Qualität des Wohnens erbringen,
7. sicherstellen, dass für pflegebedürftige Bewohnerinnen und Bewohner Pflegeplanungen aufgestellt und deren Umsetzung aufgezeichnet werden,
8. gewährleisten, dass in Einrichtungen der Behindertenhilfe für die Bewohnerinnen und Bewohner Förder- und Hilfepläne aufgestellt und deren Umsetzung aufgezeichnet werden,
9. einen ausreichenden Schutz der Bewohnerinnen und Bewohner vor Infektionen gewährleisten und sicherstellen, dass von den Beschäftigten die für ihren Aufgabenbereich einschlägigen Anforderungen der Hygiene eingehalten werden, und
10. sicherstellen, dass die Arzneimittel bewohnerbezogen und ordnungsgemäß aufbewahrt und die in der Pflege tätigen Mitarbeiterinnen und Mitarbeiter mindestens einmal im Jahr über den sachgerechten Umgang mit Arzneimitteln beraten werden.

(2) Ein Heim darf nur betrieben werden, wenn der Träger

1. die notwendige Zuverlässigkeit, insbesondere die wirtschaftliche Leistungsfähigkeit zum Betrieb des Heims, besitzt,
2. sicherstellt, dass die Zahl der Beschäftigten und ihre persönliche und fachliche Eignung für die von ihnen zu leistende Tätigkeit ausreicht,
3. angemessene Entgelte verlangt und
4. ein Qualitätsmanagement betreibt.

(3) Ein Heim darf nur betrieben werden, wenn

1. die Einhaltung der in den Rechtsverordnungen nach § 3 enthaltenen Regelungen gewährleistet ist,

2. die vertraglichen Leistungen erbracht werden und
3. die Einhaltung der nach § 14 Abs. 7 erlassenen Vorschriften gewährleistet ist.

(4) Bestehen Zweifel daran, dass die Anforderungen an den Betrieb eines Heims erfüllt sind, ist die zuständige Behörde berechtigt und verpflichtet, die notwendigen Maßnahmen zur Aufklärung zu ergreifen.

§ 12 Anzeige. (1) [1] Wer den Betrieb eines Heims aufnehmen will, hat darzulegen, dass er die Anforderungen nach § 11 Abs. 1 bis 3 erfüllt. [2] Zu diesem Zweck hat er seine Absicht spätestens drei Monate vor der vorgesehenen Inbetriebnahme der zuständigen Behörde anzuzeigen. [3] Die Anzeige muss insbesondere folgende weitere Angaben enthalten:

1. den vorgesehenen Zeitpunkt der Betriebsaufnahme,
2. die Namen und die Anschriften des Trägers und des Heims,
3. die Nutzungsart des Heims und der Räume sowie deren Lage, Zahl und Größe und die vorgesehene Belegung der Wohnräume,
4. die vorgesehene Zahl der Mitarbeiterstellen,
5. den Namen, die berufliche Ausbildung und den Werdegang der Heimleitung und bei Pflegeheimen auch der Pflegedienstleitung sowie die Namen und die berufliche Ausbildung der Betreuungskräfte,
6. die allgemeine Leistungsbeschreibung sowie die Konzeption des Heims,
7. einen Versorgungsvertrag nach § 72 sowie eine Leistungs- und Qualitätsvereinbarung nach § 80a des Elften Buches Sozialgesetzbuch oder die Erklärung, ob ein solcher Versorgungsvertrag oder eine solche Leistungs- und Qualitätsvereinbarung angestrebt werden,
8. die Vereinbarungen nach § 75 Abs. 3 des Zwölften Buches Sozialgesetzbuch oder die Erklärung, ob solche Vereinbarungen angestrebt werden,
9. die Einzelvereinbarungen aufgrund § 39a des Fünften Buches Sozialgesetzbuch oder die Erklärung, ob solche Vereinbarungen angestrebt werden,
10. die Unterlagen zur Finanzierung der Investitionskosten,
11. ein Muster der Heimverträge sowie sonstiger verwendeter Verträge,
12. die Satzung oder einen Gesellschaftsvertrag des Trägers sowie
13. die Heimordnung, soweit eine solche vorhanden ist.

(2) [1] Die zuständige Behörde kann weitere Angaben verlangen, soweit sie zur zweckgerichteten Aufgabenerfüllung erforderlich sind. [2] Stehen die Leitung, die Pflegedienstleitung oder die Betreuungskräfte zum Zeitpunkt der Anzeige noch nicht fest, ist die Mitteilung zum frühestmöglichen Zeitpunkt, spätestens vor Aufnahme des Heimbetriebs, nachzuholen.

(3) Der zuständigen Behörde sind unverzüglich Änderungen anzuzeigen, die Angaben gemäß Absatz 1 betreffen.

(4) [1] Wer den Betrieb eines Heims ganz oder teilweise einzustellen oder wer die Vertragsbedingungen wesentlich zu ändern beabsichtigt, hat dies unverzüglich der zuständigen Behörde gemäß Satz 2 anzuzeigen. [2] Mit der Anzeige sind Angaben über die nachgewiesene Unterkunft und Betreuung der Bewohnerinnen und Bewohner und die geplante ordnungsgemäße Ab-

wicklung der Vertragsverhältnisse mit den Bewohnerinnen und Bewohnern zu verbinden.

§ 13 Aufzeichnungs- und Aufbewahrungspflicht. (1) [1] Der Träger hat nach den Grundsätzen einer ordnungsgemäßen Buch- und Aktenführung Aufzeichnungen über den Betrieb zu machen und die Qualitätssicherungsmaßnahmen und deren Ergebnisse so zu dokumentieren, dass sich aus ihnen der ordnungsgemäße Betrieb des Heims ergibt. [2] Insbesondere muss ersichtlich werden:

1. die wirtschaftliche und finanzielle Lage des Heims,
2. die Nutzungsart, die Lage, die Zahl und die Größe der Räume sowie die Belegung der Wohnräume,
3. der Name, der Vorname, das Geburtsdatum, die Anschrift und die Ausbildung der Beschäftigten, deren regelmäßige Arbeitszeit, die von ihnen in dem Heim ausgeübte Tätigkeit und die Dauer des Beschäftigungsverhältnisses sowie die Dienstpläne,
4. der Name, der Vorname, das Geburtsdatum, das Geschlecht, der Betreuungsbedarf der Bewohnerinnen und Bewohner sowie bei pflegebedürftigen Bewohnerinnen und Bewohnern die Pflegestufe,
5. der Erhalt, die Aufbewahrung und die Verabreichung von Arzneimitteln einschließlich der pharmazeutischen Überprüfung der Arzneimittelvorräte und der Unterweisung der Mitarbeiterinnen und Mitarbeiter über den sachgerechten Umgang mit Arzneimitteln,
6. die Pflegeplanungen und die Pflegeverläufe für pflegebedürftige Bewohnerinnen und Bewohner,
7. für Bewohnerinnen und Bewohner von Einrichtungen der Behindertenhilfe Förder- und Hilfepläne einschließlich deren Umsetzung,
8. die Maßnahmen zur Qualitätsentwicklung sowie zur Qualitätssicherung,
9. die freiheitsbeschränkenden und die freiheitsentziehenden Maßnahmen bei Bewohnerinnen und Bewohnern sowie *der Angabe*[1)] des für die Anordnung der Maßnahme Verantwortlichen,
10. die für die Bewohnerinnen und Bewohner verwalteten Gelder oder Wertsachen.

[3] Betreibt der Träger mehr als ein Heim, sind für jedes Heim gesonderte Aufzeichnungen zu machen. [4] Dem Träger bleibt es vorbehalten, seine wirtschaftliche und finanzielle Situation durch Vorlage der im Rahmen der Pflegebuchführungsverordnung geforderten Bilanz sowie der Gewinn- und Verlustrechnung nachzuweisen. [5] Aufzeichnungen, die für andere Stellen als die zuständige Behörde angelegt worden sind, können zur Erfüllung der Anforderungen des Satzes 1 verwendet werden.

(2) [1] Der Träger hat die Aufzeichnungen nach Absatz 1 sowie die sonstigen Unterlagen und Belege über den Betrieb eines Heims fünf Jahre aufzubewahren. [2] Danach sind sie zu löschen. [3] Die Aufzeichnungen nach Absatz 1 sind, soweit sie personenbezogene Daten enthalten, so aufzubewahren, dass nur Berechtigte Zugang haben.

---

1) Richtig wohl: „die Angabe".

(3) Das Bundesministerium für Familie, Senioren, Frauen und Jugend legt im Einvernehmen mit dem Bundesministerium für Gesundheit durch Rechtsverordnung mit Zustimmung des Bundesrates Art und Umfang der in den Absätzen 1 und 2 genannten Pflichten und das einzuhaltende Verfahren näher fest.

(4) Weitergehende Pflichten des Trägers eines Heims nach anderen Vorschriften oder aufgrund von Pflegesatzvereinbarungen oder Vereinbarungen nach § 75 Abs. 3 des Zwölften Buches Sozialgesetzbuch bleiben unberührt.

§ 14[1)] Leistungen an Träger und Beschäftigte. (1) Dem Träger ist es untersagt, sich von oder zugunsten von Bewohnerinnen und Bewohnern oder den Bewerberinnen und Bewerbern um einen Heimplatz Geld- oder geldwerte Leistungen über das nach § 5 vereinbarte Entgelt hinaus versprechen oder gewähren zu lassen.

(2) Dies gilt nicht, wenn

1. andere als die in § 5 aufgeführten Leistungen des Trägers abgegolten werden,
2. geringwertige Aufmerksamkeiten versprochen oder gewährt werden,
3. Leistungen im Hinblick auf die Überlassung eines Heimplatzes zum Bau, zum Erwerb, zur Instandsetzung, zur Ausstattung oder zum Betrieb des Heims versprochen oder gewährt werden.

(3) [1] Leistungen im Sinne des Absatzes 2 Nr. 3 sind zurückzugewähren, soweit sie nicht mit dem Entgelt verrechnet worden sind. [2] Sie sind vom Zeitpunkt ihrer Gewährung an mit mindestens 4 vom Hundert für das Jahr zu verzinsen, soweit der Vorteil der Kapitalnutzung bei der Bemessung des Entgelts nicht berücksichtigt worden ist. [3] Die Verzinsung oder der Vorteil der Kapitalnutzung bei der Bemessung des Entgelts sind der Bewohnerin oder dem Bewohner gegenüber durch jährliche Abrechnungen nachzuweisen. [4] Die Sätze 1 bis 3 gelten auch für Leistungen, die von oder zugunsten von Bewerberinnen und Bewerbern erbracht worden sind.

(4) *(aufgehoben)*

(5) [1] Der Leitung, den Beschäftigten oder sonstigen Mitarbeiterinnen oder Mitarbeitern des Heims ist es untersagt, sich von oder zugunsten von Bewohnerinnen und Bewohnern neben der vom Träger erbrachten Vergütung Geld- oder geldwerte Leistungen für die Erfüllung der Pflichten aus dem Heimvertrag versprechen oder gewähren zu lassen. [2] Dies gilt nicht, soweit es sich um geringwertige Aufmerksamkeiten handelt.

(6) Die zuständige Behörde kann in Einzelfällen Ausnahmen von den Verboten der Absätze 1 und 5 zulassen, soweit der Schutz der Bewohnerinnen und Bewohner die Aufrechterhaltung der Verbote nicht erfordert und die Leistungen noch nicht versprochen oder gewährt worden sind.

§ 15 Überwachung. (1) [1] Die Heime werden von den zuständigen Behörden durch wiederkehrende oder anlassbezogene Prüfungen überwacht. [2] Die Prüfungen können jederzeit angemeldet oder unangemeldet erfolgen. [3] Prü-

[1)] Siehe auch die Heimsicherungs-VO v. 24.4.1978 (BGBl. I S. 553), geänd. durch G v. 27.12. 2003 (BGBl. I S. 3022).

fungen zur Nachtzeit sind nur zulässig, wenn und soweit das Überwachungsziel zu anderen Zeiten nicht erreicht werden kann. [4] Die Heime werden daraufhin überprüft, ob sie die Anforderungen an den Betrieb eines Heims nach diesem Gesetz erfüllen. [5] Der Träger, die Leitung und die Pflegedienstleitung haben den zuständigen Behörden die für die Durchführung dieses Gesetzes und der aufgrund dieses Gesetzes erlassenen Rechtsverordnungen erforderlichen mündlichen und schriftlichen Auskünfte auf Verlangen und unentgeltlich zu erteilen. [6] Die Aufzeichnungen nach § 13 Abs. 1 hat der Träger am Ort des Heims zur Prüfung vorzuhalten. [7] Für die Unterlagen nach § 13 Abs. 1 Nr. 1 gilt dies nur für angemeldete Prüfungen.

(2) [1] Die von der zuständigen Behörde mit der Überwachung des Heims beauftragten Personen sind befugt,

1. die für das Heim genutzten Grundstücke und Räume zu betreten; soweit diese einem Hausrecht der Bewohnerinnen und Bewohner unterliegen, nur mit deren Zustimmung,
2. Prüfungen und Besichtigungen vorzunehmen,
3. Einsicht in die Aufzeichnungen nach § 13 des Auskunftspflichtigen im jeweiligen Heim zu nehmen,
4. sich mit den Bewohnerinnen und Bewohnern sowie dem Heimbeirat oder dem Heimfürsprecher in Verbindung zu setzen,
5. bei pflegebedürftigen Bewohnerinnen und Bewohnern mit deren Zustimmung den Pflegezustand in Augenschein zu nehmen,
6. die Beschäftigten zu befragen.

[2] Der Träger hat diese Maßnahmen zu dulden. [3] Es steht der zuständigen Behörde frei, zu ihren Prüfungen weitere fach- und sachkundige Personen hinzuzuziehen. [4] Diese sind zur Verschwiegenheit verpflichtet. [5] Sie dürfen personenbezogene Daten über Bewohnerinnen und Bewohner nicht speichern und an Dritte übermitteln.

(3) [1] Zur Verhütung dringender Gefahren für die öffentliche Sicherheit und Ordnung können Grundstücke und Räume, die einem Hausrecht der Bewohnerinnen und Bewohner unterliegen oder Wohnzwecken des Auskunftspflichtigen dienen, jederzeit betreten werden. [2] Der Auskunftspflichtige und die Bewohnerinnen und Bewohner haben die Maßnahmen nach Satz 1 zu dulden. [3] Das Grundrecht der Unverletzlichkeit der Wohnung (Artikel 13 Abs. 1 des Grundgesetzes) wird insoweit eingeschränkt.

(4) [1] Die zuständige Behörde nimmt für jedes Heim im Jahr grundsätzlich mindestens eine Prüfung vor. [2] Sie kann Prüfungen in größeren Abständen als nach Satz 1 vornehmen, soweit ein Heim durch den Medizinischen Dienst der Krankenversicherung geprüft worden ist oder ihr durch geeignete Nachweise unabhängiger Sachverständiger Erkenntnisse darüber vorliegen, dass die Anforderungen an den Betrieb eines Heims erfüllt sind. [3] Das Nähere wird durch Landesrecht bestimmt.

(5) Widerspruch und Anfechtungsklage gegen Maßnahmen nach den Absätzen 1 bis 4 haben keine aufschiebende Wirkung.

(6) Die Überwachung beginnt mit der Anzeige nach § 12 Abs. 1, spätestens jedoch drei Monate vor der vorgesehenen Inbetriebnahme des Heims.

(7) Maßnahmen nach den Absätzen 1, 2, 4 und 6 sind auch zur Feststellung zulässig, ob eine Einrichtung ein Heim im Sinne von § 1 ist.

(8) [1] Die Träger können die Landesverbände der Freien Wohlfahrtspflege, die kommunalen Spitzenverbände und andere Vereinigungen von Trägern, denen sie angehören, unbeschadet der Zulässigkeit unangemeldeter Prüfungen, in angemessener Weise bei Prüfungen hinzuziehen. [2] Die zuständige Behörde soll diese Verbände über den Zeitpunkt von angemeldeten Prüfungen unterrichten.

(9) Der Auskunftspflichtige kann die Auskunft auf solche Fragen verweigern, deren Beantwortung ihn selbst oder einen der in § 383 Abs. 1 Nr. 1 bis 3 der Zivilprozessordnung[1)] bezeichneten Angehörigen der Gefahr strafgerichtlicher Verfolgung oder eines Verfahrens nach dem Gesetz über Ordnungswidrigkeiten[2)] aussetzen würde.

§ 16 Beratung bei Mängeln. (1) [1] Sind in einem Heim Mängel festgestellt worden, so soll die zuständige Behörde zunächst den Träger über die Möglichkeiten zur Abstellung der Mängel beraten. [2] Das Gleiche gilt, wenn nach einer Anzeige gemäß § 12 vor der Aufnahme des Heimbetriebs Mängel festgestellt werden.

(2) [1] An einer Beratung nach Absatz 1 soll der Träger der Sozialhilfe, mit dem Vereinbarungen nach § 75 Abs. 3 des Zwölften Buches Sozialgesetzbuch bestehen, beteiligt werden. [2] Er ist zu beteiligen, wenn die Abstellung der Mängel Auswirkungen auf Entgelte oder Vergütungen haben kann. [3] Die Sätze 1 und 2 gelten entsprechend für Pflegekassen oder sonstige Sozialversicherungsträger, sofern mit ihnen oder ihren Landesverbänden Vereinbarungen nach den §§ 72, 75 oder 85 des Elften Buches Sozialgesetzbuch oder § 39a des Fünften Buches Sozialgesetzbuch bestehen.

(3) Ist den Bewohnerinnen und den Bewohnern aufgrund der festgestellten Mängel eine Fortsetzung des Heimvertrags nicht zuzumuten, soll die zuständige Behörde sie dabei unterstützen, eine angemessene anderweitige Unterkunft und Betreuung zu zumutbaren Bedingungen zu finden.

§ 17 Anordnungen. (1) [1] Werden festgestellte Mängel nicht abgestellt, so können gegenüber den Trägern Anordnungen erlassen werden, die zur Beseitigung einer eingetretenen oder Abwendung einer drohenden Beeinträchtigung oder Gefährdung des Wohls der Bewohnerinnen und Bewohner, zur Sicherung der Einhaltung der dem Träger gegenüber den Bewohnerinnen und Bewohnern obliegenden Pflichten oder zur Vermeidung einer Unangemessenheit zwischen dem Entgelt und der Leistung des Heims erforderlich sind. [2] Das Gleiche gilt, wenn Mängel nach einer Anzeige gemäß § 12 vor Aufnahme des Heimbetriebs festgestellt werden.

(2) [1] Anordnungen sind so weit wie möglich in Übereinstimmung mit Vereinbarungen nach § 75 Abs. 3 des Zwölften Buches Sozialgesetzbuch auszugestalten. [2] Wenn Anordnungen eine Erhöhung der Vergütung nach § 75 Abs. 3 des Zwölften Buches Sozialgesetzbuch zur Folge haben können, ist über sie Einvernehmen mit dem Träger der Sozialhilfe, mit dem Vereinbarun-

---

1) **Schönfelder Nr. 100.**
2) **Schönfelder Nr. 94.**

gen nach diesen Vorschriften bestehen, anzustreben. [3] Gegen Anordnungen nach Satz 2 kann neben dem Heimträger auch der Träger der Sozialhilfe Widerspruch einlegen und Anfechtungsklage erheben. [4] § 15 Abs. 5 gilt entsprechend.

(3) [1] Wenn Anordnungen gegenüber zugelassenen Pflegeheimen eine Erhöhung der nach dem Elften Buch Sozialgesetzbuch vereinbarten oder festgesetzten Entgelte zur Folge haben können, ist Einvernehmen mit den betroffenen Pflegesatzparteien anzustreben. [2] Für Anordnungen nach Satz 1 gilt für die Pflegesatzparteien Absatz 2 Satz 3 und 4 entsprechend.

§ 18 Beschäftigungsverbot, kommissarische Heimleitung. (1) Dem Träger kann die weitere Beschäftigung der Leitung, eines Beschäftigten oder einer sonstigen Mitarbeiterin oder eines sonstigen Mitarbeiters ganz oder für bestimmte Funktionen oder Tätigkeiten untersagt werden, wenn Tatsachen die Annahme rechtfertigen, dass sie die für ihre Tätigkeit erforderliche Eignung nicht besitzen.

(2) [1] Hat die zuständige Behörde ein Beschäftigungsverbot nach Absatz 1 ausgesprochen und der Träger keine neue geeignete Leitung eingesetzt, so kann die zuständige Behörde, um den Heimbetrieb aufrechtzuerhalten, auf Kosten des Trägers eine kommissarische Leitung für eine begrenzte Zeit einsetzen, wenn ihre Befugnisse nach den §§ 15 bis 17 nicht ausreichen und die Voraussetzungen für die Untersagung des Heimbetriebs vorliegen. [2] Ihre Tätigkeit endet, wenn der Träger mit Zustimmung der zuständigen Behörde eine geeignete Heimleitung bestimmt; spätestens jedoch nach einem Jahr. [3] Die kommissarische Leitung übernimmt die Rechte und Pflichten der bisherigen Leitung.

§ 19 Untersagung. (1) Der Betrieb eines Heims ist zu untersagen, wenn die Anforderungen des § 11 nicht erfüllt sind und Anordnungen nicht ausreichen.

(2) Der Betrieb kann untersagt werden, wenn der Träger

1. die Anzeige nach § 12 unterlassen oder unvollständige Angaben gemacht hat,
2. Anordnungen nach § 17 Abs. 1 nicht innerhalb der gesetzten Frist befolgt,
3. Personen entgegen einem nach § 18 ergangenen Verbot beschäftigt,
4. gegen § 14 Abs. 1, 3 oder Abs. 4 oder eine nach § 14 Abs. 7 erlassene Rechtsverordnung verstößt.

(3) [1] Vor Aufnahme des Heimbetriebs ist eine Untersagung nur zulässig, wenn neben einem Untersagungsgrund nach Absatz 1 oder Absatz 2 die Anzeigepflicht nach § 12 Abs. 1 Satz 1 besteht. [2] Kann der Untersagungsgrund beseitigt werden, ist nur eine vorläufige Untersagung der Betriebsaufnahme zulässig. [3] Widerspruch und Anfechtungsklage gegen eine vorläufige Untersagung haben keine aufschiebende Wirkung. [4] Die vorläufige Untersagung wird mit der schriftlichen Erklärung der zuständigen Behörde unwirksam, dass die Voraussetzungen für die Untersagung entfallen sind.

§ 20 Zusammenarbeit, Arbeitsgemeinschaften. (1) [1] Bei der Wahrnehmung ihrer Aufgaben zum Schutz der Interessen und Bedürfnisse der Bewohnerinnen und Bewohner und zur Sicherung einer angemessenen Qualität des

Wohnens und der Betreuung in den Heimen sowie zur Sicherung einer angemessenen Qualität der Überwachung sind die für die Ausführung nach diesem Gesetz zuständigen Behörden und die Pflegekassen, deren Landesverbände, der Medizinische Dienst der Krankenversicherung und die zuständigen Träger der Sozialhilfe verpflichtet, eng zusammenzuarbeiten. [2] Im Rahmen der engen Zusammenarbeit sollen die in Satz 1 genannten Beteiligten sich gegenseitig informieren, ihre Prüftätigkeit koordinieren sowie Einvernehmen über Maßnahmen zur Qualitätssicherung und zur Abstellung von Mängeln anstreben.

(2) [1] Sie sind berechtigt und verpflichtet, die für ihre Zusammenarbeit erforderlichen Angaben einschließlich der bei der Überwachung gewonnenen Erkenntnisse untereinander auszutauschen. [2] Personenbezogene Daten sind vor der Übermittlung zu anonymisieren.

(3) [1] Abweichend von Absatz 2 Satz 2 dürfen personenbezogene Daten in nicht anonymisierter Form an die Pflegekassen und den Medizinischen Dienst der Krankenversicherung übermittelt werden, soweit dies für Zwecke nach dem Elften Buch Sozialgesetzbuch erforderlich ist. [2] Die übermittelten Daten dürfen von den Empfängern nicht zu anderen Zwecken verarbeitet oder genutzt werden. [3] Sie sind spätestens nach Ablauf von zwei Jahren zu löschen. [4] Die Frist beginnt mit dem Ablauf des Kalenderjahres, in dem die Daten gespeichert worden sind. [5] Die Heimbewohnerin oder der Heimbewohner kann verlangen, über die nach Satz 1 übermittelten Daten unterrichtet zu werden.

(4) Ist die nach dem Heimgesetz zuständige Behörde der Auffassung, dass ein Vertrag oder eine Vereinbarung mit unmittelbarer Wirkung für ein zugelassenes Pflegeheim geltendem Recht widerspricht, teilt sie dies der nach Bundes- oder Landesrecht zuständigen Aufsichtsbehörde mit.

(5) [1] Zur Durchführung des Absatzes 1 werden Arbeitsgemeinschaften gebildet. [2] Den Vorsitz und die Geschäfte der Arbeitsgemeinschaft führt die nach diesem Gesetz zuständige Behörde, falls nichts Abweichendes durch Landesrecht bestimmt ist. [3] Die in Absatz 1 Satz 1 genannten Beteiligten tragen die ihnen durch die Zusammenarbeit entstehenden Kosten selbst. [4] Das Nähere ist durch Landesrecht zu regeln.

(6) Die Arbeitsgemeinschaften nach Absatz 5 arbeiten mit den Verbänden der Freien Wohlfahrtspflege, den kommunalen Trägern und den sonstigen Trägern sowie deren Vereinigungen, den Verbänden der Bewohnerinnen und Bewohner und den Verbänden der Pflegeberufe sowie den Betreuungsbehörden vertrauensvoll zusammen.

(7) Besteht im Bereich der zuständigen Behörde eine Arbeitsgemeinschaft im Sinne von § 4 Abs. 2 des Zwölften Buches Sozialgesetzbuch, so sind im Rahmen dieser Arbeitsgemeinschaft auch Fragen der bedarfsgerechten Planung zur Erhaltung und Schaffung der in § 1 genannten Heime in partnerschaftlicher Zusammenarbeit zu beraten.

§ 21 Ordnungswidrigkeiten. (1) Ordnungswidrig handelt, wer vorsätzlich oder fahrlässig

1. entgegen § 12 Abs. 1 Satz 2 eine Anzeige nicht, nicht richtig oder nicht rechtzeitig erstattet,

2. ein Heim betreibt, obwohl ihm dies durch vollziehbare Verfügung nach § 19 Abs. 1 oder 2 untersagt worden ist,
3. entgegen § 14 Abs. 1 sich Geld- oder geldwerte Leistungen versprechen oder gewähren lässt oder einer nach § 14 Abs. 7 erlassenen Rechtsverordnung zuwiderhandelt, soweit diese für einen bestimmten Tatbestand auf diese Bußgeldvorschrift verweist.

(2) Ordnungswidrig handelt auch, wer vorsätzlich oder fahrlässig
1. einer Rechtsverordnung nach § 3 oder § 10 Abs. 5 zuwiderhandelt, soweit sie für einen bestimmten Tatbestand auf diese Bußgeldvorschrift verweist,
2. entgegen § 12 Abs. 4 Satz 1 eine Anzeige nicht, nicht richtig oder nicht rechtzeitig erstattet,
3. entgegen § 14 Abs. 5 Satz 1 sich Geld- oder geldwerte Leistungen versprechen oder gewähren lässt,
4. entgegen § 15 Abs. 1 Satz 5 eine Auskunft nicht, nicht richtig, nicht vollständig oder nicht rechtzeitig erteilt oder entgegen § 15 Abs. 2 Satz 2 oder Abs. 3 Satz 2 eine Maßnahme nicht duldet oder
5. einer vollziehbaren Anordnung nach § 17 Abs. 1 oder § 18 zuwiderhandelt.

(3) Die Ordnungswidrigkeit kann in den Fällen des Absatzes 1 mit einer Geldbuße bis zu fünfundzwanzigtausend Euro, in den Fällen des Absatzes 2 mit einer Geldbuße bis zu zehntausend Euro geahndet werden.

§ 22 Berichte. (1) Das Bundesministerium für Familie, Senioren, Frauen und Jugend berichtet den gesetzgebenden Körperschaften des Bundes alle vier Jahre, erstmals im Jahre 2004, über die Situation der Heime und die Betreuung der Bewohnerinnen und Bewohner.

(2) [1] Die zuständigen Behörden sind verpflichtet, dem Bundesministerium für Familie, Senioren, Frauen und Jugend auf Ersuchen Auskunft über die Tatsachen zu erteilen, deren Kenntnis für die Erfüllung seiner Aufgaben nach diesem Gesetz erforderlich ist. [2] Daten der Bewohnerinnen und Bewohner dürfen nur in anonymisierter Form übermittelt werden.

(3) [1] Die zuständigen Behörden sind verpflichtet, alle zwei Jahre einen Tätigkeitsbericht zu erstellen. [2] Dieser Bericht ist zu veröffentlichen.

§ 23 Zuständigkeit und Durchführung des Gesetzes. (1) Die Landesregierungen bestimmen die für die Durchführung dieses Gesetzes zuständigen Behörden.

(2) Mit der Durchführung dieses Gesetzes sollen Personen betraut werden, die sich hierfür nach ihrer Persönlichkeit eignen und in der Regel entweder eine ihren Aufgaben entsprechende Ausbildung erhalten haben oder besondere berufliche Erfahrung besitzen.

(3) Die Landesregierungen haben sicherzustellen, dass die Aufgabenwahrnehmung durch die zuständigen Behörden nicht durch Interessenkollisionen gefährdet oder beeinträchtigt wird.

§ 24 Anwendbarkeit der Gewerbeordnung. Auf die den Vorschriften dieses Gesetzes unterliegenden Heime, die gewerblich betrieben werden, finden die Vorschriften der Gewerbeordnung Anwendung, soweit nicht dieses Gesetz besondere Bestimmungen enthält.

§ 25 Fortgeltung von Rechtsverordnungen. Rechtsverordnungen, die vor Inkrafttreten dieses Gesetzes auf Grund des § 38 Satz 1 Nr. 10 und Sätze 2 bis 4 der Gewerbeordnung erlassen worden sind, gelten bis zu ihrer Aufhebung durch die Rechtsverordnungen nach den §§ 3 und 13 fort, soweit sie nicht den Vorschriften dieses Gesetzes widersprechen.

§ 25a Erprobungsregelungen. (1) Die zuständige Behörde kann ausnahmsweise auf Antrag den Träger von den Anforderungen des § 10, wenn die Mitwirkung in anderer Weise gesichert ist oder die Konzeption sie nicht erforderlich macht, oder von den Anforderungen der nach § 3 Abs. 2 erlassenen Rechtsverordnungen teilweise befreien, wenn dies im Sinne der Erprobung neuer Betreuungs- oder Wohnformen dringend geboten erscheint und hierdurch der Zweck des Gesetzes nach § 2 Abs. 1 nicht gefährdet wird.

(2) [1] Die Entscheidung der zuständigen Behörde ergeht durch förmlichen Bescheid und ist auf höchstens vier Jahre zu befristen. [2] Die Rechte zur Überwachung nach den §§ 15, 17, 18 und 19 bleiben durch die Ausnahmegenehmigung unberührt.

§ 26 Übergangsvorschriften. (1) Rechte und Pflichten aufgrund von Heimverträgen, die vor dem Inkrafttreten dieses Gesetzes geschlossen worden sind, richten sich vom Zeitpunkt des Inkrafttretens des Gesetzes an nach dem neuen Recht.

(2) Eine schriftliche Anpassung der vor Inkrafttreten dieses Gesetzes geschlossenen Heimverträge an die Vorschriften dieses Gesetzes muss erst erfolgen, sobald sich Leistungen oder Entgelt aufgrund des § 6 oder § 7 verändern, spätestens ein Jahr nach Inkrafttreten dieses Gesetzes.

(3) Ansprüche der Bewohnerinnen und Bewohner sowie deren Rechtsnachfolger aus Heimverträgen wegen fehlender Wirksamkeit von Entgelterhöhungen nach § 4c des Heimgesetzes in der vor dem Inkrafttreten dieses Gesetzes geltenden Fassung können gegen den Träger nur innerhalb von drei Jahren nach Inkrafttreten dieses Gesetzes geltend gemacht werden.

10a. Gesetz zur Regelung von Verträgen über Wohnraum mit Pflege- oder Betreuungsleistungen (Wohn- und Betreuungsvertragsgesetz – WBVG)[1)]

Vom 29. Juli 2009
(BGBl. I S. 2319)

FNA 2170-6

zuletzt geänd. durch Art. 20 Abs. 5 BundesteilhabeG v. 23.12.2016 (BGBl. I S. 3234)

Inhaltsübersicht

§ 1 Anwendungsbereich. (1) [1] Dieses Gesetz ist anzuwenden auf einen Vertrag zwischen einem Unternehmer und einem volljährigen Verbraucher, in dem sich der Unternehmer zur Überlassung von Wohnraum und zur Erbringung von Pflege- oder Betreuungsleistungen verpflichtet, die der Bewältigung eines durch Alter, Pflegebedürftigkeit oder Behinderung bedingten Hilfebedarfs dienen. [2] Unerheblich ist, ob die Pflege- oder Betreuungsleistungen nach den vertraglichen Vereinbarungen vom Unternehmer zur Verfügung gestellt oder vorgehalten werden. [3] Das Gesetz ist nicht anzuwenden, wenn der Vertrag neben der Überlassung von Wohnraum ausschließlich die Erbringung von allgemeinen Unterstützungsleistungen wie die Vermittlung von Pflege- oder Betreuungsleistungen, Leistungen der hauswirtschaftlichen Versorgung oder Notrufdienste zum Gegenstand hat.

(2) [1] Dieses Gesetz ist entsprechend anzuwenden, wenn die vom Unternehmer geschuldeten Leistungen Gegenstand verschiedener Verträge sind und

1. der Bestand des Vertrags über die Überlassung von Wohnraum von dem Bestand des Vertrags über die Erbringung von Pflege- oder Betreuungsleistungen abhängig ist,

---

[1)] Verkündet als Art. 1 G zur Neuregelung der zivilrechtlichen Vorschriften des HeimG nach der Föderalismusreform v. 29.7.2009 (BGBl. I S. 2319); Inkrafttreten gem. Art. 3 Satz 1 dieses G am 1.10.2009.

2. der Verbraucher an dem Vertrag über die Überlassung von Wohnraum nach den vertraglichen Vereinbarungen nicht unabhängig von dem Vertrag über die Erbringung von Pflege- oder Betreuungsleistungen festhalten kann oder
3. der Unternehmer den Abschluss des Vertrags über die Überlassung von Wohnraum von dem Abschluss des Vertrags über die Erbringung von Pflege- oder Betreuungsleistungen tatsächlich abhängig macht.

[2] Dies gilt auch, wenn in den Fällen des Satzes 1 die Leistungen von verschiedenen Unternehmern geschuldet werden, es sei denn, diese sind nicht rechtlich oder wirtschaftlich miteinander verbunden.

§ 2 Ausnahmen vom Anwendungsbereich. Dieses Gesetz ist nicht anzuwenden auf Verträge über

1. Leistungen der Krankenhäuser, Vorsorge- oder Rehabilitationseinrichtungen im Sinne des § 107 des Fünften Buches Sozialgesetzbuch,
2. Leistungen der Internate der Berufsbildungs- und Berufsförderungswerke,
3. Leistungen im Sinne des § 41 des Achten Buches Sozialgesetzbuch,
4. Leistungen, die im Rahmen von Kur- oder Erholungsaufenthalten erbracht werden.

§ 3 Informationspflichten vor Vertragsschluss. (1) Der Unternehmer hat den Verbraucher rechtzeitig vor Abgabe von dessen Vertragserklärung in Textform und in leicht verständlicher Sprache über sein allgemeines Leistungsangebot und über den wesentlichen Inhalt seiner für den Verbraucher in Betracht kommenden Leistungen zu informieren.

(2) Zur Information des Unternehmers über sein allgemeines Leistungsangebot gehört die Darstellung

1. der Ausstattung und Lage des Gebäudes, in dem sich der Wohnraum befindet, sowie der dem gemeinschaftlichen Gebrauch dienenden Anlagen und Einrichtungen, zu denen der Verbraucher Zugang hat, und gegebenenfalls ihrer Nutzungsbedingungen,
2. der darin enthaltenen Leistungen nach Art, Inhalt und Umfang,
3. der Ergebnisse der Qualitätsprüfungen, soweit sie nach § 115 Absatz 1a Satz 1 des Elften Buches Sozialgesetzbuch oder nach landesrechtlichen Vorschriften zu veröffentlichen sind.

(3) [1] Zur Information über die für den Verbraucher in Betracht kommenden Leistungen gehört die Darstellung

1. des Wohnraums, der Pflege- oder Betreuungsleistungen, gegebenenfalls der Verpflegung als Teil der Betreuungsleistungen sowie der einzelnen weiteren Leistungen nach Art, Inhalt und Umfang,
2. des den Pflege- oder Betreuungsleistungen zugrunde liegenden Leistungskonzepts,
3. der für die in Nummer 1 benannten Leistungen jeweils zu zahlenden Entgelte, der nach § 82 Absatz 3 und 4 des Elften Buches Sozialgesetzbuch gesondert berechenbaren Investitionskosten sowie des Gesamtentgelts,
4. der Voraussetzungen für mögliche Leistungs- und Entgeltveränderungen,

5. des Umfangs und der Folgen eines Ausschlusses der Angebotspflicht nach § 8 Absatz 4, wenn ein solcher Ausschluss vereinbart werden soll.

[2] Die Darstellung nach Satz 1 Nummer 5 muss in hervorgehobener Form erfolgen.

(4) [1] Erfüllt der Unternehmer seine Informationspflichten nach den Absätzen 1 bis 3 nicht, ist § 6 Absatz 2 Satz 2 und 3 entsprechend anzuwenden. [2] Weitergehende zivilrechtliche Ansprüche des Verbrauchers bleiben unberührt.

(5) Die sich aus anderen Gesetzen ergebenden Informationspflichten bleiben unberührt.

§ 4 Vertragsschluss und Vertragsdauer. (1) [1] Der Vertrag wird auf unbestimmte Zeit geschlossen. [2] Die Vereinbarung einer Befristung ist zulässig, wenn die Befristung den Interessen des Verbrauchers nicht widerspricht. [3] Ist die vereinbarte Befristung nach Satz 2 unzulässig, gilt der Vertrag für unbestimmte Zeit, sofern nicht der Verbraucher seinen entgegenstehenden Willen innerhalb von zwei Wochen nach Ende der vereinbarten Vertragsdauer dem Unternehmer erklärt.

(2) [1] War der Verbraucher bei Abschluss des Vertrags geschäftsunfähig, so hängt die Wirksamkeit des Vertrags von der Genehmigung eines Bevollmächtigten oder Betreuers ab. [2] § 108 Absatz 2 des Bürgerlichen Gesetzbuchs[1)] ist entsprechend anzuwenden. [3] In Ansehung einer bereits bewirkten Leistung und deren Gegenleistung gilt der Vertrag als wirksam geschlossen. [4] Solange der Vertrag nicht wirksam geschlossen worden ist, kann der Unternehmer das Vertragsverhältnis nur aus wichtigem Grund für gelöst erklären; die §§ 12 und 13 Absatz 2 und 4 sind entsprechend anzuwenden.

(3) [1] Mit dem Tod des Verbrauchers endet das Vertragsverhältnis zwischen ihm und dem Unternehmer. [2] Die vertraglichen Bestimmungen hinsichtlich der Behandlung des in den Räumen oder in Verwahrung des Unternehmers befindlichen Nachlasses des Verbrauchers bleiben wirksam. [3] Eine Fortgeltung des Vertrags kann für die Überlassung des Wohnraums gegen Fortzahlung der darauf entfallenden Entgeltbestandteile vereinbart werden, soweit ein Zeitraum von zwei Wochen nach dem Sterbetag des Verbrauchers nicht überschritten wird. [4] In diesen Fällen ermäßigt sich das geschuldete Entgelt um den Wert der ersparten Aufwendungen des Unternehmers.

§ 5 Wechsel der Vertragsparteien. (1) [1] Mit Personen, die mit dem Verbraucher einen auf Dauer angelegten gemeinsamen Haushalt führen und nicht Vertragspartner des Unternehmers hinsichtlich der Überlassung des Wohnraums sind, wird das Vertragsverhältnis beim Tod des Verbrauchers hinsichtlich der Überlassung des Wohnraums gegen Zahlung der darauf entfallenden Entgeltbestandteile bis zum Ablauf des dritten Kalendermonats nach dem Sterbetag des Verbrauchers fortgesetzt. [2] Erklären Personen, mit denen das Vertragsverhältnis fortgesetzt wurde, innerhalb von vier Wochen nach dem Sterbetag des Verbrauchers dem Unternehmer, dass sie das Vertragsverhältnis nicht fortsetzen wollen, gilt die Fortsetzung des Vertragsverhältnisses als nicht

---

1) **Schönfelder Nr. 20.**

erfolgt. [3] Ist das Vertragsverhältnis mit mehreren Personen fortgesetzt worden, so kann jeder die Erklärung für sich abgeben.

(2) Wird der überlassene Wohnraum nach Beginn des Vertragsverhältnisses von dem Unternehmer an einen Dritten veräußert, gelten für die Rechte und Pflichten des Erwerbers hinsichtlich der Überlassung des Wohnraums die §§ 566 bis 567b des Bürgerlichen Gesetzbuchs[1)] entsprechend.

§ 6 Schriftform und Vertragsinhalt. (1) [1] Der Vertrag ist schriftlich abzuschließen. [2] Der Abschluss des Vertrags in elektronischer Form ist ausgeschlossen. [3] Der Unternehmer hat dem Verbraucher eine Ausfertigung des Vertrags auszuhändigen.

(2) [1] Wird der Vertrag nicht in schriftlicher Form geschlossen, sind zu Lasten des Verbrauchers von den gesetzlichen Regelungen abweichende Vereinbarungen unwirksam, auch wenn sie durch andere Vorschriften dieses Gesetzes zugelassen werden; im Übrigen bleibt der Vertrag wirksam. [2] Der Verbraucher kann den Vertrag jederzeit ohne Einhaltung einer Frist kündigen. [3] Ist der schriftliche Vertragsschluss im Interesse des Verbrauchers unterblieben, insbesondere weil zum Zeitpunkt des Vertragsschlusses beim Verbraucher Gründe vorlagen, die ihn an der schriftlichen Abgabe seiner Vertragserklärung hinderten, muss der schriftliche Vertragsschluss unverzüglich nachgeholt werden.

(3) Der Vertrag muss mindestens

1. die Leistungen des Unternehmers nach Art, Inhalt und Umfang einzeln beschreiben,
2. die für diese Leistungen jeweils zu zahlenden Entgelte, getrennt nach Überlassung des Wohnraums, Pflege- oder Betreuungsleistungen, gegebenenfalls Verpflegung als Teil der Betreuungsleistungen sowie den einzelnen weiteren Leistungen, die nach § 82 Absatz 3 und 4 des Elften Buches Sozialgesetzbuch gesondert berechenbaren Investitionskosten und das Gesamtentgelt angeben,
3. die Informationen des Unternehmers nach § 3 als Vertragsgrundlage benennen und mögliche Abweichungen von den vorvertraglichen Informationen gesondert kenntlich machen,
4. die Informationen nach § 36 Absatz 1 des Verbraucherstreitbeilegungsgesetzes vom 19. Februar 2016 (BGBl. I S. 254) geben; dies gilt auch, wenn der Unternehmer keine Webseite unterhält oder keine Allgemeinen Geschäftsbedingungen verwendet.

§ 7 Leistungspflichten. (1) Der Unternehmer ist verpflichtet, dem Verbraucher den Wohnraum in einem zum vertragsgemäßen Gebrauch geeigneten Zustand zu überlassen und während der vereinbarten Vertragsdauer in diesem Zustand zu erhalten sowie die vertraglich vereinbarten Pflege- oder Betreuungsleistungen nach dem allgemein anerkannten Stand fachlicher Erkenntnisse zu erbringen.

(2) [1] Der Verbraucher hat das vereinbarte Entgelt zu zahlen, soweit dieses insgesamt und nach seinen Bestandteilen im Verhältnis zu den Leistungen

---

[1)] Nr. 1.

angemessen ist. [2] In Verträgen mit Verbrauchern, die Leistungen nach dem Elften Buch Sozialgesetzbuch in Anspruch nehmen, gilt die aufgrund der Bestimmungen des Siebten und Achten Kapitels des Elften Buches Sozialgesetzbuch festgelegte Höhe des Entgelts als vereinbart und angemessen. [3] In Verträgen mit Verbrauchern, denen Hilfe in Einrichtungen nach dem Zwölften Buch Sozialgesetzbuch gewährt wird, gilt die aufgrund des Zehnten Kapitels des Zwölften Buches Sozialgesetzbuch festgelegte Höhe des Entgelts als vereinbart und angemessen

(3) [1] Der Unternehmer hat das Entgelt sowie die Entgeltbestandteile für die Verbraucher nach einheitlichen Grundsätzen zu bemessen. [2] Eine Differenzierung ist zulässig, soweit eine öffentliche Förderung von betriebsnotwendigen Investitionsaufwendungen nur für einen Teil der Einrichtung erfolgt ist. [3] Sie ist auch insofern zulässig, als Vergütungsvereinbarungen nach dem Zehnten Kapitel des Zwölften Buches Sozialgesetzbuch über Investitionsbeträge oder gesondert berechenbare Investitionskosten getroffen worden sind.

(4) Werden Leistungen unmittelbar zu Lasten eines Sozialleistungsträgers erbracht, ist der Unternehmer verpflichtet, den Verbraucher unverzüglich schriftlich unter Mitteilung des Kostenanteils hierauf hinzuweisen.

(5) [1] Soweit der Verbraucher länger als drei Tage abwesend ist, muss sich der Unternehmer den Wert der dadurch ersparten Aufwendungen auf seinen Entgeltanspruch anrechnen lassen. [2] Im Vertrag kann eine Pauschalierung des Anrechnungsbetrags vereinbart werden. [3] In Verträgen mit Verbrauchern, die Leistungen nach dem Elften Buch Sozialgesetzbuch in Anspruch nehmen, ergibt sich die Höhe des Anrechnungsbetrags aus den in § 87a Absatz 1 Satz 7 des Elften Buches Sozialgesetzbuch genannten Vereinbarungen.

§ 8 Vertragsanpassung bei Änderung des Pflege- oder Betreuungsbedarfs. (1) [1] Ändert sich der Pflege- oder Betreuungsbedarf des Verbrauchers, muss der Unternehmer eine entsprechende Anpassung der Leistungen anbieten. [2] Der Verbraucher kann das Angebot auch teilweise annehmen. [3] Die Leistungspflicht des Unternehmers und das vom Verbraucher zu zahlende angemessene Entgelt erhöhen oder verringern sich in dem Umfang, in dem der Verbraucher das Angebot angenommen hat.

(2) [1] In Verträgen mit Verbrauchern, die Leistungen nach dem Elften Buch Sozialgesetzbuch in Anspruch nehmen oder denen Hilfe in Einrichtungen nach dem Zwölften Buch Sozialgesetzbuch gewährt wird, ist der Unternehmer berechtigt, bei einer Änderung des Pflege- oder Betreuungsbedarfs des Verbrauchers den Vertrag nach Maßgabe des Absatzes 1 Satz 3 durch einseitige Erklärung anzupassen. [2] Absatz 3 ist entsprechend anzuwenden.

(3) Der Unternehmer hat das Angebot zur Anpassung des Vertrags dem Verbraucher durch Gegenüberstellung der bisherigen und der angebotenen Leistungen sowie der dafür jeweils zu entrichtenden Entgelte schriftlich darzustellen und zu begründen.

(4) [1] Der Unternehmer kann die Pflicht, eine Anpassung anzubieten, durch gesonderte Vereinbarung mit dem Verbraucher bei Vertragsschluss ganz oder teilweise ausschließen. [2] Der Ausschluss ist nur wirksam, soweit der Unternehmer unter Berücksichtigung des dem Vertrag zugrunde gelegten Leistungskonzepts daran ein berechtigtes Interesse hat und dieses in der Vereinbarung begründet. [3] Die Belange behinderter Menschen sind besonders zu

berücksichtigen. [4] Die Vereinbarung bedarf zu ihrer Wirksamkeit der Schriftform; die elektronische Form ist ausgeschlossen.

§ 9 Entgelterhöhung bei Änderung der Berechnungsgrundlage.

(1) [1] Der Unternehmer kann eine Erhöhung des Entgelts verlangen, wenn sich die bisherige Berechnungsgrundlage verändert. [2] Neben dem erhöhten Entgelt muss auch die Erhöhung selbst angemessen sein. [3] Satz 2 gilt nicht für die in § 7 Absatz 2 Satz 2 und 3 genannten Fälle. [4] Entgelterhöhungen aufgrund von Investitionsaufwendungen sind nur zulässig, soweit sie nach der Art des Betriebs notwendig sind und nicht durch öffentliche Förderung gedeckt werden.

(2) [1] Der Unternehmer hat dem Verbraucher die beabsichtigte Erhöhung des Entgelts schriftlich mitzuteilen und zu begründen. [2] Aus der Mitteilung muss der Zeitpunkt hervorgehen, zu dem der Unternehmer die Erhöhung des Entgelts verlangt. [3] In der Begründung muss er unter Angabe des Umlagemaßstabs die Positionen benennen, für die sich durch die veränderte Berechnungsgrundlage Kostensteigerungen ergeben, und die bisherigen Entgeltbestandteile den vorgesehenen neuen Entgeltbestandteilen gegenüberstellen. [4] Der Verbraucher schuldet das erhöhte Entgelt frühestens vier Wochen nach Zugang des hinreichend begründeten Erhöhungsverlangens. [5] Der Verbraucher muss rechtzeitig Gelegenheit erhalten, die Angaben des Unternehmers durch Einsichtnahme in die Kalkulationsunterlagen zu überprüfen.

§ 10 Nichtleistung oder Schlechtleistung. (1) Erbringt der Unternehmer die vertraglichen Leistungen ganz oder teilweise nicht oder weisen sie nicht unerhebliche Mängel auf, kann der Verbraucher unbeschadet weitergehender zivilrechtlicher Ansprüche bis zu sechs Monate rückwirkend eine angemessene Kürzung des vereinbarten Entgelts verlangen.

(2) Zeigt sich während der Vertragsdauer ein Mangel des Wohnraums oder wird eine Maßnahme zum Schutz des Wohnraums gegen eine nicht vorhergesehene Gefahr erforderlich, so hat der Verbraucher dies dem Unternehmer unverzüglich anzuzeigen.

(3) Soweit der Unternehmer infolge einer schuldhaften Unterlassung der Anzeige nach Absatz 2 nicht Abhilfe schaffen konnte, ist der Verbraucher nicht berechtigt, sein Kürzungsrecht nach Absatz 1 geltend zu machen.

(4) Absatz 1 ist nicht anzuwenden, soweit nach § 115 Absatz 3 des Elften Buches Sozialgesetzbuch wegen desselben Sachverhalts ein Kürzungsbetrag vereinbart oder festgesetzt worden ist.

(5) [1] Bei Verbrauchern, denen Hilfe in Einrichtungen nach dem Zwölften Buch Sozialgesetzbuch gewährt wird, steht der Kürzungsbetrag nach Absatz 1 bis zur Höhe der erbrachten Leistungen vorrangig dem Träger der Sozialhilfe zu. [2] Verbrauchern, die Leistungen nach dem Elften Buch Sozialgesetzbuch in Anspruch nehmen, steht der Kürzungsbetrag bis zur Höhe ihres Eigenanteils selbst zu; ein überschießender Betrag ist an die Pflegekasse auszuzahlen.

§ 11 Kündigung durch den Verbraucher. (1) [1] Der Verbraucher kann den Vertrag spätestens am dritten Werktag eines Kalendermonats zum Ablauf desselben Monats schriftlich kündigen. [2] Bei einer Erhöhung des Entgelts ist eine Kündigung jederzeit zu dem Zeitpunkt möglich, zu dem der Unternehmer die Erhöhung des Entgelts verlangt. 3 In den Fällen des § 1 Absatz 2 Satz 1 Nummer 1 und 2 kann der Verbraucher nur alle Verträge einheitlich kündigen. 4 Bei Verträgen im Sinne des § 1 Absatz 2 Satz 2 hat der Verbraucher die Kündigung dann gegenüber allen Unternehmern zu erklären.

(2) 1 Innerhalb von zwei Wochen nach Beginn des Vertragsverhältnisses kann der Verbraucher jederzeit ohne Einhaltung einer Frist kündigen. 2 Wird dem Verbraucher erst nach Beginn des Vertragsverhältnisses eine Ausfertigung des Vertrags ausgehändigt, kann der Verbraucher auch noch bis zum Ablauf von zwei Wochen nach der Aushändigung kündigen.

(3) Der Verbraucher kann den Vertrag aus wichtigem Grund jederzeit ohne Einhaltung einer Kündigungsfrist kündigen, wenn ihm die Fortsetzung des Vertrags bis zum Ablauf der Kündigungsfrist nicht zuzumuten ist.

(4) 1 Die Absätze 2 und 3 sind in den Fällen des § 1 Absatz 2 auf jeden der Verträge gesondert anzuwenden. 2 Kann der Verbraucher hiernach einen Vertrag kündigen, ist er auch zur Kündigung der anderen Verträge berechtigt. 3 Er hat dann die Kündigung einheitlich für alle Verträge und zu demselben Zeitpunkt zu erklären. 4 Bei Verträgen im Sinne des § 1 Absatz 2 Satz 2 hat der Verbraucher die Kündigung gegenüber allen Unternehmern zu erklären.

(5) 1 Kündigt der Unternehmer in den Fällen des § 1 Absatz 2 einen Vertrag, kann der Verbraucher zu demselben Zeitpunkt alle anderen Verträge kündigen. 2 Die Kündigung muss unverzüglich nach Zugang der Kündigungserklärung des Unternehmers erfolgen. 3 Absatz 4 Satz 3 und 4 ist entsprechend anzuwenden.

§ 12 Kündigung durch den Unternehmer. (1) 1 Der Unternehmer kann den Vertrag nur aus wichtigem Grund kündigen. 2 Die Kündigung bedarf der Schriftform und ist zu begründen. 3 Ein wichtiger Grund liegt insbesondere vor, wenn

1. der Unternehmer den Betrieb einstellt, wesentlich einschränkt oder in seiner Art verändert und die Fortsetzung des Vertrags für den Unternehmer eine unzumutbare Härte bedeuten würde,
2. der Unternehmer eine fachgerechte Pflege- oder Betreuungsleistung nicht erbringen kann, weil
   a) der Verbraucher eine vom Unternehmer angebotene Anpassung der Leistungen nach § 8 Absatz 1 nicht annimmt oder
   b) der Unternehmer eine Anpassung der Leistungen aufgrund eines Ausschlusses nach § 8 Absatz 4 nicht anbietet

   und dem Unternehmer deshalb ein Festhalten an dem Vertrag nicht zumutbar ist,
3. der Verbraucher seine vertraglichen Pflichten schuldhaft so gröblich verletzt, dass dem Unternehmer die Fortsetzung des Vertrags nicht mehr zugemutet werden kann, oder
4. der Verbraucher
   a) für zwei aufeinander folgende Termine mit der Entrichtung des Entgelts oder eines Teils des Entgelts, der das Entgelt für einen Monat übersteigt, im Verzug ist oder

b) in einem Zeitraum, der sich über mehr als zwei Termine erstreckt, mit der Entrichtung des Entgelts in Höhe eines Betrags in Verzug gekommen ist, der das Entgelt für zwei Monate erreicht.

[4] Eine Kündigung des Vertrags zum Zwecke der Erhöhung des Entgelts ist ausgeschlossen.

(2) Der Unternehmer kann aus dem Grund des Absatzes 1 Satz 3 Nummer 2 Buchstabe a nur kündigen, wenn er zuvor dem Verbraucher gegenüber sein Angebot nach § 8 Absatz 1 Satz 1 unter Bestimmung einer angemessenen Annahmefrist und unter Hinweis auf die beabsichtigte Kündigung erneuert hat und der Kündigungsgrund durch eine Annahme des Verbrauchers im Sinne des § 8 Absatz 1 Satz 2 nicht entfallen ist.

(3) [1] Der Unternehmer kann aus dem Grund des Absatzes 1 Satz 3 Nummer 4 nur kündigen, wenn er zuvor dem Verbraucher unter Hinweis auf die beabsichtigte Kündigung erfolglos eine angemessene Zahlungsfrist gesetzt hat. [2] Ist der Verbraucher in den Fällen des Absatzes 1 Satz 3 Nummer 4 mit der Entrichtung des Entgelts für die Überlassung von Wohnraum in Rückstand geraten, ist die Kündigung ausgeschlossen, wenn der Unternehmer vorher befriedigt wird. [3] Die Kündigung wird unwirksam, wenn der Unternehmer bis zum Ablauf von zwei Monaten nach Eintritt der Rechtshängigkeit des Räumungsanspruchs hinsichtlich des fälligen Entgelts befriedigt wird oder eine öffentliche Stelle sich zur Befriedigung verpflichtet.

(4) [1] In den Fällen des Absatzes 1 Satz 3 Nummer 2 bis 4 kann der Unternehmer den Vertrag ohne Einhaltung einer Frist kündigen. [2] Im Übrigen ist eine Kündigung bis zum dritten Werktag eines Kalendermonats zum Ablauf des nächsten Monats zulässig.

(5) [1] Die Absätze 1 bis 4 sind in den Fällen des § 1 Absatz 2 auf jeden der Verträge gesondert anzuwenden. [2] Der Unternehmer kann in den Fällen des § 1 Absatz 2 einen Vertrag auch dann kündigen, wenn ein anderer Vertrag gekündigt wird und ihm deshalb ein Festhalten an dem Vertrag unter Berücksichtigung der berechtigten Interessen des Verbrauchers nicht zumutbar ist. [3] Er kann sein Kündigungsrecht nur unverzüglich nach Kenntnis von der Kündigung des anderen Vertrags ausüben. [4] Dies gilt unabhängig davon, ob die Kündigung des anderen Vertrags durch ihn, einen anderen Unternehmer oder durch den Verbraucher erfolgt ist.

§ 13 Nachweis von Leistungsersatz und Übernahme von Umzugskosten. (1) [1] Hat der Verbraucher nach § 11 Absatz 3 Satz 1 aufgrund eines vom Unternehmer zu vertretenden Kündigungsgrundes gekündigt, ist der Unternehmer dem Verbraucher auf dessen Verlangen zum Nachweis eines angemessenen Leistungsersatzes zu zumutbaren Bedingungen und zur Übernahme der Umzugskosten in angemessenem Umfang verpflichtet. [2] § 115 Absatz 4 des Elften Buches Sozialgesetzbuch bleibt unberührt.

(2) [1] Hat der Unternehmer nach § 12 Absatz 1 Satz 1 aus den Gründen des § 12 Absatz 1 Satz 3 Nummer 1 oder nach § 12 Absatz 5 gekündigt, so hat er dem Verbraucher auf dessen Verlangen einen angemessenen Leistungsersatz zu zumutbaren Bedingungen nachzuweisen. [2] In den Fällen des § 12 Absatz 1 Satz 3 Nummer 1 hat der Unternehmer auch die Kosten des Umzugs in angemessenem Umfang zu tragen.

(3) Der Verbraucher kann den Nachweis eines angemessenen Leistungsersatzes zu zumutbaren Bedingungen nach Absatz 1 auch dann verlangen, wenn er noch nicht gekündigt hat.

(4) [1] Wird in den Fällen des § 1 Absatz 2 ein Vertrag gekündigt, gelten die Absätze 1 bis 3 entsprechend. [2] Der Unternehmer hat die Kosten des Umzugs in angemessenem Umfang nur zu tragen, wenn ein Vertrag über die Überlassung von Wohnraum gekündigt wird. [3] Werden mehrere Verträge gekündigt, kann der Verbraucher den Nachweis eines angemessenen Leistungsersatzes zu zumutbaren Bedingungen und unter der Voraussetzung des Satzes 2 auch die Übernahme der Umzugskosten von jedem Unternehmer fordern, dessen Vertrag gekündigt ist. [4] Die Unternehmer haften als Gesamtschuldner.

§ 14 Sicherheitsleistungen. (1) [1] Der Unternehmer kann von dem Verbraucher Sicherheiten für die Erfüllung seiner Pflichten aus dem Vertrag verlangen, wenn dies im Vertrag vereinbart ist. [2] Die Sicherheiten dürfen das Doppelte des auf einen Monat entfallenden Entgelts nicht übersteigen. [3] Auf Verlangen des Verbrauchers können die Sicherheiten auch durch eine Garantie oder ein sonstiges Zahlungsversprechen eines im Geltungsbereich dieses Gesetzes zum Geschäftsbetrieb befugten Kreditinstituts oder Kreditversicherers oder einer öffentlich-rechtlichen Körperschaft geleistet werden.

(2) In den Fällen des § 1 Absatz 2 gilt Absatz 1 mit der Maßgabe, dass der Unternehmer von dem Verbraucher für die Erfüllung seiner Pflichten aus dem Vertrag nur Sicherheiten verlangen kann, soweit der Vertrag die Überlassung von Wohnraum betrifft.

(3) [1] Ist als Sicherheit eine Geldsumme bereitzustellen, so kann diese in drei gleichen monatlichen Teilleistungen erbracht werden. [2] Die erste Teilleistung ist zu Beginn des Vertragsverhältnisses fällig. [3] Der Unternehmer hat die Geldsumme von seinem Vermögen getrennt für jeden Verbraucher einzeln bei einem Kreditinstitut zu dem für Spareinlagen mit dreimonatiger Kündigungsfrist marktüblichen Zinssatz anzulegen. [4] Die Zinsen stehen, auch soweit ein höherer Zinssatz erzielt wird, dem Verbraucher zu und erhöhen die Sicherheit.

(4) [1] Von Verbrauchern, die Leistungen nach den §§ 42 und 43 des Elften Buches Sozialgesetzbuch in Anspruch nehmen, oder Verbrauchern, denen Hilfe in Einrichtungen nach dem Zwölften Buch Sozialgesetzbuch gewährt wird, kann der Unternehmer keine Sicherheiten nach Absatz 1 verlangen. [2] Von Verbrauchern, die Leistungen im Sinne des § 36 Absatz 1 Satz 1 des Elften Buches Sozialgesetzbuch in Anspruch nehmen, kann der Unternehmer nur für die Erfüllung der die Überlassung von Wohnraum betreffenden Pflichten aus dem Vertrag Sicherheiten verlangen.

§ 15 Besondere Bestimmungen bei Bezug von Sozialleistungen.

(1) [1] In Verträgen mit Verbrauchern, die Leistungen nach dem Elften Buch Sozialgesetzbuch in Anspruch nehmen, müssen die Vereinbarungen den Regelungen des Siebten und Achten Kapitels des Elften Buches Sozialgesetzbuch sowie den aufgrund des Siebten und Achten Kapitels des Elften Buches Sozialgesetzbuch getroffenen Regelungen entsprechen. [2] Vereinbarungen, die diesen Regelungen nicht entsprechen, sind unwirksam.

(2) [1] In Verträgen mit Verbrauchern, die Leistungen nach dem Zwölften Buch Sozialgesetzbuch in Anspruch nehmen, müssen die Vereinbarungen den aufgrund des Zehnten Kapitels des Zwölften Buches Sozialgesetzbuch getroffenen Regelungen entsprechen. [2] Absatz 1 Satz 2 ist entsprechend anzuwenden.

[Abs. 3 ab 1.1.2020:]

(3) [1] In Verträgen mit Verbrauchern, die Leistungen nach Teil 2 des Neunten Buches Sozialgesetzbuch in Anspruch nehmen, müssen die Vereinbarungen den aufgrund des Teils 2 Kapitel 8 des Neunten Buches Sozialgesetzbuch getroffenen Regelungen entsprechen. [2] Absatz 1 Satz 2 ist entsprechend anzuwenden.

§ 16 Unwirksamkeit abweichender Vereinbarungen. Von den Vorschriften dieses Gesetzes zum Nachteil des Verbrauchers abweichende Vereinbarungen sind unwirksam.

§ 17 Übergangsvorschriften. (1) [1] Auf Heimverträge im Sinne des § 5 Absatz 1 Satz 1 des Heimgesetzes[1)], die vor dem 1. Oktober 2009 geschlossenen worden sind, sind bis zum 30. April 2010 die §§ 5 bis 9 und 14 Absatz 2 Nummer 4, Absatz 4, 7 und 8 des Heimgesetzes in ihrer bis zum 30. September 2009 geltenden Fassung anzuwenden. [2] Ab dem 1. Mai 2010 richten sich die Rechte und Pflichten aus den in Satz 1 genannten Verträgen nach diesem Gesetz. [3] Der Unternehmer hat den Verbraucher vor der erforderlichen schriftlichen Anpassung eines Vertrags in entsprechender Anwendung des § 3 zu informieren.

(2) Auf die bis zum 30. September 2009 geschlossenen Verträge, die keine Heimverträge im Sinne des § 5 Absatz 1 Satz 1 des Heimgesetzes sind, ist dieses Gesetz nicht anzuwenden.

(3) § 6 Absatz 3 Nummer 4 gilt nur für nach dem 31. März 2016 geschlossene Verträge.

---

1) Nr. **10**.

II. Energieeinsparung, Heizkostenabrechnung

11. Gesetz zur Einsparung von Energie in Gebäuden (Energieeinsparungsgesetz – EnEG)

In der Fassung der Bekanntmachung vom 1. September 2005[1)]
(BGBl. I S. 2684)

FNA 754-4

zuletzt geänd. durch Art. 1 Viertes ÄndG v. 4.7.2013 (BGBl. I S. 2197)

§ 1 Energiesparender Wärmeschutz bei zu errichtenden Gebäuden.

(1) Wer ein Gebäude errichtet, das seiner Zweckbestimmung nach beheizt oder gekühlt werden muss, hat, um Energie zu sparen, den Wärmeschutz nach Maßgabe der nach Absatz 2 zu erlassenden Rechtsverordnung so zu entwerfen und auszuführen, dass beim Heizen und Kühlen vermeidbare Energieverluste unterbleiben.

(2) [1] Die Bundesregierung wird ermächtigt, durch Rechtsverordnung[2)] mit Zustimmung des Bundesrates Anforderungen an den Wärmeschutz von Gebäuden und ihren Bauteilen festzusetzen. [2] Die Anforderungen können sich auf die Begrenzung des Wärmedurchgangs sowie der Lüftungswärmeverluste und auf ausreichende raumklimatische Verhältnisse beziehen. [3] Bei der Begrenzung des Wärmedurchgangs ist der gesamte Einfluss der die beheizten oder gekühlten Räume nach außen und zum Erdreich abgrenzenden sowie derjenigen Bauteile zu berücksichtigen, die diese Räume gegen Räume abweichender Temperatur abgrenzen. [4] Bei der Begrenzung von Lüftungswärmeverlusten ist der gesamte Einfluss der Lüftungseinrichtungen, der Dichtheit von Fenstern und Türen sowie der Fugen zwischen einzelnen Bauteilen zu berücksichtigen.

(3) Soweit andere Rechtsvorschriften höhere Anforderungen an den baulichen Wärmeschutz stellen, bleiben sie unberührt.

§ 2 Energiesparende Anlagentechnik bei Gebäuden. (1) Wer Heizungs-, raumlufttechnische, Kühl-, Beleuchtungs- sowie Warmwasserversorgungsanlagen oder -einrichtungen in Gebäude einbaut oder einbauen lässt oder in Gebäuden aufstellt oder aufstellen lässt, hat bei Entwurf, Auswahl und Ausführung dieser Anlagen und Einrichtungen nach Maßgabe der nach den Absätzen 2 und 3 zu erlassenden Rechtsverordnungen dafür Sorge zu tragen, dass nicht mehr Energie verbraucht wird, als zur bestimmungsgemäßen Nutzung erforderlich ist.

(2) [1] Die Bundesregierung wird ermächtigt, durch Rechtsverordnung[3)] mit Zustimmung des Bundesrates vorzuschreiben, welchen Anforderungen die Beschaffenheit und die Ausführung der in Absatz 1 genannten Anlagen und

---

[1)] Neubekanntmachung des EnEG v. 22.7.1976 (BGBl. I S. 1873) in der ab 8.9.2005 geltenden Fassung.

[2)] Siehe die EnergieeinsparVO (Nr. **12**).

[3)] Siehe die HeizkostenVO (Nr. **13**) und die EnergieeinsparVO (Nr. **12**).

Einrichtungen genügen müssen, damit vermeidbare Energieverluste unterbleiben. [2] Für zu errichtende Gebäude können sich die Anforderungen beziehen auf

1. den Wirkungsgrad, die Auslegung und die Leistungsaufteilung der Wärme- und Kälteerzeuger,
2. die Ausbildung interner Verteilungsnetze,
3. die Begrenzung der Warmwassertemperatur,
4. die Einrichtungen der Regelung und Steuerung der Wärme- und Kälteversorgungssysteme,
5. den Einsatz von Wärmerückgewinnungsanlagen,
6. die messtechnische Ausstattung zur Verbrauchserfassung,
7. die Effizienz von Beleuchtungssystemen, insbesondere den Wirkungsgrad von Beleuchtungseinrichtungen, die Verbesserung der Tageslichtnutzung, die Ausstattung zur Regelung und Abschaltung dieser Systeme,
8. weitere Eigenschaften der Anlagen und Einrichtungen, soweit dies im Rahmen der Zielsetzung des Absatzes 1 auf Grund der technischen Entwicklung erforderlich wird.

(3) [1] Die Absätze 1 und 2 gelten entsprechend, soweit in bestehende Gebäude bisher nicht vorhandene Anlagen oder Einrichtungen eingebaut oder vorhandene ersetzt, erweitert oder umgerüstet werden. [2] Bei wesentlichen Erweiterungen oder Umrüstungen können die Anforderungen auf die gesamten Anlagen oder Einrichtungen erstreckt werden. [3] Außerdem können Anforderungen zur Ergänzung der in Absatz 1 genannten Anlagen und Einrichtungen mit dem Ziel einer nachträglichen Verbesserung des Wirkungsgrades und einer Erfassung des Energieverbrauchs gestellt werden.

(4) Soweit andere Rechtsvorschriften höhere Anforderungen an die in Absatz 1 genannten Anlagen und Einrichtungen stellen, bleiben sie unberührt.

§ 2a Zu errichtende Niedrigstenergiegebäude. (1) [1] Wer nach dem 31. Dezember 2020 ein Gebäude errichtet, das nach seiner Zweckbestimmung beheizt oder gekühlt werden muss, hat das Gebäude, um Energie zu sparen, als Niedrigstenergiegebäude nach Maßgabe der nach Absatz 2 zu erlassenden Rechtsverordnung zu errichten. [2] Für zu errichtende Nichtwohngebäude, die im Eigentum von Behörden stehen und von Behörden genutzt werden sollen, gilt die Pflicht nach Satz 1 nach dem 31. Dezember 2018. [3] Ein Niedrigstenergiegebäude ist ein Gebäude, das eine sehr gute Gesamtenergieeffizienz aufweist; der Energiebedarf des Gebäudes muss sehr gering sein und soll, soweit möglich, zu einem ganz wesentlichen Teil durch Energie aus erneuerbaren Quellen gedeckt werden. [4] Die §§ 1 und 2 bleiben unberührt.

(2) Die Bundesregierung wird ermächtigt, durch Rechtsverordnung mit Zustimmung des Bundesrates die Anforderungen an die Gesamtenergieeffizienz von Niedrigstenergiegebäuden zu regeln, denen zu errichtende Gebäude genügen müssen.

(3) Die Bundesregierung hat die Rechtsverordnung nach Absatz 2 für Gebäude im Sinne von Absatz 1 Satz 1 vor dem 1. Januar 2019 und für Gebäude im Sinne von Absatz 1 Satz 2 vor dem 1. Januar 2017 zu erlassen.

§ 3 Energiesparender Betrieb von Anlagen. (1) Wer Heizungs-, raumlufttechnische, Kühl-, Beleuchtungs- sowie Warmwasserversorgungsanlagen oder -einrichtungen in Gebäuden betreibt oder betreiben lässt, hat dafür Sorge zu tragen, dass sie nach Maßgabe der nach Absatz 2 zu erlassenden Rechtsverordnung so instandgehalten und betrieben werden, dass nicht mehr Energie verbraucht wird, als zu ihrer bestimmungsgemäßen Nutzung erforderlich ist.

(2) [1] Die Bundesregierung wird ermächtigt, durch Rechtsverordnung[1)] mit Zustimmung des Bundesrates vorzuschreiben, welchen Anforderungen der Betrieb der in Absatz 1 genannten Anlagen und Einrichtungen genügen muss, damit vermeidbare Energieverluste unterbleiben. [2] Die Anforderungen können sich auf die sachkundige Bedienung, Instandhaltung, regelmäßige Wartung, Inspektion einschließlich Inspektionsberichten, die Berechtigung zur Durchführung von Inspektionen sowie die Anforderungen an die Qualifikation der inspizierenden Personen und auf die bestimmungsgemäße Nutzung der Anlagen und Einrichtungen beziehen.

(3) Soweit andere Rechtsvorschriften höhere Anforderungen an den Betrieb der in Absatz 1 genannten Anlagen und Einrichtungen stellen, bleiben sie unberührt.

§ 3a Verteilung der Betriebskosten, Abrechnungsinformationen. [1] Die Bundesregierung wird ermächtigt, durch Rechtsverordnung mit Zustimmung des Bundesrates vorzuschreiben, dass

1. der Energieverbrauch der Benutzer von heizungs-, kühl- oder raumlufttechnischen oder der Versorgung mit Warmwasser dienenden gemeinschaftlichen Anlagen oder Einrichtungen erfasst wird,
2. die Betriebskosten dieser Anlagen oder Einrichtungen so auf die Benutzer zu verteilen sind, dass dem Energieverbrauch der Benutzer Rechnung getragen wird,
3. die Benutzer in regelmäßigen, im Einzelnen zu bestimmenden Abständen auf klare und verständliche Weise Informationen erhalten:
   a) über Daten, die für die Einschätzung, den Vergleich und die Steuerung des Energieverbrauchs und der Betriebskosten von heizungs-, kühl- oder raumlufttechnischen oder der Versorgung mit Warmwasser dienenden gemeinschaftlichen Anlagen oder Einrichtungen relevant sind, und
   b) über Stellen, bei denen weitergehende Informationen und Dienstleistungen zum Thema Energieeffizienz verfügbar sind.

[2] In der Rechtsverordnung nach Satz 1 können Regelungen zur Erhebung, Verarbeitung und Nutzung der für die in Satz 1 Nummer 1 bis 3 genannten Zwecke erforderlichen personenbezogenen Daten sowie zu den erforderlichen und dem jeweiligen Stand der Technik entsprechenden Maßnahmen zur Sicherstellung von Datenschutz und Datensicherheit, insbesondere zur Gewährleistung von Vertraulichkeit und Integrität der Daten, getroffen werden.

[1)] Siehe die HeizkostenVO (Nr. **13**) und die EnergieeinsparVO (Nr. **12**).

§ 4 Sonderregelungen und Anforderungen an bestehende Gebäude.

(1) [1] Die Bundesregierung wird ermächtigt, durch Rechtsverordnung[1)] mit Zustimmung des Bundesrates von den nach den §§ 1 bis 3 zu erlassenden Rechtsverordnungen Ausnahmen zuzulassen und abweichende Anforderungen für Gebäude und Gebäudeteile vorzuschreiben, die nach ihrem üblichen Verwendungszweck

1. wesentlich unter oder über der gewöhnlichen, durchschnittlichen Heizdauer beheizt werden müssen,
2. eine Innentemperatur unter 15 Grad Celsius erfordern,
3. den Heizenergiebedarf durch die im Innern des Gebäudes anfallende Abwärme überwiegend decken,
4. nur teilweise beheizt werden müssen,
5. eine überwiegende Verglasung der wärmeübertragenden Umfassungsflächen erfordern,
6. nicht zum dauernden Aufenthalt von Menschen bestimmt sind,
7. sportlich, kulturell, zu religiösen Zwecken oder zu Versammlungen genutzt werden,
8. zum Schutze von Personen oder Sachwerten einen erhöhten Luftwechsel erfordern oder
9. nach der Art ihrer Ausführung für eine dauernde Verwendung nicht geeignet sind,

soweit der Zweck des Gesetzes, vermeidbare Energieverluste zu verhindern, dies erfordert oder zulässt; Halbsatz 1 gilt entsprechend für besonders erhaltenswerte Gebäude. [2] Satz 1 gilt entsprechend für die in § 2 Abs. 1 genannten Anlagen und Einrichtungen in solchen Gebäuden oder Gebäudeteilen.

(2) Die Bundesregierung wird ermächtigt, durch Rechtsverordnung mit Zustimmung des Bundesrates zu bestimmen, dass die nach den §§ 1 bis 3 und nach Absatz 1 festzulegenden Anforderungen auch bei wesentlichen Änderungen von Gebäuden einzuhalten sind.

(3) [1] Die Bundesregierung wird ermächtigt, durch Rechtsverordnung mit Zustimmung des Bundesrates zu bestimmen, dass

1. für bestehende Gebäude, Anlagen oder Einrichtungen einzelne Anforderungen entsprechend den §§ 1 und 2 Abs. 1 und 2 gestellt werden können,
2. in bestehenden Gebäuden Heizkessel, die bei bestimmungsgemäßer Nutzung wesentlich mehr Energie verbrauchen als andere marktübliche Anlagen und Einrichtungen gleicher Funktion, außer Betrieb zu nehmen sind, wenn weniger belastende Maßnahmen, wie eine Pflicht zur nachträglichen Anpassung solcher Anlagen und Einrichtungen an den Stand der Technik, nicht zu einer vergleichbaren Energieeinsparung führen,

auch wenn ansonsten für das Gebäude, die Anlage oder die Einrichtung keine Änderung durchgeführt würde. [2] Die Maßnahmen nach Satz 1 müssen generell zu einer wesentlichen Verminderung der Energieverluste beitragen, und die Aufwendungen müssen durch die eintretenden Einsparungen innerhalb angemessener Fristen erwirtschaftet werden können. [3] Die Sätze 1 und 2 sind in Fällen des Absatzes 1 entsprechend anzuwenden.

[1)] Siehe die EnergieeinsparVO (Nr. **12**).

§ 5 Gemeinsame Voraussetzungen für Rechtsverordnungen.

(1) [1] Die in den Rechtsverordnungen nach den §§ 1 bis 4 aufgestellten Anforderungen müssen nach dem Stand der Technik erfüllbar und für Gebäude gleicher Art und Nutzung wirtschaftlich vertretbar sein. [2] Anforderungen gelten als wirtschaftlich vertretbar, wenn generell die erforderlichen Aufwendungen innerhalb der üblichen Nutzungsdauer durch die eintretenden Einsparungen erwirtschaftet werden können. [3] Bei bestehenden Gebäuden ist die noch zu erwartende Nutzungsdauer zu berücksichtigen.

(2) In den Rechtsverordnungen ist vorzusehen, dass auf Antrag von den Anforderungen befreit werden kann, soweit diese im Einzelfall wegen besonderer Umstände durch einen unangemessenen Aufwand oder in sonstiger Weise zu einer unbilligen Härte führen.

(3) In den Rechtsverordnungen kann wegen technischer Anforderungen auf Bekanntmachungen sachverständiger Stellen unter Angabe der Fundstelle verwiesen werden.

(4) In den Rechtsverordnungen nach den §§ 1 bis 4 können die Anforderungen und – in den Fällen des § 3a – die Erfassung und Kostenverteilung abweichend von Vereinbarungen der Benutzer und von Vorschriften des Wohnungseigentumsgesetzes[1)] geregelt und näher bestimmt werden, wie diese Regelungen sich auf die Rechtsverhältnisse zwischen den Beteiligten auswirken.

(5) In den Rechtsverordnungen nach den §§ 1 bis 4 können sich die Anforderungen auch auf den Gesamtenergiebedarf oder -verbrauch der Gebäude und die Einsetzbarkeit alternativer Systeme beziehen sowie Umwandlungsverluste der Anlagensysteme berücksichtigen (Gesamtenergieeffizienz).

§ 5a Energieausweise. [1] Die Bundesregierung wird ermächtigt, zur Umsetzung oder Durchführung von Rechtsakten der Europäischen Union durch Rechtsverordnung[2)] mit Zustimmung des Bundesrates Inhalte und Verwendung von Energieausweisen auf Bedarfs- und Verbrauchsgrundlage vorzugeben und dabei zu bestimmen, welche Angaben und Kennwerte über die Energieeffizienz eines Gebäudes, eines Gebäudeteils, eines Bauteils oder in § 2 Abs. 1 genannter Anlagen oder Einrichtungen darzustellen sind. [2] Die Vorgaben können sich insbesondere beziehen auf

1. die Arten der betroffenen Gebäude, Gebäudeteile und Anlagen oder Einrichtungen,
2. die Zeitpunkte und Anlässe für die Ausstellung und Aktualisierung von Energieausweisen,
3. die Ermittlung, Dokumentation und Aktualisierung von Angaben und Kennwerten,
4. die Angabe von Referenzwerten, wie gültige Rechtsnormen und Vergleichskennwerte,
5. Empfehlungen für kosteneffiziente Verbesserungen der Energieeffizienz,
6. die Verpflichtung, Energieausweise Behörden und bestimmten Dritten vorzulegen oder zu übergeben sowie Angaben aus Energieausweisen in Immo-

---

1) Nr. 7.
2) Siehe die EnergieeinsparVO (Nr. 12).

bilienanzeigen in kommerziellen Medien, insbesondere bei Verkauf und Vermietung, zu nennen,

7. den Aushang von Energieausweisen in Gebäuden mit starkem Publikumsverkehr und die Art der Gebäude,
8. die Berechtigung zur Ausstellung von Energieausweisen einschließlich der Anforderungen an die Qualifikation der Aussteller sowie
9. die Ausgestaltung der Energieausweise.

[3] Die Energieausweise und die Angaben aus den Energieausweisen, die auf Grund einer Verordnung nach Satz 2 Nummer 6 in Immobilienanzeigen in kommerziellen Medien genannt werden müssen, dienen lediglich der Information.

§ 6 Maßgebender Zeitpunkt. Für die Unterscheidung zwischen zu errichtenden und bestehenden Gebäuden im Sinne dieses Gesetzes ist der Zeitpunkt der Erteilung der Baugenehmigung oder der bauaufsichtlichen Zustimmung, im Übrigen der Zeitpunkt maßgeblich, zu dem nach Maßgabe des Bauordnungsrechts mit der Bauausführung begonnen werden durfte.

§ 7 Überwachung. (1) Die zuständigen Behörden haben darüber zu wachen, dass die in den Rechtsverordnungen nach diesem Gesetz festgesetzten Anforderungen erfüllt werden, soweit die Erfüllung dieser Anforderungen nicht schon nach anderen Rechtsvorschriften im erforderlichen Umfang überwacht wird.

(1a) [1] Die Bundesregierung wird ermächtigt, durch Rechtsverordnung mit Zustimmung des Bundesrates die Art und das Verfahren der Überwachung von in den Rechtsverordnungen nach diesem Gesetz festgesetzten Anforderungen an zu errichtende Gebäude zu regeln. [2] Durch Landesrecht können Anforderungen an die Art der Überwachung geregelt werden, die über die in einer Rechtsverordnung nach Satz 1 hierzu getroffenen Regelungen hinausgehen. [3] Zur Ermöglichung der Durchführung der Überwachung können in der Rechtsverordnung nach Satz 1 Regelungen über die Erhebung, Verarbeitung und Nutzung der hierfür erforderlichen Daten, einschließlich personenbezogener Daten, getroffen werden.

(2) [1] Die Landesregierungen oder die von ihnen bestimmten Stellen werden vorbehaltlich des Absatzes 3 sowie des § 7b ermächtigt, durch Rechtsverordnung die Überwachung hinsichtlich der in den Rechtsverordnungen nach den §§ 1 bis 2a und 5a Satz 2 Nr. 8 festgesetzten Anforderungen ganz oder teilweise auf geeignete Stellen, Fachvereinigungen oder Sachverständige zu übertragen. [2] Soweit sich § 4 auf die §§ 1 bis 2a bezieht, gilt Satz 1 entsprechend.

(3) [1] Die Bundesregierung wird vorbehaltlich des § 7b ermächtigt, durch Rechtsverordnung mit Zustimmung des Bundesrates die Überwachung hinsichtlich der durch Rechtsverordnung nach § 3 festgesetzten Anforderungen auf geeignete Stellen, Fachvereinigungen oder Sachverständige zu übertragen. [2] Soweit sich § 4 auf § 3 bezieht, gilt Satz 1 entsprechend. [3] Satz 1 gilt auch für die Überwachung von in Rechtsverordnungen nach § 2 Abs. 3 und § 4 Abs. 3 Satz 1 und 3 festgesetzten Anforderungen an Heizungs- sowie Warmwasserversorgungsanlagen und -einrichtungen. [4] Im Zusammenhang mit Re-

gelungen zur Überwachung nach Satz 3 können ergänzend Bestimmungen über die Erteilung weitergehender Empfehlungen getroffen werden.

(4) [1] In den Rechtsverordnungen nach den Absätzen 2 und 3 kann die Art und das Verfahren der Überwachung geregelt werden; ferner können Anzeige- und Nachweispflichten vorgeschrieben werden. [2] Es ist vorzusehen, dass in der Regel Anforderungen auf Grund der §§ 1 bis 2a nur einmal und Anforderungen auf Grund des § 3 höchstens einmal im Jahr überwacht werden; bei Anlagen in Einfamilienhäusern, kleinen und mittleren Mehrfamilienhäusern und vergleichbaren Nichtwohngebäuden ist eine längere Überwachungsfrist vorzusehen.

(5) In der Rechtsverordnung nach Absatz 3 ist vorzusehen, dass

1. eine Überwachung von Anlagen mit einer geringen Wärmeleistung entfällt,
2. die Überwachung der Erfüllung von Anforderungen sich auf die Kontrolle von Nachweisen beschränkt, soweit die Wartung durch eigenes Fachpersonal oder auf Grund von Wartungsverträgen durch Fachbetriebe sichergestellt ist.

(6) In Rechtsverordnungen nach § 4 Abs. 3 kann vorgesehen werden, dass die Überwachung ihrer Einhaltung entfällt.

§ 7a Bestätigung durch Private. (1) [1] Die Bundesregierung wird ermächtigt, durch Rechtsverordnung mit Zustimmung des Bundesrates vorzusehen, dass private Fachbetriebe hinsichtlich der von ihnen durchgeführten Arbeiten, soweit sie bestehende Gebäude betreffen, die Einhaltung der durch Rechtsverordnung nach § 2 Abs. 3 und den §§ 3 und 4 Abs. 2 und 3 festgelegten Anforderungen bestätigen müssen; in Fällen der Durchführung von Arbeiten durch Fachbetriebe vor dem 2. April 2009 oder der Eigenleistung, auch nach dem 1. April 2009, kann eine Erklärungspflicht des Eigentümers vorgesehen werden. [2] In der Rechtsverordnung nach Satz 1 kann vorgesehen werden, dass die zuständige Behörde oder ein mit der Wahrnehmung der öffentlichen Aufgabe Beliehener sich die Bestätigungen oder die Erklärungen zum Zwecke der Überwachung vorlegen lässt. [3] Soweit sich § 4 Abs. 1 auf bestehende Gebäude bezieht, gelten die Sätze 1 und 2 entsprechend.

(2) [1] Die Landesregierungen werden ermächtigt, durch Rechtsverordnung vorzusehen, dass private Fachbetriebe hinsichtlich der von ihnen durchgeführten Arbeiten, soweit sie zu errichtende Gebäude betreffen, die Einhaltung der durch Rechtsverordnung nach den §§ 1 und 2 Absatz 1 und 2 sowie § 2a festgelegten Anforderungen bestätigen müssen; in Fällen der Eigenleistung kann eine Erklärungspflicht des Bauherrn oder des Eigentümers vorgesehen werden. [2] Absatz 1 Satz 2 ist entsprechend anzuwenden. [3] Soweit sich § 4 Abs. 1 auf zu errichtende Gebäude bezieht, gelten die Sätze 1 und 2 entsprechend.

§ 7b Kontrolle von Energieausweisen und Inspektionsberichten sowie Auswertung von Daten. (1) [1] Die Bundesregierung wird ermächtigt, durch Rechtsverordnung[1)] mit Zustimmung des Bundesrates die Art und das Verfahren der Erfassung und Kontrolle von Energieausweisen und von In-

---

[1)] Siehe die EnergieeinsparVO (Nr. 12).

spektionsberichten über Anlagen und Einrichtungen im Sinne des § 3 Absatz 1 sowie die nicht personenbezogene Auswertung der hierbei erhobenen und gespeicherten Daten zu regeln. [2] Die Vorgaben können sich insbesondere beziehen auf

1. Inhalt, Umfang und Ausgestaltung der Kontrolle,
2. Regelungen zur Erfassung von Energieausweisen und Inspektionsberichten, insbesondere auf hierfür erforderliche Mitteilungspflichten, Pflichten zur Beantragung und Verwendung von Registriernummern und Bestimmungen über die Zuteilung von Registriernummern,
3. Pflichten zur Aufbewahrung und Herausgabe von Energieausweisen und Inspektionsberichten einschließlich der bei der Erstellung erhobenen, gespeicherten und genutzten Daten zur Durchführung der Kontrolle und
4. Regelungen zur unbefristeten, nicht personenbezogenen Auswertung der bei der Erfassung und Kontrolle von Energieausweisen und Inspektionsberichten erhobenen und gespeicherten Daten mit dem Ziel der Evaluierung und Optimierung von Aufgaben, die der Energieeinsparung dienen, wobei die Datenauswertung insbesondere die Art des Energieausweises, den Anlass der Ausstellung des Energieausweises, die Gebäudeart, die Gebäudeeigenschaften, die energetischen Kennwerte sowie das Bundesland und den Landkreis der Belegenheit des Gebäudes ohne Angabe des Ortes, der Straße und der Hausnummer erfasst.

[3] In einer Rechtsverordnung nach Satz 1 in Verbindung mit Satz 2 Nummer 1 bis 3 können zur Durchführung der Kontrolle Regelungen über die Erhebung, Verarbeitung und Nutzung der hierfür erforderlichen Daten einschließlich personenbezogener Daten getroffen werden. [4] Zudem können in einer Rechtsverordnung nach Satz 1 in Verbindung mit Satz 2 Nummer 1 bis 3 Vorgaben zu Berichtspflichten der Länder über die Durchführung der Kontrolle getroffen werden.

(2) [1] Die Bundesregierung wird ermächtigt, durch Rechtsverordnung mit Zustimmung des Bundesrates für die Übergangszeit, bis die Einrichtung der Behörden im jeweiligen Land landesrechtlich geregelt ist, die Übertragung von Aufgaben zur Erfassung und Kontrolle von Energieausweisen und von Inspektionsberichten über Anlagen und Einrichtungen im Sinne des § 3 Absatz 1 sowie zur nicht personenbezogenen Auswertung der hierbei erhobenen und gespeicherten Daten auf bestehende Behörden in den Ländern, auch auf bestehende Körperschaften oder Anstalten des öffentlichen Rechts, die der Aufsicht des jeweiligen Landes unterstehen, mit Ausnahme von Gemeinden und Gemeindeverbänden, zu regeln. [2] Regelungen nach Satz 1 zur Übertragung von Kontrollaufgaben können sich nur auf solche Aufgaben beziehen, die elektronisch durchgeführt werden können.

(3) Die Landesregierungen werden ermächtigt, zu den in den Rechtsverordnungen nach Absatz 1 Satz 1 bis 3 getroffenen bundesrechtlichen Regelungen zur Erfassung und Kontrolle von Energieausweisen und Inspektionsberichten sowie zur nicht personenbezogenen Auswertung der hierbei erhobenen und gespeicherten Daten durch Rechtsverordnung Regelungen zu erlassen

1. zur Art der Durchführung der Erfassung und Kontrolle von Energieausweisen und Inspektionsberichten sowie zur nicht personenbezogenen Auswertung der hierbei erhobenen und gespeicherten Daten, die über die

Vorgaben der in den Rechtsverordnungen nach Absatz 1 Satz 1 bis 3 getroffenen bundesrechtlichen Regelungen hinausgehen, sowie

2. zum Verfahren, die auch von Regelungen in einer Rechtsverordnung nach Absatz 1 Satz 1 bis 3 abweichen können.

(4) [1] Die Landesregierungen werden ermächtigt, durch Rechtsverordnung die Übertragung von Aufgaben zur Erfassung und Kontrolle von Energieausweisen und Inspektionsberichten sowie zur nicht personenbezogenen Auswertung der hierbei erhobenen und gespeicherten Daten, die in den Rechtsverordnungen nach den Absätzen 1 bis 3 geregelt sind, auf folgende Stellen zu regeln:

1. auf bestehende Behörden in den Ländern, auch auf bestehende Körperschaften oder Anstalten des öffentlichen Rechts, die der Aufsicht des jeweiligen Landes unterstehen, oder
2. auf Fachvereinigungen oder Sachverständige (Beleihung).

[2] Bei der Übertragung im Wege der Beleihung können die Landesregierungen in der Rechtsverordnung nach Satz 1 Nummer 2 auch die Voraussetzungen und das Verfahren der Beleihung regeln; dabei muss sichergestellt werden, dass die Aufgaben von der beliehenen Stelle entsprechend den Rechtsverordnungen nach den Absätzen 1 bis 3 wahrgenommen werden. [3] Beliehene unterstehen der Aufsicht der jeweils zuständigen Behörde.

§ 8 Bußgeldvorschriften. (1) Ordnungswidrig handelt, wer vorsätzlich oder leichtfertig einer Rechtsverordnung

1. nach § 1 Abs. 2 Satz 1 oder 2, § 2 Abs. 2 auch in Verbindung mit Abs. 3, oder § 4 Abs. 1, 2 oder Abs. 3 Satz 1, auch in Verbindung mit Satz 3,
2. nach § 3 Absatz 2 Satz 1 oder § 5a Satz 1 oder
3. nach § 7 Absatz 4 Satz 1, § 7a, § 7b Absatz 1 Satz 1 oder Satz 3 oder § 7b Absatz 3

oder einer vollziehbaren Anordnung auf Grund einer solchen Rechtsverordnung zuwiderhandelt, soweit die Rechtsverordnung für einen bestimmten Tatbestand auf diese Bußgeldvorschrift verweist.

(2) Ordnungswidrig handelt, wer vorsätzlich oder leichtfertig entgegen § 2a Absatz 1 Satz 1 in Verbindung mit einer Rechtsverordnung nach § 2a Absatz 2 ein Gebäude nicht richtig errichtet.

(3) Die Ordnungswidrigkeit kann in den Fällen des Absatzes 1 Nr. 1 und des Absatzes 2 mit einer Geldbuße bis zu fünfzigtausend Euro, in den Fällen des Absatzes 1 Nr. 2 mit einer Geldbuße bis zu fünfzehntausend Euro und in den übrigen Fällen mit einer Geldbuße bis zu fünftausend Euro geahndet werden.

§§ 9, 10 (gegenstandslos)

§ 11 (Inkrafttreten)

12. Verordnung über energiesparenden Wärmeschutz und energiesparende Anlagentechnik bei Gebäuden (Energieeinsparverordnung – EnEV)[1)]

Vom 24. Juli 2007
(BGBl. I S. 1519)

FNA 754-4-10

zuletzt geänd. durch Art. 3 VO zum AsylverfahrensbeschleunigungsG v. 24.10.2015 (BGBl. I S. 1789)

Auf Grund des § 1 Abs. 2, des § 2 Abs. 2 und 3, des § 3 Abs. 2, des § 4, jeweils in Verbindung mit § 5, sowie des § 5a Satz 1 und 2 des Energieeinsparungsgesetzes[2)] in der Fassung der Bekanntmachung vom 1. September 2005 (BGBl. I S. 2684) verordnet die Bundesregierung:

[1)] Zur EnergieeinsparVO wurden folgende Ländervorschriften erlassen:
- **Baden-Württemberg:** Verordnung der Landesregierung und des Umweltministeriums zur Durchführung der Energieeinsparverordnung (EnEV-Durchführungsverordnung – EnEV-DVO) v. 8.11.2016 (GBl. S. 600, ber. 2017 S. 74); Landesbauordnung für Baden-Württemberg (LBO) idF der Bek. v. 5.3.2010 (GBl. S. 357, ber. S. 416), zuletzt geänd. durch G v. 21.11.2017 (GBl. S. 612)
- **Bayern:** Verordnung zur Ausführung energiewirtschaftlicher Vorschriften (AVEn) v. 22.1.2002 (GVBl. S. 18), zuletzt geänd. durch V v. 7.3.2017 (GVBl. S. 31); Bayerische Bauordnung (BayBO) idF der Bek. v. 14.8.2007 (GVBl. S. 588), zuletzt geänd. durch G v. 10.7.2018 (GVBl. S. 523)
- **Berlin:** Verordnung zur Durchführung der Energieeinsparverordnung in Berlin (EnEV-Durchführungsverordnung Berlin – EnEV-DVO Bln) v. 18.12.2009 (GVBl. S. 889), zuletzt geänd. durch VO v. 9.1.2018 (GVBl. S. 144); Bauordnung für Berlin (BauO Bln) v. 29.9.2005 (GVBl. S. 495), zuletzt geänd. durch G v. 9.4.2018 (GVBl. S. 205, ber. S. 381)
- **Brandenburg:** Brandenburgische Bauordnung (BbgBO) idF der Bek. v. 15.11.2018 (GVBl. I Nr. 39); Verordnung über die Anwendung von Verordnungen nach § 14 des Geräte- und Produktsicherheitsgesetzes für bauliche Anlagen im Land Brandenburg (BbgBauGPSGV) v. 19.12.2006 (GVBl. 2007 II S. 22)
- **Bremen:** Verordnung zur Durchführung der Energieeinsparverordnung und des Erneuerbare-Energien Wärmegesetzes im Land Bremen (EnEV/EEWärmeGV) v. 8.12.2015 (Brem.GBl. S. 546); Bremische Landesbauordnung (Brem LBO) v. 4.9.2018 (Brem.GBl. S. 320)
- **Hamburg:** Anordnung zur Durchführung des Energieeinsparungsgesetzes v. 15.10.2002 (Amtl. Anzeiger S. 4401) *(außer Kraft)*; Hamburgische Bauordnung (H BauO) v. 14.12.2005 (HmbGVBl. S. 525, ber. S. 563), zuletzt geänd. durch G v. 26.11.2018 (HmbGVBl. S. 371)
- **Hessen:** Verordnung über Nachweisberechtigte für bautechnische Nachweise nach der Hessischen Bauordnung (Nachweisberechtigten-Verordnung – NBVO) v. 3.12.2002 (GVBl. I S. 729), zuletzt geänd. durch VO v. 24.11.2015 (GVBl. S. 546); Hessische Bauordnung (HBO) v. 28.5.2018 (GVBl. S. 198)
- **Mecklenburg-Vorpommern:** Verordnung zur Durchführung der Energieeinsparverordnung (EnEV-Durchführungsverordnung – EnEVDVO M-V) v. 21.9.2010 (GVOBl. M-V S. 521); Landesbauordnung Mecklenburg-Vorpommern (LBauO M-V) idF der Bek. v. 15.10.2015 (GVOBl. M-V S. 334, ber. 2016 S. 28), zuletzt geänd. durch G v. 5.7.2018 (GVOBl. M-V S. 221)
- **Niedersachsen:** Verordnung zur Durchführung der Energieeinsparverordnung (DVO-EnEV) v. 18.8.2008 (Nds. GVBl. S. 269), zuletzt geänd. durch VO v. 2.3.2018 (Nds. GVBl. S. 40); Niedersächsische Bauordnung v. 3.4.2012 (Nds. GVBl. S. 46), zuletzt geänd. durch G v. 12.9.2018 (Nds. GVBl. S. 190)

(Fortsetzung der Anm. auf nächster Seite)

[2)] Nr. **11**.

Inhaltsübersicht

§§

Abschnitt 1. Allgemeine Vorschriften

Abschnitt 2. Zu errichtende Gebäude

Abschnitt 3. Bestehende Gebäude und Anlagen

Abschnitt 4. Anlagen der Heizungs-, Kühl- und Raumlufttechnik sowie der Warmwasserversorgung

---

(Fortsetzung der Anm. von vorheriger Seite)

- **Nordrhein-Westfalen:** Verordnung zur Umsetzung der Energieeinsparverordnung (EnEV-UVO) v. 31.5.2002 (GV. NRW. S. 210, ber. S. 367), zuletzt geänd. durch VO v. 8.10.2018 (GV. NRW. S. 581); Bauordnung für das Land Nordrhein-Westfalen (Landesbauordnung 2018 – BauO NRW 2018) v. 21.7.2018 (GV. NRW. S. 421)
- **Rheinland-Pfalz:** Landesverordnung über Zuständigkeiten auf dem Gebiet der Energieeinsparung (EnEZV) v. 4.3.2005 (GVBl. S. 84), zuletzt geänd. durch VO v. 24.7.2014 (GVBl. S. 145)); Landesbauordnung Rheinland-Pfalz (LBauO) v. 24.11.1998 (GVBl. S. 365), zuletzt geänd. durch G v. 15.6.2015 (GVBl. S. 77)
- **Saarland:** Gesetz über Zuständigkeiten nach der Energieeinsparverordnung und dem Erneuerbare-Energien-Wärmegesetz v. 18.5.2016 (Amtsbl. I S. 570); Landesbauordnung v. 18.2.2004 (Amtsbl. S. 822), zuletzt geänd. durch G v. 13.6.2018 (Amtsbl. I S. 632, ber. 683)
- **Sachsen:** Verordnung der Sächsischen Staatsregierung zur Durchführung der Energieeinsparverordnung (EnEV-Durchführungsverordnung – SächsEnEVDVO) v. 19.9.2016 (SächsGVBl. S. 346), geänd. durch VO v. 26.6.2017 (SächsGVBl. S. 367); Sächsische Bauordnung (SächsBO) idF der Bek. v. 11.5.2016 (SächsGVBl. S. 186), zuletzt geänd. durch G v. 11.12.2018 (SächsGVBl. S. 706)
- **Sachsen-Anhalt:** Energieeinspar-Durchführungsverordnung (EnE-DVO) v. 12.12.2018 (GVBl. LSA S. 427); Bauordnung des Landes Sachsen-Anhalt (BauO LSA) idF der Bek. v. 10.9.2013 (GVBl. LSA S. 440), zuletzt geänd. durch G v. 26.6.2018 (GVBl. LSA S. 187)
- **Schleswig-Holstein:** Landesverordnung über die zuständigen Behörden nach dem Energieeinsparungsgesetz v. 27.9.2002 (GVOBl. Schl.-H. S. 210), zuletzt geänd. durch VO v. 23.9.2016 (GVOBl. Schl.-H. S. 835); Erlass zur Überwachung der Einhaltung der Energieeinsparverordnung vom 10.10.2002 (ABl. S. 722); Landesbauordnung für das Land Schleswig-Holstein (LBO) v. 22.1.2009 (GVOBl. Schl.-H. S. 6), zuletzt geänd. durch G v. 29.11.2018 (GVOBl. Schl.-H. S. 770)
- **Thüringen:** Thüringer Verordnung über Zuständigkeiten auf den Gebieten der Energieeinsparung und der Verbrauchskennzeichnung (EEZVO) v. 5.12.2006 (GVBl. S. 553), zuletzt geänd. durch G v. 18.12.2018 (GVBl. S. 731); Thüringer Bauordnung (ThürBO) v. 13.3.2014 (GVBl. S. 49), zuletzt geänd. durch G v. 18.12.2018 (GVBl. S. 731)

Abschnitt 1. Allgemeine Vorschriften

§ 1 Zweck und Anwendungsbereich. (1) [1] Zweck dieser Verordnung ist die Einsparung von Energie in Gebäuden. [2] In diesem Rahmen und unter Beachtung des gesetzlichen Grundsatzes der wirtschaftlichen Vertretbarkeit soll die Verordnung dazu beitragen, dass die energiepolitischen Ziele der Bundesregierung, insbesondere ein nahezu klimaneutraler Gebäudebestand bis zum Jahr 2050, erreicht werden. [3] Neben den Festlegungen in der Verordnung soll dieses Ziel auch mit anderen Instrumenten, insbesondere mit einer Modernisierungsoffensive für Gebäude, Anreizen durch die Förderpolitik und einem Sanierungsfahrplan, verfolgt werden. [4] Im Rahmen der dafür noch festzulegenden Anforderungen an die Gesamtenergieeffizienz von Niedrigstenergiegebäuden wird die Bundesregierung in diesem Zusammenhang auch eine grundlegende Vereinfachung und Zusammenführung der Instrumente, die die Energieeinsparung und die Nutzung erneuerbarer Energien in Gebäuden regeln, anstreben, um dadurch die energetische und ökonomische Optimierung von Gebäuden zu erleichtern.

(2) [1] Diese Verordnung gilt

[1] Abgedruckt in: Beck'sche Textausgaben „Miet-, Wohn- und Wohnungsbaurecht", dort Nr. **221**.

1. für Gebäude, soweit sie unter Einsatz von Energie beheizt oder gekühlt werden, und
2. für Anlagen und Einrichtungen der Heizungs-, Kühl-, Raumluft- und Beleuchtungstechnik sowie der Warmwasserversorgung von Gebäuden nach Nummer 1.

[2] Der Energieeinsatz für Produktionsprozesse in Gebäuden ist nicht Gegenstand dieser Verordnung.

(3) [1] Mit Ausnahme der §§ 12 und 13 gilt diese Verordnung nicht für

1. Betriebsgebäude, die überwiegend zur Aufzucht oder zur Haltung von Tieren genutzt werden,
2. Betriebsgebäude, soweit sie nach ihrem Verwendungszweck großflächig und lang anhaltend offen gehalten werden müssen,
3. unterirdische Bauten,
4. Unterglasanlagen und Kulturräume für Aufzucht, Vermehrung und Verkauf von Pflanzen,
5. Traglufthallen und Zelte,
6. Gebäude, die dazu bestimmt sind, wiederholt aufgestellt und zerlegt zu werden, und provisorische Gebäude mit einer geplanten Nutzungsdauer von bis zu zwei Jahren,
7. Gebäude, die dem Gottesdienst oder anderen religiösen Zwecken gewidmet sind,
8. Wohngebäude, die
   a) für eine Nutzungsdauer von weniger als vier Monaten jährlich bestimmt sind oder
   b) für eine begrenzte jährliche Nutzungsdauer bestimmt sind, wenn der zu erwartende Energieverbrauch der Wohngebäude weniger als 25 Prozent des zu erwartenden Energieverbrauchs bei ganzjähriger Nutzung beträgt, und
9. sonstige handwerkliche, landwirtschaftliche, gewerbliche und industrielle Betriebsgebäude, die nach ihrer Zweckbestimmung auf eine Innentemperatur von weniger als 12 Grad Celsius oder jährlich weniger als vier Monate beheizt sowie jährlich weniger als zwei Monate gekühlt werden.

[2] Auf Bestandteile von Anlagensystemen, die sich nicht im räumlichen Zusammenhang mit Gebäuden nach Absatz 2 Satz 1 Nr. 1 befinden, ist nur § 13 anzuwenden.

§ 2 Begriffsbestimmungen. Im Sinne dieser Verordnung

1. sind Wohngebäude Gebäude, die nach ihrer Zweckbestimmung überwiegend dem Wohnen dienen, einschließlich Wohn-, Alten- und Pflegeheimen sowie ähnlichen Einrichtungen,
2. sind Nichtwohngebäude Gebäude, die nicht unter Nummer 1 fallen,
3. sind kleine Gebäude Gebäude mit nicht mehr als 50 Quadratmetern Nutzfläche,

3a. sind Baudenkmäler nach Landesrecht geschützte Gebäude oder Gebäudemehrheiten,

4. sind beheizte Räume solche Räume, die auf Grund bestimmungsgemäßer Nutzung direkt oder durch Raumverbund beheizt werden,
5. sind gekühlte Räume solche Räume, die auf Grund bestimmungsgemäßer Nutzung direkt oder durch Raumverbund gekühlt werden,
6. sind erneuerbare Energien solare Strahlungsenergie, Umweltwärme, Geothermie, Wasserkraft, Windenergie und Energie aus Biomasse,
7. ist ein Heizkessel der aus Kessel und Brenner bestehende Wärmeerzeuger, der zur Übertragung der durch die Verbrennung freigesetzten Wärme an den Wärmeträger Wasser dient,
8. sind Geräte der mit einem Brenner auszurüstende Kessel und der zur Ausrüstung eines Kessels bestimmte Brenner,
9. ist die Nennleistung die vom Hersteller festgelegte und im Dauerbetrieb unter Beachtung des vom Hersteller angegebenen Wirkungsgrades als einhaltbar garantierte größte Wärme- oder Kälteleistung in Kilowatt,
10. ist ein Niedertemperatur-Heizkessel ein Heizkessel, der kontinuierlich mit einer Eintrittstemperatur von 35 bis 40 Grad Celsius betrieben werden kann und in dem es unter bestimmten Umständen zur Kondensation des in den Abgasen enthaltenen Wasserdampfes kommen kann,
11. ist ein Brennwertkessel ein Heizkessel, der für die Kondensation eines Großteils des in den Abgasen enthaltenen Wasserdampfes konstruiert ist,

11a. sind elektrische Speicherheizsysteme Heizsysteme mit vom Energielieferanten unterbrechbarem Strombezug, die nur in den Zeiten außerhalb des unterbrochenen Betriebes durch eine Widerstandsheizung Wärme in einem geeigneten Speichermedium speichern,

12. ist die Wohnfläche die nach der Wohnflächenverordnung oder auf der Grundlage anderer Rechtsvorschriften oder anerkannter Regeln der Technik zur Berechnung von Wohnflächen ermittelte Fläche,
13. ist die Nutzfläche die Nutzfläche nach anerkannten Regeln der Technik, die beheizt oder gekühlt wird,
14. ist die Gebäudenutzfläche die nach Anlage 1 Nummer 1.3.3 berechnete Fläche,
15. ist die Nettogrundfläche die Nettogrundfläche nach anerkannten Regeln der Technik, die beheizt oder gekühlt wird,
16. sind Nutzflächen mit starkem Publikumsverkehr öffentlich zugängliche Nutzflächen, die während ihrer Öffnungszeiten von einer großen Zahl von Menschen aufgesucht werden. Solche Flächen können sich insbesondere in öffentlichen oder privaten Einrichtungen befinden, die für gewerbliche, freiberufliche, kulturelle, soziale oder behördliche Zwecke genutzt werden.

Abschnitt 2. Zu errichtende Gebäude

§ 3 Anforderungen an Wohngebäude. (1) Zu errichtende Wohngebäude sind so auszuführen, dass der Jahres-Primärenergiebedarf für Heizung, Warmwasserbereitung, Lüftung und Kühlung den Wert des Jahres-Primärenergiebedarfs eines Referenzgebäudes gleicher Geometrie, Gebäudenutzfläche und

Ausrichtung mit der in Anlage 1 Tabelle 1 angegebenen technischen Referenzausführung nicht überschreitet.

(2) Zu errichtende Wohngebäude sind so auszuführen, dass die Höchstwerte des spezifischen, auf die wärmeübertragende Umfassungsfläche bezogenen Transmissionswärmeverlusts nach Anlage 1 Nummer 1.2 nicht überschritten werden.

(3) [1] Für das zu errichtende Wohngebäude und das Referenzgebäude ist der Jahres-Primärenergiebedarf nach einem der in Anlage 1 Nummer 2 genannten Verfahren zu berechnen. [2] Das zu errichtende Wohngebäude und das Referenzgebäude sind mit demselben Verfahren zu berechnen.

(4) Zu errichtende Wohngebäude sind so auszuführen, dass die Anforderungen an den sommerlichen Wärmeschutz nach Anlage 1 Nummer 3 eingehalten werden.

(5) [1] Das Bundesministerium für Wirtschaft und Energie kann gemeinsam mit dem Bundesministerium für Umwelt, Naturschutz, Bau und Reaktorsicherheit für Gruppen von nicht gekühlten Wohngebäuden auf der Grundlage von Modellberechnungen bestimmte Ausstattungsvarianten beschreiben, die unter dort definierten Anwendungsvoraussetzungen die Anforderungen nach den Absätzen 1, 2 und 4 generell erfüllen, und diese im Bundesanzeiger bekannt machen. [2] Die Anwendungsvoraussetzungen können sich auf die Größe, die Form, die Ausrichtung und die Dichtheit der Gebäude sowie auf die Vermeidung von Wärmebrücken und auf die Anteile von bestimmten Außenbauteilen an der wärmeübertragenden Umfassungsfläche beziehen. [3] Die Einhaltung der in den Absätzen 1, 2 und 4 festgelegten Anforderungen wird vermutet, wenn ein nicht gekühltes Wohngebäude die Anwendungsvoraussetzungen erfüllt, die in der Bekanntmachung definiert sind, und gemäß einer der dazu beschriebenen Ausstattungsvarianten errichtet wird; Berechnungen nach Absatz 3 sind nicht erforderlich.

§ 4 Anforderungen an Nichtwohngebäude. (1) Zu errichtende Nichtwohngebäude sind so auszuführen, dass der Jahres-Primärenergiebedarf für Heizung, Warmwasserbereitung, Lüftung, Kühlung und eingebaute Beleuchtung den Wert des Jahres-Primärenergiebedarfs eines Referenzgebäudes gleicher Geometrie, Nettogrundfläche, Ausrichtung und Nutzung einschließlich der Anordnung der Nutzungseinheiten mit der in Anlage 2 Tabelle 1 angegebenen technischen Referenzausführung nicht überschreitet.

(2) Zu errichtende Nichtwohngebäude sind so auszuführen, dass die Höchstwerte der mittleren Wärmedurchgangskoeffizienten der wärmeübertragenden Umfassungsfläche nach Anlage 2 Tabelle 2 nicht überschritten werden.

(3) [1] Für das zu errichtende Nichtwohngebäude und das Referenzgebäude ist der Jahres-Primärenergiebedarf nach einem der in Anlage 2 Nummer 2 oder 3 genannten Verfahren zu berechnen. [2] Das zu errichtende Nichtwohngebäude und das Referenzgebäude sind mit demselben Verfahren zu berechnen.

(4) Zu errichtende Nichtwohngebäude sind so auszuführen, dass die Anforderungen an den sommerlichen Wärmeschutz nach Anlage 2 Nummer 4 eingehalten werden.

§ 5 Anrechnung von Strom aus erneuerbaren Energien. (1) [1] Wird in zu errichtenden Gebäuden Strom aus erneuerbaren Energien eingesetzt, darf dieser Strom von dem nach § 3 Absatz 3 oder § 4 Absatz 3 berechneten Endenergiebedarf abgezogen werden, soweit er

1. im unmittelbaren räumlichen Zusammenhang zu dem Gebäude erzeugt wird und
2. vorrangig in dem Gebäude unmittelbar nach Erzeugung oder nach vorübergehender Speicherung selbst genutzt und nur die überschüssige Energiemenge in ein öffentliches Netz eingespeist wird.

[2] Es darf höchstens die Strommenge nach Satz 1 angerechnet werden, die dem berechneten Strombedarf der jeweiligen Nutzung entspricht.

(2) [1] Der Strombedarf nach Absatz 1 Satz 2 ist nach den Berechnungsverfahren nach Anlage 1 Nummer 2 für Wohngebäude und Anlage 2 Nummer 2 oder 3 für Nichtwohngebäude als Monatswert zu bestimmen. [2] Der monatliche Ertrag der Anlagen zur Nutzung erneuerbarer Energien ist nach DIN V 18599-9 : 2011-12[1)], berichtigt durch DIN V 18599-9 Berichtigung 1 : 2013-05, zu bestimmen. [3] Bei Anlagen zur Erzeugung von Strom aus solarer Strahlungsenergie sind die monatlichen Stromerträge unter Verwendung der mittleren monatlichen Strahlungsintensitäten der Referenzklimazone Potsdam nach DIN V 18599-10 : 2011-12 Anhang E sowie der Standardwerte zur Ermittlung der Nennleistung des Photovoltaikmoduls nach DIN V 18599-9 : 2011-12 Anhang B zu ermitteln. [4] Bei Anlagen zur Erzeugung von Strom aus Windenergie sind die monatlichen Stromerträge unter Verwendung der mittleren monatlichen Windgeschwindigkeiten der Referenzklimazone Potsdam nach DIN V 18599-10 : 2011-12 Anhang E zu ermitteln.

§ 6 Dichtheit, Mindestluftwechsel. (1) [1] Zu errichtende Gebäude sind so auszuführen, dass die wärmeübertragende Umfassungsfläche einschließlich der Fugen dauerhaft luftundurchlässig entsprechend den anerkannten Regeln der Technik abgedichtet ist. [2] Wird die Dichtheit nach Satz 1 überprüft, kann der Nachweis der Luftdichtheit bei der nach § 3 Absatz 3 und § 4 Absatz 3 erforderlichen Berechnung berücksichtigt werden, wenn die Anforderungen nach Anlage 4 eingehalten sind.

(2) Zu errichtende Gebäude sind so auszuführen, dass der zum Zwecke der Gesundheit und Beheizung erforderliche Mindestluftwechsel sichergestellt ist.

§ 7 Mindestwärmeschutz, Wärmebrücken. (1) [1] Bei zu errichtenden Gebäuden sind Bauteile, die gegen die Außenluft, das Erdreich oder Gebäudeteile mit wesentlich niedrigeren Innentemperaturen abgrenzen, so auszuführen, dass die Anforderungen des Mindestwärmeschutzes nach den anerkannten Regeln der Technik eingehalten werden. [2] Ist bei zu errichtenden Gebäuden die Nachbarbebauung bei aneinandergereihter Bebauung nicht gesichert, müssen die Gebäudetrennwände den Mindestwärmeschutz nach Satz 1 einhalten.

[1)] **Amtl. Anm.:** Amtlicher Hinweis: Alle zitierten DIN-Vornormen und Normen sind im Beuth-Verlag GmbH, Berlin, veröffentlicht und beim Deutschen Patent- und Markenamt in München archivmäßig gesichert niedergelegt.

(2) Zu errichtende Gebäude sind so auszuführen, dass der Einfluss konstruktiver Wärmebrücken auf den Jahres-Heizwärmebedarf nach den anerkannten Regeln der Technik und den im jeweiligen Einzelfall wirtschaftlich vertretbaren Maßnahmen so gering wie möglich gehalten wird.

(3) [1] Der verbleibende Einfluss der Wärmebrücken bei der Ermittlung des Jahres-Primärenergiebedarfs ist nach Maßgabe des jeweils angewendeten Berechnungsverfahrens zu berücksichtigen. [2] Soweit dabei Gleichwertigkeitsnachweise zu führen wären, ist dies für solche Wärmebrücken nicht erforderlich, bei denen die angrenzenden Bauteile kleinere Wärmedurchgangskoeffizienten aufweisen, als in den Musterlösungen der DIN 4108 Beiblatt 2 : 2006-03 zugrunde gelegt sind.

§ 8 Anforderungen an kleine Gebäude und Gebäude aus Raumzellen. [1] Werden bei zu errichtenden kleinen Gebäuden die in Anlage 3 genannten Werte der Wärmedurchgangskoeffizienten der Außenbauteile eingehalten, gelten die übrigen Anforderungen dieses Abschnitts als erfüllt. [2] Satz 1 ist auf Gebäude entsprechend anzuwenden, die für eine Nutzungsdauer von höchstens fünf Jahren bestimmt und aus Raumzellen von jeweils bis zu 50 Quadratmetern Nutzfläche zusammengesetzt sind.

Abschnitt 3. Bestehende Gebäude und Anlagen

§ 9 Änderung, Erweiterung und Ausbau von Gebäuden. (1) [1] Soweit bei beheizten oder gekühlten Räumen von Gebäuden Änderungen im Sinne der Anlage 3 Nummer 1 bis 6 ausgeführt werden, sind die Änderungen so auszuführen, dass die Wärmedurchgangskoeffizienten der betroffenen Flächen die für solche Außenbauteile in Anlage 3 festgelegten Höchstwerte der Wärmedurchgangskoeffizienten nicht überschreiten. [2] Die Anforderungen des Satzes 1 gelten als erfüllt, wenn

1. geänderte Wohngebäude insgesamt den Jahres-Primärenergiebedarf des Referenzgebäudes nach § 3 Absatz 1 und den Höchstwert des spezifischen, auf die wärmeübertragende Umfassungsfläche bezogenen Transmissionswärmeverlusts nach Anlage 1 Tabelle 2,
2. geänderte Nichtwohngebäude insgesamt den Jahres-Primärenergiebedarf des Referenzgebäudes nach § 4 Absatz 1 und die Höchstwerte der mittleren Wärmedurchgangskoeffizienten der wärmeübertragenden Umfassungsfläche nach Anlage 2 Tabelle 2 Zeile 1a, 2a, 3a und 4a

um nicht mehr als 40 vom Hundert überschreiten; wird nach Nummer 1 oder 2 der zulässige Jahres-Primärenergiebedarf ermittelt, ist jeweils die Zeile 1.0 der Anlage 1 Tabelle 1 oder der Anlage 2 Tabelle 1 nicht anzuwenden.

(2) [1] In Fällen des Absatzes 1 Satz 2 sind die in § 3 Absatz 3 sowie in § 4 Absatz 3 angegebenen Berechnungsverfahren nach Maßgabe der Sätze 2 und 4 und des § 5 entsprechend anzuwenden. [2] Soweit

1. Angaben zu geometrischen Abmessungen von Gebäuden fehlen, können diese durch vereinfachtes Aufmaß ermittelt werden;
2. energetische Kennwerte für bestehende Bauteile und Anlagenkomponenten nicht vorliegen, können gesicherte Erfahrungswerte für Bauteile und Anlagenkomponenten vergleichbarer Altersklassen verwendet werden;

hierbei können anerkannte Regeln der Technik verwendet werden; die Einhaltung solcher Regeln wird vermutet, soweit Vereinfachungen für die Datenaufnahme und die Ermittlung der energetischen Eigenschaften sowie gesicherte Erfahrungswerte verwendet werden, die vom Bundesministerium für Wirtschaft und Energie und dem Bundesministerium für Umwelt, Naturschutz, Bau und Reaktorsicherheit gemeinsam im Bundesanzeiger bekannt gemacht worden sind. [3] Satz 2 kann auch in Fällen des Absatzes 1 Satz 1 sowie des Absatzes 4 angewendet werden. [4] Bei Anwendung der Verfahren nach § 3 Absatz 3 sind die Randbedingungen und Maßgaben nach Anlage 3 Nr. 8 zu beachten.

(3) Absatz 1 ist nicht anzuwenden auf Änderungen von Außenbauteilen, wenn die Fläche der geänderten Bauteile nicht mehr als 10 vom Hundert der gesamten jeweiligen Bauteilfläche des Gebäudes betrifft.

(4) [1] Bei der Erweiterung und dem Ausbau eines Gebäudes um beheizte oder gekühlte Räume, für die kein Wärmeerzeuger eingebaut wird, sind die betroffenen Außenbauteile so zu ändern oder auszuführen, dass die Wärmedurchgangskoeffizienten der betroffenen Flächen die für solche Außenbauteile in Anlage 3 festgelegten Höchstwerte der Wärmedurchgangskoeffizienten nicht überschreiten. [2] Ist die hinzukommende zusammenhängende Nutzfläche größer als 50 Quadratmeter, sind außerdem die Anforderungen an den sommerlichen Wärmeschutz nach Anlage 1 Nummer 3 oder Anlage 2 Nummer 4 einzuhalten.

(5) [1] Wird in Fällen des Absatzes 4 Satz 2 ein neuer Wärmeerzeuger eingebaut, sind die betroffenen Außenbauteile so zu ändern oder auszuführen, dass der neue Gebäudeteil die Vorschriften für zu errichtende Gebäude nach § 3 oder § 4 einhält. [2] Bei der Ermittlung des zulässigen Jahres-Primärenergiebedarfs ist jeweils die Zeile 1.0 der Anlage 1 Tabelle 1 oder der Anlage 2 Tabelle 1 nicht anzuwenden. [3] Bei Wohngebäuden ergibt sich der zulässige Höchstwert des spezifischen, auf die wärmeübertragende Umfassungsfläche bezogenen Transmissionswärmeverlusts aus Anlage 1 Tabelle 2; bei Nichtwohngebäuden ergibt sich der Höchstwert des mittleren Wärmedurchgangskoeffizienten der wärmeübertragenden Umfassungsfläche aus Anlage 2 Tabelle 2 Zeile 1a, 2a, 3a und 4a. [4] Hinsichtlich der Dichtheit der Gebäudehülle kann auch beim Referenzgebäude die Dichtheit des hinzukommenden Gebäudeteils in Ansatz gebracht werden.

§ 10 Nachrüstung bei Anlagen und Gebäuden. (1) [1] Eigentümer von Gebäuden dürfen Heizkessel, die mit flüssigen oder gasförmigen Brennstoffen beschickt werden und vor dem 1. Oktober 1978 eingebaut oder aufgestellt worden sind, nicht mehr betreiben. [2] Eigentümer von Gebäuden dürfen Heizkessel, die mit flüssigen oder gasförmigen Brennstoffen beschickt werden und vor dem 1. Januar 1985 eingebaut oder aufgestellt worden sind, ab 2015 nicht mehr betreiben. [3] Eigentümer von Gebäuden dürfen Heizkessel, die mit flüssigen oder gasförmigen Brennstoffen beschickt werden und nach dem 1. Januar 1985 eingebaut oder aufgestellt worden sind, nach Ablauf von 30 Jahren nicht mehr betreiben. [4] Die Sätze 1 bis 3 sind nicht anzuwenden, wenn die vorhandenen Heizkessel Niedertemperatur-Heizkessel oder Brennwertkessel sind, sowie auf heizungstechnische Anlagen, deren Nennleistung weniger als vier Kilowatt oder mehr als 400 Kilowatt beträgt, und auf Heizkessel nach § 13 Absatz 3 Nummer 2 bis 4.

(2) Eigentümer von Gebäuden müssen dafür sorgen, dass bei heizungstechnischen Anlagen bisher ungedämmte, zugängliche Wärmeverteilungs- und Warmwasserleitungen sowie Armaturen, die sich nicht in beheizten Räumen befinden, nach Anlage 5 zur Begrenzung der Wärmeabgabe gedämmt sind.

(3) [1] Eigentümer von Wohngebäuden sowie von Nichtwohngebäuden, die nach ihrer Zweckbestimmung jährlich mindestens vier Monate und auf Innentemperaturen von mindestens 19 Grad Celsius beheizt werden, müssen dafür sorgen, dass zugängliche Decken beheizter Räume zum unbeheizten Dachraum (oberste Geschossdecken), die nicht die Anforderungen an den Mindestwärmeschutz nach DIN 4108-2 : 2013-02 erfüllen, nach dem 31. Dezember 2015 so gedämmt sind, dass der Wärmedurchgangskoeffizient der obersten Geschossdecke 0,24 Watt/(m²·K) nicht überschreitet. [2] Die Pflicht nach Satz 1 gilt als erfüllt, wenn anstelle der obersten Geschossdecke das darüberliegende Dach entsprechend gedämmt ist oder den Anforderungen an den Mindestwärmeschutz nach DIN 4108-2 : 2013-02 genügt. [3] Bei Maßnahmen zur Dämmung nach den Sätzen 1 und 2 in Deckenzwischenräumen oder Sparrenzwischenräumen ist Anlage 3 Nummer 4 Satz 4 und 6 entsprechend anzuwenden.

(4) [1] Bei Wohngebäuden mit nicht mehr als zwei Wohnungen, von denen der Eigentümer eine Wohnung am 1. Februar 2002 selbst bewohnt hat, sind die Pflichten nach den Absätzen 1 bis 3 erst im Falle eines Eigentümerwechsels nach dem 1. Februar 2002 von dem neuen Eigentümer zu erfüllen. [2] Die Frist zur Pflichterfüllung beträgt zwei Jahre ab dem ersten Eigentumsübergang.

(5) Die Absätze 2 bis 4 sind nicht anzuwenden, soweit die für die Nachrüstung erforderlichen Aufwendungen durch die eintretenden Einsparungen nicht innerhalb angemessener Frist erwirtschaftet werden können.

§ 10a *(aufgehoben)*

§ 11 Aufrechterhaltung der energetischen Qualität. (1) [1] Außenbauteile dürfen nicht in einer Weise verändert werden, dass die energetische Qualität des Gebäudes verschlechtert wird. [2] Das Gleiche gilt für Anlagen und Einrichtungen nach dem Abschnitt 4, soweit sie zum Nachweis der Anforderungen energieeinsparrechtlicher Vorschriften des Bundes zu berücksichtigen waren. [3] Satz 1 ist nicht anzuwenden auf Änderungen von Außenbauteilen, wenn die Fläche der geänderten Bauteile nicht mehr als 10 Prozent der gesamten jeweiligen Bauteilfläche des Gebäudes betrifft.

(2) [1] Energiebedarfssenkende Einrichtungen in Anlagen nach Absatz 1 sind vom Betreiber betriebsbereit zu erhalten und bestimmungsgemäß zu nutzen. [2] Eine Nutzung und Erhaltung im Sinne des Satzes 1 gilt als gegeben, soweit der Einfluss einer energiebedarfssenkenden Einrichtung auf den Jahres-Primärenergiebedarf durch andere anlagentechnische oder bauliche Maßnahmen ausgeglichen wird.

(3) [1] Anlagen und Einrichtungen der Heizungs-, Kühl- und Raumlufttechnik sowie der Warmwasserversorgung sind vom Betreiber sachgerecht zu bedienen. [2] Komponenten mit wesentlichem Einfluss auf den Wirkungsgrad solcher Anlagen sind vom Betreiber regelmäßig zu warten und instand zu halten. [3] Für die Wartung und Instandhaltung ist Fachkunde erforderlich.

[4] Fachkundig ist, wer die zur Wartung und Instandhaltung notwendigen Fachkenntnisse und Fertigkeiten besitzt.

§ 12 Energetische Inspektion von Klimaanlagen. (1) Betreiber von in Gebäude eingebauten Klimaanlagen mit einer Nennleistung für den Kältebedarf von mehr als zwölf Kilowatt haben innerhalb der in den Absätzen 3 und 4 genannten Zeiträume energetische Inspektionen dieser Anlagen durch berechtigte Personen im Sinne des Absatzes 5 durchführen zu lassen.

(2) [1] Die Inspektion umfasst Maßnahmen zur Prüfung der Komponenten, die den Wirkungsgrad der Anlage beeinflussen, und der Anlagendimensionierung im Verhältnis zum Kühlbedarf des Gebäudes. [2] Sie bezieht sich insbesondere auf

1. die Überprüfung und Bewertung der Einflüsse, die für die Auslegung der Anlage verantwortlich sind, insbesondere Veränderungen der Raumnutzung und -belegung, der Nutzungszeiten, der inneren Wärmequellen sowie der relevanten bauphysikalischen Eigenschaften des Gebäudes und der vom Betreiber geforderten Sollwerte hinsichtlich Luftmengen, Temperatur, Feuchte, Betriebszeit sowie Toleranzen, und
2. die Feststellung der Effizienz der wesentlichen Komponenten.

(3) [1] Die Inspektion ist erstmals im zehnten Jahr nach der Inbetriebnahme oder der Erneuerung wesentlicher Bauteile wie Wärmeübertrager, Ventilator oder Kältemaschine durchzuführen. [2] Abweichend von Satz 1 sind die am 1. Oktober 2007 mehr als vier und bis zu zwölf Jahre alten Anlagen innerhalb von sechs Jahren, die über zwölf Jahre alten Anlagen innerhalb von vier Jahren und die über 20 Jahre alten Anlagen innerhalb von zwei Jahren nach dem 1. Oktober 2007 erstmals einer Inspektion zu unterziehen.

(4) Nach der erstmaligen Inspektion ist die Anlage wiederkehrend mindestens alle zehn Jahre einer Inspektion zu unterziehen.

(5) [1] Inspektionen dürfen nur von fachkundigen Personen durchgeführt werden. [2] Fachkundig sind insbesondere

1. Personen mit berufsqualifizierendem Hochschulabschluss in den Fachrichtungen Versorgungstechnik oder Technische Gebäudeausrüstung mit mindestens einem Jahr Berufserfahrung in Planung, Bau, Betrieb oder Prüfung raumlufttechnischer Anlagen,
2. Personen mit berufsqualifizierendem Hochschulabschluss in
   a) den Fachrichtungen Maschinenbau, Elektrotechnik, Verfahrenstechnik, Bauingenieurwesen oder
   b) einer anderen technischen Fachrichtung mit einem Ausbildungsschwerpunkt bei der Versorgungstechnik oder der Technischen Gebäudeausrüstung

   mit mindestens drei Jahren Berufserfahrung in Planung, Bau, Betrieb oder Prüfung raumlufttechnischer Anlagen.

[3] Gleichwertige Ausbildungen, die in einem anderen Mitgliedstaat der Europäischen Union, einem anderen Vertragsstaat des Abkommens über den Europäischen Wirtschaftsraum oder der Schweiz erworben worden sind und durch einen Ausbildungsnachweis belegt werden können, sind den in Satz 2 genannten Ausbildungen gleichgestellt.

(6) [1] Die inspizierende Person hat einen Inspektionsbericht mit den Ergebnissen der Inspektion und Ratschlägen in Form von kurz gefassten fachlichen Hinweisen für Maßnahmen zur kosteneffizienten Verbesserung der energetischen Eigenschaften der Anlage, für deren Austausch oder für Alternativlösungen zu erstellen. [2] Die inspizierende Person hat den Inspektionsbericht unter Angabe ihres Namens, ihrer Anschrift und Berufsbezeichnung sowie des Datums der Inspektion und des Ausstellungsdatums eigenhändig oder durch Nachbildung der Unterschrift zu unterschreiben und dem Betreiber zu übergeben. [3] Vor Übergabe des Inspektionsberichts an den Betreiber hat die inspizierende Person die nach § 26c Absatz 2 zugeteilte Registriernummer einzutragen. [4] Hat bei elektronischer Antragstellung die nach § 26c zuständige Registrierstelle bis zum Ablauf von drei Arbeitstagen nach Antragstellung und in sonstigen Fällen der Antragstellung bis zum Ablauf von sieben Arbeitstagen nach Antragstellung keine Registriernummer zugeteilt, sind statt der Registriernummer die Wörter „Registriernummer wurde beantragt am" und das Datum der Antragstellung bei der Registrierstelle einzutragen (vorläufiger Inspektionsbericht). [5] Unverzüglich nach Erhalt der Registriernummer hat die inspizierende Person dem Betreiber eine Ausfertigung des Inspektionsberichts mit der eingetragenen Registriernummer zu übermitteln. [6] Nach Zugang des vervollständigten Inspektionsberichts beim Betreiber verliert der vorläufige Inspektionsbericht seine Gültigkeit.

(7) Der Betreiber hat den Inspektionsbericht der nach Landesrecht zuständigen Behörde auf Verlangen vorzulegen.

Abschnitt 4. Anlagen der Heizungs-, Kühl- und Raumlufttechnik sowie der Warmwasserversorgung

§ 13 Inbetriebnahme von Heizkesseln. (1) [1] Heizkessel, die mit flüssigen oder gasförmigen Brennstoffen beschickt werden und deren Nennleistung mindestens vier Kilowatt und höchstens 400 Kilowatt beträgt, dürfen zum Zwecke der Inbetriebnahme in Gebäuden nur eingebaut oder aufgestellt werden, wenn sie mit der CE-Kennzeichnung nach § 5 Abs. 1 und 2 der Verordnung über das Inverkehrbringen von Heizkesseln und Geräten nach dem Bauproduktengesetz vom 28. April 1998 (BGBl. I S. 796), die zuletzt durch Artikel 5 des Gesetzes vom 5. Dezember 2012 (BGBl. I S. 2449) geändert worden ist, oder nach Artikel 7 Abs. 1 Satz 2 der Richtlinie 92/42/EWG des Rates vom 21. Mai 1992 über die Wirkungsgrade von mit flüssigen oder gasförmigen Brennstoffen beschickten neuen Warmwasserheizkesseln (ABl. EG Nr. L 167 S. 17, L 195 S. 32), die zuletzt durch die Richtlinie 2008/28/EG des Europäischen Parlaments und des Rates vom 11. März 2008 (ABl. L 81 vom 20.3.2008, S. 48) geändert worden ist, versehen sind. [2] Satz 1 gilt auch für Heizkessel, die aus Geräten zusammengefügt werden, soweit dabei die Parameter beachtet werden, die sich aus der den Geräten beiliegenden EG-Konformitätserklärung ergeben.

(2) [1] Heizkessel dürfen in Gebäuden nur dann zum Zwecke der Inbetriebnahme eingebaut oder aufgestellt werden, wenn die Anforderungen nach Anlage 4a eingehalten werden. [2] Ausgenommen sind bestehende Gebäude, wenn deren Jahres-Primärenergiebedarf den Wert des Jahres-Primärenergie-

bedarfs des Referenzgebäudes um nicht mehr als 40 vom Hundert überschreitet.

(3) Absatz 1 ist nicht anzuwenden auf

1. einzeln produzierte Heizkessel,
2. Heizkessel, die für den Betrieb mit Brennstoffen ausgelegt sind, deren Eigenschaften von den marktüblichen flüssigen und gasförmigen Brennstoffen erheblich abweichen,
3. Anlagen zur ausschließlichen Warmwasserbereitung,
4. Küchenherde und Geräte, die hauptsächlich zur Beheizung des Raumes, in dem sie eingebaut oder aufgestellt sind, ausgelegt sind, daneben aber auch Warmwasser für die Zentralheizung und für sonstige Gebrauchszwecke liefern,
5. Geräte mit einer Nennleistung von weniger als sechs Kilowatt zur Versorgung eines Warmwasserspeichersystems mit Schwerkraftumlauf.

§ 14 Verteilungseinrichtungen und Warmwasseranlagen. (1) [1] Zentralheizungen müssen beim Einbau in Gebäude mit zentralen selbsttätig wirkenden Einrichtungen zur Verringerung und Abschaltung der Wärmezufuhr sowie zur Ein- und Ausschaltung elektrischer Antriebe in Abhängigkeit von

1. der Außentemperatur oder einer anderen geeigneten Führungsgröße und
2. der Zeit

ausgestattet werden. [2] Soweit die in Satz 1 geforderten Ausstattungen bei bestehenden Gebäuden nicht vorhanden sind, muss der Eigentümer sie nachrüsten. [3] Bei Wasserheizungen, die ohne Wärmeübertrager an eine Nah- oder Fernwärmeversorgung angeschlossen sind, gilt Satz 1 hinsichtlich der Verringerung und Abschaltung der Wärmezufuhr auch ohne entsprechende Einrichtungen in den Haus- und Kundenanlagen als eingehalten, wenn die Vorlauftemperatur des Nah- oder Fernwärmenetzes in Abhängigkeit von der Außentemperatur und der Zeit durch entsprechende Einrichtungen in der zentralen Erzeugungsanlage geregelt wird.

(2) [1] Heizungstechnische Anlagen mit Wasser als Wärmeträger müssen beim Einbau in Gebäude mit selbsttätig wirkenden Einrichtungen zur raumweisen Regelung der Raumtemperatur ausgestattet werden; von dieser Pflicht ausgenommen sind Fußbodenheizungen in Räumen mit weniger als sechs Quadratmetern Nutzfläche. [2] Satz 1 gilt nicht für Einzelheizgeräte, die zum Betrieb mit festen oder flüssigen Brennstoffen eingerichtet sind. [3] Mit Ausnahme von Wohngebäuden ist für Gruppen von Räumen gleicher Art und Nutzung eine Gruppenregelung zulässig. [4] Soweit die in Satz 1 bis 3 geforderten Ausstattungen bei bestehenden Gebäuden nicht vorhanden sind, muss der Eigentümer sie nachrüsten; Fußbodenheizungen, die vor dem 1. Februar 2002 eingebaut worden sind, dürfen abweichend von Satz 1 erster Halbsatz mit Einrichtungen zur raumweisen Anpassung der Wärmeleistung an die Heizlast ausgestattet werden.

(3) In Zentralheizungen mit mehr als 25 Kilowatt Nennleistung sind die Umwälzpumpen der Heizkreise beim erstmaligen Einbau und bei der Ersetzung so auszustatten, dass die elektrische Leistungsaufnahme dem betriebsbedingten Förderbedarf selbsttätig in mindestens drei Stufen angepasst wird,

soweit sicherheitstechnische Belange des Heizkessels dem nicht entgegenstehen.

(4) Zirkulationspumpen müssen beim Einbau in Warmwasseranlagen mit selbsttätig wirkenden Einrichtungen zur Ein- und Ausschaltung ausgestattet werden.

(5) Beim erstmaligen Einbau und bei der Ersetzung von Wärmeverteilungs- und Warmwasserleitungen sowie von Armaturen in Gebäuden ist deren Wärmeabgabe nach Anlage 5 zu begrenzen.

§ 15 Klimaanlagen und sonstige Anlagen der Raumlufttechnik.

(1) [1] Beim Einbau von Klimaanlagen mit einer Nennleistung für den Kältebedarf von mehr als zwölf Kilowatt und raumlufttechnischen Anlagen, die für einen Volumenstrom der Zuluft von wenigstens 4 000 Kubikmeter je Stunde ausgelegt sind, in Gebäude sowie bei der Erneuerung von Zentralgeräten oder Luftkanalsystemen solcher Anlagen müssen diese Anlagen so ausgeführt werden, dass

1. die auf das Fördervolumen bezogene elektrische Leistung der Einzelventilatoren oder
2. der gewichtete Mittelwert der auf das jeweilige Fördervolumen bezogenen elektrischen Leistungen aller Zu- und Abluftventilatoren

bei Auslegungsvolumenstrom den Grenzwert der Kategorie SFP 4 nach DIN EN 13779 : 2007-09 nicht überschreitet. [2] Der Grenzwert für die Klasse SFP 4 kann um Zuschläge nach DIN EN 13779 : 2007-09 Abschnitt 6.5.2 für Gas- und HEPA-Filter sowie Wärmerückführungsbauteile der Klassen H2 oder H1 nach DIN EN 13053 : 2007-11 erweitert werden.

(2) [1] Beim Einbau von Anlagen nach Absatz 1 Satz 1 in Gebäude und bei der Erneuerung von Zentralgeräten solcher Anlagen müssen, soweit diese Anlagen dazu bestimmt sind, die Feuchte der Raumluft unmittelbar zu verändern, diese Anlagen mit selbsttätig wirkenden Regelungseinrichtungen ausgestattet werden, bei denen getrennte Sollwerte für die Be- und die Entfeuchtung eingestellt werden können und als Führungsgröße mindestens die direkt gemessene Zu- oder Abluftfeuchte dient. [2] Sind solche Einrichtungen in bestehenden Anlagen nach Absatz 1 Satz 1 nicht vorhanden, muss der Betreiber sie bei Klimaanlagen innerhalb von sechs Monaten nach Ablauf der jeweiligen Frist des § 12 Absatz 3, bei sonstigen raumlufttechnischen Anlagen in entsprechender Anwendung der jeweiligen Fristen des § 12 Absatz 3, nachrüsten.

(3) [1] Beim Einbau von Anlagen nach Absatz 1 Satz 1 in Gebäude und bei der Erneuerung von Zentralgeräten oder Luftkanalsystemen solcher Anlagen müssen diese Anlagen mit Einrichtungen zur selbsttätigen Regelung der Volumenströme in Abhängigkeit von den thermischen und stofflichen Lasten oder zur Einstellung der Volumenströme in Abhängigkeit von der Zeit ausgestattet werden, wenn der Zuluftvolumenstrom dieser Anlagen je Quadratmeter versorgter Nettogrundfläche, bei Wohngebäuden je Quadratmeter versorgter Gebäudenutzfläche neun Kubikmeter pro Stunde überschreitet. [2] Satz 1 gilt nicht, soweit in den versorgten Räumen auf Grund des Arbeits- oder Gesundheitsschutzes erhöhte Zuluftvolumenströme erforderlich sind oder Laständerungen weder messtechnisch noch hinsichtlich des zeitlichen Verlaufes erfassbar sind.

(4) Werden Kälteverteilungs- und Kaltwasserleitungen und Armaturen, die zu Anlagen im Sinne des Absatzes 1 Satz 1 gehören, erstmalig in Gebäude eingebaut oder ersetzt, ist deren Wärmeaufnahme nach Anlage 5 zu begrenzen.

(5) [1] Werden Anlagen nach Absatz 1 Satz 1 in Gebäude eingebaut oder Zentralgeräte solcher Anlagen erneuert, müssen diese mit einer Einrichtung zur Wärmerückgewinnung ausgestattet sein, die mindestens der Klassifizierung H3 nach DIN EN 13053 : 2007-11 entspricht. [2] Für die Betriebsstundenzahl sind die Nutzungsrandbedingungen nach DIN V 18599-10 : 2011-12 und für den Luftvolumenstrom der Außenluftvolumenstrom maßgebend.

Abschnitt 5. Energieausweise und Empfehlungen für die Verbesserung der Energieeffizienz

§ 16 Ausstellung und Verwendung von Energieausweisen. (1) [1] Wird ein Gebäude errichtet, hat der Bauherr sicherzustellen, dass ihm, wenn er zugleich Eigentümer des Gebäudes ist, oder dem Eigentümer des Gebäudes ein Energieausweis nach dem Muster der Anlage 6 oder 7 unter Zugrundelegung der energetischen Eigenschaften des fertig gestellten Gebäudes ausgestellt und der Energieausweis oder eine Kopie hiervon übergeben wird. [2] Die Ausstellung und die Übergabe müssen unverzüglich nach Fertigstellung des Gebäudes erfolgen. [3] Die Sätze 1 und 2 sind entsprechend anzuwenden, wenn unter Anwendung des § 9 Absatz 1 Satz 2 für das gesamte Gebäude Berechnungen nach § 9 Absatz 2 durchgeführt werden. [4] Der Eigentümer hat den Energieausweis der nach Landesrecht zuständigen Behörde auf Verlangen vorzulegen.

(2) [1] Soll ein mit einem Gebäude bebautes Grundstück, ein grundstücksgleiches Recht an einem bebauten Grundstück oder Wohnungs- oder Teileigentum verkauft werden, hat der Verkäufer dem potenziellen Käufer spätestens bei der Besichtigung einen Energieausweis oder eine Kopie hiervon mit dem Inhalt nach dem Muster der Anlage 6 oder 7 vorzulegen; die Vorlagepflicht wird auch durch einen deutlich sichtbaren Aushang oder ein deutlich sichtbares Auslegen während der Besichtigung erfüllt. [2] Findet keine Besichtigung statt, hat der Verkäufer den Energieausweis oder eine Kopie hiervon mit dem Inhalt nach dem Muster der Anlage 6 oder 7 dem potenziellen Käufer unverzüglich vorzulegen; der Verkäufer muss den Energieausweis oder eine Kopie hiervon spätestens unverzüglich dann vorlegen, wenn der potenzielle Käufer ihn hierzu auffordert. [3] Unverzüglich nach Abschluss des Kaufvertrages hat der Verkäufer dem Käufer den Energieausweis oder eine Kopie hiervon zu übergeben. [4] Die Sätze 1 bis 3 sind entsprechend anzuwenden auf den Vermieter, Verpächter und Leasinggeber bei der Vermietung, der Verpachtung oder dem Leasing eines Gebäudes, einer Wohnung oder einer sonstigen selbständigen Nutzungseinheit.

(3) [1] Der Eigentümer eines Gebäudes, in dem sich mehr als 500 Quadratmeter oder nach dem 8. Juli 2015 mehr als 250 Quadratmeter Nutzfläche mit starkem Publikumsverkehr befinden, der auf behördlicher Nutzung beruht, hat dafür Sorge zu tragen, dass für das Gebäude ein Energieausweis nach dem Muster der Anlage 6 oder 7 ausgestellt wird. [2] Der Eigentümer hat den nach Satz 1 ausgestellten Energieausweis an einer für die Öffentlichkeit gut sicht-

baren Stelle auszuhängen. [3] Wird die in Satz 1 genannte Nutzfläche nicht oder nicht überwiegend vom Eigentümer selbst genutzt, so trifft die Pflicht zum Aushang des Energieausweises den Nutzer. [4] Der Eigentümer hat ihm zu diesem Zweck den Energieausweis oder eine Kopie hiervon zu übergeben. [5] Zur Erfüllung der Pflicht nach Satz 1 ist es ausreichend, von einem Energiebedarfsausweis nur die Seiten 1 und 2 nach dem Muster der Anlage 6 oder 7 und von einem Energieverbrauchsausweis nur die Seiten 1 und 3 nach dem Muster der Anlage 6 oder 7 auszuhängen; anstelle des Aushangs eines Energieausweises nach dem Muster der Anlage 7 kann der Aushang auch nach dem Muster der Anlage 8 oder 9 vorgenommen werden.

(4) [1] Der Eigentümer eines Gebäudes, in dem sich mehr als 500 Quadratmeter Nutzfläche mit starkem Publikumsverkehr befinden, der nicht auf behördlicher Nutzung beruht, hat einen Energieausweis an einer für die Öffentlichkeit gut sichtbaren Stelle auszuhängen, sobald für das Gebäude ein Energieausweis vorliegt. [2] Absatz 3 Satz 3 bis 5 ist entsprechend anzuwenden.

(5) [1] Auf kleine Gebäude sind die Vorschriften dieses Abschnitts nicht anzuwenden. [2] Auf Baudenkmäler sind die Absätze 2 bis 4 nicht anzuwenden.

§ 16a[1)] Pflichtangaben in Immobilienanzeigen. (1) [1] Wird in Fällen des § 16 Absatz 2 Satz 1 vor dem Verkauf eine Immobilienanzeige in kommerziellen Medien aufgegeben und liegt zu diesem Zeitpunkt ein Energieausweis vor, so hat der Verkäufer sicherzustellen, dass die Immobilienanzeige folgende Pflichtangaben enthält:

1. die Art des Energieausweises: Energiebedarfsausweis oder Energieverbrauchsausweis im Sinne des § 17 Absatz 1 Satz 1,
2. den im Energieausweis genannten Wert des Endenergiebedarfs oder Endenergieverbrauchs für das Gebäude,
3. die im Energieausweis genannten wesentlichen Energieträger für die Heizung des Gebäudes,
4. bei Wohngebäuden das im Energieausweis genannte Baujahr und
5. bei Wohngebäuden die im Energieausweis genannte Energieeffizienzklasse.

[2] Bei Nichtwohngebäuden ist bei Energiebedarfs- und bei Energieverbrauchsausweisen als Pflichtangabe nach Satz 1 Nummer 2 der Endenergiebedarf oder Endenergieverbrauch sowohl für Wärme als auch für Strom jeweils getrennt aufzuführen.

(2) Absatz 1 ist entsprechend anzuwenden auf den Vermieter, Verpächter und Leasinggeber bei Immobilienanzeigen zur Vermietung, Verpachtung oder zum Leasing eines Gebäudes, einer Wohnung oder einer sonstigen selbständigen Nutzungseinheit.

(3) Bei Energieausweisen, die nach dem 30. September 2007 und vor dem 1. Mai 2014 ausgestellt worden sind, und bei Energieausweisen nach § 29 Absatz 1 sind die Pflichten der Absätze 1 und 2 nach Maßgabe des § 29 Absatz 2 und 3 zu erfüllen.

---

1) Siehe hierzu ua Arbeitshilfe Pflichtangaben in Immobilienanzeigen und „alte" Energieausweise v. 17.4.2014 (BAnz AT 30.04.2014 B1).

§ 17 Grundsätze des Energieausweises. (1) [1] Der Aussteller hat Energieausweise nach § 16 auf der Grundlage des berechneten Energiebedarfs (Energiebedarfsausweis) oder des erfassten Energieverbrauchs (Energieverbrauchsausweis) nach Maßgabe der Absätze 2 bis 6 sowie der §§ 18 und 19 auszustellen. [2] Es ist zulässig, sowohl den Energiebedarf als auch den Energieverbrauch anzugeben.

(2) [1] Energieausweise dürfen in den Fällen des § 16 Abs. 1 nur auf der Grundlage des Energiebedarfs ausgestellt werden. [2] In den Fällen des § 16 Abs. 2 sind ab dem 1. Oktober 2008 Energieausweise für Wohngebäude, die weniger als fünf Wohnungen haben und für die der Bauantrag vor dem 1. November 1977 gestellt worden ist, auf der Grundlage des Energiebedarfs auszustellen. [3] Satz 2 gilt nicht, wenn das Wohngebäude

1. schon bei der Baufertigstellung das Anforderungsniveau der Wärmeschutzverordnung vom 11. August 1977 (BGBl. I S. 1554) eingehalten hat oder
2. durch spätere Änderungen mindestens auf das in Nummer 1 bezeichnete Anforderungsniveau gebracht worden ist.

[4] Bei der Ermittlung der energetischen Eigenschaften des Wohngebäudes nach Satz 3 können die Bestimmungen über die vereinfachte Datenerhebung nach § 9 Abs. 2 Satz 2 und die Datenbereitstellung durch den Eigentümer nach Absatz 5 angewendet werden.

(3) [1] Energieausweise werden für Gebäude ausgestellt. [2] Sie sind für Teile von Gebäuden auszustellen, wenn die Gebäudeteile nach § 22 getrennt zu behandeln sind.

(4) [1] Energieausweise einschließlich Modernisierungsempfehlungen müssen nach Inhalt und Aufbau den Mustern in den Anlagen 6 bis 9 entsprechen und mindestens die dort für die jeweilige Ausweisart geforderten, nicht als freiwillig gekennzeichneten Angaben enthalten. [2] Zusätzliche, nicht personenbezogene Angaben können beigefügt werden. [3] Energieausweise sind vom Aussteller unter Angabe seines Namens, seiner Anschrift und Berufsbezeichnung sowie des Ausstellungsdatums eigenhändig oder durch Nachbildung der Unterschrift zu unterschreiben. [4] Vor Übergabe des neu ausgestellten Energieausweises an den Eigentümer hat der Aussteller die nach § 26c Absatz 2 zugeteilte Registriernummer einzutragen. [5] Hat bei elektronischer Antragstellung die nach § 26c zuständige Registrierstelle bis zum Ablauf von drei Arbeitstagen nach Antragstellung und in sonstigen Fällen der Antragstellung bis zum Ablauf von sieben Arbeitstagen nach Antragstellung keine Registriernummer zugeteilt, sind statt der Registriernummer die Wörter „Registriernummer wurde beantragt am“ und das Datum der Antragstellung bei der Registrierstelle einzutragen (vorläufiger Energieausweis). [6] Unverzüglich nach Erhalt der Registriernummer hat der Aussteller dem Eigentümer eine Ausfertigung des Energieausweises mit der eingetragenen Registriernummer zu übermitteln. [7] Nach Zugang des vervollständigten Energieausweises beim Eigentümer verliert der vorläufige Energieausweis seine Gültigkeit. [8] Die Modernisierungsempfehlungen nach § 20 sind Bestandteil der Energieausweise nach den Mustern in den Anlagen 6 und 7.

(5) [1] Der Eigentümer kann die zur Ausstellung des Energieausweises nach § 18 Absatz 1 Satz 1 oder Absatz 2 Satz 1 in Verbindung mit den Anlagen 1, 2 und 3 Nummer 8 oder nach § 19 Absatz 1 Satz 1 und 3, Absatz 2 Satz 1 oder 5 und Absatz 3 Satz 1 erforderlichen Daten bereitstellen. [2] Der Eigentü-

mer muss dafür Sorge tragen, dass die von ihm nach Satz 1 bereitgestellten Daten richtig sind. [3] Der Aussteller darf die vom Eigentümer bereitgestellten Daten seinen Berechnungen nicht zugrunde legen, soweit begründeter Anlass zu Zweifeln an deren Richtigkeit besteht. [4] Soweit der Aussteller des Energieausweises die Daten selbst ermittelt hat, ist Satz 2 entsprechend anzuwenden.

(6) [1] Energieausweise sind für eine Gültigkeitsdauer von zehn Jahren auszustellen. [2] Unabhängig davon verlieren Energieausweise ihre Gültigkeit, wenn nach § 16 Absatz 1 ein neuer Energieausweis erforderlich wird.

§ 18 Ausstellung auf der Grundlage des Energiebedarfs. (1) [1] Werden Energieausweise für zu errichtende Gebäude auf der Grundlage des berechneten Energiebedarfs ausgestellt, sind die Ergebnisse der nach den §§ 3 bis 5 erforderlichen Berechnungen zugrunde zu legen. [2] Die Ergebnisse sind in den Energieausweisen anzugeben, soweit ihre Angabe für Energiebedarfswerte in den Mustern der Anlagen 6 bis 8 vorgesehen ist. [3] In den Fällen des § 3 Absatz 5 Satz 3 sind die Kennwerte zu verwenden, die in den Bekanntmachungen nach § 3 Absatz 5 Satz 1 der jeweils zutreffenden Ausstattungsvariante zugewiesen sind.

(2) [1] Werden Energieausweise für bestehende Gebäude auf der Grundlage des berechneten Energiebedarfs ausgestellt, ist auf die erforderlichen Berechnungen § 9 Abs. 2 entsprechend anzuwenden. [2] Die Ergebnisse sind in den Energieausweisen anzugeben, soweit ihre Angabe für Energiebedarfswerte in den Mustern der Anlagen 6 bis 8 vorgesehen ist.

§ 19 Ausstellung auf der Grundlage des Energieverbrauchs.

(1) [1] Werden Energieausweise für bestehende Gebäude auf der Grundlage des erfassten Energieverbrauchs ausgestellt, sind der witterungsbereinigte Endenergie- und Primärenergieverbrauch nach Maßgabe der Absätze 2 und 3 zu berechnen. [2] Die Ergebnisse sind in den Energieausweisen anzugeben, soweit ihre Angabe für Energieverbrauchswerte in den Mustern der Anlagen 6, 7 und 9 vorgesehen ist. [3] Die Bestimmungen des § 9 Abs. 2 Satz 2 über die vereinfachte Datenerhebung sind entsprechend anzuwenden.

(2) [1] Bei Wohngebäuden ist der Endenergieverbrauch für Heizung und Warmwasserbereitung zu ermitteln und in Kilowattstunden pro Jahr und Quadratmeter Gebäudenutzfläche anzugeben. [2] Ist im Fall dezentraler Warmwasserbereitung in Wohngebäuden der hierauf entfallende Verbrauch nicht bekannt, ist der Endenergieverbrauch um eine Pauschale von 20 Kilowattstunden pro Jahr und Quadratmeter Gebäudenutzfläche zu erhöhen. [3] Im Fall der Kühlung von Raumluft in Wohngebäuden ist der für Heizung und Warmwasser ermittelte Endenergieverbrauch um eine Pauschale von 6 Kilowattstunden pro Jahr und Quadratmeter gekühlte Gebäudenutzfläche zu erhöhen. [4] Ist die Gebäudenutzfläche nicht bekannt, kann sie bei Wohngebäuden mit bis zu zwei Wohneinheiten mit beheiztem Keller pauschal mit dem 1,35fachen Wert der Wohnfläche, bei sonstigen Wohngebäuden mit dem 1,2fachen Wert der Wohnfläche angesetzt werden. [5] Bei Nichtwohngebäuden ist der Endenergieverbrauch für Heizung, Warmwasserbereitung, Kühlung, Lüftung und eingebaute Beleuchtung zu ermitteln und in Kilowattstunden pro Jahr und Quadratmeter Nettogrundfläche anzugeben. [6] Der Endenergieverbrauch für Heizung ist einer Witterungsbereinigung zu unterziehen. [7] Der Primärenergieverbrauch wird auf der Grundlage des Endenergieverbrauchs

und der Primärenergiefaktoren nach Anlage 1 Nummer 2.1.1 Satz 2 bis 7 errechnet.

(3) [1] Zur Ermittlung des Energieverbrauchs sind

1. Verbrauchsdaten aus Abrechnungen von Heizkosten nach der Heizkostenverordnung für das gesamte Gebäude,
2. andere geeignete Verbrauchsdaten, insbesondere Abrechnungen von Energielieferanten oder sachgerecht durchgeführte Verbrauchsmessungen, oder
3. eine Kombination von Verbrauchsdaten nach den Nummern 1 und 2

zu verwenden; dabei sind mindestens die Abrechnungen aus einem zusammenhängenden Zeitraum von 36 Monaten zugrunde zu legen, der die jüngste vorliegende Abrechnungsperiode einschließt. [2] Bei der Ermittlung nach Satz 1 sind längere Leerstände rechnerisch angemessen zu berücksichtigen. [3] Der maßgebliche Energieverbrauch ist der durchschnittliche Verbrauch in dem zugrunde gelegten Zeitraum. [4] Für die Witterungsbereinigung des Endenergieverbrauchs und die angemessene rechnerische Berücksichtigung längerer Leerstände sowie die Berechnung des Primärenergieverbrauchs auf der Grundlage des ermittelten Endenergieverbrauchs ist ein den anerkannten Regeln der Technik entsprechendes Verfahren anzuwenden. [5] Die Einhaltung der anerkannten Regeln der Technik wird vermutet, soweit bei der Ermittlung des Energieverbrauchs Vereinfachungen verwendet werden, die vom Bundesministerium für Wirtschaft und Energie und dem Bundesministerium für Umwelt, Naturschutz, Bau und Reaktorsicherheit gemeinsam im Bundesanzeiger bekannt gemacht worden sind.

(4) Als Vergleichswerte für den Energieverbrauch eines Nichtwohngebäudes sind in den Energieausweis die Werte einzutragen, die jeweils vom Bundesministerium für Wirtschaft und Energie und dem Bundesministerium für Umwelt, Naturschutz, Bau und Reaktorsicherheit gemeinsam im Bundesanzeiger bekannt gemacht worden sind.

§ 20 Empfehlungen für die Verbesserung der Energieeffizienz. [1] Der Aussteller des Energieausweises hat dem Eigentümer im Energieausweis Empfehlungen für Maßnahmen zur kosteneffizienten Verbesserung der energetischen Eigenschaften des Gebäudes (Energieeffizienz) in Form von kurz gefassten fachlichen Hinweisen zu geben (Modernisierungsempfehlungen), es sei denn, solche Maßnahmen sind nicht möglich. [2] Die Modernisierungsempfehlungen beziehen sich auf Maßnahmen am gesamten Gebäude, an einzelnen Außenbauteilen sowie an Anlagen und Einrichtungen im Sinne dieser Verordnung. [3] In den Modernisierungsempfehlungen kann ergänzend auf weiterführende Hinweise in gemeinsamen Veröffentlichungen des Bundesministeriums für Wirtschaft und Energie und des Bundesministeriums für Umwelt, Naturschutz, Bau und Reaktorsicherheit oder in Veröffentlichungen von ihnen beauftragter Dritter Bezug genommen werden. [4] Die Bestimmungen des § 9 Absatz 2 Satz 2 über die vereinfachte Datenerhebung sind entsprechend anzuwenden. [5] Sind Modernisierungsempfehlungen nicht möglich, hat der Aussteller dies im Energieausweis zu vermerken.

§ 21 Ausstellungsberechtigung für bestehende Gebäude. (1) [1] Zur Ausstellung von Energieausweisen für bestehende Gebäude nach § 16 Absatz 2 bis 4 sind nur berechtigt

1. Personen mit berufsqualifizierendem Hochschulabschluss in
   a) den Fachrichtungen Architektur, Hochbau, Bauingenieurwesen, Technische Gebäudeausrüstung, Physik, Bauphysik, Maschinenbau oder Elektrotechnik oder
   b) einer anderen technischen oder naturwissenschaftlichen Fachrichtung mit einem Ausbildungsschwerpunkt auf einem unter Buchstabe a genannten Gebiet,
2. Personen im Sinne der Nummer 1 Buchstabe a im Bereich Architektur der Fachrichtung Innenarchitektur,
3. Personen, die für ein zulassungspflichtiges Bau-, Ausbau- oder anlagentechnisches Gewerbe oder für das Schornsteinfegerwesen die Voraussetzungen zur Eintragung in die Handwerksrolle erfüllen, sowie Handwerksmeister der zulassungsfreien Handwerke dieser Bereiche und Personen, die auf Grund ihrer Ausbildung berechtigt sind, ein solches Handwerk ohne Meistertitel selbständig auszuüben,
4. staatlich anerkannte oder geprüfte Techniker, deren Ausbildungsschwerpunkt auch die Beurteilung der Gebäudehülle, die Beurteilung von Heizungs- und Warmwasserbereitungsanlagen oder die Beurteilung von Lüftungs- und Klimaanlagen umfasst,
5. Personen, die nach bauordnungsrechtlichen Vorschriften der Länder zur Unterzeichnung von bautechnischen Nachweisen des Wärmeschutzes oder der Energieeinsparung bei der Errichtung von Gebäuden berechtigt sind, im Rahmen der jeweiligen Nachweisberechtigung,

wenn sie mit Ausnahme der in Nummer 5 genannten Personen mindestens eine der in Absatz 2 genannten Voraussetzungen erfüllen. [2] Die Ausstellungsberechtigung nach Satz 1 Nr. 2 bis 4 in Verbindung mit Absatz 2 bezieht sich nur auf Energieausweise für bestehende Wohngebäude. [3] Für Personen im Sinne des Satzes 1 Nummer 1 ist die Ausstellungsberechtigung auf bestehende Wohngebäude beschränkt, wenn sich ihre Fortbildung im Sinne des Absatzes 2 Nummer 2 Buchstabe b auf Wohngebäude beschränkt hat und keine andere Voraussetzung des Absatzes 2 erfüllt ist.

(2) Voraussetzung für die Ausstellungsberechtigung nach Absatz 1 Satz 1 Nummer 1 bis 4 ist

1. während des Studiums ein Ausbildungsschwerpunkt im Bereich des energiesparenden Bauens oder nach einem Studium ohne einen solchen Schwerpunkt eine mindestens zweijährige Berufserfahrung in wesentlichen bau- oder anlagentechnischen Tätigkeitsbereichen des Hochbaus,
2. eine erfolgreiche Fortbildung im Bereich des energiesparenden Bauens, die
   a) in Fällen des Absatzes 1 Satz 1 Nr. 1 den wesentlichen Inhalten der Anlage 11,
   b) in Fällen des Absatzes 1 Satz 1 Nr. 2 bis 4 den wesentlichen Inhalten der Anlage 11 Nr. 1 und 2

   entspricht, oder
3. eine öffentliche Bestellung als vereidigter Sachverständiger für ein Sachgebiet im Bereich des energiesparenden Bauens oder in wesentlichen bau- oder anlagentechnischen Tätigkeitsbereichen des Hochbaus.

(3) § 12 Abs. 5 Satz 3 ist auf Ausbildungen im Sinne des Absatzes 1 entsprechend anzuwenden.

Abschnitt 6. Gemeinsame Vorschriften, Ordnungswidrigkeiten

§ 22 Gemischt genutzte Gebäude. (1) Teile eines Wohngebäudes, die sich hinsichtlich der Art ihrer Nutzung und der gebäudetechnischen Ausstattung wesentlich von der Wohnnutzung unterscheiden und die einen nicht unerheblichen Teil der Gebäudenutzfläche umfassen, sind getrennt als Nichtwohngebäude zu behandeln.

(2) Teile eines Nichtwohngebäudes, die dem Wohnen dienen und einen nicht unerheblichen Teil der Nettogrundfläche umfassen, sind getrennt als Wohngebäude zu behandeln.

(3) Für die Berechnung von Trennwänden und Trenndecken zwischen Gebäudeteilen gilt in Fällen der Absätze 1 und 2 Anlage 1 Nr. 2.6 Satz 1 entsprechend.

§ 23 Regeln der Technik. (1) Das Bundesministerium für Wirtschaft und Energie kann gemeinsam mit dem Bundesministerium für Umwelt, Naturschutz, Bau und Reaktorsicherheit durch Bekanntmachung im Bundesanzeiger auf Veröffentlichungen sachverständiger Stellen über anerkannte Regeln der Technik hinweisen, soweit in dieser Verordnung auf solche Regeln Bezug genommen wird.

(2) Zu den anerkannten Regeln der Technik gehören auch Normen, technische Vorschriften oder sonstige Bestimmungen anderer Mitgliedstaaten der Europäischen Union und anderer Vertragsstaaten des Abkommens über den Europäischen Wirtschaftsraum sowie der Türkei, wenn ihre Einhaltung das geforderte Schutzniveau in Bezug auf Energieeinsparung und Wärmeschutz dauerhaft gewährleistet.

(3) [1] Soweit eine Bewertung von Baustoffen, Bauteilen und Anlagen im Hinblick auf die Anforderungen dieser Verordnung auf Grund anerkannter Regeln der Technik nicht möglich ist, weil solche Regeln nicht vorliegen oder wesentlich von ihnen abgewichen wird, sind der nach Landesrecht zuständigen Behörde die erforderlichen Nachweise für eine anderweitige Bewertung vorzulegen. [2] Satz 1 gilt nicht für Baustoffe, Bauteile und Anlagen,

1. soweit für sie die Bewertung auch im Hinblick auf die Anforderungen zur Energieeinsparung im Sinne dieser Verordnung durch die Verordnung (EU) Nr. 305/2011 des Europäischen Parlaments und des Rates vom 9. März 2011 zur Festlegung harmonisierter Bedingungen für die Vermarktung von Bauprodukten und zur Aufhebung der Richtlinie 89/106/EWG des Rates (ABl. L 88 vom 4.4.2011, S. 5) oder durch nationale Rechtsvorschriften zur Umsetzung oder Durchführung von Rechtsvorschriften der Europäischen Union gewährleistet wird, erforderliche CE-Kennzeichnungen angebracht wurden und nach den genannten Vorschriften zulässige Klassen und Leistungsstufen nach Maßgabe landesrechtlicher Vorschriften eingehalten werden, oder

2. bei denen nach bauordnungsrechtlichen Vorschriften über die Verwendung von Bauprodukten auch die Einhaltung dieser Verordnung sichergestellt wird.

(4) Das Bundesministerium für Wirtschaft und Energie und das Bundesministerium für Umwelt, Naturschutz, Bau und Reaktorsicherheit oder in deren Auftrag Dritte können Bekanntmachungen nach dieser Verordnung neben der Bekanntmachung im Bundesanzeiger auch kostenfrei in das Internet einstellen.

(5) Verweisen die nach dieser Verordnung anzuwendenden datierten technischen Regeln auf undatierte technische Regeln, sind diese in der Fassung anzuwenden, die dem Stand zum Zeitpunkt der Herausgabe der datierten technischen Regel entspricht.

§ 24 Ausnahmen. (1) Soweit bei Baudenkmälern oder sonstiger besonders erhaltenswerter Bausubstanz die Erfüllung der Anforderungen dieser Verordnung die Substanz oder das Erscheinungsbild beeinträchtigen oder andere Maßnahmen zu einem unverhältnismäßig hohen Aufwand führen, kann von den Anforderungen dieser Verordnung abgewichen werden.

(2) Soweit die Ziele dieser Verordnung durch andere als in dieser Verordnung vorgesehene Maßnahmen im gleichen Umfang erreicht werden, lassen die nach Landesrecht zuständigen Behörden auf Antrag Ausnahmen zu.

§ 25 Befreiungen. (1) [1] Die nach Landesrecht zuständigen Behörden haben auf Antrag von den Anforderungen dieser Verordnung zu befreien, soweit die Anforderungen im Einzelfall wegen besonderer Umstände durch einen unangemessenen Aufwand oder in sonstiger Weise zu einer unbilligen Härte führen. [2] Eine unbillige Härte liegt insbesondere vor, wenn die erforderlichen Aufwendungen innerhalb der üblichen Nutzungsdauer, bei Anforderungen an bestehende Gebäude innerhalb angemessener Frist durch die eintretenden Einsparungen nicht erwirtschaftet werden können.

(2) Absatz 1 ist auf die Vorschriften des Abschnitts 5 nicht anzuwenden.

§ 25a Gebäude für die Unterbringung von Asylsuchenden und Flüchtlingen. (1) [1] Gebäude, die bis zum 31. Dezember 2018 geändert, erweitert oder ausgebaut werden, um sie als Aufnahmeeinrichtungen nach § 44 des Asylgesetzes oder als Gemeinschaftsunterkünfte nach § 53 des Asylgesetzes zu nutzen, sind von den Anforderungen des § 9 befreit. [2] Die Anforderungen an den Mindestwärmeschutz nach den anerkannten Regeln der Technik sind einzuhalten.

(2) Im Übrigen kann die zuständige Landesbehörde bei Anträgen auf Befreiung nach § 25 Absatz 1 Satz 1, die bis zum 31. Dezember 2018 gestellt werden, von einer unbilligen Härte ausgehen, wenn die Anforderungen dieser Verordnung im Einzelfall die Schaffung von Aufnahmeeinrichtungen nach § 44 des Asylgesetzes oder von Gemeinschaftsunterkünften nach § 53 des Asylgesetzes erheblich verzögern würden.

(3) Gebäude, die als Aufnahmeeinrichtungen nach § 44 des Asylgesetzes oder als Gemeinschaftsunterkünfte nach § 53 des Asylgesetzes genutzt werden, sind bis zum 31. Dezember 2018 von der Verpflichtung nach § 10 Absatz 3 befreit.

(4) Die Ausnahme von den Anforderungen dieser Verordnung nach § 1 Absatz 3 Satz 1 ist bis zum 31. Dezember 2018 auch für die in § 1 Absatz 3 Satz 1 Nummer 6 genannten Gebäude mit einer geplanten Nutzungsdauer von bis zu fünf Jahren anzuwenden, wenn die Gebäude dazu bestimmt sind, als Aufnahmeeinrichtungen nach § 44 des Asylgesetzes oder als Gemeinschaftsunterkünfte nach § 53 des Asylgesetzes zu dienen.

§ 26 Verantwortliche. (1) Für die Einhaltung der Vorschriften dieser Verordnung ist der Bauherr verantwortlich, soweit in dieser Verordnung nicht ausdrücklich ein anderer Verantwortlicher bezeichnet ist.

(2) Für die Einhaltung der Vorschriften dieser Verordnung sind im Rahmen ihres jeweiligen Wirkungskreises auch die Personen verantwortlich, die im Auftrag des Bauherrn bei der Errichtung oder Änderung von Gebäuden oder der Anlagentechnik in Gebäuden tätig werden.

§ 26a Private Nachweise. (1) Wer geschäftsmäßig an oder in bestehenden Gebäuden Arbeiten

1. zur Änderung von Außenbauteilen im Sinne des § 9 Absatz 1 Satz 1,
2. zur Dämmung oberster Geschossdecken im Sinne von § 10 Absatz 3, auch in Verbindung mit Absatz 4, oder
3. zum erstmaligen Einbau oder zur Ersetzung von Heizkesseln und sonstigen Wärmeerzeugersystemen nach § 13, Verteilungseinrichtungen oder Warmwasseranlagen nach § 14 oder Klimaanlagen oder sonstigen Anlagen der Raumlufttechnik nach § 15

durchführt, hat dem Eigentümer unverzüglich nach Abschluss der Arbeiten schriftlich zu bestätigen, dass die von ihm geänderten oder eingebauten Bau- oder Anlagenteile den Anforderungen dieser Verordnung entsprechen (Unternehmererklärung).

(2) [1] Mit der Unternehmererklärung wird die Erfüllung der Pflichten aus den in Absatz 1 genannten Vorschriften nachgewiesen. [2] Die Unternehmererklärung ist von dem Eigentümer mindestens fünf Jahre aufzubewahren. [3] Der Eigentümer hat die Unternehmererklärungen der nach Landesrecht zuständigen Behörde auf Verlangen vorzulegen.

§ 26b Aufgaben des bevollmächtigten Bezirksschornsteinfegers.

(1) Bei heizungstechnischen Anlagen prüft der bevollmächtigte Bezirksschornsteinfeger als Beliehener im Rahmen der Feuerstättenschau, ob

1. Heizkessel, die nach § 10 Absatz 1, auch in Verbindung mit Absatz 4, außer Betrieb genommen werden mussten, weiterhin betrieben werden und
2. Wärmeverteilungs- und Warmwasserleitungen sowie Armaturen, die nach § 10 Absatz 2, auch in Verbindung mit Absatz 4, gedämmt werden mussten, weiterhin ungedämmt sind.

(2) Bei heizungstechnischen Anlagen, die in bestehende Gebäude eingebaut werden, prüft der bevollmächtigte Bezirksschornsteinfeger im Rahmen der bauordnungsrechtlichen Abnahme der Anlage oder, wenn eine solche Abnahme nicht vorgesehen ist, als Beliehener im Rahmen der ersten Feuerstättenschau nach dem Einbau außerdem, ob

1. die Anforderungen nach § 11 Absatz 1 Satz 2 erfüllt sind,
2. Zentralheizungen mit einer zentralen selbsttätig wirkenden Einrichtung zur Verringerung und Abschaltung der Wärmezufuhr sowie zur Ein- und Ausschaltung elektrischer Antriebe nach § 14 Absatz 1 ausgestattet sind,
3. Umwälzpumpen in Zentralheizungen mit Vorrichtungen zur selbsttätigen Anpassung der elektrischen Leistungsaufnahme nach § 14 Absatz 3 ausgestattet sind,
4. bei Wärmeverteilungs- und Warmwasserleitungen sowie Armaturen die Wärmeabgabe nach § 14 Absatz 5 begrenzt ist.

(3) [1] Der bevollmächtigte Bezirksschornsteinfeger weist den Eigentümer bei Nichterfüllung der Pflichten aus den in den Absätzen 1 und 2 genannten Vorschriften schriftlich auf diese Pflichten hin und setzt eine angemessene Frist zu deren Nacherfüllung. [2] Werden die Pflichten nicht innerhalb der festgesetzten Frist erfüllt, unterrichtet der bevollmächtigte Bezirksschornsteinfeger unverzüglich die nach Landesrecht zuständige Behörde.

(4) [1] Die Erfüllung der Pflichten aus den in den Absätzen 1 und 2 genannten Vorschriften kann durch Vorlage der Unternehmererklärungen gegenüber dem bevollmächtigten Bezirksschornsteinfeger nachgewiesen werden. [2] Es bedarf dann keiner weiteren Prüfung durch den bevollmächtigten Bezirksschornsteinfeger.

(5) Eine Prüfung nach Absatz 1 findet nicht statt, soweit eine vergleichbare Prüfung durch den bevollmächtigten Bezirksschornsteinfeger bereits auf der Grundlage von Landesrecht für die jeweilige heizungstechnische Anlage vor dem 1. Oktober 2009 erfolgt ist.

§ 26c Registriernummern. (1) [1] Wer einen Inspektionsbericht nach § 12 oder einen Energieausweis nach § 17 ausstellt, hat für diesen Bericht oder für diesen Energieausweis bei der zuständigen Behörde (Registrierstelle) eine Registriernummer zu beantragen. [2] Der Antrag ist grundsätzlich elektronisch zu stellen. [3] Eine Antragstellung in Papierform ist zulässig, soweit die elektronische Antragstellung für den Antragsteller eine unbillige Härte bedeuten würde. [4] Bei der Antragstellung sind Name und Anschrift der nach Satz 1 antragstellenden Person, das Bundesland und die Postleitzahl der Belegenheit des Gebäudes, das Ausstellungsdatum des Inspektionsberichts oder des Energieausweises anzugeben sowie
1. in Fällen des § 12 die Nennleistung der inspizierten Klimaanlage,
2. in Fällen des § 17
   a) die Art des Energieausweises: Energiebedarfs- oder Energieverbrauchsausweis und
   b) die Art des Gebäudes: Wohn- oder Nichtwohngebäude, Neubau oder bestehendes Gebäude.

(2) [1] Die Registrierstelle teilt dem Antragsteller für jeden neu ausgestellten Inspektionsbericht oder Energieausweis eine Registriernummer zu. [2] Die Registriernummer ist unverzüglich nach Antragstellung zu erteilen.

§ 26d Stichprobenkontrollen von Energieausweisen und Inspektionsberichten über Klimaanlagen. (1) Die zuständige Behörde (Kontrollstelle) unterzieht Inspektionsberichte über Klimaanlagen nach § 12 und Energieausweise nach § 17 nach Maßgabe der folgenden Absätze einer Stichprobenkontrolle.

(2) Die Stichproben müssen jeweils einen statistisch signifikanten Prozentanteil aller in einem Kalenderjahr neu ausgestellten Energieausweise und neu ausgestellten Inspektionsberichte über Klimaanlagen erfassen.

(3) [1] Die Kontrollstelle kann bei der Registrierstelle Registriernummern und dort vorliegende Angaben nach § 26c Absatz 1 zu neu ausgestellten Energieausweisen und Inspektionsberichten über im jeweiligen Land belegene Gebäude und Klimaanlagen erheben, speichern und nutzen, soweit dies für die Vorbereitung der Durchführung der Stichprobenkontrollen erforderlich ist. [2] Nach dem Abschluss der Stichprobenkontrolle hat die Kontrollstelle die Daten nach Satz 1 jeweils im Einzelfall unverzüglich zu löschen. [3] Kommt es auf Grund der Stichprobenkontrolle zur Einleitung eines Bußgeldverfahrens gegen den Ausweisaussteller nach § 27 Absatz 2 Nummer 7, 8 oder 9 oder Absatz 3 Nummer 1 oder 3 oder gegen die inspizierende Person nach § 27 Absatz 2 Nummer 2 oder Absatz 3 Nummer 1 oder 3, so sind abweichend von Satz 2 die Daten nach Satz 1, soweit diese im Rahmen des Bußgeldverfahrens erforderlich sind, erst nach dessen rechtskräftigem Abschluss jeweils im Einzelfall unverzüglich zu löschen.

(4) [1] Die gezogene Stichprobe von Energieausweisen wird von der Kontrollstelle auf der Grundlage der nachstehenden Optionen oder gleichwertiger Maßnahmen überprüft:

1. Validitätsprüfung der Eingabe-Gebäudedaten, die zur Ausstellung des Energieausweises verwendet wurden, und der im Energieausweis angegebenen Ergebnisse;
2. Prüfung der Eingabe-Gebäudedaten und Überprüfung der im Energieausweis angegebenen Ergebnisse einschließlich der abgegebenen Modernisierungsempfehlungen;
3. vollständige Prüfung der Eingabe-Gebäudedaten, die zur Ausstellung des Energieausweises verwendet wurden, vollständige Überprüfung der im Energieausweis angegebenen Ergebnisse einschließlich der abgegebenen Modernisierungsempfehlungen und, falls dies insbesondere auf Grund des Einverständnisses des Eigentümers des Gebäudes möglich ist, Inaugenscheinnahme des Gebäudes zur Prüfung der Übereinstimmung zwischen den im Energieausweis angegebenen Spezifikationen mit dem Gebäude, für das der Energieausweis erstellt wurde.

[2] Wird im Rahmen der Stichprobe ein Energieausweis gezogen, der bereits auf der Grundlage von Landesrecht einer zumindest gleichwertigen Überprüfung unterzogen wurde, findet keine erneute Überprüfung statt. [3] Die auf der Grundlage von Landesrecht bereits durchgeführte Überprüfung gilt als Überprüfung im Sinne derjenigen Option nach Satz 1, der sie gleichwertig ist.

(5) Aussteller von Energieausweisen sind verpflichtet, Kopien der von ihnen ausgestellten Energieausweise und der zu deren Ausstellung verwendeten Daten und Unterlagen zwei Jahre ab dem Ausstellungsdatum des jeweiligen Energieausweises aufzubewahren.

(6) [1] Die Kontrollstelle kann zur Durchführung der Überprüfung nach Absatz 4 in Verbindung mit Absatz 1 vom jeweiligen Aussteller die Übermitt-

lung einer Kopie des Energieausweises und die zu dessen Ausstellung verwendeten Daten und Unterlagen verlangen. [2] Der Aussteller ist verpflichtet, dem Verlangen der Kontrollbehörde zu entsprechen. [3] Der Energieausweis sowie die Daten und Unterlagen sind der Kontrollstelle grundsätzlich in elektronischer Form zu übermitteln. [4] Eine Übermittlung in Papierform ist zulässig, soweit die elektronische Übermittlung für den Antragsteller eine unbillige Härte bedeuten würde. [5] Angaben zum Eigentümer und zur Adresse des Gebäudes darf die Kontrollstelle nur verlangen, soweit dies zur Durchführung der Überprüfung im Einzelfall erforderlich ist; werden die im ersten Halbsatz genannten Angaben von der Kontrollstelle nicht verlangt, hat der Aussteller Angaben zum Eigentümer und zur Adresse des Gebäudes in der Kopie des Energieausweises sowie in den zu dessen Ausstellung verwendeten Daten und Unterlagen vor der Übermittlung unkenntlich zu machen. [6] Im Fall der Übermittlung von Angaben nach Satz 5 erster Halbsatz in Verbindung mit Satz 2 hat der Aussteller des Energieausweises den Eigentümer des Gebäudes hierüber unverzüglich zu informieren.

(7) [1] Die vom Aussteller nach Absatz 6 übermittelten Kopien von Energieausweisen, Daten und Unterlagen dürfen, soweit sie personenbezogene Daten enthalten, von der Kontrollstelle nur für die Durchführung der Stichprobenkontrollen und hieraus resultierender Bußgeldverfahren gegen den Ausweisaussteller nach § 27 Absatz 2 Nummer 7, 8 oder 9 oder Absatz 3 Nummer 1 oder 3 erhoben, gespeichert und genutzt werden, soweit dies im Einzelfall jeweils erforderlich ist. [2] Die in Satz 1 genannten Kopien, Daten und Unterlagen dürfen nur so lange aufbewahrt werden, wie dies zur Durchführung der Stichprobenkontrollen und der Bußgeldverfahren im Einzelfall erforderlich ist. [3] Sie sind nach Durchführung der Stichprobenkontrollen und bei Einleitung von Bußgeldverfahren nach deren rechtskräftigem Abschluss jeweils im Einzelfall unverzüglich zu löschen. [4] Im Übrigen bleiben die Datenschutzgesetze des Bundes und der Länder sowie andere Vorschriften des Bundes und der Länder zum Schutz personenbezogener Daten unberührt.

(8) Die Absätze 5 bis 7 sind auf die Durchführung der Stichprobenkontrolle von Inspektionsberichten über Klimaanlagen entsprechend anzuwenden.

§ 26e Nicht personenbezogene Auswertung von Daten. (1) Die Kontrollstelle kann den nicht personenbezogenen Anteil der Daten, die sie im Rahmen des § 26d Absatz 3 Satz 1, Absatz 4, 6 Satz 1 bis 4 und Absatz 8 erhoben und gespeichert hat, unbefristet zur Verbesserung der Erfüllung von Aufgaben der Energieeinsparung auswerten.

(2) Die Auswertung kann sich bei Energieausweisen insbesondere auf folgende Merkmale beziehen:

1. Art des Energieausweises: Energiebedarfs- oder Energieverbrauchsausweis,
2. Anlass der Ausstellung des Energieausweises nach § 16 Absatz 1 Satz 1, Absatz 1 Satz 3, Absatz 2 Satz 1, Absatz 2 Satz 4 oder Absatz 3 Satz 1,
3. Art des Gebäudes: Wohn- oder Nichtwohngebäude, Neubau oder bestehendes Gebäude,
4. Gebäudeeigenschaften, wie die Eigenschaften der wärmeübertragendenden Umfassungsfläche und die Art der heizungs-, kühl- und raumlufttechnischen Anlagentechnik sowie der Warmwasserversorgung, bei Nichtwohngebäuden auch die Art der Nutzung und die Zonierung,

5. Werte des Endenergiebedarfs oder -verbrauchs sowie des Primärenergiebedarfs oder -verbrauchs für das Gebäude,
6. wesentliche Energieträger für Heizung und Warmwasser,
7. Einsatz erneuerbarer Energien und
8. Land und Landkreis der Belegenheit des Gebäudes ohne Angabe des Ortes, der Straße und der Hausnummer.

(3) Die Auswertung kann sich bei Inspektionsberichten über Klimaanlagen insbesondere auf folgende Merkmale beziehen:

1. Nennleistung der inspizierten Klimaanlage,
2. Art des Gebäudes: Wohn- oder Nichtwohngebäude und
3. Land und Landkreis der Belegenheit des Gebäudes, ohne Angabe des Ortes, der Straße und der Hausnummer.

§ 26f Erfahrungsberichte der Länder. [1] Die Länder berichten der Bundesregierung erstmals zum 1. März 2017, danach alle drei Jahre, über die wesentlichen Erfahrungen mit den Stichprobenkontrollen nach § 26d. [2] Die Berichte dürfen keine personenbezogenen Daten enthalten.

§ 27 Ordnungswidrigkeiten. (1) Ordnungswidrig im Sinne des § 8 Abs. 1 Nr. 1 des Energieeinsparungsgesetzes[1)] handelt, wer vorsätzlich oder leichtfertig

1. entgegen § 3 Absatz 1 ein Wohngebäude nicht richtig errichtet,
2. entgegen § 4 Absatz 1 ein Nichtwohngebäude nicht richtig errichtet,
3. entgegen § 9 Absatz 1 Satz 1 Änderungen ausführt,
4. entgegen § 10 Absatz 1 Satz 1, 2 oder Satz 3 einen Heizkessel betreibt,
5. entgegen § 10 Absatz 2 nicht dafür sorgt, dass eine dort genannte Leitung oder eine dort genannte Armatur gedämmt ist,
6. entgegen § 10 Absatz 3 Satz 1 nicht dafür sorgt, dass eine dort genannte Geschossdecke gedämmt ist,
7. entgegen § 13 Abs. 1 Satz 1, auch in Verbindung mit Satz 2, einen Heizkessel einbaut oder aufstellt,
8. entgegen § 14 Abs. 1 Satz 1, Abs. 2 Satz 1 oder Abs. 3 eine Zentralheizung, eine heizungstechnische Anlage oder eine Umwälzpumpe nicht oder nicht rechtzeitig ausstattet oder
9. entgegen § 14 Abs. 5 die Wärmeabgabe von Wärmeverteilungs- oder Warmwasserleitungen oder Armaturen nicht oder nicht rechtzeitig begrenzt.

(2) Ordnungswidrig im Sinne des § 8 Absatz 1 Nummer 2 des Energieeinsparungsgesetzes handelt, wer vorsätzlich oder leichtfertig

1. entgegen § 12 Absatz 1 eine Inspektion nicht oder nicht rechtzeitig durchführen lässt,
2. entgegen § 12 Absatz 5 Satz 1 eine Inspektion durchführt,
3. entgegen § 16 Absatz 1 Satz 1 nicht sicherstellt, dass ein Energieausweis oder eine Kopie hiervon übergeben wird,

---

1) Nr. **11**.

4. entgegen § 16 Absatz 2 Satz 1 erster Halbsatz oder Satz 2 zweiter Halbsatz, jeweils auch in Verbindung mit Satz 4, einen Energieausweis oder eine Kopie hiervon nicht, nicht vollständig oder nicht rechtzeitig vorlegt,
5. entgegen § 16 Absatz 2 Satz 3, auch in Verbindung mit Satz 4, einen Energieausweis oder eine Kopie hiervon nicht, nicht vollständig oder nicht rechtzeitig übergibt,
6. entgegen § 16a Absatz 1 Satz 1, auch in Verbindung mit Absatz 2, nicht sicherstellt, dass in der Immobilienanzeige die Pflichtangaben enthalten sind,
7. entgegen § 17 Absatz 5 Satz 2, auch in Verbindung mit Satz 4, nicht dafür Sorge trägt, dass die bereitgestellten Daten richtig sind,
8. entgegen § 17 Absatz 5 Satz 3 bereitgestellte Daten seinen Berechnungen zugrunde legt oder
9. entgegen § 21 Absatz 1 Satz 1 einen Energieausweis ausstellt.

(3) Ordnungswidrig im Sinne des § 8 Absatz 1 Nummer 3 des Energieeinsparungsgesetzes handelt, wer vorsätzlich oder leichtfertig

1. entgegen § 12 Absatz 6 Satz 3 oder Satz 4 oder § 17 Absatz 4 Satz 4 oder Satz 5 die zugeteilte Registriernummer oder das Datum der Antragstellung nicht, nicht richtig oder nicht rechtzeitig einträgt,
2. entgegen § 26a Absatz 1 eine Bestätigung nicht, nicht richtig oder nicht rechtzeitig vornimmt oder
3. einer vollziehbaren Anordnung nach § 26d Absatz 6 Satz 1, auch in Verbindung mit Absatz 8, zuwiderhandelt.

Abschnitt 7. Schlussvorschriften

§ 28 Allgemeine Übergangsvorschriften. (1) Auf Vorhaben, welche die Errichtung, die Änderung, die Erweiterung oder den Ausbau von Gebäuden zum Gegenstand haben, ist diese Verordnung in der zum Zeitpunkt der Bauantragstellung oder der Bauanzeige geltenden Fassung anzuwenden.

(2) Auf nicht genehmigungsbedürftige Vorhaben, die nach Maßgabe des Bauordnungsrechts der Gemeinde zur Kenntnis zu geben sind, ist diese Verordnung in der zum Zeitpunkt der Kenntnisgabe gegenüber der zuständigen Behörde geltenden Fassung anzuwenden.

(3) Auf sonstige nicht genehmigungsbedürftige, insbesondere genehmigungs-, anzeige- und verfahrensfreie Vorhaben ist diese Verordnung in der zum Zeitpunkt des Beginns der Bauausführung geltenden Fassung anzuwenden.

(3a) Wird nach dem 30. April 2014 ein Energieausweis gemäß § 16 Absatz 1 Satz 1 oder 3 für ein Gebäude ausgestellt, auf das nach den Absätzen 1 bis 3 eine vor dem 1. Mai 2014 geltende Fassung dieser Verordnung anzuwenden ist, ist in der Kopfzeile zumindest der ersten Seite des Energieausweises in geeigneter Form die angewandte Fassung dieser Verordnung anzugeben.

(4) Auf Verlangen des Bauherrn ist abweichend von Absatz 1 das neue Recht anzuwenden, wenn über den Bauantrag oder nach einer Bauanzeige noch nicht bestandskräftig entschieden worden ist.

§ 29 Übergangsvorschriften für Energieausweise und Aussteller.

(1) [1] Energiebedarfsausweise für Wohngebäude, die nach Fassungen der Energieeinsparverordnung, die vor dem 1. Oktober 2007 gegolten haben, ausgestellt worden sind, gelten als Energieausweise im Sinne des § 16 Absatz 1 Satz 4 und Absatz 2 bis 4 sowie des § 16a; sie sind ab dem Tag der Ausstellung zehn Jahre gültig. [2] Satz 1 ist entsprechend anzuwenden auf Energieausweise, die vor dem 1. Oktober 2007 ausgestellt worden sind

1. von Gebietskörperschaften oder auf deren Veranlassung von Dritten nach einheitlichen Regeln, wenn sie Angaben zum Endenergiebedarf oder -verbrauch enthalten, die auch die Warmwasserbereitung und bei Nichtwohngebäuden darüber hinaus die Kühlung und eingebaute Beleuchtung berücksichtigen, und wenn die wesentlichen Energieträger für die Heizung des Gebäudes angegeben sind, oder
2. in Anwendung der in dem von der Bundesregierung am 25. April 2007 beschlossenen Entwurf dieser Verordnung (Bundesrats-Drucksache 282/07) enthaltenen Bestimmungen.

[3] Energieausweise, die vor dem 1. Oktober 2007 ausgestellt worden sind und nicht von Satz 1 oder Satz 2 erfasst werden, sind von der Fortgeltung im Sinne des Satzes 1 ausgeschlossen; sie können bis zu sechs Monate nach dem 30. April 2014 für Zwecke des § 16 Absatz 1 Satz 4 und Absatz 2 bis 4 verwendet werden.

(2) [1] § 16a ist auf Energieausweise, die nach dem 30. September 2007 und vor dem 1. Mai 2014 ausgestellt worden sind, mit den folgenden Maßgaben anzuwenden. [2] Als Pflichtangabe nach § 16a Absatz 1 Satz 1 Nummer 2 ist in Immobilienanzeigen anzugeben:

1. bei Energiebedarfsausweisen für Wohngebäude der Wert des Endenergiebedarfs, der auf Seite 2 des Energieausweises gemäß dem Muster nach Anlage 6 angegeben ist;
2. bei Energieverbrauchsausweisen für Wohngebäude der Energieverbrauchskennwert, der auf Seite 3 des Energieausweises gemäß dem Muster nach Anlage 6 angegeben ist; ist im Energieverbrauchskennwert der Energieverbrauch für Warmwasser nicht enthalten, so ist der Energieverbrauchskennwert um eine Pauschale von 20 Kilowattstunden pro Jahr und Quadratmeter Gebäudenutzfläche zu erhöhen;
3. bei Energiebedarfsausweisen für Nichtwohngebäude der Gesamtwert des Endenergiebedarfs, der Seite 2 des Energieausweises gemäß dem Muster nach Anlage 7 zu entnehmen ist;
4. bei Energieverbrauchsausweisen für Nichtwohngebäude sowohl der Heizenergieverbrauchs- als auch der Stromverbrauchskennwert, die Seite 3 des Energieausweises gemäß dem Muster nach Anlage 7 zu entnehmen sind.

[3] Die Sätze 1 und 2 sind entsprechend auf Energieausweise nach Absatz 1 Satz 2 Nummer 2 anzuwenden. [4] Bei Energieausweisen für Wohngebäude nach Satz 1 und nach Absatz 1 Satz 2 Nummer 2, bei denen noch keine Energieeffizienzklasse angegeben ist, darf diese freiwillig angegeben werden,

wobei sich die Klasseneinteilung gemäß Anlage 10 aus dem Endenergiebedarf oder dem Endenergieverbrauch des Gebäudes ergibt. [5] Das Bundesministerium für Wirtschaft und Energie und das Bundesministerium für Umwelt, Naturschutz, Bau und Reaktorsicherheit können für Energieausweise nach Satz 1 und nach Absatz 1 Satz 2 Nummer 2 Arbeitshilfen zu den Pflichtangaben in Immobilienanzeigen im Bundesanzeiger gemeinsam bekannt machen.

(3) [1] § 16a ist auf Energieausweise nach Absatz 1 Satz 1 und 2 Nummer 1 mit folgenden Maßgaben anzuwenden. [2] Als Pflichtangaben nach § 16a Absatz 1 Satz 1 Nummer 2 und 3 sind in Immobilienanzeigen anzugeben:

1. bei Energiebedarfsausweisen für Wohngebäude nach Absatz 1 Satz 1, jeweils gemäß dem Muster A des Anhangs der Allgemeinen Verwaltungsvorschrift zu § 13 der Energieeinsparverordnung in der Fassung vom 7. März 2002 (BAnz. S. 4865), geändert durch Allgemeine Verwaltungsvorschrift vom 2. Dezember 2004 (BAnz. S. 23 804),
   a) der Wert des Endenergiebedarfs, der sich aus der Addition der Werte des Endenergiebedarfs für die einzelnen Energieträger ergibt, und
   b) die Art der Beheizung;
2. bei Energieausweisen nach Absatz 1 Satz 2 Nummer 1 der im Energieausweis angegebene Endenergiebedarf oder Endenergieverbrauch und die dort angegebenen wesentlichen Energieträger für die Heizung des Gebäudes.

[3] Bei Energieausweisen für Wohngebäude nach Satz 1 und Absatz 1 Satz 2 Nummer 2, bei denen noch keine Energieeffizienzklasse angegeben ist, darf diese freiwillig angegeben werden, wobei sich die Klasseneinteilung gemäß Anlage 10 aus dem Endenergiebedarf oder dem Endenergieverbrauch des Gebäudes ergibt. [4] Absatz 2 Satz 5 ist entsprechend anzuwenden.[1)]

(3a) In den Fällen des § 16 Absatz 2 sind begleitende Modernisierungsempfehlungen zu noch geltenden Energieausweisen, die nach Maßgabe der am 1. Oktober 2007 oder am 1. Oktober 2009 in Kraft getretenen Fassung der Energieeinsparverordnung ausgestellt worden sind, dem potenziellen Käufer oder Mieter zusammen mit dem Energieausweis vorzulegen und dem Käufer oder neuen Mieter mit dem Energieausweis zu übergeben; für die Vorlage und die Übergabe sind im Übrigen die Vorgaben des § 16 Absatz 2 entsprechend anzuwenden.

(4) Zur Ausstellung von Energieausweisen für bestehende Wohngebäude nach § 16 Abs. 2 sind ergänzend zu § 21 auch Personen berechtigt, die vor dem 25. April 2007 nach Maßgabe der Richtlinie des Bundesministeriums für Wirtschaft und Technologie über die Förderung der Beratung zur sparsamen und rationellen Energieverwendung in Wohngebäuden vor Ort vom 7. September 2006 (BAnz. S. 6379) als Antragsberechtigte beim Bundesamt für Wirtschaft und Ausfuhrkontrolle registriert worden sind.

(5) [1] Zur Ausstellung von Energieausweisen für bestehende Wohngebäude nach § 16 Abs. 2 sind ergänzend zu § 21 auch Personen berechtigt, die am 25. April 2007 über eine abgeschlossene Berufsausbildung im Baustoff-Fachhandel oder in der Baustoffindustrie und eine erfolgreich abgeschlossene

---

[1)] Siehe hierzu ua Arbeitshilfe Pflichtangaben in Immobilienanzeigen und „alte“ Energieausweise v. 17.4.2014 (BAnz AT 30.04.2014 B1).

Weiterbildung zum Energiefachberater im Baustoff-Fachhandel oder in der Baustoffindustrie verfügt haben. [2] Satz 1 gilt entsprechend für Personen, die eine solche Weiterbildung vor dem 25. April 2007 begonnen haben, nach erfolgreichem Abschluss der Weiterbildung.

(6) [1] Zur Ausstellung von Energieausweisen für bestehende Wohngebäude nach § 16 Abs. 2 sind ergänzend zu § 21 auch Personen berechtigt, die am 25. April 2007 über eine abgeschlossene Weiterbildung zum Energieberater des Handwerks verfügt haben. [2] Satz 1 gilt entsprechend für Personen, die eine solche Weiterbildung vor dem 25. April 2007 begonnen haben, nach erfolgreichem Abschluss der Weiterbildung.

§ 30 Übergangsvorschrift über die vorläufige Wahrnehmung von Vollzugsaufgaben der Länder durch das Deutsche Institut für Bautechnik. [1] Bis zum Inkrafttreten der erforderlichen jeweiligen landesrechtlichen Regelungen zur Aufgabenübertragung nimmt das Deutsche Institut für Bautechnik vorläufig die Aufgaben des Landesvollzugs als Registrierstelle nach § 26c und als Kontrollstelle nach § 26d wahr. [2] Die vorläufige Aufgabenwahrnehmung als Kontrollstelle nach Satz 1 bezieht sich nur auf die Überprüfung von Stichproben auf der Grundlage der in § 26d Absatz 4 Nummer 1 und 2 geregelten Optionen oder gleichwertiger Maßnahmen, soweit diese Aufgaben elektronisch durchgeführt werden können. [3] Die Sätze 1 und 2 sind längstens sieben Jahre nach Inkrafttreten dieser Regelung anzuwenden.

§ 31 Inkrafttreten, Außerkrafttreten. [1] Diese Verordnung tritt am 1. Oktober 2007 in Kraft. [2] Gleichzeitig tritt die Energieeinsparverordnung in der Fassung der Bekanntmachung vom 2. Dezember 2004 (BGBl. I S. 3146) außer Kraft.

Anlagen. *(hier nicht wiedergegeben)*

Abgedruckt in: Beck'sche Textausgaben „Miet-, Wohn- und Wohnungsbaurecht", dort Nr. ***221****.*

12a. Verordnung über die Umstellung auf gewerbliche Wärmelieferung für Mietwohnraum (Wärmelieferverordnung – WärmeLV)

Vom 7. Juni 2013
(BGBl. I S. 1509)
FNA 754-26

Auf Grund des § 556c Absatz 3 des Bürgerlichen Gesetzbuchs[1], der durch Artikel 1 des Gesetzes vom 11. März 2013 (BGBl. I S. 434) eingefügt worden ist, verordnet die Bundesregierung:

Abschnitt 1. Allgemeine Vorschriften

§ 1 Gegenstand der Verordnung. Gegenstand der Verordnung sind

1. Vorschriften für Wärmelieferverträge, die bei einer Umstellung auf Wärmelieferung nach § 556c des Bürgerlichen Gesetzbuchs[1] geschlossen werden, und
2. mietrechtliche Vorschriften für den Kostenvergleich und die Umstellungsankündigung nach § 556c Absatz 1 und 2 des Bürgerlichen Gesetzbuchs[1].

Abschnitt 2. Wärmeliefervertrag

§ 2 Inhalt des Wärmeliefervertrages. (1) Der Wärmeliefervertrag soll enthalten:

1. eine genaue Beschreibung der durch den Wärmelieferanten zu erbringenden Leistungen, insbesondere hinsichtlich der Art der Wärmelieferung sowie der Zeiten der Belieferung,
2. die Aufschlüsselung des Wärmelieferpreises in den Grundpreis in Euro pro Monat und in Euro pro Jahr und den Arbeitspreis in Cent pro Kilowattstunde, jeweils als Netto- und Bruttobeträge, sowie etwaige Preisänderungsklauseln,
3. die Festlegung des Übergabepunkts,
4. Angaben zur Dimensionierung der Heizungs- oder Warmwasseranlage unter Berücksichtigung der üblichen mietrechtlichen Versorgungspflichten,
5. Regelungen zum Umstellungszeitpunkt sowie zur Laufzeit des Vertrages,
6. falls der Kunde Leistungen vorhalten oder Leistungen des Wärmelieferanten vergüten soll, die vom Grund- und Arbeitspreis nicht abgegolten sind, auch eine Beschreibung dieser Leistungen oder Vergütungen,

---

[1] Nr. 1.

7. Regelungen zu den Rechten und Pflichten der Parteien bei Vertragsbeendigung, insbesondere wenn für Zwecke des Wärmeliefervertrages eine Heizungs- oder Warmwasseranlage neu errichtet wurde.

(2) Der Wärmelieferant ist verpflichtet, in seiner Vertragserklärung

1. die voraussichtliche energetische Effizienzverbesserung nach § 556c Absatz 1 Satz 1 Nummer 1 des Bürgerlichen Gesetzbuchs[1] oder die energetisch verbesserte Betriebsführung nach § 556c Absatz 1 Satz 2 des Bürgerlichen Gesetzbuchs[1] anzugeben sowie
2. den Kostenvergleich nach § 556c Absatz 1 Satz 1 Nummer 2 des Bürgerlichen Gesetzbuchs[1] und nach den §§ 8 bis 10 durchzuführen sowie die ihm zugrunde liegenden Annahmen und Berechnungen mitzuteilen.

(3) Die Vereinbarung von Mindestabnahmemengen oder von Modernisierungsbeschränkungen ist unwirksam.

§ 3 Preisänderungsklauseln. Preisänderungsklauseln in Wärmelieferverträgen sind nur wirksam, wenn sie den Anforderungen des § 24 Absatz 4 Satz 1 und 2 der Verordnung über Allgemeine Bedingungen für die Versorgung mit Fernwärme in der jeweils geltenden Fassung entsprechen.

§ 4 Form des Wärmeliefervertrages. Der Wärmeliefervertrag bedarf der Textform.

§ 5 Auskunftsanspruch. Hat der Mieter nach einer Umstellung auf Wärmelieferung die Wärmelieferkosten nicht als Betriebskosten zu tragen, weil die Voraussetzungen des § 556c Absatz 1 des Bürgerlichen Gesetzbuchs[1] nicht erfüllt sind, so kann der Kunde vom Wärmelieferanten verlangen, diejenigen Bestandteile des Wärmelieferpreises als jeweils gesonderte Kosten auszuweisen, die den umlegbaren Betriebskosten nach § 7 Absatz 2 und § 8 Absatz 2 der Verordnung über Heizkostenabrechnung[2] entsprechen.

§ 6 Verhältnis zur Verordnung über Allgemeine Bedingungen für die Versorgung mit Fernwärme. Soweit diese Verordnung keine abweichenden Regelungen enthält, bleiben die Regelungen der Verordnung über Allgemeine Bedingungen für die Versorgung mit Fernwärme unberührt.

§ 7 Abweichende Vereinbarungen. Eine von den Vorschriften dieses Abschnitts abweichende Vereinbarung ist unwirksam.

Abschnitt 3. Umstellung der Wärmeversorgung für Mietwohnraum

§ 8 Kostenvergleich vor Umstellung auf Wärmelieferung. Beim Kostenvergleich nach § 556c Absatz 1 Satz 1 Nummer 2 des Bürgerlichen Gesetzbuchs[1] sind für das Mietwohngebäude gegenüberzustellen

---

[1] Nr. **1**.
[2] Nr. **13**.

1. die Kosten der Eigenversorgung durch den Vermieter mit Wärme oder Warmwasser, die der Mieter bislang als Betriebskosten zu tragen hatte, und
2. die Kosten, die der Mieter zu tragen gehabt hätte, wenn er die den bisherigen Betriebskosten zugrunde liegende Wärmemenge im Wege der Wärmelieferung bezogen hätte.

§ 9 Ermittlung der Betriebskosten der Eigenversorgung. (1) Die bisherigen Betriebskosten nach § 8 Nummer 1 sind wie folgt zu ermitteln:

1. Auf der Grundlage des Endenergieverbrauchs der letzten drei Abrechnungszeiträume, die vor der Umstellungsankündigung gegenüber dem Mieter abgerechnet worden sind, ist der bisherige durchschnittliche Endenergieverbrauch für einen Abrechnungszeitraum zu ermitteln; liegt der Endenergieverbrauch nicht vor, ist er aufgrund des Energiegehalts der eingesetzten Brennstoffmengen zu bestimmen.
2. Der nach Nummer 1 ermittelte Endenergieverbrauch ist mit den Brennstoffkosten auf Grundlage der durchschnittlich vom Vermieter entrichteten Preise des letzten Abrechnungszeitraums zu multiplizieren.
3. Den nach Nummer 2 ermittelten Kosten sind die sonstigen abgerechneten Betriebskosten des letzten Abrechnungszeitraums, die der Versorgung mit Wärme oder Warmwasser dienen, hinzuzurechnen.

(2) Hat der Vermieter die Heizungs- oder Warmwasseranlage vor dem Übergabepunkt während der letzten drei Abrechnungszeiträume modernisiert, so sind die Betriebskosten der bisherigen Versorgung auf Grundlage des Endenergieverbrauchs der modernisierten Anlage zu berechnen.

§ 10 Ermittlung der Kosten der Wärmelieferung. (1) Die Kosten der Wärmelieferung nach § 8 Nummer 2 sind wie folgt zu ermitteln: Aus dem durchschnittlichen Endenergieverbrauch in einem Abrechnungszeitraum nach § 9 Absatz 1 Nummer 1 ist durch Multiplikation mit dem Jahresnutzungsgrad der bisherigen Heizungs- oder Warmwasseranlage, bestimmt am Übergabepunkt, die bislang durchschnittlich erzielte Wärmemenge zu ermitteln.

(2) Sofern der Jahresnutzungsgrad nicht anhand der im letzten Abrechnungszeitraum fortlaufend gemessenen Wärmemenge bestimmbar ist, ist er durch Kurzzeitmessung oder, sofern eine Kurzzeitmessung nicht durchgeführt wird, mit anerkannten Pauschalwerten zu ermitteln.

(3) Für die nach Absatz 1 ermittelte bisherige durchschnittliche Wärmemenge in einem Abrechnungszeitraum sind die Wärmelieferkosten zu ermitteln, indem der aktuelle Wärmelieferpreis nach § 2 Absatz 1 Nummer 2 unter Anwendung einer nach Maßgabe von § 3 vereinbarten Preisänderungsklausel auf den letzten Abrechnungszeitraum indexiert wird.

§ 11 Umstellungsankündigung des Vermieters. (1) Die Umstellungsankündigung nach § 556c Absatz 2 des Bürgerlichen Gesetzbuchs[1] muss dem Mieter spätestens drei Monate vor der Umstellung in Textform zugehen.

---

[1] Nr. 1.

(2) Sie muss Angaben enthalten

1. zur Art der künftigen Wärmelieferung,
2. zur voraussichtlichen energetischen Effizienzverbesserung nach § 556c Absatz 1 Satz 1 Nummer 1 des Bürgerlichen Gesetzbuchs[1] oder zur energetisch verbesserten Betriebsführung nach § 556c Absatz 1 Satz 2 des Bürgerlichen Gesetzbuchs[1]; § 555c Absatz 3 des Bürgerlichen Gesetzbuchs[1] gilt entsprechend,
3. zum Kostenvergleich nach § 556c Absatz 1 Satz 1 Nummer 2 des Bürgerlichen Gesetzbuchs[1] und nach den §§ 8 bis 10 einschließlich der ihm zugrunde liegenden Annahmen und Berechnungen,
4. zum geplanten Umstellungszeitpunkt,
5. zu den im Wärmeliefervertrag vorgesehenen Preisen und den gegebenenfalls vorgesehenen Preisänderungsklauseln.

(3) Rechnet der Vermieter Wärmelieferkosten als Betriebskosten ab und hat er dem Mieter die Umstellung nicht nach den Absätzen 1 und 2 angekündigt, so beginnt die Frist für Einwendungen gegen die Abrechnung der Wärmelieferkosten (§ 556 Absatz 3 Satz 5 des Bürgerlichen Gesetzbuchs[1]) frühestens, wenn der Mieter eine Mitteilung erhalten hat, die den Anforderungen nach den Absätzen 1 und 2 entspricht.

§ 12 Abweichende Vereinbarungen. Eine zum Nachteil des Mieters von den Vorschriften dieses Abschnitts abweichende Vereinbarung ist unwirksam.

Abschnitt 4. Schlussvorschriften

§ 13 Inkrafttreten. Diese Verordnung tritt am 1. Juli 2013 in Kraft.

---

[1] Nr. **1**.

13. Verordnung über die verbrauchsabhängige Abrechnung der Heiz- und Warmwasserkosten (Verordnung über Heizkostenabrechnung – HeizkostenV)[1)]

In der Fassung der Bekanntmachung vom 5. Oktober 2009[2)]
(BGBl. I S. 3250)
FNA 754-4-4

§ 1 Anwendungsbereich. (1) Diese Verordnung gilt für die Verteilung der Kosten

1. des Betriebs zentraler Heizungsanlagen und zentraler Warmwasserversorgungsanlagen,
2. der eigenständig gewerblichen Lieferung von Wärme und Warmwasser, auch aus Anlagen nach Nummer 1 (Wärmelieferung, Warmwasserlieferung),

durch den Gebäudeeigentümer auf die Nutzer der mit Wärme oder Warmwasser versorgten Räume.

(2) Dem Gebäudeeigentümer stehen gleich

1. der zur Nutzungsüberlassung in eigenem Namen und für eigene Rechnung Berechtigte,
2. derjenige, dem der Betrieb von Anlagen im Sinne des § 1 Absatz 1 Nummer 1 in der Weise übertragen worden ist, dass er dafür ein Entgelt vom Nutzer zu fordern berechtigt ist,
3. beim Wohnungseigentum die Gemeinschaft der Wohnungseigentümer im Verhältnis zum Wohnungseigentümer, bei Vermietung einer oder mehrerer Eigentumswohnungen der Wohnungseigentümer im Verhältnis zum Mieter.

(3) Diese Verordnung gilt auch für die Verteilung der Kosten der Wärmelieferung und Warmwasserlieferung auf die Nutzer der mit Wärme oder Warmwasser versorgten Räume, soweit der Lieferer unmittelbar mit den Nutzern abrechnet und dabei nicht den für den einzelnen Nutzer gemessenen Verbrauch, sondern die Anteile der Nutzer am Gesamtverbrauch zu Grunde legt; in diesen Fällen gelten die Rechte und Pflichten des Gebäudeeigentümers aus dieser Verordnung für den Lieferer.

(4) Diese Verordnung gilt auch für Mietverhältnisse über preisgebundenen Wohnraum, soweit für diesen nichts anderes bestimmt ist.

[1)] **Amtl. Anm.:** Diese Verordnung dient der Umsetzung der Richtlinie 2006/32/EG des Europäischen Parlaments und des Rates vom 5. April 2006 über Endenergieeffizienz und Energiedienstleistungen und zur Aufhebung der Richtlinie 93/76/EWG des Rates (ABl. L 114 vom 27.4.1996, S. 64).

[2)] Neubekanntmachung der HeizkostenV idF der Bek. v. 20.1.1989 (BGBl. I S. 115) in der ab 1.1.2009 geltenden Fassung.

§ 2 Vorrang vor rechtsgeschäftlichen Bestimmungen. Außer bei Gebäuden mit nicht mehr als zwei Wohnungen, von denen eine der Vermieter selbst bewohnt, gehen die Vorschriften dieser Verordnung rechtsgeschäftlichen Bestimmungen vor.

§ 3 Anwendung auf das Wohnungseigentum. [1] Die Vorschriften dieser Verordnung sind auf Wohnungseigentum anzuwenden unabhängig davon, ob durch Vereinbarung oder Beschluss der Wohnungseigentümer abweichende Bestimmungen über die Verteilung der Kosten der Versorgung mit Wärme und Warmwasser getroffen worden sind. [2] Auf die Anbringung und Auswahl der Ausstattung nach den §§ 4 und 5 sowie auf die Verteilung der Kosten und die sonstigen Entscheidungen des Gebäudeeigentümers nach den §§ 6 bis 9b und 11 sind die Regelungen entsprechend anzuwenden, die für die Verwaltung des gemeinschaftlichen Eigentums im Wohnungseigentumsgesetz[1)] enthalten oder durch Vereinbarung der Wohnungseigentümer getroffen worden sind. [3] Die Kosten für die Anbringung der Ausstattung sind entsprechend den dort vorgesehenen Regelungen über die Tragung der Verwaltungskosten zu verteilen.

§ 4 Pflicht zur Verbrauchserfassung. (1) Der Gebäudeeigentümer hat den anteiligen Verbrauch der Nutzer an Wärme und Warmwasser zu erfassen.

(2) [1] Er hat dazu die Räume mit Ausstattungen zur Verbrauchserfassung zu versehen; die Nutzer haben dies zu dulden. [2] Will der Gebäudeeigentümer die Ausstattung zur Verbrauchserfassung mieten oder durch eine andere Art der Gebrauchsüberlassung beschaffen, so hat er dies den Nutzern vorher unter Angabe der dadurch entstehenden Kosten mitzuteilen; die Maßnahme ist unzulässig, wenn die Mehrheit der Nutzer innerhalb eines Monats nach Zugang der Mitteilung widerspricht. [3] Die Wahl der Ausstattung bleibt im Rahmen des § 5 dem Gebäudeeigentümer überlassen.

(3) [1] Gemeinschaftlich genutzte Räume sind von der Pflicht zur Verbrauchserfassung ausgenommen. [2] Dies gilt nicht für Gemeinschaftsräume mit nutzungsbedingt hohem Wärme- oder Warmwasserverbrauch, wie Schwimmbäder oder Saunen.

(4) Der Nutzer ist berechtigt, vom Gebäudeeigentümer die Erfüllung dieser Verpflichtungen zu verlangen.

§ 5 Ausstattung zur Verbrauchserfassung. (1) [1] Zur Erfassung des anteiligen Wärmeverbrauchs sind Wärmezähler oder Heizkostenverteiler, zur Erfassung des anteiligen Warmwasserverbrauchs Warmwasserzähler oder andere geeignete Ausstattungen zu verwenden. [2] Soweit nicht eichrechtliche Bestimmungen zur Anwendung kommen, dürfen nur solche Ausstattungen zur Verbrauchserfassung verwendet werden, hinsichtlich derer sachverständige Stellen bestätigt haben, dass sie den anerkannten Regeln der Technik entsprechen oder dass ihre Eignung auf andere Weise nachgewiesen wurde. [3] Als sachverständige Stellen gelten nur solche Stellen, deren Eignung die nach Landesrecht zuständige Behörde im Benehmen mit der Physikalisch-Technischen Bundesanstalt bestätigt hat. [4] Die Ausstattungen müssen für das jeweilige

---

[1)] Nr. 7.

Heizsystem geeignet sein und so angebracht werden, dass ihre technisch einwandfreie Funktion gewährleistet ist.

(2) [1] Wird der Verbrauch der von einer Anlage im Sinne des § 1 Absatz 1 versorgten Nutzer nicht mit gleichen Ausstattungen erfasst, so sind zunächst durch Vorerfassung vom Gesamtverbrauch die Anteile der Gruppen von Nutzern zu erfassen, deren Verbrauch mit gleichen Ausstattungen erfasst wird. [2] Der Gebäudeeigentümer kann auch bei unterschiedlichen Nutzungs- oder Gebäudearten oder aus anderen sachgerechten Gründen eine Vorerfassung nach Nutzergruppen durchführen.

§ 6 Pflicht zur verbrauchsabhängigen Kostenverteilung. (1) [1] Der Gebäudeeigentümer hat die Kosten der Versorgung mit Wärme und Warmwasser auf der Grundlage der Verbrauchserfassung nach Maßgabe der §§ 7 bis 9 auf die einzelnen Nutzer zu verteilen. [2] Das Ergebnis der Ablesung soll dem Nutzer in der Regel innerhalb eines Monats mitgeteilt werden. [3] Eine gesonderte Mitteilung ist nicht erforderlich, wenn das Ableseergebnis über einen längeren Zeitraum in den Räumen des Nutzers gespeichert ist und von diesem selbst abgerufen werden kann. [4] Einer gesonderten Mitteilung des Warmwasserverbrauchs bedarf es auch dann nicht, wenn in der Nutzeinheit ein Warmwasserzähler eingebaut ist.

(2) [1] In den Fällen des § 5 Absatz 2 sind die Kosten zunächst mindestens zu 50 vom Hundert nach dem Verhältnis der erfassten Anteile am Gesamtverbrauch auf die Nutzergruppen aufzuteilen. [2] Werden die Kosten nicht vollständig nach dem Verhältnis der erfassten Anteile am Gesamtverbrauch aufgeteilt, sind

1. die übrigen Kosten der Versorgung mit Wärme nach der Wohn- oder Nutzfläche oder nach dem umbauten Raum auf die einzelnen Nutzergruppen zu verteilen; es kann auch die Wohn- oder Nutzfläche oder der umbaute Raum der beheizten Räume zu Grunde gelegt werden,
2. die übrigen Kosten der Versorgung mit Warmwasser nach der Wohn- oder Nutzfläche auf die einzelnen Nutzergruppen zu verteilen.

[3] Die Kostenanteile der Nutzergruppen sind dann nach Absatz 1 auf die einzelnen Nutzer zu verteilen.

(3) [1] In den Fällen des § 4 Absatz 3 Satz 2 sind die Kosten nach dem Verhältnis der erfassten Anteile am Gesamtverbrauch auf die Gemeinschaftsräume und die übrigen Räume aufzuteilen. [2] Die Verteilung der auf die Gemeinschaftsräume entfallenden anteiligen Kosten richtet sich nach rechtsgeschäftlichen Bestimmungen.

(4) [1] Die Wahl der Abrechnungsmaßstäbe nach Absatz 2 sowie nach § 7 Absatz 1 Satz 1, §§ 8 und 9 bleibt dem Gebäudeeigentümer überlassen. [2] Er kann diese für künftige Abrechnungszeiträume durch Erklärung gegenüber den Nutzern ändern

1. bei der Einführung einer Vorerfassung nach Nutzergruppen,
2. nach Durchführung von baulichen Maßnahmen, die nachhaltig Einsparungen von Heizenergie bewirken oder
3. aus anderen sachgerechten Gründen nach deren erstmaliger Bestimmung.

[3] Die Festlegung und die Änderung der Abrechnungsmaßstäbe sind nur mit Wirkung zum Beginn eines Abrechnungszeitraumes zulässig.

§ 7 Verteilung der Kosten der Versorgung mit Wärme. (1) [1] Von den Kosten des Betriebs der zentralen Heizungsanlage sind mindestens 50 vom Hundert, höchstens 70 vom Hundert nach dem erfassten Wärmeverbrauch der Nutzer zu verteilen. [2] In Gebäuden, die das Anforderungsniveau der Wärmeschutzverordnung vom 16. August 1994 (BGBl. I S. 2121) nicht erfüllen, die mit einer Öl- oder Gasheizung versorgt werden und in denen die freiliegenden Leitungen der Wärmeverteilung überwiegend gedämmt sind, sind von den Kosten des Betriebs der zentralen Heizungsanlage 70 vom Hundert nach dem erfassten Wärmeverbrauch der Nutzer zu verteilen. [3] In Gebäuden, in denen die freiliegenden Leitungen der Wärmeverteilung überwiegend ungedämmt sind und deswegen ein wesentlicher Anteil des Wärmeverbrauchs nicht erfasst wird, kann der Wärmeverbrauch der Nutzer nach anerkannten Regeln der Technik bestimmt werden. [4] Der so bestimmte Verbrauch der einzelnen Nutzer wird als erfasster Wärmeverbrauch nach Satz 1 berücksichtigt. [5] Die übrigen Kosten sind nach der Wohn- oder Nutzfläche oder nach dem umbauten Raum zu verteilen; es kann auch die Wohn- oder Nutzfläche oder der umbaute Raum der beheizten Räume zu Grunde gelegt werden.

(2) [1] Zu den Kosten des Betriebs der zentralen Heizungsanlage einschließlich der Abgasanlage gehören die Kosten der verbrauchten Brennstoffe und ihrer Lieferung, die Kosten des Betriebsstromes, die Kosten der Bedienung, Überwachung und Pflege der Anlage, der regelmäßigen Prüfung ihrer Betriebsbereitschaft und Betriebssicherheit einschließlich der Einstellung durch eine Fachkraft, der Reinigung der Anlage und des Betriebsraumes, die Kosten der Messungen nach dem Bundes-Immissionsschutzgesetz, die Kosten der Anmietung oder anderer Arten der Gebrauchsüberlassung einer Ausstattung zur Verbrauchserfassung sowie die Kosten der Verwendung einer Ausstattung zur Verbrauchserfassung einschließlich der Kosten der Eichung sowie der Kosten der Berechnung, Aufteilung und Verbrauchsanalyse. [2] Die Verbrauchsanalyse sollte insbesondere die Entwicklung der Kosten für die Heizwärme- und Warmwasserversorgung der vergangenen drei Jahre wiedergeben.

(3) Für die Verteilung der Kosten der Wärmelieferung gilt Absatz 1 entsprechend.

(4) Zu den Kosten der Wärmelieferung gehören das Entgelt für die Wärmelieferung und die Kosten des Betriebs der zugehörigen Hausanlagen entsprechend Absatz 2.

§ 8 Verteilung der Kosten der Versorgung mit Warmwasser. (1) Von den Kosten des Betriebs der zentralen Warmwasserversorgungsanlage sind mindestens 50 vom Hundert, höchstens 70 vom Hundert nach dem erfassten Warmwasserverbrauch, die übrigen Kosten nach der Wohn- oder Nutzfläche zu verteilen.

(2) [1] Zu den Kosten des Betriebs der zentralen Warmwasserversorgungsanlage gehören die Kosten der Wasserversorgung, soweit sie nicht gesondert abgerechnet werden, und die Kosten der Wassererwärmung entsprechend § 7 Absatz 2. [2] Zu den Kosten der Wasserversorgung gehören die Kosten des Wasserverbrauchs, die Grundgebühren und die Zählermiete, die Kosten der Verwendung von Zwischenzählern, die Kosten des Betriebs einer hauseigenen Wasserversorgungsanlage und einer Wasseraufbereitungsanlage einschließlich der Aufbereitungsstoffe.

(3) Für die Verteilung der Kosten der Warmwasserlieferung gilt Absatz 1 entsprechend.

(4) Zu den Kosten der Warmwasserlieferung gehören das Entgelt für die Lieferung des Warmwassers und die Kosten des Betriebs der zugehörigen Hausanlagen entsprechend § 7 Absatz 2.

§ 9 Verteilung der Kosten der Versorgung mit Wärme und Warmwasser bei verbundenen Anlagen. (1) [1] Ist die zentrale Anlage zur Versorgung mit Wärme mit der zentralen Warmwasserversorgungsanlage verbunden, so sind die einheitlich entstandenen Kosten des Betriebs aufzuteilen. [2] Die Anteile an den einheitlich entstandenen Kosten sind bei Anlagen mit Heizkesseln nach den Anteilen am Brennstoffverbrauch oder am Energieverbrauch, bei eigenständiger gewerblicher Wärmelieferung nach den Anteilen am Wärmeverbrauch zu bestimmen. [3] Kosten, die nicht einheitlich entstanden sind, sind dem Anteil an den einheitlich entstandenen Kosten hinzuzurechnen. [4] Der Anteil der zentralen Anlage zur Versorgung mit Wärme ergibt sich aus dem gesamten Verbrauch nach Abzug des Verbrauchs der zentralen Warmwasserversorgungsanlage. [5] Bei Anlagen, die weder durch Heizkessel noch durch eigenständige gewerbliche Wärmelieferung mit Wärme versorgt werden, können anerkannte Regeln der Technik zur Aufteilung der Kosten verwendet werden. [6] Der Anteil der zentralen Warmwasserversorgungsanlage am Wärmeverbrauch ist nach Absatz 2, der Anteil am Brennstoffverbrauch nach Absatz 3 zu ermitteln.

(2) [1] Die auf die zentrale Warmwasserversorgungsanlage entfallende Wärmemenge (Q) ist ab dem 31. Dezember 2013 mit einem Wärmezähler zu messen. [2] Kann die Wärmemenge nur mit einem unzumutbar hohen Aufwand gemessen werden, kann sie nach der Gleichung

$$Q = 2{,}5 \cdot \frac{\text{kWh}}{\text{m}^3 \cdot \text{K}} \cdot V \cdot (t_w - 10\,°\text{C})$$

bestimmt werden. [3] Dabei sind zu Grunde zu legen

1. das gemessene Volumen des verbrauchten Warmwassers (V) in Kubikmetern (m^3);
2. die gemessene oder geschätzte mittlere Temperatur des Warmwassers (t_w) in Grad Celsius (°C).

[4] Wenn in Ausnahmefällen weder die Wärmemenge noch das Volumen des verbrauchten Warmwassers gemessen werden können, kann die auf die zentrale Warmwasserversorgungsanlage entfallende Wärmemenge nach folgender Gleichung bestimmt werden

$$Q = 32 \cdot \frac{\text{kWh}}{\text{m}^2 A_{\text{Wohn}}} \cdot A_{\text{Wohn}}$$

[5] Dabei ist die durch die zentrale Anlage mit Warmwasser versorgte Wohn- oder Nutzfläche (A_{Wohn}) zu Grunde zu legen. [6] Die nach den Gleichungen in Satz 2 oder 4 bestimmte Wärmemenge (Q) ist

1. bei brennwertbezogener Abrechnung von Erdgas mit 1,11 zu multiplizieren und
2. bei eigenständiger gewerblicher Wärmelieferung durch 1,15 zu dividieren.

(3) [1] Bei Anlagen mit Heizkesseln ist der Brennstoffverbrauch der zentralen Warmwasserversorgungsanlage (B) in Litern, Kubikmetern, Kilogramm oder Schüttraummetern nach der Gleichung

$$B = \frac{Q}{H_i}$$

zu bestimmen. [2] Dabei sind zu Grunde zu legen

1. die auf die zentrale Warmwasserversorgungsanlage entfallende Wärmemenge (Q) nach Absatz 2 in kWh;
2. der Heizwert des verbrauchten Brennstoffes (H_i) in Kilowattstunden (kWh) je Liter (l), Kubikmeter (m^3), Kilogramm (kg) oder Schüttraummeter (SRm). Als H_i-Werte können verwendet werden für

Leichtes Heizöl EL	10	kWh/l
Schweres Heizöl	10,9	kWh/l
Erdgas H	10	kWh/m^3
Erdgas L	9	kWh/m^3
Flüssiggas	13	kWh/kg
Koks	8	kWh/kg
Braunkohle	5,5	kWh/kg
Steinkohle	8	kWh/kg
Holz (lufttrocken)	4,1	kWh/kg
Holzpellets	5	kWh/kg
Holzhackschnitzel	650	kWh/SRm.

[3] Enthalten die Abrechnungsunterlagen des Energieversorgungsunternehmens oder Brennstofflieferanten H_i-Werte, sind diese zu verwenden. [4] Soweit die Abrechnung über kWh-Werte erfolgt, ist eine Umrechnung in Brennstoffverbrauch nicht erforderlich.

(4) Der Anteil an den Kosten der Versorgung mit Wärme ist nach § 7 Absatz 1, der Anteil an den Kosten der Versorgung mit Warmwasser nach § 8 Absatz 1 zu verteilen, soweit diese Verordnung nichts anderes bestimmt oder zulässt.

§ 9a Kostenverteilung in Sonderfällen. (1) [1] Kann der anteilige Wärme- oder Warmwasserverbrauch von Nutzern für einen Abrechnungszeitraum wegen Geräteausfalls oder aus anderen zwingenden Gründen nicht ordnungsgemäß erfasst werden, ist er vom Gebäudeeigentümer auf der Grundlage des Verbrauchs der betroffenen Räume in vergleichbaren Zeiträumen oder des Verbrauchs vergleichbarer anderer Räume im jeweiligen Abrechnungszeitraum oder des Durchschnittsverbrauchs des Gebäudes oder der Nutzergruppe zu ermitteln. [2] Der so ermittelte anteilige Verbrauch ist bei der Kostenverteilung anstelle des erfassten Verbrauchs zu Grunde zu legen.

(2) Überschreitet die von der Verbrauchsermittlung nach Absatz 1 betroffene Wohn- oder Nutzfläche oder der umbaute Raum 25 vom Hundert der für die Kostenverteilung maßgeblichen gesamten Wohn- oder Nutzfläche oder des maßgeblichen gesamten umbauten Raumes, sind die Kosten aus-

schließlich nach den nach § 7 Absatz 1 Satz 5 und § 8 Absatz 1 für die Verteilung der übrigen Kosten zu Grunde zu legenden Maßstäben zu verteilen.

§ 9b Kostenaufteilung bei Nutzerwechsel. (1) Bei Nutzerwechsel innerhalb eines Abrechnungszeitraumes hat der Gebäudeeigentümer eine Ablesung der Ausstattung zur Verbrauchserfassung der vom Wechsel betroffenen Räume (Zwischenablesung) vorzunehmen.

(2) Die nach dem erfassten Verbrauch zu verteilenden Kosten sind auf der Grundlage der Zwischenablesung, die übrigen Kosten des Wärmeverbrauchs auf der Grundlage der sich aus anerkannten Regeln der Technik ergebenden Gradtagszahlen oder zeitanteilig und die übrigen Kosten des Warmwasserverbrauchs zeitanteilig auf Vor- und Nachnutzer aufzuteilen.

(3) Ist eine Zwischenablesung nicht möglich oder lässt sie wegen des Zeitpunktes des Nutzerwechsels aus technischen Gründen keine hinreichend genaue Ermittlung der Verbrauchsanteile zu, sind die gesamten Kosten nach den nach Absatz 2 für die übrigen Kosten geltenden Maßstäben aufzuteilen.

(4) Von den Absätzen 1 bis 3 abweichende rechtsgeschäftliche Bestimmungen bleiben unberührt.

§ 10 Überschreitung der Höchstsätze. Rechtsgeschäftliche Bestimmungen, die höhere als die in § 7 Absatz 1 und § 8 Absatz 1 genannten Höchstsätze von 70 vom Hundert vorsehen, bleiben unberührt.

§ 11 Ausnahmen. (1) Soweit sich die §§ 3 bis 7 auf die Versorgung mit Wärme beziehen, sind sie nicht anzuwenden

1. auf Räume,
   a) in Gebäuden, die einen Heizwärmebedarf von weniger als 15 kWh/(m^2 · a) aufweisen,
   b) bei denen das Anbringen der Ausstattung zur Verbrauchserfassung, die Erfassung des Wärmeverbrauchs oder die Verteilung der Kosten des Wärmeverbrauchs nicht oder nur mit unverhältnismäßig hohen Kosten möglich ist; unverhältnismäßig hohe Kosten liegen vor, wenn diese nicht durch die Einsparungen, die in der Regel innerhalb von zehn Jahren erzielt werden können, erwirtschaftet werden können; oder
   c) die vor dem 1. Juli 1981 bezugsfertig geworden sind und in denen der Nutzer den Wärmeverbrauch nicht beeinflussen kann;
2. a) auf Alters- und Pflegeheime, Studenten- und Lehrlingsheime,
   b) auf vergleichbare Gebäude oder Gebäudeteile, deren Nutzung Personengruppen vorbehalten ist, mit denen wegen ihrer besonderen persönlichen Verhältnisse regelmäßig keine üblichen Mietverträge abgeschlossen werden;
3. auf Räume in Gebäuden, die überwiegend versorgt werden
   a) mit Wärme aus Anlagen zur Rückgewinnung von Wärme oder aus Wärmepumpen- oder Solaranlagen oder
   b) mit Wärme aus Anlagen der Kraft-Wärme-Kopplung oder aus Anlagen zur Verwertung von Abwärme, sofern der Wärmeverbrauch des Gebäudes nicht erfasst wird;

4. auf die Kosten des Betriebs der zugehörigen Hausanlagen, soweit diese Kosten in den Fällen des § 1 Absatz 3 nicht in den Kosten der Wärmelieferung enthalten sind, sondern vom Gebäudeeigentümer gesondert abgerechnet werden;
5. in sonstigen Einzelfällen, in denen die nach Landesrecht zuständige Stelle wegen besonderer Umstände von den Anforderungen dieser Verordnung befreit hat, um einen unangemessenen Aufwand oder sonstige unbillige Härten zu vermeiden.

(2) Soweit sich die §§ 3 bis 6 und § 8 auf die Versorgung mit Warmwasser beziehen, gilt Absatz 1 entsprechend.

§ 12 Kürzungsrecht, Übergangsregelungen. (1) [1] Soweit die Kosten der Versorgung mit Wärme oder Warmwasser entgegen den Vorschriften dieser Verordnung nicht verbrauchsabhängig abgerechnet werden, hat der Nutzer das Recht, bei der nicht verbrauchsabhängigen Abrechnung der Kosten den auf ihn entfallenden Anteil um 15 vom Hundert zu kürzen. [2] Dies gilt nicht beim Wohnungseigentum im Verhältnis des einzelnen Wohnungseigentümers zur Gemeinschaft der Wohnungseigentümer; insoweit verbleibt es bei den allgemeinen Vorschriften.

(2) Die Anforderungen des § 5 Absatz 1 Satz 2 gelten bis zum 31. Dezember 2013 als erfüllt

1. für die am 1. Januar 1987 für die Erfassung des anteiligen Warmwasserverbrauchs vorhandenen Warmwasserkostenverteiler und
2. für die am 1. Juli 1981 bereits vorhandenen sonstigen Ausstattungen zur Verbrauchserfassung.

(3) Bei preisgebundenen Wohnungen im Sinne der Neubaumietenverordnung 1970[1)] gilt Absatz 2 mit der Maßgabe, dass an die Stelle des Datums „1. Juli 1981“ das Datum „1. August 1984“ tritt.

(4) § 1 Absatz 3, § 4 Absatz 3 Satz 2 und § 6 Absatz 3 gelten für Abrechnungszeiträume, die nach dem 30. September 1989 beginnen; rechtsgeschäftliche Bestimmungen über eine frühere Anwendung dieser Vorschriften bleiben unberührt.

(5) Wird in den Fällen des § 1 Absatz 3 der Wärmeverbrauch der einzelnen Nutzer am 30. September 1989 mit Einrichtungen zur Messung der Wassermenge ermittelt, gilt die Anforderung des § 5 Absatz 1 Satz 1 als erfüllt.

(6) Auf Abrechnungszeiträume, die vor dem 1. Januar 2009 begonnen haben, ist diese Verordnung in der bis zum 31. Dezember 2008 geltenden Fassung weiter anzuwenden.

§ 13 (Berlin-Klausel)

§ 14 (Inkrafttreten)

[1)] Nr. **17**.

III. Regelungen für preisgebundenen Wohnraum

14. Gesetz über die soziale Wohnraumförderung (Wohnraumförderungsgesetz–WoFG)[1)][2)]

Vom 13. September 2001
(BGBl. I S. 2376)

FNA 2330-32

zuletzt geänd. durch Art. 3 WohngeldreformG v. 2.10.2015 (BGBl. I S. 1610)

Inhaltsübersicht

§§

Teil 1. Allgemeines zur Förderung

Abschnitt 1. Zweck und Maßnahmen der Förderung

[1)] Verkündet als Art. 1 Wohnungsbaurechts-ReformG v. 13.9.2001 (BGBl. I S. 2376); Inkrafttreten gem. Art. 28 Abs. 1 dieses G am 1.1.2002 mit Ausnahme des § 9 Abs. 3, der gem. Art. 28 Abs. 2 am 20.9.2001 in Kraft getreten ist.

[2)] Bislang haben die Länder auf dem Gebiet des Wohnungswesens ua folgende Vorschriften erlassen:
- **Baden-Württemberg** LandeswohnraumförderungsG v. 11.12.2007 (GBl. S. 581);
- **Bayern:** Bayerisches WohnraumförderungsG v. 10.4.2007 (GVBl. S. 260), zuletzt geänd. durch G v. 10.4.2018 (GVBl. S. 195);
- **Berlin:** Wohnraumförderung-EinkommensgrenzenVO v. 6.2.2018 (GVBl. S. 166);
- **Brandenburg:** WohnraumförderungseinkommensgrenzenVO v. 8.12.2015 (GVBl. II Nr. 64);
- **Bremen:** WohnraumförderungsG-EinkommensgrenzenabweichungsVO v. 18.5.2009 (Brem.GBl. S. 189);
- **Hamburg:** Hamburgisches WohnraumförderungsG v. 19.2.2008 (HmbGVBl. S. 74), zuletzt geänd. durch G v. 21.5.2013 (HmbGVBl. S. 244);
- **Hessen:** Hessisches WohnraumförderG v. 13.12.2012 (GVBl. S. 600), geänd. durch G v. 2.12.2014 (GVBl. S. 314);
- **Mecklenburg-Vorpommern:** VO über die Einkommensgrenzen nach dem WohnraumförderungsG v. 22.4.2003 (GVOBl. M-V S. 310), geänd. durch VO v. 29.6.2016 (GVOBl. M-V S. 521);
- **Niedersachsen** Niedersächsisches WohnraumförderG v. 29.10.2009 (Nds. GVBl. S. 403), geänd. durch G v. 23.7.2014 (Nds. GVBl. S. 208);
- **Nordrhein-Westfalen:** WohnraumförderungsG NRW v. 8.12.2009 (GV. NRW. S. 772), zuletzt geänd. durch G v. 12.10.2018 (GV. NRW. S. 554);
- **Rheinland-Pfalz:** LandeswohnraumförderungsG v. 22.11.2013 (GVBl. S. 472);
- **Saarland:** Wohnraumförderung-EinkommensgrenzenVO v. 3.4.2012 (Amtsbl. I S. 120);
- **Sachsen:** G über die Zuständigkeiten auf dem Gebiet der sozialen Wohnraumförderung v. 6.10.2013 (SächsGVBl. S. 804);
- **Sachsen-Anhalt:** VO über die Einkommensgrenzen bei der sozialen Wohnraumförderung v. 23.5.2005 (GVBl. LSA S. 295), zuletzt geänd. durch VO v. 8.5.2018 (GVBl. LSA S. 56);
- **Schleswig-Holstein:** Schleswig-Holsteinisches WohnraumförderungsG v. 25.4.2009 (GVOBl. Schl.-H. S. 194), zuletzt geänd. durch G v. 3.5.2016 (GVOBl. Schl.-H. S. 118).
- **Thüringen:** Thüringer WohnraumförderzuständigkeitsVO v. 5.3.2013 (GVBl. S. 64), geänd. durch VO v. 1.12.2016 (GVBl. S. 648);

Teil 1. Allgemeines zur Förderung

Abschnitt 1. Zweck und Maßnahmen der Förderung

§ 1 Zweck und Anwendungsbereich, Zielgruppe. (1) Dieses Gesetz regelt die Förderung des Wohnungsbaus und anderer Maßnahmen zur Unterstützung von Haushalten bei der Versorgung mit Mietwohnraum, einschließlich genossenschaftlich genutzten Wohnraums, und bei der Bildung von selbst genutztem Wohneigentum (soziale Wohnraumförderung).

(2) [1] Zielgruppe der sozialen Wohnraumförderung sind Haushalte, die sich am Markt nicht angemessen mit Wohnraum versorgen können und auf Unterstützung angewiesen sind. [2] Unter diesen Voraussetzungen unterstützt

1. die Förderung von Mietwohnraum insbesondere Haushalte mit geringem Einkommen sowie Familien und andere Haushalte mit Kindern, Alleinerziehende, Schwangere, ältere Menschen, behinderte Menschen, Wohnungslose und sonstige hilfebedürftige Personen,
2. die Förderung der Bildung selbst genutzten Wohneigentums insbesondere Familien und andere Haushalte mit Kindern sowie behinderte Menschen, die unter Berücksichtigung ihres Einkommens und der Eigenheimzulage die Belastungen des Baus oder Erwerbs von Wohnraum ohne soziale Wohnraumförderung nicht tragen können.

§ 2 Fördergegenstände und Fördermittel. (1) Fördergegenstände sind:

1. Wohnungsbau, einschließlich des erstmaligen Erwerbs des Wohnraums innerhalb von zwei Jahren nach Fertigstellung (Ersterwerb),
2. Modernisierung von Wohnraum,
3. Erwerb von Belegungsrechten an bestehendem Wohnraum und
4. Erwerb bestehenden Wohnraums,

wenn damit die Unterstützung von Haushalten bei der Versorgung mit Mietwohnraum durch Begründung von Belegungs- und Mietbindungen oder bei der Bildung von selbst genutztem Wohneigentum erfolgt.

(2) Die Förderung erfolgt durch

1. Gewährung von Fördermitteln, die aus öffentlichen Haushalten oder Zweckvermögen als Darlehen zu Vorzugsbedingungen, auch zur nachstelligen Finanzierung, oder als Zuschüsse bereitgestellt werden,
2. Übernahme von Bürgschaften, Garantien und sonstigen Gewährleistungen sowie
3. Bereitstellung von verbilligtem Bauland.

§ 3 Durchführung der Aufgaben und Zuständigkeiten. (1) Länder, Gemeinden und Gemeindeverbände wirken nach Maßgabe dieses Gesetzes bei der sozialen Wohnraumförderung zusammen.

(2) [1] Die Länder führen die soziale Wohnraumförderung als eigene Aufgabe durch[1)]. [2] Sie legen das Verwaltungsverfahren fest, soweit dieses Gesetz keine Regelungen trifft. [3] Zuständige Stelle im Sinne dieses Gesetzes ist die Stelle, die nach Landesrecht zuständig ist oder von der Landesregierung in sonstiger Weise bestimmt wird.

(3) [1] Die Länder sollen bei der sozialen Wohnraumförderung die wohnungswirtschaftlichen Belange der Gemeinden und Gemeindeverbände berücksichtigen; dies gilt insbesondere, wenn sich eine Gemeinde oder ein Gemeindeverband an der Förderung beteiligt. [2] Die Länder können bei ihrer Förderung ein von einer Gemeinde oder einem Gemeindeverband beschlossenes Konzept zur sozialen Wohnraumversorgung (kommunales Wohnraumversorgungskonzept) zu Grunde legen.

(4) Gemeinden und Gemeindeverbände können mit eigenen Mitteln eine Förderung nach diesem Gesetz und den hierzu erlassenen landesrechtlichen Vorschriften durchführen, soweit nicht im Übrigen Landesrecht entgegensteht.

§ 4 Bauland, sonstige Rahmenbedingungen. (1) Länder, Gemeinden, Gemeindeverbände, sonstige Körperschaften, Anstalten und Stiftungen des öffentlichen Rechts und die von ihnen wirtschaftlich abhängigen Unternehmen sollen in ausreichendem Umfang geeignete Grundstücke als Bauland für den Wohnungsbau unter Berücksichtigung der Anforderungen des Kosten und Flächen sparenden Bauens zu Eigentum oder in Erbbaurecht überlassen.

(2) [1] Die Gemeinden sollen im Rahmen der Gesetze dafür Sorge tragen, dass für den Wohnungsbau erforderliche Grundstücke bebaut und erforderliche Modernisierungsmaßnahmen durchgeführt werden können. [2] Dabei soll auf die Anforderungen des Kosten und Flächen sparenden Bauens geachtet werden.

(3) Die Gemeinden sollen Bauwillige, die ein Baugrundstück erwerben wollen, beraten und unterstützen.

(4) Aus den Absätzen 1 bis 3 können Ansprüche nicht hergeleitet werden.

Abschnitt 2. Grundsätze, Voraussetzungen und Förderzusage

§ 5 Anforderungen an die Förderung. (1) Die soziale Wohnraumförderung wird nach diesem Gesetz und hierzu erlassenen Vorschriften des Landes durchgeführt.

(2) Die Länder treffen soweit erforderlich auf der Grundlage dieses Gesetzes Bestimmungen, insbesondere über Voraussetzungen der Förderung und deren Durchführung.

(3) [1] Die in den §§ 6 bis 8 und 10 bezeichneten Grundsätze sind bei den Bestimmungen nach Absatz 2 und, soweit solche Bestimmungen nicht getroffen sind, bei Entscheidungen, die zur Förderung ergehen, in der Abwägung

[1)] Für den Geltungsbereich Hamburg siehe das Hamburgische Wohnraumförderungsgesetz v. 19.2.2008 (HmbGVBl. S. 74), zuletzt geänd. durch G v. 21.5.2013 (HmbGVBl. S. 244).

und bei der Ermessensausübung zu berücksichtigen. [2]Die Länder können weitere Grundsätze aufstellen.

§ 6 Allgemeine Fördergrundsätze. [1]Die soziale Wohnraumförderung ist der Nachhaltigkeit einer Wohnraumversorgung verpflichtet, die die wirtschaftlichen und sozialen Erfordernisse mit der Erhaltung der Umwelt in Einklang bringt. [2]Bei der Förderung sind zu berücksichtigen:

1. die örtlichen und regionalen wohnungswirtschaftlichen Verhältnisse und Zielsetzungen, die erkennbaren unterschiedlichen Investitionsbedingungen des Bauherrn sowie die besonderen Anforderungen des zu versorgenden Personenkreises;
2. der Beitrag des genossenschaftlichen Wohnens zur Erreichung der Ziele und Zwecke der sozialen Wohnraumförderung;
3. die Schaffung und Erhaltung sozial stabiler Bewohnerstrukturen;
4. die Schaffung und Erhaltung ausgewogener Siedlungsstrukturen sowie ausgeglichener wirtschaftlicher, sozialer und kultureller Verhältnisse, die funktional sinnvolle Zuordnung der Wohnbereiche zu den Arbeitsplätzen und der Infrastruktur (Nutzungsmischung) sowie die ausreichende Anbindung des zu fördernden Wohnraums an den öffentlichen Personennahverkehr;
5. die Nutzung des Wohnungs- und Gebäudebestandes für die Wohnraumversorgung;
6. die Erhaltung preisgünstigen Wohnraums im Fall der Förderung der Modernisierung;
7. die Anforderungen des Kosten sparenden Bauens, insbesondere durch
   a) die Begrenzung der Förderung auf einen bestimmten Betrag (Förderpauschale),
   b) die Festlegung von Kostenobergrenzen, deren Überschreitung eine Förderung ausschließt, oder
   c) die Vergabe von Fördermitteln im Rahmen von Wettbewerbsverfahren;
8. die Anforderungen des barrierefreien Bauens für die Nutzung von Wohnraum und seines Umfelds durch Personen, die infolge von Alter, Behinderung oder Krankheit dauerhaft oder vorübergehend in ihrer Mobilität eingeschränkt sind;
9. der sparsame Umgang mit Grund und Boden, die ökologischen Anforderungen an den Bau und die Modernisierung von Wohnraum sowie Ressourcen schonende Bauweisen.

[3]Maßnahmen der sozialen Wohnraumförderung, die im Zusammenhang mit städtebaulichen Sanierungs- und Entwicklungsmaßnahmen stehen, sind bevorzugt zu berücksichtigen.

§ 7 Besondere Grundsätze zur Förderung von Mietwohnraum. Bei der Förderung von Mietwohnraum sind folgende Grundsätze zu berücksichtigen:

1. [1]Um tragbare Wohnkosten für Haushalte im Sinne des § 1 Abs. 2 Satz 2 Nr. 1 zu erreichen, können Wohnkostenentlastungen durch Bestimmung höchstzulässiger Mieten unterhalb von ortsüblichen Vergleichsmieten oder durch sonstige Maßnahmen vorgesehen werden. [2]Dabei sind insbesondere

die Leistungen nach dem Wohngeldgesetz sowie das örtliche Mietenniveau und das Haushaltseinkommen des Mieters sowie deren Entwicklungen zu berücksichtigen.

2. [1] Wohnkostenentlastungen, die nach Förderzweck und Zielgruppe sowie Förderintensität unangemessen sind (Fehlförderungen), sind zu vermeiden oder auszugleichen. [2] Maßnahmen zur Vermeidung von Fehlförderungen sind Vorkehrungen bei der Förderung, durch die die Wohnkostenentlastung
   a) auf Grund von Bestimmungen in der Förderzusage oder
   b) auf Grund eines Vorbehalts in der Förderzusage durch Entscheidung der zuständigen Stelle

   vermindert wird. [3] Eine Maßnahme zum Ausgleich entstandener Fehlförderungen in Fällen der Festlegung von höchstzulässigen Mieten ist die Erhebung von Ausgleichszahlungen nach den §§ 34 bis 37.
3. Bei der Vermeidung und dem Ausgleich von Fehlförderungen sind soweit erforderlich Veränderungen der für die Wohnkostenentlastung maßgeblichen Einkommensverhältnisse und der Haushaltsgröße durch Überprüfungen in regelmäßigen zeitlichen Abständen zu berücksichtigen.

§ 8 Besondere Grundsätze zur Förderung der Bildung selbst genutzten Wohneigentums. Bei der Förderung der Bildung selbst genutzten Wohneigentums nach § 1 Abs. 2 Satz 2 Nr. 2 sind folgende Grundsätze zu berücksichtigen:

1. Die Förderung der Bildung selbst genutzten Wohneigentums erfolgt bevorzugt für Familien und andere Haushalte mit zwei und mehr Kindern im Sinne des § 32 Abs. 1 bis 5 des Einkommensteuergesetzes sowie für Haushalte, bei denen wegen einer Behinderung eines Haushaltsangehörigen oder aus sonstigen Gründen ein besonderer baulicher Bedarf besteht.
2. [1] Um eine angemessene Belastung des Bauherrn oder des Erwerbers des selbst genutzten Wohneigentums zu erreichen, sind bei der Festlegung der Förderung insbesondere die Einkommensentwicklung und die Eigenheimzulage nach dem Eigenheimzulagengesetz zu berücksichtigen. [2] Fehlförderungen sind zu vermeiden. [3] Soweit dies durch eine Förderung erfolgt, die auf die Entwicklung des Haushaltseinkommens abstellt, sind Veränderungen der maßgeblichen Einkommensverhältnisse und der Haushaltsgröße durch Überprüfungen in regelmäßigen zeitlichen Abständen zu berücksichtigen.

§ 9 Einkommensgrenzen. (1) [1] Die Förderung darf nur Haushalte begünstigen, deren Einkommen die Grenzen für das jährliche Einkommen, die in Absatz 2 bezeichnet oder von den Ländern nach Absatz 3 abweichend festgelegt sind, nicht überschreiten. [2] Bei der Ermittlung des Einkommens sind die §§ 20 bis 24 anzuwenden.

(2) [1] Die Einkommensgrenze beträgt:

für einen Einpersonenhaushalt	12 000 Euro,
für einen Zweipersonenhaushalt	18 000 Euro,
zuzüglich für jede weitere zum Haushalt rechnende Person	4 100 Euro.

[2] Sind zum Haushalt rechnende Personen Kinder im Sinne des § 32 Abs. 1 bis 5 des Einkommensteuergesetzes, erhöht sich die Einkommensgrenze nach Satz 1 für jedes Kind um weitere 500 Euro.

(3)[1)] [1] Die Landesregierungen werden ermächtigt, durch Rechtsverordnung von den in Absatz 2 bezeichneten Einkommensgrenzen nach den örtlichen und regionalen wohnungswirtschaftlichen Verhältnissen insbesondere

1. zur Berücksichtigung von Haushalten mit Schwierigkeiten bei der Wohnraumversorgung,
2. im Rahmen der Förderung von selbst genutztem Wohneigentum oder
3. zur Schaffung oder Erhaltung sozial stabiler Bewohnerstrukturen

Abweichungen festzulegen. [2] Die Landesregierungen können diese Ermächtigung durch Rechtsverordnung auf eine oberste Landesbehörde übertragen.

§ 10 Wohnungsgrößen. (1) Bei Bestimmungen der Länder über die Grenzen für Wohnungsgrößen sind folgende Grundsätze zu berücksichtigen:

1. Die Größe der zu fördernden Wohnung muss entsprechend ihrer Zweckbestimmung angemessen sein.
2. Besonderheiten bei Maßnahmen im Gebäudebestand und bei selbst genutztem Wohneigentum sowie besonderen persönlichen oder beruflichen Bedürfnissen von Haushaltsangehörigen und einem nach der Lebenserfahrung in absehbarer Zeit zu erwartenden zusätzlichen Raumbedarf ist Rechnung zu tragen.

(2) Bei der Berechnung der Wohnfläche ist § 19 Abs. 1 anzuwenden.

§ 11 Förderempfänger. (1) Empfänger der Förderung ist

1. bei Maßnahmen des Wohnungsbaus und der Modernisierung derjenige, der das Bauvorhaben für eigene oder fremde Rechnung im eigenen Namen durchführt oder durch Dritte durchführen lässt (Bauherr),
2. beim Ersterwerb vom Bauherrn zur Selbstnutzung der Erwerber des Wohnraums,
3. beim Erwerb aus dem Bestand zur Selbstnutzung der Erwerber des Wohnraums,
4. beim Erwerb von Belegungsrechten der Eigentümer oder der sonstige zur Einräumung von Belegungsrechten an dem Wohnraum Berechtigte.

(2) Soweit Fördermittel an einen Bauträger vergeben werden, ist die Vergabe mit der Auflage zu verbinden, dass der Bauträger den geförderten Wohnraum zu angemessenen Bedingungen dem Erwerber alsbald zur Selbstnutzung überträgt.

(3) [1] Die Gewährung von Fördermitteln setzt voraus, dass

1. der Bauherr Eigentümer eines geeigneten Baugrundstücks ist oder nachweist, dass der Erwerb eines derartigen Grundstücks gesichert ist oder durch die Gewährung der Fördermittel gesichert wird,

---

[1)] § 9 Abs. 3 ist gem. Art. 28 Abs. 2 G v. 13.9.2001 (BGBl. I S. 2376) am 20.9.2001 in Kraft getreten.

2. die Gewähr für eine ordnungsmäßige und wirtschaftliche Durchführung des Bauvorhabens und für eine ordnungsmäßige Verwaltung des Wohnraums besteht,
3. der Bauherr die erforderliche Leistungsfähigkeit und Zuverlässigkeit besitzt,
4. bei der Förderung von selbst genutztem Wohneigentum die Belastung auf Dauer tragbar erscheint und
5. der Bauherr eine angemessene Eigenleistung erbringt, für die eigene Geldmittel, der Wert des nicht durch Fremdmittel finanzierten Baugrundstücks oder Selbsthilfe im Sinne des § 12 Abs. 1 Satz 2 in Betracht kommen.

[2] Fördermittel können auch einem Bauherrn oder einem sonstigen Förderempfänger gewährt werden, für den an einem geeigneten Grundstück ein Erbbaurecht von angemessener Dauer bestellt ist oder der nachweist, dass der Erwerb eines derartigen Erbbaurechts gesichert ist.

§ 12 Bevorzugung von Maßnahmen, zusätzliche Förderung.

(1) [1] Maßnahmen, bei denen Bauherren in Selbsthilfe tätig werden oder bei denen Mieter von Wohnraum Leistungen erbringen, durch die sie im Rahmen des Mietverhältnisses Vergünstigungen erlangen, können bei der Förderung bevorzugt werden. [2] Selbsthilfe sind die Arbeitsleistungen, die zur Durchführung der geförderten Maßnahmen vom Bauherrn selbst, seinen Angehörigen oder von anderen unentgeltlich oder auf Gegenseitigkeit oder von Mitgliedern von Genossenschaften erbracht werden. [3] Leistungen von Mietern sind die von

1. Mietern für die geförderten Maßnahmen erbrachten Finanzierungsanteile, Arbeitsleistungen oder Sachleistungen und
2. Genossenschaftsmitgliedern übernommenen weiteren Geschäftsanteile, soweit sie für die geförderten Maßnahmen über die Pflichtanteile hinaus erbracht werden.

(2) Eine zusätzliche Förderung für notwendigen Mehraufwand kann insbesondere gewährt werden bei

1. Ressourcen schonenden Bauweisen, die besonders wirksam zur Entlastung der Umwelt, zum Schutz der Gesundheit und zur rationellen Energieverwendung beitragen,
2. besonderen baulichen Maßnahmen, mit denen Belangen behinderter oder älterer Menschen Rechnung getragen wird,
3. einer organisierten Gruppenselbsthilfe für den bei der Vorbereitung und Durchführung der Maßnahmen entstehenden Aufwand,
4. besonderen experimentellen Ansätzen zur Weiterentwicklung des Wohnungsbaus.

§ 13 Förderzusage. (1) Die Förderung wird auf Antrag durch eine Förderzusage der zuständigen Stelle gewährt.

(2) [1] In der Förderzusage sind Bestimmungen zu treffen

1. über Zweckbestimmung, Einsatzart und Höhe der Förderung, Dauer der Gewährung, Verzinsung und Tilgung der Fördermittel, Einhaltung von Einkommensgrenzen und Wohnungsgrößen, Rechtsfolgen eines Eigentumswechsels an dem geförderten Gegenstand sowie

2. bei der Förderung von Mietwohnraum zusätzlich unter Anwendung des Abschnitts 3 des Teils 2 über Gegenstand, Art und Dauer der Belegungsbindungen sowie Art, Höhe und Dauer der Mietbindungen.

[2] In die Förderzusage können weitere für den jeweiligen Förderzweck erforderliche Bestimmungen aufgenommen werden.

(3) [1] Die Förderzusage erfolgt durch Verwaltungsakt oder durch öffentlich-rechtlichen Vertrag; sie bedarf der Schriftform. [2] Die sich aus der Förderzusage ergebenden Berechtigungen und Verpflichtungen gehen nach den in der Förderzusage für den Fall des Eigentumswechsels enthaltenen Bestimmungen auf den Rechtsnachfolger über.

(4) Ein Anspruch auf Förderung besteht nicht.

Abschnitt 3. Kooperationsvertrag

§ 14 Zweck, Beteiligte. (1) Gemeinden, Gemeindeverbände und sonstige öffentliche Stellen können mit Eigentümern oder sonstigen Verfügungsberechtigten von Wohnraum Vereinbarungen über Angelegenheiten der örtlichen Wohnraumversorgung treffen (Kooperationsverträge), insbesondere zur Unterstützung von Maßnahmen der sozialen Wohnraumversorgung einschließlich der Verbesserung der Wohnverhältnisse sowie der Schaffung oder Erhaltung sozial stabiler Bewohnerstrukturen.

(2) [1] In die Vereinbarungen können Dritte, insbesondere öffentliche und private Träger sozialer Aufgaben und andere mit der Durchführung des Kooperationsvertrags Beauftragte, einbezogen werden. [2] Soweit durch Vereinbarungen die Aufgaben der nach § 3 Abs. 2 Satz 3 zuständigen Stellen berührt werden, sind diese Stellen zu beteiligen.

§ 15 Gegenstände des Kooperationsvertrags. (1) Gegenstände des Kooperationsvertrags können insbesondere sein:

1. die Begründung oder Verlängerung von Belegungs- und Mietbindungen an Wohnraum des Eigentümers oder sonstigen Verfügungsberechtigten zu Gunsten der Gemeinde, einer zuständigen Stelle oder eines Trägers sozialer Aufgaben; die entsprechende Anwendung von Bestimmungen der §§ 26 bis 32 kann vereinbart werden;
2. im Zusammenhang mit Vereinbarungen nach Nummer 1 die Übernahme von Bewirtschaftungsrisiken sowie die Übernahme von Bürgschaften für die Erbringung einmaliger oder sonstiger Nebenleistungen der Mieter;
3. die Aufhebung oder Änderung von Belegungs- und Mietbindungen an Wohnraum, soweit dies nach den §§ 30 und 31 zulässig ist und Bestimmungen der Förderzusage nicht entgegenstehen;
4. die Übernahme von wohnungswirtschaftlichen, baulichen und sozialen Maßnahmen, insbesondere von solchen der Verbesserung des Wohnumfelds, der Behebung sozialer Missstände und der Quartiersverwaltung;
5. die Überlassung von Grundstücken und Räumen für die mit dem Kooperationsvertrag verfolgten Zwecke.

(2) [1] Die vereinbarten Leistungen eines Kooperationsvertrags müssen den gesamten Umständen nach angemessen sein und in sachlichem Zusammenhang mit den jeweils beabsichtigten Maßnahmen der Wohnraumversorgung

stehen. [2] Die Vereinbarung einer vom Eigentümer oder sonstigen Verfügungsberechtigten oder von einem in den Vertrag einbezogenen Dritten zu erbringenden Leistung ist unzulässig, wenn er auch ohne sie einen Anspruch auf die Gegenleistung hätte.

(3) Ein Kooperationsvertrag bedarf der Schriftform, soweit nicht durch Rechtsvorschriften eine andere Form vorgeschrieben ist.

(4) Die Zulässigkeit anderer Verträge bleibt unberührt.

Teil 2. Begriffsbestimmungen, Durchführung der sozialen Wohnraumförderung

Abschnitt 1. Begriffsbestimmungen

§ 16 Wohnungsbau, Modernisierung. (1) Wohnungsbau ist das Schaffen von Wohnraum durch

1. Baumaßnahmen, durch die Wohnraum in einem neuen selbstständigen Gebäude geschaffen wird,
2. Beseitigung von Schäden an Gebäuden unter wesentlichem Bauaufwand, durch die die Gebäude auf Dauer wieder zu Wohnzwecken nutzbar gemacht werden,
3. Änderung, Nutzungsänderung oder Erweiterung von Gebäuden, durch die unter wesentlichem Bauaufwand Wohnraum geschaffen wird, oder
4. Änderung von Wohnraum unter wesentlichem Bauaufwand zur Anpassung an geänderte Wohnbedürfnisse.

(2) Wohnraum oder anderer Raum ist in Fällen des Absatzes 1 Nr. 2 nicht auf Dauer nutzbar, wenn ein zu seiner Nutzung erforderlicher Gebäudeteil zerstört ist oder wenn sich der Raum oder der Gebäudeteil in einem Zustand befindet, der aus bauordnungsrechtlichen Gründen eine dauernde, der Zweckbestimmung entsprechende Nutzung nicht gestattet; dabei ist es unerheblich, ob der Raum oder der Gebäudeteil tatsächlich genutzt wird.

(3) [1] Modernisierung sind bauliche Maßnahmen, die

1. den Gebrauchswert des Wohnraums oder des Wohngebäudes nachhaltig erhöhen,
2. die allgemeinen Wohnverhältnisse auf Dauer verbessern oder
3. nachhaltig Einsparungen von Energie oder Wasser bewirken.

[2] Instandsetzungen, die durch Maßnahmen der Modernisierung verursacht werden, fallen unter die Modernisierung.

§ 17 Wohnraum. (1) [1] Wohnraum ist umbauter Raum, der tatsächlich und rechtlich zur dauernden Wohnnutzung geeignet und vom Verfügungsberechtigten dazu bestimmt ist. [2] Wohnraum können Wohnungen oder einzelne Wohnräume sein.

(2) Selbst genutztes Wohneigentum ist Wohnraum im eigenen Haus oder in einer eigenen Eigentumswohnung, der zu eigenen Wohnzwecken genutzt wird.

(3) Mietwohnraum ist Wohnraum, der den Bewohnern auf Grund eines Mietverhältnisses oder eines genossenschaftlichen oder sonstigen ähnlichen Nutzungsverhältnisses zum Gebrauch überlassen wird.

§ 18 Haushaltsangehörige. (1) [1] Zum Haushalt rechnen die in Absatz 2 bezeichneten Personen, die miteinander eine Wohn- und Wirtschaftsgemeinschaft führen (Haushaltsangehörige). [2] Zum Haushalt rechnen auch Personen im Sinne des Absatzes 2, die alsbald in den Haushalt aufgenommen werden sollen.

(2) Haushaltsangehörige sind:

1. der Antragsteller,
2. der Ehegatte,
3. der Lebenspartner und
4. der Partner einer sonstigen auf Dauer angelegten Lebensgemeinschaft

sowie deren Verwandte in gerader Linie und zweiten Grades in der Seitenlinie, Verschwägerte in gerader Linie und zweiten Grades in der Seitenlinie, Pflegekinder ohne Rücksicht auf ihr Alter und Pflegeeltern.

§ 19 Wohnfläche. [1] Die Wohnfläche einer Wohnung ist die Summe der anrechenbaren Grundflächen der ausschließlich zur Wohnung gehörenden Räume. [2] Die Landesregierungen werden ermächtigt, durch Rechtsverordnung Vorschriften zur Berechnung der Grundfläche und zur Anrechenbarkeit auf die Wohnfläche zu erlassen. [3] Die Landesregierungen können die Ermächtigung durch Rechtsverordnung auf eine oberste Landesbehörde übertragen.

Abschnitt 2. Einkommensermittlung

§ 20 Gesamteinkommen. [1] Maßgebendes Einkommen ist das Gesamteinkommen des Haushalts. [2] Gesamteinkommen des Haushalts im Sinne dieses Gesetzes ist die Summe der Jahreseinkommen der Haushaltsangehörigen abzüglich der Frei- und Abzugsbeträge nach § 24. [3] Maßgebend sind die Verhältnisse im Zeitpunkt der Antragstellung.

§ 21 Begriff des Jahreseinkommens. (1) [1] Jahreseinkommen im Sinne dieses Gesetzes ist, vorbehaltlich der Absätze 2 und 3 sowie der §§ 22 und 23, die Summe der positiven Einkünfte im Sinne des § 2 Abs. 1, 2 und 5a des Einkommensteuergesetzes jedes Haushaltsangehörigen. [2] Bei den Einkünften im Sinne des § 2 Abs. 1 Satz 1 Nr. 1 bis 3 des Einkommensteuergesetzes ist § 7g Abs. 1 bis 4 und 7 des Einkommensteuergesetzes nicht anzuwenden. [3] Ein Ausgleich mit negativen Einkünften aus anderen Einkunftsarten und mit negativen Einkünften des zusammenveranlagten Ehegatten ist nicht zulässig.

(2) Zum Jahreseinkommen gehören:

1.1 der nach § 19 Abs. 2 und § 22 Nr. 4 Satz 4 Buchstabe b des Einkommensteuergesetzes steuerfreie Betrag von Versorgungsbezügen,

1.2 die einkommensabhängigen, nach § 3 Nr. 6 des Einkommensteuergesetzes steuerfreien Bezüge, die auf Grund gesetzlicher Vorschriften aus öffentlichen Mitteln versorgungshalber an Wehr- und Zivildienstbeschädigte oder ihre Hinterbliebenen, Kriegsbeschädigte und Kriegshinterbliebene sowie ihnen gleichgestellte Personen gezahlt werden,

1.3 die den Ertragsanteil oder den der Besteuerung unterliegenden Anteil nach § 22 Nr. 1 Satz 3 Buchstabe a des Einkommensteuergesetzes übersteigenden Teile von Leibrenten,

1.4 die nach § 3 Nr. 3 des Einkommensteuergesetzes steuerfreien Kapitalabfindungen auf Grund der gesetzlichen Rentenversicherung und auf Grund der Beamten-(Pensions-)Gesetze,

1.5 die nach § 3 Nr. 1 Buchstabe a des Einkommensteuergesetzes steuerfreien

a) Renten wegen Minderung der Erwerbsfähigkeit nach den §§ 56 bis 62 des Siebten Buches Sozialgesetzbuch,

b) Renten und Beihilfen an Hinterbliebene nach den §§ 63 bis 71 des Siebten Buches Sozialgesetzbuch,

c) Abfindungen nach den §§ 75 bis 80 des Siebten Buches Sozialgesetzbuch,

1.6 die Lohn- und Einkommensersatzleistungen nach § 32b Abs. 1 Nr. 1 des Einkommensteuergesetzes, mit Ausnahme der nach § 3 Nr. 1 Buchstabe d des Einkommensteuergesetzes steuerfreien Mutterschutzleistungen und des nach § 3 Nr. 67 des Einkommensteuergesetzes steuerfreien Elterngeldes bis zur Höhe der nach § 10 des Bundeselterngeld- und Elternzeitgesetzes anrechnungsfreien Beträge,

1.7 die Hälfte der nach § 3 Nr. 7 des Einkommensteuergesetzes steuerfreien

a) Unterhaltshilfe nach den §§ 261 bis 278a des Lastenausgleichsgesetzes, mit Ausnahme der Pflegezulage nach § 269 Abs. 2 des Lastenausgleichsgesetzes,

b) Beihilfe zum Lebensunterhalt nach den §§ 301 bis 301b des Lastenausgleichsgesetzes,

c) Unterhaltshilfe nach § 44 und Unterhaltsbeihilfe nach § 45 des Reparationsschädengesetzes,

d) Beihilfe zum Lebensunterhalt nach den §§ 10 bis 15 des Flüchtlingshilfegesetzes, mit Ausnahme der Pflegezulage nach § 269 Abs. 2 des Lastenausgleichsgesetzes,

1.8 die nach § 3 Nr. 1 Buchstabe a des Einkommensteuergesetzes steuerfreien Krankentagegelder,

1.9 die Hälfte der nach § 3 Nr. 68 des Einkommensteuergesetzes steuerfreien Renten nach § 3 Abs. 2 des Anti-D-Hilfegesetzes,

2.1 die nach § 3b des Einkommensteuergesetzes steuerfreien Zuschläge für Sonntags-, Feiertags- oder Nachtarbeit,

2.2 der nach § 40a des Einkommensteuergesetzes vom Arbeitgeber pauschal besteuerte Arbeitslohn,

3.1 der nach § 20 Abs. 9 des Einkommensteuergesetzes steuerfreie Betrag (Sparer-Pauschbetrag), soweit die Kapitalerträge 100 Euro übersteigen,

3.2 *(aufgehoben)*

3.3 die auf erhöhte Absetzungen entfallenden Beträge, soweit sie die höchstmöglichen Absetzungen für Abnutzung nach § 7 des Einkommensteuergesetzes übersteigen, und die auf Sonderabschreibungen entfallenden Beträge,

4.1 der nach § 3 Nr. 9 des Einkommensteuergesetzes steuerfreie Betrag von Abfindungen wegen einer vom Arbeitgeber veranlassten oder gerichtlich ausgesprochenen Auflösung des Dienstverhältnisses,

4.2 der nach § 3 Nr. 27 des Einkommensteuergesetzes steuerfreie Grundbetrag der Produktionsaufgaberente und das Ausgleichsgeld nach dem Gesetz zur Förderung der Einstellung der landwirtschaftlichen Erwerbstätigkeit,

4.3 die nach § 3 Nr. 60 des Einkommensteuergesetzes steuerfreien Leistungen aus öffentlichen Mitteln an Arbeitnehmer des Steinkohlen-, Pechkohlen- und Erzbergbaues, des Braunkohlentiefbaues und der Eisen- und Stahlindustrie aus Anlass von Stilllegungs-, Einschränkungs-, Umstellungs- oder Rationalisierungsmaßnahmen,

5.1 die nach § 22 Nr. 1 Satz 2 des Einkommensteuergesetzes dem Empfänger nicht zuzurechnenden Bezüge, die ihm von nicht zum Haushalt rechnenden Personen gewährt werden, und die Leistungen nach dem Unterhaltsvorschussgesetz,

5.2 die nach § 3 Nummer 48 des Einkommensteuergesetzes steuerfreien allgemeinen Leistungen nach § 17 des Unterhaltssicherungsgesetzes,

5.3 *(aufgehoben)*

5.4 die Hälfte des für die Kosten zur Erziehung bestimmten Anteils an Leistungen zum Unterhalt

a) des Kindes oder Jugendlichen in Fällen

aa) der Vollzeitpflege nach § 39 in Verbindung mit § 33 oder mit § 35a Abs. 2 Nr. 3 des Achten Buches Sozialgesetzbuch oder

bb) einer vergleichbaren Unterbringung nach § 21 des Achten Buches Sozialgesetzbuch,

b) des jungen Volljährigen in Fällen der Vollzeitpflege nach § 41 in Verbindung mit den §§ 39 und 33 oder mit den §§ 39 und 35a Abs. 2 Nr. 3 des Achten Buches Sozialgesetzbuch,

5.5 die Hälfte der laufenden Leistungen für die Kosten des notwendigen Unterhalts einschließlich der Unterkunft sowie der Krankenhilfe für Minderjährige und junge Volljährige nach § 13 Abs. 3 Satz 2, § 19 Abs. 3, § 21 Satz 2, § 39 Abs. 1 und § 41 Abs. 2 des Achten Buches Sozialgesetzbuch,

5.6 die Hälfte des Pflegegeldes nach § 37 des Elften Buches Sozialgesetzbuch für Pflegehilfen, die keine Wohn- und Wirtschaftsgemeinschaft mit dem Pflegebedürftigen führen,

6.1 die Hälfte der als Zuschüsse erbrachten

a) Leistungen zur Förderung der Ausbildung nach dem Bundesausbildungsförderungsgesetz,

b) Leistungen der Begabtenförderungswerke, soweit sie nicht von Nummer 6.2 erfasst sind,

c) Stipendien, soweit sie nicht von Buchstabe b, Nummer 6.2 oder Nummer 6.3 erfasst sind,

d) Berufsausbildungsbeihilfen und des Ausbildungsgeldes nach dem Dritten Buch Sozialgesetzbuch,

e) Beiträge zur Deckung des Unterhaltsbedarfs nach dem Aufstiegsfortbildungsförderungsgesetz,

6.2 die als Zuschuss gewährte Graduiertenförderung,

6.3 die Hälfte der nach § 3 Nr. 42 des Einkommensteuergesetzes steuerfreien Zuwendungen, die auf Grund des Fulbright-Abkommens gezahlt werden,

7.1 das Arbeitslosengeld II und das Sozialgeld nach § 19 Absatz 1 des Zweiten Buches Sozialgesetzbuch,

7.2 die Leistungen der Hilfe zum Lebensunterhalt nach den §§ 27 bis 30 des Zwölften Buches Sozialgesetzbuch,

7.3 die Leistungen der Grundsicherung im Alter und bei Erwerbsminderung nach § 42 Nr. 1, 2 und 4 des Zwölften Buches Sozialgesetzbuch mit Ausnahme der Leistungen für einmalige Bedarfe,

7.4 die Leistungen nach dem Asylbewerberleistungsgesetz,

7.5 die Leistungen der ergänzenden Hilfe zum Lebensunterhalt nach § 27a des Bundesversorgungsgesetzes oder nach einem Gesetz, das dieses für anwendbar erklärt, mit Ausnahme der Leistungen für einmalige Bedarfe, soweit diese Leistungen die bei ihrer Berechnung berücksichtigten Kosten für Wohnraum übersteigen,

8. die Leistungen zur Sicherung des Lebensunterhalts nach § 19 sowie den §§ 24 und 28 in Verbindung mit § 19 Satz 1 Nr. 1 des Zweiten Buches Sozialgesetzbuch, soweit diese die bei ihrer Berechnung berücksichtigten Kosten für den Wohnraum übersteigen,

9. die ausländischen Einkünfte nach § 32b Abs. 1 Nr. 2 und 3 des Einkommensteuergesetzes.

(3) Aufwendungen zum Erwerb, zur Sicherung und zur Erhaltung von Einnahmen nach Absatz 2 mit Ausnahme der Nummern 5.3 bis 5.5 dürfen in der im Sinne des § 22 Abs. 1 und 2 zu erwartenden oder nachgewiesenen Höhe abgezogen werden.

§ 22 Zeitraum für die Ermittlung des Jahreseinkommens. (1) [1] Bei der Ermittlung des Jahreseinkommens ist das Einkommen zu Grunde zu legen, das in den zwölf Monaten ab dem Monat der Antragstellung zu erwarten ist. [2] Hierzu kann auch von dem Einkommen ausgegangen werden, das innerhalb der letzten zwölf Monate vor Antragstellung erzielt worden ist. [3] Änderungen sind zu berücksichtigen, wenn sie im Zeitpunkt der Antragstellung innerhalb von zwölf Monaten mit Sicherheit zu erwarten sind; Änderungen, deren Beginn oder Ausmaß nicht ermittelt werden können, bleiben außer Betracht.

(2) Kann die Höhe des zu erwartenden Einkommens nicht nach Absatz 1 ermittelt werden, so ist grundsätzlich das Einkommen der letzten zwölf Monate vor Antragstellung zu Grunde zu legen.

(3) Bei Personen, die zur Einkommensteuer veranlagt werden, kann bei Anwendung des Absatzes 1 von den Einkünften ausgegangen werden, die sich aus dem letzten Einkommensteuerbescheid, den Vorauszahlungsbescheiden

oder der letzten Einkommensteuererklärung ergeben; die sich hieraus ergebenden Einkünfte sind bei Anwendung des Absatzes 2 zu Grunde zu legen.

(4) [1] Einmaliges Einkommen, das in einem nach Absatz 1 oder 2 maßgebenden Zeitraum anfällt, aber einem anderen Zeitraum zuzurechnen ist, ist so zu behandeln, als wäre es während des anderen Zeitraums angefallen. [2] Einmaliges Einkommen, das einem nach Absatz 1 oder 2 maßgebenden Zeitraum zuzurechnen, aber in einem früheren Zeitraum angefallen ist, ist so zu behandeln, als wäre es während des nach Absatz 1 oder 2 maßgebenden Zeitraums angefallen. [3] Satz 2 gilt nur für Einkommen, das innerhalb von drei Jahren vor Antragstellung angefallen ist.

§ 23 Pauschaler Abzug. (1) Bei der Ermittlung des Jahreseinkommens wird von dem nach den §§ 21 und 22 ermittelten Betrag ein pauschaler Abzug in Höhe von jeweils 10 Prozent für die Leistung von

1. Steuern vom Einkommen,
2. Pflichtbeiträgen zur gesetzlichen Kranken- und Pflegeversicherung und
3. Pflichtbeiträgen zur gesetzlichen Rentenversicherung

vorgenommen.

(2) [1] Werden keine Pflichtbeiträge nach Absatz 1 Nr. 2 oder 3 geleistet, so werden laufende Beiträge zu öffentlichen oder privaten Versicherungen oder ähnlichen Einrichtungen in der tatsächlich geleisteten Höhe, höchstens bis zu jeweils 10 Prozent des sich nach den §§ 21 und 22 ergebenden Betrages abgezogen, wenn die Beiträge der Zweckbestimmung der Pflichtbeiträge nach Absatz 1 Nr. 2 oder 3 entsprechen. [2] Dies gilt auch, wenn die Beiträge zu Gunsten eines zum Haushalt rechnenden Angehörigen geleistet werden. [3] Die Sätze 1 und 2 gelten nicht, wenn eine im Wesentlichen beitragsfreie Sicherung oder eine Sicherung, für die Beiträge von einem Dritten geleistet werden, besteht.

§ 24 Frei- und Abzugsbeträge. (1) Bei der Ermittlung des Gesamteinkommens werden folgende Freibeträge abgesetzt:

1. 4 500 Euro für jeden schwerbehinderten Menschen mit einem Grad der Behinderung
   a) von 100 oder
   b) von wenigstens 80, wenn der schwerbehinderte Mensch häuslich pflegebedürftig im Sinne des § 14 des Elften Buches Sozialgesetzbuch ist;
2. 2 100 Euro für jeden schwerbehinderten Menschen mit einem Grad der Behinderung von unter 80, wenn der schwerbehinderte Mensch häuslich pflegebedürftig im Sinne des § 14 des Elften Buches Sozialgesetzbuch ist;
3. 4 000 Euro bei jungen Ehepaaren bis zum Ablauf des fünften Kalenderjahres nach dem Jahr der Eheschließung; junge Ehepaare sind solche, bei denen keiner der Ehegatten das 40. Lebensjahr vollendet hat;
4. 600 Euro für jedes Kind unter zwölf Jahren, für das Kindergeld nach dem Einkommensteuergesetz oder dem Bundeskindergeldgesetz oder eine Leistung im Sinne des § 65 Abs. 1 des Einkommensteuergesetzes oder des § 4 Abs. 1 des Bundeskindergeldgesetzes gewährt wird, wenn die antragsberechtigte Person allein mit Kindern zusammenwohnt und wegen Er-

werbstätigkeit oder Ausbildung nicht nur kurzfristig vom Haushalt abwesend ist;

5. bis zu 600 Euro, soweit ein zum Haushalt rechnendes Kind eigenes Einkommen hat und das 16., aber noch nicht das 25. Lebensjahr vollendet hat.

(2) [1] Aufwendungen zur Erfüllung gesetzlicher Unterhaltsverpflichtungen werden bis zu dem in einer notariell beurkundeten Unterhaltsvereinbarung festgelegten oder in einem Unterhaltstitel oder Unterhaltsbescheid festgestellten Betrag abgesetzt. [2] Liegen eine notariell beurkundete Unterhaltsvereinbarung, ein Unterhaltstitel oder ein Unterhaltsbescheid nicht vor, können Aufwendungen zur Erfüllung gesetzlicher Unterhaltsverpflichtungen wie folgt abgesetzt werden:

1. bis zu 3 000 Euro für einen Haushaltsangehörigen, der auswärts untergebracht ist und sich in der Berufsausbildung befindet;
2. bis zu 6 000 Euro für einen nicht zum Haushalt rechnenden früheren oder dauernd getrennt lebenden Ehegatten oder Lebenspartner;
3. bis zu 3 000 Euro für eine sonstige nicht zum Haushalt rechnende Person.

Abschnitt 3. Begründung und Sicherung von Belegungs- und Mietbindungen sowie von Bindungen für selbst genutztes Wohneigentum

§ 25 Anwendungsbereich. (1) [1] Mietwohnraum unterliegt den in der Förderzusage nach § 13 Abs. 2 bestimmten Bindungen, insbesondere Belegungs- und Mietbindungen. [2] Auf diese Bestimmungen sind die §§ 26 bis 33 und 52 anzuwenden.

(2) [1] Selbst genutztes Wohneigentum unterliegt den in der Förderzusage nach § 13 Abs. 2 bestimmten Bindungen. [2] Auf diese Bestimmungen sind § 27 Abs. 7 Satz 1 Nr. 2 und 3 und Satz 3 bis 5 sowie Abs. 8, § 32 Abs. 1, 2 und 4 sowie die §§ 33 und 52 entsprechend anzuwenden.

§ 26 Gegenstände und Arten der Belegungsrechte. (1) Belegungsrechte können

1. an den geförderten Wohnungen (unmittelbare Belegung),
2. an diesen und an anderen Wohnungen (verbundene Belegung),
3. nur an anderen Wohnungen (mittelbare Belegung)

begründet werden.

(2) [1] Belegungsrechte können in der Förderzusage als allgemeine Belegungsrechte, Benennungsrechte und Besetzungsrechte begründet werden. [2] Ein allgemeines Belegungsrecht ist das Recht der zuständigen Stelle, von dem durch die Förderung berechtigten und verpflichteten Eigentümer oder sonstigen Verfügungsberechtigten zu fordern, eine bestimmte belegungsgebundene Wohnung einem Wohnungssuchenden zu überlassen, dessen Wohnberechtigung sich aus einer Bescheinigung nach § 27 ergibt. [3] Ein Benennungsrecht ist das Recht der zuständigen Stelle, dem Verfügungsberechtigten für die Vermietung einer bestimmten belegungsgebundenen Wohnung mindestens drei Wohnungssuchende zur Auswahl zu benennen. [4] Ein Besetzungsrecht ist das Recht der zuständigen Stelle, einen Wohnungs-

suchenden zu bestimmen, dem der Verfügungsberechtigte eine bestimmte belegungsgebundene Wohnung zu überlassenhat.

(3) In der Förderzusage kann bestimmt werden, dass die zuständige Stelle unter in der Förderzusage festgelegten Voraussetzungen befristet oder unbefristet statt eines allgemeinen Belegungsrechts ein Benennungsrecht oder ein Besetzungsrecht im Sinne des Absatzes 2 ausüben kann.

§ 27 Wohnberechtigungsschein, Sicherung der Belegungsrechte.

(1) [1] Der Verfügungsberechtigte darf die Wohnung nur einem Wohnungssuchenden zum Gebrauch überlassen, wenn dieser ihm vorher seine Wohnberechtigung durch Übergabe eines Wohnberechtigungsscheins nachweist. [2] Der Wohnberechtigungsschein wird nach Maßgabe der Absätze 2 bis 5 erteilt.

(2) [1] Der Wohnberechtigungsschein wird auf Antrag des Wohnungssuchenden von der zuständigen Stelle für die Dauer eines Jahres erteilt. [2] Antragsberechtigt sind Wohnungssuchende, die sich nicht nur vorübergehend im Geltungsbereich dieses Gesetzes aufhalten und die rechtlich und tatsächlich in der Lage sind, für sich und ihre Haushaltsangehörigen nach § 18 auf längere Dauer einen Wohnsitz als Mittelpunkt der Lebensbeziehungen zu begründen und dabei einen selbstständigen Haushalt zu führen.

(3) [1] Der Wohnberechtigungsschein ist zu erteilen, wenn vom Wohnungssuchenden und seinen Haushaltsangehörigen die Einkommensgrenze nach § 9 Abs. 2 eingehalten wird. [2] Hat ein Land nach § 9 Abs. 3 eine Abweichung von der Einkommensgrenze festgelegt, ist der Wohnberechtigungsschein unter Zugrundelegung dieser abweichenden Einkommensgrenze zu erteilen. [3] In dem Wohnberechtigungsschein ist anzugeben, welche maßgebliche Einkommensgrenze eingehalten wird. [4] Der Wohnberechtigungsschein kann in Abweichung von der Einkommensgrenze nach Satz 1 oder 2 mit Geltung für das Gebiet eines Landes erteilt werden, wenn

1. die Versagung für den Wohnungssuchenden eine besondere Härte bedeuten würde oder
2. der Wohnungssuchende durch den Bezug der Wohnung eine andere geförderte Wohnung freimacht, deren Miete, bezogen auf den Quadratmeter Wohnfläche, niedriger ist oder deren Größe die für ihn maßgebliche Wohnungsgröße übersteigt.

[5] Die Erteilung des Wohnberechtigungsscheins ist zu versagen, wenn sie auch bei Einhaltung der nach Satz 1 oder 2 maßgeblichen Einkommensgrenze offensichtlich nicht gerechtfertigt wäre.

(4) [1] In dem Wohnberechtigungsschein ist die für den Wohnungssuchenden und seine Haushaltsangehörigen nach den Bestimmungen des Landes maßgebliche Wohnungsgröße nach der Raumzahl oder nach der Wohnfläche anzugeben. [2] Von der maßgeblichen Grenze kann im Einzelfall

1. zur Berücksichtigung
   a) besonderer persönlicher oder beruflicher Bedürfnisse eines Haushaltsangehörigen oder
   b) eines nach der Lebenserfahrung in absehbarer Zeit zu erwartenden zusätzlichen Raumbedarfs oder
2. zur Vermeidung besonderer Härten

abgewichen werden.

(5) Soweit Wohnungen nach der Förderzusage bestimmten Haushalten vorbehalten sind und der Wohnungssuchende und seine Haushaltsangehörigen zu diesen Haushalten gehören, sind im Wohnberechtigungsschein Angaben zur Zugehörigkeit zu diesen Haushalten aufzunehmen.

(6) [1] Ist eine Wohnung entgegen Absatz 1 Satz 1 überlassen worden, hat der Verfügungsberechtigte auf Verlangen der zuständigen Stelle das Mietverhältnis zu kündigen und die Wohnung einem Wohnungssuchenden nach Absatz 1 Satz 1 zu überlassen. [2] Kann der Verfügungsberechtigte die Beendigung des Mietverhältnisses durch Kündigung nicht alsbald erreichen, kann die zuständige Stelle von dem Mieter, dem der Verfügungsberechtigte die Wohnung entgegen Absatz 1 Satz 1 überlassen hat, die Räumung der Wohnung verlangen.

(7) [1] Der Verfügungsberechtigte darf eine Wohnung nur mit Genehmigung der zuständigen Stelle

1. selbst nutzen,
2. nicht nur vorübergehend, mindestens drei Monate, leer stehen lassen oder
3. anderen als Wohnzwecken zuführen oder entsprechend baulich ändern.

[2] Im Fall des Satzes 1 Nr. 1 ist die Genehmigung zu erteilen, wenn der Verfügungsberechtigte und seine Haushaltsangehörigen die Voraussetzungen für die Erteilung eines Wohnberechtigungsscheins nach den Absätzen 1 bis 5 erfüllen. [3] Im Fall des Satzes 1 Nr. 2 darf die Genehmigung nur erteilt werden, wenn und solange eine Vermietung nicht möglich ist und der Förderzweck nicht auf andere Weise, auch nicht durch Freistellung von Belegungsbindungen nach § 30 oder durch Übertragung von Belegungs- und Mietbindungen nach § 31, erreicht werden kann. [4] Im Fall des Satzes 1 Nr. 3 kann die Genehmigung erteilt werden, wenn und soweit ein überwiegendes öffentliches Interesse oder ein überwiegendes berechtigtes Interesse des Verfügungsberechtigten oder eines Dritten an der anderen Verwendung oder baulichen Änderung der Wohnung besteht; die Genehmigung kann unter der Verpflichtung zu einem Geldausgleich in angemessener Höhe oder zur vertraglichen Einräumung eines Belegungsrechts für eine andere nicht gebundene Wohnung (Ersatzwohnung) erteilt werden. [5] Wer der sich aus Satz 1 Nr. 3 ergebenden Verpflichtung zuwiderhandelt, hat auf Verlangen der zuständigen Stelle die Eignung für Wohnzwecke auf seine Kosten wiederherzustellen.

(8) Sobald voraussehbar ist, dass eine Wohnung bezugsfertig oder frei wird, hat der Verfügungsberechtigte dies der zuständigen Stelle unverzüglich schriftlich anzuzeigen und den voraussichtlichen Zeitpunkt der Bezugsfertigkeit oder des Freiwerdens mitzuteilen.

§ 28 Bestimmung und Sicherung der höchstzulässigen Miete. (1) [1] In der Förderzusage ist eine höchstzulässige Miete zu bestimmen; sie ist die Miete ohne den Betrag für Betriebskosten. [2] In der Förderzusage können Änderungen der höchstzulässigen Miete während der Dauer der Förderung, auch für Mieterhöhungen nach durchgeführten Modernisierungen, vorgesehen oder vorbehalten werden. [3] Bestimmungen über die höchstzulässige Miete dürfen nicht zum Nachteil des Mieters von den allgemeinen mietrechtlichen Vorschriften abweichen.

(2) [1] Der Vermieter darf eine Wohnung nicht gegen eine höhere als die höchstzulässige Miete zum Gebrauch überlassen. [2] Er hat die in der Förderzusage enthaltenen Bestimmungen über die höchstzulässige Miete und das Bindungsende im Mietvertrag anzugeben.

(3) Der Vermieter kann die Miete nach Maßgabe der allgemeinen mietrechtlichen Vorschriften erhöhen, jedoch nicht höher als bis zur höchstzulässigen Miete und unter Einhaltung sonstiger Bestimmungen der Förderzusage zur Mietbindung.

(4) Der Vermieter darf

1. eine Leistung zur Abgeltung von Betriebskosten nur nach Maßgabe der §§ 556, 556a und 560 des Bürgerlichen Gesetzbuchs[1] und
2. eine einmalige oder sonstige Nebenleistung nur insoweit, als sie nach Vorschriften des Landes oder nach den Bestimmungen der Förderzusage zugelassen ist,

fordern, sich versprechen lassen oder annehmen.

(5) [1] Der Mieter kann sich gegenüber dem Vermieter auf die Bestimmung der Förderzusage über die höchstzulässige Miete und auf die sonstigen Bestimmungen der Förderzusage zur Mietbindung berufen. [2] Hierzu hat ihm der Vermieter die erforderlichen Auskünfte zu erteilen. [3] Erteilt der Vermieter die Auskünfte nicht oder nur unzureichend, hat dies auf Verlangen des Mieters durch die zuständige Stelle zu erfolgen.

(6) Von den Absätzen 1 bis 5 abweichende Vereinbarungen im Mietvertrag sind unwirksam.

§ 29 Dauer der Belegungs- und Mietbindungen. (1) [1] Die Dauer der Belegungs- und Mietbindungen ist in der Förderzusage durch Festlegung einer Frist zu bestimmen; bei der Gewährung von Darlehen sind Bestimmungen über die Dauer der Bindungen bei vorzeitiger vollständiger Rückzahlung der Darlehen zu treffen, die dem mit dem Einsatz der Fördermittel verfolgten Förderzweck Rechnung tragen. [2] Die Bindungen bleiben bestehen

1. bei Rückzahlung der Darlehen auf Grund einer Kündigung wegen Verstoßes gegen Bestimmungen der Förderzusage bis zu dem in der Förderzusage bestimmten Ende der Bindungen, längstens jedoch bis zum Ablauf des zwölften Kalenderjahres nach dem Jahr der Rückzahlung,
2. bei einer Zwangsversteigerung des Grundstücks bis zu dem in der Förderzusage bestimmten Ende der Bindungen, längstens jedoch bis zum Ablauf des dritten Kalenderjahres nach dem Kalenderjahr, in dem der Zuschlag erteilt worden ist und die auf Grund der Darlehensförderung begründeten Grundpfandrechte mit dem Zuschlag erloschen sind.

[3] Bei der Gewährung von Zuschüssen bleiben die Bindungen im Fall der Rückforderung der Zuschüsse wegen Verstoßes gegen die Bestimmungen der Förderzusage längstens zwölf Kalenderjahre nach dem Jahr der Rückzahlung, im Fall der Zwangsversteigerung des Grundstücks bis zum Zuschlag bestehen.

(2) [1] Die zuständige Stelle hat auf Antrag dem Verfügungsberechtigten und bei berechtigtem Interesse auch einem Wohnungssuchenden und dem Mieter schriftlich zu bestätigen, wie lange die Belegungs- und Mietbindungen dau-

---

[1] Nr. 1.

ern. [2] Die Bestätigung ist gegenüber dem Verfügungsberechtigten und dem Mieter in tatsächlicher und rechtlicher Hinsicht verbindlich.

§ 30 Freistellung von Belegungsbindungen. (1) Die zuständige Stelle kann den Verfügungsberechtigten von den Verpflichtungen nach § 27 Abs. 1 und 7 Satz 1 freistellen, wenn und soweit

1. nach den örtlichen wohnungswirtschaftlichen Verhältnissen ein überwiegendes öffentliches Interesse an den Bindungen nicht mehr besteht oder
2. an der Freistellung ein überwiegendes öffentliches Interesse besteht oder
3. die Freistellung der Schaffung oder Erhaltung sozial stabiler Bewohnerstrukturen dient oder
4. an der Freistellung ein überwiegendes berechtigtes Interesse des Verfügungsberechtigten oder eines Dritten besteht

und für die Freistellung ein Ausgleich dadurch erfolgt, dass der Verfügungsberechtigte der zuständigen Stelle das Belegungsrecht für Ersatzwohnungen, die bezugsfertig oder frei sind, für die Dauer der Freistellung vertraglich einräumt oder einen Geldausgleich in angemessener Höhe oder einen sonstigen Ausgleich in angemessener Art und Weise leistet.

(2) Freistellungen können für bestimmte Wohnungen, für Wohnungen bestimmter Art oder für Wohnungen in bestimmten Gebieten erteilt werden.

(3) Bei einer Freistellung kann von einem Ausgleich abgesehen werden, wenn und soweit die Freistellung im überwiegenden öffentlichen Interesse erteilt wird.

§ 31 Übertragung von Belegungs- und Mietbindungen. (1) Die zuständige Stelle kann mit dem Verfügungsberechtigten vereinbaren, dass die Belegungs- und Mietbindungen von geförderten Wohnungen (Förderwohnungen) auf Ersatzwohnungen des Verfügungsberechtigten übergehen, wenn

1. dies der Schaffung oder Erhaltung sozial stabiler Bewohnerstrukturen dient oder aus anderen Gründen der örtlichen wohnungswirtschaftlichen Verhältnisse geboten ist und
2. Förderwohnungen und Ersatzwohnungen unter Berücksichtigung des Förderzwecks gleichwertig sind und
3. sichergestellt ist, dass zum Zeitpunkt des Übergangs die Wohnungen bezugsfertig oder frei sind.

(2) Gegenstand der Vereinbarung können ohne Vorliegen der Voraussetzungen des Absatzes 1 Nr. 2 auch Änderungen der Belegungs- und Mietbindungen, insbesondere deren Anzahl, Dauer, Art oder Höhe sein, wenn die Änderungen unter Berücksichtigung der maßgeblichen Umstände, insbesondere des Wohnwerts der Wohnungen, nicht zu einem mehr als nur unerheblichen wirtschaftlichen Vorteil des Verfügungsberechtigten führen.

(3) [1] In der Vereinbarung sind weitere zum Übergang und zur Änderung der Belegungs- und Mietbindungen sowie zu sonstigen in der Förderzusage festgelegten Berechtigungen und Verpflichtungen erforderliche Bestimmungen zu treffen, namentlich zum Zeitpunkt des Übergangs. [2] Mit dem Zeitpunkt des Übergangs gelten die Ersatzwohnungen als geförderte Wohnungen im Sinne der Förderzusage; auf die Ersatzwohnungen sind die Vorschriften dieses und des vierten Abschnitts anzuwenden.

(4) Sind gewährte Fördermittel durch dingliche Rechte am Grundstück der Förderwohnungen gesichert, können die zuständige Stelle, der Verfügungsberechtigte und der Gläubiger vereinbaren, dass die dinglichen Rechte aufgehoben und am Grundstück der Ersatzwohnungen neu bestellt werden.

§ 32 Sonstige Vorschriften der Sicherung. (1) [1] Die zuständige Stelle kann Bestimmungen der Förderzusage nach den allgemeinen Vorschriften im Wege des Verwaltungszwangs vollziehen. [2] Soweit die Bestimmungen in einem öffentlich-rechtlichen Vertrag getroffen werden, hat sich der Förderempfänger der sofortigen Vollstreckung nach § 61 des Verwaltungsverfahrensgesetzes oder nach entsprechenden landesrechtlichen Vorschriften zu unterwerfen.

(2) [1] Die zuständige Stelle hat über die Wohnungen, ihre Nutzung, die jeweiligen Mieter und Vermieter sowie über die Belegungsrechte und die höchstzulässigen Mieten im Sinne des § 3 Abs. 3 bis 5 des Bundesdatenschutzgesetzes oder entsprechender landesrechtlicher Vorschriften Daten zu erheben, zu verarbeiten und zu nutzen, soweit dies zur Sicherung der Zweckbestimmung der Wohnungen und der sonstigen Bestimmungen der Förderzusage erforderlich ist. [2] Der Vermieter und der Mieter sind verpflichtet, der zuständigen Stelle auf Verlangen Auskunft zu erteilen und Einsicht in ihre Unterlagen zu gewähren und ihr die Besichtigung von Grundstücken, Gebäuden und Wohnungen zu gestatten, soweit dies zur Sicherung der Zweckbestimmung der Wohnungen und der sonstigen Bestimmungen der Förderzusage erforderlich ist. [3] Durch Satz 2 wird das Grundrecht der Unverletzlichkeit der Wohnung (Artikel 13 des Grundgesetzes) eingeschränkt.

(3) [1] Der Vermieter hat der zuständigen Stelle die Veräußerung von belegungs- oder mietgebundenen Wohnungen und die Begründung von Wohnungseigentum an solchen Wohnungen unverzüglich schriftlich mitzuteilen. [2] Der Vermieter, der eine Wohnung erworben hat, an der nach der Überlassung an einen Mieter Wohnungseigentum begründet worden ist, darf sich dem Mieter gegenüber auf berechtigte Interessen an der Beendigung des Mietverhältnisses im Sinne des § 573 Abs. 2 Nr. 2 des Bürgerlichen Gesetzbuchs[1)] nicht berufen, solange die Wohnung Belegungs- oder Mietbindungen unterliegt; im Übrigen bleibt § 577a Abs. 1 und 2 des Bürgerlichen Gesetzbuchs[1)] unberührt, soweit in dieser Bestimmung auf § 573 Abs. 2 Nr. 2 des Bürgerlichen Gesetzbuchs[1)] verwiesen wird.

(4) [1] Finanzbehörden und Arbeitgeber haben der zuständigen Stelle Auskunft über die Einkommensverhältnisse der Wohnungssuchenden zu erteilen, soweit dies zur Sicherung der Zweckbestimmung der Wohnungen und der sonstigen Bestimmungen der Förderzusage erforderlich ist und begründete Zweifel an der Richtigkeit der Angaben und der hierzu vorgelegten Nachweise bestehen. [2] Vor einem Auskunftsersuchen an den Arbeitgeber soll dem Wohnungssuchenden Gelegenheit zur Stellungnahme gegeben werden.

(5) Fördermittel, die in Abhängigkeit vom jeweiligen Haushaltseinkommen des Mieters gewährt werden, können auch dann an den Vermieter

---

[1)] Nr. **1**.

ausgezahlt werden, wenn dieser aus den geleisteten Zahlungen Rückschlüsse auf das Einkommen des Mieterhaushalts ziehen kann.

(6) Die für Wohnungen geltenden Vorschriften dieses Abschnitts gelten entsprechend für einzelne Wohnräume mit Ausnahme solcher in Wohnheimen.

(7) Für die Zwecke der Sicherung der höchstzulässigen Miete nach § 28 Abs. 2 bis 6 und für die übrigen Sicherungsvorschriften der Absätze 2, 3, 5 und 6 ist der sonstige Verfügungsberechtigte dem Vermieter gleichgestellt.

§ 33 Geldleistung bei Gesetzesverstößen. (1) [1] Für die Zeit, während der der Verfügungsberechtigte oder ein von ihm Beauftragter schuldhaft gegen die Vorschriften des § 27 Abs. 1 oder 6 Satz 1 oder Abs. 7 Satz 1 oder Abs. 8 oder des § 28 Abs. 2 bis 4 oder des § 32 Abs. 3 Satz 1 verstößt, kann die zuständige Stelle für die Dauer des Verstoßes durch Verwaltungsakt von dem Verfügungsberechtigten Geldleistungen bis zu monatlich 5 Euro je Quadratmeter Wohnfläche der Wohnung, auf die sich der Verstoß bezieht, erheben. [2] Für die Bemessung der Geldleistungen sind ausschließlich der Wohnwert der Wohnung und die Schwere des Verstoßes maßgebend. [3] Die eingezogenen Geldleistungen sind für Maßnahmen der sozialen Wohnraumförderung einzusetzen.

Abschnitt 4. Ausgleich von Fehlförderungen

§ 34 Grundlagen der Ausgleichszahlung. (1) [1] Die Länder können, um eine Fehlförderung im Sinne des § 7 Nr. 2 Satz 1 und 3 auszugleichen, landesrechtliche Vorschriften über die Erhebung einer Ausgleichszahlung von Mietern geförderter Wohnungen erlassen; sie treffen dazu nach Maßgabe der Absätze 2 bis 4, des § 35 Abs. 1 Satz 2, des § 36 Abs. 1 und 3 sowie des § 37 Abs. 2 Satz 1 und 4 die erforderlichen Bestimmungen. [2] Auf die Erhebung von Ausgleichszahlungen sind die Absätze 5 bis 7 sowie § 35 Abs. 1 Satz 1, 3 und 4 und Abs. 2 bis 4, § 36 Abs. 2 sowie § 37 Abs. 1 und 2 Satz 2 und 3 anzuwenden. [3] § 32 Abs. 6 gilt entsprechend für die Vorschriften dieses Abschnitts.

(2) [1] Die Länder legen fest, in welchen Gemeinden und für welche Arten von geförderten Wohnungen eine Ausgleichszahlung erhoben werden soll. [2] Dabei kann von der Festlegung einer Gemeinde auch abgesehen werden, wenn in der Gemeinde

1. die für die Wohnungen bestimmten höchstzulässigen Mieten nur geringfügige Wohnkostenentlastungen beinhalten oder
2. der Verwaltungsaufwand für die Erhebung einer Ausgleichszahlung in einem unangemessenen Verhältnis zu den erwarteten Einnahmen stehen würde.

(3) Die Verpflichtung zur Leistung einer Ausgleichszahlung darf für Mieter nur vorgesehen werden, wenn das Gesamteinkommen der Haushaltsangehörigen und der die Wohnung nicht nur vorübergehend nutzenden sonstigen Personen die entsprechend § 9 maßgebliche Einkommensgrenze mehr als unerheblich übersteigt.

(4) [1] Eine Verpflichtung zur Leistung einer Ausgleichszahlung darf nicht vorgesehen werden

1. für Mieter, die Wohngeld nach dem Wohngeldgesetz erhalten,
2. für Mieter, die Leistungen der Hilfe zum Lebensunterhalt nach dem Zwölften Buch Sozialgesetzbuch oder Leistungen zur Sicherung des Lebensunterhalts nach dem Zweiten Buch Sozialgesetzbuch oder Leistungen der ergänzenden Hilfe zum Lebensunterhalt nach § 27a des Bundesversorgungsgesetzes erhalten und daneben keine weiteren Einkünfte erzielen, bei deren Berücksichtigung eine Ausgleichszahlung zu leisten wäre, oder
3. wenn eine Freistellung nach § 30 Abs. 1 und 2 für das Gebiet, in dem die Wohnung liegt, erfolgt ist.

[2] Die Tatsachen für die Ausnahme von der Leistungspflicht nach Satz 1 hat der Mieter nachzuweisen.

(5) [1] Von der Erhebung einer Ausgleichszahlung kann für bestimmte Wohnungen, für Wohnungen bestimmter Art, für Wohnungen in bestimmten Gebieten von Gemeinden oder für Wohnungen in bestimmten Teilen von Gemeinden ganz oder teilweise abgesehen werden, wenn nach dem Förderzweck unter Berücksichtigung der örtlichen wohnungswirtschaftlichen Verhältnisse das Absehen der Schaffung oder Erhaltung sozial stabiler Bewohnerstrukturen dient. [2] Satz 1 gilt entsprechend für bestimmte Wohnungen oder für Wohnungen bestimmter Art, wenn Tatsachen die Annahme rechtfertigen, dass die Vermietbarkeit dieser Wohnungen während des Leistungszeitraums sonst nicht gesichert wäre, oder für eine Wohnung, die vom Verfügungsberechtigten, der mindestens vier geförderte Wohnungen geschaffen hat, selbst genutzt wird.

(6) [1] Die zuständige Stelle hat die eingezogenen Ausgleichszahlungen an das Land abzuführen, soweit nichts anderes bestimmt ist. [2] Das Aufkommen aus der Erhebung der Ausgleichszahlungen ist laufend für die soziale Wohnraumförderung zu verwenden.

(7) Für die Zwecke des Ausgleichs von Fehlförderungen nach diesem Abschnitt sind sonstige Wohnungsinhaber den Mietern gleichgestellt.

§ 35 Einkommensermittlung und Einkommensnachweis. (1) [1] Auf die Ermittlung des Gesamteinkommens sind die §§ 20 bis 24 unter Einbeziehung der die Wohnung nicht nur vorübergehend nutzenden Personen anzuwenden. [2] Die Länder können bestimmen, dass abweichend von Satz 1 zur weitergehenden Berücksichtigung sozialer Gründe, die der Vermeidung nicht vertretbarer Belastungen dient, zusätzliche Freibeträge vom Gesamteinkommen abgesetzt werden können. [3] Maßgebend für die Einkommensermittlung nach den Sätzen 1 und 2 sind die Verhältnisse neun Monate vor Beginn des durch landesrechtliche Vorschriften nach § 36 Abs. 1 Nr. 3 bestimmten Leistungszeitraums. [4] Abweichend hiervon ist in den Fällen des § 37 Abs. 2 der Zeitpunkt der Antragstellung maßgebend.

(2) [1] Der Mieter hat auf Anforderung der zuständigen Stelle sein Einkommen nachzuweisen und die weiteren Haushaltsangehörigen sowie die die Wohnung nicht nur vorübergehend nutzenden sonstigen Personen zu benennen sowie deren Einkommen nachzuweisen. [2] Dem Mieter ist hierfür eine angemessene Frist einzuräumen. [3] Verweigert eine für die Einkommensermittlung heranzuziehende Person gegenüber dem Mieter Angaben über ihr Einkommen, ist sie verpflichtet, die erforderlichen Angaben gegenüber der zuständigen Stelle zu machen und nachzuweisen; Satz 2 gilt entsprechend.

[4] Der Mieter hat die zur Angabe des Einkommens verpflichtete Person vorab darauf hinzuweisen, dass sie ihre Angabe gegenüber der zuständigen Stelle machen und nachweisen kann.

(3) [1] Versäumt der Mieter oder die zur Angabe des Einkommens verpflichtete Person die Frist nach Absatz 2 Satz 2 und 3, wird vermutet, dass eine Überschreitung der Einkommensgrenze in dem Umfang vorliegt, der den Mieter zu der nach § 36 festgelegten höchstmöglichen Ausgleichszahlung verpflichtet. [2] Wird die Verpflichtung nach Absatz 2 Satz 1 nachträglich erfüllt, ist vom ersten Tag des nächsten Kalendermonats an nur der Betrag zu entrichten, der sich nach Überprüfung der Einkommensverhältnisse ergibt.

(4) [1] Finanzbehörden und Arbeitgeber haben der zuständigen Stelle Auskunft über die Einkommensverhältnisse zu erteilen, soweit dies für die Festsetzung der Ausgleichszahlung erforderlich ist und begründete Zweifel an der Richtigkeit der Angaben und der hierzu vorgelegten Nachweise bestehen. [2] Vor einem Auskunftsersuchen an den Arbeitgeber soll dem Mieter oder der zur Angabe des Einkommens verpflichteten Person Gelegenheit zur Stellungnahme gegeben werden.

§ 36 Höhe der Ausgleichszahlung und Leistungszeitraum. (1) Die Länder bestimmen

1. den monatlichen Höchstbetrag je Quadratmeter Wohnfläche, auf den die Ausgleichszahlung festgesetzt werden kann,
2. die Höhe der nach dem Gesamteinkommen des Haushalts zu staffelnden monatlichen Ausgleichszahlung je Quadratmeter Wohnfläche sowie
3. den Leistungszeitraum, für den die Ausgleichszahlung erhoben wird, und den Beginn der Leistungspflicht.

(2) Der Gesamtbetrag aus höchstzulässiger Miete und Ausgleichszahlung darf die ortsübliche Vergleichsmiete im Sinne des § 558 Abs. 2 des Bürgerlichen Gesetzbuchs[1)] nicht überschreiten.

(3) [1] Die Länder können zum Zwecke der Begrenzung der Ausgleichszahlung durch ortsübliche Vergleichsmieten nach Absatz 2 Höchstbeträge bestimmen. [2] Sie können hierfür

1. Beträge bis zum Mittelwert der in einem Mietspiegel enthaltenen Mietspanne oder bis zu den in einem Mietspiegel enthaltenen Festbeträgen für Wohnungen vergleichbarer Art, Größe, Ausstattung, Beschaffenheit und Lage oder,
2. wenn ein Mietspiegel nicht besteht oder keine entsprechenden Angaben enthält, die nach statistischen Erhebungen und deren Fortschreibung oder sonstigen Erkenntnismitteln erfahrungsgemäß zu erzielenden Entgelte für Wohnungen vergleichbarer Art, Größe, Ausstattung, Beschaffenheit und Lage nach Gemeinden unterschiedlich

festlegen. [3] Sie können auch bestimmen, dass bei der Festsetzung der Ausgleichszahlung bestimmte eigene Leistungen des Mieters und der sich hieraus ergebende Mietvorteil zu seinen Gunsten berücksichtigt werden.

[1)] Nr. **1**.

§ 37 Wegfall und Minderung der Ausgleichszahlung. (1) Die Verpflichtung zur Leistung einer Ausgleichszahlung erlischt, sobald die Wohnung nicht mehr der Mietbindung unterliegt oder von keinem der Mieter mehr genutzt wird.

(2) [1] Die Zahlungspflicht ist auf Antrag mit Wirkung vom ersten Tag des auf den Antrag folgenden Kalendermonats an auf den Betrag herabzusetzen, der den Verhältnissen im Zeitpunkt des Antrags entspricht, wenn dieser Betrag niedriger ist, weil

1. das Gesamteinkommen die nach Absatz 2 oder auf Grund des Absatzes 3 des § 9 maßgebliche Einkommensgrenze unterschreitet,
2. sich das Gesamteinkommen um mehr als 15 Prozent verringert hat,
3. sich die Zahl der Haushaltsangehörigen und der die Wohnung nicht nur vorübergehend nutzenden sonstigen Personen erhöht hat oder
4. sich die Miete nach § 28 Abs. 1 Satz 1 um mehr als 15 Prozent erhöht hat.

[2] Die Herabsetzung nach Satz 1 soll rückwirkend erfolgen, wenn das die Herabsetzung begründende Ereignis durch eine amtliche Bescheinigung nachgewiesen wird und diese Bescheinigung erst zu einem späteren Zeitpunkt beigebracht werden kann. [3] Der Antrag kann in den Fällen des Satzes 1 nur bis sechs Monate vor Ablauf des Leistungszeitraums, im Fall des Satzes 2 nur bis zum Ablauf des Leistungszeitraums gestellt werden. [4] Die Länder können zur Vermeidung eines unvertretbaren Verwaltungsaufwands von Satz 1 abweichende Bestimmungen erlassen.

Teil 3. Bundesmittel

§§ 38–40 *(aufgehoben)*

Teil 4. Ergänzungsvorschriften

§§ 41–43 *(aufgehoben)*

§ 44 Sonderregelungen für einzelne Länder. In dem in Artikel 3 des Einigungsvertrags genannten Gebiet gelten:

1. Fördergegenstand ist bis zum 31. Dezember 2008 in Ergänzung des § 2 Abs. 1 auch die Instandsetzung vorhandener Wohnungen.
2. Bei der Förderung der Modernisierung und, soweit sie nach Nummer 1 Fördergegenstand ist, der Instandsetzung von Mietwohnungen kann von der Begründung von Belegungsbindungen abgesehen werden, soweit in dem Gebiet auf Grund von nach § 12 Abs. 2 Satz 1 und 2 und § 13 des Altschuldenhilfe-Gesetzes erlassenen landesrechtlichen Vorschriften genügend Wohnungen belegungsgebunden sind.

§ 45 Förderung mit Wohnungsfürsorgemitteln. (1) Bei der Vergabe von Fördermitteln für Wohnungen, die für Angehörige des öffentlichen Dienstes oder ähnlicher Personengruppen aus öffentlichen Haushalten und Zweckvermögen unter Vereinbarung eines Wohnungsbesetzungsrechts unmittelbar oder mittelbar zur Verfügung gestellt werden (Wohnungsfürsorgemittel), findet § 28 entsprechende Anwendung.

(2) Auf die nach Absatz 1 geförderten Wohnungen sind die §§ 34 bis 37 und die hierzu ergangenen landesrechtlichen Vorschriften über die Erhebung von Ausgleichszahlungen mit folgenden Maßgaben anzuwenden:

1. Für diese Wohnungen sind die landesrechtlichen Vorschriften des Landes, in dem die geförderten Wohnungen liegen, maßgeblich.
2. [1] Die eingezogenen Ausgleichszahlungen stehen den öffentlichen Haushalten oder Zweckvermögen zu, aus denen die Fördermittel verausgabt wurden; sie sind zur Förderung von Wohnungen nach Absatz 1 zu verwenden, soweit hierfür ein Bedarf besteht, im Übrigen für die soziale Wohnraumförderung. [2] Sind für die Wohnungen auch Mittel der sozialen Wohnraumförderung eingesetzt worden, stehen die Einnahmen aus den Ausgleichszahlungen dem jeweiligen öffentlichen Haushalt oder Zweckvermögen, aus dem die Wohnungsfürsorgemittel verausgabt worden sind, nur zu, wenn im Zeitpunkt der Bewilligung oder Förderzusage die Förderung mit Wohnungsfürsorgemitteln dem Betrage nach überwogen hat.

Teil 5. Überleitungs- und Schlussvorschriften

§ 46 Zeitlicher Anwendungsbereich. (1) Die §§ 1 bis 45 dieses Gesetzes finden auf Maßnahmen der sozialen Wohnraumförderung Anwendung, für die die Förderzusage nach dem 31. Dezember 2001 erteilt wird.

(2) [1] Fördermittel können abweichend von Absatz 1 bis zum 31. Dezember 2002 auf der Grundlage des Zweiten Wohnungsbaugesetzes oder des Wohnungsbaugesetzes für das Saarland in der jeweils bis zum 31. Dezember 2001 geltenden Fassung bewilligt werden. [2] Dabei können an Stelle des § 8 des Zweiten Wohnungsbaugesetzes und des § 6 des Wohnungsbaugesetzes für das Saarland § 18 und an Stelle des § 25 Abs. 2 und 3 und der §§ 25a bis 25d des Zweiten Wohnungsbaugesetzes sowie des § 14 Abs. 2 und 3 und der §§ 14a bis 14d des Wohnungsbaugesetzes für das Saarland § 9 Abs. 2 und die §§ 20 bis 24 angewendet werden.

(3) [1] Bis zum Erlass der Rechtsverordnung nach § 19 Abs. 1 Satz 2 sind die §§ 42 bis 44 der Zweiten Berechnungsverordnung[1)] in der Fassung der Bekanntmachung vom 12. Oktober 1990 (BGBl. I S. 2178), die zuletzt durch Artikel 8 Abs. 2 des Gesetzes vom 19. Juni 2001 (BGBl. I S. 1149) geändert worden ist, anzuwenden. [2] Bis zum Erlass der Rechtsverordnung nach § 19 Abs. 2 Satz 2 ist hinsichtlich der Betriebskosten § 27 der Zweiten Berechnungsverordnung mit ihrer Anlage 3 anzuwenden.

§ 47 Darlehen des Bundes und Förderung auf Grund früheren Rechts. (1) *(aufgehoben)*

(2) [1] Für die Einkommensermittlung nach § 88d Abs. 2 Nr. 4 des Zweiten Wohnungsbaugesetzes und nach § 51e Abs. 2 Nr. 4 des Wohnungsbaugesetzes für das Saarland bei Wohnungen, die nach § 88d des Zweiten Wohnungsbaugesetzes oder nach § 51e des Wohnungsbaugesetzes für das Saarland geför-

---

1) Nr. **18**.

dert worden sind, finden an Stelle des § 25 Abs. 1 und 3 und der §§ 25a bis 25d des Zweiten Wohnungsbaugesetzes sowie des § 14 Abs. 1 und 3 und der §§ 14a bis 14d des Wohnungsbaugesetzes für das Saarland die §§ 20 bis 24 Anwendung. [2] Satz 1 gilt entsprechend bei Wohnungen, die nach den §§ 88 bis 88c des Zweiten Wohnungsbaugesetzes gefördert worden sind.

(3) [1] Ist in einer Bewilligung oder Förderzusage nach § 88 oder § 88d des Zweiten Wohnungsbaugesetzes bei der Bestimmung der Einkommensgrenze auf § 25 Abs. 2 des Zweiten Wohnungsbaugesetzes Bezug genommen worden, findet an Stelle dieser Bestimmung § 9 Abs. 2 Anwendung. [2] Ist bei einer Förderzusage nach § 88d des Zweiten Wohnungsbaugesetzes eine Einkommensgrenze ohne Bezugnahme auf § 25 Abs. 2 des Zweiten Wohnungsbaugesetzes bestimmt worden, bleibt diese Bestimmung unberührt.

(4) Für die Sicherung der Zweckbestimmung von Wohnungen, die nach den §§ 87a, 87b, 88, 88d und 88e des Zweiten Wohnungsbaugesetzes gefördert worden sind, findet an Stelle des § 88f Abs. 1 Satz 1 und Abs. 2 des Zweiten Wohnungsbaugesetzes § 32 Abs. 2 und 3 Satz 1 sowie Abs. 4 und 5 Anwendung.

(5) [1] Erfolgt zur Bestätigung der Wohnberechtigung für Wohnungen, die bis zum 31. Dezember 2001 und in den Fällen des § 46 Abs. 2 bis zum 31. Dezember 2002 nach den Vorschriften des Wohnungsbaugesetzes für das Saarland gefördert wurden, eine Einkommensberechnung, sind § 9 Abs. 2 und die §§ 20 bis 24 anzuwenden. [2] Zum Haushalt des Wohnungssuchenden rechnen die in § 18 bezeichneten Angehörigen.

(6) Für Wohnungen, die bis zum 31. Dezember 2001 und in den Fällen des § 46 Abs. 2 bis zum 31. Dezember 2002 nach den Vorschriften des Wohnungsbaugesetzes für das Saarland gefördert wurden, gilt:

1. auf die Erhebung von Daten ist § 32 Abs. 2 Satz 1 anzuwenden;
2. auf die Erteilung von Auskünften über die Einkommensverhältnisse ist § 32 Abs. 2 und 3 Satz 1 und Abs. 4 anzuwenden.

§ 48 Anwendung des Zweiten Wohnungsbaugesetzes.[1)] (1) Folgende Vorschriften des Zweiten Wohnungsbaugesetzes[1)] in der bis zum 31. Dezember 2001 geltenden Fassung sind weiter anzuwenden:

1. Auf vor dem 1. Januar 2002 und in den Fällen des § 46 Abs. 2 vor dem 1. Januar 2003
   a) nach den §§ 42 bis 45 des Zweiten Wohnungsbaugesetzes bewilligte Darlehen für die Bilanzierung von Aufwendungsdarlehen und Annuitätsdarlehen § 42 Abs. 1 Satz 3 in Verbindung mit § 88 Abs. 3 des Zweiten Wohnungsbaugesetzes, für Zinserhöhungen und erstmalige Verzinsungen § 44 Abs. 2 und 3 des Zweiten Wohnungsbaugesetzes, für Tilgungserhöhungen § 44 Abs. 4 Satz 2 und 3 des Zweiten Wohnungsbaugesetzes, für Kündigungen § 44 Abs. 5 Satz 2 und 3 des Zweiten Wohnungsbaugesetzes, für die Bewilligung eines Zusatzdarlehens bei Kaufeigenheimen, Trägerkleinsiedlungen und Kaufeigentumswohnungen § 45 Abs. 3 Satz 2 Halbsatz 2, Abs. 6 Satz 4 und Abs. 7 des Zweiten Wohnungsbau-

1) Auszugsweise abgedruckt unter Nr. **15**.

gesetzes, für die Rückzahlung eines Familienzusatzdarlehens § 45 Abs. 8 des Zweiten Wohnungsbaugesetzes;

b) nach § 87a des Zweiten Wohnungsbaugesetzes bewilligte Wohnungsfürsorgemittel, mit Ausnahme von Wohnungsfürsorgemitteln des Bundes sowie der früheren öffentlich-rechtlichen Sondervermögen des Bundes oder deren Rechtsnachfolger, § 87a des Zweiten Wohnungsbaugesetzes;

c) nach den §§ 87a und 87b des Zweiten Wohnungsbaugesetzes geförderte Wohnungen § 88f Abs. 1 Satz 2 des Zweiten Wohnungsbaugesetzes mit der Maßgabe, dass sich die Aufgaben derzuständigen Stelle auf den nach § 47 Abs. 4 anzuwendenden § 32 Abs. 2 und 4 beziehen;

d) nach § 88 des Zweiten Wohnungsbaugesetzes bewilligte Aufwendungsdarlehen und -zuschüsse § 88b Abs. 2 bis 4 und § 88c des Zweiten Wohnungsbaugesetzes und für die Ausweisung eines Aufwendungsdarlehens in der Bilanz § 88 Abs. 3 des Zweiten Wohnungsbaugesetzes;

e) nach § 88e des Zweiten Wohnungsbaugesetzes bewilligte einkommensorientierte Förderung § 88e Abs. 2 und 3 und § 88f Abs. 2 des Zweiten Wohnungsbaugesetzes;

2. für die Ablösung von öffentlichen Baudarlehen durch Eigentümer eines Eigenheims, einer Eigensiedlung oder einer eigen genutzten Eigentumswohnung, für die öffentliche Mittel nach dem 31. Dezember 1969 bewilligt worden sind, bis zum 28. Februar 2002 § 69 des Zweiten Wohnungsbaugesetzes;

3. auf den sich ergebenden Ausfall an Rückflüssen durch die Ablösung nach § 69 des Zweiten Wohnungsbaugesetzes § 70 Abs. 1 des Zweiten Wohnungsbaugesetzes.

(2) Auf der Grundlage des Zweiten Wohnungsbaugesetzes[1] wirksame Entscheidungen und sonstige Maßnahmen gelten weiter.

§ 49 Anwendung des Wohnungsbaugesetzes für das Saarland.

(1) Folgende Vorschriften des Wohnungsbaugesetzes für das Saarland in der bis zum 31. Dezember 2001 geltenden Fassung sind weiter anzuwenden:

1. Auf vor dem 1. Januar 2002 und in den Fällen des § 46 Abs. 2 vor dem 1. Januar 2003

a) nach den §§ 24 bis 27 des Wohnungsbaugesetzes für das Saarland bewilligte Darlehen für Zinserhöhungen und erstmalige Verzinsungen § 26 Abs. 2 und 3 des Wohnungsbaugesetzes für das Saarland, für Tilgungserhöhungen § 26 Abs. 4 Satz 2 und 3 des Wohnungsbaugesetzes für das Saarland, für Kündigungen § 26 Abs. 5 Satz 2 und 3 des Wohnungsbaugesetzes für das Saarland, für die Bewilligung eines Zusatzdarlehens bei Kaufeigenheimen, Trägerkleinsiedlungen und Kaufeigentumswohnungen § 27 Abs. 3 Satz 2 Halbsatz 2, Abs. 6 Satz 4 und Abs. 7 des Wohnungsbaugesetzes für das Saarland, für die Rückzahlung eines Familienzusatzdarlehens § 27 Abs. 8 des Wohnungsbaugesetzes für das Saarland, für die höchstzulässige Miete § 29a des Wohnungsbaugesetzes für das Saarland;

---

[1] Auszugsweise abgedruckt unter Nr. **15**.

b) nach § 38 des Wohnungsbaugesetzes für das Saarland bewilligte Wohnungsfürsorgemittel § 38 des Wohnungsbaugesetzes für das Saarland;

c) nach § 51a des Wohnungsbaugesetzes für das Saarland bewilligte Aufwendungsdarlehen und -zuschüsse § 51c Abs. 2 und 3 und § 51d des Wohnungsbaugesetzes für das Saarland, für die Ausweisung eines Aufwendungsdarlehens in der Bilanz § 51a Abs. 3 des Wohnungsbaugesetzes für das Saarland;

2. für die Ablösung von öffentlichen Baudarlehen durch Eigentümer eines Eigenheims, einer Eigensiedlung oder einer eigen genutzten Eigentumswohnung, für die öffentliche Mittel nach dem 31. Dezember 1969 bewilligt worden sind, bis zum 28. Februar 2002 § 34 des Wohnungsbaugesetzes für das Saarland;

3. auf den sich ergebenden Ausfall an Rückflüssen durch die Ablösung nach § 34 des Wohnungsbaugesetzes für das Saarland § 35 des Wohnungsbaugesetzes für das Saarland;

4. für die Anpassung von Förderungsbestimmungen, deren Gegenstand die Errechnung und Anpassung der Kostenmiete für Wohnungen ist, die nach § 24 des Wohnungsbaugesetzes für das Saarland vor dem 1. Januar 2002 und in Fällen des § 46 Abs. 2 vor dem 1. Januar 2003 gefördert wurden, § 57 Abs. 2 des Wohnungsbaugesetzes für das Saarland.

(2) Auf der Grundlage des Wohnungsbaugesetzes für das Saarland wirksame Entscheidungen, die auf seiner Grundlage erlassenen Bestimmungen und sonstige Maßnahmen gelten weiter.

§ 50 Anwendung des Wohnungsbindungsgesetzes[1], der Neubaumietenverordnung[2] und der Zweiten Berechnungsverordnung.[3]

(1) [1] Das Wohnungsbindungsgesetz in der Fassung der Bekanntmachung vom 19. August 1994 (BGBl. I S. 2166, 2319), geändert durch Artikel 7 Abs. 11 des Gesetzes vom 19. Juni 2001 (BGBl. I S. 1149), die Neubaumietenverordnung in der Fassung der Bekanntmachung vom 12. Oktober 1990 (BGBl. I S. 2203), geändert durch Artikel 2 der Verordnung vom 13. Juli 1992 (BGBl I S. 1250), und die Zweite Berechnungsverordnung in der Fassung der Bekanntmachung vom 12. Oktober 1990 (BGBl. I S. 2178), zuletzt geändert durch Artikel 8 Abs. 2 des Gesetzes vom 19. Juni 2001 (BGBl. I S. 1149), sind ab 1. Januar 2002 in der jeweils geltenden Fassung auf Wohnraum,

1. für den öffentliche Mittel im Sinne des § 6 Abs. 1 des Zweiten Wohnungsbaugesetzes bis zum 31. Dezember 2001 bewilligt worden sind,

2. für den öffentliche Mittel im Sinne des § 3 des Ersten Wohnungsbaugesetzes bewilligt worden sind,

3. für dessen Bau ein Darlehen oder ein Zuschuss aus Wohnungsfürsorgemitteln, mit Ausnahme von Wohnungsfürsorgemitteln des Bundes sowie der früheren öffentlich-rechtlichen Sondervermögen des Bundes oder deren Rechtsnachfolger, nach § 87a Abs. 1 Satz 1 des Zweiten Wohnungsbaugesetzes bis zum 31. Dezember 2001 bewilligt worden ist,

---

[1] Nr. **16**.
[2] Nr. **17**.
[3] Nr. **18**.

4. für den Aufwendungszuschüsse und Aufwendungsdarlehen nach § 88 des Zweiten Wohnungsbaugesetzes bis zum 31. Dezember 2001 bewilligt worden sind,

vorbehaltlich des Absatzes 2 anzuwenden, soweit das Wohnungsbindungsgesetz, die Neubaumietenverordnung und die Zweiten Berechnungsverordnung hierfür am 31. Dezember 2001 Anwendung finden. [2] Satz 1 gilt auch, wenn Fördermittel nach § 46 Abs. 2 bewilligt werden.

(2) [1] Verfahren nach dem Wohnungsbindungsgesetz, der Neubaumietenverordnung und der Zweiten Berechnungsverordnung, die vor dem 1. Januar 2002 und im Fall des § 46 Abs. 2 vor dem 1. Januar 2003 förmlich eingeleitet worden sind, werden nach den bis zum 31. Dezember 2001 geltenden Vorschriften abgeschlossen. [2] Auf der Grundlage der jeweils bis zum 31. Dezember 2001 geltenden Fassung des Wohnungsbindungsgesetzes, der Neubaumietenverordnung und der Zweiten Berechnungsverordnung wirksame Entscheidungen und sonstige Maßnahmen gelten weiter. [3] Verfahren, die nach dem 1. Januar 2002 nach § 46 Abs. 2 förmlich eingeleitet worden sind, können nach dem Wohnungsbindungsgesetz, der Neubaumietenverordnung und der Zweiten Berechnungsverordnung in der jeweils ab dem 1. Januar 2002 geltenden Fassung durchgeführt werden.

§ 51 Anwendung des Gesetzes über den Abbau der Fehlsubventionierung im Wohnungswesen.[1)] (1) Das Gesetz über den Abbau der Fehlsubventionierung im Wohnungswesen in der Fassung der Bekanntmachung vom 19. August 1994 (BGBl. I S. 2180), zuletzt geändert durch Artikel 7 Abs. 13 des Gesetzes vom 19. Juni 2001 (BGBl. I S. 1149), ist ab 1. Januar 2002 in der jeweils geltenden Fassung für den in § 50 Abs. 1 Satz 1 Nr. 1 bis 3 und Satz 2 und den in § 2 Abs. 2 Nr. 2 des Wohnraumförderung-Überleitungsgesetzes vom 5. September 2006 (BGBl. I S. 2098, 2100) bezeichneten Wohnraum anzuwenden, bis das Land für die Erhebung von Ausgleichszahlungen nach Maßgabe des § 15 des Gesetzes über den Abbau der Fehlsubventionierung im Wohnungswesen Vorschriften erlassen hat.

(2) § 50 Abs. 2 gilt für Verfahren sowie für wirksame Entscheidungen und sonstige Maßnahmen nach dem Gesetz über den Abbau der Fehlsubventionierung im Wohnungswesen entsprechend.

§ 52 Bußgeldvorschriften. (1) Ordnungswidrig handelt, wer

1. entgegen § 27 Abs. 1 eine Wohnung zum Gebrauch überlässt,
2. ohne Genehmigung nach § 27 Abs. 7 Satz 1 Nr. 1 oder 2 eine Wohnung selbst nutzt oder nicht nur vorübergehend, mindestens drei Monate, leer stehen lässt,
3. ohne Genehmigung nach § 27 Abs. 7 Satz 1 Nr. 3 eine Wohnung anderen als Wohnzwecken zuführt oder entsprechend baulich ändert,
4. entgegen § 28 Abs. 2 eine Wohnung zum Gebrauch überlässt,
5. entgegen § 28 Abs. 4 eine dort genannte Leistung fordert, sich versprechen lässt oder annimmt oder

---

1) Nr. **21**.

6. entgegen § 32 Abs. 3 Satz 1 eine Mitteilung nicht, nicht richtig, nicht vollständig oder nicht rechtzeitig macht.

(2) Die Ordnungswidrigkeit kann in den Fällen des Absatzes 1 Nr. 6 mit einer Geldbuße bis zu zweitausendfünfhundert Euro, in den Fällen des Absatzes 1 Nr. 1 und 2 mit einer Geldbuße bis zu zehntausend Euro, in den übrigen Fällen mit einer Geldbuße bis zu fünfzigtausend Euro geahndet werden.

15. *Zweites Wohnungsbaugesetz (Wohnungsbau- und Familienheimgesetz – II. WoBauG)*[1]

In der Fassung der Bekanntmachung vom 19. August 1994 (BGBl. I S. 2137)

FNA 2330-2

zuletzt geänd. durch Art. 2 Gesetz zur Reform des Wohnungsbaurechts v. 13.9.2001 (BGBl. I S. 2376)

– Auszug –

Nichtamtliche Inhaltsübersicht

§§

Teil I. Grundsätze, Geltungsbereich und Begriffsbestimmungen

Teil II. Bundesmittel und Bundesbürgschaften

. *(hier nicht wiedergegeben)*

Teil III. Öffentlich geförderter sozialer Wohnungsbau

. *(nur auszugsweise wiedergegeben)*

---

[1] **Aufgehoben mWv 1.1.2002** durch Art. 2 G zur Reform des Wohnungsbaurechts v. 13.9. 2001 (BGBl. I S. 2376) mit der Maßgabe, dass bestimmte in § 48 WoFG genannte Bestimmungen (im Text gerade gesetzt) weiter anzuwenden sind. Außer Kraft getretene Vorschriften sind kursiv gesetzt.

Teil I. Grundsätze, Geltungsbereich und Begriffsbestimmungen

§ 1 Wohnungsbauförderung als öffentliche Aufgabe. *(1) Bund, Länder, Gemeinden und Gemeindeverbände haben den Wohnungsbau unter besonderer Bevorzugung des Baues von Wohnungen, die nach Größe, Ausstattung und Miete oder Belastung für die breiten Schichten des Volkes bestimmt und geeignet sind (sozialer Wohnungsbau), als vordringliche Aufgabe zu fördern.*

(2) [1] Die Förderung des Wohnungsbaues hat das Ziel, den Wohnungsmangel zu beseitigen und für weite Kreise der Bevölkerung breitgestreutes Eigentum zu schaffen. [2] Die Förderung soll eine ausreichende Wohnungsversorgung aller Bevölkerungsschichten entsprechend den unterschiedlichen Wohnbedürfnissen ermöglichen und diese namentlich für diejenigen Wohnungsuchenden sicherstellen, die hierzu selbst nicht in der Lage sind. [3] In ausreichendem Maße sind solche Wohnungen zu fördern, die die Entfaltung eines gesunden Familienlebens, namentlich für kinderreiche Familien,

gewährleisten. [4] *Die Förderung des Wohnungsbaues soll überwiegend der Bildung von Einzeleigentum (Familienheimen und eigengenutzten Eigentumswohnungen) dienen.* [5] *Zur Schaffung von Einzeleigentum sollen Sparwille und Bereitschaft zur Selbsthilfe angeregt werden.*

§ 2 ***Wohnungsbau.*** *(1)* [1] *Wohnungsbau ist das Schaffen von Wohnraum durch Neubau, durch Wiederaufbau zerstörter oder Wiederherstellung beschädigter Gebäude oder durch Ausbau oder Erweiterung bestehender Gebäude; als Wohnungsbau gilt auch die Modernisierung im Sinne des § 17a.* [2] *Der auf diese Weise geschaffene Wohnraum ist neugeschaffen im Sinne dieses Gesetzes.*

(2) Der Wohnungsbau erstreckt sich auf Wohnraum der folgenden Arten:

a) Familienheime in der Form von Eigenheimen, Kaufeigenheimen und Kleinsiedlungen;

b) Eigentumswohnungen und Kaufeigentumswohnungen;

c) (weggefallen)

d) Genossenschaftswohnungen;

e) Mietwohnungen;

f) Wohnteile ländlicher Siedlungen;

g) sonstige Wohnungen;

h) Wohnheime;

i) einzelne Wohnräume.

§ 3 ***Maßnahmen zur Wohnungsbauförderung.*** *(1) Die Förderung des Wohnungsbaues erfolgt insbesondere durch*

a) Einsatz öffentlicher Mittel (§§ 25 bis 68),

b) Übernahme von Bürgschaften (§§ 24 und 36a),

c) Gewährung von Wohngeld (§ 46),

d) Gewährung von Prämien für Wohnbausparer,

e) Bereitstellung von Bauland (§§ 89 und 90),

f) Maßnahmen zur Baukostensenkung (§ 91),

g) Beitragsvergünstigung in der Unfallversicherung,

h) Steuer- und Gebührenvergünstigungen (§§ 92a bis 96),

i) Vergünstigungen bei vorzeitiger Rückzahlung öffentlicher Mittel (§§ 69 und 70),

k) (weggefallen)

l) Auflockerung der Mietpreisbindung (§ 72),

m) Gewährung von Aufwendungszuschüssen und Aufwendungsdarlehen (§§ 88 bis 88c).

(2) Je nach der Art der Förderung ist der Wohnungsbau

a) öffentlich geförderter sozialer Wohnungsbau (§§ 25 bis 72),

b) steuerbegünstigter Wohnungsbau (§§ 82 und 83) oder

c) frei finanzierter Wohnungsbau (§ 5 Abs. 3).

§ 4 Zeitlicher Geltungsbereich für die Wohnungsbauförderung nach diesem Gesetz. *(1) [1] Die Förderung des Wohnungsbaues bestimmt sich im Anschluß an den zeitlichen Geltungsbereich des Ersten Wohnungsbaugesetzes nach den Vorschriften des vorliegenden Gesetzes. [2] Die Vorschriften des vorliegenden Gesetzes finden, soweit in dem Gesetz nichts anderes bestimmt ist, sonach Anwendung*

a) im öffentlich geförderten sozialen Wohnungsbau auf neugeschaffenen Wohnraum, für den die öffentlichen Mittel erstmalig nach dem 31. Dezember 1956 bewilligt worden sind oder bewilligt werden,

b) im steuerbegünstigten und frei finanzierten Wohnungsbau auf neugeschaffenen Wohnraum, der nach dem 30. Juni 1956 bezugsfertig geworden ist oder bezugsfertig wird.

(2) (weggefallen)

§ 5 Einteilung der Wohnungen nach ihrer Förderung. *(1) Öffentlich geförderte Wohnungen im Sinne dieses Gesetzes sind neugeschaffene Wohnungen, bei denen öffentliche Mittel im Sinne des § 6 Abs. 1 zur Deckung der für den Bau dieser Wohnungen entstehenden Gesamtkosten oder zur Deckung der laufenden Aufwendungen oder zur Deckung der für Finanzierungsmittel zu entrichtenden Zinsen oder Tilgungen eingesetzt sind.*

(2) Steuerbegünstigte Wohnungen im Sinne dieses Gesetzes sind neugeschaffene Wohnungen, die nicht öffentlich gefördert sind und nach den Vorschriften der §§ 82 und 83 als steuerbegünstigt anerkannt sind.

(3) Frei finanzierte Wohnungen im Sinne dieses Gesetzes sind neugeschaffene Wohnungen, die weder öffentlich gefördert noch als steuerbegünstigt anerkannt sind.

§ 6 Öffentliche Mittel. *(1) [1] Mittel des Bundes, der Länder, Gemeinden und Gemeindeverbände, die von ihnen zur Förderung des Baues von Wohnungen für die breiten Schichten des Volkes bestimmt sind, sowie die nach dem Lastenausgleichsgesetz für die Wohnraumhilfe bestimmten Mittel des Ausgleichsfonds sind öffentliche Mittel im Sinne dieses Gesetzes. [2] Die öffentlichen Mittel sind nur zur Förderung des sozialen Wohnungsbaues nach den Vorschriften der §§ 25 bis 68 zu verwenden.*

(2) Nicht als öffentliche Mittel im Sinne dieses Gesetzes gelten insbesondere

a) die nach dem Lastenausgleichsgesetz als Eingliederungsdarlehen bestimmten Mittel des Ausgleichsfonds oder die mit einer ähnlichen Zweckbestimmung in öffentlichen Haushalten ausgewiesenen Mittel,

b) die als Prämien an Wohnbausparer gewährten Mittel,

c) die in öffentlichen Haushalten gesondert ausgewiesenen Wohnungsfürsorgemittel für Angehörige des öffentlichen Dienstes,

d) die in Haushalten der Gemeinden und Gemeindeverbände ausgewiesenen Mittel zur Unterbringung von solchen Obdachlosen, die aus Gründen der öffentlichen Sicherheit und Ordnung von den Gemeinden und Gemeindeverbänden unterzubringen sind,

e) die einer Kapitalsammelstelle aus einem öffentlichen Haushalt für Zwecke der Vor- und Zwischenfinanzierung des Wohnungsbaues zur Verfügung gestellten Mittel,

f) Mittel, die aus öffentlichen Haushalten zur Modernisierung von bestehendem Wohnraum gewährt werden,

g) die Grundsteuervergünstigungen,

h) Mittel, die zur Förderung des Erwerbs vorhandener Wohnungen, insbesondere durch kinderreiche Familien und Schwerbehinderte bestimmt sind, um ihnen die Eigenversorgung mit Wohnraum zu erleichtern; das gilt nicht für die Mittel zur Förderung des Erwerbs von Kaufeigenheimen und Kaufeigentumswohnungen vom Bauherrn.

(3) Soweit in einem öffentlichen Haushalt andere als die in den Absätzen 1 und 2 aufgeführten Mittel für die Förderung des Wohnungsbaues zur Verfügung gestellt werden, sollen sie in der Regel nur für Maßnahmen zugunsten des sozialen Wohnungsbaues verwendet werden.

§ 7 Familienheime. *(1) [1] Familienheime sind Eigenheime, Kaufeigenheime und Kleinsiedlungen, die nach Größe und Grundriß ganz oder teilweise dazu bestimmt sind, dem Eigentümer und seiner Familie oder einem Angehörigen und dessen Familie als Heim zu dienen. [2] Zu einem Familienheim in der Form des Eigenheims oder des Kaufeigenheims soll nach Möglichkeit ein Garten oder sonstiges nutzbares Land gehören.*

(2) [1] Das Familienheim verliert seine Eigenschaft, wenn es für die Dauer nicht seiner Bestimmung entsprechend genutzt wird. [2] Das Familienheim verliert seine Eigenschaft nicht, wenn weniger als die Hälfte der Wohn- und Nutzfläche des Gebäudes anderen als Wohnzwecken, insbesondere gewerblichen oder beruflichen Zwecken dient.

§ 8 Familie und Angehörige. *(1) Zur Familie rechnen die Angehörigen, die zum Familienhaushalt gehören oder alsbald nach Fertigstellung des Bauvorhabens, insbesondere zur Zusammenführung der Familie, in den Familienhaushalt aufgenommen werden sollen.*

(2) Als Angehörige im Sinne dieses Gesetzes gelten folgende Personen:

a) die Ehegatten,

b) Verwandte in gerader Linie sowie Verwandte zweiten und dritten Grades in der Seitenlinie,

c) Verschwägerte in gerader Linie sowie Verschwägerte zweiten und dritten Grades in der Seitenlinie,

d) (weggefallen)

e) (weggefallen)

f) (weggefallen)

g) Pflegekinder ohne Rücksicht auf ihr Alter und Pflegeeltern.

(3) Als kinderreich gelten Familien mit drei oder mehr Kindern im Sinne des § 32 Abs. 1 und 3 bis 5 des Einkommensteuergesetzes.

§ 9 Eigenheime und Kaufeigenheime. *(1) Ein Eigenheim ist ein im Eigentum einer natürlichen Person stehendes Grundstück mit einem Wohngebäude, das nicht mehr als zwei Wohnungen enthält, von denen eine Wohnung zum Bewohnen durch den Eigentümer oder seine Angehörigen bestimmt ist.*

(2) Ein Kaufeigenheim ist ein Grundstück mit einem Wohngebäude, das nicht mehr als zwei Wohnungen enthält und von einem Bauherrn mit der Bestimmung geschaffen worden ist, es einem Bewerber als Eigenheim zu übertragen.

(3) Die in dem Wohngebäude enthaltene zweite Wohnung kann eine gleichwertige Wohnung oder eine Einliegerwohnung sein.

§ 10 ***Kleinsiedlungen.*** *(1) [1] Eine Kleinsiedlung ist eine Siedlerstelle, die aus einem Wohngebäude mit angemessener Landzulage besteht und die nach Größe, Bodenbeschaffenheit und Einrichtung dazu bestimmt und geeignet ist, dem Kleinsiedler durch Selbstversorgung aus vorwiegend gartenbaumäßiger Nutzung des Landes eine fühlbare Ergänzung seines sonstigen Einkommens zu bieten. [2] Die Kleinsiedlung soll einen Wirtschaftsteil enthalten, der die Haltung von Kleintieren ermöglicht. [3] Das Wohngebäude kann neben der für den Kleinsiedler bestimmten Wohnung eine Einliegerwohnung enthalten.*

(2) Eine Eigensiedlung ist eine Kleinsiedlung, die von dem Kleinsiedler auf einem in seinem Eigentum stehenden Grundstück geschaffen worden ist.

(3) [1] Eine Trägerkleinsiedlung ist eine Kleinsiedlung, die von einem Bauherrn mit der Bestimmung geschaffen worden ist, sie einem Bewerber zu Eigentum zu übertragen. [2] Nach der Übertragung des Eigentums steht die Kleinsiedlung einer Eigensiedlung gleich.

§ 11 ***Einliegerwohnungen.*** *Eine Einliegerwohnung ist eine in einem Eigenheim, einem Kaufeigenheim oder einer Kleinsiedlung enthaltene abgeschlossene oder nicht abgeschlossene zweite Wohnung, die gegenüber der Hauptwohnung von untergeordneter Bedeutung ist.*

§ 12 ***Eigentumswohnungen und Kaufeigentumswohnungen.*** *(1) [1] Eine Eigentumswohnung ist eine Wohnung, an der Wohnungseigentum nach den Vorschriften des Ersten Teils des Wohnungseigentumsgesetzes begründet ist. [2] Eine Eigentumswohnung, die zum Bewohnen durch den Wohnungseigentümer oder seine Angehörigen bestimmt ist, ist eine eigengenutzte Eigentumswohnung im Sinne des vorliegenden Gesetzes.*

(2) Eine Kaufeigentumswohnung ist eine Wohnung, die von einem Bauherrn mit der Bestimmung geschaffen worden ist, sie einem Bewerber als eigengenutzte Eigentumswohnung zu übertragen.

§ 13 ***Genossenschaftswohnungen.*** *Eine Genossenschaftswohnung ist eine Wohnung, die von einem Wohnungsunternehmen in der Rechtsform der Genossenschaft geschaffen worden und dazu bestimmt ist, auf Grund eines Nutzungsvertrages einem Mitglied zum Bewohnen überlassen zu werden.*

§ 14 (weggefallen)

§ 15 ***Wohnheime.*** *Als Wohnheime im Sinne dieses Gesetzes gelten Heime, die nach ihrer baulichen Anlage und Ausstattung für die Dauer dazu bestimmt und geeignet sind, Wohnbedürfnisse zu befriedigen.*

§ 16 ***Wiederaufbau und Wiederherstellung.*** *(1) [1] Wiederaufbau eines zerstörten Gebäudes ist das Schaffen von Wohnraum oder von anderem auf die Dauer benutzbarem Raum durch Aufbau dieses Gebäudes oder durch Bebauung von Trümmerflächen. [2] Ein Gebäude gilt als zerstört, wenn ein außergewöhnliches Ereignis bewirkt hat, daß oberhalb des Kellergeschosses auf die Dauer benutzbarer Raum nicht mehr vorhanden ist.*

(2) [1] Wiederherstellung eines beschädigten Gebäudes ist das Schaffen von Wohnraum oder von anderem auf die Dauer benutzbarem Raum durch Baumaßnahmen, durch die die Schäden ganz oder teilweise beseitigt werden; hierzu gehören auch

Baumaßnahmen, durch die auf die Dauer zu Wohnzwecken nicht mehr benutzbarer Wohnraum wieder auf die Dauer benutzbar gemacht wird. [2] Ein Gebäude gilt als beschädigt, wenn ein außergewöhnliches Ereignis bewirkt hat, daß oberhalb des Kellergeschosses auf die Dauer benutzbarer Raum nur noch teilweise vorhanden ist.

(3) Raum ist auf die Dauer nicht benutzbar, wenn ein zu seiner Benutzung erforderlicher Gebäudeteil zerstört ist oder wenn der Raum oder der Gebäudeteil sich in einem Zustand befindet, der aus Gründen der Bau- oder Gesundheitsaufsicht eine dauernde, der Zweckbestimmung entsprechende Benutzung des Raumes nicht gestattet; dabei ist es unerheblich, ob der Raum tatsächlich benutzt wird.

(4) Ein Gebäude gilt nicht als zerstört oder beschädigt, wenn die Schäden durch Mängel der Bauteile oder infolge Abnutzung, Alterung oder Witterungseinwirkung entstanden sind.

§ 17 ***Ausbau und Erweiterung.*** *(1) [1] Wohnungsbau durch Ausbau eines bestehenden Gebäudes ist das Schaffen von Wohnraum durch Ausbau des Dachgeschosses oder durch eine unter wesentlichem Bauaufwand durchgeführte Umwandlung von Räumen, die nach ihrer baulichen Anlage und Ausstattung bisher anderen als Wohnzwecken dienten. [2] Als Wohnungsbau durch Ausbau eines bestehenden Gebäudes gilt auch der unter wesentlichem Bauaufwand durchgeführte Umbau von Wohnräumen, die infolge Änderung der Wohngewohnheiten nicht mehr für Wohnzwecke geeignet sind, zur Anpassung an die veränderten Wohngewohnheiten.*

(2) Wohnungsbau durch Erweiterung eines bestehenden Gebäudes ist das Schaffen von Wohnraum durch Aufstocken des Gebäudes oder durch Anbau an das Gebäude.

§ 17a ***Modernisierung.*** *[1] Als Wohnungsbau gilt auch die Modernisierung von bestehendem Wohnraum, für die Mittel mit der Auflage gewährt werden, daß der zuständigen Stelle für den modernisierten Wohnraum ein Belegungsrecht zusteht. [2] Modernisierung sind bauliche Maßnahmen, die den Gebrauchswert des Wohnraums nachhaltig erhöhen, die allgemeinen Wohnverhältnisse auf Dauer verbessern oder nachhaltig Einsparungen von Heizenergie oder Wasser bewirken; Instandsetzungen, die durch Maßnahmen der Modernisierung verursacht werden, fallen unter die Modernisierung.*

Teil II. Bundesmittel und Bundesbürgschaften

(hier nicht wiedergegeben)

Teil III. Öffentlich geförderter sozialer Wohnungsbau

(hier nicht wiedergegeben)

Vierter Abschnitt. *Vorzeitige Rückzahlung der öffentlichen Mittel*

§ 69 Ablösung des öffentlichen Baudarlehens. (1) Der Eigentümer eines Eigenheims, einer Eigensiedlung oder einer eigengenutzten Eigentumswohnung, für die öffentliche Mittel nach dem 31. Dezember 1969 als öffentliche Baudarlehen bewilligt worden sind, kann nach Ablauf von zwei Jahren seit Bezugsfertigkeit über die vereinbarungsgemäß zu entrichtenden Tilgungen hinaus das öffentliche Baudarlehen ganz oder in Teilen vorzeitig durch Zahlung noch nicht fälliger Leistungen abzüglich von Zwischenzinsen unter Berücksichtigung von Zinseszinsen ablösen.

(2) Der mit der Ablösung zu gewährende Schuldnachlaß kann versagt werden, wenn der Eigentümer

1. eine Wohnung einem Wohnungsuchenden überlassen hat, dem sie nach den Vorschriften der §§ 4 und 5 des Wohnungsbindungsgesetzes nicht überlassen werden durfte,
2. eine Wohnung ohne die nach § 6 des Wohnungsbindungsgesetzes erforderliche Genehmigung der zuständigen Stelle selbst benutzt oder leerstehen läßt,
3. für die Überlassung einer Wohnung ein höheres Entgelt fordert, sich versprechen läßt oder annimmt, als nach den Vorschriften der §§ 8 bis 8b des Wohnungsbindungsgesetzes zulässig ist,
4. entgegen den Vorschriften des § 9 des Wohnungsbindungsgesetzes eine einmalige Leistung von dem Mieter oder einem Dritten angenommen hat oder
5. eine Wohnung entgegen den Vorschriften des § 12 des Wohnungsbindungsgesetzes verwendet oder anderen als Wohnzwecken zugeführt oder baulich verändert hat.

(3) Von der Versagung des Schuldnachlasses nach Absatz 2 kann abgesehen werden, wenn dies unter Berücksichtigung der Verhältnisse des Einzelfalles, namentlich der geringen Bedeutung des Verstoßes, unbillig wäre.

(4) [1] Die Bundesregierung wird ermächtigt, durch Rechtsverordnung nähere Vorschriften über die Ablösung der noch nicht fälligen Jahresleistungen zu erlassen und den zugrunde zu legenden Zinssatz zu bestimmen. [2] Der Zinssatz ist nach der Kinderzahl zu staffeln; für Schwerbehinderte und ihnen Gleichgestellte kann eine günstigere Staffelung vorgesehen werden. [3] Für die Ermittlung des zur Ablösung zu zahlenden Betrages oder des Schuldnachlasses können Tabellen aufgestellt werden; die Tabellenwerte können von den Ergebnissen der Zinseszinsrechnung abweichen, soweit dies zur Vereinfachung erforderlich ist. [4] Die Bundesregierung kann in der Rechtsverordnung auch bestimmen, auf welchen Zeitpunkt des Kalenderjahres die Ablösung zugelassen wird und für welche Leistungen sie wenigstens erfolgen muß.

§ 70 Tragung des Ausfalls. (1) Der durch die Ablösung nach § 69 sich bei den Ländern ergebende Ausfall an Rückflüssen wird anteilig vom Bund, vom Ausgleichsfonds und von den Ländern getragen.

(2) [1] Die Anteile bestimmen sich nach dem Verhältnis, in dem die Mittel des Bundes, des Ausgleichsfonds und des Landes zueinander stehen, die der

obersten Landesbehörde für die Förderung des sozialen Wohnungsbaues seit dem 1. Januar 1950 als öffentliche Mittel zur Verfügung gestellt worden sind. [2] Das Verhältnis ist jeweils zum Ende eines Rechnungsjahres für die in diesem Jahr sich ergebenden Ausfälle zu ermitteln. [3] Zu den Mitteln des Ausgleichsfonds rechnen dabei auch die Mittel, die der obersten Landesbehörde aus den Soforthilfefonds oder aus den Zinsen und Tilgungsbeträgen der Umstellungsgrundschulden als öffentliche Mittel zur Verfügung gestellt worden sind.

(3) In Höhe der demgemäß auf den Bund und den Ausgleichsfonds entfallenden Anteile vermindern sich die Ansprüche des Bundes und des Ausgleichsfonds auf Rückzahlung der den Ländern gewährten Darlehen.

(4) [1] Das Land hat Ablösungsbeträge, die es nach § 69 im Laufe eines Rechnungsjahres erhalten hat, am Ende des Rechnungsjahres an den Bund und den Ausgleichsfonds zu den Anteilen abzuführen, die dem in Absatz 2 bestimmten Verhältnis entsprechen. [2] Dies gilt nicht für die auf den Bund entfallenden Anteile der Ablösungsbeträge, wenn durch Landesgesetz vorgeschrieben ist, daß die Rückflüsse aus den Darlehen, die das Land zur Förderung des Wohnungsbaues gewährt hat und künftig gewährt, laufend zur Förderung von Maßnahmen zugunsten des sozialen Wohnungsbaues zu verwenden sind.

(5) Über die Tragung des durch die Ablösung sich bei den Ländern ergebenden Ausfalls sowie über die Abführung der Ablösungsbeträge an den Bund und den Ausgleichsfonds können zwischen dem Bund und den Ländern Verwaltungsvereinbarungen getroffen werden, in denen die Vorschriften der Absätze 1 bis 4 ergänzt werden oder in denen von diesen Vorschriften abgewichen wird.

(6) Die Absätze 4 und 5 sind entsprechend anzuwenden auf vorzeitig zurückgezahlte Beträge der öffentlichen Baudarlehen, die das Land auf Grund von Rückzahlungen nach § 16 oder § 16a des Wohnungsbindungsgesetzes erhalten hat.

§ 71 (weggefallen)

Fünfter Abschnitt. Mieten und Belastungen für öffentlich geförderte Wohnungen

§ 72 Zulässige Miete und Belastung. *(1) [1] Werden die öffentlichen Mittel auf Grund einer Wirtschaftlichkeitsberechnung bewilligt, so hat die Bewilligungsstelle für die zum Vermieten bestimmten Wohnungen die Miete zu genehmigen, die zur Deckung der laufenden Aufwendungen erforderlich ist (Kostenmiete). [2] In der Genehmigung ist der Mietbetrag zu bezeichnen, der sich für die öffentlich geförderten Wohnungen des Gebäudes oder der Wirtschaftseinheit auf Grund der Wirtschaftlichkeitsberechnung für den Quadratmeter der Wohnfläche durchschnittlich ergibt (Durchschnittsmiete).*

(2) [1] Die Bewilligungsstelle hat dem Bauherrn die genehmigte Durchschnittsmiete mitzuteilen. [2] Sie soll ihn zugleich darauf hinweisen, daß eine Erhöhung der genehmigten Durchschnittsmiete auf Grund einer Erhöhung der laufenden Aufwendungen, die bis zur Anerkennung der Schlußabrechnung, spätestens bis zu zwei Jahren nach der Bezugsfertigkeit eintritt, ihrer Genehmigung bedarf.

(3) Die für das Wohnungs- und Siedlungswesen zuständigen obersten Landesbehörden können bestimmen, daß öffentliche Mittel nur für Bauvorhaben bewilligt werden dürfen, bei denen die sich ergebende Durchschnittsmiete oder Belastung einen bestimmten Betrag nicht übersteigt

(4) Für die Ermittlung der zulässigen Miete gelten im übrigen die Vorschriften der §§ 8 bis 8b des Wohnungsbindungsgesetzes und die zu deren Durchführung ergangenen Vorschriften.

§§ 73–81 *(weggefallen)*

Teil IV. Steuerbegünstigter und frei finanzierter Wohnungsbau

(nur auszugsweise wiedergegeben)

Dritter Abschnitt. *Wohnungen, die mit Wohnungsfürsorgemitteln gefördert worden sind*

§ 87a Miete für steuerbegünstigte und frei finanzierte Wohnungen, die mit Wohnungsfürsorgemitteln gefördert worden sind. (1) [1] Ist für den Bau einer steuerbegünstigten oder frei finanzierten Wohnung unter Vereinbarung eines Wohnungsbesetzungsrechts ein Darlehen oder ein Zuschuß aus Wohnungsfürsorgemitteln gewährt worden, die für Angehörige des öffentlichen Dienstes oder ähnliche Personengruppen aus öffentlichen Haushalten mittelbar oder unmittelbar zur Verfügung gestellt worden sind, und ist die für diese Wohnung zu entrichtende Miete niedriger als die nach Absatz 2 sich ergebende Kostenmiete, so kann der Vermieter die Miete durch schriftliche Erklärung gegenüber dem Mieter bis zur Kostenmiete erhöhen; das gleiche gilt für eine Wohnung, für die das Wohnungsbesetzungsrecht an Stelle der nach vorstehendem Halbsatz 1 geförderten Wohnung vereinbart worden ist. [2] Auf die Mieterhöhung sind die §§ 10 und 11 des Wohnungsbindungsgesetzes entsprechend anzuwenden. [3] Eine Vereinbarung mit dem Darlehns- oder Zuschußgeber, nach der der Vermieter nur eine niedrigere als die Kostenmiete erheben oder die Miete nur mit dessen Zustimmung erhöhen darf, steht der Mieterhöhung nach Satz 1 nicht entgegen; dies gilt nicht im Falle einer Vereinbarung, daß höhere Grundstücks- und Baukosten als in der Wirtschaftlichkeitsberechnung, die der Darlehns- oder Zuschußgewährung zugrunde liegt, veranschlagt worden sind, in spätere Wirtschaftlichkeitsberechnungen nicht eingesetzt werden dürfen.

(2) [1] Die Kostenmiete ist auf Grund einer Wirtschaftlichkeitsberechnung nach den für steuerbegünstigte Wohnungen geltenden Vorschriften zu ermitteln. [2] Dabei sind anzusetzen

1. als Wert des Baugrundstücks der Betrag, der sich aus den Vorschriften der Zweiten Berechnungsverordnung in der jeweils geltenden Fassung ergibt, soweit nicht zwischen dem Bauherrn und dem Darlehns- oder Zuschußgeber vertraglich etwas anderes vereinbart ist,
2. als Zinsen für die Eigenleistungen der Betrag, der sich aus dem zwischen dem Bauherrn und dem Darlehns- oder Zuschußgeber vereinbarten Zins-

satz ergibt, wobei jedoch der für öffentlich geförderte Wohnungen zulässige Zinssatz nicht unterschritten werden darf.

[3] Der Darlehns- oder Zuschußgeber kann der Zusammenfassung von Wirtschaftseinheiten zustimmen; § 8b Abs. 2 Satz 1, 2 und 4 des Wohnungsbindungsgesetzes gilt entsprechend.

(3) [1] Übersteigt die mit dem Mieter vereinbarte Miete die nach den Absätzen 1 und 2 zulässige Miete, so ist die Vereinbarung insoweit unwirksam. [2] Soweit die Vereinbarung unwirksam ist, ist die Leistung zurückzuerstatten und vom Empfang an zu verzinsen. [3] Der Anspruch auf Rückerstattung verjährt nach Ablauf von vier Jahren nach der jeweiligen Leistung, jedoch spätestens nach Ablauf eines Jahres von der Beendigung des Mietverhältnisses an.

(4) Die Vorschriften der Absätze 1 und 2 und des Absatzes 3 Satz 1 sind nur anzuwenden, solange das Besetzungsrecht zugunsten des Darlehns- oder Zuschußgebers besteht.

(5) [1] Die Vorschriften der §§ 18a bis 18d sowie des § 18f des Wohnungsbindungsgesetzes finden auf Darlehen und Zuschüsse, die aus Wohnungsfürsorgemitteln im Sinne des Absatzes 1 Satz 1 zum Bau von Wohnungen sowie zum Erwerb vorhandenen Wohnraums zur Eigenversorgung gewährt worden sind, sinngemäß Anwendung; weitergehende vertragliche Vereinbarungen bleiben unberührt. [2] Satz 1 gilt auch für Darlehen und Zuschüsse aus Wohnungsfürsorgemitteln, die nach dem 31. Dezember 1969 für Familienheime in der Form von Eigenheimen, Kaufeigenheimen und Kleinsiedlungen sowie für eigengenutzte Eigentumswohnungen gewährt worden sind, mit folgenden Maßgaben:

1. Die als Darlehen bewilligten Mittel können mit einem Zinssatz bis höchstens 4,5 vom Hundert jährlich verzinst werden;
2. bei als Zins- und Tilgungshilfen im Sinne des § 18d Abs. 1 des Wohnungsbindungsgesetzes bewilligten Mitteln kann die Zins- und Tilgungshilfe so weit herabgesetzt werden, daß der Darlehnsschuldner für das Darlehen eine Verzinsung bis höchstens 4,5 vom Hundert jährlich auf den ursprünglichen Darlehnsbetrag zu erbringen hat;
3. bei als Darlehen oder Zuschüssen im Sinne des § 18d Abs. 4 des Wohnungsbindungsgesetzes bewilligten Mitteln können für Darlehen die Zinsen entsprechend Nummer 1 erhöht oder die Zuschüsse entsprechend Nummer 2 herabgesetzt werden.

[3] Die Bundesregierung wird ermächtigt, in den Fällen der Sätze 1 und 2 für Darlehen oder Zuschüsse aus Wohnungsfürsorgemitteln, die aus öffentlichen Haushalten des Bundes mittelbar oder unmittelbar zur Verfügung gestellt worden sind, Zeitpunkt und Höhe des Zinssatzes oder der Herabsetzung der Zuschüsse durch Rechtsverordnungzu bestimmen.

§ 87b Vereinbarte und einkommensorientierte Förderung mit Wohnungsfürsorgemitteln. [1] Wohnungsfürsorgemittel können auch in entsprechender Anwendung des § 88d mit der Maßgabe vergeben werden, daß die in dieser Vorschrift geregelten Berechtigungen und Verpflichtungen der Länder sowie die Aufgaben der zuständigen Stelle von dem für die Vergabe von Wohnungsfürsorgemitteln zuständigen Darlehens- oder Zuschußgeber wahrgenommen werden, soweit dieser nicht eine andere Stelle bestimmt. [2] Satz 1 gilt entsprechend für die Vergabe von Wohnungsfürsorgemitteln nach § 88e. [3] § 87a ist nicht anzuwenden.

Teil V. Förderung des Wohnungsbaues durch besondere Maßnahmen und Vergünstigungen

Erster Abschnitt. Förderung des Wohnungsbaues durch vertragliche Vereinbarung und Förderung des Wohnungsbaues durch Aufwendungszuschüsse und Aufwendungsdarlehen

§ 88 Gewährung von Aufwendungszuschüssen und Aufwendungsdarlehen. (1) [1] Für frei finanzierte Wohnungen können auf Antrag des Bauherrn Zuschüsse oder Darlehen zur Deckung von laufenden Aufwendungen aus Mitteln gewährt werden, die nicht als öffentliche Mittel im Sinne dieses Gesetzes gelten. [2] Voraussetzung ist, daß die Wohnungen abgeschlossen sind und die in § 39 Abs. 1 bestimmten Wohnflächengrenzen im Zeitpunkt der Bewilligung um nicht mehr als 20 vom Hundert überschreiten; § 39 Abs. 2 bleibt unberührt. [3] Daneben sollen auf Antrag des Bauherrn für Darlehen, die zur Deckung der Gesamtkosten dienen, Bürgschaften übernommen werden, für die der Bund Rückbürgschaften übernimmt. [4] Die Vorschriften der §§ 29 bis 38, 41, 49 bis 51 finden entsprechende Anwendung.

(2) [1] Aufwendungszuschüsse und Aufwendungsdarlehen sollen in der Regel nur gewährt werden, wenn der Antrag bis zur Bezugsfertigkeit der Wohnung gestellt worden ist. [2] Die Gewährung kann allgemein oder im Einzelfall für diejenigen Wohnungen ausgeschlossen werden, die bereits mit anderen Mitteln öffentlicher Haushalte gefördert worden sind oder gefördert werden.

(3) [1] Bauherren, die eine Jahresbilanz aufstellen, brauchen die Aufwendungsdarlehen in der Jahresbilanz nicht auszuweisen. [2] Werden die Aufwendungsdarlehen nicht ausgewiesen, ist in der Bilanz der auf den Zeitpunkt des Tilgungsbeginns unter Berücksichtigung von Zinseszinsen abgezinste Wert der Aufwendungsdarlehen sowie der Beginn der Tilgung und die Höhe des Tilgungssatzes zu vermerken. [3] Bei der Abzinsung ist von einem Zinssatz von 5,5 vom Hundert auszugehen. [4] Satz 1 gilt nicht für die Aufstellung einer Übersicht (Bilanz) des Vermögensstandes zur Feststellung der Überschuldung; im übrigen wird durch die Inanspruchnahme von Aufwendungsdarlehen eine Überschuldung im Sinne der handels- und insolvenzrechtlichen Vorschriften nicht herbeigeführt, wenn der Darlehnsgläubiger des Bauherrn mit diesem vereinbart, mit seiner Forderung hinter die Forderung aller anderen Gläubiger in der Weise zurückzutreten, daß sie nur aus künftigen Gewinnen oder aus seinem die sonstigen Verbindlichkeiten übersteigenden Vermögen bedient zu werden braucht.

§ 88a Zweckbestimmung der Wohnungen. *(1) Bei der Bewilligung der Aufwendungszuschüsse und Aufwendungsdarlehen ist sicherzustellen, daß die geförderten Wohnungen in der Regel nur Personen zum Gebrauch überlassen werden,*

a) die durch den Bezug der Wohnung eine öffentlich geförderte Wohnung freimachen, oder

b) deren Gesamteinkommen die in § 25 bestimmte Einkommensgrenze nicht um mehr als 60 vom Hundert übersteigt; bei der Ermittlung des Gesamteinkommens erhöhen sich die Freibeträge nach § 25d Abs. 1 um 60 vom Hundert.

(2) Die Zweckbestimmung nach Absatz 1 ist auf den Zeitraum zu befristen, für den sich durch die Gewährung der Mittel die laufenden Aufwendungen vermindern.

§ 88b Kostenmiete. (1) Bei der Bewilligung der Aufwendungszuschüsse und Aufwendungsdarlehen hat sich der Bauherr für die Dauer der Zweckbestimmung zu verpflichten, die geförderte Wohnung höchstens zu einem Entgelt zu vermieten oder sonst zum Gebrauch zu überlassen, das die zur Deckung der laufenden Aufwendungen erforderliche Miete (Kostenmiete) nicht übersteigt.

(2) [1] Hat sich der Bauherr nach Absatz 1 verpflichtet und übersteigt das vereinbarte Entgelt die Kostenmiete, so ist die Vereinbarung insoweit unwirksam. [2] Soweit die Vereinbarung unwirksam ist, ist die Leistung zurückzuerstatten und vom Empfang an zu verzinsen. [3] Der Anspruch auf Rückerstattung verjährt nach Ablauf von vier Jahren nach der jeweiligen Leistung, jedoch spätestens nach Ablauf eines Jahres von der Beendigung des Mietverhältnisses an.

(3) Für die Ermittlung der Kostenmiete und ihre Änderung gelten die Vorschriften des § 72 Abs. 1 und 2 dieses Gesetzes und der §§ 8a bis 11 des Wohnungsbindungsgesetzes sowie die zu deren Durchführung ergangenen Vorschriften entsprechend mit der Maßgabe, daß

a) die Vorschriften anzuwenden sind, die für öffentlich geförderte Wohnungen gelten, und

b) bei Aufwendungsdarlehen die für sie zu entrichtenden Zinsen und Tilgungen als laufende Aufwendungen zu berücksichtigen sind.

(4) Für vermietete Wohnungen in Eigenheimen oder Kleinsiedlungen tritt an die Stelle der Kostenmiete nach den Absätzen 1 bis 3 die Vergleichsmiete; für deren Ermittlung gelten die für die Vergleichsmiete maßgebenden Vorschriften entsprechend.

§ 88c Wegfall der Aufwendungszuschüsse und Aufwendungsdarlehen. (1) [1] Die Bewilligung der Aufwendungszuschüsse kann für den Zeitraum widerrufen werden, in dem der Bauherr oder sein Rechtsnachfolger schuldhaft gegen eine nach § 88a oder § 88b begründete Verpflichtung verstoßen hat. [2] Soweit die Bewilligung der Zuschüsse widerrufen worden ist, sind diese zurückzuerstatten. [3] Der Widerruf berührt nicht die Dauer der Zweckbestimmung nach § 88a Abs. 2.

(2) [1] Aufwendungsdarlehen können fristlos gekündigt werden, wenn der Bauherr oder sein Rechtsnachfolger schuldhaft gegen eine nach § 88a oder § 88b begründete Verpflichtung verstoßen hat. [2] Die Kündigung kann auf die Teilbeträge des Aufwendungsdarlehens beschränkt werden, die während der Dauer des Verstoßes ausgezahlt worden sind. [3] Die Kündigung berührt nicht die Dauer der Zweckbestimmung nach § 88a Abs. 2.

(3) [1] Verzichtet der Bauherr oder sein Rechtsnachfolger in vollem Umfang auf die Auszahlung noch ausstehender Aufwendungszuschüsse, so endet die Zweckbestimmung mit Ablauf des Zeitraumes, für den sich durch die Gewährung der Zuschüsse die laufenden Aufwendungen vermindern. [2] Verzich-

tet der Bauherr oder sein Rechtsnachfolger in vollem Umfang auf die Auszahlung noch ausstehender Teilbeträge eines Aufwendungsdarlehens, so verkürzt sich die Dauer der Zweckbestimmung nach § 88a Abs. 2 um den Zeitraum, für den auf die Auszahlung verzichtet wird, jedoch höchstens um drei Jahre. [3] Wird das Aufwendungsdarlehen ohne rechtliche Verpflichtung vorzeitig vollständig zurückgezahlt, so endet die Zweckbestimmung mit der Rückzahlung.

§ 88d Vereinbarte Förderung. *(1) [1] Mittel zur Förderung des sozialen Wohnungsbaues können auch abweichend von den §§ 88 bis 88c vergeben werden. [2] In der zwischen Darlehns- oder Zuschußgeber und dem Bauherrn abzuschließenden Vereinbarung können insbesondere Bestimmungen über Höhe und Einsatzart der Mittel, die Zweckbestimmung, Belegungsrechte, die Beachtung von Einkommensgrenzen, die Höhe der Miete und etwaige Änderungen während der Dauer der Zweckbestimmung sowie die Folgen von Vertragsverletzungen getroffen werden. [3] Dabei ist sicherzustellen, daß der Mieter sich gegenüber dem Bauherrn oder gegenüber einem anderen Verfügungsberechtigten auf die Einhaltung der mit dem Darlehns- oder Zuschußgeber vereinbarten Regelung der Miete berufen kann.*

(2) Für Bestimmungen nach Absatz 1 gilt folgendes:

1. Die örtlichen und regionalen wohnungswirtschaftlichen Gegebenheiten und Zielsetzungen sowie die erkennbaren unterschiedlichen Investitionsbedingungen des Bauherrn sind zu berücksichtigen.

2. Die Dauer der Zweckbestimmung der Belegungsrechte und der vereinbarten Regelung der Miete soll 15 Jahre nicht überschreiten, wenn nicht auf Grund der Zielsetzung und der Art der Förderung, insbesondere wegen der Bereitstellung von Bauland oder wegen der Förderung zugunsten bestimmter Personengruppen, ein längerer Zeitraum geboten ist.

3. Die §§ 38 und 39 über kosten- und flächensparendes Bauen sowie über Wohnungsgrößen sind entsprechend anzuwenden; dabei soll kosten- und flächensparender Wohnungsbau insbesondere dadurch gefördert werden, daß die Förderung auf einen bestimmten Betrag begrenzt wird (Förderpauschale).

4. Soweit eine Einkommensermittlung erfolgt, sind § 25 Abs. 1 und Abs. 3 sowie die §§ 25a bis 25d anzuwenden.

(3) [1] Die Mittel nach Absatz 1 gelten nicht als öffentliche Mittel im Sinne dieses Gesetzes. [2] Die geförderten Wohnungen sind kein preisgebundener Wohnraum; Bestimmungen über die Anwendung der Kostenmiete (§ 72 Abs. 1 und § 88b Abs. 1 sowie die §§ 8 bis 8b des Wohnungsbindungsgesetzes) sind nicht zulässig.

§ 88e Einkommensorientierte Förderung. (1) [1] Die Förderung des sozialen Wohnungsbaues nach § 88d kann auch durch eine Grund- und Zusatzförderung erfolgen. [2] Die Grundförderung wird zum Zwecke des Erwerbs von Belegungsrechten und der Festlegung von höchstzulässigen Mieten, die Zusatzförderung zum Zwecke einer einkommensorientierten Wohnkostenbelastung des jeweiligen Mieters und einer dementsprechenden Sicherstellung der durch die Förderzusage festgelegten Mietzahlung gewährt. [3] Die Förderzusage kann durch Vereinbarung oder Bewilligung erfolgen.

(2) Auf Grund der Förderung werden der Bauherr und seine Rechtsnachfolger insbesondere verpflichtet, für den geförderten Wohnraum während der Dauer der Zweckbestimmung

1. keine höhere als die festgelegte Miete zu verlangen und
2. die festgelegten Belegungsrechte einzuhalten.

(3) [1] Die zuständige Stelle ist während der Dauer der Zweckbestimmung zur Zahlung der jeweiligen Zusatzförderung verpflichtet. [2] Die Höhe der jeweils auszuzahlenden Zusatzförderung wird von der zuständigen Stelle festgestellt; hierzu hat der Mieter die erforderlichen Nachweise zu erbringen. [3] Empfänger der Zusatzförderung ist der Vermieter; die Auszahlung kann über den Mieter erfolgen. [4] Erfolgt die Auszahlung über den Mieter, so ist dem Vermieter bei Feststellung nach Satz 2 nur die Tatsache der Förderung mitzuteilen.

(4) Die Länder bestimmen insbesondere

1. die Höhe der Grundförderung,
2. die höchstzulässigen Mieten und deren Erhöhung,
3. die Art und Dauer der Belegungsrechte der geförderten Wohnungen und die begünstigten Personengruppen,
4. die Höhe der Zusatzförderung und deren Anpassung unter Berücksichtigung der höchstzulässigen Mieten und des Haushaltseinkommens der Mieter,
5. den gesamten Leistungszeitraum für die Zusatzförderung,
6. den Zeitraum für die Auszahlung der nach Absatz 3 Satz 2 festzustellenden Zusatzförderung und die Voraussetzungen für ihre Neufestsetzung innerhalb dieses Zeitraums in den Fällen, in denen sich die der Feststellung nach Absatz 3 Satz 2 zugrunde liegende Sach- und Rechtslage nachträglich geändert hat.

(5) [1] Die Zusatzförderung kann unabhängig davon bestimmt werden, ob für Mietanteile zugleich Leistungen nach dem Wohngeldgesetz zustehen würden. [2] Bei Bemessung von Leistungen nach dem Wohngeldgesetz gilt folgendes:

1. Die Zusatzförderung wird bei Berechnung von Wohngeld nach den Anlagen zum Wohngeldgesetz als Beitrag Dritter zur Senkung der Miete im Sinne des § 7 Abs. 2 Nr. 3 des Wohngeldgesetzes berücksichtigt; sie mindert bei Berechnung von Wohngeld nach dem Fünften Teil die anerkannten laufenden Aufwendungen für den Wohnraum im Sinne des § 32 Abs. 1 Satz 1 des Wohngeldgesetzes. Dies gilt unabhängig davon, ob die Auszahlung unmittelbar an den Vermieter oder über den Mieter erfolgt.
2. Die Vorschriften des Wohngeldgesetzes über die Anrechnung als Einnahme (§ 10 Abs. 1 des Wohngeldgesetzes), über die Nichtgewährung bei vergleichbaren Leistungen aus öffentlichen Kassen (§ 18 Abs. 1 Nr. 1 des Wohngeldgesetzes) und über sonstige laufende Leistungen zur Senkung der Miete (§ 38 des Wohngeldgesetzes) sind auf die Zusatzförderung nicht anzuwenden.

(6) [1] Der Bund stellt für die Grund- und Zusatzförderung vom Haushaltsjahr 1995 an jährlich 300 Millionen Deutsche Mark als Verpflichtungsrahmen bereit. [2] Soweit diese Finanzhilfen für die einkommensorientierte Förderung nicht eingesetzt werden, ist ihre Verwendung auch für andere Maßnahmen des sozialen Wohnungsbaues möglich.

§ 88f Sicherung der Zweckbestimmung, Datenschutz. (1) [1] § 2 des Wohnungsbindungsgesetzes ist auf die nach den §§ 87a, 87b, 88, 88d und 88e geförderten Wohnungen entsprechend anzuwenden. [2] Die sich aus Satz 1 ergebenden Aufgaben der zuständigen Stelle obliegen in den Fällen der §§ 87a und 87b derjenigen Stelle, die das Besetzungsrecht ausübt, soweit nicht der Darlehens- oder Zuschußgeber eine andere Stelle bestimmt.

(2) Die Zusatzförderung nach § 88e kann auch dann an den Bauherrn oder seine Rechtsnachfolger als Vermieter ausgezahlt werden, wenn dieser aus den geleisteten Zahlungen Rückschlüsse auf das Einkommen des Mieterhaushalts ziehen kann.

Teil VI. Ergänzungs-, Durchführungs- und Überleitungsvorschriften

(nur auszugsweise wiedergegeben)

Erster Abschnitt. Ergänzungsvorschriften

§ 100 Anwendung von Begriffsbestimmungen dieses Gesetzes. *Soweit in Rechtsvorschriften außerhalb dieses Gesetzes die in den §§ 2, 5, 7 und 9 bis 17 bestimmten Begriffe verwendet werden, sind diese Begriffsbestimmungen zugrunde zu legen, sofern nicht in jenen Rechtsvorschriften ausdrücklich etwas anderes bestimmt ist.*

Zweiter Abschnitt. Durchführungsvorschriften

§ 105 Ermächtigung der Bundesregierung zum Erlaß von Durchführungsvorschriften. *(1) Die Bundesregierung wird ermächtigt, für öffentlich geförderte und für steuerbegünstigte Wohnungen durch Rechtsverordnung Vorschriften zur Durchführung dieses Gesetzes zu erlassen über*

a) die Wirtschaftlichkeit, ihre Berechnung und ihre Sicherung sowie die Belastung und ihre Berechnung;

b) die Ermittlung und Anerkennung der Kapital- und Bewirtschaftungskosten und deren Höchstsätze sowie die Aufbringung, die Bewertung und den Ersatz der Eigenleistung;

c) die Mietpreisbildung und die Mietpreisüberwachung;

d) die Berechnung von Wohn- und Nutzflächen sowie von Wohn- und sonstigen Gebäudeteilen.

(2) Die Bundesregierung wird ermächtigt, für öffentlich geförderte Wohnungen durch Rechtsverordnung Vorschriften zur Durchführung dieses Gesetzes zu erlassen über

a) allgemeine Finanzierungsgrundsätze für den Einsatz öffentlicher Mittel, insbesondere solche, die der Steigerung und Erleichterung der Bautätigkeit im sozialen Wohnungsbau oder der Verbesserung der Wirtschaftlichkeit der Wohnungen dienen;

b) die Voraussetzungen und Bedingungen, unter denen öffentliche Mittel als Darlehen oder Zuschüsse zur Deckung der laufenden Aufwendungen, als Zinszuschüsse oder als Annuitätsdarlehen bewilligt werden können.

Dritter Abschnitt. Überleitungsvorschriften

§ 111 *Überleitungsvorschriften für Wohnungen, die mit Wohnungsfürsorgemitteln gefördert worden sind.* *Die Vorschriften des § 87a finden entsprechende Anwendung auf diejenigen mit Wohnungsfürsorgemitteln geförderten Wohnungen, die nach dem 20. Juni 1948 bezugsfertig geworden sind und auf die dieses Gesetz nach § 4 nicht anzuwenden ist.*

§ 116a *Überleitungsregelungen aus Anlaß der Herstellung der Einheit Deutschlands.* *In dem in Artikel 3 des Einigungsvertrages genannten Gebiet ist dieses Gesetz mit folgenden Maßgaben anzuwenden:*

1. *Die Vorschriften dieses Gesetzes sind anzuwenden auf neugeschaffene Wohnungen, für die Mittel aus öffentlichen Haushalten nach diesem Gesetz erstmalig nach dem Wirksamwerden des Beitritts bewilligt werden.*
2. *Für öffentlich-rechtliche Streitigkeiten, die aus diesem Gesetz entstehen können, ist bis zur Bildung von Verwaltungsgerichten der ordentliche Rechtsweg gegeben.*
3. *Die Bundesregierung wird ermächtigt, mit Zustimmung des Bundesrates durch Rechtsverordnung ab dem Wirksamwerden des Beitritts die Einkommensgrenzen des § 25 unter Berücksichtigung der Einkommensverhältnisse und -entwicklungen in dem in Artikel 3 des Einigungsvertrages genannten Gebiet anzupassen.*
4. *§ 116 ist in dem Land Berlin für den Teil, in dem das Grundgesetz bisher nicht galt, nicht anzuwenden.*

Teil VII. (Änderung anderer Gesetze)

(hier nicht wiedergegeben)

Teil VIII. Schlußvorschriften

(hier nicht wiedergegeben)

16. Gesetz zur Sicherung der Zweckbestimmung von Sozialwohnungen (Wohnungsbindungsgesetz – WoBindG)[1] [2]

In der Fassung der Bekanntmachung vom 13. September 2001 (BGBl. I S. 2404)

FNA 2330-14

zuletzt geänd. durch Art. 126 Zehnte ZuständigkeitsanpassungsVO v. 31.8.2015 (BGBl. I S. 1474)

Erster Abschnitt. Allgemeine Vorschriften

§ 1 Anwendungsbereich. Dieses Gesetz gilt nach Maßgabe des § 50 des Wohnraumförderungsgesetzes[3] für den in dessen Absatz 1 und nach Maßgabe des § 2 des Wohnraumförderung-Überleitungsgesetzes vom 5. September 2006 (BGBl. I S. 2098, 2100) für den in dessen Absatz 2 genannten Wohnraum, der öffentlich gefördert ist oder als öffentlich gefördert gilt.

---

[1] Neubekanntmachung des WoBindG v. 19.8.1994 (BGBl. I S. 2166, ber. S. 2319) in der ab 1.1. 2002 geltenden Fassung.

[2] Bislang haben die Länder auf dem Gebiet des Wohnungswesens ua folgende Vorschriften erlassen:

- **Baden-Württemberg:** Verordnung des Innenministeriums zur Durchführung des Meldegesetzes (Meldeverordnung – MVO) v. 28.9.2015 (GBl. S. 853), zuletzt geänd. durch G v. 12.6. 2018 (GBl. S. 173); Verwaltungsvorschrift des Wirtschaftsministeriums zur Sicherung von Bindungen in der sozialen Wohnraumförderung (VwV-SozWo) v. 12.2.2002 (GABl. S. 240)
- **Bayern:** Bayerisches WohnungsbindungsG idF der Bek. v. 23.7.2007 (GVBl. S. 562, 781; 2011 S. 115), zuletzt geänd. durch G v. 10.4.2018 (GVBl. S. 195); Verordnung zur Durchführung des Wohnungsrechts und des Besonderen Städtebaurechts (DVWoR) v. 8.5.2007 (GVBl. S. 326), zuletzt geänd. durch V v. 15.5.2018 (GVBl. S. 350); Verwaltungsvorschriften zum Vollzug des Wohnungsbindungsrechts (VVWoBindR) v. 12.9.2007 (AllMBl. S. 514), zuletzt geänd. durch Bek. v. 27.2.2013 (AllMBl S. 133)
- **Berlin:** Wohnraumförderung-EinkommensgrenzenVO v. 6.2.2018 (GVBl. S. 166)
- **Brandenburg:** Verwaltungsvorschrift des Ministeriums für Stadtentwicklung, Wohnen und Verkehr zum Belegungsbindungsgesetz (VV-BelBindG) v. 8.1.1996 (ABl. S. 71); Verordnung über die zuständigen Stellen auf dem Gebiet des Wohnungswesens (Wohnungswesenzuständigkeitsverordnung – WoweZV) v. 15.3.2002 (GVBl. II S. 173); Verwaltungsvorschrift des Ministeriums für Stadtentwicklung, Wohnen und Verkehr zum Belegungsbindungsgesetz (VV-BelBindG) v. 8.1. 1996 (ABl. S. 71); Verwaltungsvorschrift des Ministeriums für Stadtentwicklung, Wohnen und Verkehr zum Wohnraumförderungs- und Wohnungsbindungsgesetz (VV-WoFGWoBindG) v. 27.11.2017 (ABl. S. 1122)
- **Bremen:** Bremisches WohnungsbindungsG v. 18.11.2008 (Brem.GBl. S. 392), geänd. durch Bek. v. 24.1.2012 (Brem.GBl. S. 24); Bremisches Gesetz zur Sicherung der Zweckbestimmung von Sozialwohnungen (Bremisches Wohnungsbindungsgesetz – BremWoBindG) v. 18.11.2008 (Brem.GBl. S. 392), geänd. durch Bek. v. 24.1.2012 (Brem.GBl. S. 24)
- **Hamburg:** Hamburgisches WohnungsbindungsG v. 19.2.2008 (HmbGVBl. S. 74), zuletzt geänd. durch G v. 21.5.2013 (HmbGVBl. S. 244)
- **Hessen:** Hessisches WohnungsbindungsG idF der Bek. v. 3.4.2013 (GVBl. S. 142), zuletzt geänd. durch G v. 2.12.2014 (GVBl. S. 314); Verordnung zur Durchführung des Hessischen Wohnungsbindungsgesetzes (Wohnungsbindungsverordnung – WoBindV) v. 27.2.1974 (GVBl. I S. 141), zuletzt geänd. durch G v. 2.12.2014 (GVBl. S. 314)

(Fortsetzung der Anm. auf nächster Seite)

[3] Nr. **14**.

§ 2 Sicherung der Zweckbestimmung. Auf die Erhebung, Verarbeitung und Nutzung von Daten, die Erteilung von Auskünften, die Gewährung von Einsicht in Unterlagen, die Besichtigung von Grundstücken, Gebäuden und Wohnungen, die Erteilung von Auskünften durch Finanzbehörden und Arbeitgeber sowie die Mitteilungspflichten und die Einschränkung der Rechte zur Beendigung von Mietverhältnissen bei der Veräußerung und Umwandlung von öffentlich geförderten Wohnungen ist § 32 Abs. 2 bis 4 des Wohnraumförderungsgesetzes[1] entsprechend anzuwenden.

§§ 2a und 2b (weggefallen)

§ 3 Zuständige Stelle. Zuständige Stelle im Sinne dieses Gesetzes ist die Stelle, die von der Landesregierung bestimmt wird oder die nach Landesrecht zuständig ist.

Zweiter Abschnitt. Bindungen des Verfügungsberechtigten

§ 4 Überlassung an Wohnberechtigte. (1) Sobald voraussehbar ist, dass eine Wohnung bezugsfertig oder frei wird, hat der Verfügungsberechtigte dies der zuständigen Stelle unverzüglich schriftlich anzuzeigen und den voraussichtlichen Zeitpunkt der Bezugsfertigkeit oder des Freiwerdens mitzuteilen.

(Fortsetzung der Anm. von vorheriger Seite)

- **Mecklenburg-Vorpommern:** Gesetz über die Funktionalreform v. 5.5.1994 (GVOBl. M-V S. 566), zuletzt geänd. durch G v. 5.11.2015 (GVOBl. M-V S. 422); Belegungsbindungsgesetz des Landes Mecklenburg-Vorpommern (Landesbelegungsbindungsgesetz – BelBindG M-V) v. 18.12.1995 (GVOBl. M-V S. 661), zuletzt geänd. durch G v. 1.8.2006 (GVOBl. M-V S. 634) *(außer Kraft)*
- **Niedersachsen:** *(keine Vorschrift erlassen)*
- **Nordrhein-Westfalen:** Verordnung zur Überlassung von Sozialwohnungen (Überlassungsverordnung) v. 1.7.1997 (NWGVBl S. 204); Verwaltungsvorschriften zum Wohnungsbindungsgesetz (VV-WoBindG) vom 13.11.1989 (SMBl. NRW S. 238) *(außer Kraft)*
- **Rheinland-Pfalz:** Mietwohnungsprogramm 2012 v. 11.3.2010 (MBl S. 92) *(außer Kraft)*
- **Saarland:** *(keine Vorschrift erlassen)*
- **Sachsen:** Richtlinie des Sächsischen Staatsministeriums des Innern über die Förderung der Begründung von Belegungsrechten (RL Förderung Belegungsrechte) v. 6.10.2015 (SächsABl. S. 1450), geänd. durch RL v. 22.4.2016 (SächsABl. S. 579)
- **Sachsen-Anhalt:** Belegungsbindungsgesetz des Landes Sachsen-Anhalt (BelBindG LSA) vom 14.12.1995 (GVBl. S. 376) *(außer Kraft)*; Verwaltungsvorschrift zur Sicherung der Belegungsbindungen unterliegenden Wohnungen in Sachsen-Anhalt (BelgWoVV LSA) v. 19.7.1996 (MBl. LSA S. 1843)
- **Schleswig-Holstein:** Landesverordnung zur Einschränkung von Zinsvergünstigungen bei mit öffentlichen Mitteln und mit Wohnungsfürsorgemitteln geförderten Wohnungen v. 24.6.1992 (GVOBl. Schl.-H. S. 370), zuletzt geänd. durch VO v. 18.12.2001 (GVOBl. Schl.-H. 2002 S. 5); Landesverordnung zur Durchführung des Schleswig-Holsteinischen Wohnraumförderungsgesetzes (SHWoFG-DVO) v. 13.6.2009 (GVOBl. Schl.-H. S. 344), zuletzt geänd. durch VO v. 20.9. 2017 (GVOBl. Schl.-H. S. 476)
- **Thüringen:** Thüringer Belegungsrechtegesetz v. 8.12.1995 (ThGVBl S. 360), geänd. durch G v. 24.10.2001 (GVBl. S. 265); Verwaltungsvorschriften zum Vollzug des Wohnungsbindungsgesetzes und des Thüringer Belegungsrechtegesetzes sowie zur Sicherung der Zweckbestimmung von nicht-öffentlichen Mitteln aus öffentlichen Haushalten geförderten Wohnungen (VV – WoBindG) vom 8.6.1998 (Staatsanzeiger Nr. 41 S. 1759)

[1] Nr. **14**.

(2) [1]Der Verfügungsberechtigte darf die Wohnung einem Wohnungssuchenden nur zum Gebrauch überlassen, wenn dieser ihm vor der Überlassung eine Bescheinigung über die Wohnberechtigung im öffentlich geförderten sozialen Wohnungsbau (§ 5) übergibt, und wenn die in der Bescheinigung angegebene Wohnungsgröße nicht überschritten wird. [2]Auf Antrag des Verfügungsberechtigten kann die zuständige Stelle die Überlassung einer Wohnung, die die angegebene Wohnungsgröße geringfügig überschreitet, genehmigen, wenn dies nach den wohnungswirtschaftlichen Verhältnissen vertretbar erscheint.

(3) Ist die Wohnung bei der Bewilligung der öffentlichen Mittel für Angehörige eines bestimmten Personenkreises vorbehalten worden, so darf der Verfügungsberechtigte sie für die Dauer des Vorbehalts einem Wohnberechtigten nur zum Gebrauch überlassen, wenn sich aus der Bescheinigung außerdem ergibt, dass er diesem Personenkreis angehört.

(4) [1]Sind für den Bau der Wohnung Mittel einer Gemeinde oder eines Gemeindeverbandes mit der Auflage gewährt, dass die Wohnung einem von der zuständigen Stelle benannten Wohnungsuchenden zu überlassen ist, so hat die zuständige Stelle dem Verfügungsberechtigten bis zur Bezugsfertigkeit oder bis zum Freiwerden der Wohnung mindestens drei Wohnungsuchende zur Auswahl zu benennen, bei denen die Voraussetzungen erfüllt sind, die zur Erlangung einer Bescheinigung nach § 5 erforderlich wären. [2]Der Verfügungsberechtigte darf die Wohnung nur einem der benannten Wohnungsuchenden überlassen; der Vorlage einer Bescheinigung nach § 5 bedarf es insoweit nicht. [3]Bei der Benennung sind die Maßstäbe des § 5a Satz 3 zu beachten. [4]Dies gilt entsprechend, wenn zugunsten der zuständigen Stelle ein vertragliches Besetzungsrecht besteht.

(5) [1]Besteht ein Besetzungsrecht zugunsten einer Stelle, die für den Bau der Wohnung Wohnungsfürsorgemittel für Angehörige des öffentlichen Dienstes gewährt hat, so bedarf es der Vorlage einer Bescheinigung nach § 5 nicht, wenn diese Stelle das Besetzungsrecht ausübt. [2]Die in Satz 1 bezeichnete Stelle darf das Besetzungsrecht zugunsten eines Wohnungsuchenden nur ausüben, wenn bei ihm die Voraussetzungen erfüllt sind, die zur Erlangung einer Bescheinigung nach § 5 erforderlich wären. [3]Bei der Ausübung des Besetzungsrechts sind die Maßstäbe des § 5a Satz 3 zu beachten.

(6) Der Verfügungsberechtigte hat binnen zwei Wochen, nachdem er die Wohnung einem Wohnungsuchenden überlassen hat, der zuständigen Stelle den Namen des Wohnungsuchenden mitzuteilen und ihr in den Fällen der Absätze 2 und 3 den ihm übergebenen Wohnberechtigungsschein vorzulegen.

(7) Wenn der Inhaber des Wohnberechtigungsscheins oder der entsprechend Berechtigte aus der Wohnung ausgezogen ist, darf der Verfügungsberechtigte die Wohnung dessen Haushaltsangehörigen im Sinne des § 18 des Wohnraumförderungsgesetzes[1)] nur nach Maßgabe der Absätze 1 bis 6 zum Gebrauch überlassen; Personen, die nach dem Tod des Inhabers des Wohnberechtigungsscheins nach § 563 Abs. 1 bis 3 des Bürgerlichen Gesetzbuchs[2)] in das Mietverhältnis eingetreten sind, darf die Wohnung auch ohne Übergabe eines Wohnberechtigungsscheins zum Gebrauch überlassen werden.

[1)] Nr. **14**.
[2)] Nr. **1**.

(8) [1] Der Verfügungsberechtigte, der eine Wohnung entgegen den Absätzen 2 bis 5 und 7 überlassen hat, hat auf Verlangen der zuständigen Stelle das Mietverhältnis zu kündigen und die Wohnung einem Wohnungssuchenden nach den Absätzen 1 bis 7 zu überlassen. [2] Kann der Verfügungsberechtigte die Beendigung des Mietverhältnisses durch Kündigung nicht alsbald erreichen, so kann die zuständige Stelle von dem Inhaber der Wohnung, dem der Verfügungsberechtigte sie entgegen den Absätzen 2 bis 5 und 7 überlassen hat, die Räumung der Wohnung verlangen; dies gilt nicht, wenn der Inhaber der Wohnung vor dem Bezug eine Bestätigung nach § 18 Abs. 2 erhalten hat, dass die Wohnung nicht eine öffentlich geförderte Wohnung sei.

§ 5 Ausstellung der Bescheinigung über die Wohnberechtigung. Die Bescheinigung über die Wohnberechtigung (Wohnberechtigungsschein) wird in entsprechender Anwendung des § 27 Abs. 1 bis 5 des Wohnraumförderungsgesetzes[1] erteilt.

§ 5a Sondervorschriften für Gebiete mit erhöhtem Wohnungsbedarf. [1] Die Landesregierungen werden ermächtigt, für Gebiete mit erhöhtem Wohnungsbedarf Rechtsverordnungen zu erlassen, die befristet oder unbefristet bestimmen, dass der Verfügungsberechtigte eine frei oder bezugsfertig werdende Wohnung nur einem von der zuständigen Stelle benannten Wohnungsuchenden zum Gebrauch überlassen darf. [2] Die zuständige Stelle hat dem Verfügungsberechtigten mindestens drei wohnberechtigte Wohnungssuchende zur Auswahl zu benennen. [3] Bei der Benennung sind ungeachtet des Satzes 5 insbesondere schwangere Frauen, Familien und andere Haushalte mit Kindern, junge Ehepaare, allein stehende Elternteile mit Kindern, ältere Menschen und schwerbehinderte Menschen vorrangig zu berücksichtigen; sind schwangere Frauen wohnberechtigte Wohnungssuchende, haben sie Vorrang vor den anderen Personengruppen. [4] Als junge Ehepaare sind diejenigen zu berücksichtigen, bei denen keiner der Ehegatten das 40. Lebensjahr vollendet hat; als ältere Menschen sind diejenigen zu berücksichtigen, die das60. Lebensjahr vollendet haben. [5] Für die Benennung gilt § 4 Abs. 3 sinngemäß; im Übrigen können in der Rechtsverordnung nähere Bestimmungen darüber getroffen werden, nach welchen weiteren Gesichtspunkten die Benennung erfolgen soll.

§ 6 (weggefallen)

§ 7 Freistellung von Belegungsbindungen, Übertragung von Belegungs- und Mietbindungen, Erhaltung der Mietwohnnutzung, Kooperationsverträge. (1) Die zuständige Stelle kann den Verfügungsberechtigten von Belegungsbindungen in entsprechender Anwendung des § 30 des Wohnraumförderungsgesetzes[1] freistellen.

(2) Die zuständige Stelle kann mit dem Verfügungsberechtigten die Übertragung und Änderung von Belegungs- und Mietbindungen sowie sonstigen Berechtigungen und Verpflichtungen in entsprechender Anwendung des § 31 des Wohnraumförderungsgesetzes vereinbaren.

---

[1] Nr. **14**.

(3) [1] In Fällen der Selbstnutzung, Nichtvermietung, Zweckentfremdung und baulichen Änderung der Wohnung gilt § 27 Abs. 7 des Wohnraumförderungsgesetzes entsprechend. [2] Hat der Verfügungsberechtigte mindestens vier geförderte Wohnungen geschaffen, von denen er eine selbst nutzen will, so ist die Genehmigung auch zu erteilen, wenn das Gesamteinkommen die maßgebliche Einkommensgrenze übersteigt.

(4) Kooperationsverträge können in entsprechender Anwendung der §§ 14 und 15 des Wohnraumförderungsgesetzes abgeschlossen werden.

§ 8 Kostenmiete. (1) [1] Der Verfügungsberechtigte darf die Wohnung nicht gegen ein höheres Entgelt zum Gebrauch überlassen, als zur Deckung der laufenden Aufwendungen erforderlich ist (Kostenmiete). [2] Die Kostenmiete ist nach den §§ 8a und 8b zu ermitteln.

(2) [1] Soweit das vereinbarte Entgelt die Kostenmiete übersteigt, ist die Vereinbarung unwirksam. [2] Soweit die Vereinbarung unwirksam ist, ist die Leistung zurückzuerstatten und vom Empfang an zu verzinsen. [3] Der Anspruch auf Rückerstattung verjährt nach Ablauf von vier Jahren nach der jeweiligen Leistung, jedoch spätestens nach Ablauf eines Jahres von der Beendigung des Mietverhältnisses an.

(3) [1] Sind für eine Wohnung in einem Eigenheim oder einer Kleinsiedlung oder für eine sonstige Wohnung die öffentlichen Mittel ohne Vorlage einer Wirtschaftlichkeitsberechnung oder auf Grund einer vereinfachten Wirtschaftlichkeitsberechnung bewilligt worden, so darf der Verfügungsberechtigte die Wohnung höchstens gegen ein Entgelt bis zur Höhe der Kostenmiete für vergleichbare öffentlich geförderte Wohnungen (Vergleichsmiete) überlassen. [2] Die zuständige Stelle kann genehmigen, dass der Verfügungsberechtigte von der Vergleichsmiete zur Kostenmiete übergeht. [3] Absatz 2 ist entsprechend anzuwenden.

(4) [1] Der Vermieter hat dem Mieter auf Verlangen Auskunft über die Ermittlung und Zusammensetzung der Miete zu geben und, soweit der Miete eine Genehmigung der Bewilligungsstelle zugrunde liegt, die zuletzt erteilte Genehmigung vorzulegen. [2] Wird eine Genehmigung nicht vorgelegt oder ist die Auskunft über die Ermittlung und Zusammensetzung der Miete unzureichend, so hat die zuständige Stelle dem Mieter auf Verlangen die Höhe der nach Absatz 1 oder 3 zulässigen Miete mitzuteilen, soweit diese sich aus ihren Unterlagen ergibt.

(5) Die diesem Gesetz unterliegenden Wohnungen sind preisgebundener Wohnraum.

§ 8a Ermittlung der Kostenmiete und der Vergleichsmiete. (1) [1] Bei der Ermittlung der Kostenmiete ist von dem Mietbetrag auszugehen, der sich für die öffentlich geförderten Wohnungen des Gebäudes oder der Wirtschaftseinheit auf Grund der Wirtschaftlichkeitsberechnung für den Quadratmeter der Wohnfläche durchschnittlich ergibt (Durchschnittsmiete). [2] In der Wirtschaftlichkeitsberechnung darf für den Wert der Eigenleistung, soweit er 15 vom Hundert der Gesamtkosten des Bauvorhabens nicht übersteigt, eine Verzinsung von 4 vom Hundert angesetzt werden; für den darüber hinausgehenden Betrag darf angesetzt werden

a) eine Verzinsung in Höhe des marktüblichen Zinssatzes für erststellige Hypotheken, sofern die öffentlichen Mittel vor dem 1. Januar 1974 bewilligt worden sind,

b) in den übrigen Fällen eine Verzinsung in Höhe von 6,5 vom Hundert.

(2) Bei Wohnungen, die nach den Vorschriften des Zweiten Wohnungsbaugesetzes[1)] gefördert worden sind, ist bei der Ermittlung der Kostenmiete von der Durchschnittsmiete auszugehen, die von der Bewilligungsstelle nach § 72 des Zweiten Wohnungsbaugesetzes genehmigt worden ist.

(3) [1] Ändern sich nach der erstmaligen Berechnung der Durchschnittsmiete oder nach der Genehmigung der Durchschnittsmiete nach § 72 des Zweiten Wohnungsbaugesetzes die laufenden Aufwendungen (Kapitalkosten, Bewirtschaftungskosten), so tritt jeweils eine entsprechend geänderte Durchschnittsmiete an die Stelle der bisherigen Durchschnittsmiete. [2] Bei einer Erhöhung der laufenden Aufwendungen gilt Satz 1 nur, soweit sie auf Umständen beruht, die der Vermieter nicht zu vertreten hat; als Erhöhung der Aufwendungen gilt auch eine durch Gesetz oder Rechtsverordnung zugelassene Erhöhung eines Ansatzes in der Wirtschaftlichkeitsberechnung.

(4) [1] Bei einer Erhöhung der laufenden Aufwendungen, die bis zur Anerkennung der Schlussabrechnung, spätestens jedoch bis zu zwei Jahren nach der Bezugsfertigkeit eintritt, bedarf die Erhöhung der Durchschnittsmiete nach Absatz 3 der Genehmigung der Bewilligungsstelle. [2] Die Genehmigung wirkt auf den Zeitpunkt der Erhöhung der laufenden Aufwendungen, längstens jedoch drei Monate vor Stellung eines Antrags mit prüffähigen Unterlagen zurück; der Vermieter kann jedoch eine rückwirkende Mieterhöhung nur verlangen, wenn dies bei der Vereinbarung der Miete vorbehalten worden ist.

(5) [1] Auf der Grundlage der Durchschnittsmiete hat der Vermieter die Miete für die einzelnen Wohnungen unter angemessener Berücksichtigung ihres unterschiedlichen Wohnwertes, insbesondere von Lage, Ausstattung und Zuschnitt zu berechnen (Einzelmiete). [2] Der Durchschnitt der Einzelmieten muss der Durchschnittsmiete entsprechen.

(6) [1] Ändern sich in den Fällen der Vergleichsmiete (§ 8 Abs. 3) nach der Bewilligung der öffentlichen Mittel die laufenden Aufwendungen, so ändert sich die Vergleichsmiete um den Betrag, der anteilig auf die Wohnung entfällt. [2] Absatz 3 Satz 2 gilt entsprechend.

(7) Die nach den Absätzen 1 bis 6 sich ergebende Einzelmiete oder Vergleichsmiete zuzüglich zulässiger Umlagen, Zuschläge und Vergütungen ist das zulässige Entgelt im Sinne des § 8 Abs. 1 oder 3.

(8) Das Nähere über die Ermittlung des zulässigen Entgelts bestimmt die Rechtsverordnung nach § 28.

§ 8b Ermittlung der Kostenmiete in besonderen Fällen. (1) Wird die Kostenmiete nach Ablauf von sechs Jahren seit Bezugsfertigkeit der Wohnungen ermittelt, dürfen bei der Aufstellung der Wirtschaftlichkeitsberechnung laufende Aufwendungen, insbesondere Zinsen für die Eigenleistungen, auch dann angesetzt werden, wenn sie in einer früheren Wirtschaftlichkeitsberech-

---

1) Auszugsweise abgedruckt unter Nr. **15**.

nung nicht oder nur in geringerer Höhe in Anspruch genommen oder anerkannt worden sind oder wenn auf ihren Ansatz ganz oder teilweise verzichtet worden ist.

(2) [1] Die Bewilligungsstelle kann zustimmen, dass demselben Eigentümer gehörende Gebäude mit öffentlich geförderten Wohnungen, die bisher selbständige Wirtschaftseinheiten bildeten, oder mehrere bisherige Wirtschaftseinheiten zu einer Wirtschaftseinheit zusammengefasst werden, sofern die Gebäude oder Wirtschaftseinheiten in örtlichem Zusammenhang stehen und die Wohnungen keine wesentlichen Unterschiede in ihrem Wohnwert aufweisen. [2] In die neue Wirtschaftlichkeitsberechnung sind die bisherigen Gesamtkosten, Finanzierungsmittel und laufenden Aufwendungen zu übernehmen. [3] Die sich hieraus ergebende neue Durchschnittsmiete bedarf der Genehmigung der Bewilligungsstelle. [4] Die öffentlichen Mittel gelten als für sämtliche Wohnungen der neuen Wirtschaftseinheit bewilligt.

(3) [1] Die Bewilligungsstelle kann zustimmen, dass eine Wirtschaftseinheit aufgeteilt wird. [2] Ist eine Wirtschaftseinheit nach Satz 1 aufgeteilt worden, ist insbesondere Wohneigentum an öffentlich geförderten Wohnungen einer Wirtschaftseinheit oder eines Gebäudes begründet worden, sind Wirtschaftlichkeitsberechnungen jeweils für die neuen Wirtschaftseinheiten, für die Gebäude oder für die einzelnen Wohnungen aufzustellen. [3] Absatz 2 Satz 2 bis 4 gilt entsprechend.

§ 9 Einmalige Leistungen. (1) [1] Eine Vereinbarung, nach der der Mieter oder für ihn ein Dritter mit Rücksicht auf die Überlassung der Wohnung eine einmalige Leistung zu erbringen hat, ist, vorbehaltlich der Absätze 2 bis 6, unwirksam. [2] Satz 1 gilt nicht für Einzahlungen auf Geschäftsanteile bei Wohnungsunternehmen in der Rechtsform der Genossenschaft oder ähnliche Mitgliedsbeiträge.

(2) Die Vereinbarung einer Mietvorauszahlung oder eines Mieterdarlehens als Finanzierungsbeitrag zum Bau der Wohnung ist nur insoweit unwirksam, als die Annahme des Finanzierungsbeitrages nach § 28 des Ersten Wohnungsbaugesetzes oder nach § 50 des Zweiten Wohnungsbaugesetzes ausgeschlossen oder nicht zugelassen ist.

(3) Die Vereinbarung einer Mietvorauszahlung oder eines Mieterdarlehens zur Deckung der Kosten für eine Modernisierung, der die zuständige Stelle zugestimmt hat, ist nur unwirksam, soweit die Leistung das Vierfache des nach § 8 zulässigen jährlichen Entgelts überschreitet.

(4) Ist ein von einem Mieter oder einem Dritten nach § 28 des Ersten Wohnungsbaugesetzes oder § 50 des Zweiten Wohnungsbaugesetzes zulässigerweise geleisteter Finanzierungsbeitrag oder eine nach Absatz 3 zulässige Leistung wegen einer vorzeitigen Beendigung des Mietverhältnisses dem Leistenden ganz oder teilweise zurückerstattet worden, so ist eine Vereinbarung, wonach der Mietnachfolger oder für ihn ein Dritter die Leistung unter den gleichen Bedingungen bis zur Höhe des zurückerstatteten Betrages zu erbringen hat, zulässig.

(5) [1] Die Vereinbarung einer Sicherheitsleistung des Mieters ist zulässig, soweit sie dazu bestimmt ist, Ansprüche des Vermieters gegen den Mieter aus

Schäden an der Wohnung oder unterlassenen Schönheitsreparaturen zu sichern. [2] Im Übrigen gilt § 551 des Bürgerlichen Gesetzbuchs[1)].

(6) [1] Eine Vereinbarung, nach der der Mieter oder für ihn ein Dritter mit Rücksicht auf die Überlassung der Wohnung Waren zu beziehen oder andere Leistungen in Anspruch zu nehmen oder zu erbringen hat, ist unwirksam. [2] Satz 1 gilt nicht für die Überlassung einer Garage, eines Stellplatzes oder eines Hausgartens und für die Übernahme von Sach- oder Arbeitsleistungen, die zu einer Verringerung von Bewirtschaftungskosten führen. [3] Die zuständige Stelle kann eine Vereinbarung zwischen den Verfügungsberechtigten und dem Mieter über die Mitvermietung von Einrichtungs- und Ausstattungsgegenständen und über laufende Leistungen zur persönlichen Betreuung und Versorgung genehmigen; sie hat die Genehmigung zu versagen, wenn die vereinbarte Vergütung offensichtlich unangemessen hoch ist.

(7) [1] Soweit eine Vereinbarung nach den Absätzen 1 bis 6 unwirksam ist, ist die Leistung zurückzuerstatten und vom Empfang an zu verzinsen. [2] Der Anspruch auf Rückerstattung verjährt nach Ablauf eines Jahres von der Beendigung des Mietverhältnisses an.

(8) [1] Für Vereinbarungen, die vor dem 1. August 1968 in denjenigen kreisfreien Städten, Landkreisen oder Gemeinden eines Landkreises, in denen zu diesem Zeitpunkt die Mietpreisfreigabe noch nicht erfolgt war, getroffen worden sind, gelten die Vorschriften des Absatzes 7 entsprechend, soweit die Vereinbarungen nach den bis zu diesem Zeitpunkt geltenden Vorschriften unzulässig waren. [2] Das gleiche gilt für Vereinbarungen, die vor dem 1. September 1965 in denjenigen kreisfreien Städten, Landkreisen oder Gemeinden eines Landkreises getroffen worden sind, in denen zu diesem Zeitpunkt die Mietpreisfreigabe bereits erfolgt war.

§ 10 Einseitige Mieterhöhung. (1) [1] Ist der Mieter nur zur Entrichtung eines niedrigeren als des nach diesem Gesetz zulässigen Entgelts verpflichtet, so kann der Vermieter dem Mieter gegenüber schriftlich erklären, dass das Entgelt um einen bestimmten Betrag, bei Umlagen um einen bestimmbaren Betrag, bis zur Höhe des zulässigen Entgelts erhöht werden soll. [2] Die Erklärung ist nur wirksam, wenn in ihr die Erhöhung berechnet und erläutert ist. [3] Der Berechnung der Kostenmiete ist eine Wirtschaftlichkeitsberechnung oder ein Auszug daraus, der die Höhe der laufenden Aufwendungen erkennen lässt, beizufügen. [4] An Stelle einer Wirtschaftlichkeitsberechnung kann auch eine Zusatzberechnung zu der letzten Wirtschaftlichkeitsberechnung oder, wenn das zulässige Entgelt von der Bewilligungsstelle auf Grund einer Wirtschaftlichkeitsberechnung genehmigt worden ist, eine Abschrift der Genehmigung beigefügt werden. [5] Hat der Vermieter seine Erklärung mit Hilfe automatischer Einrichtungen gefertigt, so bedarf es nicht seiner eigenhändigen Unterschrift.

(2) [1] Die Erklärung des Vermieters hat die Wirkung, dass von dem Ersten des auf die Erklärung folgenden Monats an das erhöhte Entgelt an die Stelle des bisher zu entrichtenden Entgelts tritt; wird die Erklärung erst nach dem Fünfzehnten eines Monats abgegeben, so tritt diese Wirkung von dem Ersten des übernächsten Monats an ein. [2] Wird die Erklärung bereits vor dem Zeit-

[1)] Nr. **1**.

punkt abgegeben, von dem an das erhöhte Entgelt nach den dafür maßgebenden Vorschriften zulässig ist, so wird sie frühestens von diesem Zeitpunkt an wirksam. [3] Soweit die Erklärung darauf beruht, dass sich die Betriebskosten rückwirkend erhöht haben, wirkt sie auf den Zeitpunkt der Erhöhung der Betriebskosten, höchstens jedoch auf den Beginn des der Erklärung vorangehenden Kalenderjahres zurück, sofern der Vermieter die Erklärung innerhalb von drei Monaten nach Kenntnis von der Erhöhung abgibt.

(3) Ist der Erklärung ein Auszug aus der Wirtschaftlichkeitsberechnung oder die Genehmigung der Bewilligungsstelle beigefügt, so hat der Vermieter dem Mieter auf Verlangen Einsicht in die Wirtschaftlichkeitsberechnung zu gewähren.

(4) Dem Vermieter steht das Recht zur einseitigen Mieterhöhung nicht zu, soweit und solange eine Erhöhung der Miete durch ausdrückliche Vereinbarung mit dem Mieter oder einem Dritten ausgeschlossen ist oder der Ausschluss sich aus den Umständen ergibt.

§ 11 Kündigungsrecht des Mieters. (1) Der Mieter ist im Falle einer Erklärung des Vermieters nach § 10 berechtigt, das Mietverhältnis spätestens am dritten Werktag des Kalendermonats, von dem an die Miete erhöht werden soll, für den Ablauf des nächsten Kalendermonats zu kündigen.

(2) Kündigt der Mieter nach Absatz 1, so tritt die Mieterhöhung nach § 10 nicht ein.

(3) Eine zum Nachteil des Mieters abweichende Vereinbarung ist unwirksam.

§ 12 (weggefallen)

Dritter Abschnitt. Beginn und Ende der Eigenschaft „öffentlich gefördert"

§ 13 Beginn der Eigenschaft „öffentlich gefördert". (1) [1] Eine Wohnung, für die die öffentlichen Mittel vor der Bezugsfertigkeit bewilligt worden sind, gilt von dem Zeitpunkt an als öffentlich gefördert, in dem der Bescheid über die Bewilligung der öffentlichen Mittel (Bewilligungsbescheid) dem Bauherrn zugegangen ist [2] Sind die öffentlichen Mittel erstmalig nach der Bezugsfertigkeit der Wohnung bewilligt worden, so gilt die Wohnung, wenn der Bauherr die Bewilligung der öffentlichen Mittel vor der Bezugsfertigkeit beantragt hat, von der Bezugsfertigkeit an als öffentlich gefördert, im Übrigen von dem Zugang des Bewilligungsbescheides an.

(2) [1] Wird die Bewilligung der öffentlichen Mittel vor der Bezugsfertigkeit der Wohnung widerrufen, so gilt die Wohnung als von Anfang an nicht öffentlich gefördert. [2] Das gleiche gilt, wenn die Bewilligung nach der Bezugsfertigkeit der Wohnung, jedoch vor der erstmaligen Auszahlung der öffentlichen Mittel widerrufen wird.

(3) Für die Anwendung der Vorschriften der Absätze 1 und 2 ist es unerheblich, in welcher Höhe, zu welchen Bedingungen, für welche Zeitdauer

und für welchen Finanzierungszeitraum die öffentlichen Mittel bewilligt worden sind.

(4) [1] Eine Wohnung gilt als bezugsfertig, wenn sie so weit fertiggestellt ist, dass den zukünftigen Bewohnern zugemutet werden kann, sie zu beziehen; die Genehmigung der Bauaufsichtsbehörde zum Beziehen ist nicht entscheidend. [2] Im Falle des Wiederaufbaues ist für die Bezugsfertigkeit der Zeitpunkt maßgebend, in dem die durch den Wiederaufbau geschaffene Wohnung bezugsfertig geworden ist; Entsprechendes gilt im Falle der Wiederherstellung, des Ausbaues oder der Erweiterung.

§ 14 Einbeziehung von Zubehörräumen, Wohnungsvergrößerung, Umbau. (1) Werden die Zubehörräume einer öffentlich geförderten Wohnung ohne Genehmigung der Bewilligungsstelle zu Wohnräumen oder Wohnungen ausgebaut, so gelten auch diese als öffentlich gefördert.

(2) Wird eine öffentlich geförderte Wohnung um weitere Wohnräume vergrößert, so gelten auch diese als öffentlich gefördert.

(3) [1] Wird eine öffentlich geförderte Wohnung durch eine Änderung von nicht mehr Wohnzwecken dienenden Räumen unter wesentlichem Bauaufwand zur Anpassung an geänderte Wohnbedürfnisse ohne Inanspruchnahme von öffentlichen Mitteln ausgebaut, so gilt die neugeschaffene Wohnung weiterhin als öffentlich gefördert. [2] Dies gilt nicht, wenn vor dem Umbau die für die Wohnung als Darlehen bewilligten öffentlichen Mittel zurückgezahlt und die für sie als Zuschüsse bewilligten öffentlichen Mittel letztmalig gezahlt worden sind.

§ 15 Ende der Eigenschaft „öffentlich gefördert". (1) [1] Eine Wohnung, für die die öffentlichen Mittel als Darlehen bewilligt worden sind, gilt, soweit sich aus dem § 16 oder § 17 nichts anderes ergibt, als öffentlich gefördert

a) im Falle einer Rückzahlung der Darlehen nach Maßgabe der Tilgungsbedingungen bis zum Ablauf des Kalenderjahres, in dem die Darlehen vollständig zurückgezahlt worden sind,

b) im Falle einer vorzeitigen Rückzahlung auf Grund einer Kündigung wegen Verstoßes gegen Bestimmungen des Bewilligungsbescheides oder des Darlehensvertrages bis zum Ablauf des Kalenderjahres, in dem die Darlehen nach Maßgabe der Tilgungsbedingungen vollständig zurückgezahlt worden wären, längstens jedoch bis zum Ablauf des zwölften Kalenderjahres nach dem Jahr der Rückzahlung.

[2] Sind neben den Darlehen Zuschüsse zur Deckung der laufenden Aufwendungen oder Zinszuschüsse aus öffentlichen Mitteln bewilligt worden, so gilt die Wohnung mindestens bis zum Ablauf des Kalenderjahres als öffentlich gefördert, in dem der Zeitraum endet, für den sich die laufenden Aufwendungen durch die Gewährung der Zuschüsse vermindern (Förderungszeitraum).

(2) [1] Eine Wohnung, für die die öffentlichen Mittel lediglich als Zuschüsse zur Deckung der laufenden Aufwendungen oder als Zinszuschüsse bewilligt worden sind, gilt als öffentlich gefördert bis zum Ablauf des dritten Kalenderjahres nach dem Ende des Förderungszeitraumes. [2] Endet der Förderungszeitraum durch planmäßige Einstellung oder durch Verzicht auf weitere Auszahlungen der Zuschüsse, so gilt für ein Eigenheim, eine Eigensiedlung oder

eine eigengenutzte Eigentumswohnung § 16 Abs. 5 und 7 sinngemäß. [3] § 17 bleibt unberührt.

(3) Sind die öffentlichen Mittel für eine Wohnung lediglich als Zuschuss zur Deckung der für den Bau der Wohnung entstandenen Gesamtkosten bewilligt worden, so gilt die Wohnung als öffentlich gefördert bis zum Ablauf des zehnten Kalenderjahres nach dem Jahr der Bezugsfertigkeit.

(4) [1] Sind die öffentlichen Mittel für mehrere Wohnungen eines Gebäudes oder einheitlich für Wohnungen mehrerer Gebäude bewilligt worden, so gelten die Absätze 1 und 2 nur, wenn die für sämtliche Wohnungen eines Gebäudes als Darlehen bewilligten öffentlichen Mittel zurückgezahlt werden und die für sie als Zuschüsse bewilligten öffentlichen Mittel nicht mehr gezahlt werden. [2] Der Anteil der auf ein einzelnes Gebäude entfallenden öffentlichen Mittel errechnet sich nach dem Verhältnis der Wohnfläche der Wohnungen des Gebäudes zur Wohnfläche der Wohnungen aller Gebäude. [3] Die Sätze 1 und 2 sind insoweit nicht anzuwenden, als öffentliche Mittel ab 29. August 1990 für neue Wohnungen bewilligt sind, die durch Ausbau oder Erweiterungen in einem Gebäude oder einer Wirtschaftseinheit mit öffentlich geförderten Wohnungen geschaffen werden.

§ 16 Ende der Eigenschaft „öffentlich gefördert" bei freiwilliger vorzeitiger Rückzahlung. (1) [1] Werden die für eine Wohnung als Darlehen bewilligten öffentlichen Mittel ohne rechtliche Verpflichtung vorzeitig vollständig zurückgezahlt, so gilt die Wohnung vorbehaltlich der Absätze 2 und 5 als öffentlich gefördert bis zum Ablauf des zehnten Kalenderjahres nach dem Jahr der Rückzahlung, längstens jedoch bis zum Ablauf des Kalenderjahres, in dem die Darlehen nach Maßgabe der Tilgungsbedingungen vollständig zurückgezahlt wären (Nachwirkungsfrist). [2] Sind neben den Darlehen Zuschüsse zur Deckung der laufenden Aufwendungen oder Zinszuschüsse aus öffentlichen Mitteln bewilligt worden, so gilt § 15 Abs. 1 Satz 2 entsprechend.

(2) Abweichend von Absatz 1 Satz 1 gilt eine Wohnung, für deren Bau ein Darlehen aus öffentlichen Mitteln von nicht mehr als 1 550 Euro bewilligt worden ist, als öffentlich gefördert bis zum Zeitpunkt der Rückzahlung; dabei ist von dem durchschnittlichen Förderungsbetrag je Wohnung des Gebäudes auszugehen.

(3) und (4) (weggefallen)

(5) [1] Sind die für ein Eigenheim, eine Eigensiedlung oder eine eigengenutzte Eigentumswohnung als Darlehen bewilligten öffentlichen Mittel ohne rechtliche Verpflichtung vorzeitig vollständig zurückgezahlt oder nach § 69 des Zweiten Wohnungsbaugesetzes ganz abgelöst worden, so gilt die Wohnung als öffentlich gefördert bis zum Zeitpunkt der Rückzahlung oder Ablösung; bei Rückzahlung oder Ablösung vor dem 17. Juli 1985 gilt die Wohnung längstens bis zum 16. Juli 1985 als öffentlich gefördert. [2] § 15 Abs. 1 Satz 2 bleibt unberührt. [3] Eine Eigentumswohnung, die durch Umwandlung einer öffentlich geförderten Mietwohnung entstanden ist, gilt als eigengenutzt, wenn sie vom Eigentümer oder seinen Angehörigen als Berechtigte im Sinne dieses Gesetzes selbst genutzt wird; erfolgt in dem Falle die Eigennutzung nach Rückzahlung oder Ablösung, so gilt die Wohnung vom Beginn der Eigennutzung an nicht mehr als öffentlich gefördert.

(6) Sind die öffentlichen Mittel für mehrere Wohnungen eines Gebäudes oder einheitlich für Wohnungen mehrerer Gebäude bewilligt worden, so gilt vorbehaltlich des Absatzes 7 der Absatz 1 nur, wenn die für sämtliche Wohnungen eines Gebäudes als Darlehen bewilligten öffentlichen Mittel zurückgezahlt werden und die für sie als Zuschüsse bewilligten öffentlichen Mittel nicht mehr gezahlt werden; § 15 Abs. 4 Satz 2 gilt entsprechend.

(7) [1] Sind die öffentlichen Mittel für zwei Wohnungen eines Eigenheimes, eines Kaufeigenheimes oder einer Kleinsiedlung bewilligt worden, so gelten die Absätze 1 bis 5 auch für die einzelne Wohnung, wenn der auf sie entfallende Anteil der als Darlehen gewährten Mittel zurückgezahlt oder abgelöst und der anteilige Zuschussbetrag nicht mehr gezahlt wird; der Anteil errechnet sich nach dem Verhältnis der Wohnflächen der einzelnen Wohnungen zueinander, sofern nicht der Bewilligung ein anderer Berechnungsmaßstab zugrunde gelegen hat. [2] Satz 1 gilt entsprechend für Rückzahlungen und Ablösungen bei Eigentumswohnungen, wenn die öffentlichen Mittel für mehrere Wohnungen eines Gebäudes oder einheitlich für Wohnungen mehrerer Gebäude bewilligt worden sind.

§ 17 Ende der Eigenschaft „öffentlich gefördert" bei Zwangsversteigerung. (1) [1] Bei einer Zwangsversteigerung des Grundstücks gelten die Wohnungen, für die öffentliche Mittel als Darlehen bewilligt worden sind, bis zum Ablauf des dritten Kalenderjahres nach dem Kalenderjahr, in dem der Zuschlag erteilt worden ist, als öffentlich gefördert, sofern die wegen der öffentlichen Mittel begründeten Grundpfandrechte mit dem Zuschlag erlöschen; abweichend hiervon gilt ein Eigenheim, eine Eigensiedlung oder eine eigengenutzte Eigentumswohnung im Sinne des § 16 Abs. 5 nur bis zum Zuschlag als öffentlich gefördert, sofern die wegen der öffentlichen Mittel begründeten Grundpfandrechte mit dem Zuschlag erlöschen. [2] Sind die öffentlichen Mittel lediglich als Zuschüsse bewilligt worden, so gelten die Wohnungen bis zum Zuschlag als öffentlich gefördert. [3] Soweit nach den Vorschriften des § 15 oder § 16 die Wohnungen nur bis zu einem früheren Zeitpunkt als öffentlich gefördert gelten, ist dieser Zeitpunkt maßgebend.

(2) Sind die wegen der öffentlichen Mittel begründeten Grundpfandrechte mit dem Zuschlag nicht erloschen, so gelten die Wohnungen bis zu dem sich aus § 15 oder § 16 ergebenden Zeitpunkt als öffentlich gefördert.

§ 18 Bestätigung. (1) [1] Die zuständige Stelle hat dem Verfügungsberechtigten und bei berechtigtem Interesse auch dem Mieter schriftlich zu bestätigen, von welchem Zeitpunkt an die Wohnung nicht mehr als öffentlich gefördert gilt. [2] Die Bestätigung ist in tatsächlicher und rechtlicher Hinsicht verbindlich.

(2) [1] Die zuständige Stelle hat einem Wohnungsuchenden auf dessen Verlangen schriftlich zu bestätigen, ob die Wohnung, die er benutzen will, eine neugeschaffene öffentlich geförderte Wohnung ist. [2] Absatz 1 Satz 1 gilt bei berechtigtem Interesse für den Wohnungssuchenden entsprechend.

Vierter Abschnitt. Einschränkung von Zinsvergünstigungen bei öffentlich geförderten Wohnungen

§ 18a Höhere Verzinsung der öffentlichen Baudarlehen. (1) [1] Öffentliche Mittel im Sinne des § 3 des Ersten Wohnungsbaugesetzes oder des § 6 des Zweiten Wohnungsbaugesetzes[1)], die vor dem 1. Januar 1960 als öffentliche Baudarlehen bewilligt worden sind, können mit einem Zinssatz bis höchstens 8 vom Hundert jährlich verzinst werden, wenn dies durch landesrechtliche Regelung in einem Gesetz oder einer Verordnung der Landesregierung bestimmt ist; § 18b Abs. 2 ist anzuwenden. [2] Dies gilt auch, wenn vertraglich eine Höherverzinsung ausdrücklich ausgeschlossen ist. [3] Eine Vereinbarung, nach der eine höhere Verzinsung des öffentlichen Baudarlehens verlangt werden kann, bleibt unberührt.

(2) Öffentliche Mittel, die nach dem 31. Dezember 1959, jedoch vor dem 1. Januar 1970 als öffentliche Baudarlehen bewilligt worden sind, können mit einem Zinssatz bis höchstens sechs vom Hundert jährlich verzinst werden; Absatz 1 gilt im Übrigen entsprechend.

(3) [1] Die Landesregierungen stellen durch Rechtsverordnung sicher, dass die aus der höheren Verzinsung nach den Absätzen 1 und 2 folgenden Durchschnittsmieten bestimmte Beträge, die für die öffentlich geförderten Wohnungen nach Gemeindegrößenklassen und unter Berücksichtigung von Alter und Ausstattung der Wohnungen festgelegt werden, nicht übersteigen. [2] Sie haben dabei die sich aus der höheren Verzinsung ergebende Mieterhöhung angemessen zu begrenzen. [3] Einwendungen gegen die Auswirkungen der Zinserhöhung sind dabei nur innerhalb einer festzusetzenden Ausschlussfrist von höchstens sechs Monaten seit Zugang der Mitteilung über die Zinserhöhung zuzulassen.

(4) Soweit bei Wohnungen, für die die öffentlichen Baudarlehen vom 1. Januar 1960 an bewilligt worden sind, die Durchschnittsmiete auf Grund einer nach der Zinserhöhung durchgeführten Modernisierung die nach Absatz 3 bestimmten Beträge nicht nur unerheblich überschreitet, ist der nach Absatz 2 festgesetzte Zinssatz auf Antrag des Verfügungsberechtigten oder des Mieters entsprechend herabzusetzen.

(5) [1] Eine Zinserhöhung nach den Absätzen 1 und 2 ist bei Familienheimen in der Form von Eigenheimen, Kaufeigenheimen und Kleinsiedlungen sowie bei solchen Eigentumswohnungen, die vom Eigentümer oder seinen Angehörigen benutzt werden, nur unter den Voraussetzungen des § 44 Abs. 3 des Zweiten Wohnungsbaugesetzes zulässig. [2] Dabei ist die aus der höheren Verzinsung folgende Mehrbelastung angemessen zu begrenzen. [3] Absatz 3 Satz 3 gilt entsprechend.

(6) Die Absätze 1 bis 5 gelten für Annuitätsdarlehen entsprechend.

§ 18b Berechnung der neuen Jahresleistung. (1) Die für das Wohnungs- und Siedlungswesen zuständigen obersten Landesbehörden treffen nähere Bestimmungen über die Durchführung der höheren Verzinsung.

[1)] Nr. **15**.

(2) [1] Die darlehnsverwaltende Stelle hat bei der Erhöhung des Zinssatzes die neue Jahresleistung für das öffentliche Baudarlehen in der Weise zu berechnen, dass der erhöhte Zinssatz und der Tilgungssatz auf den ursprünglichen Darlehnsbetrag bezogen werden; ein Verwaltungskostenbeitrag bis zu 0,5 vom Hundert ist auf den Zinssatz nicht anzurechnen. [2] Die Zinsleistungen sind nach der Darlehnsrestschuld zu berechnen und die durch die fortschreitende Darlehnstilgung ersparten Zinsen zur erhöhten Tilgung zu verwenden.

(3) Die darlehnsverwaltende Stelle hat dem Darlehnsschuldner die Erhöhung des Zinssatzes, die Höhe der neuen Jahresleistung sowie den Zahlungsabschnitt, für den die höhere Leistung erstmalig entrichtet werden soll, schriftlich mitzuteilen.

(4) [1] Die höhere Leistung ist erstmalig für denjenigen nach dem Darlehnsvertrag maßgeblichen Zahlungsabschnitt zu entrichten, der frühestens nach Ablauf von zwei Monaten nach dem Zugang der in Absatz 3 bezeichneten Mitteilung beginnt. [2] Der Zeitpunkt der Fälligkeit bestimmt sich nach dem Darlehnsvertrag.

§ 18c Öffentliche Baudarlehen verschiedener Gläubiger. (1) [1] Sind für die Wohnungen des Gebäudes oder der Wirtschaftseinheit öffentliche Baudarlehen von verschiedenen Gläubigern gewährt worden und wird für diese Baudarlehen eine höhere Verzinsung nach § 18a verlangt, so haben die Gläubiger möglichst einheitliche Zinssätze festzusetzen und diese so zu bemessen, dass sich die zulässige Durchschnittsmiete nicht um mehr, als nach § 18a Abs. 3 zulässig ist, erhöht. [2] Werden die Zinssätze für diese öffentlichen Baudarlehen nacheinander erhöht und würde durch die spätere Erhöhung des Zinssatzes für eines dieser Darlehen die Durchschnittsmiete über den nach § 18a Abs. 3 zulässigen Umfang hinaus erhöht werden, so ist auf Verlangen des Gläubigers dieses Darlehens der vorher erhöhte Zinssatz für die anderen Darlehen so weit herabzusetzen, dass bei möglichst einheitlichem Zinssatz der öffentlichen Baudarlehen der nach § 18a Abs. 3 zulässige Erhöhungsbetrag nicht überschritten wird; die Herabsetzung darf frühestens von dem Zeitpunkt an verlangt werden, von dem an die spätere Zinserhöhung wirksam werden soll.

(2) [1] Die für das Wohnungs- und Siedlungswesen zuständigen obersten Landesbehörden treffen die näheren Bestimmungen über die Festsetzung der Zinssätze nach Absatz 1. [2] Im Übrigen gelten die Vorschriften des § 18b sinngemäß.

§ 18d Zins- und Tilgungshilfen sowie Zuschüsse und Darlehen zur Deckung der laufenden Aufwendungen. (1) [1] Sind vor dem 1. Januar 1960 neben oder an Stelle eines öffentlichen Baudarlehens Zins- und Tilgungshilfen aus öffentlichen Mitteln für ein zur Deckung der Gesamtkosten aufgenommenes Darlehen bewilligt worden, so kann die Zins- und Tilgungshilfe so weit herabgesetzt werden, dass der Darlehnsschuldner für das Darlehen eine Verzinsung bis höchstens 8 vom Hundert jährlich auf den ursprünglichen Darlehnsbetrag selbst zu erbringen hat, wenn dies durch landesrechtliche Regelung in einem Gesetz oder einer Verordnung der Landesregierung bestimmt ist. [2] Erfolgte die Bewilligung nach dem 31. Dezember 1959, jedoch vor dem 1. Januar 1970, so kann unter den gleichen Voraussetzungen die Zins- und Tilgungshilfe so weit herabgesetzt werden, dass der Darlehnsschuldner für das Darlehen eine Verzinsung bis höchstens 6 vom Hundert jährlich auf den ursprünglichen Darlehnsbetrag selbst zu erbringen hat. [3] Die Sätze 1 und 2 gelten auch, wenn eine Einstellung oder Herabsetzung vertraglich ausdrücklich ausgeschlossen ist. [4] Die Vorschriften des § 18a Abs. 3 bis 5 gelten entsprechend. [5] Verbleibt nach der Herabsetzung eine Zins- und Tilgungshilfe von weniger als insgesamt 60 Euro je Wohnung jährlich, so entfällt diese.

(2) Für die Durchführung des Absatzes 1 gelten die Vorschriften des § 18b sinngemäß.

(3) Sind von verschiedenen Gläubigern aus öffentlichen Mitteln Zins- und Tilgungshilfen nebeneinander oder Zins- und Tilgungshilfen neben öffentlichen Baudarlehen gewährt worden, so ist auch § 18c sinngemäß anzuwenden.

(4) [1] Sind vor dem 1. Januar 1970 neben oder an Stelle eines öffentlichen Baudarlehens oder einer Zins- und Tilgungshilfe Zuschüsse oder Darlehen zur Deckung der laufenden Aufwendungen bewilligt worden, so können die Zuschüsse herabgesetzt oder für Darlehen die Zinsen nach Maßgabe des § 18a Abs. 1 und 2 erhöht werden, wenn dies durch landesrechtliche Regelung in einem Gesetz oder einer Verordnung der Landesregierung bestimmt ist. [2] Dies gilt auch, wenn nach dem Bewilligungsbescheid eine Herabsetzung oder Höherverzinsung zu diesem Zeitpunkt oder in diesem Umfang nicht vorgesehen oder vertraglich ausdrücklich ausgeschlossen ist. [3] Die Vorschriften des § 18a Abs. 3 bis 5 gelten entsprechend.

§ 18e Entsprechende Anwendung für öffentliche Mittel im Bereich des Bergarbeiterwohnungsbaus. [1] Die Vorschriften der §§ 18a bis 18d gelten entsprechend für öffentliche Baudarlehen und Zins- und Tilgungshilfen, die nach dem Gesetz zur Förderung des Bergarbeiterwohnungsbaus im Kohlenbergbau aus Mitteln des Treuhandvermögens des Bundes bewilligt worden sind. [2] Die in § 18b Abs. 1 bezeichneten Aufgaben obliegen dem Bundesministerium für Umwelt, Naturschutz, Bau und Reaktorsicherheit im Benehmen mit den für das Wohnungs- und Siedlungswesen zuständigen obersten Landesbehörden. [3] Das Bundesministerium für Umwelt, Naturschutz, Bau und Reaktorsicherheit wird ermächtigt, die Bestimmungen nach § 18a Abs. 1 bis 3 und 5 sowie nach § 18d durch Rechtsverordnung[1)] mit Zustimmung des Bundesrates zu treffen.

§ 18f Mieterhöhung. (1) [1] Für die Durchführung einer Mieterhöhung auf Grund der höheren Verzinsung oder der Herabsetzung der Zins- und Tilgungshilfen oder der Zuschüsse zur Deckung der laufenden Aufwendungen nach den §§ 18a bis 18e finden die Vorschriften des § 10 Abs. 1, 2 und 4 Anwendung. [2] Soweit sich eine Mieterhöhung nur auf Grund der §§ 18a bis 18e ergibt, braucht der Vermieter jedoch abweichend von § 10 Abs. 1 der Erklärung eine Wirtschaftlichkeitsberechnung oder einen Auszug daraus oder eine Zusatzberechnung nicht beizufügen; er hat dem Mieter auf Verlangen Einsicht in die Mitteilung der darlehnsverwaltenden Stelle nach § 18b Abs. 3

[1)] Siehe VO über die Erhebung der Zinsen für Darlehen des Bundes zum Bergarbeiterwohnungsbau (BergWoZErhV) v. 11 10.1982 (BGBl. I S. 1400).

und, soweit eine Wirtschaftlichkeitsberechnung aufzustellen ist, auch in diese zu gewähren.

(2) Für Mieterhöhungen auf Grund der §§ 18a bis 18e ist eine vertragliche Vereinbarung, wonach eine höhere Miete für eine zurückliegende Zeit verlangt werden kann, unwirksam.

Fünfter Abschnitt. Schlussvorschriften

§ 19 Gleichstellungen. (1) Die Vorschriften dieses Gesetzes für Wohnungen gelten für einzelne öffentlich geförderte Wohnräume entsprechend, soweit sich nicht aus Inhalt oder Zweck der Vorschriften etwas anderes ergibt.

(2) [1] Dem Vermieter einer öffentlich geförderten Wohnung steht derjenige gleich, der die Wohnung einem Wohnungsuchenden auf Grund eines anderen Schuldverhältnisses, insbesondere eines genossenschaftlichen Nutzungsverhältnisses, zum Gebrauch überlässt. [2] Dem Mieter einer öffentlich geförderten Wohnung steht derjenige gleich, der die Wohnung auf Grund eines anderen Schuldverhältnisses, insbesondere eines genossenschaftlichen Nutzungsverhältnisses, bewohnt.

(3) Dem Verfügungsberechtigten steht ein von ihm Beauftragter gleich.

(4) Dem Bauherrn eines Kaufeigenheimes oder einer Kaufeigentumswohnung steht der Bewerber gleich, wenn diesem die öffentlichen Mittel nach den Vorschriften des Zweiten Wohnungsbaugesetzes[1)] bewilligt worden sind.

§ 20 Wohnheime. Die Vorschriften dieses Gesetzes gelten nicht für öffentlich geförderte Wohnheime.

§ 21 Untermietverhältnisse. (1) [1] Die Vorschriften dieses Gesetzes gelten sinngemäß für den Inhaber einer öffentlich geförderten Wohnung, wenn dieser die Wohnung ganz oder mit mehr als der Hälfte der Wohnfläche untervermietet. [2] Wird nur ein Teil der Wohnung untervermietet, finden jedoch die Vorschriften des § 4 Abs. 1, 4 und 5 sowie der §§ 5a und 7 Abs. 3 in Verbindung mit § 27 Abs. 7 Satz 1 Nr. 1 und 2 des Wohnraumförderungsgesetzes[2)] keine Anwendung.

(2) Vermietet der Verfügungsberechtigte einen Teil der von ihm genutzten Wohnung, sind die Vorschriften dieses Gesetzes nur anzuwenden, wenn mehr als die Hälfte der Wohnfläche vermietet wird; die Vorschriften des § 4 Abs. 1, 4 und 5 sowie der §§ 5a und 7Abs. 3 in Verbindung mit § 27 Abs. 7 Satz 1 Nr. 1 und 2 des Wohnraumförderungsgesetzes finden jedoch keine Anwendung.

§ 22 Bergarbeiterwohnungen. (1) Für die in § 2 Abs. 2 Nr. 2 des Wohnraumförderung-Überleitungsgesetzes bezeichneten Wohnungen sind die Vorschriften dieses Gesetzes nach Maßgabe der Absätze 2 bis 4 anzuwenden.

(2) An die Stelle der Wohnberechtigung im öffentlich geförderten sozialen Wohnungsbau im Sinne des § 5 dieses Gesetzes in Verbindung mit § 27

---

1) Auszugsweise abgedruckt unter Nr. **15**.
2) Nr. **14**.

Abs. 2 und 3 des Wohnraumförderungsgesetzes[1] tritt die Wohnberechtigung nach § 4 Abs. 1 Buchstabe a, b oder c des Gesetzes zur Förderung des Bergarbeiterwohnungsbaus im Kohlenbergbau.

(3) Der Verfügungsberechtigte darf eine Bergarbeiterwohnung einem Wohnungsberechtigten im Sinne des § 4 Abs. 1 Buchstabe d des Gesetzes zur Förderung des Bergarbeiterwohnungsbaus im Kohlenbergbau oder einem Nichtwohnungsberechtigten vermieten oder überlassen,

a) wenn die zuständige Stelle diesem eine Bescheinigung über die Wohnberechtigung im Kohlenbergbau unter den Voraussetzungen des § 6 Abs. 2 des Gesetzes zur Förderung des Bergarbeiterwohnungsbaus im Kohlenbergbau erteilt hat oder

b) wenn die zuständige Stelle eine Freistellung von der Zweckbindung der Bergarbeiterwohnung unter den Voraussetzungen des § 6 Abs. 3 oder 4 des Gesetzes zur Förderung des Bergarbeiterwohnungsbaus im Kohlenbergbau zugunsten von Wohnberechtigten im Sinne des Wohnungsbindungsgesetzes oder entsprechender landesrechtlicher Vorschriften ausgesprochen hat.

(4) Ist bei den in § 5 Abs. 2 des Gesetzes zur Förderung des Bergarbeiterwohnungsbaus im Kohlenbergbau bezeichneten Wohnungen die Zweckbindung zugunsten von Wohnungsberechtigten im Kohlenbergbau beendet, so sind hinsichtlich der Zweckbindung die Vorschriften der §§ 4 bis 7 dieses Gesetzes oder entsprechende landesrechtliche Vorschriften anzuwenden; der Verfügungsberechtigte darf die Wohnung jedoch auch einem Wohnungsberechtigten im Sinne des § 4 Abs. 1 Buchstabe a bis c des Gesetzes zur Förderung des Bergarbeiterwohnungsbaus im Kohlenbergbau vermieten oder überlassen.

§ 23 Erweiterter Anwendungsbereich. Die Vorschriften der §§ 13 bis 18 über den Beginn und das Ende der Eigenschaft „öffentlich gefördert" gelten auch für die Anwendung von Rechtsvorschriften außerhalb dieses Gesetzes, sofern nicht in jenen Rechtsvorschriften ausdrücklich etwas anderes bestimmt ist.

§ 24 Verwaltungszwang. Verwaltungsakte der zuständigen Stelle können im Wege des Verwaltungszwanges vollzogen werden.

§ 25 Maßnahmen bei Gesetzesverstößen. (1) [1] Für die Zeit, während der der Verfügungsberechtigte schuldhaft gegen die Vorschriften der §§ 4, 7 Abs. 3, des § 8 Abs. 1 und 3, des § 8a, 8b, 9 oder 21 oder gegen die nach § 5a erlassenen Vorschriften verstößt, kann die zuständige Stelle durch Verwaltungsakt von dem Verfügungsberechtigten Geldleistungen bis zu 5 Euro je Quadratmeter Wohnfläche der Wohnung monatlich, auf die sich der Verstoß bezieht, erheben. [2] Für die Bemessung der Geldleistungen sind ausschließlich der Wohnwert der Wohnung und die Schwere des Verstoßes maßgebend.

(2) [1] Bei einem schuldhaften Verstoß des Verfügungsberechtigten gegen die in Absatz 1 bezeichneten Vorschriften kann der Gläubiger die als Darlehen bewilligten öffentlichen Mittel fristlos kündigen; er soll sie bei einem Verstoß gegen § 7 Abs. 3 in Verbindung mit § 27 Abs. 7 Satz 1 Nr. 3 des Wohnraum-

---

[1] Nr. **14**.

förderungsgesetzes[1] kündigen. [2] Zuschüsse zur Deckung der laufenden Aufwendungen und Zinszuschüsse können für die in Absatz 1 bezeichnete Zeit zurückgefordert werden. [3] Soweit Darlehen oder Zuschüsse bewilligt, aber noch nicht ausgezahlt sind, kann die Bewilligung widerrufen werden.

(3) Die Befugnisse nach den Absätzen 1 und 2 sollen nicht geltend gemacht werden, wenn die Geltendmachung unter Berücksichtigung der Verhältnisse des Einzelfalls, namentlich der Bedeutung des Verstoßes, unbillig sein würde.

(4) Die zuständige Stelle hat die nach Absatz 1 eingezogenen Geldleistungen an die Stelle abzuführen, welche die für das Wohnungs- und Siedlungswesen zuständige oberste Landesbehörde bestimmt; sie sind für den öffentlich geförderten sozialen Wohnungsbau einzusetzen.

§ 26 Ordnungswidrigkeiten. (1) Ordnungswidrig handelt, wer

1. entgegen § 2 in Verbindung mit § 32 Abs. 3 Satz 1 des Wohnraumförderungsgesetzes[1] eine Mitteilung nicht, nicht richtig, nicht vollständig oder nicht rechtzeitig macht,
2. eine Wohnung entgegen § 4 Abs. 2 bis 5 oder entgegen den nach § 5a erlassenen Vorschriften zum Gebrauch überlässt oder belässt,
3. entgegen § 7 Abs. 3 in Verbindung mit § 27 Abs. 7 Satz 1 Nr. 1 oder 2 des Wohnraumförderungsgesetzes eine Wohnung selbst nutzt oder nicht nur vorübergehend, mindestens drei Monate, leer stehen lässt,
4. für die Überlassung einer Wohnung ein höheres Entgelt fordert, sich versprechen lässt oder annimmt, als nach den §§ 8 bis 9 zulässig ist, oder
5. entgegen § 7 Abs. 3 in Verbindung mit § 27 Abs. 7 Satz 1 Nr. 3 des Wohnraumförderungsgesetzes eine Wohnung anderen als Wohnzwecken zuführt oder entsprechend baulich ändert.

(2) Die Ordnungswidrigkeit kann in den Fällen des Absatzes 1 Nr. 1 mit einer Geldbuße bis zu zweitausendfünfhundert Euro je Wohnung, in den Fällen des Absatzes 1 Nr. 2 und 3 mit einer Geldbuße bis zu zehntausend Euro, in den Fällen des Absatzes 1 Nr. 4 mit einer Geldbuße bis zu fünfzehntausend Euro und in den Fällen des Absatzes 1 Nr. 5 mit einer Geldbuße bis zu fünfzigtausend Euro geahndet werden.

(3) Die Ordnungswidrigkeit nach Absatz 1 Nr. 4 kann mit einer Geldbuße bis zu fünfzigtausend Euro geahndet werden, wenn jemand vorsätzlich oder leichtfertig ein wesentlich höheres Entgelt fordert, sich versprechen lässt oder annimmt, als nach den §§ 8 bis 9 zulässig ist.

§ 27 Weitergehende Verpflichtungen. [1] Weitergehende vertragliche Verpflichtungen der in diesem Gesetz bestimmten Art, die im Zusammenhang mit der Gewährung öffentlicher Mittel vertraglich begründet worden sind oder begründet werden, bleiben wirksam, soweit sie über die Verpflichtungen aus diesem Gesetz hinausgehen; andersartige vertragliche Verpflichtungen bleiben unberührt. [2] Satz 1 gilt nicht für Strafversprechen und Ansprüche auf erhöhte Verzinsung wegen eines Verstoßes gegen die in § 25 Abs. 1 bezeichneten Vorschriften, sofern Geldleistungen nach § 25 Abs. 1 entrichtet worden sind.

---

[1] Nr. **14**.

§ 28 Ermächtigungen. (1) [1] Die Landesregierungen werden ermächtigt, zur Durchführung der §§ 8 bis 9 und des § 18f durch Rechtsverordnung[1)] Vorschriften zu erlassen über

a) die Berechnung der Wirtschaftlichkeit, namentlich auch über die Ermittlung und Anerkennung der Gesamtkosten der Finanzierungsmittel, der laufenden Aufwendungen (Kapitalkosten und Bewirtschaftungskosten) und der Erträge, die Ermittlung und Anerkennung von Änderungen der Kosten und Finanzierungsmittel, die Begrenzung der Ansätze und Ausweise sowie die Bewertung der Eigenleistung,

b) die Zulässigkeit und Berechnung von Umlagen, Vergütungen und Zuschlägen,

c) die Berechnung von Wohnflächen,

d) die Genehmigung zum Übergang von der Vergleichsmiete zur Kostenmiete,

e) die Mietpreisbildung und Mietpreisüberwachung.

[2] In der Rechtsverordnung ist vorzusehen, dass

a) in Fällen, in denen die als Darlehen gewährten öffentlichen Mittel nach § 16 vorzeitig zurückgezahlt und durch andere Finanzierungsmittel ersetzt worden sind, für die neuen Finanzierungsmittel keine höhere Verzinsung angesetzt werden darf, als im Zeitpunkt der Rückzahlung für das öffentliche Baudarlehen zu entrichten war, solange die Bindung nach § 8 besteht;

b) in Fällen, in denen nach § 15 Abs. 2 Satz 2 oder § 16 Abs. 2 oder 7 nur noch einzelne Wohnungen eines Gebäudes als öffentlich gefördert gelten, für die Ermittlung der Kostenmiete dieser Wohnungen die bisherige Art der Wirtschaftlichkeitsberechnung und die im öffentlich geförderten sozialen Wohnungsbau zulässigen Ansätze für Gesamtkosten, Finanzierungsmittel und laufende Aufwendungen weiterhin in der Weise maßgebend bleiben, wie sie für alle bisherigen öffentlich geförderten Wohnungen des Gebäudes maßgebend gewesen wären.

(2) Im Rahmen der Ermächtigung nach Absatz 1 kann die Zweite Berechnungsverordnung[2)] entsprechend geändert und ergänzt werden.

(3) Die Landesregierungen können die Ermächtigung nach Absatz 1 durch Rechtsverordnung auf eine oberste Landesbehörde übertragen.

§ 29 Einschränkung des Grundrechts der Unverletzlichkeit der Wohnung. Durch dieses Gesetz wird das Grundrecht der Unverletzlichkeit der Wohnung (Artikel 13 des Grundgesetzes) eingeschränkt.

§ 30 Geltung im Saarland. Dieses Gesetz gilt nicht im Saarland.

§§ 31 bis 33a und 34 (weggefallen)

---

1) Siehe die NeubaumietenVO 1970 und die II. BerechnungsVO (Nr. **18**).
2) Nr. **18**.

17. Verordnung über die Ermittlung der zulässigen Miete für preisgebundene Wohnungen (Neubaumietenverordnung 1970 – NMV 1970)[1)]

In der Fassung der Bekanntmachung vom 12. Oktober 1990[2)]
(BGBl. I S. 2203)

FNA 2330-14-1

zuletzt geänd. durch Art. 4 VO zur Berechnung der Wohnfläche, über die Aufstellung von Betriebskosten und zur Änd. anderer VOen v. 25.11.2003 (BGBl. I S. 2346)

Inhaltsübersicht

[1)] Vergleiche hierzu auch die Wohnflächenverordnung (Nr. **19**) sowie die Betriebskostenverordnung (Nr. **20**).

[2)] Neubekanntmachung der NeubaumietenVO 1970 idF der Bek. v. 5.4.1984 (BGBl. I S. 579) in der ab 29.8.1990 geltenden Fassung.

Teil I. Allgemeine Vorschriften

§ 1 Anwendungsbereich der Verordnung. (1) Diese Verordnung ist anzuwenden auf preisgebundene Wohnungen, die nach dem 20. Juni 1948 bezugsfertig geworden sind oder bezugsfertig werden.

(2) Für öffentlich geförderte Wohnungen ist die nach den §§ 8 bis 8b des Wohnungsbindungsgesetzes[1] zulässige Miete nach Maßgabe der Vorschriften der Teile II und IV dieser Verordnung zu ermitteln.

(3) Soweit und solange steuerbegünstigte oder frei finanzierte Wohnungen nach den §§ 87a, 111 oder 88b des *Zweiten Wohnungsbaugesetzes*[2] preisgebunden sind, ist die nach diesen Vorschriften zulässige Miete nach Maßgabe der Vorschriften der Teile III und IV dieser Verordnung zu ermitteln.

(4) Soweit und solange diese Verordnung auf Wohnungen nach den Absätzen 1 bis 3 anzuwenden ist, sind die im Rahmen der Verordnung maßgeblichen Vorschriften

1. des bis zum 31. Dezember 2001 geltenden Zweiten Wohnungsbaugesetzes weiter anzuwenden sowie
2. a) des Wohnungsbindungsgesetzes ab 1. Januar 2002 in der jeweils geltenden Fassung,

---

[1] Nr. **16**.
[2] Aufgeh. mWv 1.1.2002 durch G v. 13.9.2001 (BGBl. I S. 2376).

b) der Zweiten Berechnungsverordnung[1] ab 1. Januar 2002 in der jeweils geltenden Fassung und

c) der Verordnung über Heizkostenabrechnung[2] in der jeweils geltenden Fassung

anzuwenden.

§ 2 Anwendung der Zweiten Berechnungsverordnung.[1] Ist zur Ermittlung der zulässigen Miete eine Wirtschaftlichkeitsberechnung aufzustellen oder die Wohnfläche zu berechnen oder sind die laufenden Aufwendungen zu ermitteln, so sind hierfür die Vorschriften der Zweiten Berechnungsverordnung in der jeweils geltenden Fassung anzuwenden.

Teil II. Zulässige Miete für öffentlich geförderte Wohnungen

1. Abschnitt. Ermittlung der Kostenmiete

§ 3 Erstmalige Ermittlung der Kostenmiete. (1) Die Kostenmiete umfaßt als zulässige Miete für öffentlich geförderte Wohnungen die Einzelmiete sowie Umlagen, Zuschläge und Vergütungen, soweit diese nach den §§ 20 bis 27 zulässig sind.

(2) [1] Bei der erstmaligen Ermittlung der Kostenmiete ist auszugehen von dem Mietbetrag, der sich für die öffentlich geförderten Wohnungen des Gebäudes oder der Wirtschaftseinheit als Durchschnittsmiete für den Quadratmeter Wohnfläche monatlich ergibt. [2] Die Durchschnittsmiete ist auf der Grundlage der Wirtschaftlichkeitsberechnung, die der Bewilligung der öffentlichen Mittel zugrunde gelegen hat, aus dem Gesamtbetrag der laufenden Aufwendungen nach Abzug von Vergütungen zu errechnen. [3] Bei Wohnungen, für welche die öffentlichen Mittel nach dem 31. Dezember 1956 bewilligt worden sind, ist von der Durchschnittsmiete auszugehen, die die Bewilligungsstelle auf Grund der Wirtschaftlichkeitsberechnung bei der Bewilligung der öffentlichen Mittel genehmigt hat.

(3) [1] Auf der Grundlage der Durchschnittsmiete hat der Vermieter die Einzelmieten der Wohnungen nach deren Wohnfläche zu berechnen und dabei selbstverantwortlich den unterschiedlichen Wohnwert der Wohnungen, insbesondere Lage, Ausstattung und Zuschnitt, angemessen zu berücksichtigen. [2] Die Summe der Einzelmieten darf den Betrag nicht übersteigen, der sich aus der Vervielfältigung der Durchschnittsmiete mit der nach Quadratmetern berechneten Summe der Wohnflächen der öffentlich geförderten Wohnungen, auf die sich die Wirtschaftlichkeitsberechnung bezieht, ergibt.

(4) Hat die Bewilligungsstelle im Hinblick auf eine unterschiedliche Gewährung der öffentlichen Mittel unterschiedliche Durchschnittsmieten genehmigt, so sind die Einzelmieten nach Absatz 3 jeweils auf der Grundlage der für die Wohnungen maßgebenden Durchschnittsmiete zu berechnen.

---

[1] Nr. **18**.
[2] Nr. **13**.

§ 4 Erhöhung der Kostenmiete infolge Erhöhung der laufenden Aufwendungen. (1) [1] Erhöht sich nach der erstmaligen Ermittlung der Kostenmiete der Gesamtbetrag der laufenden Aufwendungen auf Grund von Umständen, die der Vermieter nicht zu vertreten hat, oder wird durch Gesetz oder Rechtsverordnung ein höherer Ansatz für laufende Aufwendungen in der Wirtschaftlichkeitsberechnung zugelassen, so kann der Vermieter eine neue Wirtschaftlichkeitsberechnung aufstellen. [2] Die sich ergebende erhöhte Durchschnittsmiete bildet vom Zeitpunkt der Erhöhung der laufenden Aufwendungen an die Grundlage der Kostenmiete.

(2) [1] Ist bei Wohnungen, für welche die öffentlichen Mittel nach dem 31. Dezember 1956 bewilligt worden sind, die Erhöhung der laufenden Aufwendungen vor der Anerkennung der Schlußabrechnung, spätestens jedoch vor Ablauf von zwei Jahren nach der Bezugsfertigkeit der Wohnungen eingetreten, so erhöht sich die Durchschnittsmiete nach Absatz 1 nur, wenn oder soweit die Bewilligungsstelle deren Erhöhung genehmigt hat. [2] Die Bewilligungsstelle hat die Erhöhung zu genehmigen, soweit sie sich aus der Wirtschaftlichkeitsberechnung im Rahmen des Absatzes 1 ergibt. [3] Die Genehmigung wirkt auf den Zeitpunkt der Erhöhung der laufenden Aufwendungen, längstens jedoch drei Monate vor Stellung eines Antrags mit prüffähigen Unterlagen zurück. [4] Ist eine Genehmigung nicht erteilt worden, so darf die Erhöhung der laufenden Aufwendungen auch bei einer späteren Ermittlung der Kostenmiete nicht berücksichtigt werden.

(3) (weggefallen)

(4) [1] Soweit aus öffentlichen Mitteln gewährte Darlehen oder Zuschüsse zur Deckung der laufenden Aufwendungen, insbesondere Zinszuschüsse, aus Gründen, die der Vermieter zu vertreten hat, vor Ablauf des Bewilligungszeitraums nicht mehr oder nur in verminderter Höhe gewährt werden, tritt nach Ablauf des Bewilligungszeitraums eine entsprechende Erhöhung der Durchschnittsmiete ein. [2] Der Vermieter hat es auch zu vertreten, wenn er vor Ablauf des Bewilligungszeitraums auf die Fortgewährung der in Satz 1 bezeichneten Darlehen oder Zuschüsse verzichtet.

(5) [1] Hat sich die Durchschnittsmiete nach den Absätzen 1 bis 4 erhöht, so erhöhen sich die zulässigen Einzelmieten entsprechend ihrem bisherigen Verhältnis zur Durchschnittsmiete. [2] § 3 Abs. 3 Satz 2 gilt entsprechend.

(6) [1] Soweit eine Erhöhung der laufenden Aufwendungen auf Umständen beruht, die nur in der Person einzelner Mieter begründet sind und nicht sämtliche Wohnungen betreffen, tritt eine Erhöhung der Durchschnittsmiete und der Einzelmieten nach den Absätzen 1 und 5 nicht ein. [2] Für die betroffenen Wohnungen ist vom Zeitpunkt der Erhöhung an neben der Einzelmiete ein Zuschlag zur Deckung der erhöhten laufenden Aufwendungen nach § 26 Abs. 1 Nr. 4 zulässig. [3] Die Vorschriften des Absatzes 2 gelten sinngemäß. [4] Bei Wohnungen, die nach dem Gesetz zur Förderung des Bergarbeiterwohnungsbaues im Kohlenbergbau gefördert worden sind, ist ein Zuschlag entsprechend Satz 1 bis 3 auch zulässig, soweit die Erhöhung der laufenden Aufwendungen darauf beruht, daß die als Darlehen gewährten Mittel nach dem 24. Juli 1982 gemäß § 16 des Wohnungsbindungsgesetzes[1)] zurückgezahlt, jedoch nur einzelne Wohnungen des Gebäudes oder der Wirtschafts-

[1)] Nr. **16**.

einheit von der Zweckbindung der Bergarbeiterwohnungen unbefristet freigestellt worden sind.

(7) [1] Die Durchführung einer zulässigen Mieterhöhung gegenüber dem Mieter sowie der Zeitpunkt, von dem an sie wirksam wird, bestimmt sich nach § 10 des Wohnungsbindungsgesetzes, soweit nichts anderes vereinbart ist. [2] Bei der Erläuterung der Mieterhöhung sind die Gründe anzugeben, aus denen sich die einzelnen laufenden Aufwendungen erhöht haben, und die auf die einzelnen laufenden Aufwendungen fallenden Beträge. [3] Dies gilt auch, wenn die Erklärung der Mieterhöhung mit Hilfe automatischer Einrichtungen gefertigt ist.

(8) [1] Ist die jeweils zulässige Miete als vertragliche Miete vereinbart, so gilt für die Durchführung einer Mieterhöhung § 10 Abs. 1 des Wohnungsbindungsgesetzes entsprechend. [2] Auf Grund einer Vereinbarung gemäß Satz 1 darf der Vermieter eine zulässige Mieterhöhung wegen Erhöhung der laufenden Aufwendungen nur für einen zurückliegenden Zeitraum seit Beginn des der Erklärung vorangehenden Kalenderjahres nachfordern; für einen weiter zurückliegenden Zeitraum kann eine zulässige Mieterhöhung jedoch dann nachgefordert werden, wenn der Vermieter die Nachforderung aus Gründen, die er nicht zu vertreten hat, erst nach dem Ende des auf die Erhöhung der laufenden Aufwendungen folgenden Kalenderjahres geltend machen konnte und sie innerhalb von drei Monaten nach Wegfall der Gründe geltend macht. [3] Auf Grund von Zinserhöhungen nach den §§ 18a bis 18f des Wohnungsbindungsgesetzes ist eine Mieterhöhung für einen zurückliegenden Zeitraum nicht zulässig.

§ 5 Senkung der Kostenmiete infolge Verringerung der laufenden Aufwendungen. (1) [1] Verringert sich nach der erstmaligen Ermittlung der Kostenmiete der Gesamtbetrag der laufenden Aufwendungen oder wird durch Gesetz oder Rechtsverordnung nur ein verringerter Ansatz in der Wirtschaftlichkeitsberechnung zugelassen, so hat der Vermieter unverzüglich eine neue Wirtschaftlichkeitsberechnung aufzustellen. [2] Die sich ergebende verringerte Durchschnittsmiete bildet vom Zeitpunkt der Verringerung der laufenden Aufwendungen an die Grundlage der Kostenmiete. [3] Der Vermieter hat die Einzelmieten entsprechend ihrem bisherigen Verhältnis zur Durchschnittsmiete zu senken. [4] Die Mietsenkung ist den Mietern unverzüglich mitzuteilen; sie ist zu berechnen und entsprechend § 4 Abs. 7 Satz 2 und 3 zu erläutern.

(2) [1] Wird nach § 4 Abs. 6 neben der Einzelmiete ein Zuschlag zur Deckung erhöhter laufender Aufwendungen erhoben, so senkt sich der Zuschlag entsprechend, wenn sich die zugrundeliegenden laufenden Aufwendungen verringern. [2] Absatz 1 Satz 4 gilt sinngemäß.

(3) [1] Sind die Gesamtkosten, Finanzierungsmittel und laufenden Aufwendungen einer zentralen Heizungs- oder Warmwasserversorgungsanlage in der Wirtschaftlichkeitsberechnung enthalten, wird jedoch die Anlage eigenständig gewerblich im Sinne des § 1 Abs. 1 Nr. 2 der Verordnung über Heizkostenabrechnung[1)] in der Fassung der Bekanntmachung vom 20. Januar 1989 (BGBl. I S. 115) betrieben, verringern sich die Gesamtkosten, Finan-

[1)] Nr. **13**.

zierungsmittel und laufenden Aufwendungen in dem Maße, in dem sie den Kosten der eigenständig gewerblichen Lieferung von Wärme und Warmwasser zugrunde gelegt werden. [2] Dieser Anteil ist nach den Vorschriften der §§ 33 bis 36 der Zweiten Berechnungsverordnung[1)] über die Aufstellung der Teilwirtschaftlichkeitsberechnung zu ermitteln. [3] Absatz 1 gilt entsprechend.

§ 5a Änderung der Kostenmiete infolge Änderung der Wirtschaftseinheit. (1) [1] Wird nach der erstmaligen Ermittlung der Kostenmiete eine Wirtschaftseinheit aufgeteilt, so hat der Vermieter unverzüglich Wirtschaftlichkeitsberechnungen für die einzelnen Gebäude oder, wenn neue Wirtschaftseinheiten entstanden sind, für die neuen Wirtschaftseinheiten aufzustellen. [2] Wird Wohnungseigentum an den Wohnungen einer Wirtschaftseinheit oder eines Gebäudes begründet, so hat der Vermieter unverzüglich eine Wirtschaftlichkeitsberechnung für die einzelnen Wohnungen aufzustellen.

(2) Sind nach der erstmaligen Ermittlung der Kostenmiete mehrere Gebäude, mehrere Wirtschaftseinheiten oder mehrere Gebäude und Wirtschaftseinheiten mit Zustimmung der Bewilligungsstelle zu einer Wirtschaftseinheit zusammengefaßt worden, so hat der Vermieter unverzüglich eine neue Wirtschaftlichkeitsberechnung für die entstandene Wirtschaftseinheit aufzustellen.

(3) [1] Die Durchschnittsmieten, die sich aus den nach den Absätzen 1 und 2 aufgestellten Wirtschaftlichkeitsberechnungen ergeben, bedürfen der Genehmigung der Bewilligungsstelle. [2] Sie bilden vom Zeitpunkt der Genehmigung an die Grundlage der Kostenmiete. [3] Für die Berechnung der Einzelmieten gilt § 3 Abs. 3. [4] Erhöht sich die zulässige Einzelmiete gegenüber dem Zeitpunkt vor der Genehmigung, gilt § 4 Abs. 7 und Abs. 8 Satz 1. [5] Verringert sich die zulässige Einzelmiete gegenüber dem Zeitpunkt vor der Genehmigung, so hat der Vermieter die Miete zu senken und die Mietsenkung den Mietern unverzüglich mitzuteilen; die Mietsenkung ist zu berechnen und entsprechend § 4 Abs. 7 Satz 2 und 3 zu erläutern.

§ 6 Erhöhung der Kostenmiete wegen baulicher Änderungen.

(1) [1] Hat der Vermieter für sämtliche öffentlich geförderten Wohnungen bauliche Änderungen auf Grund von Umständen, die er nicht zu vertreten hat, vorgenommen, so kann er zur Berücksichtigung der hierdurch entstehenden laufenden Aufwendungen eine neue Wirtschaftlichkeitsberechnung aufstellen. [2] Das gleiche gilt, wenn er mit Zustimmung der Bewilligungsstelle solche bauliche Änderungen vorgenommen hat, die eine Modernisierung im Sinne des § 11 Abs. 6 der Zweiten Berechnungsverordnung[1)] bewirken; die Zustimmung gilt als erteilt, wenn Mittel aus öffentlichen Haushalten für die Modernisierung bewilligt worden sind. [3] Die sich ergebende erhöhte Durchschnittsmiete bildet vom Ersten des auf die Fertigstellung folgenden Monats an die Grundlage der Kostenmiete. [4] Für die Erhöhung der Einzelmieten gilt § 4 Abs. 5 entsprechend. [5] Soweit die baulichen Änderungen nach Art oder Umfang für die einzelnen Wohnungen unterschiedlich sind, ist dies bei der Berechnung der Einzelmieten angemessen zu berücksichtigen.

(2) [1] Sind die baulichen Änderungen nur für einen Teil der Wohnungen vorgenommen worden, so ist für diese Wohnungen neben der Einzelmiete

---

[1)] Nr. **18**.

ein Zuschlag zur Deckung der erhöhten laufenden Aufwendungen nach § 26 Abs. 1 Nr. 4 zulässig; bei einer Modernisierung von unterschiedlichem Umfang gilt für die Höhe des Zuschlags Absatz 1 Satz 5 sinngemäß. [2] Von dem Zeitpunkt an, in dem die baulichen Änderungen für sämtliche Wohnungen durchgeführt worden sind, tritt an die Stelle der Zuschläge zur Einzelmiete eine Erhöhung der Durchschnittsmiete und der Einzelmieten nach den Vorschriften des Absatzes 1.

§ 7 Kostenmiete nach Schaffung neuer Wohnungen durch Ausbau oder Erweiterung des Gebäudes. (1) [1] Werden in einem Gebäude oder einer Wirtschaftseinheit mit öffentlich geförderten Wohnungen durch Ausbau oder Erweiterung neue Wohnungen geschaffen, so ist für die bisherigen öffentlich geförderten Wohnungen die bisherige Wirtschaftlichkeitsberechnung als Teilwirtschaftlichkeitsberechnung weiter maßgebend; die bisherige Durchschnittsmiete und die bisherigen Einzelmieten ändern sich infolge des Ausbaus oder der Erweiterung nicht. [2] Sind durch den Ausbau oder die Erweiterung Zubehörräume der öffentlich geförderten Wohnungen ganz oder teilweise weggefallen und ist hierfür kein gleichwertiger Ersatz geschaffen worden, ist die Einzelmiete der betroffenen Wohnung um einen angemessenen Betrag zu senken.

(2) [1] Werden in einem Gebäude oder einer Wirtschaftseinheit mit öffentlich geförderten Wohnungen durch Ausbau oder Erweiterung neue Wohnungen unter Einsatz öffentlicher Mittel geschaffen, ist bei der Ermittlung der Kostenmiete für diese Wohnungen von der Durchschnittsmiete auszugehen, die auf Grund der für sie gesondert aufgestellten Teilwirtschaftlichkeitsberechnung berechnet und von der Bewilligungsstelle im Bewilligungsbescheid genehmigt worden ist. [2] Auf der Grundlage der genehmigten Durchschnittsmiete sind die Einzelmieten entsprechend § 3 Abs. 3 zu berechnen.

(3) [1] Sind Zubehörräume öffentlich geförderter Wohnungen ohne Genehmigung der Bewilligungsstelle zu Wohnungen ausgebaut worden, so gelten die durch den Ausbau neu geschaffenen Wohnungen von der Bezugsfertigkeit an als öffentlich geförderter preisgebundener Wohnraum. [2] Bei der Ermittlung der Kostenmiete für diese Wohnungen ist von der Durchschnittsmiete auszugehen, die auf Grund der für sie gesondert aufgestellten Teilwirtschaftlichkeitsberechnung berechnet worden ist. [3] Die sich ergebende Durchschnittsmiete bedarf der Genehmigung der Bewilligungsstelle; die Genehmigung wirkt auf den Zeitpunkt der Bezugsfertigkeit der neu geschaffenen Wohnungen, jedoch nicht mehr als vier Jahre zurück. [4] Auf der Grundlage der genehmigten Durchschnittsmiete sind die Einzelmieten entsprechend § 3 Abs. 3 zu berechnen. [5] Die Einzelmieten sind vom Ersten des Monats, der auf den in Satz 3 genannten Zeitpunkt folgt, maßgebend.

(4) Sind Zubehörräume öffentlich geförderter Wohnungen ohne Einsatz öffentlicher Mittel mit Genehmigung der Bewilligungsstelle zu Wohnungen ausgebaut worden oder wird der Ausbau nachträglich genehmigt, so gelten die neu geschaffenen Wohnungen von der Bezugsfertigkeit an nicht als öffentlich geförderter preisgebundener Wohnraum.

(5) Die Absätze 1 bis 4 gelten entsprechend, wenn einzelne Räume ausgebaut worden sind, die selbständig vermietet werden.

§ 8 Kostenmiete nach Wohnungsvergrößerung. (1) [1] Sind sämtliche öffentlich geförderten Wohnungen durch Ausbau oder Erweiterung um weitere Wohnräume vergrößert worden, so hat der Vermieter eine neue Wirtschaftlichkeitsberechnung aufzustellen. [2] Die sich ergebende Durchschnittsmiete bedarf der Genehmigung der Bewilligungsstelle; die Genehmigung wirkt auf den Zeitpunkt der Fertigstellung der Wohnungsvergrößerung zurück. [3] Die neuen Einzelmieten sind entsprechend § 3 Abs. 3 zu berechnen; sie treten vom Ersten des auf die Fertigstellung folgenden Monats an an die Stelle der bisher zulässigen Einzelmieten.

(2) Ist nur ein Teil der Wohnungen um weitere Wohnräume vergrößert worden, so ist für die vergrößerten Wohnungen vom Zeitpunkt der Fertigstellung an neben der Einzelmiete ein Zuschlag nach § 26 Abs. 1 Nr. 4 zulässig.

(3) Die Vorschriften des § 4 Abs. 8 gelten entsprechend.

§ 8a Kostenmiete in Fällen, in denen nur noch ein Teil der Wohnungen als öffentlich gefördert gilt. [1] Gelten nach § 15 Abs. 2 Satz 2 oder § 16 Abs. 2 oder 7 des Wohnungsbindungsgesetzes[1)] eine oder mehrere Wohnungen eines Gebäudes oder einer Wirtschaftseinheit nicht mehr als öffentlich gefördert, so bleiben für die übrigen Wohnungen die bisherige Einzelmiete sowie Umlagen, Zuschläge und Vergütungen unverändert. [2] Ändern sich die laufenden Aufwendungen, so bleibt für jede spätere Berechnung der Einzelmiete die bisherige Wirtschaftlichkeitsberechnung mit den zulässigen Ansätzen für Gesamtkosten, Finanzierungsmittel und laufende Aufwendungen in der Weise maßgebend, wie sie für alle bisherigen öffentlich geförderten Wohnungen des Gebäudes oder der Wirtschaftseinheit maßgeblich gewesen wären.

§ 9 Zusatzberechnung, Auszug aus der Wirtschaftlichkeitsberechnung. [1] Zur Berechnung einer Änderung der Durchschnittsmiete kann der Vermieter an Stelle einer neuen Wirtschaftlichkeitsberechnung eine Zusatzberechnung zur bisherigen Wirtschaftlichkeitsberechnung nach § 39a Abs. 1 oder 3 der Zweiten Berechnungsverordnung[2)] aufstellen, wenn er dem Mieter bereits eine Wirtschaftlichkeitsberechnung oder einen Auszug daraus gemäß § 39 Abs. 1 Satz 3 der Zweiten Berechnungsverordnung übergeben hatte. [2] Zur Berechnung einer Erhöhung der Durchschnittsmiete kann an Stelle einer neuen Wirtschaftlichkeitsberechnung auch ein Auszug aus der Wirtschaftlichkeitsberechnung nach § 39 Abs. 2 der Zweiten Berechnungsverordnung aufgestellt werden.

§ 10 Mieterleistungen. Einmalige Leistungen des Mieters, die mit Rücksicht auf die Überlassung der Wohnung erbracht werden sollen, sind nur nach Maßgabe des § 9 des Wohnungsbindungsgesetzes[1)] zulässig; das gleiche gilt für entsprechende Leistungen eines Dritten zugunsten des Mieters.

---

1) Nr. **16**.
2) Nr. **18**.

2. Abschnitt. Ermittlung der Vergleichsmiete

§ 11 Erstmalige Bestimmung der Vergleichsmiete. (1) [1] Die Vergleichsmiete bestimmt sich erstmalig nach den Einzelmieten solcher öffentlich geförderter Mietwohnungen, die mit der Wohnung nach Art und Ausstattung sowie nach Förderungsjahr und Gemeindegrößenklasse vergleichbar sind (vergleichbare Wohnungen); maßgebend sind die Verhältnisse im Zeitpunkt der Bewilligung der öffentlichen Mittel. [2] Die Einzelmiete der vergleichbaren Wohnung ist mit dem Betrag zugrunde zu legen, der auf den Quadratmeter Wohnfläche monatlich entfällt.

(2) [1] Ist eine vergleichbare Wohnung vom Vermieter nicht festzustellen, so darf als Vergleichsmiete der Miethöchstsatz zugrunde gelegt werden, der im Zeitpunkt der Bewilligung der öffentlichen Mittel von der zuständigen obersten Landesbehörde für öffentlich geförderte Mietwohnungen einer entsprechenden Gemeindegrößenklasse und Ausstattungsstufe bestimmt ist; für Wohnungen mit geringerem Wohnwert, insbesondere für Dachgeschoßwohnungen, ist ein angemessener Abschlag vorzunehmen. [2] Die Bewilligungsstelle hat dem Vermieter auf Verlangen den maßgebenden Miethöchstsatz mitzuteilen.

(3) [1] Hat die Bewilligungsstelle bei der Bewilligung der öffentlichen Mittel, insbesondere im Rahmen einer Lastenberechnung, für die Wohnung unter Berücksichtigung ihres Wohnwertes und des nach Absatz 2 maßgebenden Miethöchstsatzes einen bestimmten Mietbetrag zugrunde gelegt, so bestimmt sich die Vergleichsmiete abweichend von Absatz 2 nach diesem Betrag; das gleiche gilt, wenn der Bauherr in der Lastenberechnung einen derartigen Mietbetrag im Einvernehmen mit der Bewilligungsstelle angesetzt hat. [2] Ist der Mietbetrag aus Gründen, die in der Person des Mieters liegen, unter dem nach Absatz 2 zulässigen Betrag angesetzt worden, so bestimmt sich die Vergleichsmiete nach Absatz 2.

(4) [1] Neben der Vergleichsmiete dürfen Umlagen, Zuschläge und Vergütungen erhoben werden, soweit diese nach § 28 in Verbindung mit den §§ 20 bis 27 zulässig sind. [2] § 10 gilt entsprechend.

§ 12 Änderung der Vergleichsmiete infolge Änderung der laufenden Aufwendungen. (1) [1] Hat sich der Gesamtbetrag der laufenden Aufwendungen gegenüber dem Betrag geändert, der im Zeitpunkt der Bewilligung der öffentlichen Mittel tatsächlich zu entrichten war oder im Rahmen einer Wirtschaftlichkeitsberechnung hätte angesetzt werden können, so ändert sich die Vergleichsmiete vom Ersten des folgenden Monats an um den Änderungsbetrag, der je Monat anteilig auf die Wohnung entfällt, deren Vergleichsmiete zu ermitteln ist. [2] Änderungen der laufenden Aufwendungen, die sich nicht auf diese Wohnung beziehen, bleiben unberücksichtigt. [3] Bei einer Erhöhung der laufenden Aufwendungen tritt eine Änderung der Vergleichsmiete nach Satz 1 nur ein, soweit die Erhöhung auf Umständen beruht, die der Vermieter nicht zu vertreten hat, oder soweit durch Gesetz oder Rechtsverordnung ein höherer Ansatz in der Wirtschaftlichkeitsberechnung zugelassen ist.

(2) [1] Der Änderungsbetrag ist auf Grund einer Zusatzberechnung nach § 39a Abs. 2 der Zweiten Berechnungsverordnung[1)] zu ermitteln. [2] Der auf

---

[1)] Nr. **18**.

die Wohnung entfallende Anteil ist nach dem Verhältnis der Wohnflächen der einzelnen Wohnungen des Gebäudes zueinander zu berechnen; soweit sich laufende Aufwendungen geändert haben, die sich ausschließlich auf die Wohnung beziehen, sind diese in voller Höhe anzurechnen.

(3) Für die Durchführung einer Erhöhung oder Senkung der Vergleichsmiete gegenüber dem Mieter gelten die Vorschriften des § 4 Abs. 7 und 8 sowie des § 5 Abs. 1 Satz 4 entsprechend.

(4) Für erneute Änderungen des Gesamtbetrages der laufenden Aufwendungen nach einer Änderung gemäß Absatz 1 gelten die Absätze 1 bis 3 sinngemäß.

§ 13 Erhöhung der Vergleichsmiete wegen baulicher Änderungen.

(1) [1] Hat der Vermieter für sämtliche öffentlich geförderten Wohnungen bauliche Änderungen auf Grund von Umständen, die er nicht zu vertreten hat, vorgenommen oder hat er mit Zustimmung der Bewilligungsstelle solche bauliche Änderungen vorgenommen, die eine Modernisierung im Sinne des § 11 Abs. 6 der Zweiten Berechnungsverordnung[1)] bewirken, so erhöht sich die nach § 11 oder § 12 zulässige Vergleichsmiete vom Ersten des auf die Fertigstellung folgenden Monats an um die zusätzlichen laufenden Aufwendungen, die durch die baulichen Änderungen entstanden sind und je Monat auf die Wohnungen anteilig entfallen. [2] Die Zustimmung gilt als erteilt, wenn Mittel aus öffentlichen Haushalten für die Modernisierung bewilligt worden sind.

(2) [1] Der Erhöhungsbetrag ist auf Grund einer Zusatzberechnung nach § 39a Abs. 4 der Zweiten Berechnungsverordnung zu ermitteln. [2] Für die Aufteilung des Erhöhungsbetrages auf die einzelnen Wohnungen bei unterschiedlichen baulichen Änderungen gilt § 6 Abs. 1 Satz 5 entsprechend.

(3) Bei baulichen Änderungen, die nur für einen Teil der Wohnungen vorgenommen werden, gelten die Vorschriften des § 6 Abs. 2 sinngemäß.

§ 14 Vergleichsmiete nach Ausbau von Zubehörräumen und Wohnungsvergrößerung. (1) [1] Sind Zubehörräume öffentlich geförderter Wohnungen, für die die Vergleichsmiete die zulässige Miete ist, ohne Genehmigung der Bewilligungsstelle zu einer Wohnung ausgebaut worden, so bestimmt sich für diese Wohnung die Vergleichsmiete erstmalig nach den Einzelmieten vergleichbarer Wohnungen. [2] Ist eine vergleichbare Wohnung vom Vermieter nicht festzustellen, so gelten die Vorschriften des § 11 Abs. 2 entsprechend; maßgebend sind die Verhältnisse im Zeitpunkt der Bezugsfertigkeit der Wohnung.

(2) Sind Zubehörräume öffentlich geförderter Wohnungen, für die die Vergleichsmiete die zulässige Miete ist, mit Genehmigung der Bewilligungsstelle zu einer Wohnung ausgebaut worden oder wird der Ausbau nachträglich genehmigt, so gilt die neugeschaffene Wohnung von der Bezugsfertigkeit an nicht als öffentlich geförderter preisgebundener Wohnraum.

(3) Für die Wohnungen, deren Zubehörräume ausgebaut und nicht durch anderen Zubehörraum ersetzt worden sind, ist die bisher zulässige Vergleichsmiete um einen angemessenen Betrag zu senken.

---

1) Nr. **18**.

(4) Die Absätze 1 bis 3 gelten entsprechend, wenn die Zubehörräume zu einzelnen Wohnräumen ausgebaut worden sind, die selbständig vermietet werden.

(5) Die Vergleichsmiete einer Wohnung, die durch Ausbau oder Erweiterung um weitere Wohnräume vergrößert worden ist, erhöht sich in dem Verhältnis, in dem die bisherige Wohnfläche vergrößert worden ist.

(6) Für Änderungen der nach Absatz 1, 3 oder 5 ermittelten Vergleichsmiete gelten die Vorschriften der §§ 12 und 13.

§ 15 Übergang von der Vergleichsmiete zur Kostenmiete. (1) Auf Antrag des Vermieters kann die zuständige Stelle genehmigen, daß an Stelle der nach den §§ 11 bis 14 zulässigen Vergleichsmiete die Kostenmiete erhoben wird.

(2) Für Eigenheime, Kaufeigenheime und Kleinsiedlungen mit einer Wohnung und für Eigentumswohnungen soll der Übergang zur Kostenmiete genehmigt werden, wenn der Vermieter die Eigennutzung der Wohnung auf Grund von Umständen, die er nicht zu vertreten hat, aufgeben muß oder wenn aus sonstigen Gründen für ihn die Vergleichsmiete als zulässige Miete unbillig wäre.

(3) Für eine vermietete zweite Wohnung in einem Eigenheim, einem Kaufeigenheim oder einer Kleinsiedlung darf der Übergang zur Kostenmiete nur genehmigt werden, wenn das Beibehalten der Vergleichsmiete für den Vermieter unter Berücksichtigung aller Umstände des Einzelfalles unbillig wäre und wenn die Vermietbarkeit der Wohnung an Wohnberechtigte im Sinne des § 5 des Wohnungsbindungsgesetzes[1)] durch den Übergang zur Kostenmiete nicht ausgeschlossen oder erheblich erschwert wird.

(4) [1] Die Kostenmiete ist auf Grund einer Wirtschaftlichkeitsberechnung nach den Verhältnissen im Zeitpunkt der Bewilligung der öffentlichen Mittel unter Berücksichtigung der seitdem eingetretenen Änderungen der laufenden Aufwendungen zu ermitteln. [2] Auf der Grundlage der sich ergebenden Durchschnittsmiete ist für die in Absatz 3 bezeichnete Wohnung die Einzelmiete entsprechend § 3 Abs. 3 zu berechnen; dabei sind neben dem unterschiedlichen Wohnwert auch sonstige Umstände, die für die Höhe der Einzelmiete im Vergleich zum Mietwert der Hauptwohnung von Bedeutung sind, namentlich eine ungleiche Grundstücksnutzung und das Fehlen von Zubehörraum, angemessen zu berücksichtigen. [3] Bei einer Einliegerwohnung darf die Einzelmiete je Quadratmeter Wohnfläche höchstens 80 vom Hundert der Durchschnittsmiete betragen.

(5) [1] Mit dem Zugang des Genehmigungsbescheides tritt die Kostenmiete als zulässige Miete an die Stelle der Vergleichsmiete. [2] In den Fällen des Absatzes 3 ist die nach Absatz 4 berechnete Einzelmiete, die in dem Genehmigungsbescheid bezeichnet ist, maßgebend.

(6) [1] Für Änderungen der Kostenmiete gelten die Vorschriften der §§ 4 bis 9. [2] Der Unterschied der nach Absatz 4 erstmalig berechneten Einzelmiete gegenüber der Durchschnittsmiete ist auch bei späteren Änderungen der Durchschnittsmiete zu erhalten, es sei denn, daß sich die zugrundeliegenden

---

[1)] Nr. **16**.

Änderungen der laufenden Aufwendungen nicht auf die Wohnung beziehen, deren Einzelmiete zu errechnen ist.

Teil III. Zulässige Miete für preisgebundene steuerbegünstigte und frei finanzierte Wohnungen

§ 16 Ermittlung der Kostenmiete für Wohnungen, die mit Wohnungsfürsorgemitteln gefördert sind. (1) Wird für steuerbegünstigte oder frei finanzierte Wohnungen, die mit Wohnungsfürsorgemitteln für Angehörige des öffentlichen Dienstes oder ähnliche Personengruppen unter Vereinbarung eines Wohnungsbesetzungsrechts gefördert worden sind, die Kostenmiete erstmalig ermittelt, so ist von dem Mietbetrag auszugehen, der sich für diese Wohnungen auf Grund einer Wirtschaftlichkeitsberechnung als Durchschnittsmiete für den Quadratmeter Wohnfläche monatlich ergibt.

(2) [1] Die Wirtschaftlichkeitsberechnung ist nach den Vorschriften der Zweiten Berechnungsverordnung[1)] aufzustellen, die für den steuerbegünstigten Wohnungsbau und für Wohnungen, die mit Wohnungsfürsorgemitteln gefördert worden sind, gelten. [2] Dabei sind die Verhältnisse im Zeitpunkt der Bezugsfertigkeit der Wohnungen zugrunde zu legen.

(3) [1] Auf der Grundlage der Durchschnittsmiete hat der Vermieter für die einzelnen Wohnungen des Gebäudes oder der Wirtschaftseinheit die Einzelmieten entsprechend § 3 Abs. 3 zu berechnen. [2] Die für die Bewilligung der Wohnungsfürsorgemittel zuständige Stelle kann Maßstäbe für die Staffelung der Einzelmieten festsetzen. [3] Die Vorschriften des § 3 Abs. 1 gelten entsprechend.

(4) [1] Für nach der Bezugsfertigkeit der Wohnungen eintretende Änderungen der Kostenmiete infolge Änderung der laufenden Aufwendungen gelten die Vorschriften des § 4 Abs. 1, 4, 5, Abs. 6 Satz 1 und 2, Abs. 7 und 8, des § 5, des § 5a Abs. 1, 2 und Abs. 3 Satz 2 bis 5 und des § 9 entsprechend, § 5a Abs. 3 Satz 2 bis 5 jedoch mit der Maßgabe, daß an die Stelle des Zeitpunkts der Genehmigung im Falle der Aufteilung der Zeitpunkt der Aufstellung der Wirtschaftlichkeitsberechnung, im Falle der Zusammenfassung der Zeitpunkt der Zustimmung des Darlehns- oder Zuschußgebers zur Zusammenfassung tritt. [2] Sind die Wohnungsfürsorgemittel vorzeitig zurückgezahlt oder abgelöst und durch andere Finanzierungsmittel mit höheren Kapitalkosten, als sie zuletzt tatsächlich zu entrichten waren, ersetzt worden, so tritt auf Grund dieser Ersetzung eine Erhöhung der Kostenmiete vor Ablauf des Wohnungsbesetzungsrechts nicht ein.

(5) Hat der Vermieter nach der Bezugsfertigkeit der Wohnungen bauliche Änderungen auf Grund von Umständen, die er nicht zu vertreten hat, oder solche bauliche Änderungen, die eine Modernisierung im Sinne des § 11 Abs. 6 der Zweiten Berechnungsverordnung bewirken, vorgenommen, so gelten für die Erhöhung der Kostenmiete die Vorschriften des § 6 und des § 9 Satz 1 entsprechend.

(6) [1] Werden in einem Gebäude oder einer Wirtschaftseinheit mit in Absatz 1 bezeichneten Wohnungen durch Ausbau oder Erweiterung neue Woh-

---

1) Nr. **18**.

nungen geschaffen, sind die Vorschriften des § 7 Abs. 1, 2 und 5 und des § 26 Abs. 7 sinngemäß anzuwenden. [2] Werden Zubehörräume der in Absatz 1 bezeichneten Wohnungen zu Wohnungen oder Wohnräumen ausgebaut, so gelten die neugeschaffenen Wohnungen oder Räume nicht als preisgebundener Wohnraum.

(7) Für die Vergrößerung der in Absatz 1 bezeichneten Wohnungen um weitere Wohnräume gelten die Vorschriften des § 8 sinngemäß.

(8) Vertragliche Vereinbarungen mit der für die Bewilligung der Wohnungsfürsorgemittel zuständigen Stelle, wonach die Modernisierung, der Ausbau von Zubehörräumen oder Wohnungsvergrößerungen der Genehmigung bedürfen, bleiben unberührt.

§ 17 Ermittlung der Kostenmiete für Wohnungen, die mit Aufwendungszuschüssen oder Aufwendungsdarlehen gefördert sind. (1) Wird für steuerbegünstigte Wohnungen, die mit Aufwendungszuschüssen oder Aufwendungsdarlehen nach § 88 des *Zweiten Wohnungsbaugesetzes*[1] gefördert worden sind, die Kostenmiete erstmalig ermittelt, so ist von dem Mietbetrag auszugehen, der sich für diese Wohnungen auf Grund einer Wirtschaftlichkeitsberechnung als Durchschnittsmiete für den Quadratmeter Wohnfläche monatlich ergibt und von der für die Bewilligung der Mittel zuständigen Stelle genehmigt worden ist.

(2) Die Wirtschaftlichkeitsberechnung ist entsprechend den für öffentlich geförderte Wohnungen geltenden Vorschriften der Zweiten Berechnungsverordnung[2] aufzustellen; dabei sind die Verhältnisse im Zeitpunkt der Bewilligung der Mittel zugrunde zu legen.

(3) Die zuständige Bewilligungsstelle hat die sich aus der Wirtschaftlichkeitsberechnung ergebende Durchschnittsmiete zu genehmigen und dem Vermieter die genehmigte Durchschnittsmiete mitzuteilen.

(4) [1] Auf der Grundlage der genehmigten Durchschnittsmiete hat der Vermieter für die einzelnen Wohnungen des Gebäudes oder der Wirtschaftseinheit die Einzelmieten entsprechend § 3 Abs. 3 und 4 zu berechnen. [2] Die Vorschriften des § 3 Abs. 1 gelten entsprechend.

(5) Für nach der Genehmigung der Durchschnittsmiete eintretende Änderungen der Kostenmiete infolge Änderung der laufenden Aufwendungen, infolge Änderung der Wirtschaftseinheit oder wegen baulicher Änderungen gelten die Vorschriften der §§ 4 bis 6 und 9 entsprechend.

(6) Bei den in § 16 bezeichneten Wohnungen, die auch mit Aufwendungszuschüssen oder Aufwendungsdarlehen gefördert worden sind, sind an Stelle der Absätze 1 bis 5 nur die Vorschriften des § 16 anzuwenden.

(7) Für die in Absatz 1 bezeichneten Wohnungen gelten hinsichtlich der Zulässigkeit von Mieterleistungen die Vorschriften des § 10 entsprechend.

(8) Die Vorschriften der Absätze 1 bis 6 gelten entsprechend für diejenigen steuerbegünstigten Wohnungen, die mit Annuitätszuschüssen nach § 88 des Zweiten Wohnungsbaugesetzes in der bis zum 31. Dezember 1971 geltenden

---

[1] Aufgeh. mWv 1.1.2002 durch G v. 13.9.2001 (BGBl. I S. 2376).
[2] Nr. **18**.

Fassung gefördert worden und nach dem 31. Dezember 1966 bezugsfertig geworden sind.

§ 18 Ermittlung der Vergleichsmiete für Wohnungen, die mit Aufwendungszuschüssen oder Aufwendungsdarlehen gefördert sind.

(1) Die Vergleichsmieten für steuerbegünstigte Wohnungen in Eigenheimen und Kleinsiedlungen, die ohne Vorlage einer Wirtschaftlichkeitsberechnung oder auf Grund einer vereinfachten Wirtschaftlichkeitsberechnung mit Aufwendungszuschüssen oder Aufwendungsdarlehen nach § 88 des *Zweiten Wohnungsbaugesetzes*[1] gefördert worden sind, bestimmt sich erstmalig nach den Einzelmieten solcher steuerbegünstigter, mit Aufwendungszuschüssen oder Aufwendungsdarlehen geförderten Mietwohnungen, die nach Art und Ausstattung sowie nach Förderungsjahr und Gemeindegrößenklasse mit den Wohnungen vergleichbar sind; maßgebend sind die Verhältnisse im Zeitpunkt der Bewilligung der Mittel.

(2) [1] Ist eine vergleichbare Wohnung vom Vermieter nicht festzustellen, so kann die Bewilligungsstelle auf Verlangen des Vermieters bei der Bewilligung der Mittel einen angemessenen Mietbetrag als Vergleichsmiete bestimmen. [2] Die Vorschriften des § 11 Abs. 3 Satz 1, Abs. 4 gelten entsprechend.

(3) Für die Änderungen der Vergleichsmiete infolge Änderung der laufenden Aufwendungen oder wegen baulicher Änderungen gelten die Vorschriften der §§ 12 und 13 entsprechend; dabei sind die für öffentlich geförderte Wohnungen geltenden Vorschriften der Zweiten Berechnungsverordnung[2] entsprechend anzuwenden.

(4) Für die in Absatz 1 bezeichneten Wohnungen gelten hinsichtlich der Zulässigkeit von Mieterleistungen die Vorschriften des § 10 entsprechend.

(5) Die Vorschriften der Absätze 1 bis 3 gelten entsprechend für diejenigen steuerbegünstigten Wohnungen, die mit Annuitätszuschüssen nach § 88 des Zweiten Wohnungsbaugesetzes in der bis zum 31. Dezember 1971 geltenden Fassung gefördert worden und nach dem 31. Dezember 1966 bezugsfertig geworden sind.

§ 19 (weggefallen)

Teil IV. Umlagen, Zuschläge und Vergütungen

§ 20 Umlagen neben der Einzelmiete. (1) [1] Neben der Einzelmiete ist die Umlage der Betriebskosten im Sinne des § 27 der Zweiten Berechnungsverordnung[2] und des Umlageausfallwagnisses zulässig. [2] Es dürfen nur solche Kosten umgelegt werden, die bei gewissenhafter Abwägung aller Umstände und bei ordentlicher Geschäftsführung gerechtfertigt sind. [3] Soweit Betriebskosten geltend gemacht werden, sind diese nach Art und Höhe dem Mieter bei Überlassung der Wohnung bekanntzugeben.

(2) [1] Soweit in den §§ 21 bis 25 nichts anderes bestimmt ist, sind die Betriebskosten nach dem Verhältnis der Wohnfläche umzulegen. [2] Betriebs-

[1] Aufgeh. mWv 1.1.2002 durch G v. 13.9.2001 (BGBl. I S. 2376).
[2] Nr. **18**.

kosten, die nicht für Wohnraum entstanden sind, sind vorweg abzuziehen; kann hierbei nicht festgestellt werden, ob die Betriebskosten auf Wohnraum oder auf Geschäftsraum entfallen, sind sie für den Wohnteil und den anderen Teil des Gebäudes oder der Wirtschaftseinheit im Verhältnis des umbauten Raumes oder der Wohn- und Nutzflächen aufzuteilen. [3] Bei der Berechnung des umbauten Raumes ist Anlage 2 zur Zweiten Berechnungsverordnung zugrunde zu legen.

(3) [1] Auf den voraussichtlichen Umlegungsbetrag sind monatliche Vorauszahlungen in angemessener Höhe zulässig, soweit in § 25 nichts anderes bestimmt ist. [2] Über die Betriebskosten, den Umlegungsbetrag und die Vorauszahlungen ist jährlich abzurechnen (Abrechnungszeitraum). [3] Der Vermieter darf alle oder mehrere Betriebskostenarten in einer Abrechnung erfassen. [4] Die jährliche Abrechnung ist dem Mieter spätestens bis zum Ablauf des zwölften Monats nach dem Ende des Abrechnungszeitraumes zuzuleiten, diese Frist ist für Nachforderungen eine Ausschlußfrist, es sei denn, der Vermieter hat die Geltendmachung erst nach Ablauf der Jahresfrist nicht zu vertreten.

(4) [1] Für Erhöhungen der Vorauszahlungen und für die Erhebung des durch die Vorauszahlungen nicht gedeckten Umlegungsbetrages sowie für die Nachforderung von Betriebskosten gilt § 4 Abs. 7 und 8 entsprechend. [2] Eine Erhöhung der Vorauszahlungen für einen zurückliegenden Zeitraum ist nicht zulässig.

§ 21 Umlegung der Kosten der Wasserversorgung und der Entwässerung. (1) Zu den Kosten der Wasserversorgung gehören die Kosten des Wasserverbrauchs, die Grundgebühren, die Kosten der Anmietung oder anderer Arten der Gebrauchsüberlassung von Wasserzählern sowie die Kosten ihrer Verwendung einschließlich der Kosten der Eichung sowie der Kosten der Berechnung und Aufteilung, die Kosten der Wartung von Wassermengenreglern, die Kosten des Betriebs einer hauseigenen Wasserversorgungsanlage und einer Wasseraufbereitungsanlage einschließlich der Aufbereitungsstoffe.

(2) [1] Bei der Berechnung der Umlage für die Kosten der Wasserversorgung sind zunächst die Kosten des Wasserverbrauchs abzuziehen, der nicht mit der üblichen Benutzung der Wohnungen zusammenhängt. [2] Die verbleibenden Kosten dürfen nach dem Verhältnis der Wohnflächen oder nach einem Maßstab, der dem unterschiedlichen Wasserverbrauch der Wohnparteien Rechnung trägt, umgelegt werden. [3] Wird der Wasserverbrauch, der mit der üblichen Benutzung der Wohnungen zusammenhängt, für alle Wohnungen eines Gebäudes durch Wasserzähler erfaßt, hat der Vermieter die auf die Wohnungen entfallenden Kosten nach dem erfaßten unterschiedlichen Wasserverbrauch der Wohnparteien umzulegen.

(3) [1] Zu den Kosten der Entwässerung gehören die Gebühren für die Benutzung einer öffentlichen Entwässerungsanlage oder die Kosten des Betriebs einer entsprechenden nicht öffentlichen Anlage sowie die Kosten des Betriebs einer Entwässerungspumpe. [2] Die Kosten sind mit dem Maßstab nach Absatz 2 umzulegen.

§ 22 Umlegung der Kosten der Versorgung mit Wärme und Warmwasser. (1) Für die Umlegung der Kosten des Betriebs zentraler Heizungs- und Warmwasserversorgungsanlagen und der Kosten der eigenständig gewerblichen Lieferung von Wärme und Warmwasser, auch aus zentralen Heizungs- und Warmwasserversorgungsanlagen, findet die Verordnung über Heizkostenabrechnung in der Fassung der Bekanntmachung vom 5. April 1984 (BGBl. I S. 592), geändert durch Artikel 1 der Verordnung vom 19. Januar 1989 (BGBl. I S. 109), Anwendung.

(2) [1] Liegt eine Ausnahme nach § 11 der Verordnung über Heizkostenabrechnung[1)] vor, dürfen umgelegt werden

1. die Kosten der Versorgung mit Wärme nach der Wohnfläche oder nach dem umbauten Raum; es darf auch die Wohnfläche oder der umbaute Raum der beheizten Räume zugrunde gelegt werden,
2. die Kosten der Versorgung mit Warmwasser nach der Wohnfläche oder einem Maßstab, der dem Warmwasserverbrauch in anderer Weise als durch Erfassung Rechnung trägt.

[2] § 7 Abs. 2 und 4, § 8 Abs. 2 und 4 der Verordnung über Heizkostenabrechnung gelten entsprechend. [3] Genehmigungen nach den Vorschriften des § 22 Abs. 5 oder des § 23 Abs. 5 in der bis zum 30. April 1984 geltenden Fassung bleiben unberührt.

(3) Werden für Wohnungen, die vor dem 1. Januar 1981 bezugsfertig geworden sind, bei verbundenen Anlagen die Kosten für die Versorgung mit Wärme und Warmwasser am 30. April 1984 unaufgeteilt umgelegt, bleibt dies weiterhin zulässig.

§ 22a Umlegung der Kosten der Müllbeseitigung. (1) Zu den Kosten der Müllbeseitigung gehören namentlich die für die Müllabfuhr zu entrichtenden Gebühren, die Kosten entsprechender nicht öffentlicher Maßnahmen, die Kosten des Betriebs von Müllkompressoren, Müllschluckern, Müllabsauganlagen sowie des Betriebs von Müllmengenerfassungsanlagen einschließlich der Kosten der Berechnung und Aufteilung.

(2) Die Kosten der Müllbeseitigung sind nach einem Maßstab, der der unterschiedlichen Müllverursachung durch die Wohnparteien Rechnung trägt, oder nach dem Verhältnis der Wohnflächen umzulegen.

§ 23 Umlegung der Kosten des Betriebs der zentralen Brennstoffversorgungsanlage. (1) Zu den Kosten des Betriebs der zentralen Brennstoffversorgungsanlage gehören die Kosten der verbrauchten Brennstoffe und ihrer Lieferung, die Kosten des Betriebsstromes und die Kosten der Überwachung sowie die Kosten der Reinigung der Anlage und des Betriebsraumes.

(2) Die Kosten dürfen nur nach dem Brennstoffverbrauch umgelegt werden.

§§ 23a und 23b (weggefallen)

---

1) Nr. **13**.

§ 24 Umlegung der Kosten des Betriebs von Aufzügen. (1) Zu den Kosten des Betriebs eines Personen- oder Lastenaufzugs gehören die Kosten des Betriebsstromes sowie die Kosten der Beaufsichtigung, der Bedienung, Überwachung und Pflege der Anlage, der regelmäßigen Prüfung ihrer Betriebsbereitschaft und Betriebssicherheit einschließlich der Einstellung durch eine Fachkraft sowie der Reinigung der Anlage.

(2) [1] Die Kosten dürfen nach dem Verhältnis der Wohnflächen umgelegt werden, sofern nicht im Einvernehmen mit allen Mietern ein anderer Umlegungsmaßstab vereinbart ist. [2] Wohnraum im Erdgeschoß kann von der Umlegung ausgenommen werden.

§ 24a Umlegung der Kosten des Betriebs der mit einem Breitbandkabelnetz verbundenen privaten Verteilanlage und der Gemeinschafts-Antennenanlage. (1) [1] Zu den Kosten des Betriebs der mit einem Breitbandkabelnetz verbundenen privaten Verteilanlage gehören die Kosten des Betriebsstroms und die Kosten der regelmäßigen Prüfung ihrer Betriebsbereitschaft einschließlich der Einstellung durch eine Fachkraft oder das Nutzungsentgelt für eine nicht zur Wirtschaftseinheit gehörende Verteilanlage sowie die Gebühren, die nach dem Urheberrechtsgesetz[1)] für die Kabelweitersendung entstehen. [2] Satz 1 gilt entsprechend für die Kosten des Betriebs der Gemeinschafts-Antennenanlage. [3] Zu den Betriebskosten im Sinne des Satzes 1 gehören ferner die laufenden monatlichen Grundgebühren für Breitbandkabelanschlüsse.

(2) [1] Die Kosten nach Absatz 1 Satz 1 und 2 dürfen nach dem Verhältnis der Wohnflächen umgelegt werden, sofern nicht im Einvernehmen mit allen Mietern ein anderer Umlegungsmaßstab vereinbart ist. [2] Die Kosten nach Absatz 1 Satz 3 dürfen nur zu gleichen Teilen auf die Wohnungen umgelegt werden, die mit Zustimmung des Nutzungsberechtigten angeschlossen worden sind.

§ 25 Umlegung der Betriebs- und Instandhaltungskosten der Einrichtungen für die Wäschepflege. (1) [1] Zu den Kosten des Betriebs der Einrichtungen für die Wäschepflege gehören die Kosten des Betriebsstromes, die Kosten der Überwachung, Pflege und Reinigung der Einrichtungen und der regelmäßigen Prüfung ihrer Betriebsbereitschaft und Betriebssicherheit sowie die Kosten der Wasserversorgung, soweit diese nicht bereits nach § 21 umgelegt werden. [2] Für die Kosten der Instandhaltung darf ein Erfahrungswert als Pauschbetrag angesetzt werden.

(2) [1] Die Betriebs- und Instandhaltungskosten der Einrichtungen für die Wäschepflege dürfen nur auf die Benutzer der Einrichtung umgelegt werden. [2] Der Umlegungsmaßstab muß dem Gebrauch Rechnung tragen.

(3) Vorauszahlungen auf den voraussichtlichen Umlegungsbetrag sind nicht zulässig.

§ 25a Umlageausfallwagnis. [1] Das Umlageausfallwagnis ist das Wagnis einer Einnahmenminderung, die durch uneinbringliche Rückstände von Betriebskosten oder nicht umlegbarer Betriebskosten infolge Leerstehens von

---

[1)] **Schönfelder Nr. 65.**

Raum, der zur Vermietung bestimmt ist, einschließlich der uneinbringlichen Kosten einer Rechtsverfolgung auf Zahlung entsteht. [2] Das Umlageausfallwagnis darf 2 vom Hundert der im Abrechnungszeitraum auf den Wohnraum entfallenden Betriebskosten nicht übersteigen. [3] Soweit die Deckung von Ausfällen anders, namentlich durch einen Anspruch gegenüber einem Dritten gesichert ist, darf die Umlage nicht erhöht werden.

§ 25b *(aufgehoben)*

§ 26 Zuschläge neben der Einzelmiete. (1) Neben der Einzelmiete sind nach Maßgabe der Absätze 2 bis 7 folgende Zuschläge zulässig:

1. Zuschlag für die Benutzung von Wohnraum zu anderen als Wohnzwecken (Absatz 2),
2. Zuschlag für die Untervermietung von Wohnraum (Untermietzuschlag, Absatz 3),
3. Zuschlag wegen Ausgleichszahlungen nach § 7 des Wohnungsbindungsgesetzes[1] (Absatz 4),
4. Zuschlag zur Deckung erhöhter laufender Aufwendungen, die nur für einen Teil der Wohnungen des Gebäudes oder der Wirtschaftseinheit entstehen (Absatz 5),
5. Zuschlag für Nebenleistungen des Vermieters, die nicht allgemein üblich sind oder nur einzelnen Mietern zugute kommen (Absatz 6),
6. Zuschlag für Wohnungen, die durch Ausbau von Zubehörräumen neu geschaffen wurden (Absatz 7).

(2) [1] Wird die Wohnung mit Genehmigung der zuständigen Stelle ganz oder teilweise ausschließlich zu anderen als Wohnzwecken, insbesondere zu gewerblichen oder beruflichen Zwecken benutzt und ist dadurch eine erhöhte Abnutzung möglich, so darf der Vermieter einen Zuschlag erheben. [2] Der Zuschlag darf je nach dem Grad der wirtschaftlichen Mehrbelastung des Vermieters bis zu 50 vom Hundert der anteiligen Einzelmiete der Räume betragen, die zu anderen als Wohnzwecken benutzt werden. [3] Ist die Genehmigung zur Benutzung zu anderen als Wohnzwecken von einer Ausgleichszahlung des Vermieters, insbesondere von einer höheren Verzinsung des öffentlichen Baudarlehens, abhängig gemacht worden, so darf auch ein Zuschlag entsprechend dieser Leistung, bei einer vollständigen oder teilweisen Rückzahlung des öffentlichen Baudarlehens höchstens entsprechend der Verzinsung des zurückgezahlten Betrages mit dem marktüblichen Zinssatz für erste Hypotheken, erhoben werden.

(3) Wird Wohnraum untervermietet oder in sonstiger Weise einem Dritten zur selbständigen Benutzung überlassen, so darf der Vermieter einen Untermietzuschlag erheben

in Höhe von 2,50 Euro monatlich, wenn der untervermietete Wohnungsteil von einer Person benutzt wird,

in Höhe von 5 Euro monatlich, wenn der untervermietete Wohnungsteil von zwei und mehr Personen benutzt wird.

---

[1] Nr. **16**.

(4) Hat der Vermieter einer öffentlich geförderten Wohnung im Hinblick auf ihre Freistellung von Bindungen nach § 7 des Wohnungsbindungsgesetzes eine höhere Verzinsung für das öffentliche Baudarlehen oder sonstige laufende Ausgleichszahlungen zu entrichten, so darf er für die Wohnung einen Zuschlag entsprechend diesen Leistungen erheben.

(5) [1] Ist nach den Vorschriften des § 4 Abs. 6, § 6 Abs. 2 Satz 1 oder § 8 Abs. 2 ein Zuschlag zur Deckung erhöhter laufender Aufwendungen, die nur für einen Teil der Wohnungen des Gebäudes oder der Wirtschaftseinheit entstehen, zulässig, so darf dieser für die einzelnen betroffenen Wohnungen den Betrag nicht übersteigen, der nach der Höhe der zusätzlichen laufenden Aufwendungen auf sie entfällt. [2] Bei der Berechnung der zusätzlichen laufenden Aufwendungen sind die Vorschriften der Zweiten Berechnungsverordnung[1)] sinngemäß anzuwenden.

(6) [1] Sind bis zum Inkrafttreten dieser Verordnung für Nebenleistungen des Vermieters, die die Wohnraumbenutzung betreffen, aber nicht allgemein üblich sind oder nur einzelnen Mietern zugute kommen, zulässige Vergütungen erhoben worden, so kann in dieser Höhe ein Zuschlag neben der Einzelmiete erhoben werden. [2] Dies gilt nicht, wenn die für die Nebenleistungen entstehenden laufenden Aufwendungen im Rahmen der Wirtschaftlichkeitsberechnung zur Ermittlung der zulässigen Miete berücksichtigt werden können.

(7) [1] Sind im Falle des § 7 Abs. 2, 3 oder 5 durch Ausbau von Zubehörräumen preisgebundene Wohnungen geschaffen worden, darf für sie ein Zuschlag erhoben werden, wenn durch den Ausbau bisherige Zubehörräume öffentlich geförderter Wohnungen ganz oder teilweise weggefallen sind und hierfür kein gleichwertiger Ersatz geschaffen worden ist. [2] Der Zuschlag darf den Betrag nicht übersteigen, um den die Einzelmieten der betroffenen Wohnungen gemäß § 7 Abs. 1 Satz 2 gesenkt worden sind.

(8) [1] Für die erstmalige Erhebung eines Zuschlags neben der zulässigen Einzelmiete und für die Durchführung einer Erhöhung des Zuschlags gegenüber dem Mieter gilt § 4 Abs. 7 und 8 entsprechend. [2] Für den Wegfall oder die Verringerung des Zuschlags gilt § 5 Abs. 1 Satz 4 sinngemäß.

§ 27 Vergütungen neben der Einzelmiete. [1] Neben der Einzelmiete kann der Vermieter für die Überlassung einer Garage, eines Stellplatzes oder eines Hausgartens eine angemessene Vergütung verlangen. [2] Das gleiche gilt für die Mitvermietung von Einrichtungs- und Ausstattungsgegenständen und für laufende Leistungen zur persönlichen Betreuung und Versorgung, wenn die zuständige Stelle dies genehmigt hat.

§ 28 Umlagen, Zuschläge und Vergütungen neben der Vergleichsmiete. Neben der Vergleichsmiete sind Umlagen, Zuschläge und Vergütungen entsprechend den Vorschriften der §§ 20 bis 27 zulässig.

[1)] Nr. **18**.

Teil V. Schlußvorschriften

§ 29 Auskunftspflicht des Vermieters. (1) Der Vermieter hat dem Mieter auf Verlangen Auskunft über die Ermittlung und Zusammensetzung der zulässigen Miete zu geben und Einsicht in die Wirtschaftlichkeitsberechnung und sonstige Unterlagen, die eine Berechnung der Miete ermöglichen, zu gewähren.

(2) [1] An Stelle der Einsicht in die Berechnungsunterlagen kann der Mieter Ablichtungen davon gegen Erstattung der Auslagen verlangen. [2] Liegt der zuletzt zulässigen Miete eine Genehmigung der Bewilligungsstelle zugrunde, so kann er auch die Vorlage der Genehmigung oder einer Ablichtung davon verlangen.

§ 30 Entsprechende Anwendung der Mietvorschriften. Die Vorschriften dieser Verordnung über die zulässige Miete für Wohnungen gelten entsprechend für einzelne Wohnräume, die selbständig vermietet werden, und für Wohnungen, die auf Grund eines dem Mietverhältnis ähnlichen entgeltlichen Nutzungsverhältnisses, insbesondere eines genossenschaftlichen Nutzungsverhältnisses, überlassen werden.

§ 31 Zulässige Miete für Untervermietung. (1) [1] Wird von einer Wohnung mehr als die Hälfte der Wohnfläche untervermietet, so darf die Miete für den untervermieteten Teil (Untermiete) den Betrag nicht übersteigen, der nach der für die Wohnung zulässigen Einzelmiete oder Vergleichsmiete anteilig auf die untervermietete Wohnfläche entfällt. [2] Bei der Ermittlung der Wohnfläche und des Anteils bleiben gemeinschaftlich genutzte Räume außer Betracht.

(2) [1] Neben der Untermiete dürfen die für die Wohnung zu entrichtenden Umlagen, Zuschläge und Vergütungen mit dem nach Absatz 1 ermittelten Anteil erhoben werden. [2] Die nach § 26 Abs. 1 Nr. 1 und 2 zu entrichtenden Zuschläge dürfen, soweit sie den untervermieteten Wohnungsteil betreffen, in voller Höhe erhoben werden.

(3) Für die mietweise Überlassung von Einrichtungsgegenständen, für die Mitbenutzung von Räumen oder Einrichtungen und für sonstige Nebenleistungen ist eine Vergütung nur in angemessener Höhe zulässig.

(4) [1] Hat sich die für die Wohnung zu entrichtende Einzelmiete oder Vergleichsmiete geändert, so ändert sich die zulässige Untermiete entsprechend. [2] Die Vorschriften des § 4 Abs. 7 und des § 5 Abs. 1 Satz 4 gelten sinngemäß.

(5) Einer Untervermietung steht es gleich, wenn der Eigentümer oder der sonst Verfügungsberechtigte von der von ihm benutzten Wohnung mehr als die Hälfte der Wohnfläche vermietet.

§ 32 Vom Rechtsnachfolger zu vertretende Umstände. Soweit nach dieser Verordnung die Höhe der zulässigen Miete davon abhängt, ob die Erhöhung von Aufwendungen auf Umständen beruht, die der Vermieter zu vertreten oder nicht zu vertreten hat, stehen solche Umstände gleich, die ein Rechtsvorgänger des Vermieters, insbesondere der Bauherr, zu vertreten oder nicht zu vertreten hatte.

§ 33 *(aufgehoben)*

§ 34 Überleitungsvorschrift. (1) § 4 Abs. 6 und § 8a sind in der mit Inkrafttreten dieser Verordnung geltenden Fassung anzuwenden, wenn die Darlehen nach dem 31. Dezember 1989 vorzeitig zurückgezahlt oder abgelöst wurden oder nach diesem Zeitpunkt auf die weitere Auszahlung von Zuschüssen zur Deckung der laufenden Aufwendungen oder von Zinszuschüssen verzichtet wurde.

(2) Sind für ein Gebäude oder eine Wirtschaftseinheit auf Grund von Ausbau oder Erweiterung Wirtschaftlichkeitsberechnungen oder Teilwirtschaftlichkeitsberechnungen vor dem 29. August 1990 aufgestellt worden, sind die Regelungen der §§ 7, 16 und 26 in der bis zum 29. August 1990 geltenden Fassung anzuwenden.

§ 35 Sondervorschrift für Berlin. Im Land Berlin gilt § 1 Abs. 1 der Verordnung in folgender Fassung:

„(1) Diese Verordnung ist anzuwenden auf preisgebundene Wohnungen, die nach dem 24. Juni 1948 bezugsfertig geworden sind oder bezugsfertig werden.“

§ 36 Berlin-Klausel. *(gegenstandslos)*

§ 37 Geltung im Saarland. Diese Verordnung gilt nicht im Saarland.

§ 38[1] (Inkrafttreten)

---

[1] Die VO in ihrer ursprünglichen Fassung ist am 1.1.1971 in Kraft getreten.

18. Verordnung über wohnungswirtschaftliche Berechnungen (Zweite Berechnungsverordnung – II. BV)[1)]

In der Fassung der Bekanntmachung vom 12. Oktober 1990[2)]
(BGBl. I S. 2178)

FNA 2330-2-2

zuletzt geänd. durch Art. 78 Abs. 2 Zweites G über die Bereinigung von Bundesrecht im Zuständigkeitsbereich des BMJ v. 23.11.2007 (BGBl. I S. 2614)

Inhaltsübersicht

---

1) Vgl. hierzu auch die Wohnflächenverordnung (Nr. **19**) sowie die Betriebskostenverordnung (Nr. **20**).

2) Neubekanntmachung der Zweiten BerechnungsVO idF der Bek. v. 5.4.1984 (BGBl. I S. 553) in der ab 29.8.1990 geltenden Fassung.

Teil I. Allgemeine Vorschriften

§ 1 Anwendungsbereich der Verordnung. (1) Diese Verordnung ist anzuwenden, wenn

1. die Wirtschaftlichkeit, Belastung, Wohnfläche oder der angemessene Kaufpreis für öffentlich geförderten Wohnraum

bei Anwendung des Zweiten Wohnungsbaugesetzes oder des Wohnungsbindungsgesetzes[1)],

2. die Wirtschaftlichkeit, Belastung oder Wohnfläche für steuerbegünstigten oder freifinanzierten Wohnraum
bei Anwendung des Zweiten Wohnungsbaugesetzes,

3. die Wirtschaftlichkeit, Wohnfläche oder der angemessene Kaufpreis
bei Anwendung der Verordnung zur Durchführung des Wohnungsgemeinnützigkeitsgesetzes

zu berechnen ist.

(2) [1] Diese Verordnung ist ferner anzuwenden, wenn in anderen Rechtsvorschriften die Anwendung vorgeschrieben oder vorausgesetzt ist. [2] Das gleiche gilt, wenn in anderen Rechtsvorschriften die Anwendung der Ersten Berechnungsverordnung vorgeschrieben oder vorausgesetzt ist.

§§ 1a bis 1d (weggefallen)

Teil II. Wirtschaftlichkeitsberechnung

Erster Abschnitt. Gegenstand, Gliederung und Aufstellung der Berechnung

§ 2 Gegenstand der Berechnung. (1) [1] Die Wirtschaftlichkeit von Wohnraum wird durch eine Berechnung (Wirtschaftlichkeitsberechnung) ermittelt. [2] In ihr sind die laufenden Aufwendungen zu ermitteln und den Erträgen gegenüberzustellen.

(2) [1] Die Wirtschaftlichkeitsberechnung ist für das Gebäude, das den Wohnraum enthält, aufzustellen. [2] Sie ist für eine Mehrheit solcher Gebäude aufzustellen, wenn sie eine Wirtschaftseinheit bilden. [3] Eine Wirtschaftseinheit ist eine Mehrheit von Gebäuden, die demselben Eigentümer gehören, in örtlichem Zusammenhang stehen und deren Errichtung ein einheitlicher Finanzierungsplan zugrunde gelegt worden ist oder zugrunde gelegt werden soll. [4] Ob der Errichtung einer Mehrheit von Gebäuden ein einheitlicher Finanzierungsplan zugrunde gelegt werden soll, bestimmt der Bauherr. [5] Im öffentlich geförderten sozialen Wohnungsbau kann die Bewilligungsstelle die Bewilligung öffentlicher Mittel davon abhängig machen, daß der Bauherr eine andere Bestimmung über den Gegenstand der Berechnung trifft. [6] Wird eine Wirtschaftseinheit in der Weise aufgeteilt, daß eine Mehrheit von Gebäuden bleibt, die demselben Eigentümer gehören und in örtlichem Zusammenhang stehen, so entsteht insoweit eine neue Wirtschaftseinheit.

(3) [1] In die Wirtschaftlichkeitsberechnung sind außer dem Gebäude oder der Wirtschaftseinheit auch zugehörige Nebengebäude, Anlagen und Einrichtungen sowie das Baugrundstück einzubeziehen. [2] Das Baugrundstück besteht aus den überbauten und den dazugehörigen Flächen, soweit sie einen angemessenen Umfang nicht überschreiten; bei einer Kleinsiedlung gehört auch die Landzulage dazu.

---

1) Nr. **16**.

(4) Enthält das Gebäude oder die Wirtschaftseinheit neben dem Wohnraum, für den die Wirtschaftlichkeitsberechnung aufzustellen ist, noch anderen Raum, so ist die Wirtschaftlichkeitsberechnung unter den Voraussetzungen und nach Maßgabe des Fünften Abschnittes als Teilwirtschaftlichkeitsberechnung oder als Gesamtwirtschaftlichkeitsberechnung oder mit Teilberechnungen der laufenden Aufwendungen aufzustellen.

(5) [1] Ist die Wirtschaftseinheit aufgeteilt worden, so sind Wirtschaftlichkeitsberechnungen, die nach der Aufteilung aufzustellen sind, für die einzelnen Gebäude oder, wenn neue Wirtschaftseinheiten entstanden sind, für die neuen Wirtschaftseinheiten aufzustellen; Entsprechendes gilt, wenn die Wirtschaftseinheit aufgeteilt werden soll und im Hinblick hierauf Wirtschaftlichkeitsberechnungen aufgestellt werden. [2] Auf die Aufstellung der Wirtschaftlichkeitsberechnungen sind die Vorschriften über die Teilwirtschaftlichkeitsberechnung sinngemäß anzuwenden, soweit nicht eine andere Aufteilung aus besonderen Gründen angemessen ist; im öffentlich geförderten sozialen Wohnungsbau bedarf die Wahl einer anderen Aufteilung der Zustimmung der Bewilligungsstelle. [3] Ist Wohnungseigentum an den Wohnungen einer Wirtschaftseinheit oder eines Gebäudes begründet, ist die Wirtschaftlichkeitsberechnung entsprechend Satz 2 für die einzelnen Wohnungen aufzustellen.

(6) [1] Im öffentlich geförderten sozialen Wohnungsbau dürfen mehrere Gebäude, mehrere Wirtschaftseinheiten oder mehrere Gebäude und Wirtschaftseinheiten nachträglich zu einer Wirtschaftseinheit zusammengefaßt werden, sofern sie demselben Eigentümer gehören, in örtlichem Zusammenhang stehen und die Wohnungen keine wesentlichen Unterschiede in ihrem Wohnwert aufweisen. [2] Die Zusammenfassung bedarf der Zustimmung der Bewilligungsstelle. [3] Sie darf nur erteilt werden, wenn öffentlich geförderte Wohnungen in sämtlichen Gebäuden vorhanden sind. [4] In die Wirtschaftlichkeitsberechnungen, die nach der Zusammenfassung aufgestellt werden, sind die bisherigen Gesamtkosten, Finanzierungsmittel und laufenden Aufwendungen zu übernehmen. [5] Die öffentlichen Mittel gelten als für sämtliche öffentlich geförderten Wohnungen der zusammengefaßten Wirtschaftseinheit bewilligt.

(7) [1] Absatz 6 gilt entsprechend im steuerbegünstigten oder freifinanzierten Wohnungsbau, der mit Wohnungsfürsorgemitteln gefördert worden ist. [2] Anstelle der Zustimmung der Bewilligungsstelle ist die Zustimmung des Darlehns- oder Zuschußgebers erforderlich.

(8) Gelten nach § 15 Abs. 2 Satz 2 oder § 16 Abs. 2 oder 7 des Wohnungsbindungsgesetzes[1)] eine oder mehrere Wohnungen eines Gebäudes oder einer Wirtschaftseinheit nicht mehr als öffentlich gefördert, so bleibt für die übrigen Wohnungen die bisherige Wirtschaftlichkeitsberechnung mit den zulässigen Ansätzen für Gesamtkosten, Finanzierungsmittel und laufende Aufwendungen in der Weise maßgebend, wie sie für alle bisherigen öffentlich geförderten Wohnungen des Gebäudes oder der Wirtschaftseinheit maßgebend gewesen wäre.

[1)] Nr. **16**.

§ 3 Gliederung der Berechnung. Die Wirtschaftlichkeitsberechnung muß enthalten

1. die Grundstücks- und Gebäudebeschreibung,
2. die Berechnung der Gesamtkosten,
3. den Finanzierungsplan,
4. die laufenden Aufwendungen und die Erträge.

§ 4 Maßgebende Verhältnisse für die Aufstellung der Berechnung.
(1) [1] Ist im öffentlich geförderten sozialen Wohnungsbau der Bewilligung der öffentlichen Mittel eine Wirtschaftlichkeitsberechnung zugrunde zu legen, so ist die Wirtschaftlichkeitsberechnung nach den Verhältnissen aufzustellen, die beim Antrag auf Bewilligung öffentlicher Mittel bestehen. [2] Haben sich die Verhältnisse bis zur Bewilligung der öffentlichen Mittel geändert, so kann die Bewilligungsstelle der Bewilligung die geänderten Verhältnisse zugrunde legen; sie hat sie zugrunde zu legen, wenn der Bauherr es beantragt.

(2) Ist im öffentlich geförderten sozialen Wohnungsbau der Bewilligung der öffentlichen Mittel eine Wirtschaftlichkeitsberechnung nicht zugrunde gelegt worden, wohl aber eine ähnliche Berechnung oder eine Berechnung der Gesamtkosten und Finanzierungsmittel, so ist die Wirtschaftlichkeitsberechnung nach den Verhältnissen aufzustellen, die der Bewilligung auf Grund dieser Berechnung zugrunde gelegt worden sind; soweit dies nicht geschehen ist, ist die Wirtschaftlichkeitsberechnung nach den Verhältnissen aufzustellen, die bei der Bewilligung der öffentlichen Mittel bestanden haben.

(3) Ist im öffentlich geförderten sozialen Wohnungsbau der Bewilligung der öffentlichen Mittel eine Wirtschaftlichkeitsberechnung oder eine Berechnung der in Absatz 2 bezeichneten Art nicht zugrunde gelegt worden, so ist die Wirtschaftlichkeitsberechnung nach den Verhältnissen aufzustellen, die bei der Bewilligung der öffentlichen Mittel bestanden haben.

(4) Im steuerbegünstigten Wohnungsbau ist die Wirtschaftlichkeitsberechnung nach den Verhältnissen bei Bezugsfertigkeit aufzustellen.

§ 4a Berücksichtigung von Änderungen bei Aufstellung der Berechnung. (1) [1] Ist im öffentlich geförderten sozialen Wohnungsbau der Bewilligung der öffentlichen Mittel eine Wirtschaftlichkeitsberechnung zugrunde gelegt worden, so sind die Gesamtkosten, Finanzierungsmittel oder laufenden Aufwendungen, die bei der Bewilligung auf Grund dieser Berechnung zugrunde gelegt worden sind, in eine spätere Wirtschaftlichkeitsberechnung zu übernehmen, es sei denn, daß

1. sie sich nach der Bewilligung der öffentlichen Mittel geändert haben und ein anderer Ansatz in dieser Verordnung vorgeschrieben ist oder
2. nach der Bewilligung der öffentlichen Mittel bauliche Änderungen vorgenommen worden sind und ein anderer Ansatz in dieser Verordnung vorgeschrieben oder zugelassen ist oder
3. laufende Aufwendungen nicht oder nur in geringerer Höhe, als in dieser Verordnung vorgeschrieben oder zugelassen ist, in Anspruch genommen oder anerkannt worden sind oder auf ihren Ansatz ganz oder teilweise verzichtet worden ist oder

4. der Ansatz von laufenden Aufwendungen nach dieser Verordnung nicht mehr oder nur in geringerer Höhe zulässig ist.

[2] In den Fällen der Nummern 3 und 4 bleiben die Gesamtkosten und die Finanzierungsmittel unverändert. [3] Nummer 3 ist erst nach dem Ablauf von 6 Jahren seit der Bezugsfertigkeit der Wohnungen anzuwenden, es sei denn, daß eine andere Frist bei der Bewilligung der öffentlichen Mittel vereinbart worden ist.

(2) Ist im öffentlich geförderten sozialen Wohnungsbau der Bewilligung der öffentlichen Mittel eine Wirtschaftlichkeitsberechnung nicht zugrunde gelegt worden, wohl aber eine ähnliche Berechnung oder eine Berechnung der Gesamtkosten und Finanzierungsmittel, so gilt Absatz 1 entsprechend, soweit bei der Bewilligung auf Grund dieser Berechnung Gesamtkosten, Finanzierungsmittel oder laufende Aufwendungen zugrunde gelegt worden sind; im übrigen gilt Absatz 3 entsprechend.

(3) Ist im öffentlich geförderten sozialen Wohnungsbau der Bewilligung der öffentlichen Mittel eine Wirtschaftlichkeitsberechnung oder eine Berechnung der in Absatz 2 bezeichneten Art nicht zugrunde gelegt worden und haben sich die Gesamtkosten, Finanzierungsmittel oder laufenden Aufwendungen nach der Bewilligung der öffentlichen Mittel geändert oder sind danach bauliche Änderungen vorgenommen worden, so dürfen diese Änderungen nur berücksichtigt werden, soweit es sich bei entsprechender Anwendung der Vorschriften dieser Verordnung, die die Änderung von Gesamtkosten, Finanzierungsmitteln oder laufenden Aufwendungen oder die bauliche Änderungen zum Gegenstand haben, ergibt.

(4) Haben sich im steuerbegünstigten Wohnungsbau die Gesamtkosten, Finanzierungsmittel oder laufenden Aufwendungen nach der Bezugsfertigkeit geändert oder sind bauliche Änderungen vorgenommen worden, so dürfen diese Änderungen nur berücksichtigt werden, soweit es in dieser Verordnung vorgeschrieben oder zugelassen ist.

(5) Soweit eine Berücksichtigung geänderter Verhältnisse nach dieser Verordnung nicht zulässig ist, bleiben die Verhältnisse im Zeitpunkt nach § 4 maßgebend.

§ 4b Berechnung für steuerbegünstigten Wohnraum, der mit Aufwendungszuschüssen oder Aufwendungsdarlehen gefördert ist.

(1) [1] Ist die Wirtschaftlichkeit für steuerbegünstigte Wohnungen, die mit Aufwendungszuschüssen oder Aufwendungsdarlehen nach § 88 des Zweiten Wohnungsbaugesetzes gefördert worden sind, zu berechnen, so sind die Vorschriften für öffentlich geförderte Wohnungen entsprechend anzuwenden. [2] Bei der entsprechenden Anwendung von § 4 Abs. 1 sind die Verhältnisse im Zeitpunkt der Bewilligung der Aufwendungszuschüsse oder Aufwendungsdarlehen zugrunde zu legen.

(2) Sind die in Absatz 1 bezeichneten Wohnungen auch mit einem Darlehen oder einem Zuschuß aus Wohnungsfürsorgemitteln gefördert worden, so sind die Vorschriften für steuerbegünstigte Wohnungen mit den Maßgaben aus § 6 Abs. 1 Satz 4 und § 20 Abs. 3 anzuwenden.

§ 4c Berechnung des angemessenen Kaufpreises aus den Gesamtkosten. [1] Ist in Fällen des § 1 Abs. 1 Nr. 1 oder Nr. 3 der angemessene Kaufpreis zu berechnen, so sind die Vorschriften der §§ 4 und 4a bei der Ermittlung der Gesamtkosten, der Kosten des Baugrundstücks oder der Baukosten entsprechend anzuwenden, soweit sich aus § 54a Abs. 2 Satz 2 letzter Halbsatz des Zweiten Wohnungsbaugesetzes oder aus § 14 Abs. 2 Satz 3 der Durchführungsverordnung zum Wohnungsgemeinnützigkeitsgesetz nichts anderes ergibt. [2] Im übrigen sind die Gesamtkosten, die Kosten des Baugrundstücks und die Baukosten nach den §§ 5 bis 11a zu ermitteln.

Zweiter Abschnitt. Berechnung der Gesamtkosten

§ 5 Gliederung der Gesamtkosten. (1) Gesamtkosten sind die Kosten des Baugrundstücks und die Baukosten.

(2) [1] Kosten des Baugrundstücks sind der Wert des Baugrundstücks, die Erwerbskosten und die Erschließungskosten. [2] Kosten, die im Zusammenhang mit einer das Baugrundstück betreffenden freiwilligen oder gesetzlich geregelten Umlegung, Zusammenlegung oder Grenzregelung (Bodenordnung) entstehen, gehören zu den Erwerbskosten, außer den Kosten der dem Bauherrn dabei obliegenden Verwaltungsleistungen. [3] Bei einem Erbbaugrundstück sind Kosten des Baugrundstücks nur die dem Erbbauberechtigten entstehenden Erwerbs- und Erschließungskosten; zu den Erwerbskosten des Erbbaurechts gehört auch ein Entgelt, das der Erbbauberechtigte einmalig für die Bestellung oder Übertragung des Erbbaurechts zu entrichten hat, soweit es angemessen ist.

(3) [1] Baukosten sind die Kosten der Gebäude, die Kosten der Außenanlagen, die Baunebenkosten, die Kosten besonderer Betriebseinrichtungen sowie die Kosten des Gerätes und sonstiger Wirtschaftsausstattungen. [2] Wird der Wert verwendeter Gebäudeteile angesetzt, so ist er unter den Baukosten gesondert auszuweisen.

(4) Baunebenkosten sind

1. die Kosten der Architekten- und Ingenieurleistungen,
2. die Kosten der dem Bauherrn obliegenden Verwaltungsleistungen bei Vorbereitung und Durchführung des Bauvorhabens,
3. die Kosten der Behördenleistungen bei Vorbereitung und Durchführung des Bauvorhabens, soweit sie nicht Erwerbskosten sind,
4. die Kosten der Beschaffung der Finanzierungsmittel, die Kosten der Zwischenfinanzierung und, soweit sie auf die Bauzeit fallen, die Kapitalkosten und die Steuerbelastungen des Baugrundstücks,
5. die Kosten der Beschaffung von Darlehen und Zuschüssen zur Deckung von laufenden Aufwendungen, Fremdkapitalkosten, Annuitäten und Bewirtschaftungskosten,
6. sonstige Nebenkosten bei Vorbereitung und Durchführung des Bauvorhabens.

(5) Der Ermittlung der Gesamtkosten ist die dieser Verordnung beigefügte Anlage 1 „Aufstellung der Gesamtkosten" zugrunde zu legen.

§ 6 Kosten des Baugrundstücks. (1) [1] Als Wert des Baugrundstücks darf höchstens angesetzt werden,

1. wenn das Baugrundstück dem Bauherrn zur Förderung des Wohnungsbaues unter dem Verkehrswert überlassen worden ist, der Kaufpreis,
2. wenn das Baugrundstück durch Enteignung zur Durchführung des Bauvorhabens vom Bauherrn erworben worden ist, die Entschädigung,
3. in anderen Fällen der Verkehrswert in dem nach § 4 maßgebenden Zeitpunkt oder der Kaufpreis, es sei denn, daß er unangemessen hoch gewesen ist.

[2] Für den Begriff des Verkehrswertes gilt § 194 des Baugesetzbuchs. [3] Im steuerbegünstigten Wohnungsbau dürfen neben dem Verkehrswert Kosten der Zwischenfinanzierung, Kapitalkosten und Steuerbelastungen des Baugrundstücks, die auf die Bauzeit fallen, nicht angesetzt werden. [4] Ist die Wirtschaftlichkeitsberechnung nach § 87a des Zweiten Wohnungsbaugesetzes aufzustellen, so darf der Bauherr den Wert des Baugrundstücks nach Satz 1 ansetzen, soweit nicht mit dem Darlehns- oder Zuschußgeber vertraglich ein anderer Ansatz vereinbart ist.

(2) [1] Bei Ausbau durch Umwandlung oder Umbau darf als Wert des Baugrundstücks höchstens der Verkehrswert vergleichbarer unbebauter Grundstücke für Wohngebäude in dem nach § 4 maßgebenden Zeitpunkt angesetzt werden. [2] Der Wert des Baugrundstücks darf nicht angesetzt werden beim Ausbau durch Umbau einer Wohnung, deren Bau bereits mit öffentlichen Mitteln oder mit Wohnungsfürsorgemitteln gefördert worden ist.

(3) Soweit Preisvorschriften in dem nach § 4 maßgebenden Zeitpunkt bestanden haben, dürfen höchstens die danach zulässigen Preise zugrunde gelegt werden.

(4) Erwerbskosten und Erschließungskosten dürfen, vorbehaltlich der §§ 9 und 10, nur angesetzt werden, soweit sie tatsächlich entstehen oder mit ihrem Entstehen sicher gerechnet werden kann.

(5) [1] Wird die Erschließung im Zusammenhang mit dem Bauvorhaben durchgeführt, so darf außer den Erschließungskosten nur der Wert des nicht erschlossenen Baugrundstücks nach Absatz 1 angesetzt werden. [2] Ist die Erschließung bereits vorher ganz oder teilweise durchgeführt worden, so kann der Wert des ganz oder teilweise erschlossenen Baugrundstücks nach Absatz 1 angesetzt werden, wenn ein Ansatz von Erschließungskosten insoweit unterbleibt.

(6) Liegt das Baugrundstück in dem nach § 4 maßgebenden Zeitpunkt in einem nach dem Städtebauförderungsgesetz oder dem Baugesetzbuch förmlich festgelegten Sanierungsgebiet, Ersatzgebiet, Ergänzungsgebiet oder Entwicklungsbereich und wird die Maßnahme nicht im vereinfachten Verfahren durchgeführt, dürfen abweichend von Absatz 1 Satz 1 und den Absätzen 2, 4 und 5 als Wert des Baugrundstücks und an Stelle der Erschließungskosten höchstens angesetzt werden

1. der Wert, der sich für das unbebaute Grundstück ergeben würde, wenn eine Sanierung oder Entwicklung weder beabsichtigt noch durchgeführt worden wäre, der Kaufpreis für ein nach der förmlichen Festlegung erworbenes Grundstück, soweit er zulässig gewesen ist, oder, wenn eine Umlegung nach Maßgabe des § 16 des Städtebauförderungsgesetzes oder des

§ 153 Abs. 5 des Baugesetzbuches durchgeführt worden ist, der Verkehrswert, der der Zuteilung des Grundstücks zugrunde gelegt worden ist,

2. der Ausgleichsbetrag, der für das Grundstück zu entrichten ist,
3. der Betrag, der auf den Ausgleichsbetrag angerechnet wird, soweit die Anrechnung nicht auf Umständen beruht, die in dem nach Nummer 1 angesetzten Wert des Grundstücks berücksichtigt sind.

§ 7 Baukosten. (1) [1] Baukosten dürfen nur angesetzt werden, soweit sie tatsächlich entstehen oder mit ihrem Entstehen sicher gerechnet werden kann und soweit sie bei gewissenhafter Abwägung aller Umstände, bei wirtschaftlicher Bauausführung und bei ordentlicher Geschäftsführung gerechtfertigt sind. [2] Kosten entstehen tatsächlich in der Höhe, in der der Bauherr eine Vergütung für Bauleistungen zu entrichten hat; ein Barzahlungsnachlaß (Skonto) braucht nicht abgesetzt zu werden, soweit er handelsüblich ist. [3] Die Vorschriften der §§ 9 und 10 bleiben unberührt.

(2) [1] Bei Wiederaufbau und bei Ausbau durch Umwandlung oder Umbau eines Gebäudes gehört zu den Baukosten auch der Wert der verwendeten Gebäudeteile. [2] Der Wert der verwendeten Gebäudeteile ist mit dem Betrage anzusetzen, der einem Unternehmer für die Bauleistungen im Rahmen der Kosten des Gebäudes zu entrichten wäre, wenn an Stelle des Wiederaufbaues oder des Ausbaues ein Neubau durchgeführt würde, abzüglich der Kosten des Gebäudes, die für den Wiederaufbau oder den Ausbau tatsächlich entstehen oder mit deren Entstehen sicher gerechnet werden kann. [3] Bei der Ermittlung der Kosten eines vergleichbaren Neubaues dürfen verwendete Gebäudeteile, die für einen Neubau nicht erforderlich gewesen wären, nicht berücksichtigt werden. [4] Bei Wiederaufbau ist der Restbetrag der auf dem Grundstück ruhenden Hypothekengewinnabgabe von dem nach den Sätzen 2 und 3 ermittelten Wert der verwendeten Gebäudeteile mit dem Betrage abzuziehen, der sich vor Herabsetzung der Abgabeschulden nach § 104 des Lastenausgleichsgesetzes für den Herabsetzungsstichtag ergibt. [5] § 6 Abs. 2 Satz 2 ist auf den Wert der verwendeten Gebäudeteile entsprechend anzuwenden.

(3) Bei Wiederherstellung, Ausbau eines Gebäudeteils und Erweiterung darf der Wert der verwendeten Gebäudeteile nur nach dem Fünften Abschnitt angesetzt werden.

§ 8 Baunebenkosten. (1) [1] Auf die Ansätze für die Kosten der Architekten, Ingenieure und anderer Sonderfachleute, die Kosten der Verwaltungsleistungen bei Vorbereitung und Durchführung des Bauvorhabens und die damit zusammenhängenden Nebenkosten ist § 7 Abs. 1 anzuwenden. [2] Als Kosten der Architekten- und Ingenieurleistungen dürfen höchstens die Beträge angesetzt werden, die sich nach Absatz 2 ergeben. [3] Als Kosten der Verwaltungsleistungen dürfen höchstens die Beträge angesetzt werden, die sich nach den Absätzen 3 bis 5 ergeben.

(2) [1] Der Berechnung des Höchstbetrages für die Kosten der Architekten- und Ingenieurleistungen sind die Teile I bis III und VII bis XII der Honorarordnung für Architekten und Ingenieure vom 17. September 1976 (BGBl. I S. 2805, 3616) in der jeweils geltenden Fassung zugrunde zu legen. [2] Dabei dürfen

1. das Entgelt für Grundleistungen nach den Mindestsätzen der Honorartafeln in den Honorarzonen der Teile II, VIII, X und XII bis einschließlich Honorarzone III und der Teile IX und XI bis einschließlich Honorarzone II,
2. die nachgewiesenen Nebenkosten und
3. die auf das ansetzbare Entgelt und die nachgewiesenen Nebenkosten fallende Umsatzsteuer

angesetzt werden. [3] Höhere Entgelte und Entgelte für andere Leistungen dürfen nur angesetzt werden, soweit die nach Satz 2 Nr. 1 zulässigen Ansätze den erforderlichen Leistungen nicht gerecht werden. [4] Die in Satz 3 bezeichneten Entgelte dürfen nur angesetzt werden, soweit

1. im öffentlich geförderten sozialen Wohnungsbau die Bewilligungsstelle,
2. im steuerbegünstigten oder freifinanzierten Wohnungsbau, der mit Wohnungsfürsorgemitteln gefördert worden ist, der Darlehns- oder Zuschußgeber

ihnen zugestimmt hat.

(3) [1] Der Berechnung des Höchstbetrages für die Kosten der Verwaltungsleistungen ist ein Vomhundertsatz der Baukosten ohne Baunebenkosten und, soweit der Bauherr die Erschließung auf eigene Rechnung durchführt, auch der Erschließungskosten zugrunde zu legen, und zwar bei Kosten in der Stufe

1. bis 127 822,97 Euro einschließlich	3,40 vom Hundert,
2. bis 255 645,94 Euro einschließlich	3,10 vom Hundert,
3. bis 511 291,88 Euro einschließlich	2,80 vom Hundert,
4. bis 818 067,01 Euro einschließlich	2,50 vom Hundert,
5. bis 1 278 229,70 Euro einschließlich	2,20 vom Hundert,
6. bis 1 789 521,58 Euro einschließlich	1,90 vom Hundert,
7. bis 2 556 459,41 Euro einschließlich	1,60 vom Hundert,
8. bis 3 579 043,17 Euro einschließlich	1,30 vom Hundert,
9. über 3 579 043,17 Euro	1,00 vom Hundert.

[2] Die Vomhundertsätze erhöhen sich

1. um 0,5 im Falle der Betreuung des Baues von Eigenheimen, Eigensiedlungen und Eigentumswohnungen sowie im Falle des Baues von Kaufeigenheimen, Trägerkleinsiedlungen und Kaufeigentumswohnungen,
2. um 0,5, wenn besondere Maßnahmen zur Bodenordnung (§ 5 Abs. 2 Satz 2) notwendig sind,
3. um 0,5, wenn die Vorbereitung oder Durchführung des Bauvorhabens mit sonstigen besonderen Verwaltungsschwierigkeiten verbunden ist,
4. um 1,5, wenn für den Bau eines Familienheims oder einer eigengenutzten Eigentumswohnung Selbsthilfe in Höhe von mehr als 10 vom Hundert der Baukosten geleistet wird.

[3] Erhöhungen nach den Nummern 1, 2 und 3 sowie nach den Nummern 2 und 4 dürfen nebeneinander angesetzt werden. [4] Bei der Berechnung des Höchstbetrages für die Kosten von Verwaltungsleistungen, die bei baulichen Änderungen nach § 11 Abs. 4 bis 6 erbracht werden, sind Satz 1 und Satz 2

Nr. 3 entsprechend anzuwenden. [5] Neben dem Höchstbetrag darf die Umsatzsteuer angesetzt werden.

(4) [1] Statt des Höchstbetrages, der sich aus den nach Absatz 3 Satz 1 oder 4 maßgebenden Kosten und dem Vomhundertsatz der entsprechenden Kostenstufe ergibt, darf der Höchstbetrag der vorangehenden Kostenstufe gewählt werden. [2] Die aus Absatz 3 Satz 2 und 3 folgenden Erhöhungen werden in den Fällen des Absatzes 3 Satz 1 hinzugerechnet. [3] Absatz 3 Satz 5 gilt entsprechend.

(5) [1] Wird der angemessene Kaufpreis nach § 4c für Teile einer Wirtschaftseinheit aus den Gesamtkosten ermittelt, so sind für die Berechnung des Höchstbetrages nach den Absätzen 3 und 4 die Kosten für das einzelne Gebäude zugrunde zu legen; der Kostenansatz dient auch zur Deckung der Kosten der dem Bauherrn im Zusammenhang mit der Eigentumsübertragung obliegenden Verwaltungsleistungen. [2] Bei Eigentumswohnungen und Kaufeigentumswohnungen sind für die Berechnung der Kosten der Verwaltungsleistungen die Kosten für die einzelnen Wohnungen zugrunde zu legen.

(6) Der Kostenansatz nach den Absätzen 3 bis 5 dient auch zur Deckung der Kosten der Verwaltungsleistungen, die der Bauherr oder der Betreuer zur Beschaffung von Finanzierungsmitteln erbringt.

(7) Kosten der Beschaffung der Finanzierungsmittel dürfen nicht für den Nachweis oder die Vermittlung von Mitteln aus öffentlichen Haushalten angesetzt werden.

(8) [1] Als Kosten der Zwischenfinanzierung dürfen nur Kosten für Darlehen oder für eigene Mittel des Bauherrn angesetzt werden, deren Ersetzung durch zugesagte oder sicher in Aussicht stehende endgültige Finanzierungsmittel bereits bei dem Einsatz der Zwischenfinanzierungsmittel gewährleistet ist. [2] Eine Verzinsung der vom Bauherrn zur Zwischenfinanzierung eingesetzten eigenen Mittel darf höchstens mit dem marktüblichen Zinssatz für erste Hypotheken angesetzt werden. [3] Kosten der Zwischenfinanzierung dürfen, vorbehaltlich des § 11, nur angesetzt werden, soweit sie auf die Bauzeit bis zur Bezugsfertigkeit entfallen.

(9) [1] Auf die Eigenkapitalkosten in der Bauzeit ist § 20 entsprechend anzuwenden. [2] § 6 Abs. 1 Satz 3 bleibt unberührt.

§ 9 Sach- und Arbeitsleistungen. (1) [1] Der Wert der Sach- und Arbeitsleistungen des Bauherrn, vor allem der Wert der Selbsthilfe, darf bei den Gesamtkosten mit dem Betrage angesetzt werden, der für eine gleichwertige Unternehmerleistung angesetzt werden könnte. [2] Der Wert der Architekten-, Ingenieur- und Verwaltungsleistungen des Bauherrn darf mit den nach § 8 Abs. 2 Satz 2 Nr. 1 und Abs. 3 bis 5 zulässigen Höchstbeträgen angesetzt werden. [3] Erbringt der Bauherr die Leistungen nur zu einem Teil, so darf nur der den Leistungen entsprechende Teil der Höchstbeträge als Eigenleistungen angesetzt werden.

(2) Absatz 1 gilt entsprechend für den Wert der Sach- und Arbeitsleistungen des Bewerbers um ein Kaufeigenheim, eine Trägerkleinsiedlung, eine Kaufeigentumswohnung und eine Genossenschaftswohnung sowie für den Wert der Sach- und Arbeitsleistungen des Mieters.

(3) Die Absätze 1 und 2 gelten entsprechend, wenn der Bauherr, der Bewerber oder der Mieter Sach- und Arbeitsleistungen mit eigenen Arbeit-

nehmern im Rahmen seiner gewerblichen oder unternehmerischen Tätigkeit oder auf Grund seines Berufes erbringt.

§ 10 Leistungen gegen Renten. (1) Sind als Entgelt für eine der Vorbereitung oder Durchführung des Bauvorhabens dienende Leistung eines Dritten wiederkehrende Leistungen zu entrichten, so darf der Wert der Leistung des Dritten bei den Gesamtkosten angesetzt werden,

1. wenn es sich um die Übereignung des Baugrundstücks handelt, mit dem Verkehrswert,
2. wenn es sich um eine andere Leistung handelt, mit dem Betrage, der für eine gleichwertige Unternehmerleistung angesetzt werden könnte.

(2) Absatz 1 gilt nicht für die Bestellung eines Erbbaurechts.

§ 11 Änderung der Gesamtkosten, bauliche Änderungen. (1) [1] Haben sich die Gesamtkosten geändert

1. im öffentlich geförderten sozialen Wohnungsbau nach der Bewilligung der öffentlichen Mittel gegenüber dem bei der Bewilligung auf Grund der Wirtschaftlichkeitsberechnung zugrunde gelegten Betrag,
2. im steuerbegünstigten Wohnungsbau nach der Bezugsfertigkeit,

so sind in Wirtschaftlichkeitsberechnungen, die nach diesen Zeitpunkten aufgestellt werden, die geänderten Gesamtkosten anzusetzen. [2] Dies gilt bei einer Erhöhung der Gesamtkosten nur, wenn sie auf Umständen beruht, die der Bauherr nicht zu vertreten hat. [3] Bei öffentlich gefördertem Wohnraum, auf den das Zweite Wohnungsbaugesetz nicht anwendbar ist, dürfen erhöhte Gesamtkosten nur angesetzt werden, wenn sie in der Schlußabrechnung oder sonst von der Bewilligungsstelle anerkannt worden sind.

(2) Wertänderungen sind nicht als Änderungen der Gesamtkosten anzusehen.

(3) Die Gesamtkosten können sich auch dadurch erhöhen,

1. daß sich innerhalb von zwei Jahren nach der Bezugsfertigkeit Kosten der Zwischenfinanzierung ergeben, welche die für die endgültigen Finanzierungsmittel nach den §§ 19 bis 23a angesetzten Kapitalkosten übersteigen oder
2. daß bei einer Ersetzung von Finanzierungsmitteln durch andere Mittel nach § 12 Abs. 4 einmalige Kosten entstehen oder
3. daß durch die Verlängerung der vereinbarten Laufzeit oder durch die Anpassung der Bedingungen nach der vereinbarten Festzinsperiode eines im Finanzierungsplan ausgewiesenen Darlehens einmalige Kosten entstehen, soweit sie auch bei einer Ersetzung nach § 12 Abs. 4 entstehen würden.

(4) [1] Sind

1. im öffentlich geförderten sozialen Wohnungsbau nach der Bewilligung der öffentlichen Mittel,
2. im steuerbegünstigten Wohnungsbau nach der Bezugsfertigkeit

bauliche Änderungen vorgenommen worden, so dürfen die durch die Änderungen entstehenden Kosten nach den Absätzen 5 und 6 den Gesamtkosten hinzugerechnet werden. [2] Erneuerungen, Instandhaltungen und Instandsetzungen sind keine baulichen Änderungen; jedoch fallen Instandsetzungen, die durch Maßnahmen der Modernisierung (Absatz 6) verursacht werden, unter die Modernisierung.

(5) Die Kosten von baulichen Änderungen dürfen den Gesamtkosten nur hinzugerechnet werden, soweit die Änderungen

1. auf Umständen beruhen, die der Bauherr nicht zu vertreten hat, oder eine Modernisierung (Absatz 6) bewirken und dem gesamten Wohnraum zugute kommen, für den eine Wirtschaftlichkeitsberechnung aufzustellen ist, oder
2. dem Ausbau eines Gebäudeteils oder der Erweiterung dienen und nicht Modernisierung sind, es sei denn, daß es sich nur um die Vergrößerung eines Teils der Wohnungen handelt, für die eine Wirtschaftlichkeitsberechnung aufzustellen ist.

(6) Modernisierung sind bauliche Maßnahmen, die den Gebrauchswert des Wohnraums nachhaltig erhöhen, die allgemeinen Wohnverhältnisse auf Dauer verbessern oder nachhaltig Einsparungen von Energie oder Wasser bewirken.

(7) [1] Eine Modernisierung darf im öffentlich geförderten sozialen Wohnungsbau nur berücksichtigt werden, wenn die Bewilligungsstelle ihr zugestimmt hat. [2] Die Zustimmung gilt als erteilt, wenn Mittel aus öffentlichen Haushalten für die Modernisierung bewilligt worden sind.

§ 11a Nicht feststellbare Gesamtkosten. [1] Sind die Bau-, Erwerbs- oder Erschließungskosten nach § 6 Abs. 4 und 5, den §§ 7 bis 11 ganz oder teilweise nicht oder nur mit verhältnismäßig großen Schwierigkeiten festzustellen, so dürfen insoweit die Kosten angesetzt werden, die zu der Zeit, als die Leistungen erbracht worden sind, marktüblich waren. [2] Die marktüblichen Kosten der Gebäude (§ 5 Abs. 3) können nach Erfahrungssätzen über die Kosten des umbauten Raumes bei Hochbauten berechnet werden. [3] Bei der Berechnung des umbauten Raumes ist die Anlage 2 dieser Verordnung zugrunde zu legen.

Dritter Abschnitt. Finanzierungsplan

§ 12 Inhalt des Finanzierungsplanes. (1) [1] Im Finanzierungsplan sind die Mittel auszuweisen, die zur Deckung der in der Wirtschaftlichkeitsberechnung angesetzten Gesamtkosten dienen (Finanzierungsmittel), und zwar

1. die Fremdmittel mit dem Nennbetrag und mit den vereinbarten oder vorgesehenen Auszahlungs-, Zins- und Tilgungsbedingungen, auch wenn sie planmäßig getilgt sind,
2. die verlorenen Baukostenzuschüsse,
3. die Eigenleistungen.

[2] Vor- und Zwischenfinanzierungsmittel sind nicht als Finanzierungsmittel auszuweisen.

(2) Werden nach § 11 Abs. 1 bis 3 geänderte Gesamtkosten angesetzt, so sind die Finanzierungsmittel auszuweisen, die zur Deckung der geänderten Gesamtkosten dienen

(3) [1] Werden nach § 11 Abs. 4 bis 6 die Kosten von baulichen Änderungen den Gesamtkosten hinzugerechnet, so sind die Mittel, die zur Deckung dieser

Kosten dienen, im Finanzierungsplan auszuweisen. [2] Für diese Mittel gelten die Vorschriften über Finanzierungsmittel.

(4) [1] Sind

1. im öffentlich geförderten sozialen Wohnungsbau nach der Bewilligung der öffentlichen Mittel oder

2. im steuerbegünstigten Wohnungsbau nach der Bezugsfertigkeit

Finanzierungsmittel durch andere Mittel ersetzt worden, so sind die neuen Mittel an der Stelle der bisherigen Finanzierungsmittel auszuweisen. [2] Sind die Kapitalkosten der neuen Mittel zusammen mit den Kapitalkosten der Mittel, die der Deckung der einmaligen Kosten der Ersetzung dienen, höher als die Kapitalkosten der bisherigen Finanzierungsmittel, so sind die neuen Mittel nur auszuweisen, wenn die Ersetzung auf Umständen beruht, die der Bauherr nicht zu vertreten hat. [3] Bei einem Tilgungsdarlehen ist der Betrag, der planmäßig getilgt ist, unter Hinweis hierauf in der bisherigen Weise auszuweisen; die Sätze 1 und 2 finden auf diesen Betrag keine Anwendung.

(5) [1] Sind die als Darlehen gewährten öffentlichen Mittel gemäß § 16 des Wohnungsbindungsgesetzes[1)] vorzeitig zurückgezahlt oder abgelöst worden, so sind die zur Rückzahlung oder Ablösung aufgewandten Finanzierungsmittel an der Stelle der öffentlichen Mittel auszuweisen. [2] Der Betrag des Darlehens, der planmäßig getilgt oder bei der Ablösung erlassen ist, ist unter Hinweis hierauf in der bisherigen Weise auszuweisen.

(6) [1] Ist die Verbindlichkeit aus einem Aufbaudarlehen, das dem Bauherrn gewährt worden ist, nach Zuerkennung des Anspruchs auf Hauptentschädigung gemäß § 258 Abs. 1 Nr. 2 des Lastenausgleichsgesetzes ganz oder teilweise als nicht entstanden anzusehen, so gilt das Aufbaudarlehen insoweit als durch eigene Mittel des Bauherrn ersetzt. [2] Die Ersetzung gilt als auf Umständen beruhend, die der Bauherr nicht zu vertreten hat, und von dem Zeitpunkt an als eingetreten, zu dem der Bescheid über die Zuerkennung des Anspruchs auf Hauptentschädigung unanfechtbar geworden ist.

§ 13 Fremdmittel. (1) Fremdmittel sind

1. Darlehen,

2. gestundete Restkaufgelder,

3. gestundete öffentliche Lasten des Baugrundstücks außer der Hypothekengewinnabgabe,

4. kapitalisierte Beträge wiederkehrender Leistungen, namentlich von Rentenschulden,

5. Mietvorauszahlungen,

die zur Deckung der Gesamtkosten dienen.

(2) Vor der Bebauung vorhandene Verbindlichkeiten, die auf dem Baugrundstück dinglich gesichert sind, gelten als Fremdmittel, soweit sie den Wert des Baugrundstücks und der verwendeten Gebäudeteile nicht übersteigen.

[1)] Nr. **16**.

(3) Kapitalisierte Beträge wiederkehrender Leistungen, namentlich von Rentenschulden, dürfen höchstens mit dem Betrage ausgewiesen werden, der bei den Gesamtkosten für die Gegenleistung nach § 10 angesetzt ist.

§ 14 Verlorene Baukostenzuschüsse. [1] Verlorene Baukostenzuschüsse sind Geld-, Sach- und Arbeitsleistungen an den Bauherrn, die zur Deckung der Gesamtkosten dienen und erbracht werden, um den Gebrauch von Wohn- oder Geschäftsraum zu erlangen oder Kapitalkosten zu ersparen, ohne daß vereinbart ist, den Wert der Leistung zurückzuerstatten oder mit der Miete oder einem ähnlichen Entgelt zu verrechnen oder als Vorauszahlung hierauf zu behandeln. [2] Verlorene Baukostenzuschüsse sind auch Geldleistungen, mit denen die Gemeinde dem Eigentümer Kosten der Modernisierung erstattet oder die ihm vom Land oder von der Gemeinde als Modernisierungszuschüsse gewährt werden.

§ 15 Eigenleistungen. (1) Eigenleistungen sind die Leistungen des Bauherrn, die zur Deckung der Gesamtkosten dienen, namentlich

1. Geldmittel,
2. der Wert der Sach- und Arbeitsleistungen, vor allem der Wert der eingebrachten Baustoffe und der Selbsthilfe,
3. der Wert des eigenen Baugrundstücks und der Wert verwendeter Gebäudeteile.

(2) Als Eigenleistung kann auch ganz oder teilweise ausgewiesen werden

1. ein Barzahlungsnachlaß (Skonto), wenn bei den Gesamtkosten die vom Bauherrn zu entrichtende Vergütung in voller Höhe angesetzt ist,
2. der Wert von Sach- und Arbeitsleistungen, die der Bauherr mit eigenen Arbeitnehmern im Rahmen seiner gewerblichen oder unternehmerischen Tätigkeit oder auf Grund seines Berufes erbringt.

(3) Die in Absatz 1 Nr. 2 und 3 bezeichneten Werte sind, vorbehaltlich der Absätze 2 und 4, mit dem Betrage auszuweisen, der bei den Gesamtkosten angesetzt ist.

(4) Bei Ermittlung der Eigenleistung sind gestundete Restkaufgelder und die in § 13 Abs. 2 bezeichneten Verbindlichkeiten mit dem Betrage abzuziehen, mit dem sie im Finanzierungsplan als Fremdmittel ausgewiesen sind.

§ 16 Ersatz der Eigenleistung. (1) Im öffentlich geförderten sozialen Wohnungsbau sind von der Bewilligungsstelle, soweit der Bauherr nichts anderes beantragt, als Ersatz der Eigenleistung anzuerkennen

1. ein der Restfinanzierung dienendes Familienzusatzdarlehen nach § 45 des Zweiten Wohnungsbaugesetzes,
2. ein Aufbaudarlehen an den Bauherrn nach § 254 des Lastenausgleichsgesetzes oder ein ähnliches Darlehen aus Mitteln eines öffentlichen Haushalts,
3. ein Darlehen an den Bauherrn zur Beschaffung von Wohnraum nach § 30 des Kriegsgefangenenentschädigungsgesetzes.

(2) Im öffentlich geförderten sozialen Wohnungsbau kann die Bewilligungsstelle auf Antrag des Bauherrn ganz oder teilweise als Ersatz der Eigenleistung anerkennen

1. der Restfinanzierung dienende verlorene Baukostenzuschüsse, soweit ihre Annahme nach § 50 Abs. 1 des Zweiten Wohnungsbaugesetzes zulässig ist,
2. auf dem Baugrundstück nicht dinglich gesicherte Fremdmittel,
3. im Range nach dem der nachstelligen Finanzierung dienenden öffentlichen Baudarlehen auf dem Baugrundstück dinglich gesicherte Fremdmittel,
4. der Restfinanzierung dienende öffentliche Baudarlehen.

(3) Für die als Ersatz der Eigenleistung anerkannten Finanzierungsmittel gelten im übrigen die Vorschriften für Fremdmittel oder verlorene Baukostenzuschüsse.

§ 17 (weggefallen)

Vierter Abschnitt. Laufende Aufwendungen und Erträge

§ 18 Laufende Aufwendungen. (1) [1] Laufende Aufwendungen sind die Kapitalkosten und die Bewirtschaftungskosten. [2] Zu den laufenden Aufwendungen gehören nicht die Leistungen aus der Hypothekengewinnabgabe.

(2) [1] Werden dem Bauherrn Darlehen oder Zuschüsse zur Deckung von laufenden Aufwendungen, Fremdkapitalkosten, Annuitäten oder Bewirtschaftungskosten für den gesamten Wohnraum gewährt, für den eine Wirtschaftlichkeitsberechnung aufzustellen ist, so verringert sich der Gesamtbetrag der laufenden Aufwendungen entsprechend. [2] Der verringerte Gesamtbetrag ist auch für die Zeit anzusetzen, in der diese Darlehen oder Zuschüsse für einen Teil des Wohnraums entfallen oder in der sie aus solchen Gründen nicht mehr gewährt werden, die der Bauherr zu vertreten hat. [3] Entfallen die Darlehen oder Zuschüsse für den gesamten Wohnraum aus Gründen, die der Bauherr nicht zu vertreten hat, so erhöht sich der Gesamtbetrag der laufenden Aufwendungen entsprechend; dies gilt nicht, soweit Darlehen oder Zuschüsse nach vollständiger Tilgung anderer Finanzierungsmittel verringert werden.

(3) [1] Zinsen und Tilgungen, die planmäßig für Aufwendungsdarlehen im Sinne des § 42 Abs. 1 Satz 2 oder § 88 Abs. 1 Satz 1 des Zweiten Wohnungsbaugesetzes oder im Sinne des § 2a Abs. 9 des Gesetzes zur Förderung des Bergarbeiterwohnungsbaues im Kohlenbergbau zu entrichten sind, erhöhen den Gesamtbetrag der laufenden Aufwendungen. [2] Zinsen und Tilgungen, die planmäßig für Annuitätsdarlehen im Sinne des § 42 Abs. 1 Satz 2 des Zweiten Wohnungsbaugesetzes zu entrichten sind, erhöhen den Gesamtbetrag der laufenden Aufwendungen; dies gilt jedoch nicht für Tilgungsbeträge für Annuitätsdarlehen, soweit diese zur Deckung der für Finanzierungsmittel zu entrichtenden Tilgungen bewilligt worden sind.

(4) Sind Aufwendungs- oder Annuitätsdarlehen gemäß § 16 des Wohnungsbindungsgesetzes[1)] vorzeitig zurückgezahlt oder abgelöst worden, dürfen für den zur Rückzahlung oder Ablösung aufgewendeten Betrag vorbehaltlich des § 46 Abs. 2 keine höheren Zinsen und Tilgungen dem Gesamtbetrag der laufenden Aufwendungen hinzugerechnet werden, als im Zeitpunkt der Rückzahlung oder Ablösung für das Aufwendungs- oder Annuitätsdarlehen zu entrichten waren; soweit Annuitätsdarlehen zur Deckung der für Finanzierungsmittel zu entrichtenden Tilgungen bewilligt worden

---

[1)] Nr. **16**.

sind, können für das Ersatzfinanzierungsmittel Tilgungsbeträge nicht angesetzt werden.

§ 19 Kapitalkosten. (1) [1] Kapitalkosten sind die Kosten, die sich aus der Inanspruchnahme der im Finanzierungsplan ausgewiesenen Finanzierungsmittel ergeben, namentlich die Zinsen. [2] Zu den Kapitalkosten gehören die Eigenkapitalkosten und die Fremdkapitalkosten.

(2) Leistungen aus Nebenverträgen, namentlich aus dem Abschluß von Personenversicherungen, dürfen als Kapitalkosten auch dann nicht angesetzt werden, wenn der Nebenvertrag der Beschaffung von Finanzierungsmitteln oder sonst dem Bauvorhaben gedient hat.

(3) Für verlorene Baukostenzuschüsse ist der Ansatz von Kapitalkosten unzulässig.

(4) Tilgungen dürfen als Kapitalkosten nur nach § 22 angesetzt werden.

(5) Dienen Finanzierungsmittel zur Deckung von Gesamtkosten, mit deren Entstehen sicher gerechnet werden kann, die aber bis zur Bezugsfertigkeit nicht entstanden sind, dürfen Kapitalkosten hierfür nicht vor dem Entstehen dieser Gesamtkosten angesetzt werden.

§ 20 Eigenkapitalkosten. (1) Eigenkapitalkosten sind die Zinsen für die Eigenleistungen.

(2) [1] Für Eigenleistungen darf eine Verzinsung in Höhe des im Zeitpunkt nach § 4 marktüblichen Zinssatzes für erste Hypotheken angesetzt werden. [2] Im öffentlich geförderten sozialen Wohnungsbau darf für den Teil der Eigenleistungen, der 15 vom Hundert der Gesamtkosten des Bauvorhabens nicht übersteigt, eine Verzinsung von 4 vom Hundert angesetzt werden; für den darüber hinausgehenden Teil der Eigenleistungen darf angesetzt werden

a) eine Verzinsung in Höhe des marktüblichen Zinssatzes für erste Hypotheken, sofern die öffentlichen Mittel vor dem 1. Januar 1974 bewilligt worden sind,

b) in den übrigen Fällen eine Verzinsung in Höhe von 6,5 vom Hundert.

(3) Ist die Wirtschaftlichkeitsberechnung nach § 87a des Zweiten Wohnungsbaugesetzes aufzustellen, so dürfen die Zinsen für die Eigenleistungen nach dem Zinssatz angesetzt werden, der mit dem Darlehns- oder Zuschußgeber vereinbart ist, mindestens jedoch entsprechend Absatz 2 Satz 2.

§ 21 Fremdkapitalkosten. (1) [1] Fremdkapitalkosten sind die Kapitalkosten, die sich aus der Inanspruchnahme der Fremdmittel ergeben, namentlich

1. Zinsen für Fremdmittel,
2. laufende Kosten, die aus Bürgschaften für Fremdmittel entstehen,
3. sonstige wiederkehrende Leistungen aus Fremdmitteln, namentlich aus Rentenschulden.

[2] Als Fremdkapitalkosten gelten auch die Erbbauzinsen. [3] Laufende Nebenleistungen, namentlich Verwaltungskostenbeiträge, sind wie Zinsen zu behandeln.

(2) Zinsen für Fremdmittel, namentlich für Tilgungsdarlehen, sind mit dem Betrage anzusetzen, der sich aus dem im Finanzierungsplan ausgewiesenen Fremdmittel mit dem maßgebenden Zinssatz errechnet.

(3) [1] Maßgebend ist, soweit nichts anderes vorgeschrieben ist, der vereinbarte Zinssatz oder, wenn die Zinsen tatsächlich nach einem niedrigeren Zinssatz zu entrichten sind, dieser, höchstens jedoch der für erste Hypotheken im Zeitpunkt nach § 4 marktübliche Zinssatz. [2] Der niedrigere Zinssatz bleibt maßgebend

1. nach der planmäßigen Tilgung des Fremdmittels,
2. nach der Ersetzung des Fremdmittels durch andere Mittel, deren Kapitalkosten höher sind, wenn die Ersetzung auf Umständen beruht, die der Bauherr zu vertreten hat; § 23 Abs. 5 bleibt unberührt.

(4) Fremdkapitalkosten nach Absatz 1 Nr. 3 und Erbbauzinsen sind, soweit nichts anderes vorgeschrieben ist, in der vereinbarten Höhe oder, wenn der tatsächlich zu entrichtende Betrag niedriger ist, in dieser Höhe anzusetzen, höchstens jedoch mit dem Betrag, der einer Verzinsung zu dem im Zeitpunkt nach § 4 marktüblichen Zinssatz für erste Hypotheken entspricht; für die Berechnung dieser Verzinsung ist bei einem Erbbaurecht höchstens der im Zeitpunkt nach § 4 maßgebende Verkehrswert des Baugrundstücks, abzüglich eines einmaligen Entgeltes nach § 5 Abs. 2 Satz 3, zugrunde zu legen.

§ 22 Zinsersatz bei erhöhten Tilgungen. (1) Bei unverzinslichen Fremdmitteln, deren Tilgungssatz 1 vom Hundert übersteigt, dürfen Tilgungen als Kapitalkosten angesetzt werden (Zinsersatz); das gleiche gilt, wenn der Zinssatz niedriger als 4 vom Hundert ist.

(2) [1] Der Ansatz für Zinsersatz darf bei den einzelnen Fremdmitteln deren Tilgung nicht überschreiten und zusammen mit dem Ansatz für Zinsen nicht höher sein als der Betrag, der sich aus einer Verzinsung des Fremdmittels mit 4 vom Hundert ergibt. [2] Die Summe aller Ansätze für Zinsersatz darf auch nicht die Summe der Tilgungen übersteigen, die aus der gesamten Abschreibung nicht gedeckt werden können (erhöhte Tilgungen).

(3) Im öffentlich geförderten sozialen Wohnungsbau sind Ansätze für Zinsersatz nur insoweit zulässig, als die Bewilligungsstelle zustimmt.

(4) Auf Mietvorauszahlungen und Mieterdarlehen sind die Vorschriften über den Zinsersatz nicht anzuwenden.

(5) [1] Ist vor dem 1. Januar 1971 ein höherer Ansatz für Zinsersatz zugelassen worden oder zulässig gewesen, als er nach den Absätzen 1 bis 4 zulässig ist, darf der höhere Ansatz in Härtefällen für die Dauer der erhöhten Tilgungen in eine nach dem 30. Juni 1972 aufgestellte Wirtschaftlichkeitsberechnung aufgenommen werden, soweit

1. im öffentlich geförderten sozialen Wohnungsbau die Bewilligungsstelle,
2. im steuerbegünstigten oder freifinanzierten Wohnungsbau, der mit Wohnungsfürsorgemitteln gefördert worden ist, der Darlehens- oder Zuschußgeber,
3. im sonstigen Wohnungsbau von gemeinnützigen Wohnungsunternehmen die Anerkennungsbehörde

zustimmt. [2] Dem höheren Ansatz soll zugestimmt werden, soweit der seit dem 1. Januar 1971 zulässige Ansatz unter Berücksichtigung aller Umstände des

Einzelfalles für den Vermieter zu einer unbilligen Härte führen würde. [3] Dem Ansatz von Zinsersatz für Mietvorauszahlungen oder Mieterdarlehen darf nicht zugestimmt werden.

§ 23 Änderung der Kapitalkosten. (1) [1] Hat sich der Zins- oder Tilgungssatz für ein Fremdmittel geändert

1. im öffentlich geförderten sozialen Wohnungsbau nach der Bewilligung der öffentlichen Mittel gegenüber dem bei der Bewilligung auf Grund der Wirtschaftlichkeitsberechnung zugrunde gelegten Satz,
2. im steuerbegünstigten Wohnungsbau nach der Bezugsfertigkeit,

so sind in Wirtschaftlichkeitsberechnungen, die nach diesen Zeitpunkten aufgestellt werden, die Kapitalkosten anzusetzen, die sich auf Grund der Änderung nach Maßgabe des § 21 oder des § 22 ergeben. [2] Dies gilt bei einer Erhöhung der Kapitalkosten nur, wenn sie auf Umständen beruht, die der Bauherr nicht zu vertreten hat, und nur insoweit, als der Kapitalkostenbetrag im Rahmen des § 21 oder des § 22 den Betrag nicht übersteigt, der sich aus der Verzinsung des Fremdmittels zu dem bei der Kapitalkostenerhöhung marktüblichen Zinssatz für erste Hypotheken ergibt.

(2) [1] Bei einer Änderung der in § 21 Abs. 4 bezeichneten Fremdkapitalkosten gilt Absatz 1 entsprechend. [2] Übersteigt der erhöhte Erbbauzins den nach Absatz 1 ermittelten Betrag, so darf der übersteigende Betrag im öffentlich geförderten sozialen Wohnungsbau nur mit Zustimmung der Bewilligungsstelle in der Wirtschaftlichkeitsberechnung angesetzt werden. [3] Die Zustimmung ist zu erteilen, soweit die Erhöhung auf Umständen beruht, die der Bauherr nicht zu vertreten hat, und unter Berücksichtigung aller Umstände nach § 9a des Erbbaurechtsgesetzes[1)] nicht unbillig ist. [4] Im steuerbegünstigten Wohnungsbau darf der übersteigende Betrag angesetzt werden, soweit die Voraussetzungen der Zustimmung nach Satz 3 gegeben sind.

(3) [1] Absatz 1 gilt nicht bei einer Erhöhung der Zinsen oder Tilgungen für das der nachstelligen Finanzierung dienende öffentliche Baudarlehen nach Tilgung anderer Finanzierungsmittel. [2] Auf eine Erhöhung der Zinsen und Tilgungen nach den §§ 18a bis 18e des Wohnungsbindungsgesetzes[2)] oder nach § 44 Abs. 2 und 3 des Zweiten Wohnungsbaugesetzes ist Absatz 1 jedoch anzuwenden.

(4) [1] Werden an der Stelle der bisherigen Finanzierungsmittel nach § 12 Abs. 4 oder Abs. 6 andere Mittel ausgewiesen, so treten die Kapitalkosten der neuen Mittel insoweit an die Stelle der Kapitalkosten der bisherigen Finanzierungsmittel, als sie im Rahmen des § 20, des § 21 oder des § 22 den Betrag nicht übersteigen, der sich aus der Verzinsung zu dem bei der Ersetzung marktüblichen Zinssatz für erste Hypotheken ergibt. [2] Bei einem Tilgungsdarlehen bleibt es für den Betrag, der planmäßig getilgt ist (§ 12 Abs. 4 Satz 3), bei der bisherigen Verzinsung. [3] Sind Finanzierungsmittel durch eigene Mittel des Bauherrn ersetzt worden, so dürfen im öffentlich geförderten sozialen Wohnungsbau Zinsen nur unter entsprechender Anwendung des § 20 Abs. 2 Satz 2 angesetzt werden.

[1)] **Schönfelder Nr. 41**.
[2)] Nr. **16**.

(5) [1] Werden an der Stelle der als Darlehen gewährten öffentlichen Mittel nach § 12 Abs. 5 andere Mittel ausgewiesen, so dürfen als Kapitalkosten der neuen Mittel Zinsen nach Absatz 4 Satz 1 angesetzt werden. [2] Vorbehaltlich des § 46 Abs. 2 darf jedoch keine höhere Verzinsung angesetzt werden, als im Zeitpunkt der Rückzahlung für das öffentliche Baudarlehen zu entrichten war. [3] Ist ein Schuldnachlaß gewährt worden, dürfen Kapitalkosten für den erlassenen Darlehnsbetrag nicht angesetzt werden.

(6) [1] Werden nach § 11 Abs. 4 bis 6 die Kosten von baulichen Änderungen den Gesamtkosten hinzugerechnet, so dürfen für die Mittel, die zur Deckung dieser Kosten dienen, Kapitalkosten insoweit angesetzt werden, als sie im Rahmen des § 20, des § 21 oder des § 22 den Betrag nicht übersteigen, der sich aus der Verzinsung zu dem bei Fertigstellung marktüblichen Zinssatz für erste Hypotheken ergibt. [2] Sind die Kosten durch eigene Mittel des Bauherrn gedeckt worden, so dürfen im öffentlich geförderten sozialen Wohnungsbau Zinsen nur unter entsprechender Anwendung des § 20 Abs. 2 Satz 2 und im steuerbegünstigten und freifinanzierten Wohnungsbau, der mit Wohnungsfürsorgemitteln gefördert worden ist, nur unter entsprechender Anwendung des § 20 Abs. 3 angesetzt werden.

§ 23a Marktüblicher Zinssatz für erste Hypotheken. (1) Der marktübliche Zinssatz für erste Hypotheken im Zeitpunkt nach § 4 kann ermittelt werden

1. aus dem durchschnittlichen Zinssatz der durch erste Hypotheken gesicherten Darlehen, die zu dieser Zeit von Kreditinstituten oder privatrechtlichen Unternehmen, zu deren Geschäften üblicherweise die Hergabe derartiger Darlehen gehört, zu geschäftsüblichen Bedingungen für Bauvorhaben an demselben Ort gewährt worden sind oder
2. in Anlehnung an den Zinssatz der zu dieser Zeit zahlenmäßig am meisten abgesetzten Pfandbriefe unter Berücksichtigung der üblichen Zinsspanne.

(2) Absatz 1 gilt sinngemäß, wenn der marktübliche Zinssatz für einen anderen Zeitpunkt als den nach § 4 festzustellen ist.

§ 24 Bewirtschaftungskosten. (1) [1] Bewirtschaftungskosten sind die Kosten, die zur Bewirtschaftung des Gebäudes oder der Wirtschaftseinheit laufend erforderlich sind. [2] Bewirtschaftungskosten sind im einzelnen

1. Abschreibung,
2. Verwaltungskosten,
3. Betriebskosten,
4. Instandhaltungskosten,
5. Mietausfallwagnis.

(2) [1] Der Ansatz der Bewirtschaftungskosten hat den Grundsätzen einer ordentlichen Bewirtschaftung zu entsprechen. [2] Bewirtschaftungskosten dürfen nur angesetzt werden, wenn sie ihrer Höhe nach feststehen oder wenn mit ihrem Entstehen sicher gerechnet werden kann und soweit sie bei gewissenhafter Abwägung aller Umstände und bei ordentlicher Geschäftsführung gerechtfertigt sind. [3] Erfahrungswerte vergleichbarer Bauten sind heranzuziehen. [4] Soweit nach den §§ 26 und 28 Ansätze bis zu einer bestimmten Höhe zugelassen sind, dürfen Bewirtschaftungskosten bis zu dieser Höhe angesetzt

werden, es sei denn, daß der Ansatz im Einzelfall unter Berücksichtigung der jeweiligen Verhältnisse nicht angemessen ist.

§ 25 Abschreibung. (1) [1] Abschreibung ist der auf jedes Jahr der Nutzung fallende Anteil der verbrauchsbedingten Wertminderung der Gebäude, Anlagen und Einrichtungen. [2] Die Abschreibung ist nach der mutmaßlichen Nutzungsdauer zu errechnen.

(2) Die Abschreibung soll bei Gebäuden 1 vom Hundert der Baukosten, bei Erbbaurechten 1 vom Hundert der Gesamtkosten nicht übersteigen, sofern nicht besondere Umstände eine Überschreitung rechtfertigen.

(3) Als besondere Abschreibung für Anlagen und Einrichtungen dürfen zusätzlich angesetzt werden von den in der Wirtschaftlichkeitsberechnung enthaltenen Kosten

1.	der Öfen und Herde	3 vom Hundert,
2.	der Einbaumöbel	3 vom Hundert,
3.	der Anlagen und der Geräte zur Versorgung mit Warmwasser, sofern sie nicht mit einer Sammelheizung verbunden sind,	4 vom Hundert,
4.	der Sammelheizung einschließlich einer damit verbundenen Anlage zur Versorgung mit Warmwasser	3 vom Hundert,
5.	der Hausanlage bei eigenständig gewerblicher Lieferung von Wärme	0,5 vom Hundert,
	und einer damit verbundenen Anlage zur Versorgung mit Warmwasser	4 vom Hundert,
6.	des Aufzugs	2 vom Hundert,
7.	der Gemeinschaftsantenne	9 vom Hundert,
8.	der maschinellen Wascheinrichtung	9 vom Hundert.

§ 26 Verwaltungskosten. (1) [1] Verwaltungskosten sind die Kosten der zur Verwaltung des Gebäudes oder der Wirtschaftseinheit erforderlichen Arbeitskräfte und Einrichtungen, die Kosten der Aufsicht sowie der Wert der vom Vermieter persönlich geleisteten Verwaltungsarbeit. [2] Zu den Verwaltungskosten gehören auch die Kosten für die gesetzlichen oder freiwilligen Prüfungen des Jahresabschlusses und der Geschäftsführung.

(2) Die Verwaltungskosten dürfen höchstens mit 230 Euro jährlich je Wohnung, bei Eigenheimen, Kaufeigenheimen und Kleinsiedlungen je Wohngebäude angesetzt werden.

(3) Für Garagen oder ähnliche Einstellplätze dürfen Verwaltungskosten höchstens mit 30 Euro jährlich je Garagen- oder Einstellplatz angesetzt werden.

(4) [1] Die in den Absätzen 2 und 3 genannten Beträge verändern sich am 1. Januar 2005 und am 1. Januar eines jeden darauf folgenden dritten Jahres um den Prozentsatz, um den sich der vom Statistischen Bundesamt festgestellte Verbraucherpreisindex für Deutschland für den der Veränderung vorausgehenden Monat Oktober gegenüber dem Verbraucherpreisindex für

Deutschland für den der letzten Veränderung vorausgehenden Monat Oktober erhöht oder verringert hat. [2] Für die Veränderung am 1. Januar 2005 ist die Erhöhung oder Verringerung des Verbraucherpreisindexes für Deutschland maßgeblich, die im Oktober 2004 gegenüber dem Oktober 2001 eingetreten ist.

§ 27 Betriebskosten. (1) [1] Betriebskosten sind die Kosten, die dem Eigentümer (Erbbauberechtigten) durch das Eigentum am Grundstück (Erbbaurecht) oder durch den bestimmungsmäßigen Gebrauch des Gebäudes oder der Wirtschaftseinheit, der Nebengebäude, Anlagen, Einrichtungen und des Grundstücks laufend entstehen. [2] Der Ermittlung der Betriebskosten ist die Betriebskostenverordnung[1)] vom 25. November 2003 (BGBl. I S. 2346, 2347) zugrunde zu legen.

(2) [1] Sach- und Arbeitsleistungen des Eigentümers (Erbbauberechtigten), durch die Betriebskosten erspart werden, dürfen mit dem Betrage angesetzt werden, der für eine gleichwertige Leistung eines Dritten, insbesondere eines Unternehmers, angesetzt werden könnte. [2] Die Umsatzsteuer des Dritten darf nicht angesetzt werden.

(3) Im öffentlich geförderten sozialen Wohnungsbau und im steuerbegünstigten oder freifinanzierten Wohnungsbau, der mit Wohnungsfürsorgemitteln gefördert worden ist, dürfen die Betriebskosten nicht in der Wirtschaftlichkeitsberechnung angesetzt werden.

(4) (weggefallen)

§ 28 Instandhaltungskosten. (1) [1] Instandhaltungskosten sind die Kosten, die während der Nutzungsdauer zur Erhaltung des bestimmungsmäßigen Gebrauchs aufgewendet werden müssen, um die durch Abnutzung, Alterung und Witterungseinwirkung entstehenden baulichen oder sonstigen Mängel ordnungsgemäß zu beseitigen. [2] Der Ansatz der Instandhaltungskosten dient auch zur Deckung der Kosten von Instandsetzungen, nicht jedoch der Kosten von Baumaßnahmen, soweit durch sie eine Modernisierung vorgenommen wird oder Wohnraum oder anderer auf die Dauer benutzbarer Raum neu geschaffen wird. [3] Der Ansatz dient nicht zur Deckung der Kosten einer Erneuerung von Anlagen und Einrichtungen, für die eine besondere Abschreibung nach § 25 Abs. 3 zulässig ist.

(2) [1] Als Instandhaltungskosten dürfen je Quadratmeter Wohnfläche im Jahr angesetzt werden:

1. für Wohnungen, deren Bezugsfertigkeit am Ende des Kalenderjahres weniger als 22 Jahre zurückliegt, höchstens 7,10 Euro,
2. für Wohnungen, deren Bezugsfertigkeit am Ende des Kalenderjahres mindestens 22 Jahre zurückliegt, höchstens 9 Euro,
3. für Wohnungen, deren Bezugsfertigkeit am Ende des Kalenderjahres mindestens 32 Jahre zurückliegt, höchstens 11,50 Euro.

[2] Diese Sätze verringern sich bei eigenständig gewerblicher Leistung von Wärme im Sinne des § 1 Abs. 2 Nr. 2 der Verordnung über Heizkostenabrechnung[2)] in der Fassung der Bekanntmachung vom 20. Januar 1989

---

1) Nr. **20**.
2) Nr. **13**.

(BGBl. I S. 115) um 0,20 Euro. [3] Diese Sätze erhöhen sich für Wohnungen, für die ein maschinell betriebener Aufzug vorhanden ist, um 1 Euro.

(3) [1] Trägt der Mieter die Kosten für kleine Instandhaltungen in der Wohnung, so verringern sich die Sätze nach Absatz 2 um 1,05 Euro. [2] Die kleinen Instandhaltungen umfassen nur das Beheben kleiner Schäden an den Installationsgegenständen für Elektrizität, Wasser und Gas, den Heiz- und Kocheinrichtungen, den Fenster- und Türverschlüssen sowie den Verschlußvorrichtungen von Fensterläden.

(4) [1] Die Kosten der Schönheitsreparaturen in Wohnungen sind in den Sätzen nach Absatz 2 nicht enthalten. [2] Trägt der Vermieter die Kosten dieser Schönheitsreparaturen, so dürfen sie höchstens mit 8,50 Euro je Quadratmeter Wohnfläche im Jahr angesetzt werden. [3] Schönheitsreparaturen umfassen nur das Tapezieren, Anstreichen oder Kalken der Wände und Decken, das Streichen der Fußböden, Heizkörper einschließlich Heizrohre, der Innentüren sowie der Fenster und Außentüren von innen.

(5) Für Garagen oder ähnliche Einstellplätze dürfen als Instandhaltungskosten einschließlich Kosten für Schönheitsreparaturen höchstens 68 Euro jährlich je Garagen- oder Einstellplatz angesetzt werden.

(5a) Die in den Absätzen 2 bis 5 genannten Beträge verändern sich entsprechend § 26 Abs. 4.

(6) Für Kosten der Unterhaltung von Privatstraßen und Privatwegen, die dem öffentlichen Verkehr dienen, darf ein Erfahrungswert als Pauschbetrag neben den vorstehenden Sätzen angesetzt werden.

(7) Kosten eigener Instandhaltungswerkstätten sind mit den vorstehenden Sätzen abgegolten.

§ 29 Mietausfallwagnis. [1] Mietausfallwagnis ist das Wagnis einer Ertragsminderung, die durch uneinbringliche Rückstände von Mieten, Pachten, Vergütungen und Zuschlägen oder durch Leerstehen von Raum, der zur Vermietung bestimmt ist, entsteht. [2] Es umfaßt auch die uneinbringlichen Kosten einer Rechtsverfolgung auf Zahlung oder Räumung. [3] Das Mietausfallwagnis darf höchstens mit 2 vom Hundert der Erträge im Sinne des § 31 Abs. 1 Satz 1 angesetzt werden. [4] Soweit die Deckung von Ausfällen anders, namentlich durch einen Anspruch auf Erstattung gegenüber einem Dritten, gesichert ist, darf kein Mietausfallwagnis angesetzt werden.

§ 30 Änderung der Bewirtschaftungskosten. (1) [1] Haben sich die Verwaltungskosten oder die Instandhaltungskosten geändert

1. im öffentlich geförderten sozialen Wohnungsbau nach der Bewilligung der öffentlichen Mittel gegenüber dem bei der Bewilligung auf Grund der Wirtschaftlichkeitsberechnung zugrunde gelegten Betrag,
2. im steuerbegünstigten Wohnungsbau nach der Bezugsfertigkeit,

so sind in Wirtschaftlichkeitsberechnungen, die nach diesen Zeitpunkten aufgestellt werden, die geänderten Kosten anzusetzen. [2] Dies gilt bei einer Erhöhung dieser Kosten nur, wenn sie auf Umständen beruht, die der Bauherr nicht zu vertreten hat. [3] Die Verwaltungskosten dürfen bis zu der in § 26 zugelassenen Höhe, die Instandhaltungskosten bis zu der in § 28 zugelassenen Höhe ohne Nachweis einer Kostenerhöhung angesetzt werden, es sei denn, daß der Ansatz im Einzelfall unter Berücksichtigung der jeweiligen Verhältnisse nicht angemessen ist. [4] Eine Überschreitung der für die Verwaltungskosten und die Instandhaltungskosten zugelassenen Sätze ist nicht zulässig.

(2) Der Ansatz für die Abschreibung ist in Wirtschaftlichkeitsberechnungen, die nach den in Absatz 1 bezeichneten Zeitpunkten aufgestellt werden, zu ändern, wenn nach § 11 Abs. 1 bis 3 geänderte Gesamtkosten angesetzt werden; eine Änderung des für die Abschreibung angesetzten Vomhundertsatzes ist unzulässig.

(3) Der Ansatz für das Mietausfallwagnis ist in Wirtschaftlichkeitsberechnungen, die nach den in Absatz 1 bezeichneten Zeitpunkten aufgestellt werden, zu ändern, wenn sich die Jahresmiete ändert; eine Änderung des Vomhundertsatzes für das Mietausfallwagnis ist zulässig, wenn sich die Voraussetzungen für seine Bemessung nachhaltig geändert haben.

(4) [1] Werden nach § 11 Abs. 4 bis 6 die Kosten von baulichen Änderungen den Gesamtkosten hinzugerechnet, so dürfen die infolge der Änderungen entstehenden Bewirtschaftungskosten den anderen Bewirtschaftungskosten hinzugerechnet werden. [2] Für die entstehenden Abschreibungen und Instandhaltungskosten gelten die §§ 25 und 28 Abs. 2 bis 6 entsprechend.

§ 31 Erträge. (1) [1] Erträge sind die Einnahmen aus Miet- und Pachtverträgen sowie Vergütungen, die bei ordentlicher Bewirtschaftung des Gebäudes oder der Wirtschaftseinheit nachhaltig erzielt werden können. [2] Umlagen und Zuschläge, die zulässigerweise neben der Einzelmiete erhoben werden, bleiben als Ertrag unberücksichtigt.

(2) Als Ertrag gilt auch der Miet- oder Nutzungswert von Räumen oder Flächen, die vom Eigentümer (Erbbauberechtigten) selbst benutzt werden oder auf Grund eines anderen Rechtsverhältnisses als einem Miet- oder Pachtvertrag überlassen sind.

(3) [1] Wird die Wirtschaftlichkeitsberechnung aufgestellt, um für Wohnraum die zur Deckung der laufenden Aufwendungen erforderliche Miete (Kostenmiete) zu ermitteln, so ist der Gesamtbetrag der Erträge in derselben Höhe wie der Gesamtbetrag der laufenden Aufwendungen auszuweisen. [2] Aus dem nach Abzug der Vergütungen verbleibenden Betrag ist die Miete nach den für ihre Ermittlung maßgebenden Vorschriften zu berechnen.

Fünfter Abschnitt. Besondere Arten der Wirtschaftlichkeitsberechnung

§ 32 Voraussetzungen für besondere Arten der Wirtschaftlichkeitsberechnung. (1) Die Wirtschaftlichkeitsberechnung ist, vorbehaltlich des Absatzes 3, als Teilwirtschaftlichkeitsberechnung aufzustellen, wenn das Gebäude oder die Wirtschaftseinheit neben dem Wohnraum, für den die Berechnung aufzustellen ist, auch anderen Wohnraum oder Geschäftsraum enthält.

(2) Enthält das Gebäude oder die Wirtschaftseinheit steuerbegünstigten oder freifinanzierten Wohnraum, für den eine Wirtschaftlichkeitsberechnung nach § 87a des Zweiten Wohnungsbaugesetzes aufzustellen ist, und anderen steuerbegünstigten oder freifinanzierten Wohnraum, so ist die Wirtschaftlichkeitsberechnung als Teilwirtschaftlichkeitsberechnung aufzustellen.

(3) Die Wirtschaftlichkeitsberechnung für öffentlich geförderten Wohnraum ist als Teilwirtschaftlichkeitsberechnung oder mit Zustimmung der Bewilligungsstelle als Gesamtwirtschaftlichkeitsberechnung aufzustellen, wenn das Gebäude oder die Wirtschaftseinheit auch freifinanzierten Wohnraum oder Geschäftsraum enthält.

(4) [1] Die Wirtschaftlichkeitsberechnung für öffentlich geförderten Wohnraum ist in der Form von Teilwirtschaftlichkeitsberechnungen oder als Wirtschaftlichkeitsberechnung mit Teilberechnungen der laufenden Aufwendungen aufzustellen, wenn für einen Teil dieses Wohnraums (begünstigter Wohnraum) gegenüber dem anderen Teil des Wohnraums eine stärkere oder länger dauernde Senkung der laufenden Aufwendungen erzielt werden soll

1. durch Gewährung öffentlicher Mittel als Darlehen oder Zuschüsse zur Deckung von laufenden Aufwendungen, Fremdkapitalkosten, Annuitäten oder Bewirtschaftungskosten (§ 18 Abs. 2) oder
2. durch Gewährung von höheren, der nachstelligen Finanzierung dienenden öffentlichen Baudarlehen.

[2] Anstelle einer besonderen Form der Wirtschaftlichkeitsberechnung nach Satz 1 darf eine Wirtschaftlichkeitsberechnung nach den Vorschriften des ersten bis vierten Abschnittes aufgestellt werden, wenn eine Senkung der laufenden Aufwendungen für den begünstigten Wohnraum auf Grund von Umständen, die vom Bauherrn nicht zu vertreten sind, nicht mehr erzielt werden kann oder die besondere Zweckbestimmung für diesen Teil des Wohnraums entfallen ist.

(4a) [1] Ist eine Wirtschaftlichkeitsberechnung nach den Vorschriften des Ersten bis Vierten Abschnitts oder nach den Absätzen 1 bis 4 aufgestellt worden, bleibt diese als Teilwirtschaftlichkeitsberechnung für den Wohnraum, der Gegenstand ihrer Berechnung ist, weiterhin maßgebend, wenn neuer Wohnraum durch Ausbau oder Erweiterung des Gebäudes oder der zur Wirtschaftseinheit gehörenden Gebäude geschaffen worden ist. [2] Ist für den neu geschaffenen Wohnraum eine Wirtschaftlichkeitsberechnung erforderlich, ist sie als Teilwirtschaftlichkeitsberechnung aufzustellen.

(5) [1] Wird eine Wirtschaftlichkeitsberechnung für öffentlich geförderten Wohnraum erstmalig nach dieser Verordnung aufgestellt, so bleibt die der Bewilligung der öffentlichen Mittel zugrunde gelegte Art der Wirtschaftlichkeitsberechnung maßgebend, wenn diese Art auch nach Absatz 1, 3 oder 4 zulässig wäre; ist der Bewilligung der öffentlichen Mittel eine ähnliche Berechnung oder eine Berechnung der Gesamtkosten und Finanzierungsmittel zugrunde gelegt worden, so gilt dies sinngemäß. [2] Wäre die der Bewilligung zugrunde gelegte Art der Berechnung nicht nach Absatz 1, 3 oder 4 zulässig oder ist der Bewilligung eine Berechnung nicht zugrunde gelegt worden, so ist die Wirtschaftlichkeitsberechnung, die erstmalig nach dieser Verordnung aufgestellt wird, unter Anwendung des Absatzes 1, 3 oder 4 und unter Ausübung der dabei zulässigen Wahl aufzustellen.

(6) Die nach den Absätzen 3, 4 oder 5 getroffene Wahl bleibt für alle späteren Wirtschaftlichkeitsberechnungen maßgebend.

(7) Für die Aufstellung der Wirtschaftlichkeitsberechnung gelten

1. bei der Teilwirtschaftlichkeitsberechnung die sich aus den §§ 33 bis 36 ergebenden Besonderheiten,

2. bei der Gesamtwirtschaftlichkeitsberechnung die sich aus § 37 ergebenden Besonderheiten,
3. bei den Teilberechnungen der laufenden Aufwendungen die sich aus § 38 ergebenden Besonderheiten.

§ 33 Teilwirtschaftlichkeitsberechnung. In der Teilwirtschaftlichkeitsberechnung ist die Gegenüberstellung der laufenden Aufwendungen und der Erträge auf den Teil des Gebäudes oder der Wirtschaftseinheit zu beschränken, der den Wohnraum enthält, für den die Berechnung aufzustellen ist.

§ 34 Gesamtkosten in der Teilwirtschaftlichkeitsberechnung. (1) [1] In der Teilwirtschaftlichkeitsberechnung sind nur die Gesamtkosten anzusetzen, die auf den Teil des Gebäudes oder der Wirtschaftseinheit fallen, der Gegenstand der Berechnung ist. [2] Soweit bei Gesamtkosten nicht festgestellt werden kann, auf welchen Teil des Gebäudes oder der Wirtschaftseinheit sie fallen, sind sie bei Wohnraum nach dem Verhältnis der Wohnflächen aufzuteilen; enthält das Gebäude oder die Wirtschaftseinheit auch Geschäftsraum, so sind sie für den Wohnteil und den Geschäftsteil im Verhältnis des umbauten Raumes aufzuteilen. [3] Kosten oder Mehrkosten, die nur durch den Wohn- oder Geschäftsraum entstehen, der nicht Gegenstand der Berechnung ist, dürfen nur diesem zugerechnet werden. [4] Bei der Berechnung des umbauten Raumes ist die Anlage 2 dieser Verordnung zugrunde zu legen.

(2) [1] Enthält das Gebäude oder die Wirtschaftseinheit außer Wohnraum auch Geschäftsraum von nicht nur unbedeutendem Ausmaß, so dürfen die Kosten des Baugrundstücks, die dem Wohnraum zugerechnet werden, 15 vom Hundert seiner Baukosten nicht übersteigen; in besonderen Fällen, namentlich bei Grundstücken in günstiger Wohnlage, kann der Vomhundertsatz überschritten werden. [2] Erhöhte Kosten des Baugrundstücks, die durch die Geschäftslage veranlaßt sind, dürfen nicht dem Wohnraum zugerechnet werden.

(3) [1] Bei Wiederherstellung eines Gebäudes gehört zu den Baukosten auch der Wert der beim Bau des Wohnraums, für den die Berechnung aufzustellen ist, verwendeten Gebäudeteile; er ist entsprechend § 7 Abs. 2 Satz 2 bis 4 zu ermitteln. [2] Kommt eine Wiederherstellung auch dem noch vorhandenen, auf die Dauer benutzbaren Raum zugute, so dürfen Baukosten nur insoweit angesetzt werden, als die Wiederherstellung dem neu geschaffenen Wohnraum zugute kommt; Absatz 1 gilt entsprechend.

(4) [1] Ist Wohnraum durch Ausbau oder Erweiterung neu geschaffen worden, gehören zu den Gesamtkosten, die diesem Wohnraum in der Teilwirtschaftlichkeitsberechnung zuzurechnen sind, nur diejenigen Kosten, die durch den Ausbau oder die Erweiterung entstanden sind; dies gilt auch, wenn Zubehörräume von öffentlich geförderten Wohnungen zu neuen Wohnungen ausgebaut werden. [2] Kosten des Baugrundstücks dürfen bei Ausbau nicht, bei Erweiterung nur dann angesetzt werden, wenn das Grundstück für einen Anbau neu erworben worden ist.

§ 35 Finanzierungsmittel in der Teilwirtschaftlichkeitsberechnung. [1] In der Teilwirtschaftlichkeitsberechnung sind zur Deckung der angesetzten anteiligen Gesamtkosten die Finanzierungsmittel, die nur für den Teil des Gebäudes oder der Wirtschaftseinheit bestimmt sind, der Gegenstand der

Berechnung ist, in voller Höhe im Finanzierungsplan auszuweisen. [2] Die anderen Finanzierungsmittel sind angemessen zu verteilen.

§ 36 Laufende Aufwendungen und Erträge in der Teilwirtschaftlichkeitsberechnung. (1) In der Teilwirtschaftlichkeitsberechnung sind die laufenden Aufwendungen anzusetzen, die für den Teil des Gebäudes oder der Wirtschaftseinheit, der Gegenstand der Berechnung ist, entstehen.

(2) [1] Bewirtschaftungskosten, die für das ganze Gebäude oder die ganze Wirtschaftseinheit entstehen, sind nur mit dem Teil anzusetzen, der sich nach dem Verhältnis der Teilung der Gesamtkosten nach § 34 ergibt. [2] Bewirtschaftungskosten oder Mehrbeträge von Bewirtschaftungskosten, die allein durch den Wohn- oder Geschäftsraum, der nicht Gegenstand der Berechnung ist, entstehen, dürfen nur diesem zugerechnet werden. [3] Bei Wiederherstellung, Ausbau und Erweiterung dürfen Bewirtschaftungskosten nur insoweit angesetzt werden, als sie für den Teil des Gebäudes oder der Wirtschaftseinheit, der Gegenstand der Berechnung ist, zusätzlich entstehen; ist auch für den vorhanden gewesenen Wohnraum eine Teilwirtschaftlichkeitsberechnung aufzustellen, so dürfen Bewirtschaftungskosten nur nach den Sätzen 1 und 2 angesetzt werden.

(3) In der Teilwirtschaftlichkeitsberechnung sind die Erträge auszuweisen, die sich für den Teil des Gebäudes oder der Wirtschaftseinheit, der Gegenstand der Berechnung ist, nach § 31 ergeben.

§ 37 Gesamtwirtschaftlichkeitsberechnung. (1) In der Gesamtwirtschaftlichkeitsberechnung ist die Gegenüberstellung der laufenden Aufwendungen und der Erträge für das gesamte Gebäude oder die gesamte Wirtschaftseinheit vorzunehmen und sodann der Teil der laufenden Aufwendungen und der Erträge auszugliedern, der auf den öffentlich geförderten Wohnraum entfällt.

(2) Bewirtschaftungskosten für Geschäftsraum sind mit den Beträgen anzusetzen, die zur ordentlichen Bewirtschaftung des Geschäftsraums laufend erforderlich sind.

(3) [1] Zur Ausgliederung des Teils der laufenden Aufwendungen, der auf den öffentlich geförderten Wohnraum fällt, ist der Gesamtbetrag der laufenden Aufwendungen auf diesen Wohnraum und auf den anderen Wohnraum sowie den Geschäftsraum angemessen zu verteilen. [2] Laufende Aufwendungen oder Mehrbeträge laufender Aufwendungen, die allein durch den öffentlich geförderten Wohnraum oder durch den anderen Wohnraum oder den Geschäftsraum entstehen, dürfen jeweils nur dem in Betracht kommenden Raum zugerechnet werden.

(4) Wird für öffentlich geförderten Wohnraum eine Gesamtwirtschaftlichkeitsberechnung aufgestellt, so finden die Absätze 1 bis 3 auch dann Anwendung, wenn in der Berechnung, die der Bewilligung der öffentlichen Mittel zugrunde gelegt worden ist, eine Ausgliederung des auf den öffentlich geförderten Wohnraum fallenden Teiles der laufenden Aufwendungen nicht oder nach einem anderen Verteilungsmaßstab vorgenommen worden ist oder wenn Bewirtschaftungskosten für Geschäftsraum nicht oder nur in geringerer Höhe in Anspruch genommen oder anerkannt worden sind oder wenn auf Ansätze ganz oder teilweise verzichtet worden ist.

§ 38 Teilberechnungen der laufenden Aufwendungen. (1) [1] Für die Teilberechnungen der laufenden Aufwendungen ist der in der Wirtschaftlichkeitsberechnung für den öffentlich geförderten Wohnraum errechnete Gesamtbetrag der laufenden Aufwendungen nach dem Verhältnis der Wohnfläche auf den begünstigten Wohnraum und den anderen Wohnraum aufzuteilen. [2] Laufende Aufwendungen oder Mehrbeträge laufender Aufwendungen, die allein durch den begünstigten Wohnraum oder den anderen Wohnraum entstehen, dürfen nur dem jeweils in Betracht kommenden Wohnraum zugerechnet werden.

(2) Im Falle des § 32 Abs. 4 Nr. 1 ist nach Aufteilung des Gesamtbetrages der laufenden Aufwendungen auf den begünstigten Wohnraum und den anderen Wohnraum die Verminderung der laufenden Aufwendungen nach § 18 Abs. 2 jeweils bei dem Teil der laufenden Aufwendungen vorzunehmen, der auf den Wohnraum fällt, für den die Darlehen oder Zuschüsse zur Deckung von laufenden Aufwendungen, Fremdkapitalkosten, Annuitäten oder Bewirtschaftungskosten gewährt werden.

(3) [1] Im Falle des § 32 Abs. 4 Nr. 2 sind bei Berechnungen des Gesamtbetrages der laufenden Aufwendungen für die der nachstelligen Finanzierung dienenden öffentlichen Baudarlehen Rechnungszinsen in Höhe des im Zeitpunkt nach § 4 marktüblichen Zinssatzes für erste Hypotheken anzusetzen. [2] Nach Aufteilung des Gesamtbetrages der laufenden Aufwendungen auf den begünstigten Wohnraum und den anderen Wohnraum sind wieder abzuziehen

1. von dem Teil der laufenden Aufwendungen, der auf den begünstigten Wohnraum fällt, die für die höheren öffentlichen Baudarlehen angesetzten Rechnungszinsen,
2. von dem Teil der laufenden Aufwendungen, der auf den anderen Wohnraum fällt, die für die anderen öffentlichen Baudarlehen angesetzten Rechnungszinsen.

[3] Die Zinsen, die sich nach § 21 Abs. 2 und 3 für die öffentlichen Baudarlehen ergeben, sind sodann jeweils hinzuzurechnen.

(4) Absatz 3 gilt sinngemäß, wenn Darlehen oder Zuschüsse zur Senkung der Kapitalkosten von Fremdmitteln unmittelbar dem Gläubiger gewährt werden und für den begünstigten Wohnraum höhere Fremdmittel dieser Art ausgewiesen sind als für den anderen Wohnraum; Absatz 2 ist in diesem Falle nicht anzuwenden.

§ 39 Vereinfachte Wirtschaftlichkeitsberechnung. (1) [1] In der vereinfachten Wirtschaftlichkeitsberechnung ist die Ermittlung der laufenden Aufwendungen sowie die Gegenüberstellung der laufenden Aufwendungen und der Erträge in vereinfachter Form zulässig. [2] Die vereinfachte Wirtschaftlichkeitsberechnung kann auch als Auszug aus einer Wirtschaftlichkeitsberechnung aufgestellt werden. [3] Der Auszug aus einer Wirtschaftlichkeitsberechnung muß enthalten

1. die Bezeichnung des Gebäudes,
2. die Höhe der einzelnen laufenden Aufwendungen,
3. die Darlehen und Zuschüsse zur Deckung von laufenden Aufwendungen für den gesamten Wohnraum,

4. die Mieten und Pachten, den entsprechenden Miet- oder Nutzwert und die Vergütungen.

(2) [1] Absatz 1 Satz 3 ist sinngemäß anzuwenden, wenn der Auszug zur Berechnung einer Mieterhöhung nach § 10 Abs. 1 des Wohnungsbindungsgesetzes[1)] aufgestellt wird. [2] Aus dem Auszug muß auch die Erhöhung der einzelnen laufenden Aufwendungen erkennbar werden.

§ 39a Zusatzberechnung. (1) [1] Ist bereits eine Wirtschaftlichkeitsberechnung aufgestellt worden und haben sich nach diesem Zeitpunkt laufende Aufwendungen geändert, so kann eine neue Wirtschaftlichkeitsberechnung in der Weise aufgestellt werden, daß die bisherige Wirtschaftlichkeitsberechnung um eine Zusatzberechnung ergänzt wird, in der die Erhöhung oder Verringerung der einzelnen laufenden Aufwendungen ermittelt und der Erhöhung oder Verringerung der Erträge gegenübergestellt wird. [2] Eine Zusatzberechnung kann auch aufgestellt werden, wenn die in § 18 Abs. 2 Satz 1 bezeichneten Darlehen oder Zuschüsse nicht mehr oder nur in verminderter Höhe gewährt werden und der Vermieter den Wegfall oder die Verminderung nicht zu vertreten hat.

(2) [1] Hat der Vermieter den Änderungsbetrag zur Vergleichsmiete nach § 12 oder nach § 14 Abs. 6 der Neubaumietenverordnung 1970[2)] zu ermitteln, sind die einzelnen laufenden Aufwendungen nach den Verhältnissen zum Zeitpunkt der Bewilligung der öffentlichen Mittel zusammenzustellen und eine Zusatzberechnung nach Absatz 1 aufzustellen. [2] Dabei bleiben Änderungen der laufenden Aufwendungen, die sich nicht auf den Wohnraum beziehen, dessen Vergleichsmiete zu ermitteln ist, unberücksichtigt. [3] Enthält das Gebäude neben dem öffentlich geförderten Wohnraum auch anderen Wohnraum oder Geschäftsraum, sind die laufenden Aufwendungen und die Zusatzberechnung entsprechend § 37 aufzustellen.

(3) [1] Ist bereits eine Wirtschaftlichkeitsberechnung aufgestellt und sind nach diesem Zeitpunkt bauliche Änderungen vorgenommen worden, so kann eine neue Wirtschaftlichkeitsberechnung in der Weise aufgestellt werden, daß die bisherige Wirtschaftlichkeitsberechnung um eine Zusatzberechnung ergänzt wird. [2] In der Zusatzberechnung sind die Kosten der baulichen Änderungen anzusetzen, die zu ihrer Deckung dienenden Finanzierungsmittel auszuweisen und die sich danach für die baulichen Änderungen ergebenden Aufwendungen den Ertragserhöhungen gegenüberzustellen.

(4) Hat der Vermieter den Erhöhungsbetrag zur Vergleichsmiete nach § 13 der Neubaumietenverordnung 1970 für sämtliche öffentlich geförderten Wohnungen zu ermitteln, so ist eine Zusatzberechnung nach Absatz 3 Satz 2 aufzustellen.

Teil III. Lastenberechnung

§ 40 Lastenberechnung. (1) [1] Die Belastung des Eigentümers eines Eigenheims, einer Kleinsiedlung oder einer eigengenutzten Eigentumswohnung

[1)] Nr. **16**.
[2)] Nr. **17**.

oder des Inhabers eines eigengenutzten eigentumsähnlichen Dauerwohnrechts wird durch eine Berechnung (Lastenberechnung) ermittelt. [2] Das gleiche gilt für die Belastung des Bewerbers um ein Kaufeigenheim, eine Trägerkleinsiedlung, eine Kaufeigentumswohnung oder eine Wohnung in der Rechtsform des eigentumsähnlichen Dauerwohnrechts.

(2) [1] Wird durch Ausbau oder Erweiterung neuer, fremden Wohnzwecken dienender Wohnraum unter Einsatz öffentlicher Mittel geschaffen, ist hierfür eine Teilwirtschaftlichkeitsberechnung aufzustellen. [2] Die Regelungen des § 32 Abs. 4a und des § 34 Abs. 4 sind entsprechend anzuwenden.

§ 40a Aufstellung der Lastenberechnung durch den Bauherrn.

(1) [1] Ist der Eigentümer der Bauherr, so kann er die Lastenberechnung auf Grund einer Wirtschaftlichkeitsberechnung aufstellen. [2] In diesem Fall beschränkt sich die Lastenberechnung auf die Ermittlung der Belastung nach den §§ 40c bis 41.

(2) Wird die Lastenberechnung vom Bauherrn nicht auf Grund einer Wirtschaftlichkeitsberechnung aufgestellt, so muß sie enthalten

1. die Grundstücks- und Gebäudebeschreibung,
2. die Berechnung der Gesamtkosten,
3. den Finanzierungsplan,
4. die Ermittlung der Belastung nach den §§ 40c bis 41.

(3) Die Lastenberechnung ist aufzustellen

1. bei einem Eigenheim, einer Kleinsiedlung oder einem Kaufeigenheim für das Gebäude,
2. bei einer eigengenutzten Eigentumswohnung oder einer Kaufeigentumswohnung
   a) für die im Sondereigentum stehende Wohnung und den damit verbundenen Miteigentumsanteil an dem gemeinschaftlichen Eigentum oder
   b) in der Weise, daß die Berechnung für die Eigentumswohnungen oder Kaufeigentumswohnungen des Gebäudes oder der Wirtschaftseinheit (§ 2 Abs. 2) zusammengefaßt und die Gesamtkosten nach dem Verhältnis der Miteigentumsanteile aufgeteilt werden,
3. bei einer Wohnung in der Rechtsform des eigentumsähnlichen Dauerwohnrechts für die Wohnung und den Teil des Grundstücks, auf den sich das Dauerwohnrecht erstreckt.

(4) [1] Für die Aufstellung der Lastenberechnung gelten im übrigen § 2 Abs. 3 und 5, § 4 Abs. 1 bis 3, § 4a Abs. 1 bis 3, 5 sowie die §§ 5 bis 15 entsprechend. [2] § 12 Abs. 4 Satz 2 gilt dabei mit der Maßgabe, daß anstelle der Erhöhung der Kapitalkosten die Erhöhung der Kapitalkosten und Tilgungen zu berücksichtigen ist.

§ 40b Aufstellung der Lastenberechnung durch den Erwerber.

(1) Hat der Eigentümer das Gebäude oder die Wohnung auf Grund eines Veräußerungsvertrages gegen Entgelt erworben, so ist die Lastenberechnung nach § 40a Abs. 2 und 3 mit folgenden Maßgaben aufzustellen:

1. An die Stelle der Gesamtkosten treten der angemessene Erwerbspreis, die auf ihn fallenden Erwerbskosten und die nach dem Erwerb entstandenen Kosten nach § 11;
2. im Finanzierungsplan sind die Mittel auszuweisen, die zur Deckung des Erwerbspreises und der in Nummer 1 bezeichneten Kosten dienen.

(2) [1] Für die Aufstellung der Lastenberechnung gelten im übrigen § 2 Abs. 3 und 5 und die §§ 12 bis 15 entsprechend. [2] § 12 Abs. 4 Satz 2 gilt dabei mit der Maßgabe, daß an Stelle der Erhöhung der Kapitalkosten die Erhöhung der Kapitalkosten und Tilgungen zu berücksichtigen ist.

(3) Die Absätze 1 und 2 gelten entsprechend für die Aufstellung der Lastenberechnung durch einen Bewerber nach § 40 Satz 2.

§ 40c Ermittlung der Belastung. (1) Die Belastung wird ermittelt
1. aus der Belastung aus dem Kapitaldienst und
2. aus der Belastung aus der Bewirtschaftung.

(2) Hat derjenige, dessen Belastung zu ermitteln ist, einem Dritten ein Nutzungsentgelt oder einen ähnlichen Beitrag zum Kapitaldienst oder zur Bewirtschaftung zu leisten, so ist dieses Entgelt in die Lastenberechnung an Stelle der sonst ansetzbaren Beträge aufzunehmen, soweit es zur Deckung der Belastung bestimmt ist.

(3) Bei einer Kleinsiedlung vermehrt sich die Belastung um die Pacht einer gepachteten Landzulage.

(4) Werden von einem Dritten Aufwendungsbeihilfen, Zinszuschüsse oder Annuitätsdarlehen gewährt, so vermindert sich die Belastung entsprechend.

(5) [1] Erträge aus einem Miet- oder Pachtvertrag, die für den Gegenstand der Berechnung (§ 40a Abs. 3) erzielt werden, vermindern die Belastung. [2] Dies gilt nicht für Ertragsteile, die zur Deckung von Betriebskosten dienen, die bei der Berechnung der Belastung aus der Bewirtschaftung nicht angesetzt werden dürfen. [3] Als Ertrag gilt auch der Miet- oder Nutzungswert der Räume, die von demjenigen, dessen Belastung zu ermitteln ist, ausschließlich zu anderen als Wohnzwecken oder als Garagen benutzt werden, sowie der von ihm gewerblich benutzten Flächen.

§ 40d Belastung aus dem Kapitaldienst. (1) Zu der Belastung aus dem Kapitaldienst gehören
1. die Fremdkapitalkosten,
2. die Tilgungen für Fremdmittel.

(2) [1] Die Fremdkapitalkosten sind entsprechend den §§ 19, 21 und 23a zu berechnen. [2] Die Tilgungen für Fremdmittel sind aus dem im Finanzierungsplan ausgewiesenen Fremdmittel mit dem maßgebenden Tilgungssatz zu berechnen. [3] Maßgebend ist der vereinbarte Tilgungssatz oder, wenn die Tilgungen tatsächlich nach einem niedrigeren Tilgungssatz zu entrichten sind, dieser.

(3) Ist im Falle des § 40b im Finanzierungsplan eine Verbindlichkeit ausgewiesen, die ohne Änderung der Vereinbarung über die Verzinsung und Tilgung vom Erwerber übernommen worden ist, so gilt Absatz 2 mit der Maßgabe, daß die Zinsen und Tilgungen aus dem Ursprungsbetrag der Ver-

bindlichkeit mit dem maßgebenden Zins- und Tilgungssatz zu berechnen sind.

(4) Hat sich der Zins- oder Tilgungssatz für ein Fremdmittel geändert, so sind die Zinsen und Tilgungen anzusetzen, die sich auf Grund der Änderung bei entsprechender Anwendung der Absätze 2 und 3 ergeben; dies gilt bei einer Erhöhung des Zins- oder Tilgungssatzes nur, wenn sie auf Umständen beruht, die derjenige, dessen Belastung zu ermitteln ist, nicht zu vertreten hat, und für die Zinsen nur insoweit, als sie im Rahmen der Absätze 2 und 3 den Betrag nicht übersteigen, der sich aus der Verzinsung zu dem bei der Erhöhung marktüblichen Zinssatz für erste Hypotheken ergibt.

(5) Bei einer Änderung der in § 21 Abs. 4 bezeichneten Fremdkapitalkosten gilt Absatz 4 entsprechend.

(6) [1] Werden an der Stelle der bisherigen Finanzierungsmittel nach § 12 Abs. 4 andere Mittel ausgewiesen, so treten die Kapitalkosten und Tilgungen der neuen Mittel an die Stelle der Kapitalkosten und Tilgungen der bisherigen Finanzierungsmittel; dies gilt für die Kapitalkosten nur insoweit, als sie im Rahmen der Absätze 2 und 3 den Betrag nicht übersteigen, der sich aus der Verzinsung zu dem bei der Ersetzung marktüblichen Zinssatz für erste Hypotheken ergibt. [2] Sind Finanzierungsmittel durch eigene Mittel ersetzt worden, so dürfen Zinsen oder Tilgungen nicht angesetzt werden.

(7) Werden nach § 11 Abs. 4 bis 6 den Gesamtkosten die Kosten von baulichen Änderungen hinzugerechnet, so dürfen für die Fremdmittel, die zur Deckung dieser Kosten dienen, bei Anwendung des Absatzes 2 Kapitalkosten insoweit angesetzt werden, als sie den Betrag nicht überschreiten, der sich aus der Verzinsung zu dem bei Fertigstellung der baulichen Änderungen marktüblichen Zinssatz für erste Hypotheken ergibt.

(8) Soweit für Fremdmittel, die ganz oder teilweise im Finanzierungsplan ausgewiesen sind, Kapitalkosten oder Tilgungen nicht mehr zu entrichten sind, dürfen diese nicht angesetzt werden.

§ 41 Belastung aus der Bewirtschaftung. (1) [1] Zu der Belastung aus der Bewirtschaftung gehören

1. die Ausgaben für die Verwaltung, die an einen Dritten laufend zu entrichten sind,
2. die Betriebskosten,
3. die Ausgaben für die Instandhaltung.

[2] Die Vorschriften der §§ 24, 28 und 30 sind entsprechend anzuwenden.

(2) [1] § 26 ist entsprechend anzuwenden mit der Maßgabe, daß bei Eigentumswohnungen, Kaufeigentumswohnungen oder Wohnungen in der Rechtsform des eigentumsähnlichen Dauerwohnrechts als Ausgaben für die Verwaltung höchstens 275 Euro angesetzt werden dürfen. [2] Der in Satz 1 bezeichnete Betrag verändert sich entsprechend § 26 Abs. 4.

(3) [1] § 27 ist entsprechend anzuwenden mit der Maßgabe, daß als Betriebskosten angesetzt werden dürfen

1. laufende öffentliche Lasten des Grundstücks, namentlich die Grundsteuer,
2. Kosten der Wasserversorgung,
3. Kosten der Straßenreinigung und Müllbeseitigung,

4. Kosten der Entwässerung,
5. Kosten der Schornsteinreinigung,
6. Kosten der Sach- und Haftpflichtversicherung.

[2] Bei einer Eigentumswohnung, einer Kaufeigentumswohnung und einer Wohnung in der Rechtsform des eigentumsähnlichen Dauerwohnrechts dürfen als Betriebskosten außerdem angesetzt werden

1. Kosten des Betriebes des Fahrstuhls,
2. Kosten der Gebäudereinigung und Ungezieferbekämpfung,
3. Kosten für den Hauswart.

Teil IV. Wohnflächenberechnung

§ 42 Wohnfläche. [1] Ist die Wohnfläche bis zum 31. Dezember 2003 nach dieser Verordnung berechnet worden, bleibt es bei dieser Berechnung. [2] Soweit in den in Satz 1 genannten Fällen nach dem 31. Dezember 2003 bauliche Änderungen an dem Wohnraum vorgenommen werden, die eine Neuberechnung der Wohnfläche erforderlich machen, sind die Vorschriften der Wohnflächenverordnung[1)] vom 25. November 2003 (BGBl. I S. 2346) anzuwenden.

§§ 43, 44 *(aufgehoben)*

Teil V. Schluß- und Überleitungsvorschriften

§ 45 Befugnisse des Bauherrn und seines Rechtsnachfolgers. (1) Läßt diese Verordnung eine Wahl zwischen zwei oder mehreren Möglichkeiten zu oder setzt sie bei einer Berechnung einen Rahmen, so ist der Bauherr, soweit sich aus dieser Verordnung nichts anderes ergibt, befugt, die Wahl vorzunehmen oder den Rahmen auszufüllen.

(2) [1] Die Befugnisse des Bauherrn nach dieser Verordnung stehen auch seinem Rechtsnachfolger zu. [2] Soweit der Bauherr nach dieser Verordnung Umstände zu vertreten hat, hat sie auch der Rechtsnachfolger zu vertreten.

§ 46 Überleitungsvorschriften. (1) Soweit bis zum 31. Oktober 1957 für den in § 1 Abs. 1 und § 1a Abs. 2 Nr. 2 und 3 bezeichneten Wohnraum Wirtschaftlichkeit oder Wohnfläche nach der Verordnung über Wirtschaftlichkeits- und Wohnflächenberechnung für neugeschaffenen Wohnraum (Berechnungsverordnung) vom 20. November 1950 (BGBl. S. 753) berechnet worden ist, bleibt es für diese Berechnungen dabei.

(2) § 2 Abs. 8, § 18 Abs. 4 und § 23 Abs. 5 sind in der mit Inkrafttreten dieser Verordnung geltenden Fassung anzuwenden, wenn die Darlehen nach dem 31. Dezember 1989 vorzeitig zurückgezahlt oder abgelöst wurden oder nach diesem Zeitpunkt auf die weitere Auszahlung von Zuschüssen zur

---

[1)] Nr. **19**.

Deckung der laufenden Aufwendungen oder von Zinszuschüssen verzichtet wurde.

(3) Sind für ein Gebäude oder eine Wirtschaftseinheit auf Grund von Ausbau oder Erweiterung Wirtschaftlichkeitsberechnungen oder Teilwirtschaftlichkeitsberechnungen vor dem 29. August 1990 aufgestellt worden, sind die Regelungen der §§ 32, 34 und 40 in der bis zum 29. August 1990 geltenden Fassung anzuwenden.

§§ 47 und 48 (weggefallen)

§ 48a Berlin-Klausel. *(gegenstandslos)*

§ 49 Geltung im Saarland. Diese Verordnung gilt nicht im Saarland.

§ 50 (Inkrafttreten)

Anlage 1
(zu § 5 Abs. 5)

Aufstellung der Gesamtkosten

Die Gesamtkosten bestehen aus:

I. Kosten des Baugrundstücks

Zu den Kosten des Baugrundstücks gehören:

1. Der Wert des Baugrundstücks
2. Die Erwerbskosten
   Hierzu gehören alle durch den Erwerb des Baugrundstücks verursachten Nebenkosten, z.B. Gerichts- und Notarkosten, Maklerprovisionen, Grunderwerbsteuern, Vermessungskosten, Gebühren für Wertberechnungen und amtliche Genehmigungen, Kosten der Bodenuntersuchung zur Beurteilung des Grundstückswertes.
   Zu den Erwerbskosten gehören auch Kosten, die im Zusammenhang mit einer das Baugrundstück betreffenden freiwilligen oder gesetzlich geregelten Umlegung, Zusammenlegung oder Grenzregelung (Bodenordnung) entstehen, außer den Kosten der dem Bauherrn dabei obliegenden Verwaltungsleistungen.
3. Die Erschließungskosten
   Hierzu gehören:
   a) Abfindungen und Entschädigungen an Mieter, Pächter und sonstige Dritte zur Erlangung der freien Verfügung über das Baugrundstück,
   b) Kosten für das Herrichten des Baugrundstücks, z.B. Abräumen, Abholzen, Roden, Bodenbewegung, Enttrümmern, Gesamtabbruch,
   c) Kosten der öffentlichen Entwässerungs- und Versorgungsanlagen, die nicht Kosten der Gebäude oder der Außenanlagen sind, und Kosten öffentlicher Flächen für Straßen, Freiflächen und dgl., soweit diese Kos-

ten vom Grundstückseigentümer auf Grund gesetzlicher Bestimmungen (z.B. Anliegerleistungen) oder vertraglicher Vereinbarungen (z.B. Unternehmerstraßen) zu tragen und vom Bauherrn zu übernehmen sind,

d) Kosten der nichtöffentlichen Entwässerungs- und Versorgungsanlagen, die nicht Kosten der Gebäude oder der Außenanlagen sind, und Kosten nichtöffentlicher Flächen für Straßen, Freiflächen und dgl., wie Privatstraßen, Abstellflächen für Kraftfahrzeuge, wenn es sich um Daueranlagen handelt, d.h. um Anlagen, die auch nach etwaigem Abgang der Bauten im Rahmen der allgemeinen Ortsplanung bestehen bleiben müssen,

e) andere einmalige Abgaben, die vom Bauherrn nach gesetzlichen Bestimmungen verlangt werden (z.B. Bauabgaben, Ansiedlungsleistungen, Ausgleichsbeträge).

II. Baukosten

Zu den Baukosten gehören:

1. Die Kosten der Gebäude
Das sind die Kosten (getrennt nach der Art der Gebäude oder Gebäudeteile) sämtlicher Bauleistungen, die für die Errichtung der Gebäude erforderlich sind.
Zu den Kosten der Gebäude gehören auch
die Kosten aller eingebauten oder mit den Gebäuden fest verbundenen Sachen, z.B. Anlagen zur Beleuchtung, Erwärmung, Kühlung und Lüftung von Räumen und zur Versorgung mit Elektrizität, Gas, Kalt- und Warmwasser (bauliche Betriebseinrichtungen), bis zum Hausanschluß an die Außenanlagen, Öfen, Koch- und Waschherde, Bade- und Wascheinrichtungen, eingebaute Rundfunkanlagen, Gemeinschaftsantennen, Blitzschutzanlagen, Luftschutzanlagen, Luftschutzvorsorgeanlagen, bildnerischer und malerischer Schmuck an und in Gebäuden, eingebaute Möbel,
die Kosten aller vom Bauherrn erstmalig zu beschaffenden, nicht eingebauten oder nicht fest verbundenen Sachen an und in den Gebäuden, die zur Benutzung und zum Betrieb der baulichen Anlagen erforderlich sind oder zum Schutz der Gebäude dienen, z.B. Öfen, Koch- und Waschherde, Bade- und Wascheinrichtungen, soweit sie nicht unter den vorstehenden Absatz fallen, Aufsteckschlüssel für innere Leitungshähne und -ventile, Bedienungseinrichtungen für Sammelheizkessel (Schaufeln, Schürstangen usw.), Dachaussteige- und Schornsteinleitern, Feuerlöschanlagen (Schläuche, Stand- und Strahlrohre für eingebaute Feuerlöschanlagen), Schlüssel für Fenster- und Türverschlüsse usw..
Zu den Kosten der Gebäude gehören auch die Kosten von Teilabbrüchen innerhalb der Gebäude sowie der etwa angesetzte Wert verwendeter Gebäudeteile.

2. Die Kosten der Außenanlagen
Das sind die Kosten sämtlicher Bauleistungen, die für die Herstellung der Außenanlagen erforderlich sind.
Hierzu gehören

a) die Kosten der Entwässerungs- und Versorgungsanlagen vom Hausanschluß ab bis an das öffentliche Netz oder an nichtöffentliche Anlagen, die Daueranlagen sind (I 3d), außerdem alle anderen Entwässerungs- und

Versorgungsanlagen außerhalb der Gebäude, Kleinkläranlagen, Sammelgruben, Brunnen, Zapfstellen usw.,

b) die Kosten für das Anlegen von Höfen, Wegen und Einfriedungen, nichtöffentlichen Spielplätzen usw.,

c) die Kosten der Gartenanlagen und Pflanzungen, die nicht zu den besonderen Betriebseinrichtungen gehören, der nicht mit einem Gebäude verbundenen Freitreppen, Stützmauern, fest eingebauten Flaggenmaste, Teppichklopfstangen, Wäschepfähle usw.,

d) die Kosten sonstiger Außenanlagen, z.B. Luftschutzaußenanlagen, Kosten für Teilabbrüche außerhalb der Gebäude, soweit sie nicht zu den Kosten für das Herrichten des Baugrundstücks gehören.

Zu den Kosten der Außenanlagen gehören auch
die Kosten aller eingebauten oder mit den Außenanlagen fest verbundenen Sachen,
die Kosten aller vom Bauherrn erstmalig zu beschaffenden, nicht eingebauten oder nicht fest verbundenen Sachen an und in den Außenanlagen, z.B. Aufsteckschlüssel für äußere Leitungshähne und -ventile, Feuerlöschanlagen (Schläuche, Stand- und Strahlrohre für äußere Feuerlöschanlagen).

3. Die Baunebenkosten
Das sind

a) Kosten der Architekten- und Ingenieurleistungen; diese Leistungen umfassen namentlich Planungen, Ausschreibungen, Bauleitung, Bauführung und Bauabrechnung,

b) Kosten der dem Bauherrn obliegenden Verwaltungsleistungen bei Vorbereitung und Durchführung des Bauvorhabens,

c) Kosten der Behördenleistungen; hierzu gehören die Kosten der Prüfungen und Genehmigungen der Behörden oder Beauftragten der Behörden,

d) folgende Kosten:

aa) Kosten der Beschaffung der Finanzierungsmittel, z.B. Maklerprovisionen, Gerichts- und Notarkosten, einmalige Geldbeschaffungskosten (Hypothekendisagio, Kreditprovisionen und Spesen, Wertberechnungs- und Bearbeitungsgebühren, Bereitstellungskosten usw.),

bb) Kapitalkosten und Erbbauzinsen, die auf die Bauzeit entfallen,

cc) Kosten der Beschaffung und Verzinsung der Zwischenfinanzierungsmittel einschließlich der gestundeten Geldbeschaffungskosten (Disagiodarlehen),

dd) Steuerbelastungen des Baugrundstücks, die auf die Bauzeit entfallen,

ee) Kosten der Beschaffung von Darlehen und Zuschüssen zur Deckung von laufenden Aufwendungen, Fremdkapitalkosten, Annuitäten und Bewirtschaftungskosten,

e) sonstige Nebenkosten, z.B. die Kosten der Bauversicherungen während der Bauzeit, der Bauwache, der Baustoffprüfungen des Bauherrn, der Grundsteinlegungs- und Richtfeier.

4. Die Kosten der besonderen Betriebseinrichtungen
Das sind z.B. die Kosten für Personen- und Lastenaufzüge, Müllbeseitigungsanlagen, Hausfernsprecher, Uhrenanlagen, gemeinschaftliche Wasch- und Badeeinrichtungen usw..
5. Die Kosten des Gerätes und sonstiger Wirtschaftsausstattungen
Das sind
die Kosten für alle vom Bauherrn erstmalig zu beschaffenden beweglichen Sachen, die nicht unter die Kosten der Gebäude oder der Außenanlagen fallen, z.B. Asche- und Müllkästen, abnehmbare Fahnen, Fenster- und Türbehänge, Feuerlösch- und Luftschutzgerät, Haus- und Stallgerät usw.,
die Kosten für Wirtschaftsausstattungen bei Kleinsiedlungen usw., z.B. Ackergerät, Dünger, Kleinvieh, Obstbäume, Saatgut.

Anlage 2
(zu den §§ 11a und 34 Abs. 1)

Berechnung des umbauten Raumes

Der umbaute Raum ist in m³ anzugeben.

1.1 Voll anzurechnen ist der umbaute Raum eines Gebäudes, der umschlossen wird:

1.11 seitlich von den Außenflächen der Umfassungen,

1.12 unten

1.121 bei unterkellerten Gebäuden von den Oberflächen der untersten Geschoßfußböden,

1.122 bei nichtunterkellerten Gebäuden von der Oberfläche des Geländes. Liegt der Fußboden des untersten Geschosses tiefer als das Gelände, gilt Abschnitt 1.121,

1.13 oben

1.131 bei nicht ausgebautem Dachgeschoß von den Oberflächen der Fußböden über den obersten Vollgeschossen,

1.132 bei ausgebautem Dachgeschoß, bei Treppenhausköpfen und Fahrstuhlschächten von den Außenflächen der umschließenden Wände und Decken. (Bei Ausbau mit Leichtbauplatten sind die begrenzenden Außenflächen durch die Außen- oder Oberkante der Teile zu legen, welche diese Platten unmittelbar tragen),

1.133 bei Dachdecken, die gleichzeitig die Decke des obersten Vollgeschosses bilden, von den Oberflächen der Tragdecke oder Balkenlage,

1.134 bei Gebäuden oder Bauteilen ohne Geschoßdecken von den Außenflächen des Daches, vgl. Abschnitt 1.35.

1.2 Mit einem Drittel anzurechnen ist der umbaute Raum des nichtausgebauten Dachraumes, der umschlossen wird von den Flächen nach Abschnitt 1.131 oder 1.132 und den Außenflächen des Daches.

1.3 bei den Berechnungen nach Abschnitt 1.1 und 1.2 ist:

1.31 die Gebäudegrundfläche nach den Rohbaumaßen des Erdgeschosses zu berechnen,

1.32 bei wesentlich verschiedenen Geschoßgrundflächen der umbaute Raum geschoßweise zu berechnen,

1.33 nicht abzuziehen der umbaute Raum, der gebildet wird von:

1.331 äußeren Leibungen von Fenstern und Türen und äußeren Nischen in den Umfassungen,

1.332 Hauslauben (Loggien), d.h. an höchstens zwei Seitenflächen offenen, im übrigen umbauten Räumen,

1.34 nicht hinzuzurechnen der umbaute Raum, den folgende Bauteile bilden:

1.341 stehende Dachfenster und Dachaufbauten mit einer vorderen Ansichtsfläche bis zu je 2 m^2 (Dachaufbauten mit größerer Ansichtsfläche siehe Abschnitt 1.42),

1.342 Balkonplatten und Vordächer bis zu 0,5 m Ausladung (weiter ausladende Balkonplatten und Vordächer siehe Abschnitt 1.44),

1.343 Dachüberstände, Gesimse, ein bis drei nichtunterkellerte, vorgelagerte Stufen, Wandpfeiler, Halbsäulen und Pilaster,

1.344 Gründungen gewöhnlicher Art, deren Unterfläche bei unterkellerten Bauten nicht tiefer als 0,5 m unter der Oberfläche des Kellergeschoßfußbodens, bei nichtunterkellerten Bauten nicht tiefer als 1 m unter der Oberfläche des umgebenden Geländes liegt (Gründungen außergewöhnlicher Art und Tiefe siehe Abschnitt 1.48),

1.345 Kellerlichtschächte und Lichtgräben,

1.35 für Teile eines Baues, deren Innenraum ohne Zwischendecken bis zur Dachfläche durchgeht, der umbaute Raum getrennt zu berechnen, vgl. Abschnitt 1.134,

1.36 für zusammenhängende Teile eines Baues, die sich nach dem Zweck und deshalb in der Art des Ausbaues wesentlich von den übrigen Teilen unterscheiden, der umbaute Raum getrennt zu berechnen.

1.4 Von der Berechnung des umbauten Raumes nicht erfaßt werden folgende (besonders zu veranschlagende) Bauausführungen und Bauteile:

1.41 geschlossene Anbauten in leichter Bauart und mit geringwertigem Ausbau und offene Anbauten, wie Hallen, Überdachungen (mit oder ohne Stützen) von Lichthöfen, Unterfahrten auf Stützen, Veranden,

1.42 Dachaufbauten mit vorderen Ansichtsflächen von mehr als 2 m^2 und Dachreiter,

1.43 Brüstungen von Balkonen und begehbaren Dachflächen,

1.44 Balkonplatten und Vordächer mit mehr als 0,5 m Ausladung,

1.45 Freitreppen mit mehr als 3 Stufen und Terrassen (und ihre Brüstungen),

1.46 Füchse, Gründungen für Kessel und Maschinen,

1.47 freistehende Schornsteine und der Teil von Hausschornsteinen, der mehr als 1 m über den Dachfirst hinausragt,

1.48 Gründungen außergewöhnlicher Art, wie Pfahlgründungen und Gründungen außergewöhnlicher Tiefe, deren Unterfläche tiefer liegt als im Abschnitt 1.344 angegeben,

1.49 wasserdruckhaltende Dichtungen.

***Anlage 3*[1)]**
(zu § 27 Abs. 1)

Aufstellung der Betriebskosten

Betriebskosten sind nachstehende Kosten, die dem Eigentümer (Erbbauberechtigten) durch das Eigentum (Erbbaurecht) am Grundstück oder durch den bestimmungsmäßigen Gebrauch des Gebäudes oder der Wirtschaftseinheit, der Nebengebäude, Anlagen, Einrichtungen und des Grundstücks laufend entstehen, es sei denn, daß sie üblicherweise vom Mieter außerhalb der Miete unmittelbar getragen werden:

1. *Die laufenden öffentlichen Lasten des Grundstücks*
   Hierzu gehört namentlich die Grundsteuer, jedoch nicht die Hypothekengewinnabgabe.

2. *Die Kosten der Wasserversorgung*
   Hierzu gehören die Kosten des Wasserverbrauchs, die Grundgebühren, die Kosten der Anmietung oder anderer Arten der Gebrauchsüberlassung von Wasserzählern sowie die Kosten ihrer Verwendung einschließlich der Kosten der Berechnung und Aufteilung, die Kosten der Wartung von Wassermengenreglern, die Kosten des Betriebs einer hauseigenen Wasserversorgungsanlage und einer Wasseraufbereitungsanlage einschließlich der Aufbereitungsstoffe.

3. *Die Kosten der Entwässerung*
   Hierzu gehören die Gebühren für die Haus- und Grundstücksentwässerung, die Kosten des Betriebs einer entsprechenden nicht öffentlichen Anlage und die Kosten des Betriebs einer Entwässerungspumpe.

4. *Die Kosten*

   a) des Betriebs der zentralen Heizungsanlage einschließlich der Abgasanlage;
   hierzu gehören die Kosten der verbrauchten Brennstoffe und ihrer Lieferung, die Kosten des Betriebsstroms, die Kosten der Bedienung, Überwachung und Pflege der Anlage, der regelmäßigen Prüfung ihrer Betriebsbereitschaft und Betriebssicherheit einschließlich der Einstellung durch einen Fachmann, der Reinigung der Anlage und des Betriebsraums, die Kosten der Messungen nach dem Bundes-Immissionsschutzgesetz, die Kosten der Anmietung oder anderer Arten der Gebrauchsüberlassung einer Ausstattung zur Verbrauchserfassung sowie die Kosten der Verwendung einer Ausstattung zur Verbrauchserfassung einschließlich der Kosten der Berechnung und Aufteilung;
   oder

   b) des Betriebs der zentralen Brennstoffversorgungsanlage;

[1)] Anl. 3 aufgeh. mWv 1.1.2004 durch VO v. 25.11.2003 (BGBl. I S. 2346); siehe nunmehr die BetrKV (Nr. **20**)

hierzu gehören die Kosten der verbrauchten Brennstoffe und ihrer Lieferung, die Kosten des Betriebsstroms und die Kosten der Überwachung sowie die Kosten der Reinigung der Anlage und des Betriebsraums;
oder

c) der eigenständig gewerblichen Lieferung von Wärme, auch aus Anlagen im Sinne des Buchstabens a;
hierzu gehören das Entgelt für die Wärmelieferung und die Kosten des Betriebs der zugehörigen Hausanlagen entsprechend Buchstabe a;
oder

d) der Reinigung und Wartung von Etagenheizungen;
hierzu gehören die Kosten der Beseitigung von Wasserablagerungen und Verbrennungsrückständen in der Anlage, die Kosten der regelmäßigen Prüfung der Betriebsbereitschaft und Betriebssicherheit und der damit zusammenhängenden Einstellung durch einen Fachmann sowie die Kosten der Messungen nach dem Bundes-Immissionsschutzgesetz.

5. *Die Kosten*

a) des Betriebs der zentralen Wasserversorgungsanlage;
hierzu gehören die Kosten der Wasserversorgung entsprechend Nummer 2, soweit sie nicht dort bereits berücksichtigt sind, und die Kosten der Wassererwärmung entsprechend Nummer 4 Buchstabe a;
oder

b) der eigenständig gewerblichen Lieferung von Warmwasser, auch aus Anlagen im Sinne des Buchstabens a;
hierzu gehören das Entgelt für die Lieferung des Warmwassers und die Kosten des Betriebs der zugehörigen Hausanlagen entsprechend Nummer 4 Buchstabe a;
oder

c) der Reinigung und Wartung von Warmwassergeräten;
hierzu gehören die Kosten der Beseitigung von Wasserablagerungen und Verbrennungsrückständen im Innern der Geräte sowie die Kosten der regelmäßigen Prüfung der Betriebsbereitschaft und Betriebssicherheit und der damit zusammenhängenden Einstellung durch einen Fachmann.

6. *Die Kosten verbundener Heizungs- und Warmwasserversorgungsanlagen*

a) bei zentralen Heizungsanlagen entsprechend Nummer 4 Buchstabe a und entsprechend Nummer 2, soweit sie nicht dort bereits berücksichtigt sind;
oder

b) bei der eigenständig gewerblichen Lieferung von Wärme entsprechend Nummer 4 Buchstabe c und entsprechend Nummer 2, soweit sie nicht dort bereits berücksichtigt sind;
oder

c) bei verbundenen Etagenheizungen und Warmwasserversorgungsanlagen entsprechend Nummer 4 Buchstabe d und entsprechend Nummer 2, soweit sie nicht dort bereits berücksichtigt sind.

7. *Die Kosten des Betriebs des maschinellen Personen- oder Lastenaufzuges*
Hierzu gehören die Kosten des Betriebsstroms, die Kosten der Beaufsichtigung, der Bedienung, Überwachung und Pflege der Anlage, der regelmäßigen Prüfung ihrer Betriebsbereitschaft und Betriebssicherheit einschließlich der Einstellung durch einen Fachmann sowie die Kosten der Reinigung der Anlage.

8. Die Kosten der Straßenreinigung und Müllabfuhr
Hierzu gehören die für die öffentliche Straßenreinigung und Müllabfuhr zu entrichtenden Gebühren oder die Kosten entsprechender nicht öffentlicher Maßnahmen.

9. Die Kosten der Hausreinigung und Ungezieferbekämpfung
Zu den Kosten der Hausreinigung gehören die Kosten für die Säuberung der von den Bewohnern gemeinsam benutzten Gebäudeteile, wie Zugänge, Flure, Treppen, Keller, Bodenräume, Waschküchen, Fahrkorb des Aufzuges.

10. Die Kosten der Gartenpflege
Hierzu gehören die Kosten der Pflege gärtnerisch angelegter Flächen einschließlich der Erneuerung von Pflanzen und Gehölzen, der Pflege von Spielplätzen einschließlich der Erneuerung von Sand und der Pflege von Plätzen, Zugängen und Zufahrten, die dem nicht öffentlichen Verkehr dienen.

11. Die Kosten der Beleuchtung
Hierzu gehören die Kosten des Stroms für die Außenbeleuchtung und die Beleuchtung der von den Bewohnern gemeinsam benutzten Gebäudeteile, wie Zugänge, Flure, Treppen, Keller, Bodenräume, Waschküchen.

12. Die Kosten der Schornsteinreinigung
Hierzu gehören die Kehrgebühren nach der maßgebenden Gebührenordnung, soweit sie nicht bereits als Kosten nach Nummer 4 Buchstabe a berücksichtigt sind.

13. Die Kosten der Sach- und Haftpflichtversicherung
Hierzu gehören namentlich die Kosten der Versicherung des Gebäudes gegen Feuer-, Sturm- und Wasserschäden, der Glasversicherung, der Haftpflichtversicherung für das Gebäude, den Öltank und den Aufzug.

14. Die Kosten für den Hauswart
Hierzu gehören die Vergütung, die Sozialbeiträge und alle geldwerten Leistungen, die der Eigentümer (Erbbauberechtigte) dem Hauswart für seine Arbeit gewährt, soweit diese nicht die Instandhaltung, Instandsetzung, Erneuerung, Schönheitsreparaturen oder die Hausverwaltung betrifft.
Soweit Arbeiten vom Hauswart ausgeführt werden, dürfen Kosten für Arbeitsleistungen nach den Nummern 2 bis 10 nicht angesetzt werden.

15. Die Kosten

a) des Betriebs der Gemeinschafts-Antennenanlage;
hierzu gehören die Kosten des Betriebsstroms und die Kosten der regelmäßigen Prüfung ihrer Betriebsbereitschaft einschließlich der Einstellung durch einen Fachmann oder das Nutzungsentgelt für eine nicht zur Wirtschaftseinheit gehörende Antennenanlage;
oder

b) des Betriebs der mit einem Breitbandkabelnetz verbundenen privaten Verteilanlage;
hierzu gehören die Kosten entsprechend Buchstabe a, ferner die laufenden monatlichen Grundgebühren für Breitbandanschlüsse.

16. Die Kosten des Betriebs der maschinellen Wascheinrichtung
Hierzu gehören die Kosten des Betriebsstroms, die Kosten der Überwachung, Pflege und Reinigung der maschinellen Einrichtung, der regelmäßigen Prüfung ihrer Betriebsbereitschaft und Betriebssicherheit sowie die Kosten der Wasserversorgung entsprechend Nummer 2, soweit sie nicht dort bereits berücksichtigt sind.

17. *Sonstige Betriebskosten*
Das sind die in den Nummern 1 bis 16 nicht genannten Betriebskosten, namentlich die Betriebskosten von Nebengebäuden, Anlagen und Einrichtungen.

19. Verordnung zur Berechnung der Wohnfläche (Wohnflächenverordnung – WoFlV)[1]

Vom 25. November 2003
(BGBl. I S. 2346)

FNA 2330-32-1

§ 1 Anwendungsbereich, Berechnung der Wohnfläche. (1) Wird nach dem Wohnraumförderungsgesetz[2] die Wohnfläche berechnet, sind die Vorschriften dieser Verordnung anzuwenden.

(2) Zur Berechnung der Wohnfläche sind die nach § 2 zur Wohnfläche gehörenden Grundflächen nach § 3 zu ermitteln und nach § 4 auf die Wohnfläche anzurechnen.

§ 2 Zur Wohnfläche gehörende Grundflächen. (1) [1]Die Wohnfläche einer Wohnung umfasst die Grundflächen der Räume, die ausschließlich zu dieser Wohnung gehören. [2]Die Wohnfläche eines Wohnheims umfasst die Grundflächen der Räume, die zur alleinigen und gemeinschaftlichen Nutzung durch die Bewohner bestimmt sind.

(2) Zur Wohnfläche gehören auch die Grundflächen von

1. Wintergärten, Schwimmbädern und ähnlichen nach allen Seiten geschlossenen Räumen sowie
2. Balkonen, Loggien, Dachgärten und Terrassen,

wenn sie ausschließlich zu der Wohnung oder dem Wohnheim gehören.

(3) Zur Wohnfläche gehören nicht die Grundflächen folgender Räume:

1. Zubehörräume, insbesondere:
   a) Kellerräume,
   b) Abstellräume und Kellerersatzräume außerhalb der Wohnung,
   c) Waschküchen,
   d) Bodenräume,
   e) Trockenräume,
   f) Heizungsräume und
   g) Garagen,
2. Räume, die nicht den an ihre Nutzung zu stellenden Anforderungen des Bauordnungsrechts der Länder genügen, sowie
3. Geschäftsräume.

---

[1] Verkündet als Art. 1 VO zur Berechnung der Wohnfläche, über die Aufstellung von Betriebskosten und zur Änd. anderer VOen v. 25.11.2003 (BGBl. I S. 2346); Inkrafttreten gem. Art. 6 dieser VO am 1.1.2004. Diese VO wurde mit Zustimmung des Bundesrates erlassen auf Grund von § 19 Abs. 1 Satz 2 und Abs. 2 Satz 2 WoFG (Nr. **14**), § 28 Abs. 1 und 2 WoBindG (Nr. **16**) und § 36 Abs. 1 Nr. 1 Satz 1 Buchst. a WoGG v. 24.9.2008 (BGBl. I S. 1856), zuletzt geänd. durch G v. 11.11.2016 (BGBl. I S. 2500).

[2] Nr. **14**.

§ 3 Ermittlung der Grundfläche. (1) [1]Die Grundfläche ist nach den lichten Maßen zwischen den Bauteilen zu ermitteln; dabei ist von der Vorderkante der Bekleidung der Bauteile auszugehen. [2]Bei fehlenden begrenzenden Bauteilen ist der bauliche Abschluss zu Grunde zu legen.

(2) Bei der Ermittlung der Grundfläche sind namentlich einzubeziehen die Grundflächen von

1. Tür- und Fensterbekleidungen sowie Tür- und Fensterumrahmungen,
2. Fuß-, Sockel- und Schrammleisten,
3. fest eingebauten Gegenständen, wie z.B. Öfen, Heiz- und Klimageräten, Herden, Bade- oder Duschwannen,
4. freiliegenden Installationen,
5. Einbaumöbeln und
6. nicht ortsgebundenen, versetzbaren Raumteilern.

(3) Bei der Ermittlung der Grundflächen bleiben außer Betracht die Grundflächen von

1. Schornsteinen, Vormauerungen, Bekleidungen, freistehenden Pfeilern und Säulen, wenn sie eine Höhe von mehr als 1,50 Meter aufweisen und ihre Grundfläche mehr als 0,1 Quadratmeter beträgt,
2. Treppen mit über drei Steigungen und deren Treppenabsätze,
3. Türnischen und
4. Fenster- und offenen Wandnischen, die nicht bis zum Fußboden herunterreichen oder bis zum Fußboden herunterreichen und 0,13 Meter oder weniger tief sind.

(4) [1]Die Grundfläche ist durch Ausmessung im fertig gestellten Wohnraum oder auf Grund einer Bauzeichnung zu ermitteln. [2]Wird die Grundfläche auf Grund einer Bauzeichnung ermittelt, muss diese

1. für ein Genehmigungs-, Anzeige-, Genehmigungsfreistellungs- oder ähnliches Verfahren nach dem Bauordnungsrecht der Länder gefertigt oder, wenn ein bauordnungsrechtliches Verfahren nicht erforderlich ist, für ein solches geeignet sein und
2. die Ermittlung der lichten Maße zwischen den Bauteilen im Sinne des Absatzes 1 ermöglichen.

[3]Ist die Grundfläche nach einer Bauzeichnung ermittelt worden und ist abweichend von dieser Bauzeichnung gebaut worden, ist die Grundfläche durch Ausmessung im fertig gestellten Wohnraum oder auf Grund einer berichtigten Bauzeichnung neu zu ermitteln.

§ 4 Anrechnung der Grundflächen. Die Grundflächen

1. von Räumen und Raumteilen mit einer lichten Höhe von mindestens zwei Metern sind vollständig,
2. von Räumen und Raumteilen mit einer lichten Höhe von mindestens einem Meter und weniger als zwei Metern sind zur Hälfte,
3. von unbeheizbaren Wintergärten, Schwimmbädern und ähnlichen nach allen Seiten geschlossenen Räumen sind zur Hälfte,

4. von Balkonen, Loggien, Dachgärten und Terrassen sind in der Regel zu einem Viertel, höchstens jedoch zur Hälfte

anzurechnen.

§ 5 Überleitungsvorschrift. [1] Ist die Wohnfläche bis zum 31. Dezember 2003 nach der Zweiten Berechnungsverordnung[1)] in der Fassung der Bekanntmachung vom 12. Oktober 1990 (BGBl. I S. 2178), zuletzt geändert durch Artikel 3 der Verordnung vom 25. November 2003 (BGBl. I S. 2346), in der jeweils geltenden Fassung berechnet worden, bleibt es bei dieser Berechnung. [2] Soweit in den in Satz 1 genannten Fällen nach dem 31. Dezember 2003 bauliche Änderungen an dem Wohnraum vorgenommen werden, die eine Neuberechnung der Wohnfläche erforderlich machen, sind die Vorschriften dieser Verordnung anzuwenden.

[1)] Nr. **18**.

20. Verordnung über die Aufstellung von Betriebskosten (Betriebskostenverordnung – BetrKV)[1)]

Vom 25. November 2003
(BGBl. I S. 2346)

FNA 2330-32-2

geänd. durch Art. 4 G zur Änd. telekommunikationsrechtl. Regelungen v. 3.5.2012 (BGBl. I S. 958)

§ 1 Betriebskosten. (1) [1] Betriebskosten sind die Kosten, die dem Eigentümer oder Erbbauberechtigten durch das Eigentum oder Erbbaurecht am Grundstück oder durch den bestimmungsmäßigen Gebrauch des Gebäudes, der Nebengebäude, Anlagen, Einrichtungen und des Grundstücks laufend entstehen. [2] Sach- und Arbeitsleistungen des Eigentümers oder Erbbauberechtigten dürfen mit dem Betrag angesetzt werden, der für eine gleichwertige Leistung eines Dritten, insbesondere eines Unternehmers, angesetzt werden könnte; die Umsatzsteuer des Dritten darf nicht angesetzt werden.

(2) Zu den Betriebskosten gehören nicht:

1. die Kosten der zur Verwaltung des Gebäudes erforderlichen Arbeitskräfte und Einrichtungen, die Kosten der Aufsicht, der Wert der vom Vermieter persönlich geleisteten Verwaltungsarbeit, die Kosten für die gesetzlichen oder freiwilligen Prüfungen des Jahresabschlusses und die Kosten für die Geschäftsführung (Verwaltungskosten),

2. die Kosten, die während der Nutzungsdauer zur Erhaltung des bestimmungsmäßigen Gebrauchs aufgewendet werden müssen, um die durch Abnutzung, Alterung und Witterungseinwirkung entstehenden baulichen oder sonstigen Mängel ordnungsgemäß zu beseitigen (Instandhaltungs- und Instandsetzungskosten).

§ 2 Aufstellung der Betriebskosten. Betriebskosten im Sinne von § 1 sind:

1. die laufenden öffentlichen Lasten des Grundstücks,
   hierzu gehört namentlich die Grundsteuer;
2. die Kosten der Wasserversorgung,
   hierzu gehören die Kosten des Wasserverbrauchs, die Grundgebühren, die Kosten der Anmietung oder anderer Arten der Gebrauchsüberlassung von Wasserzählern sowie die Kosten ihrer Verwendung einschließlich der Kosten der Eichung sowie der Kosten der Berechnung und Aufteilung, die Kosten der Wartung von Wassermengenreglern, die Kosten des Be-

---

[1)] Verkündet als Art. 2 VO zur Berechnung der Wohnfläche, über die Aufstellung von Betriebskosten und zur Änd. anderer VOen v. 25.11.2003 (BGBl. I S. 2346); Inkrafttreten gem. Art. 6 dieser VO am 1.1.2004. Diese VO wurde mit Zustimmung des Bundesrates erlassen auf Grund von § 19 Abs. 1 Satz 2 und Abs. 2 Satz 2 WoFG (Nr. **14**), § 28 Abs. 1 und 2 WoBindG (Nr. **16**) und § 36 Abs. 1 Nr. 1 Satz 1 Buchst. a WoGG v. 24.9.2008 (BGBl. I S. 1856), zuletzt geänd. durch G v. 11.11.2016 (BGBl. I S. 2500).

triebs einer hauseigenen Wasserversorgungsanlage und einer Wasseraufbereitungsanlage einschließlich der Aufbereitungsstoffe;

3. die Kosten der Entwässerung,
hierzu gehören die Gebühren für die Haus- und Grundstücksentwässerung, die Kosten des Betriebs einer entsprechenden nicht öffentlichen Anlage und die Kosten des Betriebs einer Entwässerungspumpe;

4. die Kosten

a) des Betriebs der zentralen Heizungsanlage einschließlich der Abgasanlage,
hierzu gehören die Kosten der verbrauchten Brennstoffe und ihrer Lieferung, die Kosten des Betriebsstroms, die Kosten der Bedienung, Überwachung und Pflege der Anlage, der regelmäßigen Prüfung ihrer Betriebsbereitschaft und Betriebssicherheit einschließlich der Einstellung durch eine Fachkraft, der Reinigung der Anlage und des Betriebsraums, die Kosten der Messungen nach dem Bundes-Immissionsschutzgesetz, die Kosten der Anmietung oder anderer Arten der Gebrauchsüberlassung einer Ausstattung zur Verbrauchserfassung sowie die Kosten der Verwendung einer Ausstattung zur Verbrauchserfassung einschließlich der Kosten der Eichung sowie der Kosten der Berechnung und Aufteilung

oder

b) des Betriebs der zentralen Brennstoffversorgungsanlage,
hierzu gehören die Kosten der verbrauchten Brennstoffe und ihrer Lieferung, die Kosten des Betriebsstroms und die Kosten der Überwachung sowie die Kosten der Reinigung der Anlage und des Betriebsraums

oder

c) der eigenständig gewerblichen Lieferung von Wärme, auch aus Anlagen im Sinne des Buchstabens a,
hierzu gehören das Entgelt für die Wärmelieferung und die Kosten des Betriebs der zugehörigen Hausanlagen entsprechend Buchstabe a

oder

d) der Reinigung und Wartung von Etagenheizungen und Gaseinzelfeuerstätten,
hierzu gehören die Kosten der Beseitigung von Wasserablagerungen und Verbrennungsrückständen in der Anlage, die Kosten der regelmäßigen Prüfung der Betriebsbereitschaft und Betriebssicherheit und der damit zusammenhängenden Einstellung durch eine Fachkraft sowie die Kosten der Messungen nach dem Bundes-Immissionsschutzgesetz;

5. die Kosten

a) des Betriebs der zentralen Warmwasserversorgungsanlage,
hierzu gehören die Kosten der Wasserversorgung entsprechend Nummer 2, soweit sie nicht dort bereits berücksichtigt sind, und die Kosten der Wassererwärmung entsprechend Nummer 4 Buchstabe a

oder

b) der eigenständig gewerblichen Lieferung von Warmwasser, auch aus Anlagen im Sinne des Buchstabens a, hierzu gehören das Entgelt für die Lieferung des Warmwassers und die Kosten des Betriebs der zugehörigen Hausanlagen entsprechend Nummer 4 Buchstabe a

oder

c) der Reinigung und Wartung von Warmwassergeräten,
hierzu gehören die Kosten der Beseitigung von Wasserablagerungen und Verbrennungsrückständen im Innern der Geräte sowie die Kosten der regelmäßigen Prüfung der Betriebsbereitschaft und Betriebssicherheit und der damit zusammenhängenden Einstellung durch eine Fachkraft;

6. die Kosten verbundener Heizungs- und Warmwasserversorgungsanlagen

a) bei zentralen Heizungsanlagen entsprechend Nummer 4 Buchstabe a und entsprechend Nummer 2, soweit sie nicht dort bereits berücksichtigt sind,

oder

b) bei der eigenständig gewerblichen Lieferung von Wärme entsprechend Nummer 4 Buchstabe c und entsprechend Nummer 2, soweit sie nicht dort bereits berücksichtigt sind,

oder

c) bei verbundenen Etagenheizungen und Warmwasserversorgungsanlagen entsprechend Nummer 4 Buchstabe d und entsprechend Nummer 2, soweit sie nicht dort bereits berücksichtigt sind;

7. die Kosten des Betriebs des Personen- oder Lastenaufzugs,
hierzu gehören die Kosten des Betriebsstroms, die Kosten der Beaufsichtigung, der Bedienung, Überwachung und Pflege der Anlage, der regelmäßigen Prüfung ihrer Betriebsbereitschaft und Betriebssicherheit einschließlich der Einstellung durch eine Fachkraft sowie die Kosten der Reinigung der Anlage;

8. die Kosten der Straßenreinigung und Müllbeseitigung,
zu den Kosten der Straßenreinigung gehören die für die öffentliche Straßenreinigung zu entrichtenden Gebühren und die Kosten entsprechender nicht öffentlicher Maßnahmen; zu den Kosten der Müllbeseitigung gehören namentlich die für die Müllabfuhr zu entrichtenden Gebühren, die Kosten entsprechender nicht öffentlicher Maßnahmen, die Kosten des Betriebs von Müllkompressoren, Müllschluckern, Müllabsauganlagen sowie des Betriebs von Müllmengenerfassungsanlagen einschließlich der Kosten der Berechnung und Aufteilung;

9. die Kosten der Gebäudereinigung und Ungezieferbekämpfung,
zu den Kosten der Gebäudereinigung gehören die Kosten für die Säuberung der von den Bewohnern gemeinsam genutzten Gebäudeteile, wie Zugänge, Flure, Treppen, Keller, Bodenräume, Waschküchen, Fahrkorb des Aufzugs;

10. die Kosten der Gartenpflege,
hierzu gehören die Kosten der Pflege gärtnerisch angelegter Flächen einschließlich der Erneuerung von Pflanzen und Gehölzen, der Pflege von Spielplätzen einschließlich der Erneuerung von Sand und der Pflege von Plätzen, Zugängen und Zufahrten, die dem nicht öffentlichen Verkehr dienen;

11. die Kosten der Beleuchtung,
hierzu gehören die Kosten des Stroms für die Außenbeleuchtung und die Beleuchtung der von den Bewohnern gemeinsam genutzten Gebäudeteile, wie Zugänge, Flure, Treppen, Keller, Bodenräume, Waschküchen;
12. die Kosten der Schornsteinreinigung,
hierzu gehören die Kehrgebühren nach der maßgebenden Gebührenordnung, soweit sie nicht bereits als Kosten nach Nummer 4 Buchstabe a berücksichtigt sind;
13. die Kosten der Sach- und Haftpflichtversicherung,
hierzu gehören namentlich die Kosten der Versicherung des Gebäudes gegen Feuer-, Sturm-, Wasser sowie sonstige Elementarschäden, der Glasversicherung, der Haftpflichtversicherung für das Gebäude, den Öltank und den Aufzug;
14. die Kosten für den Hauswart,
hierzu gehören die Vergütung, die Sozialbeiträge und alle geldwerten Leistungen, die der Eigentümer oder Erbbauberechtigte dem Hauswart für seine Arbeit gewährt, soweit diese nicht die Instandhaltung, Instandsetzung, Erneuerung, Schönheitsreparaturen oder die Hausverwaltung betrifft; soweit Arbeiten vom Hauswart ausgeführt werden, dürfen Kosten für Arbeitsleistungen nach den Nummern 2 bis 10 und 16 nicht angesetzt werden;
15. die Kosten
    a) des Betriebs der Gemeinschafts-Antennenanlage,
    hierzu gehören die Kosten des Betriebsstroms und die Kosten der regelmäßigen Prüfung ihrer Betriebsbereitschaft einschließlich der Einstellung durch eine Fachkraft oder das Nutzungsentgelt für eine nicht zu dem Gebäude gehörende Antennenanlage sowie die Gebühren, die nach dem Urheberrechtsgesetz[1] für die Kabelweitersendung entstehen,

    oder
    b) des Betriebs der mit einem Breitbandnetz verbundenen privaten Verteilanlage;
    hierzu gehören die Kosten entsprechend Buchstabe a, ferner die laufenden monatlichen Grundgebühren für Breitbandanschlüsse;
16. die Kosten des Betriebs der Einrichtungen für die Wäschepflege,
hierzu gehören die Kosten des Betriebsstroms, die Kosten der Überwachung, Pflege und Reinigung der Einrichtungen, der regelmäßigen Prüfung ihrer Betriebsbereitschaft und Betriebssicherheit sowie die Kosten der Wasserversorgung entsprechend Nummer 2, soweit sie nicht dort bereits berücksichtigt sind;
17. sonstige Betriebskosten,
hierzu gehören Betriebskosten im Sinne des § 1, die von den Nummern 1 bis 16 nicht erfasst sind.

---

[1] **Schönfelder Nr. 65.**

21. Gesetz über den Abbau der Fehlsubventionierung im Wohnungswesen (AFWoG)

In der Fassung der Bekanntmachung vom 13. September 2001[1]
(BGBl. I S. 2414)

FNA 2330-22-2

zuletzt geänd. durch Art. 8 Föderalismusreform-BegleitG v. 5.9.2006 (BGBl. I S. 2098)

§ 1 Ausgleichszahlung der Inhaber von Mietwohnungen. (1) [1] Inhaber einer öffentlich geförderten Wohnung im Sinne des Wohnungsbindungsgesetzes[2] haben vorbehaltlich des § 2 eine Ausgleichszahlung zu leisten, wenn

1. ihre Wohnung in einer Gemeinde liegt, die durch landesrechtliche Vorschriften nach Absatz 4 bestimmt ist,
und
2. ihr Einkommen die Einkommensgrenze (§ 3) um mehr als 20 vom Hundert übersteigt.

[2] Mehrere Inhaber derselben Wohnung sind Gesamtschuldner.

(2) [1] Ist mehr als die Hälfte der Wohnfläche einer Wohnung untervermietet, so gilt auch der untervermietete Teil als selbständige Wohnung. [2] Ist die Hälfte oder weniger als die Hälfte der Wohnfläche einer Wohnung untervermietet, so bilden der untervermietete und der nicht untervermietete Teil zusammen eine Wohnung; die Benutzer des untervermieteten Teils gelten nicht als Wohnungsinhaber, es sei denn, es handelt sich um Haushaltsangehörige im Sinne des § 18 des Wohnraumförderungsgesetzes[3]. [3] Vermietet der Eigentümer oder sonstige Verfügungsberechtigte einen Teil der von ihm selbst genutzten Wohnung, so gelten die Sätze 1 und 2 entsprechend.

(3) Die Ausgleichszahlung beträgt monatlich je Quadratmeter Wohnfläche

1. 0,25 Euro, wenn die Einkommensgrenze um mehr als 20 vom Hundert, jedoch nicht mehr als 35 vom Hundert überschritten wird,
2. 0,60 Euro, wenn die Einkommensgrenze um mehr als 35 vom Hundert, jedoch nicht mehr als 50 vom Hundert überschritten wird,
3. 1 Euro, wenn die Einkommensgrenze um mehr als 50 vom Hundert überschritten wird.

(4) [1] Nach Absatz 1 Satz 1 Nr. 1 können nur solche Gemeinden bestimmt werden, in denen die Kostenmieten (§§ 8 bis 8b des Wohnungsbindungsgesetzes) öffentlich geförderter Mietwohnungen die ortsüblichen Mieten vergleichbarer, nicht preisgebundener Mietwohnungen erheblich unterschreiten. [2] Liegt bei einer Gemeinde diese Voraussetzung vor, kann von der Bestimmung abgesehen werden, wenn der Verwaltungsaufwand für die Erhebung

---

[1] Neubekanntmachung des AFWoG idF der Bek. v. 19.8.1994 (BGBl. I S. 2180) in der ab 1.1. 2002 geltenden Fassung.

[2] Nr. **16**.

[3] Nr. **14**.

der Ausgleichszahlung in einem unangemessenen Verhältnis zu den erwarteten Einnahmen stehen würde.

§ 2 Ausnahmen. (1) Eine Ausgleichszahlung ist nicht zu leisten, wenn

1. es sich um selbst genutztes Wohneigentum im Sinnedes § 17 Abs. 2 des Wohnraumförderungsgesetzes[1)]handelt; § 1 Abs. 2 Satz 3 bleibt unberührt;
2. ein Wohnungsinhaber Wohngeld erhält;
3. ein Wohnungsinhaber
   a) laufende Leistungen zum Lebensunterhalt nach dem Zwölften Buch Sozialgesetzbuch oder
   b) ergänzende Hilfe zum Lebensunterhalt nach § 27a des Bundesversorgungsgesetzes oder
   c) Leistungen zur Sicherung des Lebensunterhalts nach dem Zweiten Buch Sozialgesetzbuch

   erhält und daneben keine Einkünfte erzielt werden, bei deren Berücksichtigung eine Ausgleichszahlung zu leisten wäre;
4. ein Wohnungsinhaber die Wohnung auf Grund einer Bescheinigung über die Wohnberechtigung (§ 5 des Wohnungsbindungsgesetzes[2)]) nutzt, die innerhalb der letzten zwei Jahre, in den Fällen des bis zum 31. Dezember 2001 geltenden § 5 Abs. 1 Satz 2 Buchstabe b des Wohnungsbindungsgesetzes und des ab dem 1. Januar 2002 geltenden § 5 des Wohnungsbindungsgesetzes in Verbindung mit § 27 Abs. 3 Satz 4 Nr. 2 des Wohnraumförderungsgesetzes innerhalb der letzten drei Jahre vor Beginn des Leistungszeitraums (§ 4) erteilt worden ist, oder
5. nach dem bis zum 31. Dezember 2001 geltenden § 7 des Wohnungsbindungsgesetzes eine Freistellung ausgesprochen worden ist
   a) für das Gebiet, in dem die Wohnung liegt, oder
   b) für eine Wohnung unter der Auflage einer höheren Verzinsung oder einer sonstigen laufenden Zahlung

   oder nach dem ab dem 1. Januar 2002 geltenden § 7 Abs. 1 des Wohnungsbindungsgesetzes in Verbindung mit § 30 des Wohnraumförderungsgesetzes eine Freistellung für das Gebiet ausgesprochen worden ist, in dem die Wohnung liegt.

(2) Von der Erhebung einer Ausgleichszahlung kann für einzelne Wohnungen oder für Wohnungen bestimmter Art ganz oder teilweise abgesehen werden, wenn Tatsachen die Annahme rechtfertigen, dass die Vermietbarkeit dieser Wohnungen sonst während des Leistungszeitraums nicht gesichert wäre.

(3) Dieses Gesetz gilt nicht für öffentlich geförderte Wohnheime.

§ 3 Einkommen, Einkommensgrenze. (1) [1]Das Einkommen und die Einkommensgrenze bestimmen sich nach den §§ 9 und 35 Abs. 1 Satz 1 des Wohnraumförderungsgesetzes[1)]; soweit auf Grund des § 9 Abs. 3 des Wohnraumförderungsgesetzes eine Abweichung festgelegt ist, bestimmt sich die

---

1) Nr. **14**.
2) Nr. **16**.

Einkommensgrenze nach dieser Abweichung. [2] Alle Personen, die die Wohnung nicht nur vorübergehend nutzen, sind zu berücksichtigen, soweit sich nicht aus § 1 Abs. 2 etwas anderes ergibt.

(2) [1] Maßgebend sind die Verhältnisse am 1. April des dem Leistungszeitraum (§ 4) vorausgehenden Jahres. [2] Abweichend hiervon ist

1. in den Fällen des § 4 Abs. 3 der Zeitpunkt der Beantragung des Wohnberechtigungsscheins oder bei nicht zu vertretender nachträglicher Beantragung der Zeitpunkt des Bezugs der Wohnung,
2. in den Fällen des § 4 Abs. 4 Satz 3 der Zeitpunkt der Aufforderung nach § 5 Abs. 1 und
3. in den Fällen des § 7 Abs. 2 der Zeitpunkt der Antragstellung

maßgebend.

§ 4 Beginn der Ausgleichszahlungen, Leistungszeitraum. (1) Die Leistungspflicht beginnt

1. für Inhaber von Wohnungen, für die öffentliche Mittel vor dem 1. Januar 1955 bewilligt worden sind, am 1. Januar 1983,
2. für Inhaber von Wohnungen, für die öffentliche Mittel nach dem 31. Dezember 1954, jedoch vor dem 1. Januar 1963 bewilligt worden sind, am 1. Januar 1984,
3. für Inhaber von Wohnungen, für die öffentliche Mittel nach dem 31. Dezember 1962 bewilligt worden sind, am 1. Januar 1985.

(2) Wird ein Leistungsbescheid erst zu einem späteren als dem in Absatz 1 bezeichneten Zeitpunkt erteilt, beginnt die Leistungspflicht am ersten Tag des auf die Erteilung des Bescheids folgenden zweiten Kalendermonats.

(3) Liegen im Land Berlin die Voraussetzungen für die Leistung einer Ausgleichszahlung bereits bei Erteilung der Bescheinigung über die Wohnberechtigung nach dem Wohnungsbindungsgesetz[1)] vor, so ist die Ausgleichszahlung vom Bezug der Wohnung an zu leisten.

(4) [1] Die monatlichen Ausgleichszahlungen werden jeweils für die Dauer von drei Jahren festgesetzt (Leistungszeitraum). [2] In den Fällen der Absätze 2 und 3 wird der Leistungszeitraum so festgesetzt, dass er mit dem Zeitpunkt endet, zu dem er auch bei anderen Wohnungen der in Absatz 1 bezeichneten Jahrgangsgruppen endet. [3] Eine erneute Überprüfung der Einkommensverhältnisse ist bis zum Beginn des letzten Jahres eines Leistungszeitraums zulässig, wenn sich die zuständige Stelle die Überprüfung vorbehalten hat.

(5) [1] Die Ausgleichszahlung ist auf einen vollen Euro abzurunden. [2] Beträge bis zu 10 Euro monatlich sind vierteljährlich, höhere Beträge monatlich im Voraus zu entrichten.

§ 5 Einkommensnachweis, Auskünfte. (1) [1] Jeder Wohnungsinhaber hat auf Aufforderung die Personen zu benennen, die die Wohnung nicht nur vorübergehend nutzen, und deren Einkommen oder das Vorliegen der Voraussetzungen des § 2 Abs. 1 nachzuweisen, soweit diese Angaben bei der Ermittlung des Einkommens und der Einkommensgrenze zu berücksichtigen

---

1) Nr. **16**.

sind (§ 3 Abs. 1 Satz 2). [2] Ihm ist hierzu eine angemessene Frist einzuräumen. [3] Gegenüber dem Wohnungsinhaber, der die Aufforderung nach Satz 1 erhalten hat, ist jeder andere Wohnungsinhaber verpflichtet, die erforderlichen Auskünfte zu geben und die entsprechenden Unterlagen auszuhändigen.

(2) [1] Versäumt der Wohnungsinhaber die Frist nach Absatz 1, so wird vermutet, dass die Voraussetzungen nach § 2 Abs. 1 nicht vorliegen und die Einkommensgrenze um mehr als 50 vom Hundert überschritten wird. [2] Wird die Verpflichtung nach Absatz 1 Satz 1 nachträglich erfüllt, so ist vom ersten Tag des drittnächsten Kalendermonats an nur der Betrag zu entrichten, der sich nach Überprüfung der Einkommensverhältnisse ergibt; in den Fällen des § 2 Abs. 1 Nr. 2 und 3 entfällt die Leistungspflicht ab Beginn des Leistungszeitraums.

(3) Alle Behörden, insbesondere die Finanzbehörden, sowie die Arbeitgeber haben der zuständigen Stelle Auskunft über die Einkommensverhältnisse zu erteilen, soweit die Durchführung dieses Gesetzes es erfordert.

§ 6 Beschränkung der Ausgleichszahlungen. (1) [1] Die Ausgleichszahlung ist auf Antrag zu beschränken auf den Unterschiedsbetrag zwischen dem für die Wohnung zulässigen Entgelt und dem für sie nach Absatz 2 geltenden Höchstbetrag. [2] Der Antrag kann außer in den Fällen des § 7 Abs. 2 Nr. 4 nur bis zum Ablauf von sechs Monaten nach Zustellung des Leistungsbescheids gestellt werden.

(2) [1] Als Höchstbetrag ist in Gemeinden, für die ein Mietspiegel im Sinne des § 558c oder des § 558d des Bürgerlichen Gesetzbuchs[1)] besteht, die Obergrenze der in dem Mietspiegel enthaltenen Mietspanne für Wohnraum vergleichbarer Art, Größe, Ausstattung und Beschaffenheit in durchschnittlicher Lage zugrunde zu legen. [2] In den übrigen Gemeinden werden die Höchstbeträge für die Wohnungen der einzelnen Jahrgangsgruppen (§ 4 Abs. 1) nach Gemeindegrößenklassen jeweils zu Beginn der Leistungszeiträume von den Landesregierungen durch Rechtsverordnung bestimmt. [3] Dabei sind für die jeweiligen Gemeindegrößenklassen die bei Neuvermietung erzielbaren Entgelte für nicht preisgebundenen Wohnraum vergleichbarer Art, Größe und Ausstattung in durchschnittlicher Lage zugrunde zu legen. [4] Gemeinden mit einem wesentlich von der maßgebenden Gemeindegrößenklasse abweichenden Mietniveau können der ihrem Mietniveau entsprechenden Gemeindegrößenklasse zugeordnet werden. [5] Die Landesregierungen können durch Rechtsverordnung bestimmen, dass die Rechtsverordnungen nach Satz 2 von anderen Stellen zu erlassen sind.

(3) [1] Bei der Ermittlung des Unterschiedsbetrags nach Absatz 1 sind in den Fällen, in denen das zulässige Entgelt für die Wohnung und der Höchstbetrag nach Absatz 2 voneinander abweichend Kostenanteile für Betriebskosten enthalten, ohne dass diese gesondert ausgewiesen sind, hierfür Pauschbeträge anzusetzen. [2] Die Bundesregierung wird ermächtigt, durch Rechtsverordnung mit Zustimmung des Bundesrates Vorschriften über die Festsetzung dieser Pauschbeträge zu erlassen.

(4) [1] Als zulässiges Entgelt im Sinne des Absatzes 1 ist das tatsächlich gezahlte Entgelt anzusehen, es sei denn, dass dieses nicht nur unwesentlich

---

[1)] Nr. **1**.

von dem preisrechtlich zulässigen Entgelt abweicht. [2] Nutzt der Eigentümer oder sonstige Verfügungsberechtigte die Wohnung selbst, so ist als zulässiges Entgelt das preisrechtlich zulässige Entgelt anzusehen.

(5) [1] Hat ein Mieter einen nach § 50 des Zweiten Wohnungsbaugesetzes zugelassenen Finanzierungsbeitrag geleistet, so sind auf Antrag 6,5 vom Hundert dieses Beitrags dem jährlichen Entgelt hinzuzurechnen, soweit der Beitrag noch nicht zurückgezahlt worden ist. [2] Dem Finanzierungsbeitrag stehen gleich die nach dem Lastenausgleichsgesetz als Eingliederungsdarlehen bestimmten Mittel des Ausgleichsfonds oder mit einer ähnlichen Zweckbestimmung in öffentlichen Haushalten ausgewiesene Mittel.

(6) Hat ein Mieter seine Wohnung mit Zustimmung des Eigentümers oder sonstigen Verfügungsberechtigten auf eigene Kosten modernisiert oder dem Eigentümer oder sonstigen Verfügungsberechtigten die Kosten für eine solche Maßnahme erstattet, und würde für die Wohnung ohne die Modernisierung ein niedrigerer Höchstbetrag gelten, so ist dieser zugrunde zu legen.

§ 7 Wegfall und Minderung der Leistungspflicht. (1) Die Leistungspflicht erlischt, sobald

1. die Wohnung nicht mehr als öffentlich gefördert im Sinne des Wohnungsbindungsgesetzes[1)] gilt oder
2. keiner der Inhaber einer Wohnung diese mehr benutzt.

(2) [1] Die Leistungspflicht ist auf Antrag mit Wirkung vom ersten Tag des auf den Antrag folgenden Kalendermonats an auf den Betrag herabzusetzen, der den Verhältnissen im Zeitpunkt des Antrags entspricht, wenn dieser Betrag niedriger ist, weil

1. das Einkommen die Einkommensgrenze nicht mehr überschreitet oder
2. das Einkommen sich um mehr als 15 vom Hundert verringert hat oder
3. die Zahl der Personen, die nicht nur vorübergehend zum Haushalt gehören, sich erhöht hat oder
4. das für die Wohnung zulässige Entgelt ohne Betriebskosten, Zuschläge und Vergütungen sich um mehr als 20 vom Hundert erhöht hat; § 6 Abs. 3 Satz 1 gilt sinngemäß.

[2] Der Antrag kann nur bis spätestens sechs Monate vor Ablauf des Leistungszeitraums gestellt werden.

§ 8 Geltung für Bergarbeiterwohnungen. Dieses Gesetz ist auf Inhaber von Wohnungen, die nach dem Gesetz zur Förderung des Bergarbeiterwohnungsbaus im Kohlenbergbau gefördert worden sind, entsprechend anzuwenden, wenn der Wohnungsinhaber nicht wohnungsberechtigt im Sinne des § 4 Abs. 1 Buchstabe a, b oder c des genannten Gesetzes ist.

§ 9 Geltung für Wohnungen, die mit Wohnungsfürsorgemitteln gefördert worden sind. (1) [1] Dieses Gesetz ist auf Inhaber von steuerbegünstigten oder freifinanzierten Wohnungen, die mit Wohnungsfürsorgemitteln im Sinne der §§ 87a und 111 des Zweiten Wohnungsbaugesetzes gefördert

---

1) Nr. **16**.

worden sind, entsprechend anzuwenden, solange das Besetzungsrecht besteht. [2] § 2 Abs. 1 Nr. 5 ist nicht anzuwenden.

(2) Liegen die Voraussetzungen für die Leistung einer Ausgleichszahlung bereits bei Ausübung des Besetzungsrechts vor, so ist die Ausgleichszahlung ab Bezug der Wohnung zu leisten.

(3) Steht die Nutzung der Wohnung in unmittelbarem Zusammenhang mit der Einstellung in den öffentlichen Dienst oder der Versetzung an den Dienstort, so wird der Wohnungsinhaber von der Ausgleichszahlung für die Dauer von drei Jahren seit dem Bezug der Wohnung freigestellt.

(4) In den Fällen der Absätze 2 und 3 sind abweichend von § 3 Abs. 2 Satz 1 die Verhältnisse sechs Monate vor Beginn der Leistungspflicht maßgebend.

§ 10 Zweckbestimmung der Ausgleichszahlungen. (1) [1] Die zuständige Stelle hat die eingezogenen Ausgleichszahlungen an das Land abzuführen. [2] Das Aufkommen aus den Ausgleichszahlungen ist laufend zur sozialen Wohnraumförderung nach dem Wohnraumförderungsgesetz[1)] sowie zur Finanzierung der auf der Grundlage des Zweiten Wohnungsbaugesetzes[2)] und des Wohnungsbaugesetzes für das Saarland bewilligten Förderungen zu verwenden. [3] Wurde das Aufkommen aus den Ausgleichszahlungen vor dem 1. Januar 2002 für die Förderung von Sozialwohnungen verwendet, deren Förderung mit Ablauf des 31. Dezember 2001 noch nicht beendet worden ist, kann das Aufkommen aus den Ausgleichszahlungen weiterhin für die Förderung solcher Wohnungen verwendet werden.

(2) [1] Ausgleichszahlungen für Bergarbeiterwohnungen, die mit Treuhandmitteln gefördert worden sind, sind an die Treuhandstelle (§ 12 des Gesetzes zur Förderung des Bergarbeiterwohnungsbaus im Kohlenbergbau) abzuführen. [2] Das Aufkommen ist Treuhandvermögen.

(3) [1] In den Fällen des § 9 stehen die eingezogenen Ausgleichszahlungen dem Darlehens- oder Zuschussgeber zu. [2] Sie sind zur Förderung von Wohnungen im Sinne des § 45 Abs. 1 des Wohnraumförderungsgesetzes zu verwenden, soweit hierfür ein Bedarf besteht.

(3a) [1] Bei Wohnungen, die mit Mitteln aus öffentlich-rechtlichen Sondervermögen der Bundesrepublik Deutschland gefördert worden sind, ist Darlehens- oder Zuschussgeber das jeweilige Sondervermögen. [2] Wird eines dieser Sondervermögen in eine privatrechtliche Form überführt und zieht der Rechtsnachfolger dieses Sondervermögens nach Maßgabe landesrechtlicher Vorschriften Ausgleichszahlungen ein, so gilt hinsichtlich der Vereinnahmung der Ausgleichszahlungen der Bund als Darlehens- und Zuschussgeber im Sinne des Absatzes 3. [3] Der Rechtsnachfolger ist verpflichtet, die Einnahmen aus den Ausgleichszahlungen jährlich an den Bundeshaushalt abzuführen. [4] Ihm steht eine Kostenerstattung durch den Bund für den Verwaltungsaufwand bei der Erhebung der Ausgleichszahlungen und für den Modernisierungsaufwand bei den geförderten Wohnungen in Höhe von 25 vom Hundert der jährlichen Einnahmen aus den Ausgleichszahlungen zu; dabei sind 15

---

1) Nr. **14**.
2) Auszugsweise abgedruckt unter Nr. **15**.

vom Hundert der jährlichen Einnahmen aus den Ausgleichszahlungen für Modernisierungsmaßnahmen zu verwenden.

(4) Auf Ausgleichszahlungen für Wohnungen, die außer mit öffentlichen Mitteln mit Wohnungsfürsorgemitteln im Sinne der §§ 87a und 111 des Zweiten Wohnungsbaugesetzes gefördert worden sind, findet Absatz 3 entsprechende Anwendung, wenn von den für die Wohnung gewährten Baudarlehen oder den mit Zins- und Tilgungshilfe geförderten Darlehen dem Betrage nach das Darlehen aus Wohnungsfürsorgemitteln überwiegt.

§ 11 Zuständige Stelle. [1] Zuständige Stelle ist die Stelle, die von der Landesregierung bestimmt wird oder die nach Landesrecht zuständig ist. [2] In den Fällen des § 9 obliegen die Aufgaben der zuständigen Stelle derjenigen Stelle, die das Besetzungsrecht ausübt, soweit nicht der Darlehens- oder Zuschussgeber eine andere Stelle bestimmt. [3] Soweit das Besetzungsrecht von einer Stelle außerhalb der öffentlichen Verwaltung ausgeübt wird, nimmt sie bei der Durchführung dieses Gesetzes öffentliche Aufgaben wahr.

§ 12 Geltung im Saarland. (1) Dieses Gesetz gilt im Saarland nur mit folgenden Maßgaben:

1. Die §§ 1 bis 7 gelten entsprechend für Inhaber öffentlich geförderter Wohnungen im Sinne des Wohnungsbaugesetzes für das Saarland in der Fassung der Bekanntmachung vom 20. November 1990 (ABl. des Saarlandes 1991 S. 273);
2. § 8 gilt entsprechend für Inhaber von Wohnungen, die mit Mitteln aus dem Treuhandvermögen des Bundes zur Förderung des Bergarbeiterwohnungsbaus im Kohlenbergbau gefördert worden sind; dies gilt auch für Inhaber von Wohnungen, die mit öffentlichen Mitteln im Sinne des § 4 Abs. 1 des Wohnungsbaugesetzes für das Saarland neben oder an Stelle der Förderung mit Mitteln aus dem Bundestreuhandvermögen, mit Mitteln aus dem Vermögen der Stiftung für den Wohnungsbau der Bergarbeiter im Saarland oder mit Arbeitgeberdarlehen gefördert worden sind;
3. § 9 gilt entsprechend für Inhaber von Wohnungen, die unter Vereinbarung eines Wohnungsbesetzungsrechts mit Wohnungsfürsorgemitteln aus öffentlichen Haushalten für die Angehörigen des öffentlichen Dienstes oder ähnliche Personengruppen gefördert worden sind, solange das Besetzungsrecht besteht. Für die Zweckbestimmung der Ausgleichszahlungen gilt in diesen Fällen § 10 Abs. 3 und 4 entsprechend.

(2) Die Landesregierung regelt durch Rechtsverordnung die näheren Einzelheiten zur Durchführung dieses Gesetzes im Hinblick auf die rechtlichen Besonderheiten im Saarland.

§ 13 Sonderregelung für das Land Bremen. [1] Im Land Bremen sind Ausgleichszahlungen nicht zu erheben, wenn bei der Bewilligung der öffentlichen Mittel sicher gestellt worden ist, dass die gewährte Subvention entsprechend der Höhe der Einkommensüberschreitung des Wohnungsinhabers in einem Umfang abgebaut worden ist, der die nach diesem Gesetz zu leistenden Ausgleichszahlungen insgesamt nicht unterschreitet. [2] § 4 Abs. 1 gilt mit der Maßgabe, dass der in Nummer 2 aufgeführte Bewilligungszeitraum am 31. Dezember 1958 endet und dass der in Nummer 3 aufgeführte Bewilligungszeitraum am 1. Januar 1959 beginnt.

§ 14 Landesrechtliche Vorschriften. (1) [1] Die Vorschriften dieses Gesetzes sind nicht mehr anzuwenden, soweit landesrechtliche Vorschriften an deren Stelle erlassen werden. [2] Landesrechtliche Vorschriften, die auf Grund der bis zum 31. Dezember 2001 geltenden Fassung dieses Gesetzes erlassen worden sind, bleiben von den ab 1. Januar 2002 geltenden Änderungen dieses Gesetzes bis zum 31. Dezember 2004 unberührt.

(2) [1] Soweit vor dem 1. Januar 2002 nach landesrechtlichen Vorschriften die §§ 8 und 25 bis 25d des Zweiten Wohnungsbaugesetzes[1)] in der jeweiligen Fassung durch Verweisung auf diese Vorschriften oder auf § 3 oder auf Grund sonstiger Regelungen anzuwenden sind, gelten für Leistungsbescheide, soweit sie ganz oder teilweise Leistungszeiträume vor dem 1. Januar 2005 betreffen, insoweit die §§ 8 und 25 bis 25d des Zweiten Wohnungsbaugesetzes[1)] in der bis zum 31. Dezember 2001 geltenden Fassung. [2] Soweit in landesrechtlichen Vorschriften auf die §§ 8 und 25 bis 25d des Zweiten Wohnungsbaugesetzes[1)] in einer vor dem 1. Januar 2002 geltenden Fassung verwiesen wird, gelten für Leistungsbescheide, soweit sie ganz oder teilweise Leistungszeiträume ab dem 1. Januar 2005 betreffen, insoweit die §§ 9, 18 und 20 bis 24 des Wohnraumförderungsgesetzes[2)]. [3] Ist ein Leistungsbescheid erteilt worden, der sich auch auf einen Zeitraum nach dem 31. Dezember 2004 bezieht, und ergibt sich bei Zugrundelegung der Verhältnisse am 1. Januar 2005 keine oder nur eine geringere Ausgleichszahlung, ist in den Fällen der Sätze 1 und 2 für den Zeitraum vom 1. Januar 2005 an ein neuer Bescheid zu erteilen. [4] Von den Sätzen 1 bis 3 unberührt bleibt der Erlass landesrechtlicher Vorschriften nach Absatz 1 Satz 1.

(3) Für am 1. September 2001 noch nicht abgeschlossene Verwaltungsverfahren eines Leistungszeitraums, zu dessen Stichtag nach § 3 Abs. 2 ein Mietspiegel im Sinne des § 2 des Gesetzes zur Regelung der Miethöhe[3)] bestand, ist dieser Mietspiegel weiterhin anzuwenden.

§ 15 Überleitungsvorschriften zum Wohnraumförderungsgesetz.

(1) Durch landesrechtliche Vorschriften kann bestimmt werden, dass Wohnungsinhaber des in § 50 Abs. 1 Satz 1 Nr. 1 bis 3 und Satz 2 des Wohnraumförderungsgesetzes[2)] und in § 2 Abs. 2 des Wohnraumförderung-Überleitungsgesetzes vom 5. September 2006 (BGBl. I S. 2098, 2100) bezeichneten Wohnraums an Stelle einer Ausgleichszahlung nach diesem Gesetz und den dazu ergangenen landesrechtlichen Vorschriften eine Ausgleichszahlung nach Maßgabe der §§ 34 bis 37 und des § 45 Abs. 2 des Wohnraumförderungsgesetzes und der hierzu ergehenden landesrechtlichen Vorschriften zu leisten haben.

(2) Mit dem Wirksamwerden der Verpflichtung zur Leistung einer Ausgleichszahlung nach Absatz 1 erlischt die Verpflichtung zur Leistung einer Ausgleichszahlung nach diesem Gesetz.

---

1) Nr. **15**.
2) Nr. **14**.
3) Nr. **26**.

(3) [1] Bei dem in § 2 Abs. 2 Nr. 2 des Wohnraumförderung-Überleitungsgesetzes bezeichneten Wohnraum können die Ausgleichszahlungen auf Wohnungsinhaber beschränkt werden, die nicht wohnberechtigt im Sinne des § 4 Abs. 1 Buchstabe a, b oder c des Gesetzes zur Förderung des Bergarbeiterwohnungsbaus im Kohlenbergbau sind. [2] Bei dem in § 50 Abs. 1 Satz 1 Nr. 3 des Wohnraumförderungsgesetzes und in § 2 Abs. 2 des Wohnraumförderung-Überleitungsgesetzes bezeichneten Wohnraum ist für die Zweckbestimmung der Ausgleichszahlungen an Stelle des § 34 Abs. 6 des Wohnraumförderungsgesetzes § 10 Abs. 2 bis 4 weiterhin anzuwenden.

(4) Die Länder können durch landesrechtliche Vorschriften bestimmen, dass auch Wohnungsinhaber des in § 50 Abs. 1 Satz 1 Nr. 4 des Wohnraumförderungsgesetzes bezeichneten Wohnraums und der Wohnungen, die nach § 87b Satz 1 und § 88d des Zweiten Wohnungsbaugesetzes bis zum 31. Dezember 2001 gefördert worden sind, eine Ausgleichszahlung nach Maßgabe der §§ 34 bis 37 und des § 45 Abs. 2 des Wohnraumförderungsgesetzes und der hierzu ergehenden landesrechtlichen Vorschriften zu leisten haben.

(5) § 51 des Wohnraumförderungsgesetzes bleibt unberührt.

IV. Mietprozessrecht

22. Zivilprozessordnung

In der Fassung der Bekanntmachung vom 5. Dezember 2005[1]
(BGBl. I S. 3202, ber. 2006 I S. 431 und 2007 I S. 1781)

FNA 310-4

zuletzt geänd. durch Art. 11 G zur Umsetzung des G zur Einführung des Rechts auf Eheschließung für Personen gleichen Geschlechts v. 18.12.2018 (BGBl. I S. 2639)

– Auszug –

Buch 1. Allgemeine Vorschriften

Abschnitt 1. Gerichte

Titel 1. Sachliche Zuständigkeit der Gerichte und Wertvorschriften

§ 3 Wertfestsetzung nach freiem Ermessen. Der Wert wird von dem Gericht nach freiem Ermessen festgesetzt; es kann eine beantragte Beweisaufnahme sowie von Amts wegen die Einnahme des Augenscheins und die Begutachtung durch Sachverständige anordnen.

§ 8 Pacht- oder Mietverhältnis. Ist das Bestehen oder die Dauer eines Pacht- oder Mietverhältnisses streitig, so ist der Betrag der auf die gesamte streitige Zeit entfallenden Pacht oder Miete und, wenn der 25fache Betrag des einjährigen Entgelts geringer ist, dieser Betrag für die Wertberechnung entscheidend.

§ 9 Wiederkehrende Nutzungen oder Leistungen. [1] Der Wert des Rechts auf wiederkehrende Nutzungen oder Leistungen wird nach dem dreieinhalbfachen Wert des einjährigen Bezuges berechnet. [2] Bei bestimmter Dauer des Bezugsrechts ist der Gesamtbetrag der künftigen Bezüge maßgebend, wenn er der geringere ist.

Titel 2. Gerichtsstand

§ 29a Ausschließlicher Gerichtsstand bei Miet- oder Pachträumen.

(1) Für Streitigkeiten über Ansprüche aus Miet- oder Pachtverhältnissen über Räume oder über das Bestehen solcher Verhältnisse ist das Gericht ausschließlich zuständig, in dessen Bezirk sich die Räume befinden.

(2) Absatz 1 ist nicht anzuwenden, wenn es sich um Wohnraum der in § 549 Abs. 2 Nr. 1 bis 3 des Bürgerlichen Gesetzbuchs[2] genannten Art handelt.

---

[1] Neubekanntmachung der ZPO idF der Bek. v. 12.9.1950 (BGBl. I S. 533) in der ab 21.10. 2005 geltenden Fassung.

[2] Nr. 1.

§ 29c Besonderer Gerichtsstand für Haustürgeschäfte. (1) [1] Für Klagen aus außerhalb von Geschäftsräumen geschlossenen Verträgen (§ 312b des Bürgerlichen Gesetzbuchs[1)]) ist das Gericht zuständig, in dessen Bezirk der Verbraucher zur Zeit der Klageerhebung seinen Wohnsitz, in Ermangelung eines solchen seinen gewöhnlichen Aufenthalt hat. [2] Für Klagen gegen den Verbraucher ist dieses Gericht ausschließlich zuständig.

(2) Verbraucher ist jede natürliche Person, die bei dem Erwerb des Anspruchs oder der Begründung des Rechtsverhältnisses nicht überwiegend im Rahmen ihrer gewerblichen oder selbständigen beruflichen Tätigkeit handelt.

(3) § 33 Abs. 2 findet auf Widerklagen der anderen Vertragspartei keine Anwendung.

(4) Eine von Absatz 1 abweichende Vereinbarung ist zulässig für den Fall, dass der Verbraucher nach Vertragsschluss seinen Wohnsitz oder gewöhnlichen Aufenthalt aus dem Geltungsbereich dieses Gesetzes verlegt oder sein Wohnsitz oder gewöhnlicher Aufenthalt im Zeitpunkt der Klageerhebung nicht bekannt ist.

Abschnitt 2. Parteien

Titel 4. Prozessbevollmächtigte und Beistände

§ 78 Anwaltsprozess. (1) [1] Vor den Landgerichten und Oberlandesgerichten müssen sich die Parteien durch einen Rechtsanwalt vertreten lassen. [2] Ist in einem Land auf Grund des § 8 des Einführungsgesetzes zum Gerichtsverfassungsgesetz[2)] ein oberstes Landesgericht errichtet, so müssen sich die Parteien vor diesem ebenfalls durch einen Rechtsanwalt vertreten lassen. [3] Vor dem Bundesgerichtshof müssen sich die Parteien durch einen bei dem Bundesgerichtshof zugelassenen Rechtsanwalt vertreten lassen.

(2) Behörden und juristische Personen des öffentlichen Rechts einschließlich der von ihnen zur Erfüllung ihrer öffentlichen Aufgaben gebildeten Zusammenschlüsse können sich als Beteiligte für die Nichtzulassungsbeschwerde durch eigene Beschäftigte mit Befähigung zum Richteramt oder durch Beschäftigte mit Befähigung zum Richteramt anderer Behörden oder juristischer Personen des öffentlichen Rechts einschließlich der von ihnen zur Erfüllung ihrer öffentlichen Aufgaben gebildeten Zusammenschlüsse vertreten lassen.

(3) Diese Vorschriften sind auf das Verfahren vor einem beauftragten oder ersuchten Richter sowie auf Prozesshandlungen, die vor dem Urkundsbeamten der Geschäftsstelle vorgenommen werden können, nicht anzuwenden.

(4) Ein Rechtsanwalt, der nach Maßgabe der Absätze 1 und 2 zur Vertretung berechtigt ist, kann sich selbst vertreten.

Titel 5. Prozesskosten

§ 93b Kosten bei Räumungsklagen. (1) [1] Wird einer Klage auf Räumung von Wohnraum mit Rücksicht darauf stattgegeben, dass ein Verlangen des Beklagten auf Fortsetzung des Mietverhältnisses auf Grund der §§ 574 bis

---

1) Nr. **1**.
2) **Schönfelder Nr. 95a.**

574b des Bürgerlichen Gesetzbuchs[1] wegen der berechtigten Interessen des Klägers nicht gerechtfertigt ist, so kann das Gericht die Kosten ganz oder teilweise dem Kläger auferlegen, wenn der Beklagte die Fortsetzung des Mietverhältnisses unter Angabe von Gründen verlangt hatte und der Kläger aus Gründen obsiegt, die erst nachträglich entstanden sind (§ 574 Abs. 3 des Bürgerlichen Gesetzbuchs). [2]Dies gilt in einem Rechtsstreit wegen Fortsetzung des Mietverhältnisses bei Abweisung der Klage entsprechend.

(2) [1]Wird eine Klage auf Räumung von Wohnraum mit Rücksicht darauf abgewiesen, dass auf Verlangen des Beklagten die Fortsetzung des Mietverhältnisses auf Grund der §§ 574 bis 574b des Bürgerlichen Gesetzbuchs bestimmt wird, so kann das Gericht die Kosten ganz oder teilweise dem Beklagten auferlegen, wenn er auf Verlangen des Klägers nicht unverzüglich über die Gründe des Widerspruchs Auskunft erteilt hat. [2]Dies gilt in einem Rechtsstreit wegen Fortsetzung des Mietverhältnisses entsprechend, wenn der Klage stattgegeben wird.

(3) Erkennt der Beklagte den Anspruch auf Räumung von Wohnraum sofort an, wird ihm jedoch eine Räumungsfrist bewilligt, so kann das Gericht die Kosten ganz oder teilweise dem Kläger auferlegen, wenn der Beklagte bereits vor Erhebung der Klage unter Angabe von Gründen die Fortsetzung des Mietverhältnisses oder eine den Umständen nach angemessene Räumungsfrist vom Kläger vergeblich begehrt hatte.

Abschnitt 3. Verfahren

Titel 2. Verfahren bei Zustellungen

Untertitel 1. Zustellungen von Amts wegen

§ 185 Öffentliche Zustellung. Die Zustellung kann durch öffentliche Bekanntmachung (öffentliche Zustellung) erfolgen, wenn

1. der Aufenthaltsort einer Person unbekannt und eine Zustellung an einen Vertreter oder Zustellungsbevollmächtigten nicht möglich ist,
2. bei juristischen Personen, die zur Anmeldung einer inländischen Geschäftsanschrift zum Handelsregister verpflichtet sind, eine Zustellung weder unter der eingetragenen Anschrift noch unter einer im Handelsregister eingetragenen Anschrift einer für Zustellungen empfangsberechtigten Person oder einer ohne Ermittlungen bekannten anderen inländischen Anschrift möglich ist,
3. eine Zustellung im Ausland nicht möglich ist oder keinen Erfolg verspricht oder
4. die Zustellung nicht erfolgen kann, weil der Ort der Zustellung die Wohnung einer Person ist, die nach den §§ 18 bis 20 des Gerichtsverfassungsgesetzes[2] der Gerichtsbarkeit nicht unterliegt.

§ 186 Bewilligung und Ausführung der öffentlichen Zustellung.

(1) [1]Über die Bewilligung der öffentlichen Zustellung entscheidet das Prozessgericht. [2]Die Entscheidung kann ohne mündliche Verhandlung ergehen.

---

[1] Nr. 1.
[2] **Schönfelder Nr. 95.**

(2) [1] Die öffentliche Zustellung erfolgt durch Aushang einer Benachrichtigung an der Gerichtstafel oder durch Einstellung in ein elektronisches Informationssystem, das im Gericht öffentlich zugänglich ist. [2] Die Benachrichtigung kann zusätzlich in einem von dem Gericht für Bekanntmachungen bestimmten elektronischen Informations- und Kommunikationssystem veröffentlicht werden. [3] Die Benachrichtigung muss erkennen lassen

1. die Person, für die zugestellt wird,
2. den Namen und die letzte bekannte Anschrift des Zustellungsadressaten,
3. das Datum, das Aktenzeichen des Schriftstücks und die Bezeichnung des Prozessgegenstandes sowie
4. die Stelle, wo das Schriftstück eingesehen werden kann.

[4] Die Benachrichtigung muss den Hinweis enthalten, dass ein Schriftstück öffentlich zugestellt wird und Fristen in Gang gesetzt werden können, nach deren Ablauf Rechtsverluste drohen können. [5] Bei der Zustellung einer Ladung muss die Benachrichtigung den Hinweis enthalten, dass das Schriftstück eine Ladung zu einem Termin enthält, dessen Versäumung Rechtsnachteile zur Folge haben kann.

(3) In den Akten ist zu vermerken, wann die Benachrichtigung ausgehängt und wann sie abgenommen wurde.

Untertitel 2. Zustellungen auf Betreiben der Parteien

§ 191 Zustellung. Ist eine Zustellung auf Betreiben der Parteien zugelassen oder vorgeschrieben, finden die Vorschriften über die Zustellung von Amts wegen entsprechende Anwendung, soweit sich nicht aus den nachfolgenden Vorschriften Abweichungen ergeben.

§ 192 Zustellung durch Gerichtsvollzieher. (1) Die von den Parteien zu betreibenden Zustellungen erfolgen unbeschadet der Zustellung im Ausland nach § 183 durch den Gerichtsvollzieher nach Maßgabe der §§ 193 und 194.

(2) [1] Die Partei übergibt dem Gerichtsvollzieher das zuzustellende Schriftstück mit den erforderlichen Abschriften. [2] Der Gerichtsvollzieher beglaubigt die Abschriften; er kann fehlende Abschriften selbst herstellen.

(3) [1] Im Verfahren vor dem Amtsgericht kann die Partei den Gerichtsvollzieher unter Vermittlung der Geschäftsstelle des Prozessgerichts mit der Zustellung beauftragen. [2] Insoweit hat diese den Gerichtsvollzieher mit der Zustellung zu beauftragen.

§ 193 Ausführung der Zustellung. (1) [1] Der Gerichtsvollzieher beurkundet auf der Urschrift des zuzustellenden Schriftstücks oder auf dem mit der Urschrift zu verbindenden hierfür vorgesehenen Formular die Ausführung der Zustellung nach § 182 Abs. 2 und vermerkt die Person, in deren Auftrag er zugestellt hat. [2] Bei Zustellung durch Aufgabe zur Post ist das Datum und die Anschrift, unter der die Aufgabe erfolgte, zu vermerken.

(2) Der Gerichtsvollzieher vermerkt auf dem zu übergebenden Schriftstück den Tag der Zustellung, sofern er nicht eine beglaubigte Abschrift der Zustellungsurkunde übergibt.

(3) Die Zustellungsurkunde ist der Partei zu übermitteln, für die zugestellt wurde.

§ 194 Zustellungsauftrag. (1) [1] Beauftragt der Gerichtsvollzieher die Post mit der Ausführung der Zustellung, vermerkt er auf dem zuzustellenden Schriftstück, im Auftrag welcher Person er es der Post übergibt. [2] Auf der Urschrift des zuzustellenden Schriftstücks oder auf einem mit ihr zu verbindenden Übergabebogen bezeugt er, dass die mit der Anschrift des Zustellungsadressaten, der Bezeichnung des absendenden Gerichtsvollziehers und einem Aktenzeichen versehene Sendung der Post übergeben wurde.

(2) Die Post leitet die Zustellungsurkunde unverzüglich an den Gerichtsvollzieher zurück.

§ 195 Zustellung von Anwalt zu Anwalt. (1) [1] Sind die Parteien durch Anwälte vertreten, so kann ein Dokument auch dadurch zugestellt werden, dass der zustellende Anwalt das Dokument dem anderen Anwalt übermittelt (Zustellung von Anwalt zu Anwalt). [2] Auch Schriftsätze, die nach den Vorschriften dieses Gesetzes von Amts wegen zugestellt werden, können stattdessen von Anwalt zu Anwalt zugestellt werden, wenn nicht gleichzeitig dem Gegner eine gerichtliche Anordnung mitzuteilen ist. [3] In dem Schriftsatz soll die Erklärung enthalten sein, dass von Anwalt zu Anwalt zugestellt werde. [4] Die Zustellung ist dem Gericht, sofern dies für die zu treffende Entscheidung erforderlich ist, nachzuweisen. [5] Für die Zustellung an einen Anwalt gilt § 174 Abs. 2 Satz 1 und Abs. 3 Satz 1, 3 entsprechend.

(2) [1] Zum Nachweis der Zustellung genügt das mit Datum und Unterschrift versehene schriftliche Empfangsbekenntnis des Anwalts, dem zugestellt worden ist. [2] § 174 Absatz 4 Satz 2 bis 4 gilt entsprechend. [3] Der Anwalt, der zustellt, hat dem anderen Anwalt auf Verlangen eine Bescheinigung über die Zustellung zu erteilen.

Buch 2. Verfahren im ersten Rechtszug

Abschnitt 1. Verfahren vor den Landgerichten

Titel 1. Verfahren bis zum Urteil

§ 256 Feststellungsklage. (1) Auf Feststellung des Bestehens oder Nichtbestehens eines Rechtsverhältnisses, auf Anerkennung einer Urkunde oder auf Feststellung ihrer Unechtheit kann Klage erhoben werden, wenn der Kläger ein rechtliches Interesse daran hat, dass das Rechtsverhältnis oder die Echtheit oder Unechtheit der Urkunde durch richterliche Entscheidung alsbald festgestellt werde.

(2) Bis zum Schluss derjenigen mündlichen Verhandlung, auf die das Urteil ergeht, kann der Kläger durch Erweiterung des Klageantrags, der Beklagte durch Erhebung einer Widerklage beantragen, dass ein im Laufe des Prozesses streitig gewordenes Rechtsverhältnis, von dessen Bestehen oder Nichtbestehen die Entscheidung des Rechtsstreits ganz oder zum Teil abhängt, durch richterliche Entscheidung festgestellt werde.

§ 257 Klage auf künftige Zahlung oder Räumung. Ist die Geltendmachung einer nicht von einer Gegenleistung abhängigen Geldforderung oder die Geltendmachung des Anspruchs auf Räumung eines Grundstücks oder eines Raumes, der anderen als Wohnzwecken dient, an den Eintritt eines Kalendertages geknüpft, so kann Klage auf künftige Zahlung oder Räumung erhoben werden.

§ 259 Klage wegen Besorgnis nicht rechtzeitiger Leistung. Klage auf künftige Leistung kann außer den Fällen der §§ 257, 258 erhoben werden, wenn den Umständen nach die Besorgnis gerechtfertigt ist, dass der Schuldner sich der rechtzeitigen Leistung entziehen werde.

§ 272 Bestimmung der Verfahrensweise. (1) Der Rechtsstreit ist in der Regel in einem umfassend vorbereiteten Termin zur mündlichen Verhandlung (Haupttermin) zu erledigen.

(2) Der Vorsitzende bestimmt entweder einen frühen ersten Termin zur mündlichen Verhandlung (§ 275) oder veranlasst ein schriftliches Vorverfahren (§ 276).

(3) Die Güteverhandlung und die mündliche Verhandlung sollen so früh wie möglich stattfinden.

(4) Räumungssachen sind vorrangig und beschleunigt durchzuführen.

§ 282 Rechtzeitigkeit des Vorbringens. (1) Jede Partei hat in der mündlichen Verhandlung ihre Angriffs- und Verteidigungsmittel, insbesondere Behauptungen, Bestreiten, Einwendungen, Einreden, Beweismittel und Beweiseinreden, so zeitig vorzubringen, wie es nach der Prozesslage einer sorgfältigen und auf Förderung des Verfahrens bedachten Prozessführung entspricht.

(2) Anträge sowie Angriffs- und Verteidigungsmittel, auf die der Gegner voraussichtlich ohne vorhergehende Erkundigung keine Erklärung abgeben kann, sind vor der mündlichen Verhandlung durch vorbereitenden Schriftsatz so zeitig mitzuteilen, dass der Gegner die erforderliche Erkundigung noch einzuziehen vermag.

(3) [1] Rügen, die die Zulässigkeit der Klage betreffen, hat der Beklagte gleichzeitig und vor seiner Verhandlung zur Hauptsache vorzubringen. [2] Ist ihm vor der mündlichen Verhandlung eine Frist zur Klageerwiderung gesetzt, so hat er die Rügen schon innerhalb der Frist geltend zu machen.

§ 283a Sicherungsanordnung. (1) [1] Wird eine Räumungsklage mit einer Zahlungsklage aus demselben Rechtsverhältnis verbunden, ordnet das Prozessgericht auf Antrag des Klägers an, dass der Beklagte wegen der Geldforderungen, die nach Rechtshängigkeit der Klage fällig geworden sind, Sicherheit zu leisten hat, soweit

1. die Klage auf diese Forderungen hohe Aussicht auf Erfolg hat und
2. die Anordnung nach Abwägung der beiderseitigen Interessen zur Abwendung besonderer Nachteile für den Kläger gerechtfertigt ist. Hinsichtlich der abzuwägenden Interessen genügt deren Glaubhaftmachung.

[2] Streiten die Parteien um das Recht des Klägers, die Geldforderung zu erhöhen, erfasst die Sicherungsanordnung den Erhöhungsbetrag nicht. [3] Ge-

gen die Entscheidung über die Sicherungsanordnung findet die sofortige Beschwerde statt.

(2) Der Beklagte hat die Sicherheitsleistung binnen einer vom Gericht zu bestimmenden Frist nachzuweisen.

(3) Soweit der Kläger obsiegt, ist in einem Endurteil oder einer anderweitigen den Rechtsstreit beendenden Regelung auszusprechen, dass er berechtigt ist, sich aus der Sicherheit zu befriedigen.

(4) [1] Soweit dem Kläger nach dem Endurteil oder nach der anderweitigen Regelung ein Anspruch in Höhe der Sicherheitsleistung nicht zusteht, hat er den Schaden zu ersetzen, der dem Beklagten durch die Sicherheitsleistung entstanden ist. [2] § 717 Absatz 2 Satz 2 gilt entsprechend.

Titel 2. Urteil

§ 308a Entscheidung ohne Antrag in Mietsachen. (1) [1] Erachtet das Gericht in einer Streitigkeit zwischen dem Vermieter und dem Mieter oder dem Mieter und dem Untermieter wegen Räumung von Wohnraum den Räumungsanspruch für unbegründet, weil der Mieter nach den §§ 574 bis 574b des Bürgerlichen Gesetzbuchs[1)] eine Fortsetzung des Mietverhältnisses verlangen kann, so hat es in dem Urteil auch ohne Antrag auszusprechen, für welche Dauer und unter welchen Änderungen der Vertragsbedingungen das Mietverhältnis fortgesetzt wird. [2] Vor dem Ausspruch sind die Parteien zu hören.

(2) Der Ausspruch ist selbständig anfechtbar.

Buch 8. Zwangsvollstreckung

Abschnitt 1. Allgemeine Vorschriften

§ 708 Vorläufige Vollstreckbarkeit ohne Sicherheitsleistung. Für vorläufig vollstreckbar ohne Sicherheitsleistung sind zu erklären:

1. Urteile, die auf Grund eines Anerkenntnisses oder eines Verzichts ergehen;
2. Versäumnisurteile und Urteile nach Lage der Akten gegen die säumige Partei gemäß § 331a;
3. Urteile, durch die gemäß § 341 der Einspruch als unzulässig verworfen wird;
4. Urteile, die im Urkunden-, Wechsel- oder Scheckprozess erlassen werden;
5. Urteile, die ein Vorbehaltsurteil, das im Urkunden-, Wechsel- oder Scheckprozess erlassen wurde, für vorbehaltlos erklären;
6. Urteile, durch die Arreste oder einstweilige Verfügungen abgelehnt oder aufgehoben werden;
7. Urteile in Streitigkeiten zwischen dem Vermieter und dem Mieter oder Untermieter von Wohnräumen oder anderen Räumen oder zwischen dem Mieter und dem Untermieter solcher Räume wegen Überlassung,

---

[1)] Nr. 1.

Benutzung oder Räumung, wegen Fortsetzung des Mietverhältnisses über Wohnraum auf Grund der §§ 574 bis 574b des Bürgerlichen Gesetzbuchs[1] sowie wegen Zurückhaltung der von dem Mieter oder dem Untermieter in die Mieträume eingebrachten Sachen;

8. Urteile, die die Verpflichtung aussprechen, Unterhalt, Renten wegen Entziehung einer Unterhaltsforderung oder Renten wegen einer Verletzung des Körpers oder der Gesundheit zu entrichten, soweit sich die Verpflichtung auf die Zeit nach der Klageerhebung und auf das ihr vorausgehende letzte Vierteljahr bezieht;
9. Urteile nach §§ 861, 862 des Bürgerlichen Gesetzbuchs auf Wiedereinräumung des Besitzes oder auf Beseitigung oder Unterlassung einer Besitzstörung;
10. Berufungsurteile in vermögensrechtlichen Streitigkeiten. Wird die Berufung durch Urteil oder Beschluss gemäß § 522 Absatz 2 zurückgewiesen, ist auszusprechen, dass das angefochtene Urteil ohne Sicherheitsleistung vorläufig vollstreckbar ist;
11. andere Urteile in vermögensrechtlichen Streitigkeiten, wenn der Gegenstand der Verurteilung in der Hauptsache 1 250 Euro nicht übersteigt oder wenn nur die Entscheidung über die Kosten vollstreckbar ist und eine Vollstreckung im Wert von nicht mehr als 1 500 Euro ermöglicht.

§ 709 Vorläufige Vollstreckbarkeit gegen Sicherheitsleistung. [1] Andere Urteile sind gegen eine der Höhe nach zu bestimmende Sicherheit für vorläufig vollstreckbar zu erklären. [2] Soweit wegen einer Geldforderung zu vollstrecken ist, genügt es, wenn die Höhe der Sicherheitsleistung in einem bestimmten Verhältnis zur Höhe des jeweils zu vollstreckenden Betrages angegeben wird. [3] Handelt es sich um ein Urteil, das ein Versäumnisurteil aufrechterhält, so ist auszusprechen, dass die Vollstreckung aus dem Versäumnisurteil nur gegen Leistung der Sicherheit fortgesetzt werden darf.

§ 711 Abwendungsbefugnis. [1] In den Fällen des § 708 Nr. 4 bis 11 hat das Gericht auszusprechen, dass der Schuldner die Vollstreckung durch Sicherheitsleistung oder Hinterlegung abwenden darf, wenn nicht der Gläubiger vor der Vollstreckung Sicherheit leistet. [2] § 709 Satz 2 gilt entsprechend, für den Schuldner jedoch mit der Maßgabe, dass Sicherheit in einem bestimmten Verhältnis zur Höhe des auf Grund des Urteils vollstreckbaren Betrages zu leisten ist. [3] Für den Gläubiger gilt § 710 entsprechend.

§ 712 Schutzantrag des Schuldners. (1) [1] Würde die Vollstreckung dem Schuldner einen nicht zu ersetzenden Nachteil bringen, so hat ihm das Gericht auf Antrag zu gestatten, die Vollstreckung durch Sicherheitsleistung oder Hinterlegung ohne Rücksicht auf eine Sicherheitsleistung des Gläubigers abzuwenden; § 709 Satz 2 gilt in den Fällen des § 709 Satz 1 entsprechend. [2] Ist der Schuldner dazu nicht in der Lage, so ist das Urteil nicht für vorläufig vollstreckbar zu erklären oder die Vollstreckung auf die in § 720a Abs. 1, 2 bezeichneten Maßregeln zu beschränken.

---

[1] Nr. **1**.

(2) [1]Dem Antrag des Schuldners ist nicht zu entsprechen, wenn ein überwiegendes Interesse des Gläubigers entgegensteht. [2]In den Fällen des § 708 kann das Gericht anordnen, dass das Urteil nur gegen Sicherheitsleistung vorläufig vollstreckbar ist.

§ 713 Unterbleiben von Schuldnerschutzanordnungen. Die in den §§ 711, 712 zugunsten des Schuldners zugelassenen Anordnungen sollen nicht ergehen, wenn die Voraussetzungen, unter denen ein Rechtsmittel gegen das Urteil stattfindet, unzweifelhaft nicht vorliegen.

§ 721 Räumungsfrist. (1) [1]Wird auf Räumung von Wohnraum erkannt, so kann das Gericht auf Antrag oder von Amts wegen dem Schuldner eine den Umständen nach angemessene Räumungsfrist gewähren. [2]Der Antrag ist vor dem Schluss der mündlichen Verhandlung zu stellen, auf die das Urteil ergeht. [3]Ist der Antrag bei der Entscheidung übergangen, so gilt § 321; bis zur Entscheidung kann das Gericht auf Antrag die Zwangsvollstreckung wegen des Räumungsanspruchs einstweilen einstellen.

(2) [1]Ist auf künftige Räumung erkannt und über eine Räumungsfrist noch nicht entschieden, so kann dem Schuldner eine den Umständen nach angemessene Räumungsfrist gewährt werden, wenn er spätestens zwei Wochen vor dem Tag, an dem nach dem Urteil zu räumen ist, einen Antrag stellt. [2]§§ 233 bis 238 gelten sinngemäß.

(3) [1]Die Räumungsfrist kann auf Antrag verlängert oder verkürzt werden. [2]Der Antrag auf Verlängerung ist spätestens zwei Wochen vor Ablauf der Räumungsfrist zu stellen. [3]§§ 233 bis 238 gelten sinngemäß.

(4) [1]Über Anträge nach den Absätzen 2 oder 3 entscheidet das Gericht erster Instanz, solange die Sache in der Berufungsinstanz anhängig ist, das Berufungsgericht. [2]Die Entscheidung ergeht durch Beschluss. [3]Vor der Entscheidung ist der Gegner zu hören. [4]Das Gericht ist befugt, die im § 732 Abs. 2 bezeichneten Anordnungen zu erlassen.

(5) [1]Die Räumungsfrist darf insgesamt nicht mehr als ein Jahr betragen. [2]Die Jahresfrist rechnet vom Tage der Rechtskraft des Urteils oder, wenn nach einem Urteil auf künftige Räumung an einem späteren Tage zu räumen ist, von diesem Tage an.

(6) Die sofortige Beschwerde findet statt

1. gegen Urteile, durch die auf Räumung von Wohnraum erkannt ist, wenn sich das Rechtsmittel lediglich gegen die Versagung, Gewährung oder Bemessung einer Räumungsfrist richtet;
2. gegen Beschlüsse über Anträge nach den Absätzen 2 oder 3.

(7) [1]Die Absätze 1 bis 6 gelten nicht für Mietverhältnisse über Wohnraum im Sinne des § 549 Abs. 2 Nr. 3 sowie in den Fällen des § 575 des Bürgerlichen Gesetzbuchs[1)]. [2]Endet ein Mietverhältnis im Sinne des § 575 des Bürgerlichen Gesetzbuchs durch außerordentliche Kündigung, kann eine Räumungsfrist höchstens bis zum vertraglich bestimmten Zeitpunkt der Beendigung gewährt werden.

[1)] Nr. **1**.

§ 732 Erinnerung gegen Erteilung der Vollstreckungsklausel. (1) [1] Über Einwendungen des Schuldners, welche die Zulässigkeit der Vollstreckungsklausel betreffen, entscheidet das Gericht, von dessen Geschäftsstelle die Vollstreckungsklausel erteilt ist. [2] Die Entscheidung ergeht durch Beschluss.

(2) Das Gericht kann vor der Entscheidung eine einstweilige Anordnung erlassen; es kann insbesondere anordnen, dass die Zwangsvollstreckung gegen oder ohne Sicherheitsleistung einstweilen einzustellen oder nur gegen Sicherheitsleistung fortzusetzen sei.

§ 765a Vollstreckungsschutz. (1) [1] Auf Antrag des Schuldners kann das Vollstreckungsgericht eine Maßnahme der Zwangsvollstreckung ganz oder teilweise aufheben, untersagen oder einstweilen einstellen, wenn die Maßnahme unter voller Würdigung des Schutzbedürfnisses des Gläubigers wegen ganz besonderer Umstände eine Härte bedeutet, die mit den guten Sitten nicht vereinbar ist. [2] Es ist befugt, die in § 732 Abs. 2 bezeichneten Anordnungen zu erlassen. [3] Betrifft die Maßnahme ein Tier, so hat das Vollstreckungsgericht bei der von ihm vorzunehmenden Abwägung die Verantwortung des Menschen für das Tier zu berücksichtigen.

(2) Eine Maßnahme zur Erwirkung der Herausgabe von Sachen kann der Gerichtsvollzieher bis zur Entscheidung des Vollstreckungsgerichts, jedoch nicht länger als eine Woche, aufschieben, wenn ihm die Voraussetzungen des Absatzes 1 Satz 1 glaubhaft gemacht werden und dem Schuldner die rechtzeitige Anrufung des Vollstreckungsgerichts nicht möglich war.

(3) In Räumungssachen ist der Antrag nach Absatz 1 spätestens zwei Wochen vor dem festgesetzten Räumungstermin zu stellen, es sei denn, dass die Gründe, auf denen der Antrag beruht, erst nach diesem Zeitpunkt entstanden sind oder der Schuldner ohne sein Verschulden an einer rechtzeitigen Antragstellung gehindert war.

(4) Das Vollstreckungsgericht hebt seinen Beschluss auf Antrag auf oder ändert ihn, wenn dies mit Rücksicht auf eine Änderung der Sachlage geboten ist.

(5) Die Aufhebung von Vollstreckungsmaßregeln erfolgt in den Fällen des Absatzes 1 Satz 1 und des Absatzes 4 erst nach Rechtskraft des Beschlusses.

§ 766 Erinnerung gegen Art und Weise der Zwangsvollstreckung. (1) [1] Über Anträge, Einwendungen und Erinnerungen, welche die Art und Weise der Zwangsvollstreckung oder das vom Gerichtsvollzieher bei ihr zu beobachtende Verfahren betreffen, entscheidet das Vollstreckungsgericht. [2] Es ist befugt, die im § 732 Abs. 2 bezeichneten Anordnungen zu erlassen.

(2) Dem Vollstreckungsgericht steht auch die Entscheidung zu, wenn ein Gerichtsvollzieher sich weigert, einen Vollstreckungsauftrag zu übernehmen oder eine Vollstreckungshandlung dem Auftrag gemäß auszuführen, oder wenn wegen der von dem Gerichtsvollzieher in Ansatz gebrachten Kosten Erinnerungen erhoben werden.

§ 794a Zwangsvollstreckung aus Räumungsvergleich. (1) [1] Hat sich der Schuldner in einem Vergleich, aus dem die Zwangsvollstreckung stattfindet, zur Räumung von Wohnraum verpflichtet, so kann ihm das Amtsgericht, in dessen Bezirk der Wohnraum belegen ist, auf Antrag eine den Umständen nach angemessene Räumungsfrist bewilligen. [2] Der Antrag ist spätestens zwei Wochen vor dem Tag, an dem nach dem Vergleich zu räumen ist, zu stellen; §§ 233 bis 238 gelten sinngemäß. [3] Die Entscheidung ergeht durch Beschluss. [4] Vor der Entscheidung ist der Gläubiger zu hören. [5] Das Gericht ist befugt, die im § 732 Abs. 2 bezeichneten Anordnungen zu erlassen.

(2) [1] Die Räumungsfrist kann auf Antrag verlängert oder verkürzt werden. [2] Absatz 1 Satz 2 bis 5 gilt entsprechend.

(3) [1] Die Räumungsfrist darf insgesamt nicht mehr als ein Jahr, gerechnet vom Tag des Abschlusses des Vergleichs, betragen. [2] Ist nach dem Vergleich an einem späteren Tag zu räumen, so rechnet die Frist von diesem Tag an.

(4) Gegen die Entscheidung des Amtsgerichts findet die sofortige Beschwerde statt.

(5) [1] Die Absätze 1 bis 4 gelten nicht für Mietverhältnisse über Wohnraum im Sinne des § 549 Abs. 2 Nr. 3 sowie in den Fällen des § 575 des Bürgerlichen Gesetzbuchs[1]). [2] Endet ein Mietverhältnis im Sinne des § 575 des Bürgerlichen Gesetzbuchs durch außerordentliche Kündigung, kann eine Räumungsfrist höchstens bis zum vertraglich bestimmten Zeitpunkt der Beendigung gewährt werden.

§ 796a Voraussetzungen für die Vollstreckbarerklärung des Anwaltsvergleichs. (1) Ein von Rechtsanwälten im Namen und mit Vollmacht der von ihnen vertretenen Parteien abgeschlossener Vergleich wird auf Antrag einer Partei für vollstreckbar erklärt, wenn sich der Schuldner darin der sofortigen Zwangsvollstreckung unterworfen hat und der Vergleich unter Angabe des Tages seines Zustandekommens bei einem Amtsgericht niedergelegt ist, bei dem eine der Parteien zur Zeit des Vergleichsabschlusses ihren allgemeinen Gerichtsstand hat.

(2) Absatz 1 gilt nicht, wenn der Vergleich auf die Abgabe einer Willenserklärung gerichtet ist oder den Bestand eines Mietverhältnisses über Wohnraum betrifft.

(3) Die Vollstreckbarerklärung ist abzulehnen, wenn der Vergleich unwirksam ist oder seine Anerkennung gegen die öffentliche Ordnung verstoßen würde.

Abschnitt 2. Zwangsvollstreckung wegen Geldforderungen

Titel 2. Zwangsvollstreckung in das bewegliche Vermögen

Untertitel 3. Zwangsvollstreckung in Forderungen und andere Vermögensrechte

§ 851b Pfändungsschutz bei Miet- und Pachtzinsen. (1) [1] Die Pfändung von Miete und Pacht ist auf Antrag des Schuldners vom Vollstreckungsgericht insoweit aufzuheben, als diese Einkünfte für den Schuldner zur laufenden Unterhaltung des Grundstücks, zur Vornahme notwendiger Instandsetzungsarbeiten und zur Befriedigung von Ansprüchen unentbehrlich sind,

---

[1]) Nr. 1.

die bei einer Zwangsvollstreckung in das Grundstück dem Anspruch des Gläubigers nach § 10 des Gesetzes über die Zwangsversteigerung und die Zwangsverwaltung[1] vorgehen würden. [2] Das Gleiche gilt von der Pfändung von Barmitteln und Guthaben, die aus Miet- oder Pachtzahlungen herrühren und zu den in Satz 1 bezeichneten Zwecken unentbehrlich sind.

(2) [1] Wird der Antrag nicht binnen einer Frist von zwei Wochen gestellt, so ist er ohne sachliche Prüfung zurückzuweisen, wenn das Vollstreckungsgericht der Überzeugung ist, dass der Schuldner den Antrag in der Absicht der Verschleppung oder aus grober Nachlässigkeit nicht früher gestellt hat. [2] Die Frist beginnt mit der Pfändung.

(3) Anordnungen nach Absatz 1 können mehrmals ergehen und, soweit es nach Lage der Verhältnisse geboten ist, auf Antrag aufgehoben oder abgeändert werden.

(4) [1] Vor den in den Absätzen 1 und 3 bezeichneten Entscheidungen ist, soweit dies ohne erhebliche Verzögerung möglich ist, der Gläubiger zu hören. [2] Die für die Entscheidung wesentlichen tatsächlichen Verhältnisse sind glaubhaft zu machen. [3] Die Pfändung soll unterbleiben, wenn offenkundig ist, dass die Voraussetzungen für die Aufhebung der Zwangsvollstreckung nach Absatz 1 vorliegen.

Abschnitt 3. Zwangsvollstreckung zur Erwirkung der Herausgabe von Sachen und zur Erwirkung von Handlungen oder Unterlassungen

§ 885 Herausgabe von Grundstücken oder Schiffen. (1) [1] Hat der Schuldner eine unbewegliche Sache oder ein eingetragenes Schiff oder Schiffsbauwerk herauszugeben, zu überlassen oder zu räumen, so hat der Gerichtsvollzieher den Schuldner aus dem Besitz zu setzen und den Gläubiger in den Besitz einzuweisen. [2] Der Gerichtsvollzieher hat den Schuldner aufzufordern, eine Anschrift zum Zweck von Zustellungen oder einen Zustellungsbevollmächtigten zu benennen.

(2) Bewegliche Sachen, die nicht Gegenstand der Zwangsvollstreckung sind, werden von dem Gerichtsvollzieher weggeschafft und dem Schuldner oder, wenn dieser abwesend ist, einem Bevollmächtigten des Schuldners, einem erwachsenen Familienangehörigen, einer in der Familie beschäftigten Person oder einem erwachsenen ständigen Mitbewohner übergeben oder zur Verfügung gestellt.

(3) [1] Ist weder der Schuldner noch eine der bezeichneten Personen anwesend oder wird die Entgegennahme verweigert, hat der Gerichtsvollzieher die in Absatz 2 bezeichneten Sachen auf Kosten des Schuldners in die Pfandkammer zu schaffen oder anderweitig in Verwahrung zu bringen. [2] Bewegliche Sachen, an deren Aufbewahrung offensichtlich kein Interesse besteht, sollen unverzüglich vernichtet werden.

(4) [1] Fordert der Schuldner die Sachen nicht binnen einer Frist von einem Monat nach der Räumung ab, veräußert der Gerichtsvollzieher die Sachen und hinterlegt den Erlös. [2] Der Gerichtsvollzieher veräußert die Sachen und hinterlegt den Erlös auch dann, wenn der Schuldner die Sachen binnen einer Frist von einem Monat abfordert, ohne binnen einer Frist von zwei Monaten

---

[1] **Schönfelder Nr. 108.**

nach der Räumung die Kosten zu zahlen. [3]Die §§ 806, 814 und 817 sind entsprechend anzuwenden. [4]Sachen, die nicht verwertet werden können, sollen vernichtet werden.

(5) Unpfändbare Sachen und solche Sachen, bei denen ein Verwertungserlös nicht zu erwarten ist, sind auf Verlangen des Schuldners jederzeit ohne Weiteres herauszugeben.

§ 885a Beschränkter Vollstreckungsauftrag. (1) Der Vollstreckungsauftrag kann auf die Maßnahmen nach § 885 Absatz 1 beschränkt werden.

(2) [1]Der Gerichtsvollzieher hat in dem Protokoll (§ 762) die frei ersichtlichen beweglichen Sachen zu dokumentieren, die er bei der Vornahme der Vollstreckungshandlung vorfindet. [2]Er kann bei der Dokumentation Bildaufnahmen in elektronischer Form herstellen.

(3) [1]Der Gläubiger kann bewegliche Sachen, die nicht Gegenstand der Zwangsvollstreckung sind, jederzeit wegschaffen und hat sie zu verwahren. [2]Bewegliche Sachen, an deren Aufbewahrung offensichtlich kein Interesse besteht, kann er jederzeit vernichten. [3]Der Gläubiger hat hinsichtlich der Maßnahmen nach den Sätzen 1 und 2 nur Vorsatz und grobe Fahrlässigkeit zu vertreten.

(4) [1]Fordert der Schuldner die Sachen beim Gläubiger nicht binnen einer Frist von einem Monat nach der Einweisung des Gläubigers in den Besitz ab, kann der Gläubiger die Sachen verwerten. [2]Die §§ 372 bis 380, 382, 383 und 385 des Bürgerlichen Gesetzbuchs [1)]sind entsprechend anzuwenden. [3]Eine Androhung der Versteigerung findet nicht statt. [4]Sachen, die nicht verwertet werden können, können vernichtet werden.

(5) Unpfändbare Sachen und solche Sachen, bei denen ein Verwertungserlös nicht zu erwarten ist, sind auf Verlangen des Schuldners jederzeit ohne Weiteres herauszugeben.

(6) Mit der Mitteilung des Räumungstermins weist der Gerichtsvollzieher den Gläubiger und den Schuldner auf die Bestimmungen der Absätze 2 bis 5 hin.

(7) Die Kosten nach den Absätzen 3 und 4 gelten als Kosten der Zwangsvollstreckung.

§ 886 Herausgabe bei Gewahrsam eines Dritten. Befindet sich eine herauszugebende Sache im Gewahrsam eines Dritten, so ist dem Gläubiger auf dessen Antrag der Anspruch des Schuldners auf Herausgabe der Sache nach den Vorschriften zu überweisen, welche die Pfändung und Überweisung einer Geldforderung betreffen.

Abschnitt 5. Arrest und einstweilige Verfügung

§ 940a Räumung von Wohnraum. (1) Die Räumung von Wohnraum darf durch einstweilige Verfügung nur wegen verbotener Eigenmacht oder bei einer konkreten Gefahr für Leib oder Leben angeordnet werden.

[1)] **Schönfelder Nr. 20.**

(2) Die Räumung von Wohnraum darf durch einstweilige Verfügung auch gegen einen Dritten angeordnet werden, der im Besitz der Mietsache ist, wenn gegen den Mieter ein vollstreckbarer Räumungstitel vorliegt und der Vermieter vom Besitzerwerb des Dritten erst nach dem Schluss der mündlichen Verhandlung Kenntnis erlangt hat.

(3) Ist Räumungsklage wegen Zahlungsverzugs erhoben, darf die Räumung von Wohnraum durch einstweilige Verfügung auch angeordnet werden, wenn der Beklagte einer Sicherungsanordnung (§ 283a) im Hauptsacheverfahren nicht Folge leistet.

(4) In den Fällen der Absätze 2 und 3 hat das Gericht den Gegner vor Erlass einer Räumungsverfügung anzuhören.

Buch 10. Schiedsrichterliches Verfahren

Abschnitt 2. Schiedsvereinbarung

§ 1030 Schiedsfähigkeit. (1) [1] Jeder vermögensrechtliche Anspruch kann Gegenstand einer Schiedsvereinbarung sein. [2] Eine Schiedsvereinbarung über nichtvermögensrechtliche Ansprüche hat insoweit rechtliche Wirkung, als die Parteien berechtigt sind, über den Gegenstand des Streites einen Vergleich zu schließen.

(2) [1] Eine Schiedsvereinbarung über Rechtsstreitigkeiten, die den Bestand eines Mietverhältnisses über Wohnraum im Inland betreffen, ist unwirksam. [2] Dies gilt nicht, soweit es sich um Wohnraum der in § 549 Abs. 2 Nr. 1 bis 3 des Bürgerlichen Gesetzbuchs[1)] bestimmten Art handelt.

(3) Gesetzliche Vorschriften außerhalb dieses Buches, nach denen Streitigkeiten einem schiedsrichterlichen Verfahren nicht oder nur unter bestimmten Voraussetzungen unterworfen werden dürfen, bleiben unberührt.

[1)] Nr. **1**.

22a. Gesetz über die Zwangsversteigerung und die Zwangsverwaltung

In der Fassung der Bekanntmachung vom 20. Mai 1898[1]
(RGBl. S. 713)

BGBl. III/FNA 310-14

zuletzt geänd. durch Art. 9 WSV-ZuständigkeitsanpassungsG v. 24.5.2016 (BGBl. I S. 1217)

– Auszug –

Erster Abschnitt. Zwangsversteigerung und Zwangsverwaltung von Grundstücken im Wege der Zwangsvollstreckung

Zweiter Titel. Zwangsversteigerung

IV. Geringstes Gebot. Versteigerungsbedingungen

§ 57 [Mieter, Pächter] Ist das Grundstück einem Mieter oder Pächter überlassen, so finden die Vorschriften der §§ 566, 566a, 566b Abs. 1, §§ 566c und 566d des Bürgerlichen Gesetzbuchs[2] nach Maßgabe der §§ 57a und 57b entsprechende Anwendung.

§ 57a [Kündigungsrecht des Erstehers] [1] Der Ersteher ist berechtigt, das Miet- oder Pachtverhältnis unter Einhaltung der gesetzlichen Frist zu kündigen. [2] Die Kündigung ist ausgeschlossen, wenn sie nicht für den ersten Termin erfolgt, für den sie zulässig ist.

§ 57b [Vorausverfügungen über Miet- oder Pachtzins] (1) [1] Soweit nach den Vorschriften des § 566b Abs. 1 und der §§ 566c, 566d des Bürgerlichen Gesetzbuchs[2] für die Wirkung von Verfügungen und Rechtsgeschäften über die Miete oder Pacht der Übergang des Eigentums in Betracht kommt, ist an dessen Stelle die Beschlagnahme des Grundstücks maßgebend. [2] Ist dem Mieter oder Pächter der Beschluß, durch den die Zwangsversteigerung angeordnet wird, zugestellt, so gilt mit der Zustellung die Beschlagnahme als dem Mieter oder Pächter bekannt; die Zustellung erfolgt auf Antrag des Gläubigers an die von ihm bezeichneten Personen. [3] Dem Beschlusse soll eine Belehrung über die Bedeutung der Beschlagnahme für den Mieter oder Pächter beigefügt werden. [4] Das Gericht hat auf Antrag des Gläubigers zur Feststellung der Mieter und Pächter eines Grundstücks Ermittlungen zu veranlassen; es kann damit einen Gerichtsvollzieher oder einen sonstigen Beamten beauftragen, auch die zuständige örtliche Behörde um Mitteilung der ihr bekannten Mieter und Pächter ersuchen.

---

[1] Neubekanntmachung des ZVG v. 24.3.1897 (RGBl. S. 97) in der vom 1.1.1900 an geltenden Fassung.

[2] Nr. 1.

(2) [1] Der Beschlagnahme zum Zwecke der Zwangsversteigerung steht die Beschlagnahme zum Zwecke der Zwangsverwaltung gleich, wenn sie bis zum Zuschlag fortgedauert hat. [2] Ist dem Mieter oder Pächter der Beschluß, durch den ihm verboten wird, an den Schuldner zu zahlen, zugestellt, so gilt mit der Zustellung die Beschlagnahme als dem Mieter oder Pächter bekannt.

(3) Auf Verfügungen und Rechtsgeschäfte des Zwangsverwalters finden diese Vorschriften keine Anwendung.

22b. Insolvenzordnung (InsO)

Vom 5. Oktober 1994
(BGBl. I S. 2866)
FNA 311-13

zuletzt geänd. durch Art. 24 Abs. 3 Zweites FinanzmarktnovellierungsG v. 23.6.2017 (BGBl. I S. 1693)

– Auszug –

Dritter Teil. Wirkungen der Eröffnung des Insolvenzverfahrens

Zweiter Abschnitt. Erfüllung der Rechtsgeschäfte. Mitwirkung des Betriebsrats

§ 108 Fortbestehen bestimmter Schuldverhältnisse. (1) [1] Miet- und Pachtverhältnisse des Schuldners über unbewegliche Gegenstände oder Räume sowie Dienstverhältnisse des Schuldners bestehen mit Wirkung für die Insolvenzmasse fort. [2] Dies gilt auch für Miet- und Pachtverhältnisse, die der Schuldner als Vermieter oder Verpächter eingegangen war und die sonstige Gegenstände betreffen, die einem Dritten, der ihre Anschaffung oder Herstellung finanziert hat zur Sicherheit übertragen wurden.

(2) Ein vom Schuldner als Darlehensgeber eingegangenes Darlehensverhältnis besteht mit Wirkung für die Masse fort, soweit dem Darlehensnehmer der geschuldete Gegenstand zur Verfügung gestellt wurde.

(3) Ansprüche für die Zeit vor der Eröffnung des Insolvenzverfahrens kann der andere Teil nur als Insolvenzgläubiger geltend machen.

§ 109 Schuldner als Mieter oder Pächter. (1) [1] Ein Miet- oder Pachtverhältnis über einen unbeweglichen Gegenstand oder über Räume, das der Schuldner als Mieter oder Pächter eingegangen war, kann der Insolvenzverwalter ohne Rücksicht auf die vereinbarte Vertragsdauer oder einen vereinbarten Ausschluss des Rechts zur ordentlichen Kündigung kündigen; die Kündigungsfrist beträgt drei Monate zum Monatsende, wenn nicht eine kürzere Frist maßgeblich ist. [2] Ist Gegenstand des Mietverhältnisses die Wohnung des Schuldners, so tritt an die Stelle der Kündigung das Recht des Insolvenzverwalters zu erklären, dass Ansprüche, die nach Ablauf der in Satz 1 genannten Frist fällig werden, nicht im Insolvenzverfahren geltend gemacht werden können. [3] Kündigt der Verwalter nach Satz 1 oder gibt er die Erklärung nach Satz 2 ab, so kann der andere Teil wegen der vorzeitigen Beendigung des Vertragsverhältnisses oder wegen der Folgen der Erklärung als Insolvenzgläubiger Schadenersatz verlangen.

(2) [1] Waren dem Schuldner der unbewegliche Gegenstand oder die Räume zur Zeit der Eröffnung des Verfahrens noch nicht überlassen, so kann sowohl der Verwalter als auch der andere Teil vom Vertrag zurücktreten. [2] Tritt der Verwalter zurück, so kann der andere Teil wegen der vorzeitigen Beendigung

des Vertragsverhältnisses als Insolvenzgläubiger Schadenersatz verlangen. [3] Jeder Teil hat dem anderen auf dessen Verlangen binnen zwei Wochen zu erklären, ob er vom Vertrag zurücktreten will; unterläßt er dies, so verliert er das Rücktrittsrecht.

§ 110 Schuldner als Vermieter oder Verpächter. (1) [1] Hatte der Schuldner als Vermieter oder Verpächter eines unbeweglichen Gegenstands oder von Räumen vor der Eröffnung des Insolvenzverfahrens über die Miet- oder Pachtforderung für die spätere Zeit verfügt, so ist diese Verfügung nur wirksam, soweit sie sich auf die Miete oder Pacht für den zur Zeit der Eröffnung des Verfahrens laufenden Kalendermonat bezieht. [2] Ist die Eröffnung nach dem fünfzehnten Tag des Monats erfolgt, so ist die Verfügung auch für den folgenden Kalendermonat wirksam.

(2) [1] Eine Verfügung im Sinne des Absatzes 1 ist insbesondere die Einziehung der Miete oder Pacht. [2] Einer rechtsgeschäftlichen Verfügung steht eine Verfügung gleich, die im Wege der Zwangsvollstreckung erfolgt.

(3) [1] Der Mieter oder der Pächter kann gegen die Miet- oder Pachtforderung für den in Absatz 1 bezeichneten Zeitraum eine Forderung aufrechnen, die ihm gegen den Schuldner zusteht. [2] Die §§ 95 und 96 Nr. 2 bis 4 bleiben unberührt.

§ 111 Veräußerung des Miet- oder Pachtobjekts. [1] Veräußert der Insolvenzverwalter einen unbeweglichen Gegenstand oder Räume, die der Schuldner vermietet oder verpachtet hatte, und tritt der Erwerber anstelle des Schuldners in das Miet- oder Pachtverhältnis ein, so kann der Erwerber das Miet- oder Pachtverhältnis unter Einhaltung der gesetzlichen Frist kündigen. [2] Die Kündigung kann nur für den ersten Termin erfolgen, für den sie zulässig ist.

§ 112 Kündigungssperre. Ein Miet- oder Pachtverhältnis, das der Schuldner als Mieter oder Pächter eingegangen war, kann der andere Teil nach dem Antrag auf Eröffnung des Insolvenzverfahrens nicht kündigen:

1. wegen eines Verzugs mit der Entrichtung der Miete oder Pacht, der in der Zeit vor dem Eröffnungsantrag eingetreten ist;
2. wegen einer Verschlechterung der Vermögensverhältnisse des Schuldners.

§ 119 Unwirksamkeit abweichender Vereinbarungen. Vereinbarungen, durch die im voraus die Anwendung der §§ 103 bis 118 ausgeschlossen oder beschränkt wird, sind unwirksam.

23. Gerichtsverfassungsgesetz (GVG)

In der Fassung der Bekanntmachung vom 9. Mai 1975[1)]
(BGBl. I S. 1077)

FNA 300-2

zuletzt geänd. durch Art. 1 G zur Einführung einer zivilprozessualen Musterfeststellungsklage v. 12.7.2018 (BGBl. I S. 1151)

– Auszug –

Dritter Titel. Amtsgerichte

§ 23 [Zuständigkeit in Zivilsachen] Die Zuständigkeit der Amtsgerichte umfaßt in bürgerlichen Rechtsstreitigkeiten, soweit sie nicht ohne Rücksicht auf den Wert des Streitgegenstandes den Landgerichten zugewiesen sind:

1. Streitigkeiten über Ansprüche, deren Gegenstand an Geld oder Geldeswert die Summe von fünftausend Euro nicht übersteigt;
2. ohne Rücksicht auf den Wert des Streitgegenstandes:
   a) Streitigkeiten über Ansprüche aus einem Mietverhältnis über Wohnraum oder über den Bestand eines solchen Mietverhältnisses; diese Zuständigkeit ist ausschließlich;
   b) Streitigkeiten zwischen Reisenden und Wirten, Fuhrleuten, Schiffern oder Auswanderungsexpedienten in den Einschiffungshäfen, die über Wirtszechen, Fuhrlohn, Überfahrtsgelder, Beförderung der Reisenden und ihrer Habe und über Verlust und Beschädigung der letzteren, sowie Streitigkeiten zwischen Reisenden und Handwerkern, die aus Anlaß der Reise entstanden sind;
   c) Streitigkeiten nach § 43 Nr. 1 bis 4 und 6 des Wohnungseigentumsgesetzes[2)]; diese Zuständigkeit ist ausschließlich;
   d) Streitigkeiten wegen Wildschadens;
   e) (weggefallen)
   f) (weggefallen)
   g) Ansprüche aus einem mit der Überlassung eines Grundstücks in Verbindung stehenden Leibgedings-, Leibzuchts-, Altenteils- oder Auszugsvertrag.

[1)] Neubekanntmachung des GVG v. 27.1.1877 (RGBl. S. 41) in der seit 1.1.1975 geltenden Fassung.

[2)] Nr. **7**.

V. Anhang

24. Bürgerliches Gesetzbuch[1)]

Vom 18. August 1896
(RGBl. S. 195)
BGBl. III/FNA 400–2
– Auszug –

Zweites Buch. Recht der Schuldverhältnisse

Siebenter Abschnitt. Einzelne Schuldverhältnisse

Dritter Titel. Miete. Pacht

I. Miete[2)]

§ 535 [Wesen des Mietvertrags] [1] Durch den Mietvertrag wird der Vermieter verpflichtet, dem Mieter den Gebrauch der vermieteten Sache während der Mietzeit zu gewähren. [2] Der Mieter ist verpflichtet, dem Vermieter den vereinbarten Mietzins zu entrichten.

§ 536 [Pflichten des Vermieters] Der Vermieter hat die vermietete Sache dem Mieter in einem zu dem vertragsmäßigen Gebrauche geeigneten Zustande zu überlassen und sie während der Mietzeit in diesem Zustande zu erhalten.

§ 537 [Mängel der Mietsache] (1) [1] Ist die vermietete Sache zur Zeit der Überlassung an den Mieter mit einem Fehler behaftet, der ihre Tauglichkeit zu dem vertragsmäßigen Gebrauch aufhebt oder mindert, oder entsteht im Laufe der Miete ein solcher Fehler, so ist der Mieter für die Zeit, während deren die Tauglichkeit aufgehoben ist, von der Entrichtung des Mietzinses befreit, für die Zeit, während deren die Tauglichkeit gemindert ist, nur zur Entrichtung eines nach den §§ 472, 473 zu bemessenden Teiles des Mietzinses verpflichtet. [2] Eine unerhebliche Minderung der Tauglichkeit kommt nicht in Betracht.

(2) [1] Absatz 1 Satz 1 gilt auch, wenn eine zugesicherte Eigenschaft fehlt oder später wegfällt. [2] Bei der Vermietung eines Grundstücks steht die Zusicherung einer bestimmten Größe der Zusicherung einer Eigenschaft gleich.

(3) Bei einem Mietverhältnis über Wohnraum ist eine zum Nachteil des Mieters abweichende Vereinbarung unwirksam.

§ 538 [Schadensersatzpflicht des Vermieters] (1) Ist ein Mangel der im § 537 bezeichneten Art bei dem Abschluß des Vertrages vorhanden oder entsteht ein solcher Mangel später infolge eines Umstandes, den der Vermieter zu vertreten hat, oder kommt der Vermieter mit der Beseitigung eines

---

1) Vgl. für das **ab 1.9.2001 bzw. ab 1.1.2002 geltende Recht** den Text unter Nr. **1**.
2) Für Mietverhältnisse auf dem Gebiet der ehem. DDR aus der Zeit vor dem 3.10.1990 (Beitritt) ist Art. 232 EGBGB (Nr. **2**) zusätzlich zu beachten.

Mangels in Verzug, so kann der Mieter unbeschadet der im § 537 bestimmten Rechte Schadensersatz wegen Nichterfüllung verlangen.

(2) Im Falle des Verzugs des Vermieters kann der Mieter den Mangel selbst beseitigen und Ersatz der erforderlichen Aufwendungen verlangen.

§ 539 [Kenntnis des Mieters] [1] Kennt der Mieter bei dem Abschlusse des Vertrags den Mangel der gemieteten Sache, so stehen ihm die in den §§ 537, 538 bestimmten Rechte nicht zu. [2] Ist dem Mieter ein Mangel der im § 537 Abs. 1 bezeichneten Art infolge grober Fahrlässigkeit unbekannt geblieben oder nimmt er eine mangelhafte Sache an, obschon er den Mangel kennt, so kann er diese Rechte nur unter den Voraussetzungen geltend machen, unter welchen dem Käufer einer mangelhaften Sache nach den §§ 460, 464 Gewähr zu leisten ist.

§ 540 [Arglistiges Verschweigen] Eine Vereinbarung, durch welche die Verpflichtung des Vermieters zur Vertretung von Mängeln der vermieteten Sache erlassen oder beschränkt wird, ist nichtig, wenn der Vermieter den Mangel arglistig verschweigt.

§ 541 [Haftung für Rechtsmängel] Wird durch das Recht eines Dritten dem Mieter der vertragsmäßige Gebrauch der gemieteten Sache ganz oder zum Teil entzogen, so finden die Vorschriften der §§ 537, 538, des § 539 Satz 1 und des § 540 entsprechende Anwendung.

§ 541a [Maßnahmen zur Erhaltung] Der Mieter von Räumen hat Einwirkungen auf die Mietsache zu dulden, die zur Erhaltung der Mieträume oder des Gebäudes erforderlich sind.

§ 541b [Maßnahmen zur Verbesserung] (1) [1] Maßnahmen zur Verbesserung der gemieteten Räume oder sonstiger Teile des Gebäudes, zur Einsparung von Heizenergie oder Wasser oder zur Schaffung neuen Wohnraums hat der Mieter zu dulden, es sei denn, daß die Maßnahme für ihn oder seine Familie eine Härte bedeuten würde, die auch unter Würdigung der berechtigten Interessen des Vermieters und anderer Mieter in dem Gebäude nicht zu rechtfertigen ist. [2] Dabei sind insbesondere die vorzunehmenden Arbeiten, die baulichen Folgen, vorausgegangene Verwendungen des Mieters und die zu erwartende Erhöhung des Mietzinses zu berücksichtigen. [3] Die Erhöhung des Mietzinses bleibt außer Betracht, wenn die gemieteten Räume oder sonstigen Teile des Gebäudes lediglich in einen Zustand versetzt werden, wie er allgemein üblich ist.

(2) [1] Der Vermieter hat dem Mieter zwei Monate vor dem Beginn der Maßnahme deren Art, Umfang, Beginn und voraussichtliche Dauer sowie die zu erwartende Erhöhung des Mietzinses in Textform mitzuteilen. [2] Der Mieter ist berechtigt, bis zum Ablauf des Monats, der auf den Zugang der Mitteilung folgt, für den Ablauf des nächsten Monats zu kündigen. [3] Hat der Mieter gekündigt, ist die Maßnahme bis zum Ablauf der Mietzeit zu unterlassen. [4] Diese Vorschriften gelten nicht bei Maßnahmen, die mit keiner oder nur mit einer unerheblichen Einwirkung auf die vermieteten Räume verbunden sind und zu keiner oder nur zu einer unerheblichen Erhöhung des Mietzinses führen.

(3) Aufwendungen, die der Mieter infolge der Maßnahme machen mußte, hat der Vermieter in einem den Umständen nach angemessenen Umfang zu ersetzen; auf Verlangen hat der Vermieter Vorschuß zu leisten.

(4) Bei einem Mietverhältnis über Wohnraum ist eine zum Nachteil des Mieters abweichende Vereinbarung unwirksam.

§ 542 [Fristlose Kündigung wegen Nichtgewährung des Gebrauchs]

(1) [1] Wird dem Mieter der vertragsmäßige Gebrauch der gemieteten Sache ganz oder zum Teil nicht rechtzeitig gewährt oder wieder entzogen, so kann der Mieter ohne Einhaltung einer Kündigungsfrist das Mietverhältnis kündigen. [2] Die Kündigung ist erst zulässig, wenn der Vermieter eine ihm von dem Mieter bestimmte angemessene Frist hat verstreichen lassen, ohne Abhilfe zu schaffen. [3] Der Bestimmung einer Frist bedarf es nicht, wenn die Erfüllung des Vertrags infolge des die Kündigung rechtfertigenden Umstandes für den Mieter kein Interesse hat.

(2) Wegen einer unerheblichen Hinderung oder Vorenthaltung des Gebrauchs ist die Kündigung nur zulässig, wenn sie durch ein besonderes Interesse des Mieters gerechtfertigt wird.

(3) Bestreitet der Vermieter die Zulässigkeit der erfolgten Kündigung, weil er den Gebrauch der Sache rechtzeitig gewährt oder vor dem Ablaufe der Frist die Abhilfe bewirkt habe, so trifft ihn die Beweislast.

§ 543 [Anzuwendende Vorschriften] [1] Auf das dem Mieter nach § 542 zustehende Kündigungsrecht finden die Vorschriften der §§ 539 bis 541 sowie die für die Wandelung bei dem Kaufe geltenden Vorschriften der §§ 469 bis 471 entsprechende Anwendung. [2] Bei einem Mietverhältnis über Wohnraum ist eine Vereinbarung, durch die das Kündigungsrecht ausgeschlossen oder eingeschränkt wird, unwirksam.

§ 544 [Fristlose Kündigung wegen Gesundheitsgefährdung] Ist eine Wohnung oder ein anderer zum Aufenthalte von Menschen bestimmter Raum so beschaffen, daß die Benutzung mit einer erheblichen Gefährdung der Gesundheit verbunden ist, so kann der Mieter das Mietverhältnis ohne Einhaltung einer Kündigungsfrist kündigen, auch wenn er die gefahrbringende Beschaffenheit bei dem Abschlusse des Vertrags gekannt oder auf die Geltendmachung der ihm wegen dieser Beschaffenheit zustehenden Rechte verzichtet hat.

§ 545 [Mängelanzeige] (1) [1] Zeigt sich im Laufe der Miete ein Mangel der gemieteten Sache oder wird eine Vorkehrung zum Schutze der Sache gegen eine nicht vorhergesehene Gefahr erforderlich, so hat der Mieter dem Vermieter unverzüglich Anzeige zu machen. [2] Das gleiche gilt, wenn sich ein Dritter ein Recht an der Sache anmaßt.

(2) Unterläßt der Mieter die Anzeige, so ist er zum Ersatze des daraus entstehenden Schadens verpflichtet; er ist, soweit der Vermieter infolge der Unterlassung der Anzeige Abhilfe zu schaffen außerstande war, nicht berechtigt, die im § 537 bestimmten Rechte geltend zu machen oder nach § 542 Abs. 1 Satz 3 ohne Bestimmung einer Frist zu kündigen oder Schadensersatz wegen Nichterfüllung zu verlangen.

§ 546 [Lastentragung] Die auf der vermieteten Sache ruhenden Lasten hat der Vermieter zu tragen.

§ 547 [Ersatz von Verwendungen] (1) [1]Der Vermieter ist verpflichtet, dem Mieter die auf die Sache gemachten notwendigen Verwendungen zu ersetzen. [2]Der Mieter eines Tieres hat jedoch die Fütterungskosten zu tragen.

(2) Die Verpflichtung des Vermieters zum Ersatze sonstiger Verwendungen bestimmt sich nach den Vorschriften über die Geschäftsführung ohne Auftrag.

§ 547a [Wegnahme von Einrichtungen] (1) Der Mieter ist berechtigt, eine Einrichtung, mit der er die Sache versehen hat, wegzunehmen.

(2) Der Vermieter von Räumen kann die Ausübung des Wegnahmerechts des Mieters durch Zahlung einer angemessenen Entschädigung abwenden, es sei denn, daß der Mieter ein berechtigtes Interesse an der Wegnahme hat.

(3) Eine Vereinbarung, durch die das Wegnahmerecht des Mieters von Wohnraum ausgeschlossen wird, ist nur wirksam, wenn ein angemessener Ausgleich vorgesehen ist.

§ 548 [Abnutzung] Veränderungen oder Verschlechterungen der gemieteten Sache, die durch den vertragsmäßigen Gebrauch herbeigeführt werden, hat der Mieter nicht zu vertreten.

§ 549 [Untermiete] (1) [1]Der Mieter ist ohne die Erlaubnis des Vermieters nicht berechtigt, den Gebrauch der gemieteten Sache einem Dritten zu überlassen, insbesondere die Sache weiter zu vermieten. [2]Verweigert der Vermieter die Erlaubnis, so kann der Mieter das Mietverhältnis unter Einhaltung der gesetzlichen Frist kündigen, sofern nicht in der Person des Dritten ein wichtiger Grund vorliegt.

(2) [1]Entsteht für den Mieter von Wohnraum nach dem Abschluß des Mietvertrages ein berechtigtes Interesse, einen Teil des Wohnraums einem Dritten zum Gebrauch zu überlassen, so kann er von dem Vermieter die Erlaubnis hierzu verlangen; dies gilt nicht, wenn in der Person des Dritten ein wichtiger Grund vorliegt, der Wohnraum übermäßig belegt würde oder sonst dem Vermieter die Überlassung nicht zugemutet werden kann. [2]Ist dem Vermieter die Überlassung nur bei einer angemessenen Erhöhung des Mietzinses zuzumuten, so kann er die Erlaubnis davon abhängig machen, daß der Mieter sich mit einer solchen Erhöhung einverstanden erklärt. [3]Eine zum Nachteil des Mieters abweichende Vereinbarung ist unwirksam.

(3) Überläßt der Mieter den Gebrauch einem Dritten, so hat er ein dem Dritten bei dem Gebrauche zur Last fallendes Verschulden zu vertreten, auch wenn der Vermieter die Erlaubnis zur Überlassung erteilt hat.

§ 549a [Weitervermietung] (1) [1]Soll der Mieter nach dem Inhalt des Mietvertrages den gemieteten Wohnraum gewerblich einem Dritten weitervermieten, so tritt der Vermieter bei der Beendigung des Mietverhältnisses in die Rechte und Pflichten aus dem Mietverhältnis zwischen dem Mieter und dem Dritten ein. [2]Schließt der Vermieter erneut einen Mietvertrag zum Zwecke der gewerblichen Weitervermietung ab, so tritt der Mieter anstelle des bisherigen Vertragspartners in die Rechte und Pflichten aus dem Mietverhältnis mit dem Dritten ein.

(2) Die §§ 572 bis 576 gelten entsprechend.

(3) Eine zum Nachteil des Dritten abweichende Vereinbarung ist unwirksam.

§ 550 [Vertragswidriger Gebrauch] Macht der Mieter von der gemieteten Sache einen vertragswidrigen Gebrauch und setzt er den Gebrauch ungeachtet einer Abmahnung des Vermieters fort, so kann der Vermieter auf Unterlassung klagen.

§ 550a [Keine Vertragsstrafe] Eine Vereinbarung, durch die sich der Vermieter von Wohnraum eine Vertragsstrafe vom Mieter versprechen läßt, ist unwirksam.

§ 550b [Sicherheitsleistungen des Mieters] (1) [1] Hat bei einem Mietverhältnis über Wohnraum der Mieter dem Vermieter für die Erfüllung seiner Verpflichtungen Sicherheit zu leisten, so darf diese das Dreifache des auf einen Monat entfallenden Mietzinses vorbehaltlich der Regelung in Absatz 2 Satz 3 nicht übersteigen. [2] Nebenkosten, über die gesondert abzurechnen ist, bleiben unberücksichtigt. [3] Ist eine Geldsumme bereitzustellen, so ist der Mieter zu drei gleichen monatlichen Teilleistungen berechtigt; die erste Teilleistung ist zu Beginn des Mietverhältnisses fällig.

(2)[1)] [1] Ist bei einem Mietverhältnis über Wohnraum eine als Sicherheit bereitzustellende Geldsumme dem Vermieter zu überlassen, so hat er sie von seinem Vermögen getrennt bei einem Kreditinstitut zu dem für Spareinlagen mit dreimonatiger Kündigungsfrist üblichen Zinssatz anzulegen. [2] Die Zinsen stehen dem Mieter zu. [3] Sie erhöhen die Sicherheit.

(3) Eine zum Nachteil des Mieters abweichende Vereinbarung ist unwirksam.

(4) Bei Wohnraum, der Teil eines Studenten- oder Jugendwohnheims ist, besteht für den Vermieter keine Verpflichtung, die Sicherheitsleistung zu verzinsen.

§ 551 [Entrichtung des Mietzinses] (1) [1] Der Mietzins ist am Ende der Mietzeit zu entrichten. [2] Ist der Mietzins nach Zeitabschnitten bemessen, so ist er nach dem Ablaufe der einzelnen Zeitabschnitte zu entrichten.

(2) Der Mietzins für ein Grundstück ist, sofern er nicht nach kürzeren Zeitabschnitten bemessen ist, nach dem Ablaufe je eines Kalendervierteljahrs am ersten Werktage des folgenden Monats zu entrichten.

§ 552 [Persönliche Verhinderung] [1] Der Mieter wird von der Entrichtung des Mietzinses nicht dadurch befreit, daß er durch einen in seiner Person liegenden Grund an der Ausübung des ihm zustehenden Gebrauchsrechts

---

[1)] § 550b Abs. 2 Satz 1 ist hinsichtlich der Verzinsung **nicht anzuwenden**, wenn die Sicherheit auf Grund einer Vereinbarung zu leisten ist, die vor dem 1. Juli 1993 getroffen worden ist. Insoweit verbleibt es bei den bis dahin geltenden Vorschriften, wonach die Mietsicherheit bei einer öffentlichen Sparkasse oder bei einer Bank zu dem für Spareinlagen mit gesetzlicher Kündigungsfrist üblichen Zinssatz anzulegen war.

verhindert wird. [2] Der Vermieter muß sich jedoch den Wert der ersparten Aufwendungen sowie derjenigen Vorteile anrechnen lassen, welche er aus einer anderweitigen Verwertung des Gebrauchs erlangt. [3] Solange der Vermieter infolge der Überlassung des Gebrauchs an einen Dritten außerstande ist, dem Mieter den Gebrauch zu gewähren, ist der Mieter zur Entrichtung des Mietzinses nicht verpflichtet.

§ 552a [Aufrechnungs- und Zurückbehaltungsrecht] Der Mieter von Wohnraum kann entgegen einer vertraglichen Bestimmung gegen eine Mietzinsforderung mit einer Forderung auf Grund des § 538 aufrechnen oder wegen einer solchen Forderung ein Zurückbehaltungsrecht ausüben, wenn er seine Absicht dem Vermieter mindestens einen Monat vor der Fälligkeit des Mietzinses in Textform angezeigt hat.

§ 553 [Fristlose Kündigung bei vertragswidrigem Gebrauch] Der Vermieter kann ohne Einhaltung einer Kündigungsfrist das Mietverhältnis kündigen, wenn der Mieter oder derjenige, welchem der Mieter den Gebrauch der gemieteten Sache überlassen hat, ungeachtet einer Abmahnung des Vermieters einen vertragswidrigen Gebrauch der Sache fortsetzt, der die Rechte des Vermieters in erheblichem Maße verletzt, insbesondere einem Dritten den ihm unbefugt überlassenen Gebrauch beläßt, oder die Sache durch Vernachlässigung der dem Mieter obliegenden Sorgfalt erheblich gefährdet.

§ 554 [Fristlose Kündigung bei Zahlungsverzug] (1) [1] Der Vermieter kann das Mietverhältnis ohne Einhaltung einer Kündigungsfrist kündigen, wenn der Mieter

1. für zwei aufeinanderfolgende Termine mit der Entrichtung des Mietzinses oder eines nicht unerheblichen Teils des Mietzinses im Verzug ist, oder
2. in einem Zeitraum, der sich über mehr als zwei Termine erstreckt, mit der Entrichtung des Mietzinses in Höhe eines Betrages in Verzug gekommen ist, der den Mietzins für zwei Monate erreicht.

[2] Die Kündigung ist ausgeschlossen, wenn der Vermieter vorher befriedigt wird. [3] Sie wird unwirksam, wenn sich der Mieter von seiner Schuld durch Aufrechnung befreien konnte und unverzüglich nach der Kündigung die Aufrechnung erklärt.

(2) Ist Wohnraum vermietet, so gelten ergänzend die folgenden Vorschriften:

1. Im Falle des Absatzes 1 Satz 1 Nr. 1 ist der rückständige Teil des Mietzinses nur dann als nicht unerheblich anzusehen, wenn er den Mietzins für einen Monat übersteigt; dies gilt jedoch nicht, wenn der Wohnraum zu nur vorübergehendem Gebrauch vermietet ist.
2. [1] Die Kündigung wird auch dann unwirksam, wenn bis zum Ablauf eines Monats nach Eintritt der Rechtshängigkeit des Räumungsanspruchs hinsichtlich des fälligen Mietzinses und der fälligen Entschädigung nach § 557 Abs. 1 Satz 1 der Vermieter befriedigt wird oder eine öffentliche Stelle sich zur Befriedigung verpflichtet. [2] Dies gilt nicht, wenn der Kündigung vor nicht länger als zwei Jahren bereits eine nach Satz 1 unwirksame Kündigung vorausgegangen ist.

3. Eine zum Nachteil des Mieters abweichende Vereinbarung ist unwirksam.

§ 554a [Fristlose Kündigung bei schuldhafter Pflichtverletzung] [1]Ein Mietverhältnis über Räume kann ohne Einhaltung einer Kündigungsfrist gekündigt werden, wenn ein Vertragsteil schuldhaft in solchem Maße seine Verpflichtungen verletzt, insbesondere den Hausfrieden so nachhaltig stört, daß dem anderen Teil die Fortsetzung des Mietverhältnisses nicht zugemutet werden kann. [2]Eine entgegenstehende Vereinbarung ist unwirksam.

§ 554b [Vereinbarung über fristlose Kündigung] Eine Vereinbarung, nach welcher der Vermieter von Wohnraum zur Kündigung ohne Einhaltung einer Kündigungsfrist aus anderen als den im Gesetz genannten Gründen berechtigt sein soll, ist unwirksam.

§ 555 *(aufgehoben)*

§ 556 [Rückgabe der Mietsache] (1) Der Mieter ist verpflichtet, die gemietete Sache nach der Beendigung des Mietverhältnisses zurückzugeben.

(2) Dem Mieter eines Grundstücks steht wegen seiner Ansprüche gegen den Vermieter ein Zurückbehaltungsrecht nicht zu.

(3) Hat der Mieter den Gebrauch der Sache einem Dritten überlassen, so kann der Vermieter die Sache nach der Beendigung des Mietverhältnisses auch von dem Dritten zurückfordern.

§ 556a [Widerspruch des Mieters gegen Kündigung] (1) [1]Der Mieter kann der Kündigung eines Mietverhältnisses über Wohnraum widersprechen und vom Vermieter die Fortsetzung des Mietverhältnisses verlangen, wenn die vertragsmäßige Beendigung des Mietverhältnisses für den Mieter oder seine Familie eine Härte bedeuten würde, die auch unter Würdigung der berechtigten Interessen des Vermieters nicht zu rechtfertigen ist. [2]Eine Härte liegt auch vor, wenn angemessener Ersatzwohnraum zu zumutbaren Bedingungen nicht beschafft werden kann. [3]Bei der Würdigung der berechtigten Interessen des Vermieters werden nur die in dem Kündigungsschreiben nach § 564a Abs. 1 Satz 2 angegebenen Gründe berücksichtigt, soweit nicht die Gründe nachträglich entstanden sind.

(2) [1]Im Falle des Absatzes 1 kann der Mieter verlangen, daß das Mietverhältnis so lange fortgesetzt wird, wie dies unter Berücksichtigung aller Umstände angemessen ist. [2]Ist dem Vermieter nicht zuzumuten, das Mietverhältnis nach den bisher geltenden Vertragsbedingungen fortzusetzen, so kann der Mieter nur verlangen, daß es unter einer angemessenen Änderung der Bedingungen fortgesetzt wird.

(3) [1]Kommt keine Einigung zustande, so wird über eine Fortsetzung des Mietverhältnisses und über deren Dauer sowie über die Bedingungen, nach denen es fortgesetzt wird, durch Urteil Bestimmung getroffen. [2]Ist ungewiß, wann voraussichtlich die Umstände wegfallen, auf Grund deren die Beendigung des Mietverhältnisses für den Mieter oder seine Familie eine Härte bedeutet, so kann bestimmt werden, daß das Mietverhältnis auf unbestimmte Zeit fortgesetzt wird.

(4) Der Mieter kann eine Fortsetzung des Mietverhältnisses nicht verlangen,
1. wenn er das Mietverhältnis gekündigt hat;
2. wenn ein Grund vorliegt, aus dem der Vermieter zur Kündigung ohne Einhaltung einer Kündigungsfrist berechtigt ist.

(5) [1] Die Erklärung des Mieters, mit der er der Kündigung widerspricht und die Fortsetzung des Mietverhältnisses verlangt, bedarf der schriftlichen Form. [2] Auf Verlangen des Vermieters soll der Mieter über die Gründe des Widerspruchs unverzüglich Auskunft erteilen.

(6) [1] Der Vermieter kann die Fortsetzung des Mietverhältnisses ablehnen, wenn der Mieter den Widerspruch nicht spätestens zwei Monate vor der Beendigung des Mietverhältnisses dem Vermieter gegenüber erklärt hat. [2] Hat der Vermieter nicht rechtzeitig vor Ablauf der Widerspruchsfrist den in § 564a Abs. 2 bezeichneten Hinweis erteilt, so kann der Mieter den Widerspruch noch im ersten Termin des Räumungsrechtsstreits erklären.

(7) Eine entgegenstehende Vereinbarung ist unwirksam.

(8) Diese Vorschriften gelten nicht für Mietverhältnisse der in § 564b Abs. 7 Nr. 1, 2, 4 und 5 genannten Art.

§ 556b [Fortsetzung des Mietverhältnisses] (1) [1] Ist ein Mietverhältnis über Wohnraum auf bestimmte Zeit eingegangen, so kann der Mieter die Fortsetzung des Mietverhältnisses verlangen, wenn sie auf Grund des § 556a im Falle einer Kündigung verlangt werden könnte. [2] Im übrigen gilt § 556a sinngemäß.

(2) Hat der Mieter die Umstände, welche das Interesse des Vermieters an der fristgemäßen Rückgabe des Wohnraums begründen, bei Abschluß des Mietvertrages gekannt, so sind zugunsten des Mieters nur Umstände zu berücksichtigen, die nachträglich eingetreten sind.

§ 556c [Weitere Fortsetzung des Mietverhältnisses] (1) Ist auf Grund der §§ 556a, 556b durch Einigung oder Urteil bestimmt worden, daß das Mietverhältnis auf bestimmte Zeit fortgesetzt wird, so kann der Mieter dessen weitere Fortsetzung nach diesen Vorschriften nur verlangen, wenn dies durch eine wesentliche Änderung der Umstände gerechtfertigt ist oder wenn Umstände nicht eingetreten sind, deren vorgesehener Eintritt für die Zeitdauer der Fortsetzung bestimmend gewesen war.

(2) [1] Kündigt der Vermieter ein Mietverhältnis, dessen Fortsetzung auf unbestimmte Zeit durch Urteil bestimmt worden ist, so kann der Mieter der Kündigung widersprechen und vom Vermieter verlangen, das Mietverhältnis auf unbestimmte Zeit fortzusetzen. [2] Haben sich Umstände, die für die Fortsetzung bestimmend gewesen waren, verändert, so kann der Mieter eine Fortsetzung des Mietverhältnisses nur nach § 556a verlangen; unerhebliche Veränderungen bleiben außer Betracht.

§ 557 [Ansprüche bei verspäteter Rückgabe] (1) [1] Gibt der Mieter die gemietete Sache nach der Beendigung des Mietverhältnisses nicht zurück, so kann der Vermieter für die Dauer der Vorenthaltung als Entschädigung den vereinbarten Mietzins verlangen; bei einem Mietverhältnis über Räume kann er anstelle dessen als Entschädigung den Mietzins verlangen, der für vergleichbare Räume ortsüblich ist. [2] Die Geltendmachung eines weiteren Schadens ist nicht ausgeschlossen.

(2) [1] Der Vermieter von Wohnraum kann jedoch einen weiteren Schaden nur geltend machen, wenn die Rückgabe infolge von Umständen unterblieben ist, die der Mieter zu vertreten hat; der Schaden ist nur insoweit zu ersetzen, als den Umständen nach die Billigkeit eine Schadloshaltung erfordert. [2] Dies gilt nicht, wenn der Mieter gekündigt hat.

(3) Wird dem Mieter von Wohnraum nach § 721 oder § 794a der Zivilprozeßordnung eine Räumungsfrist gewährt, so ist er für die Zeit von der Beendigung des Mietverhältnisses bis zum Ablauf der Räumungsfrist zum Ersatz eines weiteren Schadens nicht verpflichtet.

(4) Eine Vereinbarung, die zum Nachteil des Mieters von den Absätzen 2 oder 3 abweicht, ist unwirksam.

§ 557a [Rückerstattung vorausbezahlter Miete] (1) Ist der Mietzins für eine Zeit nach der Beendigung des Mietverhältnisses im voraus entrichtet, so hat ihn der Vermieter nach Maßgabe des § 347 oder, wenn die Beendigung wegen eines Umstandes erfolgt, den er nicht zu vertreten hat, nach den Vorschriften über die Herausgabe einer ungerechtfertigten Bereicherung zurückzuerstatten.

(2) Bei einem Mietverhältnis über Wohnraum ist eine zum Nachteil des Mieters abweichende Vereinbarung unwirksam.

§ 558 [Verjährung von Ersatzansprüchen des Vermieters] (1) Die Ersatzansprüche des Vermieters wegen Veränderungen oder Verschlechterungen der vermieteten Sache sowie die Ansprüche des Mieters auf Ersatz von Verwendungen oder auf Gestattung der Wegnahme einer Einrichtung verjähren in sechs Monaten.

(2) Die Verjährung der Ersatzansprüche des Vermieters beginnt mit dem Zeitpunkt, in welchem er die Sache zurückerhält, die Verjährung der Ansprüche des Mieters beginnt mit der Beendigung des Mietverhältnisses.

(3) Mit der Verjährung des Anspruchs des Vermieters auf Rückgabe der Sache verjähren auch die Ersatzansprüche des Vermieters.

§ 559 [Vermieterpfandrecht] [1] Der Vermieter eines Grundstücks hat für seine Forderungen aus dem Mietverhältnis ein Pfandrecht an den eingebrachten Sachen des Mieters. [2] Für künftige Entschädigungsforderungen und für den Mietzins für eine spätere Zeit als das laufende und das folgende Mietjahr kann das Pfandrecht nicht geltend gemacht werden. [3] Es erstreckt sich nicht auf die der Pfändung nicht unterworfenen Sachen.

§ 560 [Erlöschen des Pfandrechts] [1] Das Pfandrecht des Vermieters erlischt mit der Entfernung der Sachen von dem Grundstück, es sei denn, daß die Entfernung ohne Wissen oder unter Widerspruch des Vermieters erfolgt. [2] Der Vermieter kann der Entfernung nicht widersprechen, wenn sie im regelmäßigen Betriebe des Geschäfts des Mieters oder den gewöhnlichen Lebensverhältnissen entsprechend erfolgt oder wenn die zurückbleibenden Sachen zur Sicherung des Vermieters offenbar ausreichen.

§ 561 [Selbsthilfe] (1) Der Vermieter darf die Entfernung der seinem Pfandrecht unterliegenden Sachen, soweit er ihr zu widersprechen berechtigt ist, auch ohne Anrufen des Gerichts verhindern und, wenn der Mieter auszieht, die Sachen in seinen Besitz nehmen.

(2) [1] Sind die Sachen ohne Wissen oder unter Widerspruch des Vermieters entfernt worden, so kann er die Herausgabe zum Zwecke der Zurückschaffung in das Grundstück und, wenn der Mieter ausgezogen ist, die Überlassung des Besitzes verlangen. [2] Das Pfandrecht erlischt mit dem Ablauf eines Monats, nachdem der Vermieter von der Entfernung der Sachen Kenntnis erlangt hat, wenn nicht der Vermieter diesen Anspruch vorher gerichtlich geltend gemacht hat.

§ 562 [Sicherheitsleistung] Der Mieter kann die Geltendmachung des Pfandrechts des Vermieters durch Sicherheitsleistung abwenden; er kann jede einzelne Sache dadurch von dem Pfandrechte befreien, daß er in Höhe ihres Wertes Sicherheit leistet.

§ 563 [Pfändungspfandrecht] Wird eine dem Pfandrechte des Vermieters unterliegende Sache für einen anderen Gläubiger gepfändet, so kann diesem gegenüber das Pfandrecht nicht wegen des Mietzinses für eine frühere Zeit als das letzte Jahr vor der Pfändung geltend gemacht werden.

§ 564 [Ende des Mietverhältnisses] (1) Das Mietverhältnis endigt mit dem Ablaufe der Zeit, für die es eingegangen ist.

(2) Ist die Mietzeit nicht bestimmt, so kann jeder Teil das Mietverhältnis nach den Vorschriften des § 565 kündigen.

§ 564a [Schriftform der Kündigung] (1) [1] Die Kündigung eines Mietverhältnisses über Wohnraum bedarf der schriftlichen Form. [2] In dem Kündigungsschreiben sollen die Gründe der Kündigung angegeben werden.

(2) Der Vermieter von Wohnraum soll den Mieter auf die Möglichkeit des Widerspruchs nach § 556a sowie auf die Form und die Frist des Widerspruchs rechtzeitig hinweisen.

(3) [1] Die Absätze 1 und 2 gelten nicht für Mietverhältnisse der in § 564b Abs. 7 Nr. 1 und 2 genannten Art. [2] Absatz 1 Satz 2 und Absatz 2 gelten nicht für Mietverhältnisse der in § 564b Abs. 7 Nr. 4 und 5 genannten Art.

§ 564b [Berechtigtes Interesse des Vermieters an der Kündigung]

(1) Ein Mietverhältnis über Wohnraum kann der Vermieter vorbehaltlich der Regelung in Absatz 4 nur kündigen, wenn er ein berechtigtes Interesse an der Beendigung des Mietverhältnisses hat.

(2) [1] Als ein berechtigtes Interesse des Vermieters an der Beendigung des Mietverhältnisses ist es insbesondere anzusehen, wenn

1. der Mieter seine vertraglichen Verpflichtungen schuldhaft nicht unerheblich verletzt hat;

2. [1)][2)]der Vermieter die Räume als Wohnung für sich, die zu seinem Hausstand gehörenden Personen oder seine Familienangehörigen benötigt. [2] Ist an den vermieteten Wohnräumen nach der Überlassung an den Mieter Wohnungseigentum begründet und das Wohnungseigentum veräußert worden, so kann sich der Erwerber auf berechtigte Interessen im Sinne des Satzes 1 nicht vor Ablauf von drei Jahren seit der Veräußerung an ihn berufen. [3] Ist die ausreichende Versorgung der Bevölkerung mit Mietwohnungen zu angemessenen Bedingungen in einer Gemeinde oder einem Teil einer Gemeinde besonders gefährdet, so verlängert sich die Frist nach Satz 2 auf fünf Jahre. [4] Diese Gebiete werden durch Rechtsverordnung der Landesregierungen für die Dauer von jeweils höchstens fünf Jahren bestimmt;
3. [1)][2)]der Vermieter durch die Fortsetzung des Mietverhältnisses an einer angemessenen wirtschaftlichen Verwertung des Grundstücks gehindert und dadurch erhebliche Nachteile erleiden würde. [2] Die Möglichkeit, im Falle einer anderweitigen Vermietung als Wohnraum eine höhere Miete zu erzielen, bleibt dabei außer Betracht. [3] Der Vermieter kann sich auch nicht darauf berufen, daß er die Mieträume im Zusammenhang mit einer beabsichtigten oder nach Überlassung an den Mieter erfolgten Begründung von Wohnungseigentum veräußern will. [4] Ist an den vermieteten Wohnräumen nach der Überlassung an den Mieter Wohnungseigentum begründet und das Wohnungseigentum veräußert worden, so kann sich der Erwerber in Gebieten, die die Landesregierung nach Nummer 2 Satz 4 bestimmt hat, nicht vor Ablauf von fünf Jahren seit der Veräußerung an ihn darauf berufen, daß er die Mieträume veräußern will;
4. der Vermieter nicht zum Wohnen bestimmte Nebenräume oder Teile eines Grundstücks dazu verwenden will,
   a) Wohnraum zum Zwecke der Vermietung zu schaffen oder
   b) den neu zu schaffenden und den vorhandenen Wohnraum mit Nebenräumen und Grundstücksteilen auszustatten,

   und er die Kündigung auf diese Räume oder Grundstücksteile beschränkt.[2] Die Kündigung ist spätestens am dritten Werktag eines Kalendermonats für den Ablauf des übernächsten Monats zulässig. [3] Der Mieter kann eine angemessene Senkung des Mietzinses verlangen. [4] Verzögert sich der Beginn der Bauarbeiten, so kann der Mieter eine Verlängerung des Mietverhältnisses um einen entsprechenden Zeitraum verlangen.

(3) Als berechtigte Interessen des Vermieters werden nur die Gründe berücksichtigt, die in dem Kündigungsschreiben angegeben sind, soweit sie nicht nachträglich entstanden sind.

(4)[2)] [1] Ein Mietverhältnis über eine Wohnung in einem vom Vermieter selbst bewohnten Wohngebäude

1. mit nicht mehr als zwei Wohnungen oder
2. mit drei Wohnungen, wenn mindestens eine der Wohnungen durch Ausbau oder Erweiterung eines vom Vermieter selbst bewohnten Wohngebäu-

---

[1)] § 564b Abs. 2 Nr. 2 Satz 3 und Nr. 3 Satz 4 sind nicht anzuwenden, wenn der auf die Veräußerung des Wohnungseigentums gerichtete Vertrag vor dem 1.8.1990 abgeschlossen worden ist.

[2)] Für Mietverhältnisse auf dem Gebiet der ehem. DDR aus der Zeit vor dem 3.10.1990 (Beitritt) ist Art. 232 EGBGB (Nr. **2**) zusätzlich zu beachten.

des nach dem 31. Mai 1990 und vor dem 1. Juni 1999 fertiggestellt worden ist,

kann der Vermieter kündigen, auch wenn die Voraussetzungen des Absatzes 1 nicht vorliegen, im Falle der Nummer 2 beim Abschluß eines Mietvertrages nach Fertigstellung der Wohnung jedoch nur, wenn er den Mieter bei Vertragsschluß auf diese Kündigungsmöglichkeit hingewiesen hat. [2] Die Kündigungsfrist verlängert sich in diesem Fall um drei Monate. [3] Dies gilt entsprechend für Mietverhältnisse über Wohnraum innerhalb der vom Vermieter selbst bewohnten Wohnung, sofern der Wohnraum nicht nach Absatz 7 von der Anwendung dieser Vorschriften ausgenommen ist. [4] In dem Kündigungsschreiben ist anzugeben, daß die Kündigung nicht auf die Voraussetzungen des Absatzes 1 gestützt wird.

(5) Weitergehende Schutzrechte des Mieters bleiben unberührt.

(6) Eine zum Nachteil des Mieters abweichende Vereinbarung ist unwirksam.

(7) Diese Vorschriften gelten nicht für Mietverhältnisse:

1. über Wohnraum, der zu nur vorübergehendem Gebrauch vermietet ist,
2. über Wohnraum, der Teil der vom Vermieter selbst bewohnten Wohnung ist und den der Vermieter ganz oder überwiegend mit Einrichtungsgegenständen auszustatten hat, sofern der Wohnraum nicht zum dauernden Gebrauch für eine Familie überlassen ist,
3. über Wohnraum, der Teil eines Studenten- oder Jugendwohnheims ist,
4. über Wohnraum in Ferienhäusern und Ferienwohnungen in Feriengebieten, der vor dem 1. Juni 1995 dem Mieter überlassen worden ist, wenn der Vermieter den Mieter bei Vertragsschluß auf die Zweckbestimmung des Wohnraums und die Ausnahme von den Absätzen 1 bis 6 hingewiesen hat,
5. über Wohnraum, den eine juristische Person des öffentlichen Rechts im Rahmen der ihr durch Gesetz zugewiesenen Aufgaben angemietet hat, um ihn Personen mit dringendem Wohnungsbedarf oder in Ausbildung befindlichen Personen zu überlassen, wenn sie den Mieter bei Vertragsschluß auf die Zweckbestimmung des Wohnraums und die Ausnahme von den Absätzen 1 bis 6 hingewiesen hat.

§ 564c [Mietverträge auf bestimmte Zeit] (1) [1] Ist ein Mietverhältnis über Wohnraum auf bestimmte Zeit eingegangen, so kann der Mieter spätestens zwei Monate vor der Beendigung des Mietverhältnisses durch schriftliche Erklärung gegenüber dem Vermieter die Fortsetzung des Mietverhältnisses auf unbestimmte Zeit verlangen, wenn nicht der Vermieter ein berechtigtes Interesse an der Beendigung des Mietverhältnisses hat. [2] § 564b gilt entsprechend.

(2) [1] Der Mieter kann keine Fortsetzung des Mietverhältnisses nach Absatz 1 oder nach § 556b verlangen, wenn

1. das Mietverhältnis für nicht mehr als fünf Jahre eingegangen worden ist,
2. der Vermieter nach Ablauf der Mietzeit
   a) die Räume als Wohnung für sich, die zu seinem Hausstand gehörenden Personen oder seine Familienangehörigen nutzen will oder

b) in zulässiger Weise die Räume beseitigen oder so wesentlich verändern oder instandsetzen will, daß die Maßnahmen durch eine Fortsetzung des Mietverhältnisses erheblich erschwert würden, oder

c) Räume, die mit Rücksicht auf das Bestehen eines Dienstverhältnisses vermietet worden sind, an einen anderen zur Dienstleistung Verpflichteten vermieten will und

3. der Vermieter dem Mieter diese Absicht bei Vertragsschluß schriftlich mitgeteilt hat.

[2] Verzögert sich die vom Vermieter beabsichtigte Verwendung der Räume ohne sein Verschulden oder teilt der Vermieter dem Mieter nicht drei Monate vor Ablauf der Mietzeit schriftlich mit, daß seine Verwendungsabsicht noch besteht, so kann der Mieter eine Verlängerung des Mietverhältnisses um einen entsprechenden Zeitraum verlangen.

§ 565 [Kündigungsfristen] (1) Bei einem Mietverhältnis über Grundstücke, Räume oder im Schiffsregister eingetragene Schiffe ist die Kündigung zulässig,

1. wenn der Mietzins nach Tagen bemessen ist, an jedem Tag für den Ablauf des folgenden Tages;
2. wenn der Mietzins nach Wochen bemessen ist, spätestens am ersten Werktag einer Woche für den Ablauf des folgenden Sonnabends;
3. [1)]wenn der Mietzins nach Monaten oder längeren Zeitabschnitten bemessen ist, spätestens am dritten Werktag eines Kalendermonats für den Ablauf des übernächsten Monats, bei einem Mietverhältnis über gewerblich genutzte unbebaute Grundstücke oder im Schiffsregister eingetragene Schiffe jedoch nur für den Ablauf eines Kalendervierteljahres.

(1a) Bei einem Mietverhältnis über Geschäftsräume ist die Kündigung spätestens am dritten Werktag eines Kalendervierteljahres für den Ablauf des nächsten Kalendervierteljahres zulässig.

(2) [1] Bei einem Mietverhältnis über Wohnraum ist die Kündigung spätestens am dritten Werktag eines Kalendermonats für den Ablauf des übernächsten Monats zulässig. [2] Nach fünf, acht und zehn Jahren seit der Überlassung des Wohnraums verlängert sich die Kündigungsfrist um jeweils drei Monate. [3] Eine Vereinbarung, nach welcher der Vermieter zur Kündigung unter Einhaltung einer kürzeren Frist berechtigt sein soll, ist nur wirksam, wenn der Wohnraum zu nur vorübergehendem Gebrauch vermietet ist. [4] Eine Vereinbarung, nach der die Kündigung nur für den Schluß bestimmter Kalendermonate zulässig sein soll, ist unwirksam.

(3) Ist Wohnraum, den der Vermieter ganz oder überwiegend mit Einrichtungsgegenständen auszustatten hat, Teil der vom Vermieter selbst bewohnten Wohnung, jedoch nicht zum dauernden Gebrauch für eine Familie überlassen, so ist die Kündigung zulässig,

1. wenn der Mietzins nach Tagen bemessen ist, an jedem Tag für den Ablauf des folgenden Tages;

[1)] Für Mietverhältnisse auf dem Gebiet der ehem. DDR aus der Zeit vor dem 3.10.1990 (Beitritt) ist Art. 232 EGBGB (Nr. **2**) zusätzlich zu beachten.

2. wenn der Mietzins nach Wochen bemessen ist, spätestens am ersten Werktag einer Woche für den Ablauf des folgenden Sonnabends;
3. wenn der Mietzins nach Monaten oder längeren Zeitabschnitten bemessen ist, spätestens am Fünfzehnten eines Monats für den Ablauf dieses Monats.

(4) Bei einem Mietverhältnis über bewegliche Sachen ist die Kündigung zulässig,
1. wenn der Mietzins nach Tagen bemessen ist, an jedem Tag für den Ablauf des folgenden Tages;
2. wenn der Mietzins nach längeren Zeitabschnitten bemessen ist, spätestens am dritten Tag vor dem Tag, mit dessen Ablauf das Mietverhältnis endigen soll.

(5) Absatz 1 Nr. 3, Absatz 2 Satz 1, Absatz 3 Nr. 3, Absatz 4 Nr. 2 sind auch anzuwenden, wenn ein Mietverhältnis unter Einhaltung der gesetzlichen Frist vorzeitig gekündigt werden kann.

§ 565a[1] **[Verlängerung des Mietverhältnisses]** (1) Ist ein Mietverhältnis über Wohnraum auf bestimmte Zeit eingegangen und ist vereinbart, daß es sich mangels Kündigung verlängert, so tritt die Verlängerung ein, wenn es nicht nach den Vorschriften des § 565 gekündigt wird.

(2) [1] Ist ein Mietverhältnis über Wohnraum unter einer auflösenden Bedingung geschlossen, so gilt es nach Eintritt der Bedingung als auf unbestimmte Zeit verlängert. [2] Kündigt der Vermieter nach Eintritt der Bedingung und verlangt der Mieter auf Grund des § 556a die Fortsetzung des Mietverhältnisses, so sind zu seinen Gunsten nur Umstände zu berücksichtigen, die nach Abschluß des Mietvertrages eingetreten sind.

(3) Eine zum Nachteil des Mieters abweichende Vereinbarung ist nur wirksam, wenn der Wohnraum zu nur vorübergehendem Gebrauch vermietet ist oder es sich um ein Mietverhältnis der in § 565 Abs. 3 genannten Art handelt.

§ 565b [Sondervorschriften für Dienstmietwohnungen] Ist Wohnraum mit Rücksicht auf das Bestehen eines Dienstverhältnisses vermietet, so gelten die besonderen Vorschriften der §§ 565c und 565d .

§ 565c[1] **[Kündigung des Vermieters]** [1] Ist das Mietverhältnis auf unbestimmte Zeit eingegangen, so ist nach Beendigung des Dienstverhältnisses eine Kündigung des Vermieters zulässig
1. bei Wohnraum, der weniger als zehn Jahre überlassen war, spätestens am dritten Werktag eines Kalendermonats für den Ablauf des
   a) übernächsten Monats, wenn der Wohnraum für einen anderen zur Dienstleistung Verpflichteten benötigt wird,
   b) nächsten Monats, wenn das Mietverhältnis vor dem 1. September 1993 eingegangen worden ist und der Wohnraum für einen anderen zur Dienstleistung Verpflichteten dringend benötigt wird;

---

[1] Für Mietverhältnisse auf dem Gebiet der ehem. DDR aus der Zeit vor dem 3.10.1990 (Beitritt) ist Art. 232 EGBGB (Nr. 2) zusätzlich zu beachten.

2. spätestens am dritten Werktag eines Kalendermonats für den Ablauf dieses Monats, wenn das Dienstverhältnis seiner Art nach die Überlassung des Wohnraums, der in unmittelbarer Beziehung oder Nähe zur Stätte der Dienstleistung steht, erfordert hat und der Wohnraum aus dem gleichen Grunde für einen anderen zur Dienstleistung Verpflichteten benötigt wird.

[2] Im übrigen bleibt § 565 unberührt.

§ 565d [Widerspruch des Mieters gegen Kündigung] (1) Bei Anwendung der §§ 556a, 556b sind auch die Belange des Dienstberechtigten zu berücksichtigen.

(2) Hat der Vermieter nach § 565c Satz 1 Nr. 1 gekündigt, so gilt § 556a mit der Maßgabe, daß der Vermieter die Einwilligung zur Fortsetzung des Mietverhältnisses verweigern kann, wenn der Mieter den Widerspruch nicht spätestens einen Monat vor der Beendigung des Mietverhältnisses erklärt hat.

(3) Die §§ 556a, 556b gelten nicht, wenn

1. der Vermieter nach § 565c Satz 1 Nr. 2 gekündigt hat;
2. der Mieter das Dienstverhältnis gelöst hat, ohne daß ihm von dem Dienstberechtigten gesetzlich begründeter Anlaß gegeben war, oder der Mieter durch sein Verhalten dem Dienstberechtigten gesetzlich begründeten Anlaß zur Auflösung des Dienstverhältnisses gegeben hat.

§ 565e [Dienstwohnungen] Ist Wohnraum im Rahmen eines Dienstverhältnisses überlassen, so gelten für die Beendigung des Rechtsverhältnisses hinsichtlich des Wohnraums die Vorschriften über die Miete entsprechend, wenn der zur Dienstleistung Verpflichtete den Wohnraum ganz oder überwiegend mit Einrichtungsgegenständen ausgestattet hat oder in dem Wohnraum mit seiner Familie einen eigenen Hausstand führt.

§ 566 [Schriftform des Mietvertrags] [1] Ein Mietvertrag über ein Grundstück, der für längere Zeit als ein Jahr geschlossen wird, bedarf der schriftlichen Form. [2] Wird die Form nicht beobachtet, so gilt der Vertrag als für unbestimmte Zeit geschlossen; die Kündigung ist jedoch nicht für eine frühere Zeit als für den Schluß des ersten Jahres zulässig.

§ 567 [Vertrag über mehr als 30 Jahre] [1] Wird ein Mietvertrag für eine längere Zeit als dreißig Jahre geschlossen, so kann nach dreißig Jahren jeder Teil das Mietverhältnis unter Einhaltung der gesetzlichen Frist kündigen. [2] Die Kündigung ist unzulässig, wenn der Vertrag für die Lebenszeit des Vermieters oder des Mieters geschlossen ist.

§ 568 [Stillschweigende Verlängerung] [1] Wird nach dem Ablaufe der Mietzeit der Gebrauch der Sache von dem Mieter fortgesetzt, so gilt das Mietverhältnis als auf unbestimmte Zeit verlängert, sofern nicht der Vermieter oder der Mieter seinen entgegenstehenden Willen binnen einer Frist von zwei Wochen dem anderen Teile gegenüber erklärt. [2] Die Frist beginnt für den Mieter mit der Fortsetzung des Gebrauchs, für den Vermieter mit dem Zeitpunkt, in welchem er von der Fortsetzung Kenntnis erlangt.

§ 569 [Tod des Mieters] (1) [1] In ein Mietverhältnis über Wohnraum tritt mit dem Tod des Mieters der Ehegatte ein, der mit dem Mieter einen gemeinsamen Haushalt führt. [2] Dasselbe gilt für Lebenspartner.

(2) [1] Leben in dem gemeinsamen Haushalt Kinder des Mieters, treten diese mit dem Tod des Mieters in das Mietverhältnis ein, wenn nicht der Ehegatte eintritt. [2] Andere Familienangehörige, die mit dem Mieter einen gemeinsamen Haushalt führen, treten mit dem Tod des Mieters in das Mietverhältnis ein, wenn nicht der Ehegatte oder der Lebenspartner eintritt. [3] Dasselbe gilt für Personen, die mit dem Mieter einen auf Dauer angelegten gemeinsamen Haushalt führen.

(3) [1] Erklären eingetretene Personen im Sinne des Absatzes 1 oder 2 innerhalb eines Monats, nachdem sie vom Tod des Mieters Kenntnis erlangt haben, dem Vermieter, dass sie das Mietverhältnis nicht fortsetzen wollen, gilt der Eintritt als nicht erfolgt. [2] Für geschäftsunfähige oder in der Geschäftsfähigkeit beschränkte Personen gilt § 206 entsprechend. [3] Sind mehrere Personen in das Mietverhältnis eingetreten, so kann jeder die Erklärung für sich abgeben.

(4) Der Vermieter kann das Mietverhältnis innerhalb eines Monats, nachdem er von dem endgültigen Eintritt in das Mietverhältnis Kenntnis erlangt hat, unter Einhaltung der gesetzlichen Frist kündigen, wenn in der Person des Eintretenden ein wichtiger Grund vorliegt.

(5) Eine abweichende Vereinbarung zum Nachteil des Mieters oder solcher Personen, die nach Absatz 1 oder 2 eintrittsberechtigt sind, ist unwirksam.

§ 569a [Fortsetzung des Mietverhältnisses mit Personen im Sinne des § 569] (1) Ein Mietverhältnis über Wohnraum, bei dem mehrere Personen im Sinne des § 569 gemeinsam Mieter sind, wird bei Tod eines Mieters mit den überlebenden Mietern fortgesetzt.

(2) Die überlebenden Mieter können das Mietverhältnis innerhalb eines Monats, nachdem sie vom Tod des Mieters Kenntnis erlangt haben, unter Einhaltung der gesetzlichen Frist kündigen.

(3) Eine abweichende Vereinbarung zum Nachteil des Mieters oder solcher Personen, die nach Absatz 1 fortsetzungsberechtigt sind, ist unwirksam.

§ 569b [Haftung als Gesamtschuldner] (1) [1] Die Personen, die gemäß § 569 in das Mietverhältnis eingetreten sind oder mit denen es gemäß § 569a fortgesetzt wird, haften neben dem Erben für die bis zum Tod des Mieters entstandenen Verbindlichkeiten aus dem Mietverhältnis als Gesamtschuldner. [2] Im Verhältnis zu diesen Personen haftet der Erbe allein, soweit nichts anderes bestimmt ist.

(2) Hat der Mieter den Mietzins für einen nach seinem Tod liegenden Zeitraum im Voraus entrichtet, sind die Personen, die gemäß § 569 in das Mietverhältnis eingetreten sind oder mit denen es gemäß § 569a fortgesetzt wird, verpflichtet, dem Erben dasjenige herauszugeben, was sie infolge der Vorausentrichtung des Mietzinses ersparen oder erlangen.

(3) Der Vermieter kann, falls der verstorbene Mieter keine Sicherheit geleistet hat, von den Personen, die gemäß § 569 in das Mietverhältnis eintreten oder mit denen es gemäß § 569a fortgesetzt wird, nach Maßgabe des § 550b eine Sicherheitsleistung verlangen.

§ 569c [Fortsetzung des Mietverhältnisses mit dem Erben] (1) [1] Treten beim Tod des Mieters keine Personen im Sinne des § 569 in das Mietverhältnis über Wohnraum ein oder wird es nicht mit ihnen nach § 569a fortgesetzt, so wird es mit dem Erben fortgesetzt. [2] In diesem Fall sind sowohl der Erbe als auch der Vermieter berechtigt, das Mietverhältnis innerhalb eines Monats unter Einhaltung der gesetzlichen Frist zu kündigen, nachdem sie vom Tod des Mieters und davon Kenntnis erlangt haben, dass ein Eintritt in das Mietverhältnis oder dessen Fortsetzung nicht erfolgt ist.

(2) Bei Mietverhältnissen über andere Sachen gilt Absatz 1 Satz 2 entsprechend.

§ 570 [Versetzung des Mieters] [1] Militärpersonen, Beamte, Geistliche und Lehrer an öffentlichen Unterrichtsanstalten können im Falle der Versetzung nach einem anderen Orte das Mietverhältnis in Ansehung der Räume, welche sie für sich oder ihre Familie an dem bisherigen Garnison- oder Wohnorte gemietet haben, unter Einhaltung der gesetzlichen Frist kündigen. [2] Die Kündigung kann nur für den ersten Termin erfolgen, für den sie zulässig ist.

§ 570a [Vereinbartes Rücktrittsrecht] Bei einem Mietverhältnis über Wohnraum gelten, wenn der Wohnraum an den Mieter überlassen ist, für ein vereinbartes Rücktrittsrecht die Vorschriften dieses Titels über die Kündigung und ihre Folgen entsprechend.

§ 570b[1)] [Vorkaufsrecht des Mieters] (1) [1] Werden vermietete Wohnräume, an denen nach der Überlassung an den Mieter Wohnungseigentum begründet worden ist oder begründet werden soll, an einen Dritten verkauft, so ist der Mieter zum Vorkauf berechtigt. [2] Dies gilt nicht, wenn der Vermieter die Wohnräume an eine zu seinem Hausstand gehörende Person oder an einen Familienangehörigen verkauft.

(2) Die Mitteilung des Verkäufers oder des Dritten über den Inhalt des Kaufvertrages ist mit einer Unterrichtung des Mieters über sein Vorkaufsrecht zu verbinden.

(3) Stirbt der Mieter, so geht das Vorkaufsrecht auf denjenigen über, der das Mietverhältnis nach § 569 Abs. 1 oder 2 fortsetzt.

(4) Eine zum Nachteil des Mieters abweichende Vereinbarung ist unwirksam.

§ 571 [„Kauf bricht nicht Miete“] (1) Wird das vermietete Grundstück nach der Überlassung an den Mieter von dem Vermieter an einen Dritten veräußert, so tritt der Erwerber an Stelle des Vermieters in die sich während der Dauer seines Eigentums aus dem Mietverhältnis ergebenden Rechte und Verpflichtungen ein.

(2) [1] Erfüllt der Erwerber die Verpflichtungen nicht, so haftet der Vermieter für den von dem Erwerber zu ersetzenden Schaden wie ein Bürge, der auf die Einrede der Vorausklage verzichtet hat. [2] Erlangt der Mieter von dem Über-

---

[1)] § 570b ist **nicht anzuwenden**, wenn der Kaufvertrag mit dem Dritten vor dem 1.9.1993 abgeschlossen worden ist, vgl. Art. 6 Abs. 4 Viertes MietrechtsänderungsG aaO.

gange des Eigentums durch Mitteilung des Vermieters Kenntnis, so wird der Vermieter von der Haftung befreit, wenn nicht der Mieter das Mietverhältnis für den ersten Termin kündigt, für den die Kündigung zulässig ist.

§ 572 [Sicherheitsleistung des Mieters] [1] Hat der Mieter des veräußerten Grundstücks dem Vermieter für die Erfüllung seiner Verpflichtungen Sicherheit geleistet, so tritt der Erwerber in die dadurch begründeten Rechte ein. [2] Zur Rückgewähr der Sicherheit ist er nur verpflichtet, wenn sie ihm ausgehändigt wird oder wenn er dem Vermieter gegenüber die Verpflichtung zur Rückgewähr übernimmt.

§ 573 [Vorausverfügung über den Mietzins] [1] Hat der Vermieter vor dem Übergang des Eigentums über den Mietzins, der auf die Zeit der Berechtigung des Erwerbers entfällt, verfügt, so ist die Verfügung insoweit wirksam, als sie sich auf den Mietzins für den zur Zeit des Übergangs des Eigentums laufenden Kalendermonat bezieht; geht das Eigentum nach dem fünfzehnten Tage des Monats über, so ist die Verfügung auch insoweit wirksam, als sie sich auf den Mietzins für den folgenden Kalendermonat bezieht. [2] Eine Verfügung über den Mietzins für eine spätere Zeit muß der Erwerber gegen sich gelten lassen, wenn er sie zur Zeit des Überganges des Eigentums kennt.

§ 574 [Rechtsgeschäfte über Entrichtung des Mietzinses] [1] Ein Rechtsgeschäft, das zwischen dem Mieter und dem Vermieter in Ansehung der Mietzinsforderung vorgenommen wird, insbesondere die Entrichtung des Mietzinses, ist dem Erwerber gegenüber wirksam, soweit es sich nicht auf den Mietzins für eine spätere Zeit als den Kalendermonat bezieht, in welchem der Mieter von dem Übergang des Eigentums Kenntnis erlangt; erlangt der Mieter die Kenntnis nach dem fünfzehnten Tage des Monats, so ist das Rechtsgeschäft auch insoweit wirksam, als es sich auf den Mietzins für den folgenden Kalendermonat bezieht. [2] Ein Rechtsgeschäft, das nach dem Übergange des Eigentums vorgenommen wird, ist jedoch unwirksam, wenn der Mieter bei der Vornahme des Rechtsgeschäfts von dem Übergange des Eigentums Kenntnis hat.

§ 575 [Aufrechnungsbefugnis] [1] Soweit die Entrichtung des Mietzinses an den Vermieter nach § 574 dem Erwerber gegenüber wirksam ist, kann der Mieter gegen die Mietzinsforderung des Erwerbers eine ihm gegen den Vermieter zustehende Forderung aufrechnen. [2] Die Aufrechnung ist ausgeschlossen, wenn der Mieter die Gegenforderung erworben hat, nachdem er von dem Übergange des Eigentums Kenntnis erlangt hat, oder wenn die Gegenforderung erst nach der Erlangung der Kenntnis und später als der Mietzins fällig geworden ist.

§ 576 [Anzeige des Eigentumsübergangs] (1) Zeigt der Vermieter dem Mieter an, daß er das Eigentum an dem vermieteten Grundstück auf einen Dritten übertragen habe, so muß er in Ansehung der Mietzinsforderung die angezeigte Übertragung dem Mieter gegenüber gegen sich gelten lassen, auch wenn sie nicht erfolgt oder nicht wirksam ist.

(2) Die Anzeige kann nur mit Zustimmung desjenigen zurückgenommen werden, welcher als der neue Eigentümer bezeichnet worden ist.

§ 577 [Belastung des Mietgrundstücks] [1] Wird das vermietete Grundstück nach der Überlassung an den Mieter von dem Vermieter mit dem Rechte eines Dritten belastet, so finden die Vorschriften der §§ 571 bis 576 entsprechende Anwendung, wenn durch die Ausübung des Rechtes dem Mieter der vertragsmäßige Gebrauch entzogen wird. [2] Hat die Ausübung des Rechtes nur eine Beschränkung des Mieters in dem vertragsmäßigen Gebrauche zur Folge, so ist der Dritte dem Mieter gegenüber verpflichtet, die Ausübung zu unterlassen, soweit sie den vertragsmäßigen Gebrauch beeinträchtigen würde.

§ 578 [Veräußerung vor Überlassung] Hat vor der Überlassung des vermieteten Grundstücks an den Mieter der Vermieter das Grundstück an einen Dritten veräußert oder mit einem Rechte belastet, durch dessen Ausübung der vertragsmäßige Gebrauch dem Mieter entzogen oder beschränkt wird, so gilt das gleiche wie in den Fällen des § 571 Abs. 1 und des § 577, wenn der Erwerber dem Vermieter gegenüber die Erfüllung der sich aus dem Mietverhältnis ergebenden Verpflichtungen übernommen hat.

§ 579 [Weiterveräußerung] [1] Wird das vermietete Grundstück von dem Erwerber weiterveräußert oder belastet, so finden die Vorschriften des § 571 Abs. 1 und der §§ 572 bis 578 entsprechende Anwendung. [2] Erfüllt der neue Erwerber die sich aus dem Mietverhältnis ergebenden Verpflichtungen nicht, so haftet der Vermieter dem Mieter nach § 571 Abs. 2 .

§ 580 [Raummiete] Die Vorschriften über die Miete von Grundstücken gelten, soweit nicht ein anderes bestimmt ist, auch für die Miete von Wohnräumen und anderen Räumen.

§ 580a [Schiffsmiete] (1) Die Vorschriften der §§ 571, 572, 576 bis 579 gelten im Fall der Veräußerung oder Belastung eines im Schiffsregister eingetragenen Schiffs sinngemäß.

(2) [1] Eine Verfügung, die der Vermieter vor dem Übergang des Eigentums über den auf die Zeit der Berechtigung des Erwerbers entfallenden Mietzins getroffen hat, ist dem Erwerber gegenüber wirksam. [2] Das gleiche gilt von einem Rechtsgeschäft, das zwischen dem Mieter und dem Vermieter über die Mietzinsforderung vorgenommen wird, insbesondere von der Entrichtung des Mietzinses; ein Rechtsgeschäft, das nach dem Übergang des Eigentums vorgenommen wird, ist jedoch unwirksam, wenn der Mieter bei der Vornahme des Rechtsgeschäfts von dem Übergang des Eigentums Kenntnis hat. [3] § 575 gilt sinngemäß.

II. Pacht

§ 581 [Vertragliche Hauptpflichten; Anwendbarkeit des Mietrechts]

(1) [1] Durch den Pachtvertrag wird der Verpächter verpflichtet, dem Pächter den Gebrauch des verpachteten Gegenstandes und den Genuß der Früchte, soweit sie nach den Regeln einer ordnungsmäßigen Wirtschaft als Ertrag

anzusehen sind, während der Pachtzeit zu gewähren. [2]Der Pächter ist verpflichtet, dem Verpächter den vereinbarten Pachtzins zu entrichten.

(2) Auf die Pacht mit Ausnahme der Landpacht sind, soweit sich nicht aus den §§ 582 bis 584b etwas anderes ergibt, die Vorschriften über die Miete entsprechend anzuwenden.

§§ 582 ff. *(hier nicht wiedergegeben)*

25. Zivilgesetzbuch der Deutschen Demokratischen Republik

Vom 19. Juni 1975
(GBl. I S. 465)
zuletzt geänd. durch Gesetz v. 22. Juli 1990 (GBl. I S. 903)

– Auszug –

Dritter Teil. Verträge zur Gestaltung des materiellen und kulturellen Lebens

Zweites Kapitel. Wohnungsmiete

Erster Abschnitt. Allgemeine Bestimmungen

§ 94 Aufgaben und Ziele. (1) [1] Der sozialistische Staat gewährleistet jedem Bürger und seiner Familie das Recht auf Wohnraum. [2] Die staatliche Wohnungspolitik wird durch den Wohnungsneubau, die Modernisierung, den Um- und Ausbau, die Erhaltung und rationelle Nutzung des Wohnungsfonds sowie durch die gerechte Verteilung des Wohnraums verwirklicht.

(2) [1] Die Bestimmungen über die Wohnungsmiete regeln die Beziehungen zwischen Mieter und Vermieter, zwischen Mietergemeinschaften und Vermietern sowie zwischen Mietern untereinander. [2] Sie fördern die Initiative der Betriebe und Bürger bei der Verwirklichung der staatlichen Maßnahmen zur Verbesserung der Wohnverhältnisse. [3] Sie dienen der Sicherung der Rechte und der Erfüllung der Pflichten aus dem Mietverhältnis, der Pflege, Erhaltung und Modernisierung des Wohnraums und der Entwicklung sozialistischer Beziehungen zwischen den Bürgern im Wohngebiet.

§ 95 Aufgaben der Betriebe als Vermieter zur Verbesserung der Wohnverhältnisse der Bürger. (1) [1] Die Betriebe der Gebäude- und Wohnungswirtschaft, die Wohnungsbaugenossenschaften und die Betriebe mit Werkwohnungen sind verpflichtet, die ihnen zur Verfügung stehenden materiellen und finanziellen Mittel planmäßig und mit hohem Nutzeffekt für die Pflege, Erhaltung und Modernisierung von Gebäuden und Wohnungen einzusetzen. [2] Die Initiative der Mieter und Nutzer von Wohnungen und anderer Bürger ist hierbei durch geeignete Maßnahmen, wie Einrichtung von Baureparaturstützpunkten und Bereitstellung von Bau- und Reparaturmaterialien, zu fördern. [3] Die Bildung und Tätigkeit von Mietergemeinschaften ist zu unterstützen.

(2) [1] Andere Vermieter sind verpflichtet, die Wohngebäude entsprechend den Grundsätzen des Abs. 1 zu verwalten. [2] Sie haben dafür vorrangig die Mieteinnahmen zu verwenden. [3] Sie sind durch die örtlichen Staatsorgane und die Betriebe der Gebäude- und Wohnungswirtschaft in die Gestaltung

und Verbesserung der Wohnverhältnisse einzubeziehen und bei der Erfüllung ihrer Pflichten zu unterstützen.

§ 96 Staatliche Lenkung des Wohnraums. [1] Zur Gewährleistung des Grundrechts der Bürger auf Wohnraum und zur Sicherung einer gerechten Verteilung unterliegt der gesamte Wohnraum der staatlichen Lenkung unter Mitwirkung von Kommissionen der Bürger in den Wohngebieten und Betrieben. [2] Die Lenkung des Wohnraums erfolgt nach den dafür geltenden Rechtsvorschriften.

§ 97 Stellung der Mieter. (1) Die Stellung der Mieter wird bestimmt durch ihr Recht auf Wohnraum, ihr demokratisches Recht auf Mitgestaltung der Wohnverhältnisse, ihre gesellschaftliche Verantwortung für den Schutz und die pflegliche Behandlung der Wohngebäude und ihr Recht auf Schutz vor Kündigung.

(2) In Ausübung ihres demokratischen Rechts auf Mitgestaltung der Wohnverhältnisse wirken die Mieter im Rahmen der Mietergemeinschaft und in anderen Formen insbesondere bei der Pflege, Instandhaltung, Verschönerung und Modernisierung ihrer Wohnhäuser mit.

Zweiter Abschnitt. Entstehen des Mietverhältnisses und Hauptpflichten der Partner

§ 98 Grundsatz. [1] Der Mietvertrag ist die Grundlage für die Gestaltung der Beziehungen zwischen Vermieter und Mieter. [2] Im Mietvertrag haben Vermieter und Mieter, ausgehend von den Bestimmungen dieses Gesetzes, ihre gegenseitigen Rechte und Pflichten zu vereinbaren. [3] Die Vereinbarungen dienen dazu, die Wohnräume und Gemeinschaftseinrichtungen durch die Mieter bestmöglich zu nutzen und ein harmonisches Zusammenleben im Wohnhaus zu fördern.

§ 99 Zuweisung des Wohnraums. [1] Voraussetzung für die Begründung eines Mietverhältnisses ist die Zuweisung des Wohnraums durch das zuständige Organ. [2] Auf der Grundlage der Zuweisung sind Vermieter und Mieter verpflichtet, einen Mietvertrag abzuschließen.

§ 100 Vertragsabschluß. (1) [1] Das Mietverhältnis entsteht durch Abschluß eines Vertrages zwischen Vermieter und Mieter. [2] Der Vertrag soll schriftlich abgeschlossen werden.

(2) [1] Ist der Vermieter oder der Mieter zum Abschluß des Mietvertrages nicht bereit oder einigen sie sich nicht über seinen Inhalt, werden die gegenseitigen Rechte und Pflichten auf Antrag durch das für die Wohnraumlenkung zuständige Organ verbindlich festgelegt. [2] Bis zum Abschluß des Mietvertrages ergeben sich die Rechte und Pflichten der Partner aus diesem Gesetz.

(3) [1] Mieter einer Wohnung sind beide Ehegatten, auch wenn nur ein Ehegatte den Vertrag abgeschlossen hat. [2] Für die Gestaltung des Mietverhältnisses im Falle der Scheidung der Ehe gelten die Bestimmungen des Familiengesetzbuches.

§ 101 Gebrauchsüberlassung und Instandhaltung. [1] Der Vermieter ist verpflichtet, dem Mieter die Wohnung in einem zum vertragsgemäßen Gebrauch geeigneten Zustand zu übergeben, der es ihm gestattet, sie sofort zu nutzen. [2] Die Wohnung ist während der Mietzeit in diesem Zustand zu erhalten. [3] Die dafür erforderlichen Instandhaltungsmaßnahmen hat der Vermieter durchführen zu lassen. [4] Kann ein Mangel in der Wohnung, der die Nutzung beeinträchtigt, in angemessener Zeit nicht beseitigt werden, ist der Vermieter verpflichtet, durch vorläufige Maßnahmen die Auswirkungen des Mangels einzuschränken.

§ 102 Zahlung des Mietpreises. (1) [1] Der Mieter ist verpflichtet, den vereinbarten Mietpreis regelmäßig und pünktlich zu zahlen. [2] Den Zeitpunkt der Zahlung können Vermieter und Mieter im Mietvertrag vereinbaren. [3] Ist nichts vereinbart, hat die Zahlung bis zum 15. des laufenden Monats zu erfolgen.

(2) Die Betriebe der Gebäude- und Wohnungswirtschaft sind berechtigt, von den Mietern, die ihrer Pflicht zur pünktlichen Zahlung des Mietpreises schuldhaft nicht nachkommen, eine Gebühr von 10% des rückständigen Mietpreises zu erheben.

§ 103 Höhe des Mietpreises. (1) Der Mietpreis ist entsprechend den Rechtsvorschriften oder den auf ihrer Grundlage ergangenen staatlichen Festlegungen zwischen Mieter und Vermieter zu vereinbaren.

(2) Wird Wohnraum durch Um- oder Ausbau erweitert oder der Wohnkomfort durch Modernisierung erhöht, können Vermieter oder Mieter beantragen, daß der zulässige Mietpreis neu bestimmt wird.

§ 104 Malermäßige Instandhaltung. (1) [1] Der Vermieter ist zur Übergabe der Wohnung in einem zum vertragsgemäßen Gebrauch geeigneten malermäßigen Zustand verpflichtet. [2] Die während des Mietverhältnisses in der Wohnung durch vertragsgemäße Nutzung notwendigen Malerarbeiten obliegen dem Mieter. [3] Bei Beendigung des Mietverhältnisses ist § 107 Abs. 2 entsprechend anzuwenden.

(2) Im Mietvertrag können Vermieter und Mieter etwas anderes vereinbaren.

§ 105 Nutzungsrecht des Mieters. (1) [1] Der Mieter und die zu seinem Haushalt gehörenden Personen sind berechtigt, die Wohnung und die Gemeinschaftseinrichtungen vertragsgemäß zu nutzen. [2] Sie sind verpflichtet, diese pfleglich zu behandeln.

(2) Bei der Nutzung der Wohnung und der Gemeinschaftseinrichtungen haben die Hausbewohner aufeinander Rücksicht zu nehmen.

§ 106 Hausordnung. [1] Die Hausordnung dient dazu, die vertraglichen Rechte und Pflichten, insbesondere bei der Nutzung der Gemeinschaftseinrichtungen, näher zu bestimmen. [2] Sie ist vom Vermieter und den Mietern gemeinsam auszuarbeiten und gilt als Bestandteil des Mietvertrages.

§ 107 Anzeige und Beseitigung von Mängeln. (1) [1] Mängel, die während der Mietzeit auftreten und vom Vermieter zu beseitigen sind, hat der

Mieter dem Vermieter unverzüglich anzuzeigen und die Mietergemeinschaft darüber zu informieren. [2] Der Mieter hat alles Zumutbare zu tun, um ihre Ausweitung zu verhindern.

(2) Mängel, die infolge der Verletzung der Pflicht des Mieters zur malermäßigen Instandhaltung oder zur pfleglichen Behandlung der Wohnung entstanden sind, hat der Mieter unverzüglich auf seine Kosten zu beseitigen.

(3) Kommt der Mieter seiner Anzeigepflicht oder seiner Pflicht zur Beseitigung eines Mangels nicht oder nicht genügend nach, hat er dem Vermieter den dadurch entstandenen Schaden zu ersetzen.

§ 108 Mietpreisminderung und Schadenersatz. (1) [1] Wird der vertragsgemäße Gebrauch der Wohnung durch einen Mangel beeinträchtigt, den der Vermieter zu beseitigen hat, ist der Mieter berechtigt, für die Zeit von der Anzeige des Mangels bis zu seiner Beseitigung einen Betrag vom Mietpreis abzuziehen, der der Beeinträchtigung des Gebrauchswertes entspricht (Mietpreisminderung). [2] Der Umfang der Mietpreisminderung soll zwischen Mieter und Vermieter vereinbart werden.

(2) Verletzt der Vermieter seine Instandhaltungspflicht, hat er dem Mieter den dadurch entstandenen Schaden zu ersetzen.

§ 109 Mängelbeseitigung, Erstattung der Aufwendungen und Aufrechnung. (1) [1] Im Falle des § 108 Abs. 1 ist der Mieter auch berechtigt, die notwendigen Reparaturen selbst durchzuführen oder durchführen zu lassen und die Erstattung der dafür erforderlichen Aufwendungen zu verlangen. [2] Zuvor muß er dem Vermieter zur Beseitigung des Mangels eine angemessene Frist gesetzt haben, die nicht kürzer als 1 Monat sein soll. [3] Einer vorherigen Anzeige und Fristsetzung bedarf es nicht, wenn die Beseitigung des Mangels keinen Aufschub duldet, insbesondere weil er sich erheblich auszuweiten droht oder weil seine sofortige Beseitigung zur Sicherung des bestimmungsgemäßen Gebrauchs der Wohnung erforderlich ist.

(2) [1] Der Mieter ist berechtigt, seine Aufwendungen gegen den Mietpreis aufzurechnen. [2] Die Absicht der Aufrechnung ist dem Vermieter mindestens einen Monat vor Fälligkeit des Mietpreises mitzuteilen unter gleichzeitiger Angabe von Grund und Höhe der Aufwendungen. [3] Mieter und Vermieter können vereinbaren, daß eine Aufrechnung gegen den monatlichen Mietpreis in Teilbeträgen erfolgt. [4] Die Mietergemeinschaft ist über die durchgeführten Reparaturen und über die beabsichtigte Aufrechnung zu informieren.

Dritter Abschnitt. Baumaßnahmen

§ 110 Gestaltung des Mietverhältnisses infolge von Baumaßnahmen.

(1) Kann die Wohnung wegen Maßnahmen zum Um- und Ausbau sowie zur Modernisierung von Wohnraum zeitweilig nur beschränkt genutzt werden, sollen Mieter und Vermieter vereinbaren, welche Rechte und Pflichten sich daraus für sie ergeben.

(2) Muß die Wohnung wegen staatlich angeordneter Baumaßnahmen geräumt werden, hat das zuständige staatliche Organ eine Regelung über die Erstattung der notwendigen Aufwendungen zu treffen, die dem Mieter durch Aus- und Wiedereinzug sowie zeitweilige Unterbringung in Ersatzwohnraum entstehen.

Bauliche Veränderungen durch den Mieter

§ 111 [Zustimmung des Vermieters] [1] Bauliche Veränderungen, die der Mieter in seiner Wohnung durchführen will, bedürfen der Zustimmung des Vermieters, die schriftlich erteilt werden soll. [2] Der Vermieter ist verpflichtet zuzustimmen, wenn die baulichen Veränderungen zu einer im gesellschaftlichen Interesse liegenden Verbesserung der Wohnung führen. [3] Verweigert der Vermieter seine Zustimmung unbegründet, kann sie auf Antrag des Mieters durch Entscheidung des Gerichts ersetzt werden.

§ 112 [Einigung; Veränderung ohne Zustimmung; Kosten] (1) [1] Mieter und Vermieter sollen sich über die gegenseitigen Rechte und Pflichten einigen, die sich aus baulichen Veränderungen ergeben, insbesondere darüber, ob und in welcher Höhe die Kosten erstattet werden. [2] Die Vereinbarung soll schriftlich getroffen werden.

(2) [1] Sind bauliche Veränderungen vom Mieter ohne Zustimmung des Vermieters vorgenommen worden, ist der Mieter auf Verlangen des Vermieters verpflichtet, den ursprünglichen Zustand wiederherzustellen. [2] Diese Pflicht entfällt, wenn die baulichen Veränderungen zu einer Verbesserung der Wohnung geführt haben, die im gesellschaftlichen Interesse liegt.

(3) [1] Ist über die Erstattung der Kosten nichts vereinbart worden, hat der Mieter bei Beendigung des Mietverhältnisses Anspruch auf angemessene Entschädigung durch den Vermieter, soweit dieser infolge der baulichen Veränderungen wirtschaftliche Vorteile erlangt. [2] Der Anspruch besteht nicht, wenn der Mieter verpflichtet ist, den ursprünglichen Zustand wiederherzustellen.

§ 113 Entfernen von Einrichtungsgegenständen. (1) [1] Der Mieter ist berechtigt, Einrichtungsgegenstände wieder zu entfernen, die er in der Wohnung ohne bauliche Veränderungen angeschlossen oder angebracht hat. [2] Soweit er von diesem Recht Gebrauch macht, hat er den ursprünglichen Zustand wiederherzustellen. [3] Macht der Mieter von diesem Recht keinen Gebrauch, weil es wirtschaftlich nicht vertretbar wäre, den Einrichtungsgegenstand zu entfernen und den ursprünglichen Zustand wiederherzustellen, hat er Anspruch auf angemessene Entschädigung nach § 112.

(2) [1] Der Mieter kann mit dem nachfolgenden Mieter vereinbaren, daß dieser die angeschlossenen oder angebrachten Einrichtungsgegenstände übernimmt. [2] Eine entsprechende Vereinbarung kann auch über die vom Mieter in der Wohnung vorgenommenen baulichen Veränderungen getroffen werden. [3] Über die Vereinbarungen ist der Vermieter zu informieren.

Vierter Abschnitt. Mitwirkung der Mietergemeinschaft

§ 114 Abschluß von Verträgen über die Mitwirkung. (1) Zur Mitwirkung der Mieter im Rahmen der Mietergemeinschaft bei der Pflege, Instandhaltung, Verschönerung und Verwaltung sowie bei der Modernisierung ihrer Wohnhäuser schließen die Betriebe der Gebäude- und Wohnungswirtschaft für die von ihnen verwalteten Wohnhäuser mit den Mietergemeinschaften Verträge, in denen die beiderseitigen Rechte und Pflichten festgelegt werden.

(2) Auch andere Vermieter von Wohnraum sollen entsprechend ihrer gesellschaftlichen Verantwortung für die ständige Verbesserung der Wohnver-

hältnisse der Bevölkerung mit Mietergemeinschaften Verträge nach Abs. 1 abschließen.

§ 115 Inhalt der Verträge über die Mitwirkung. In den Verträgen sollen insbesondere Vereinbarungen getroffen werden über

1. die vom Vermieter gemeinsam mit der Mietergemeinschaft vorzunehmende Aufstellung eines Reparatur- und Instandhaltungsplanes;
2. die Höhe der Mittel, über die die Mietergemeinschaft zur Durchführung von Kleinreparaturen und zur Erfüllung anderer Aufgaben verfügen kann;
3. die pflegliche und schonende Behandlung der Wohnungen durch die Mieter und die Anzeige von Mängeln, insbesondere solcher Mängel, die im Interesse der Erhaltung des Wohnraums dringend behoben werden müssen;
4. die pünktliche Mietzahlung, die Inkasso-Vollmacht und Maßnahmen bei Mietrückständen;
5. Pflege von Grünanlagen, Haus- und Vorgärten sowie gesellschaftlich genutzter Freiflächen, wie Kinderspielplätze und Kleinsportanlagen.

§ 116 Verhältnis zwischen Mitwirkung und Mietvertrag. (1) Die vertragliche Übernahme von Rechten und Pflichten durch die Mietergemeinschaft befreit den Vermieter nicht von seiner Verantwortung, die Wohnhäuser zu erhalten, sie zu pflegen und zu verwalten sowie seine Pflichten aus den einzelnen Mietverträgen zu erfüllen.

(2) [1] Die im Rahmen der Mitwirkung bei der Erhaltung, Pflege und Verwaltung der Wohnhäuser von den Mietergemeinschaften gefaßten Beschlüsse dienen dazu, die Rechte und Pflichten aus den einzelnen Mietverträgen bestmöglich zu verwirklichen. [2] Neue Rechte und Pflichten können dadurch nicht begründet werden.

§ 117 Wirkungen des Handelns der Mietergemeinschaft. (1) Mieter, die im Rahmen der Mietergemeinschaft vertraglich übernommene Verpflichtungen erfüllen und dabei für den Vermieter tätig werden, handeln insoweit als dessen Vertreter.

(2) Mieter, die im Rahmen der Mietergemeinschaft tätig werden, haben dem Vermieter in entsprechender Anwendung der Bestimmungen über die arbeitsrechtliche Verantwortlichkeit den Schaden zu ersetzen, den sie durch vorsätzliche oder grob fahrlässige Verletzung der von ihnen übernommenen Pflichten verursacht haben.

§ 118 Gemeinschaftliches Eigentum der Mieter. (1) Die Mietergemeinschaft entscheidet darüber, wie die von ihr erworbenen Mittel und Sachen verwendet werden.

(2) [1] Die Mittel und Sachen der Mietergemeinschaft sind Gesamteigentum aller Mieter. [2] Alle Mieter sind berechtigt, diese Sachen in gleicher Weise zu nutzen.

(3) Scheidet ein Mieter aus der Mietergemeinschaft aus, hat er keinen Anspruch gegen die Mietergemeinschaft auf Teilung des gemeinschaftlichen Eigentums oder Auszahlung eines Anteils.

§ 119 Beilegung von Konflikten. [1] Die Mietergemeinschaft setzt sich mit Mietern kameradschaftlich auseinander, die ihre Pflichten aus dem Mietvertrag nicht erfüllen, insbesondere den Mietpreis nicht regelmäßig und pünktlich zahlen oder die Wohnung und die Gemeinschaftseinrichtungen nicht pfleglich behandeln und die Regeln des Zusammenlebens mißachten. [2] Die Mietergemeinschaft hilft, Konflikte zu vermeiden und beizulegen.

Fünfter Abschnitt. Beendigung des Mietverhältnisses

§ 120 Kündigungsschutz. (1) [1] Jeder Mieter hat das Recht auf Kündigungsschutz. [2] Gegen seinen Willen kann das Mietverhältnis nur durch das Gericht auf Verlangen des Vermieters in den in diesem Gesetz geregelten Fällen aufgehoben werden.

(2) [1] Der Mieter kann das Mietverhältnis jederzeit mit einer Frist von 2 Wochen kündigen. [2] Die Kündigung muß schriftlich erfolgen.

(3) Das Mietverhältnis kann jederzeit durch Vereinbarung zwischen Mieter und Vermieter beendet werden.

Gerichtliche Aufhebung des Mietverhältnisses

§ 121 [Aufhebung auf Verlangen des Mieters] (1) Das Mietverhältnis kann auf Verlangen des Vermieters aufgehoben werden, wenn

1. der Mieter seine Pflichten aus dem Mietvertrag wiederholt gröblich verletzt;
2. der Mieter oder andere zu seinem Haushalt gehörende Personen die Rechte der anderen Hausbewohner gröblich verletzen.

(2) Vor einer Klage auf gerichtliche Aufhebung des Mietverhältnisses soll sich der Vermieter gemeinsam mit der Mietergemeinschaft oder einem anderen Kollektiv bemühen, den Mieter oder andere zu seinem Haushalt gehörende Personen zu einem Verhalten zu veranlassen, das den Regeln des sozialistischen Zusammenlebens entspricht.

(3) Das Gericht kann das Verfahren bis zu 6 Monaten aussetzen, wenn zu erwarten ist, daß der Mieter oder andere zu seinem Haushalt gehörende Personen ihr Verhalten ändern und damit die Gründe für die Klage entfallen.

§ 122 [Aufhebung auf Verlangen des Vermieters] (1) [1] Das Mietverhältnis kann auf Verlangen des Vermieters auch aufgehoben werden, wenn der Vermieter aus gesellschaftlich gerechtfertigten Gründen die Wohnung dringend benötigt (Eigenbedarf). [2] Bei der Entscheidung darüber hat das Gericht die Interessen des Mieters und des Vermieters abzuwägen und die örtliche Wohnraumlage zu beachten. [3] Das Mietverhältnis darf nur aufgehoben werden, wenn dem Gericht eine Erklärung des zuständigen Organs vorliegt, daß dem Vermieter die Wohnung zugewiesen wird.

(2) Bei Eigenbedarf für einen Teil der Wohnung, für Nebenräume, den Hausgarten oder einen Teil von diesem kann die Aufhebung nur insoweit verlangt werden.

(3) Ist die Wohnung im Zusammenhang mit der Übernahme von Hauswartspflichten oder ähnlichen Aufgaben zugewiesen und vermietet worden, ist Eigenbedarf insbesondere gegeben, wenn dieses Verhältnis beendet wurde

und die Wohnung für einen Nachfolger des Mieters zur Erfüllung dieser Pflichten benötigt wird.

(4) Auf Antrag des Mieters kann das Gericht den Vermieter unter Berücksichtigung aller Umstände verpflichten, dem Mieter die Kosten des gerichtlichen Verfahrens und des Umzugs sowie die mit dem Umzug verbundenen notwendigen Aufwendungen ganz oder teilweise zu erstatten.

§ 123 Folgen der Beendigung des Mietverhältnisses. (1) Das Mietverhältnis endet in den Fällen der §§ 121 und 122 zu dem in der gerichtlichen Entscheidung angegebenen Zeitpunkt.

(2) [1] Mit der Beendigung des Mietverhältnisses ist der Mieter verpflichtet, die Wohnung zu räumen und an den Vermieter herauszugeben. [2] Bis zur Räumung gilt für die beiderseitigen Rechte und Pflichten der bisherige Mietvertrag.

(3) Die Räumung einer Wohnung im Wege der Vollstreckung setzt die Zuweisung anderen Wohnraums voraus.

§ 124 Wechsel des Eigentümers. [1] Das Mietverhältnis wird durch Wechsel des Eigentümers des Wohnhauses nicht berührt. [2] Der neue Eigentümer tritt an die Stelle des Vermieters und hat dessen Rechte und Pflichten zu übernehmen und zu erfüllen.

§ 125 Fortsetzung des Mietverhältnisses mit Familienangehörigen. (1) [1] Nach dem Tod des Mieters können seine im Haushalt lebenden Familienangehörigen in den Mietvertrag eintreten. [2] Der Eintritt erfolgt durch schriftliche Erklärung gegenüber dem Vermieter.

(2) Verfügungen des für die Wohnraumlenkung zuständigen Organs werden dadurch nicht ausgeschlossen.

Sechster Abschnitt. Wohnungstausch

§ 126 Tauschvertrag. (1) [1] Zur besseren Gestaltung ihrer Wohnverhältnisse und zur Erschließung von Wohnraumreserven haben die Bürger das Recht, ihre Wohnung zu tauschen. [2] Sie sind durch das zuständige staatliche Organ zu unterstützen.

(2) [1] Der Tauschvertrag ist schriftlich abzuschließen. [2] Er bedarf der Genehmigung des für die Wohnraumlenkung zuständigen Organs und der Zustimmung des Vermieters. [3] Verweigert der Vermieter die Zustimmung ohne ausreichenden Grund, kann sie durch Entscheidung des für die Wohnraumlenkung zuständigen Organs ersetzt werden.

(3) Bei einem durch Vertrag vereinbarten Wohnungstausch tritt der jeweilige Tauschpartner mit dem Einzug in die Wohnung in das Mietverhältnis des anderen ein und übernimmt damit dessen Rechte und Pflichten.

§ 127 Rücktritt vom Tauschvertrag. (1) Der Anspruch auf Erfüllung eines Wohnungstauschvertrages kann nur innerhalb von 3 Monaten nach Wirksamkeit des Vertrages geltend gemacht werden.

(2) [1] Ein Rücktritt vom Vertrag ist nur zulässig, wenn nach Vertragsabschluß bei einem Tauschpartner Umstände eingetreten sind, durch die die

Erfüllung des Tauschvertrages für ihn unzumutbar geworden ist. [2] Der Rücktritt ist dem anderen Tauschpartner unverzüglich mitzuteilen.

(3) Der vom Vertrag zurücktretende Tauschpartner ist verpflichtet, dem anderen Tauschpartner unter Berücksichtigung aller Umstände die entstandenen Aufwendungen ganz oder teilweise zu erstatten.

Siebenter Abschnitt. Besondere Mietverhältnisse

§ 128 Untermietverhältnisse. (1) [1] Der Mieter ist berechtigt, einen Teil seiner Wohnung unterzuvermieten, soweit das nicht durch besondere Rechtsvorschriften ausgeschlossen ist. [2] Das Untermietverhältnis entsteht durch Vertrag zwischen Mieter und Untermieter.

(2) Der Mieter ist zum Vertragsabschluß verpflichtet, wenn das zuständige Organ dem Untermieter den Wohnraum zugewiesen hat.

(3) [1] Untermietverhältnisse über zugewiesenen Wohnraum können nur nach den §§ 120 bis 123 beendet werden. [2] Das gleiche gilt für Untermietverhältnisse über nicht zugewiesenen Wohnraum, wenn der Untermieter diesen Wohnraum vertragsgemäß mit seiner Familie bewohnt oder ihn ganz oder überwiegend mit Einrichtungsgegenständen ausgestattet hat. [3] In den übrigen Fällen kann das Untermietverhältnis von beiden Partnern jederzeit mit einer Frist von 2 Wochen gekündigt werden.

(4) Im übrigen gelten die Bestimmungen über die Wohnungsmiete für Untermietverhältnisse entsprechend.

§ 129 Mietverhältnisse über Wochenendhäuser, Zimmer für Erholungszwecke und Garagen. Mietverhältnisse über Wochenendhäuser, Zimmer für Erholungszwecke und über Garagen, die auf unbestimmte Zeit oder für einen vorher bestimmten längeren Zeitraum abgeschlossen worden sind, können nur in entsprechender Anwendung der §§ 120 bis 123 Absätze 1 und 2 beendet werden.

§ 130 Werkwohnungen. (1) Das Mietverhältnis über eine Werkwohnung entsteht durch schriftlichen Vertrag zwischen dem Betrieb als Vermieter und dem Mitarbeiter des Betriebes als Mieter.

(2) Für die beiderseitigen Rechte und Pflichten des Vermieters und des Mieters gelten die Bestimmungen dieses Gesetzes über die Wohnungsmiete, soweit in Rechtsvorschriften nichts anderes festgelegt ist.

(3) [1] Das Mietverhältnis kann außer in den in diesem Gesetz genannten Fällen auch durch Kündigung des Vermieters beendet werden, wenn das Arbeitsverhältnis beendet ist. [2] Endet es durch Tod des Mitarbeiters des Betriebes, entscheidet der Betrieb darüber, ob das Mietverhältnis mit den im Haushalt lebenden Familienangehörigen fortzusetzen ist.

(4) Auf werk- und dienststellengebundene Wohnungen sind die Absätze 1 bis 3 entsprechend anzuwenden.

§ 131 Gewerberäume. Die Bestimmungen über die Wohnungsmiete sind auf die Nutzung von Gewerberäumen entsprechend anzuwenden, soweit dafür besondere Rechtsvorschriften nicht bestehen.

Achter Abschnitt. Wohnungen der Arbeiterwohnungsbaugenossenschaften

§ 132 (1) Das Nutzungsverhältnis über eine Genossenschaftswohnung beruht auf der Mitgliedschaft in der Arbeiterwohnungsbaugenossenschaft.

(2) Die Rechte und Pflichten der Mitglieder aus dem Nutzungsverhältnis ergeben sich aus den Rechtsvorschriften über die Arbeiterwohnungsbaugenossenschaften und dem auf ihrer Grundlage beschlossenen Statut der jeweiligen Genossenschaft.

(3) Für die Nutzung von Wohnungen der gemeinnützigen Wohnungsbaugenossenschaften gelten die Absätze 1 und 2 entsprechend.

26. *Gesetz zur Regelung der Miethöhe*[1)][2)][3)]

Vom 18. Dezember 1974

(BGBl. I S. 3603, 3604)

BGBl. III/FNA 402-12-5

zuletzt geänd. durch Art. 17 G v. 13.7.2001 (BGBl.I S. 1542)

§ 1 [Ausschluß der Kündigung; Erhöhung des Mietzinses] *[1] Die Kündigung eines Mietverhältnisses über Wohnraum zum Zwecke der Mieterhöhung ist ausgeschlossen. [2] Der Vermieter kann eine Erhöhung des Mietzinses nach Maßgabe der §§ 2 bis 7 verlangen. [3] Das Recht steht dem Vermieter nicht zu, soweit und solange eine Erhöhung durch Vereinbarung ausgeschlossen ist oder der Ausschluß sich aus den Umständen, insbesondere der Vereinbarung eines Mietverhältnisses auf bestimmte Zeit mit festem Mietzins ergibt.*

§ 2 [Zustimmung des Mieters zur Erhöhung des Mietzinses] *(1) [1] Der Vermieter kann die Zustimmung zu einer Erhöhung des Mietzinses verlangen, wenn*

1. der Mietzins, von Erhöhungen nach den §§ 3 bis 5 abgesehen, seit einem Jahr unverändert ist,

2. der verlangte Mietzins die üblichen Entgelte nicht übersteigt, die in der Gemeinde oder in vergleichbaren Gemeinden für nicht preisgebundenen Wohnraum vergleichbarer Art, Größe, Ausstattung, Beschaffenheit und Lage in den letzten vier Jahren vereinbart oder, von Erhöhungen nach § 4 abgesehen, geändert worden sind, und

3. der Mietzins sich innerhalb eines Zeitraums von drei Jahren, von Erhöhungen nach den §§ 3 bis 5 abgesehen, nicht um mehr als 30 vom Hundert erhöht. Der Vomhundertsatz beträgt bei Wohnraum, der vor dem 1. Januar 1981 fertiggestellt worden ist, 20 vom Hundert, wenn

   a) das Mieterhöhungsverlangen dem Mieter vor dem 1. September 1998 zugeht und

   b) der Mietzins, dessen Erhöhung verlangt wird, ohne Betriebskostenanteil monatlich mehr als 8,00 Deutsche Mark je Quadratmeter Wohnfläche beträgt. Ist der Mietzins geringer, so verbleibt es bei 30 vom Hundert; jedoch darf in diesem Fall der verlangte Mietzins ohne Betriebskostenanteil monatlich 9,60 Deutsche Mark je Quadratmeter Wohnfläche nicht übersteigen.

[2] Von dem Jahresbetrag des nach Satz 1 Nr. 2 zulässigen Mietzinses sind die Kürzungsbeträge nach § 3 Abs. 1 Satz 3 bis 7 abzuziehen, im Fall des § 3 Abs. 1 Satz 6 mit 11 vom Hundert des Zuschusses.

[1)] Verkündet als Art. 3 Zweites G über den Kündigungsschutz für Mietverhältnisse über Wohnraum (Zweites WohnraumkündigungsschutzG – 2. WKSchG) v. 18.12.1974 (BGBl. I S. 3603); Inkrafttreten gem. Art. 8 Abs. 1 dieses G am 1.1.1975 in Kraft; Außerkrafttreten mWv 1.9.2001, vgl. G v. 19.6.2001 (BGBl. I S. 1149).

[2)] Mit Wirkung ab 22.6.1980 gilt als Gegenstandswert in Verfahren über Mietzinserhöhung höchstens der Jahresbetrag des zusätzlich geforderten Mietzinses (§ 16 Abs. 5 GKG).

[3)] Einige Regelungen wurden in das BGB überführt; vgl. hierzu die unter Nr. **24a** abgedruckte Kurzsynopse.

(1a) Absatz 1 Satz 1 Nr. 3 ist nicht anzuwenden,

1. *wenn eine Verpflichtung des Mieters zur Ausgleichszahlung nach den Vorschriften über den Abbau der Fehlsubventionierung im Wohnungswesen wegen des Wegfalls der öffentlichen Bindung erloschen ist und*
2. *soweit die Erhöhung den Betrag der zuletzt zu entrichtenden Ausgleichszahlung nicht übersteigt.*

Der Mieter hat dem Vermieter auf dessen Verlangen, das frühestens vier Monate vor dem Wegfall der öffentlichen Bindung gestellt werden kann, innerhalb eines Monats über die Verpflichtung zur Ausgleichszahlung und über deren Höhe Auskunft zu erteilen.

(2) [1] Der Anspruch nach Absatz 1 ist dem Mieter gegenüber in Textform geltend zu machen und zu begründen. [2] Dabei kann insbesondere Bezug genommen werden auf eine Übersicht über die üblichen Entgelte nach Absatz 1 Satz 1 Nr. 2 in der Gemeinde oder in einer vergleichbaren Gemeinde, soweit die Übersicht von der Gemeinde oder von Interessenvertretern der Vermieter und der Mieter gemeinsam erstellt oder anerkannt worden ist (Mietspiegel); enthält die Übersicht Mietzinsspannen, so genügt es, wenn der verlangte Mietzins innerhalb der Spanne liegt. [3] Ferner kann auf ein mit Gründen versehenes Gutachten eines öffentlich bestellten oder vereidigten Sachverständigen verwiesen werden. [4] Begründet der Vermieter sein Erhöhungsverlangen mit dem Hinweis auf entsprechende Entgelte für einzelne vergleichbare Wohnungen, so genügt die Benennung von drei Wohnungen.

(3) [1] Stimmt der Mieter dem Erhöhungsverlangen nicht bis zum Ablauf des zweiten Kalendermonats zu, der auf den Zugang des Verlangens folgt, so kann der Vermieter bis zum Ablauf von weiteren zwei Monaten auf Erteilung der Zustimmung klagen. [2] Ist die Klage erhoben worden, jedoch kein wirksames Erhöhungsverlangen vorausgegangen, so kann der Vermieter das Erhöhungsverlangen im Rechtsstreit nachholen; dem Mieter steht auch in diesem Fall die Zustimmungsfrist nach Satz 1 zu.

(4) Ist die Zustimmung erteilt, so schuldet der Mieter den erhöhten Mietzins von dem Beginn des dritten Kalendermonats ab, der auf den Zugang des Erhöhungsverlangens folgt.

(5) [1] Gemeinden sollen, soweit hierfür ein Bedürfnis besteht und dies mit einem für sie vertretbaren Aufwand möglich ist, Mietspiegel erstellen. [2] Bei der Aufstellung von Mietspiegeln sollen Entgelte, die auf Grund gesetzlicher Bestimmungen an Höchstbeträge gebunden sind, außer Betracht bleiben. [3] Die Mietspiegel sollen im Abstand von zwei Jahren der Marktentwicklung angepaßt werden. [4] Die Bundesregierung wird ermächtigt, durch Rechtsverordnung mit Zustimmung des Bundesrates Vorschriften über den näheren Inhalt und das Verfahren zur Aufstellung und Anpassung von Mietspiegeln zu erlassen. [5] Die Mietspiegel und ihre Änderungen sollen öffentlich bekanntgemacht werden.

(6) Liegt im Zeitpunkt des Erhöhungsverlangens kein Mietspiegel nach Absatz 5 vor, so führt die Verwendung anderer Mietspiegel, insbesondere auch die Verwendung veralteter Mietspiegel, nicht zur Unwirksamkeit des Mieterhöhungsverlangens.

***§ 3 [Erhöhung des Mietzinses bei baulichen Änderungen]** (1) [1] Hat der Vermieter bauliche Maßnahmen durchgeführt, die den Gebrauchswert der Mietsache nachhaltig erhöhen, die allgemeinen Wohnverhältnisse auf die Dauer verbessern oder nachhaltig Einsparungen von Heizenergie oder Wasser bewirken (Modernisierung), oder hat er andere bauliche Änderungen auf Grund von Umständen, die er nicht zu vertreten hat, durchgeführt, so kann er eine Erhöhung der jährlichen Miete um elf vom*

Hundert der für die Wohnung aufgewendeten Kosten verlangen. [2] Sind die baulichen Änderungen für mehrere Wohnungen durchgeführt worden, so sind die dafür aufgewendeten Kosten vom Vermieter angemessen auf die einzelnen Wohnungen aufzuteilen. [3] Werden die Kosten für die baulichen Änderungen ganz oder teilweise durch zinsverbilligte oder zinslose Darlehen aus öffentlichen Haushalten gedeckt, so verringert sich der Erhöhungsbetrag nach Satz 1 um den Jahresbetrag der Zinsermäßigung, der sich für den Ursprungsbetrag des Darlehens aus dem Unterschied im Zinssatz gegenüber dem marktüblichen Zinssatz für erststellige Hypotheken zum Zeitpunkt der Beendigung der Maßnahmen ergibt; werden Zuschüsse oder Darlehen zur Deckung von laufenden Aufwendungen gewährt, so verringert sich der Erhöhungsbetrag um den Jahresbetrag des Zuschusses oder Darlehens. [4] Ein Mieterdarlehen, eine Mietvorauszahlung oder eine von einem Dritten für den Mieter erbrachte Leistung für die baulichen Änderungen steht einem Darlehen aus öffentlichen Haushalten gleich. [5] Kann nicht festgestellt werden, in welcher Höhe Zuschüsse oder Darlehen für die einzelnen Wohnungen gewährt worden sind, so sind sie nach dem Verhältnis der für die einzelnen Wohnungen aufgewendeten Kosten aufzuteilen. [6] Kosten, die vom Mieter oder für diesen von einem Dritten übernommen oder die mit Zuschüssen aus öffentlichen Haushalten gedeckt werden, gehören nicht zu den aufgewendeten Kosten im Sinne des Satzes 1. [7] Mittel der Finanzierungsinstitute des Bundes oder eines Landes gelten als Mittel aus öffentlichen Haushalten.

(2) (aufgehoben)

(3) [1] Der Anspruch nach Absatz 1 ist vom Vermieter durch Erklärung in Textform gegenüber dem Mieter geltend zu machen. [2] Die Erklärung ist nur wirksam, wenn in ihr die Erhöhung auf Grund der entstandenen Kosten berechnet und entsprechend den Voraussetzungen nach Absatz 1 erläutert wird.

(4) [1] Die Erklärung des Vermieters hat die Wirkung, daß von dem Beginn des auf die Erklärung folgenden übernächsten Monats an der erhöhte Mietzins an die Stelle des bisher zu entrichtenden Mietzinses tritt. [2] Diese Frist verlängert sich um sechs Monate, wenn der Vermieter dem Mieter die zu erwartende Erhöhung des Mietzinses nicht nach § 541b Abs. 2 Satz 1 des Bürgerlichen Gesetzbuchs mitgeteilt hat oder wenn die tatsächliche Mieterhöhung gegenüber dieser Mitteilung um mehr als zehn vom Hundert nach oben abweicht.

(5) (aufgehoben)

§ 4 [Erhöhung oder Ermäßigung der Betriebskosten] *(1) [1] Für Betriebskosten im Sinne des § 27 der Zweiten Berechnungsverordnung dürfen Vorauszahlungen nur in angemessener Höhe vereinbart werden. [2] Über die Vorauszahlungen ist jährlich abzurechnen.*

(2) [1] Der Vermieter ist berechtigt, Erhöhungen der Betriebskosten durch Erklärung in Textform anteilig auf den Mieter umzulegen. [2] Die Erklärung ist nur wirksam, wenn in ihr der Grund für die Umlage bezeichnet und erläutert wird.

(3) [1] Der Mieter schuldet den auf ihn entfallenden Teil der Umlage vom Ersten des auf die Erklärung folgenden Monats oder, wenn die Erklärung erst nach dem Fünfzehnten eines Monats abgegeben worden ist, vom Ersten des übernächsten Monats an. [2] Soweit die Erklärung darauf beruht, daß sich die Betriebskosten rückwirkend erhöht haben, wirkt sie auf den Zeitpunkt der Erhöhung der Betriebskosten, höchstens jedoch auf den Beginn des der Erklärung vorausgehenden Kalenderjahres zurück, sofern der Vermieter die Erklärung innerhalb von drei Monaten nach Kenntnis von der Erhöhung abgibt.

(4) [1] Ermäßigen sich die Betriebskosten, so ist der Mietzins vom Zeitpunkt der Ermäßigung ab entsprechend herabzusetzen. [2] Die Ermäßigung ist dem Mieter unverzüglich mitzuteilen.

(5) [1] Der Vermieter kann durch Erklärung in Textform bestimmen,

1. daß die Kosten der Wasserversorgung und der Entwässerung ganz oder teilweise nach dem erfaßten unterschiedlichen Wasserverbrauch der Mieter und die Kosten der Müllabfuhr nach einem Maßstab umgelegt werden dürfen, der der unterschiedlichen Müllverursachung Rechnung trägt, oder

2. daß die in Nummer 1 bezeichneten Kosten unmittelbar zwischen den Mietern und denjenigen abgerechnet werden, die die entsprechenden Leistungen erbringen.

[2] Die Erklärung kann nur für künftige Abrechnungszeiträume abgegeben werden und ist nur mit Wirkung zum Beginn eines Abrechnungszeitraums zulässig. [3] Sind die Kosten im Mietzins enthalten, so ist dieser ensprechend herabzusetzen.

***§ 5 [Erhöhung oder Ermäßigung der Kapitalkosten]** (1) Der Vermieter ist berechtigt, Erhöhungen der Kapitalkosten, die nach Inkrafttreten dieses Gesetzes infolge einer Erhöhung des Zinssatzes aus einem dinglich gesicherten Darlehen fällig werden, durch Erklärung in Textform anteilig auf den Mieter umzulegen, wenn*

1. der Zinssatz sich

a) bei Mietverhältnissen, die vor dem 1. Januar 1973 begründet worden sind, gegenüber dem am 1. Januar 1973 maßgebenden Zinssatz,

b) bei Mietverhältnissen, die nach dem 31. Dezember 1972 begründet worden sind, gegenüber dem bei Begründung maßgebenden Zinssatz

erhöht hat,

2. die Erhöhung auf Umständen beruht, die der Vermieter nicht zu vertreten hat,

3. das Darlehen der Finanzierung des Neubaues, des Wiederaufbaues, der Wiederherstellung, des Ausbaues, der Erweiterung oder des Erwerbs des Gebäudes oder des Wohnraums oder von baulichen Maßnahmen im Sinne des § 3 Abs. 1 gedient hat.

(2) § 4 Abs. 2 Satz 2 und Absatz 3 Satz 1 gilt entsprechend.

(3) [1] Ermäßigt sich der Zinssatz nach einer Erhöhung des Mietzinses nach Absatz 1, so ist der Mietzins vom Zeitpunkt der Ermäßigung ab entsprechend, höchstens aber um die Erhöhung nach Absatz 1, herabzusetzen. [2] Ist das Darlehen getilgt, so ist der Mietzins um den Erhöhungsbetrag herabzusetzen. [3] Die Herabsetzung ist dem Mieter unverzüglich mitzuteilen.

(4) Das Recht nach Absatz 1 steht dem Vermieter nicht zu, wenn er die Höhe der dinglich gesicherten Darlehen, für die sich der Zinssatz erhöhen kann, auf eine Anfrage des Mieters nicht offengelegt hat.

(5) Geht das Eigentum an dem vermieteten Wohnraum von dem Vermieter auf einen Dritten über und tritt dieser anstelle des Vermieters in das Mietverhältnis ein, so darf der Mieter durch die Ausübung des Rechts nach Absatz 1 nicht höher belastet werden, als dies ohne den Eigentumsübergang möglich gewesen wäre.

***§ 6 [Wohnungen im Saarland]** (1) [1] Hat sich der Vermieter von öffentlich gefördertem oder steuerbegünstigtem Wohnraum nach dem Wohnungsbaugesetz für das Saarland in der Fassung der Bekanntmachung vom 7. März 1972 (Amtsblatt des Saarlandes S. 149), zuletzt geändert durch Artikel 3 des Wohnungsbauänderungsgesetzes 1973 vom 21. Dezember 1973 (Bundesgesetzbl. I S. 1970), verpflichtet,* *keine höhere Miete als die Kostenmiete zu vereinbaren, so kann er eine Erhöhung bis zu dem Betrag verlangen, der zur Deckung der laufenden Aufwendungen für das Gebäude oder die Wirtschaftseinheit erforderlich ist. [2] Eine Erhöhung des Mietzinses nach den §§ 2, 3 und 5 ist ausgeschlossen.*

(2) [1] Die Erhöhung nach Absatz 1 ist vom Vermieter durch Erklärung in Textform gegenüber dem Mieter geltend zu machen. [2] Die Erklärung ist nur wirksam, wenn in ihr die Erhöhung berechnet und erläutert wird. [3] Die Erklärung hat die Wirkung, daß von dem Ersten des auf die Erklärung folgenden Monats an der erhöhte Mietzins an die Stelle des bisher zu entrichtenden Mietzinses tritt; wird die Erklärung erst nach dem Fünfzehnten eines Monats abgegeben, so tritt diese Wirkung erst von dem Ersten des übernächsten Monats an ein.

(3) Soweit im Rahmen der Kostenmiete Betriebskosten im Sinne des § 27 der Zweiten Berechnungsverordnung durch Umlagen erhoben werden, kann der Vermieter Erhöhungen der Betriebskosten in entsprechender Anwendung des § 4 umlegen.

(4) [1] Ermäßigen sich die laufenden Aufwendungen, so hat der Vermieter die Kostenmiete mit Wirkung vom Zeitpunkt der Ermäßigung ab entsprechend herabzusetzen. [2] Die Herabsetzung ist dem Mieter unverzüglich mitzuteilen.

(5) Die Absätze 1 bis 4 gelten entsprechend für Wohnraum, der mit Wohnungsfürsorgemitteln für Angehörige des öffentlichen Dienstes oder ähnliche Personengruppen unter Vereinbarung eines Wohnungsbesetzungsrechtes gefördert worden ist, wenn der Vermieter sich in der in Absatz 1 Satz 1 bezeichneten Weise verpflichtet hat.

§ 7 [Bergmannswohnungen] *(1) [1] Für Bergmannswohnungen, die von Bergbauunternehmen entsprechend dem Vertrag über Bergmannswohnungen, Anlage 8 zum Grundvertrag zwischen der Bundesrepublik Deutschland, den vertragschließenden Bergbauunternehmen und der Ruhrkohle Aktiengesellschaft vom 18. Juli 1969 (Bundesanzeiger Nr. 174 vom 18. September 1974), bewirtschaftet werden, kann die Miete bei einer Erhöhung der Verwaltungskosten und der Instandhaltungskosten in entsprechender Anwendung des § 30 Abs. 1 der Zweiten Berechnungsverordnung und des § 5 Abs. 3 Buchstabe c des Vertrages über Bergmannswohnungen erhöht werden. [2] Eine Erhöhung des Mietzinses nach § 2 ist ausgeschlossen.*

(2) [1] Der Anspruch nach Absatz 1 ist vom Vermieter durch Erklärung in Textform gegenüber dem Mieter geltend zu machen. [2] Die Erklärung ist nur wirksam, wenn in ihr die Erhöhung berechnet und erläutert wird.

(3) Die Erklärung des Vermieters hat die Wirkung, daß von dem Ersten des auf die Erklärung folgenden Monats an der erhöhte Mietzins an die Stelle des bisher zu entrichtenden Mietzinses tritt; wird die Erklärung erst nach dem Fünfzehnten eines Monats abgegeben, so tritt diese Wirkung erst von dem Ersten des übernächsten Monats an ein.

(4) Im übrigen gelten die §§ 3 bis 5.

§ 8 *(aufgehoben)*

§ 9 [Kündigungsrecht des Mieters] *(1) [1] Verlangt der Vermieter eine Mieterhöhung nach § 2, so ist der Mieter berechtigt, bis zum Ablauf des zweiten Monats, der auf den Zugang des Erhöhungsverlangens folgt, für den Ablauf des übernächsten Monats zu kündigen. [2] Verlangt der Vermieter eine Mieterhöhung nach den §§ 3, 5 bis 7, so ist der Mieter berechtigt, das Mietverhältnis spätestens am dritten Werktag des Kalendermonats, von dem an der Mietzins erhöht werden soll, für den Ablauf des* *übernächsten Monats zu kündigen. ³ Kündigt der Mieter, so tritt die Mieterhöhung nicht ein.*

(2) Ist der Mieter rechtskräftig zur Zahlung eines erhöhten Mietzinses nach den §§ 2 bis 7 verurteilt worden, so kann der Vermieter das Mietverhältnis wegen Zahlungsverzugs des Mieters nicht vor Ablauf von zwei Monaten nach rechtskräftiger Verurteilung kündigen, wenn nicht die Voraussetzungen des § 554 des Bürgerlichen Gesetzbuchs schon wegen des bisher geschuldeten Mietzinses erfüllt sind.

§ 10 [Abweichende Vereinbarungen; Geltungsbereich] *(1) Vereinbarungen, die zum Nachteil des Mieters von den Vorschriften der §§ 1 bis 9 abweichen, sind unwirksam, es sei denn, daß der Mieter während des Bestehens des Mietverhältnisses einer Mieterhöhung um einen bestimmten Betrag zugestimmt hat.*

(2) ¹ Abweichend von Absatz 1 kann der Mietzins für bestimmte Zeiträume in unterschiedlicher Höhe schriftlich vereinbart werden. ² Die Vereinbarung eines gestaffelten Mietzinses darf nur einen Zeitraum bis zu jeweils zehn Jahren umfassen. ³ Während dieser Zeit ist eine Erhöhung des Mietzinses nach den §§ 2, 3 und 5 ausgeschlossen. ⁴ Der Mietzins muß jeweils mindestens ein Jahr unverändert bleiben. ⁵ Der jeweilige Mietzins oder die jeweilige Erhöhung muß betragsmäßig ausgewiesen sein. ⁶ Eine Beschränkung des Kündigungsrechts des Mieters ist unwirksam, soweit sie sich auf einen Zeitraum von mehr als vier Jahren seit Abschluß der Vereinbarung erstreckt.

(3) Die Vorschriften der §§ 1 bis 9 gelten nicht für Mietverhältnisse

1. *über preisgebundenen Wohnraum, soweit nicht in § 2 Abs. 1a Satz 2 etwas anderes bestimmt ist,*
2. *über Wohnraum, der zu nur vorübergehendem Gebrauch vermietet ist,*
3. *über Wohnraum, der Teil der vom Vermieter selbst bewohnten Wohnung ist und den der Vermieter ganz oder überwiegend mit Einrichtungsgegenständen auszustatten hat, sofern der Wohnraum nicht zum dauernden Gebrauch für eine Familie überlassen ist,*
4. *über Wohnraum, der Teil eines Studenten- oder Jugendwohnheims ist.*

§ 10a [Mietanpassungsvereinbarungen] *(1) ¹ Abweichend von § 10 Abs. 1 kann schriftlich vereinbart werden, daß die Entwicklung des Mietzinses durch die Änderung eines von dem Statistischen Bundesamt ermittelten Preisindexes für die Gesamtlebenshaltung bestimmt werden soll (Mietanpassungsvereinbarung). ² Das Ausmaß der Mietanpassung muß in der Vereinbarung bestimmt sein und darf höchstens der prozentualen Indexänderung entsprechen. ³ Die Vereinbarung ist nur wirksam, wenn*

1. *der Vermieter für die Dauer von mindestens zehn Jahren auf das Recht zur ordentlichen Kündigung verzichtet oder*
2. *der Mietvertrag für die Lebenszeit eines Vertragspartners abgeschlossen wird.*

(2) ¹ Während der Geltungsdauer einer Mietanpassungsvereinbarung muß der Mietzins, von Erhöhungen nach den §§ 3 und 4 abgesehen, jeweils mindestens ein Jahr unverändert bleiben. ² Eine Erhöhung des Mietzinses nach § 3 kann nur verlangt werden, soweit der Vermieter bauliche Änderungen auf Grund von Umständen durchgeführt hat, die er nicht zu vertreten hat. ³ Eine Erhöhung des Mietzinses nach den §§ 2 und 5 ist ausgeschlossen.

(3) ¹ Eine Änderung des Mietzinses auf Grund Mietanpassungsvereinbarung muß durch Erklärung in Textform geltend gemacht werden. ² Dabei ist die jeweils einge-

tretene Änderung des vereinbarten Indexes anzugeben. [3] Der geänderte Mietzins ist mit Beginn des übernächsten Monats nach dem Zugang der Erklärung zu zahlen.

§ 11 [Übergangsregelungen für das Gebiet der ehem. DDR] *(1) [1] In dem in Artikel 3 des Einigungsvertrages genannten Gebiet sind die §§ 1 bis 10a auf Wohnraum anzuwenden, der nicht mit Mitteln aus öffentlichen Haushalten gefördert wurde und seit dem 3. Oktober 1990*

1. in neu errichteten Gebäuden fertiggestellt wurde oder

2. aus Räumen wiederhergestellt wurde, die auf Dauer zu Wohnzwecken nicht mehr benutzbar waren, oder aus Räumen geschaffen wurde, die nach ihrer baulichen Anlage und Ausstattung anderen als Wohnzwecken dienten.

[2] Bei der Vermietung dieses Wohnraums sind Preisvorschriften nicht anzuwenden. [3] Die §§ 1 bis 10a sind auch auf Wohnraum anzuwenden, dessen Errichtung mit Mitteln der vereinbarten Förderung im Sinne des § 88d des Zweiten Wohnungsbaugesetzesgefördert wurde.

(2) Auf anderen als den in Absatz 1 bezeichneten Wohnraum in dem in Artikel 3 des Einigungsvertrages genannten Gebiet sind die §§ 1 bis 10a ab 11. Juni 1995 anzuwenden, soweit sich aus den §§ 12 bis 17 nichts anderes ergibt.

§ 12 [Zustimmung des Mieters zur Mietzinserhöhung bei Bestandteilen ohne erhebliche Schäden] *(1) [1] Abweichend von § 2 Abs. 1 Satz 1 Nr. 2 kann bis zum 31. Dezember 1997 die Zustimmung zu einer Erhöhung des am 11. Juni 1995 ohne Erhöhungen nach Modernisierung oder Instandsetzungsvereinbarung geschuldeten Mietzinses um 20 vom Hundert verlangt werden, wenn an dem Gebäude mindestens drei der fünf folgenden Bestandteile keine erheblichen Schäden aufweisen:*

1. Dach,

2. Fenster,

3. Außenwände,

4. Hausflure oder Treppenräume oder

5. Elektro-, Gas- oder Wasser- und Sanitärinstallationen.

[2] Der Erhöhungssatz ermäßigt sich auf 15 vom Hundert bei Wohnraum, bei dem die Zentralheizung oder das Bad oder beide Ausstattungsmerkmale fehlen.

(1a) [1] Absatz 1 Satz 2 gilt auch für Ansprüche, die der Vermieter vor dem 1. Januar 1996 geltend gemacht hat. [2] Hat der Mieter einem nicht ermäßigten Erhöhungssatz zugestimmt oder ist er zur Zustimmung verurteilt worden, obwohl die Zentralheizung oder das Bad fehlte, kann er seine Zustimmung insoweit widerrufen. [3] Der Widerruf ist dem Vermieter bis zum 31. März 1996 schriftlich zu erklären. [4] Er wirkt ab dem Zeitpunkt, zu dem das Mieterhöhungsverlangen wirksam geworden ist. [5] Soweit die Zustimmung widerrufen ist, hat der Vermieter den Mietzins zurückzuzahlen. [6] Auf diese Änderung des Mietzinses ist § 2 Abs. 1 Satz 1 Nr. 1 nicht anzuwenden.

(2) Von dem in Absatz 1 genannten Erhöhungssatz können 5 vom Hundert erst zum 1. Januar 1997 und nur für Wohnraum verlangt werden, der in einer Gemeinde mit mindestens 20 000 Einwohnern oder in einer Gemeinde liegt, die an eine Gemeinde mit mindestens 100 000 Einwohnern angrenzt.

(3) Die Erhöhung nach Absatz 1 darf jeweils weitere 5 vom Hundert betragen bei

1. Wohnraum in einem Einfamilienhaus,

2. *Wohnraum, der im komplexen Wohnungsbau geplant war und der nach dem 30. Juni 1990 fertiggestellt worden ist, sofern seine Ausstattung über den im komplexen Wohnungsbau üblichen Standard erheblich hinausgeht.*

(4) [1] Die Vom-Hundert-Sätze des § 2 Abs. 1 Nr. 3 sind aus dem drei Jahre zuvor geschuldeten Mietzins zuzüglich der Mieterhöhungen nach der Ersten und nach den §§ 1, 2 und 4 der Zweiten Grundmietenverordnung zu berechnen. [2] Im übrigen bleiben diese Erhöhungen bei der Anwendung des § 2 Abs. 1 Satz 1 Nr. 1 und 3 außer Betracht.

(5) [1] Der Mieter kann die Zustimmung zu dem Erhöhungsverlangen verweigern, wenn der verlangte Mietzins die üblichen Entgelte übersteigt, die in der Gemeinde oder in vergleichbaren Gemeinden für Wohnraum vergleichbarer Art, Größe, Ausstattung, Beschaffenheit und Lage seit dem 11. Juni 1995 vereinbart werden. [2] Dann schuldet er die Zustimmung zu einer Erhöhung bis zur Höhe der in Satz 1 bezeichneten Entgelte, höchstens jedoch bis zu der sich aus den Absätzen 1 bis 4 ergebenden Höhe.

(6) Abweichend von § 2 Abs. 2 und 4 gilt:

1. *Der Anspruch ist gegenüber dem Mieter schriftlich geltend zu machen und zu erläutern.*
2. *Die zweimalige Entrichtung eines erhöhten Mietzinses oder die zweimalige Duldung des Einzugs des Mietzinses im Lastschriftverfahren gilt in dieser Höhe als Zustimmung.*
3. *Ist das Mieterhöhungsverlangen dem Mieter vor dem 1. Juli 1995 zugegangen, so schuldet er den erhöhten Mietzins ab 1. August 1995.*

(7) Abweichend von 2 Abs. 5 Satz 2 dürfen bei der Erstellung eines Mietspiegels, der nicht über den 30. Juni 1999 hinaus gilt, auch die nach den Absätzen 1 bis 4 zulässigen Entgelte zugrunde gelegt werden.

§ 13 [Einschränkung einer Erhöhung des Mietzinses bei baulichen Änderungen] *(1) Bei der Anwendung des § 3 auf Wohnraum im Sinne des § 11 Abs. 2 dürfen Mieterhöhungen, die bis zum 31. Dezember 1997 erklärt werden, insgesamt drei Deutsche Mark je Quadratmeter Wohnfläche monatlich nicht übersteigen, es sei denn, der Mieter stimmt im Rahmen einer Vereinbarung nach § 17 einer weitergehenden Mieterhöhung zu.*

(2) Absatz 1 ist nicht anzuwenden,

1. *soweit der Vermieter bauliche Änderungen auf Grund von Umständen durchgeführt hat, die er nicht zu vertreten hat,*
2. *wenn mit der baulichen Maßnahme vor dem 1. Juli 1995 begonnen worden ist oder*
3. *wenn die bauliche Änderung mit Mitteln der einkommensorientierten Förderung im Sinne des § 88e des Zweiten Wohnungsbaugesetzes gefördert wurde.*

§ 14 [Umlage der Betriebskosten] *(1) [1] Betriebskosten im Sinne des § 27 der Zweiten Berechnungsverordnung dürfen bei Mietverhältnissen auf Grund von Verträgen, die vor dem 11. Juni 1995 abgeschlossen worden sind, auch nach diesem Zeitpunkt bis zum 31. Dezember 1997 durch schriftliche Erklärung auf die Mieter umgelegt und hierfür Vorauszahlungen in angemessener Höhe verlangt werden. [2] Sind bis zu diesem Zeitpunkt Betriebskosten umgelegt oder angemessene Vorauszahlungen verlangt worden, so gilt dies als vertraglich vereinbart. [3] § 8 ist entsprechend anzuwenden.*

(2) [1] Betriebskosten, die auf Zeiträume vor dem 11. Juni 1995 entfallen, sind nach den bisherigen Vorschriften abzurechnen. [2] Später angefallene Betriebskosten aus einem Abrechnungszeitraum, der vor dem 11. Juni 1995 begonnen hat, können nach den bisherigen Vorschriften abgerechnet werden.

§ 15 [Erhöhung der Kapitalkosten für Altverbindlichkeiten] *Auf Erhöhungen der Kapitalkosten für Altverbindlichkeiten im Sinne des § 3 des Altschuldenhilfegesetzes ist § 5 nicht anzuwenden.*

§ 16 [Erhöhung des Mietzinses für einzelne Bestandteile] *(1) [1] Bis zum 31. Dezember 1997 kann der Vermieter durch schriftliche Erklärung eine Erhöhung des Mietzinses entsprechend § 2 der Zweiten Grundmietenverordnung um 0,30 Deutsche Mark je Quadratmeter Wohnfläche monatlich für jeden Bestandteil im Sinne des § 12 Abs. 1 zum Ersten des auf die Erklärung folgenden übernächsten Monats verlangen, wenn an dem Bestandteil erhebliche Schäden nicht vorhanden sind und dafür eine Erhöhung bisher nicht vorgenommen wurde. [2] § 8 ist entsprechend anzuwenden.*

(2) Vor dem 11. Juni 1995 getroffene Vereinbarungen über Mieterhöhungen nach Instandsetzung im Sinne des § 3 der Zweiten Grundmietenverordnung bleiben wirksam.

§ 17 [Abweichende Vereinbarungen; Geltungsbereich] *§ 10 Abs. 1 gilt mit der Maßgabe, daß Vereinbarungen, die zum Nachteil des Mieters von den Vorschriften der §§ 1 bis 9, § 10 Abs. 2, §§ 10a bis 16 abweichen, unwirksam sind, es sei denn, daß der Mieter während des Bestehens des Mietverhältnisses einer Mieterhöhung um einen bestimmten Betrag zugestimmt hat.*

27. *Gesetz zur Förderung der Modernisierung von Wohnungen und von Maßnahmen zur Einsparung von Heizenergie (Modernisierungs- und Energieeinsparungsgesetz – ModEnG)*[1]

In der Fassung der Bekanntmachung vom 12. Juli 1978
(BGBl. I S. 993)

FNA 2330-19

zuletzt geänd. durch Art. 4 Wohnungsbaurechts-ReformG v. 13.9.2001 (BGBl. I S. 2376)

– Auszug –

Erster Abschnitt. Grundsätze und Begriffsbestimmungen

§§ 1, 2 *(aufgehoben)*

§ 3[2] ***Modernisierung, Energieeinsparung, Instandsetzung.*** *(1) Modernisierung im Sinne dieses Gesetzes ist die Verbesserung von Wohnungen durch bauliche Maßnahmen, die den Gebrauchswert der Wohnungen nachhaltig erhöhen oder die allgemeinen Wohnverhältnisse auf die Dauer verbessern.*

(2) Bauliche Maßnahmen, die nachhaltig Einsparungen von Heizenergie bewirken, sind Modernisierung im Sinne dieses Gesetzes.

(3) Maßnahmen der Instandsetzung fallen unter die Modernisierung im Sinne dieses Gesetzes, wenn sie durch bauliche Maßnahmen zur Verbesserung von Wohnungen oder zur Einsparung von Heizenergie verursacht werden.

(4) Instandsetzung im Sinne dieses Gesetzes ist die Behebung von baulichen Mängeln, insbesondere von Mängeln, die infolge Abnutzung, Alterung, Witterungseinflüssen oder Einwirkungen Dritter entstanden sind, durch Maßnahmen, die in den Wohnungen den zum bestimmungsgemäßen Gebrauch geeigneten Zustand wieder herstellen.

(5) Maßnahmen der Modernisierung und Instandsetzung können sich auch auf Gebäudeteile außerhalb der Wohnungen, auf zugehörige Nebengebäude, auf das Grundstück und auf dessen unmittelbare Umgebung erstrecken, sofern sie den Wohnungen zugute kommen.

(6) Wird durch eine Modernisierung ein Ausbau im Sinne des § 17 Abs. 1 Satz 2 des Zweiten Wohnungsbaugesetzes bewirkt, so sind die durch den Ausbau modernisierten Wohnungen neugeschaffener Wohnraum im Sinne des Zweiten Wohnungsbaugesetzes.

---

[1] **Aufgehoben mWv 1.1.2002** durch Art. 4 G zur Reform des Wohnungsbaurechts v. 13.9. 2001 (BGBl. I S. 2376).

[2] § 3 ModEnG wurde (zusammen mit den sonstigen Vorschriften, nämlich §§ 1–13, 20a, 20b, 22 Satz 1 und 2 sowie §§ 28 und 29) durch Art. 36 G vom 16.12.1986 (BGBl. I S. 2441) aufgehoben.

§ 4[1] ***Modernisierungsmaßnahmen.*** *(1) [1] Bauliche Maßnahmen, die den Gebrauchswert der Wohnungen erhöhen, sind insbesondere Maßnahmen zur Verbesserung*

1. des Zuschnitts der Wohnung,

2. der Belichtung und Belüftung,

3. des Schallschutzes,

4. der Energieversorgung, der Wasserversorgung und der Entwässerung,

5. der sanitären Einrichtungen,

6. der Beheizung und der Kochmöglichkeiten,

7. der Funktionsabläufe in Wohnungen,

8. der Sicherheit vor Diebstahl und Gewalt.

[2] Zu den baulichen Maßnahmen, die den Gebrauchswert der Wohnungen erhöhen, kann der Anbau gehören, insbesondere soweit er zur Verbesserung der sanitären Einrichtungen oder zum Einbau eines notwendigen Aufzugs erforderlich ist. [3] Der Gebrauchswert von Wohnungen kann auch durch besondere bauliche Maßnahmen für Behinderte und alte Menschen erhöht werden, wenn die Wohnungen auf Dauer für sie bestimmt sind.

(2) Bauliche Maßnahmen, die die allgemeinen Wohnverhältnisse verbessern, sind insbesondere die Anlage und der Ausbau von nicht öffentlichen Gemeinschaftsanlagen wie Kinderspielplätzen, Grünanlagen, Stellplätzen und anderen Verkehrsanlagen.

(3) Bauliche Maßnahmen, die nachhaltig Einsparungen von Heizenergie bewirken (energiesparende Maßnahmen), sind insbesondere Maßnahmen zur

1. wesentlichen Verbesserung der Wärmedämmung von Fenstern, Außentüren, Außenwänden, Dächern, Kellerdecken und obersten Geschoßdecken,

2. wesentlichen Verminderung des Energieverlustes und des Energieverbrauchs der zentralen Heizungs- und Warmwasseranlagen,

3. Änderung von zentralen Heizungs- und Warmwasseranlagen innerhalb des Gebäudes für den Anschluß an die Fernwärmeversorgung, die überwiegend aus Anlagen der Kraft-Wärme-Kopplung, zur Verbrennung von Müll oder zur Verwertung von Abwärme gespeist wird,

4. Rückgewinnung von Wärme,

5. Nutzung von Energie durch Wärmepumpen- und Solaranlagen.

[1] § 4 ModEnG wurde (zusammen mit den sonstigen Vorschriften, nämlich §§ 1–13, 20a, 20b, 22 Satz 1 und 2 sowie §§ 28 und 29) durch Art. 36 G vom 16.12.1986 (BGBl. I S. 2441) aufgehoben.

28. Gesetz über die Preisangaben (Preisangabengesetz)[1)]

Vom 3. Dezember 1984
(BGBl. I S. 1429)
FNA 720-17

zuletzt geänd. durch Art. 296 Zehnte ZuständigkeitsanpassungsVO v. 31.8.2015 (BGBl. I S. 1474)

§ 1 [Ermächtigung] [1] Zum Zwecke der Unterrichtung und des Schutzes der Verbraucher und der Förderung des Wettbewerbs sowie zur Durchführung von diesen Zwecken dienenden Rechtsakten der Organe der Europäischen Gemeinschaften wird das Bundesministerium für Wirtschaft und Energie ermächtigt, durch Rechtsverordnung mit Zustimmung des Bundesrates zu bestimmen, daß und auf welche Art und Weise beim Anbieten von Waren oder Leistungen gegenüber Letztverbrauchern oder bei der Werbung für Waren oder Leistungen gegenüber Letztverbrauchern Preise und die Verkaufs- oder Leistungseinheiten sowie Gütebezeichnungen, auf die sich die Preise beziehen, anzugeben sind. [2] Bei Leistungen der elektronischen Informations- und Kommunikationsdienste können auch Bestimmungen über die Angabe des Preisstandes fortlaufender Leistungen getroffen werden.

§ 2 *(aufgehoben)*

§ 3 [Auskunftspflicht] (1) [1] Soweit es erforderlich ist, um die Einhaltung einer auf Grund dieses Gesetzes erlassenen Rechtsverordung zu überwachen, können die hierfür zuständigen Behörden von dem zur Preisangabe Verpflichteten Auskünfte verlangen. [2] Sie können zu diesem Zweck auch seine Grundstücke, Geschäftsräume und Betriebsanlagen während der Geschäfts- und Betriebszeiten betreten und dort Besichtigungen und Prüfungen vornehmen sowie Einblick in geschäftliche Unterlagen verlangen.

(2) Der Auskunftspflichtige kann die Auskunft auf solche Fragen verweigern, deren Beantwortung ihn selbst oder einen der in § 383 Abs. 1 bis 3 der Zivilprozeßordnung[2)] bezeichneten Angehörigen der Gefahr strafgerichtlicher Verfolgung oder eines Verfahrens nach dem Gesetz über Ordnungswidrigkeiten[3)] aussetzen würde.

[1)] Verkündet als Art. 1 G zur Regelung der Preisangaben v. 3.12.1984 (BGBl. I S. 1429); Inkrafttreten gem. Art. 4 dieses G am 7.12.1984.

[2)] **Schönfelder Nr. 100.**

[3)] **Schönfelder Nr. 94.**

28a. Gesetz über das Verbot der Verwendung von Preisklauseln bei der Bestimmung von Geldschulden (Preisklauselgesetz)[1)]

Vom 7. September 2007
(BGBl. I S. 2246)

FNA 720-18

zuletzt geänd. durch Art. 8 Abs. 8 G zur Umsetzung der VerbraucherkreditRL, des zivilrechtlichen Teils der ZahlungsdiensteRL sowie zur Neuordnung der Vorschriften über das Widerrufs- und Rückgaberecht v. 29.7.2009 (BGBl. I S. 2355)

§ 1 Preisklauselverbot. (1) Der Betrag von Geldschulden darf nicht unmittelbar und selbsttätig durch den Preis oder Wert von anderen Gütern oder Leistungen bestimmt werden, die mit den vereinbarten Gütern oder Leistungen nicht vergleichbar sind.

(2) Das Verbot nach Absatz 1 gilt nicht für Klauseln,

1. die hinsichtlich des Ausmaßes der Änderung des geschuldeten Betrages einen Ermessensspielraum lassen, der es ermöglicht, die neue Höhe der Geldschuld nach Billigkeitsgrundsätzen zu bestimmen (Leistungsvorbehaltsklauseln),
2. bei denen die in ein Verhältnis zueinander gesetzten Güter oder Leistungen im Wesentlichen gleichartig oder zumindest vergleichbar sind (Spannungsklauseln),
3. nach denen der geschuldete Betrag insoweit von der Entwicklung der Preise oder Werte für Güter oder Leistungen abhängig gemacht wird, als diese die Selbstkosten des Gläubigers bei der Erbringung der Gegenleistung unmittelbar beeinflussen (Kostenelementeklauseln),
4. die lediglich zu einer Ermäßigung der Geldschuld führen können.

(3) Die Vorschriften über die Indexmiete nach § 557b des Bürgerlichen Gesetzbuches[2)] und über die Zulässigkeit von Preisklauseln in Wärmelieferungsverträgen nach der Verordnung über Allgemeine Bedingungen für die Versorgung mit Fernwärme bleiben unberührt.

§ 2 Ausnahmen vom Verbot. (1) [1] Von dem Verbot nach § 1 Abs. 1 ausgenommen sind die in den §§ 3 bis 7 genannten zulässigen Preisklauseln. [2] Satz 1 gilt im Fall

1. der in § 3 genannten Preisklauseln,
2. von in Verbraucherkreditverträgen im Sinne der §§ 491 und 506 des Bürgerlichen Gesetzbuches[3)] verwendeten Preisklauseln (§ 5)

nur, wenn die Preisklausel im Einzelfall hinreichend bestimmt ist und keine Vertragspartei unangemessen benachteiligt.

[1)] Verkündet als Art. 2 G v. 7.9.2007 (BGBl. I S. 2246); Inkrafttreten gem. Art. 30 Abs. 1 Satz 1 dieses G am 14.9.2007.

[2)] Nr. **1**.

[3)] **Schönfelder Nr. 20.**

(2) Eine Preisklausel ist nicht hinreichend bestimmt, wenn ein geschuldeter Betrag allgemein von der künftigen Preisentwicklung oder von einem anderen Maßstab abhängen soll, der nicht erkennen lässt, welche Preise oder Werte bestimmend sein sollen.

(3) Eine unangemessene Benachteiligung liegt insbesondere vor, wenn

1. einseitig ein Preis- oder Wertanstieg eine Erhöhung, nicht aber umgekehrt ein Preis- oder Wertrückgang eine entsprechende Ermäßigung des Zahlungsanspruchs bewirkt,
2. nur eine Vertragspartei das Recht hat, eine Anpassung zu verlangen, oder
3. der geschuldete Betrag sich gegenüber der Entwicklung der Bezugsgröße unverhältnismäßig ändern kann.

§ 3 Langfristige Verträge. (1) Preisklauseln in Verträgen

1. über wiederkehrende Zahlungen, die zu erbringen sind
   a) auf Lebenszeit des Gläubigers, Schuldners oder eines Beteiligten,
   b) bis zum Erreichen der Erwerbsfähigkeit oder eines bestimmten Ausbildungszieles des Empfängers,
   c) bis zum Beginn der Altersversorgung des Empfängers,
   d) für die Dauer von mindestens zehn Jahren, gerechnet vom Vertragsabschluss bis zur Fälligkeit der letzten Zahlung, oder
   e) auf Grund von Verträgen, bei denen der Gläubiger auf die Dauer von mindestens zehn Jahren auf das Recht zur ordentlichen Kündigung verzichtet oder der Schuldner das Recht hat, die Vertragsdauer auf mindestens zehn Jahre zu verlängern,
2. über Zahlungen, die zu erbringen sind
   a) auf Grund einer Verbindlichkeit aus der Auseinandersetzung zwischen Miterben, Ehegatten, Eltern und Kindern, auf Grund einer Verfügung von Todes wegen oder
   b) von dem Übernehmer eines Betriebes oder eines sonstigen Sachvermögens zur Abfindung eines Dritten,

sind zulässig, wenn der geschuldete Betrag durch die Änderung eines von dem Statistischen Bundesamt oder einem Statistischen Landesamt ermittelten Preisindexes für die Gesamtlebenshaltung oder eines vom Statistischen Amt der Europäischen Gemeinschaft ermittelten Verbraucherpreisindexes bestimmt werden soll und in den Fällen der Nummer 2 zwischen der Begründung der Verbindlichkeit und der Endfälligkeit ein Zeitraum von mindestens zehn Jahren liegt oder die Zahlungen nach dem Tode des Beteiligten zu erfolgen haben.

(2) Preisklauseln in Verträgen über wiederkehrende Zahlungen, die für die Lebenszeit, bis zum Erreichen der Erwerbsfähigkeit oder eines bestimmten Ausbildungszieles oder bis zum Beginn der Altersversorgung des Empfängers zu erbringen sind, sind zulässig, wenn der geschuldete Betrag von der künftigen Einzel- oder Durchschnittsentwicklung von Löhnen, Gehältern, Ruhegehältern oder Renten abhängig sein soll.

(3) Preisklauseln in Verträgen über wiederkehrende Zahlungen, die zu erbringen sind

1. für die Dauer von mindestens zehn Jahren, gerechnet vom Vertragsabschluss bis zur Fälligkeit der letzten Zahlung, oder
2. auf Grund von Verträgen, bei denen der Gläubiger für die Dauer von mindestens zehn Jahren auf das Recht zur ordentlichen Kündigung verzichtet, oder der Schuldner das Recht hat, die Vertragsdauer auf mindestens zehn Jahre zu verlängern,

sind zulässig, wenn der geschuldete Betrag von der künftigen Einzel- oder Durchschnittsentwicklung von Preisen oder Werten für Güter oder Leistungen abhängig gemacht wird, die der Schuldner in seinem Betrieb erzeugt, veräußert oder erbringt, oder wenn der geschuldete Betrag von der künftigen Einzel- oder Durchschnittsentwicklung von Preisen oder Werten von Grundstücken abhängig sein soll und das Schuldverhältnis auf die land- oder forstwirtschaftliche Nutzung beschränkt ist.

§ 4 Erbbaurechtsverträge. [1] Zulässig sind Preisklauseln in Erbbaurechtsbestellungsverträgen und Erbbauzinsreallasten mit einer Laufzeit von mindestens 30 Jahren. [2] § 9a der Verordnung über das Erbbaurecht, § 46 des Sachenrechtsbereinigungsgesetzes und § 4 des Erholungsnutzungsrechtsgesetzes bleiben unberührt.

§ 5 Geld- und Kapitalverkehr. Zulässig sind Preisklauseln im Geld- und Kapitalverkehr, einschließlich der Finanzinstrumente im Sinne des § 1 Abs. 11 des Kreditwesengesetzes sowie die hierauf bezogenen Pensions- und Darlehensgeschäfte.

§ 6 Verträge mit Gebietsfremden. Zulässig sind Preisklauseln in Verträgen von gebietsansässigen Unternehmern (§ 14 des Bürgerlichen Gesetzbuches[1)]) mit Gebietsfremden.

§ 7 Verträge zur Deckung des Bedarfs der Streitkräfte. Zulässig sind Preisklauseln bei Verträgen, die der Deckung des Bedarfs der Streitkräfte dienen, wenn der geschuldete Betrag durch die Änderung eines von dem Statistischen Bundesamt, einem Statistischen Landesamt oder dem Statistischen Amt der Europäischen Gemeinschaften ermittelten Preisindex bestimmt wird.

§ 8 Unwirksamkeit der Preisklausel. [1] Die Unwirksamkeit der Preisklausel tritt zum Zeitpunkt des rechtskräftig festgestellten Verstoßes gegen dieses Gesetz ein, soweit nicht eine frühere Unwirksamkeit vereinbart ist. [2] Die Rechtswirkungen der Preisklausel bleiben bis zum Zeitpunkt der Unwirksamkeit unberührt.

§ 9 Übergangsvorschrift. (1) Nach § 2 des Preisangaben- und Preisklauselgesetzes in der bis zum 13. September 2007 geltenden Fassung erteilte Genehmigungen gelten fort.

[1)] **Schönfelder Nr. 20.**

(2) Auf Preisklauseln, die bis zum 13. September 2007 vereinbart worden sind und deren Genehmigung bis dahin beim Bundesamt für Wirtschaft und Ausfuhrkontrolle beantragt worden ist, sind die bislang geltenden Vorschriften weiter anzuwenden.

29. Mustermietvertrag 1976

Vom 3. Februar 1976

(Beil. BAnz. Nr. 22)

mit Änderungen (die Änderungen gegenüber der Fassung von 1976 sind gekennzeichnet)

Mustermietvertrag '76

Mietvertrag

zwischen ....
(Vorname, Name)

wohnhaft in: .... (Vermieter)

vertreten durch: ....

und ....
(Vorname, Name)

und seiner Ehefrau ....

wohnhaft in: .... (Mieter)

Wichtiger Hinweis

Alle Eintragungen und Änderungen des Vertrages sind gleichlautend sowohl in dem für den Vermieter als auch in dem für den Mieter bestimmten Vertragstext vorzunehmen.

An den mit ☐ bezeichneten Stellen ist das Gewünschte unbedingt anzukreuzen.

Geschieht das nicht und werden die mit ...... versehenen Stellen nicht ausgefüllt, so gilt die gesetzliche Regelung oder der Vertrag kann unvollständig und damit u. U. ganz oder teilweise nicht wirksam zustande gekommen sein. Soweit der Wortlaut des Musters für den jeweiligen Einzelfall nicht zutrifft, müssen bei Abschluß des Vertrages die entsprechenden Stellen gestrichen, geändert oder ergänzt werden. Vermieter und Mieter laufen Gefahr, sich nicht wirksam auf Änderungen des Vertrages berufen zu können, die nicht im gegenseitigen Einvernehmen vorgenommen und in beiden Vertragsausfertigungen oder Zusatzverträgen niedergelegt sind.

§ 1 Mietsache

(1) Der Vermieter vermietet dem Mieter zu Wohnzwecken folgende

☐ abgeschlossene Wohnung ☐ nicht abgeschlossene Wohnung

im Hause ....
(Ort, Straße, Hausnummer)

im ...... Geschoß ....
(z. B. rechts - links - Mitte; Nr. ...... des Geschoßplans)

bestehend aus

...... Zimmer(n) ...... WC

...... Küche/Kochnische *) ...... Flur

...... Bad ...... Diele

...... Dusche

Mitvermietet werden

☐ Garage ☐ Stellplatz Nr. ....

☐ nach besonderem Garagen-/Stellplatz-Mietvertrag *)

☐ Die genaue Beschreibung der überlassenen Mietsache und des Zubehörs ist in der Wohnungsbeschreibung und Übergabeverhandlung enthalten, die diesen Vertrag ergänzt.

☐ ....

*) Nichtzutreffendes streichen.

(2) Die Wohnung ist

☐ eine öffentlich geförderte Wohnung (Sozialwohnung) oder eine sonst preisgebundene Wohnung [1]).

☐ eine Dienstwohnung ☐ eine Werkwohnung

☐ eine Eigentumswohnung ☐ eine werkgeförderte Wohnung

☐ ....

Die Wohnfläche beträgt .... qm [2])

(3) Der Mieter ist berechtigt, folgende gemeinschaftliche Einrichtungen und Anlagen nach Maßgabe der Hausordnung mitzubenutzen:

☐ Waschküche ☐ Trockenplatz

☐ Trockenboden ☐ Hofplatz

☐ Garten

Abstellraum/-fläche *)

☐ Fahrräder ☐ Kinderwagen ☐ Mofas ☐ Mopeds

☐ Gemeinschaftsantenne

☐ Aufzug

☐ Breitbandanschluß**

....

§ 2 Miete [3])

(1) Die Miete beträgt monatlich .... DM

in Worten: .... Deutsche Mark

☐ Die Wohnung ist preisgebunden und die Miete daher auf Grund einer Wirtschaftlichkeitsberechnung ermittelt. Die Miete kann sich nach Maßgabe der gesetzlichen Vorschriften erhöhen oder ermäßigen.

Neben der Miete werden folgende Betriebskosten [4]) i. S. d. § 27 der Zweiten Berechnungsverordnung umgelegt und durch Vorauszahlungen (mit Abrechnung) oder Pauschalen (ohne Abrechnung) erhoben:

1. Für Wasserversorgung und Entwässerung
   Vorauszahlung/Pauschale *) .... DM
2. Für Zentralheizung/zentrale Brennstoffversorgung/Versorgung mit Fernwärme
   Vorauszahlung/Pauschale *) .... DM
3. Für Warmwasserversorgung/Versorgung mit Fernwarmwasser
   Vorauszahlung/Pauschale *) .... DM
4. Für Aufzug/Aufzüge
   Vorauszahlung/Pauschale *) .... DM
5. Für laufende öffentliche Abgaben (z. B. Grundsteuer, Straßenreinigung, Müllabfuhr)
   Vorauszahlung/Pauschale *) .... DM
6. Für Schornstein-, Kamin-Reinigung
   Vorauszahlung/Pauschale *) .... DM

.... DM

.... DM

☐ Neben der Miete werden zur Abgeltung der bei Vertragsschluß bekannten Betriebskosten [4]) i. S. d. § 27 der Zweiten Berechnungsverordnung als Pauschale erhoben: .... DM

☐ Neben der Miete wird außerdem erhoben:

ein Zuschlag (z. B. für Untervermietung, gewerbliche Nutzung) .... DM

eine Vergütung (z. B. für Garage, Abstellplatz, Garten) .... DM

für .... DM

Insgesamt sind mithin vom Mieter zu zahlen (siehe dazu § 3) .... DM

[1]) Maßgebend ist insoweit die gesetzliche Regelung, nicht die Vereinbarung der Parteien.
[2]) Die Eintragung ist freigestellt. Soweit gesetzliche Vorschriften über die Berechnung der Wohnfläche bestehen, sind diese maßgebend.
[3]) Bei preisgebundenem Wohnraum sind die zwingenden gesetzlichen Vorschriften zu beachten.
[4]) Unter die Betriebskosten fallen die in der Anlage im einzelnen aufgezählten Kosten.
*) Nichtzutreffendes streichen.
** Änderung gegenüber der Fassung von 1976.

(2) Sind Vorauszahlungen vereinbart, so wird über sie jährlich einmal abgerechnet. Die Abrechnung erfolgt unverzüglich, sobald die Abrechnungsunterlagen dem Vermieter vorliegen. Der Mieter ist berechtigt, in angemessener Zeit nach Zugang der Abrechnung die Unterlagen während der üblichen Geschäftszeiten bei dem Vermieter oder der von ihm bestimmten Stelle einzusehen. Eine etwaige Differenz aufgrund der Abrechnung zugunsten des Vermieters (des Mieters) hat der Mieter (Vermieter) innerhalb von einem Monat nach Zugang der Abrechnung an den Vermieter (den Mieter) zu zahlen. Im Falle des Auszugs eines Mieters während einer Abrechnungsperiode erfolgt die Verteilung bei der nächstfälligen Abrechnung im Verhältnis der Mietzeit zu der Abrechnungsperiode.

(3) Werden öffentliche Abgaben neu eingeführt oder entstehen Betriebskosten neu, so können diese vom Vermieter im Rahmen der gesetzlichen Vorschriften umgelegt und angemessene Vorauszahlungen festgesetzt werden.

(4) Die abzurechnenden Kosten werden auf die Mieter wie folgt umgelegt:

a) die Kosten der Zentralheizung einschließlich einer mit ihr etwa verbundenen Warmwasserversorgung

die Kosten der Versorgung mit Fernwärme

nach dem Verhältnis

☐ der Wohnfläche der beheizten Räume mit .... qm

☐ der Fläche der Heizkörper

☐ nach dem durch Wärmemesser/Heizkostenverteiler ausgewiesenen Verbrauch,
jedoch 50 %/.......... %*) der Kosten nach dem Verhältnis

☐ der Wohnflächen ☐ der Einzelmieten;

b) die Kosten des Betriebs einer zentralen Brennstoffversorgungsanlage nach dem anteiligen Verbrauch;

c) die Kosten der Warmwasserversorgung, sofern sie nicht mit der Zentralheizung verbunden ist, nach dem Verhältnis

☐ der Wohnfläche ☐ der Einzelmieten

☐ nach dem durch Zähler ausgewiesenen Verbrauch,
jedoch 50 %/.......... %*) der Kosten nach dem Verhältnis

☐ der Wohnflächen ☐ der Einzelmieten;

d) die Kosten des Betriebs des Aufzugs/der Aufzüge werden nach dem Verhältnis

☐ der Wohnfläche ☐ der Einzelmieten

☐ ausgenommen die Erdgeschoßwohnungen

umgelegt.

....

Alle anderen Kosten werden nach dem Verhältnis

☐ der Wohnflächen ☐ der Einzelmieten

umgelegt.

☐ Die Kosten des Betriebs und der Instandhaltung maschineller Wascheinrichtungen werden entsprechend dem Gebrauch erhoben.

(5) Umlegungsmaßstab und Abrechnungszeitraum können vom Vermieter nach billigem Ermessen festgesetzt werden, wenn dies vertraglich nicht oder nicht vollständig geregelt ist. Sie können nach billigem Ermessen geändert werden, wenn dringende Gründe einer ordnungsgemäßen Bewirtschaftung es erfordern, z. B. bei Umstellung der Heizung.

(6) ☐ Der Vermieter ist berechtigt, die Miete einschließlich der Nebenkosten nach Maßgabe der gesetzlichen Vorschriften zu erhöhen. Dies gilt auch für Mietverhältnisse auf bestimmte Zeit.

☐ Die Miete bleibt unverändert

☐ für die Dauer der fest vereinbarten Mietzeit (siehe § 4)

☐ bis zum ....

Jedoch können Erhöhungen der Betriebskosten/Kapitalkosten/Mieterhöhungen wegen baulicher Änderungen, soweit die Erhöhungen gesetzlich zulässig sind, nach Maßgabe der gesetzlichen Vorschriften umgelegt oder erhoben werden.

---

*) Nichtzutreffendes streichen.

☐ **Die Miete wird als Staffelmiete vereinbart. Die bei Vertragsbeginn nach Absatz 1 maßgebende Miete erhöht sich demgemäß

ab dem 1. .... auf .... DM
ab dem 1. .... auf .... DM
ab dem 1. .... auf .... DM
ab dem 1. .... auf .... DM
ab dem 1. .... auf .... DM
ab dem 1. .... auf .... DM
ab dem 1. .... auf .... DM
ab dem 1. .... auf .... DM
ab dem 1. .... auf .... DM

Daneben dürfen nur Erhöhungen der Betriebskosten durch schriftliche Erklärung anteilig auf den Mieter umgelegt werden.

§ 3 Mietzahlungen

(1) Die Miete, die Vorauszahlungen/Pauschalen sowie etwaige Zuschläge und Vergütungen (siehe § 2 Abs. 1) sind monatlich im voraus, spätestens am dritten Werktag des Monats kostenfrei

☐ an den Vermieter

☐ an ....
zu zahlen;

☐ auf das Konto .... bei der ....

....

zu überweisen.

☐ Der Mieter erteilt dem Vermieter Abbuchungsermächtigung.

(2) Für die Rechtzeitigkeit der Zahlung kommt es nicht auf die Absendung, sondern auf den Eingang des Geldes an. Bei unbarer Zahlung genügt der Mieter seiner Verpflichtung zur rechtzeitigen Zahlung, wenn er nach dem normalen Verlauf mit rechtzeitiger Gutschrift auf dem vom Vermieter bestimmten Konto rechnen konnte.

(3) Bei Zahlungsverzug darf der Vermieter für jede schriftliche Mahnung drei Deutsche Mark pauschalierte Mahnkosten berechnen.

§ 4 Mietdauer

(1) Der Mietvertrag beginnt

am ....

☐ und läuft auf unbestimmte Zeit

☐ und endet mit Ablauf des ....

Er verlängert sich

☐ auf unbestimmte Zeit.

☐ um .... Jahre/Monate *)

wenn er nicht fristgemäß gekündigt wird.

Eine Verlängerung des Mietvertrages ist aus folgenden Gründen nicht vorgesehen:

....

....

....

(2) Wird die Mietsache zur vereinbarten Zeit nicht zur Verfügung gestellt, so kann der Mieter Schadenersatz fordern, wenn der Vermieter die Verzögerung zu vertreten hat. Die Rechte des Mieters zur Mietminderung und zur fristlosen Kündigung wegen nicht rechtzeitiger Gebrauchsgewährung bleiben unberührt.

*) Nichtzutreffendes streichen.
**Änderung gegenüber der Fassung von 1976.

§ 5 Kündigung

(1) Ist der Mietvertrag auf unbestimmte Zeit vereinbart (siehe § 4),

☐ so richtet sich das Kündigungsrecht des Mieters und des Vermieters nach den gesetzlichen Vorschriften.

☐ so kann der Meiter den Mietvertrag bis zum dritten Werktag eines Kalendermonats für den Ablauf des übernächsten Kalendermonats kündigen. Das Kündigungsrecht des Vermieters richtet sich nach den gesetzlichen Vorschriften.

Für die Rechtzeitigkeit der Kündigung kommt es nicht auf die Absendung, sondern auf den Zugang des Kündigungsschreibens an.

(2) Die Kündigung ohne Einhaltung einer Kündigungsfrist (fristlose Kündigung) richtet sich nach den gesetzlichen Vorschriften. § 11 Abs. 3 bleibt unberührt.

(3) Die Kündigung muß schriftlich erfolgen. Im übrigen sind die gesetzlichen Vorschriften zu beachten.

§ 6 Ersatzmieter

Der Mieter ist berechtigt, den Mietvertrag vorzeitig unter Einhaltung der gesetzlichen Frist – das ist am dritten Werktag eines Kalendermonats für den Ablauf des übernächsten Monats – zu kündigen, wenn er dem Vermieter mindestens drei wirtschaftlich und persönlich zuverlässige und, soweit erforderlich, zum Bezug der Wohnung berechtigte Ersatzmieter vorschlägt, die bereit sind, in den Mietvertrag für den Rest der Mietdauer (siehe § 4) einzutreten, und wenn der Vermieter sich weigert, einen der benannten Ersatzmieter in den Mietvertrag eintreten zu lassen.

§ 7 Schönheitsreparaturen

(1) Die Schönheitsreparaturen[1]) während der Mietdauer übernimmt auf eigene Kosten

☐ der Vermieter

☐ der Mieter,

(2) Zu den Schönheitsreparaturen gehören:[2])
das Tapezieren, Anstreichen oder Kalken der Wände und Decken, das Streichen der Fußböden, der Heizkörper einschließlich der Heizrohre, der Innentüren sowie der Fenster und Außentüren von innen.

(3) Hat der Mieter die Schönheitsreparaturen übernommen, so hat er spätestens bei Ende des Mietverhältnisses alle bis dahin je nach dem Grad der Abnutzung oder Beschädigung erforderlichen Arbeiten auszuführen, soweit nicht der neue Mieter sie auf seine Kosten – ohne Berücksichtigung im Mietpreis – übernimmt oder dem Vermieter diese Kosten erstattet. Werden Schönheitsreparaturen wegen des Zustandes der Wohnung bereits während der Mietdauer notwendig, um nachhaltige Schäden an der Substanz der Mieträume zu vermeiden oder zu beseitigen, so sind die erforderlichen Arbeiten jeweils unverzüglich auszuführen. Die Schönheitsreparaturen müssen fachgerecht ausgeführt werden. Kommt der Mieter seinen Verpflichtungen nicht nach, so kann der Vermieter nach fruchtloser Aufforderung des Mieters zur Durchführung der Arbeiten Ersatz der Kosten verlangen, die zur Ausführung der Arbeiten erforderlich sind. Bei Nichterfüllung seiner Verpflichtungen nach Satz 2 hat der Mieter die Ausführung dieser Arbeiten während des Mietverhältnisses durch den Vermieter oder dessen Beauftragten zu dulden.

§ 8 Bagatellschäden

(1) Kleine Instandhaltungen, die während der Mietdauer erforderlich werden, sind

☐ vom Vermieter

☐ vom Mieter

auf eigene Kosten fachgerecht auszuführen, soweit die Schäden nicht vom anderen Vertragspartner zu vertreten sind.

(2) Die kleinen Instandhaltungen umfassen nur das Beheben kleiner Schäden an den Installationsgegenständen für Elektrizität, Wasser und Gas, den Heiz- und Kocheinrichtungen, den Fenster- und Türverschlüssen sowie den Verschlußvorrichtungen von Fensterläden.

---

[1]) Im allgemeinen werden Schönheitsreparaturen in den Mieträumen in folgenden Zeitabständen erforderlich sein:

in Küchen, Bädern und Duschen	alle 3 Jahre,
in Wohn- und Schlafräumen, Fluren, Dielen und Toiletten	alle 5 Jahre,
in anderen Nebenräumen	alle 7 Jahre.

[2]) Für preisgebundene Neubauwohnungen können nach gesetzlicher Vorschrift nur diese Reparaturen als Schönheitsreparaturen vereinbart werden.

(3)* Die Verpflichtung des Mieters ist begrenzt auf Kosten bis zu .... DM für eine Instandhaltungsmaßnahme, höchstens jedoch auf

☐ .... DM im Kalenderjahr oder
☐ ..... % einer Monatsmiete ohne Betriebskosten im Kalenderjahr.

§ 9 Aufrechnung und Zurückbehaltung

Der Mieter kann gegenüber Mietforderungen mit Gegenforderungen nur aufrechnen oder ein Zurückbehaltungsrecht ausüben, wenn er seine Absicht dem Vermieter mindestens einen Monat vor der Fälligkeit der Miete schriftlich angezeigt hat.

§ 10 Benutzung der Mietsache

(1) Der Mieter darf die Mietsache nur zu den im Vertrag bestimmten Zwecken benutzen.

(2) Mit Rücksicht auf die Belange des Vermieters, die Gesamtheit der Mieter und im Interesse einer ordnungsgemäßen Bewirtschaftung des Hauses und der Wohnung bedarf der Mieter der vorherigen schriftlichen Zustimmung des Vermieters, wenn er

1. den Gebrauch der Mietsache oder eines Teils derselben entgeltlich oder unentgeltlich Dritten überlassen will, es sei denn, es handelt sich um eine unentgeltliche Aufnahme von angemessener Dauer (Besuch);
2. die Mietsache oder einen Teil derselben zu anderen als Wohnzwecken nutzen oder nutzen lassen will;
3. ein Schild (ausgenommen übliche Namensschilder an den dafür vorgesehenen Stellen), eine Aufschrift oder einen Gegenstand in gemeinschaftlichen Räumen, im oder am Haus oder auf dem Grundstück anbringen oder aufstellen will;
4. ein Tier halten will (beachte dazu Absatz 3);

   ohne Zustimmung des Vermieters dürfen kleinere Tiere in den Wohnräumen gehalten werden, soweit sich die Anzahl der Tiere in den üblichen Grenzen hält und soweit nach der Art der Tiere und ihrer Unterbringung Belästigungen von Hausbewohnern und Nachbarn sowie Beeinträchtigungen der Mietsache und des Grundstücks nicht zu erwarten sind;
5. eine Antenne anbringen oder verändern will (beachte dazu Absatz 4);
6. die Heizung, insbesondere auf Öl-, Gas- oder Elektroheizung, umstellen will;

   die gesetzlichen und behördlichen Vorschriften und etwaige in § 18 besonders vereinbarte Bestimmungen sind in jedem Fall zu beachten;
7. in den Mieträumen, im Haus oder auf dem Grundstück außerhalb vorgesehener Park-, Einstell- oder Abstellplätze ein Kraftfahrzeug, ein Moped oder ein Mofa abstellen will;
8. Um-, An- und Einbauten sowie Installationen oder andere Veränderungen der Mietsache vornehmen will.

(3) Der Vermieter darf die Zustimmung zur Tierhaltung nicht verweigern, wenn Belästigungen der Hausbewohner und Nachbarn sowie Beeinträchtigungen der Mietsache und des Grundstücks nicht zu erwarten sind.

(4) Soweit und solange keine ausreichende Gemeinschaftsantenne vorhanden ist, ist dem Mieter die Anbringung einer Einzelantenne außerhalb der Mieträume gestattet. Die Anbringung hat im Einvernehmen mit dem Vermieter unter Beachtung der VDE- und der behördlichen Vorschriften fachmännisch zu erfolgen. Wenn nachträglich eine Gemeinschaftsantenne eingerichtet wird, hat der Mieter die Antenne auf seine Kosten zu entfernen und den alten Zustand wiederherzustellen.

(5) Der Vermieter kann eine Zustimmung widerrufen, eine nach Absatz 2 Nr. 4 ohne Zustimmung zulässige Tierhaltung untersagen und die Beseitigung einer nach Absatz 4 angebrachten Antenne verlangen, wenn Auflagen nicht eingehalten, Hausbewohner oder Nachbarn belästigt werden oder wenn die Mietsache oder das Grundstück beeinträchtigt wird.

(6) Der Mieter haftet ohne Rücksicht auf eigenes Verschulden für alle Schäden, die durch besondere Nutzungen der Mietsache nach den vorgenannten Bestimmungen (siehe Absätze 2 bis 4) während der Überlassung der Mietsache an den Mieter verursacht werden, auch wenn der Vermieter zugestimmt hat.

§ 11 Überlassung der Mietsache an Dritte – Untervermietung

(1) Verweigert der Vermieter die Zustimmung zur Überlassung der Mietsache oder eines Teils derselben an einen Dritten (siehe § 10 Abs. 2 Nr. 1), so kann der Mieter den Mietvertrag unter Einhaltung der gesetzlichen Frist – das ist am dritten Werktag eines Kalendermonats für den Ablauf des übernächsten Monats – kündigen, sofern nicht in der Person des Dritten ein wichtiger Grund vorliegt.

(2) Entsteht für den Mieter nach Abschluß des Mietvertrages ein berechtigtes Interesse, einen Teil der Mietsache einem Dritten zum Gebrauch zu überlassen, so kann er vom Vermieter die Zustimmung hierzu verlangen, wenn nicht entweder in der Person des Dritten ein wichtiger Grund vorliegt, die Mietsache übermäßig belegt würde oder dem Vermieter die Überlassung aus anderen Gründen nicht zugemutet werden kann. Ist dem Vermieter die Überlassung nur bei einer angemessenen Erhöhung der Miete zuzumuten, so kann er die Zustimmung davon abhängig machen, daß der Mieter sich mit einer solchen Erhöhung einverstanden erklärt.

---

* Änderung gegenüber der Fassung von 1976.

(3) Der Vermieter ist zur fristlosen Kündigung berechtigt, wenn der Mieter ungeachtet einer schriftlichen Abmahnung des Vermieters einem Dritten den ihm unbefugt überlassenen Gebrauch beläßt.

§ 12 Haushaltsmaschinen

Der Mieter ist berechtigt, in den Mieträumen Haushaltsmaschinen (z. B. Wasch- und Geschirrspülmaschinen, Trockenautomaten) aufzustellen, wenn und soweit die Kapazität der vorhandenen Installationen ausreicht und Belästigungen der Hausbewohner und Nachbarn sowie Beeinträchtigungen der Mietsache und des Grundstücks nicht zu erwarten sind. § 10 Absatz 5 und Absatz 6 gilt entsprechend.

§ 13 Instandhaltung der Mietsache

(1) Der Mieter verpflichtet sich, die Mietsache und die zur gemeinschaftlichen Benutzung bestimmten Räume, Einrichtungen und Anlagen schonend und pfleglich zu behandeln. Er hat für ordnungsgemäße Reinigung der Mietsache und für ausreichende Lüftung und Heizung der ihm überlassenen Räume zu sorgen.

(2) Zeigt sich ein nicht nur unwesentlicher Mangel der Mietsache oder wird eine Vorkehrung zum Schutze der Mietsache oder des Grundstückes gegen eine nicht vorhergesehene Gefahr erforderlich, so hat der Mieter dies dem Vermieter unverzüglich mitzuteilen.

(3) Der Mieter haftet für Schäden, die durch schuldhafte Verletzung der ihm obliegenden Sorgfalts- und Anzeigepflicht entstehen, besonders wenn technische Anlagen und andere Einrichtungen unsachgemäß behandelt, die überlassenen Räume nur unzureichend gelüftet, geheizt oder gegen Frost geschützt werden. Insoweit haftet der Mieter auch für das Verschulden von Familienangehörigen, Hausangestellten, Untermietern und Personen, die sich mit seinem Willen in der Wohnung aufhalten oder ihn aufsuchen. Der Mieter hat zu beweisen, daß ein Verschulden nicht vorgelegen hat; das gilt nicht für Schäden an Räumen, Einrichtungen und Anlagen, die mehrere Mieter gemeinsam benutzen.

(4) Der Vermieter wird die von ihm vertraglich übernommenen Arbeiten ausführen. Verzögert sich die Ausführung der Arbeiten, so ist der Mieter nicht berechtigt, den Mangel auf Kosten des Vermieters selbst zu beseitigen. Schadensersatz kann er nur fordern, wenn der Gebrauch der Mietsache nicht nur unerheblich gemindert ist und wenn der Vermieter die Verzögerung zu vertreten hat. Satz 3 gilt entsprechend, wenn Zugangswege und Außenanlagen nicht rechtzeitig fertiggestellt werden. Das Recht des Mieters zur Mietminderung bleibt unberührt.

(5) Der Vermieter verpflichtet sich, die gemeinschaftlichen Zugänge, Räume, Einrichtungen und Anlagen in einem ordnungsgemäßen Zustand zu erhalten. Schäden hieran, für die der Mieter haftet, darf der Vermieter auf Kosten des Mieters nach vorheriger Unterrichtung beseitigen.

§ 14 Betreten der Mietsache durch den Vermieter

(1) Der Vermieter oder von ihm Beauftragte dürfen die Mietsache zur Prüfung ihres Zustandes oder zum Ablesen von Meßgeräten in angemessenen Abständen und nach rechtzeitiger Ankündigung betreten. Auf eine persönliche Verhinderung des Mieters ist Rücksicht zu nehmen.

(2) Will der Vermieter das Grundstück/die Eigentumswohnung*) verkaufen oder ist der Mietvertrag gekündigt, so sind der Vermieter oder von ihm Beauftragte auch zusammen mit Kauf- oder Mietinteressenten berechtigt, die Mietsache,

und zwar an Wochentagen von bis Uhr,

an Sonn- und Feiertagen von bis Uhr

nach rechtzeitiger Ankündigung zu besichtigen.

(3) Bei längerer Abwesenheit hat der Mieter sicherzustellen, daß die Rechte des Vermieters nach Absatz 1 und 2 ausgeübt werden können.

§ 15 Rückgabe der Mietsache

(1) Bei Ende des Mietvertrages hat der Mieter die Mietsache vollständig geräumt und sauber zurückzugeben. Alle Schlüssel, auch vom Mieter selbst beschaffte, sind dem Vermieter zu übergeben. Der Mieter haftet für alle Schäden, die dem Vermieter oder einem Mietnachfolger aus der Nichtbefolgung dieser Pflicht entstehen.

(2) Einrichtungen, mit denen der Mieter die Mietsache versehen hat, darf er wegnehmen. Der Vermieter kann die Ausübung des Wegnahmerechts durch Zahlung einer angemessenen Entschädigung abwenden, es sei denn, daß der Mieter ein berechtigtes Interesse an der Wegnahme hat.[1])

(3) Hat der Mieter bauliche Veränderungen an der Mietsache vorgenommen oder sie mit Einrichtungen versehen, so ist er auf Verlangen des Vermieters verpflichtet, bei Ende des Mietvertrages auf seine Kosten den ursprünglichen Zustand wiederherzustellen, sofern nichts anderes schriftlich vereinbart ist.

---

*) Nichtzutreffendes streichen.

[1]) Eine Vereinbarung, die das Wegnahmerecht des Mieters ausschließt, ist nach gesetzlicher Vorschrift nur wirksam, wenn ein angemessener Ausgleich vertraglich vorgesehen wird.

§ 16 Personenmehrheit als Mieter

(1) Haben mehrere Personen – z. B. Ehegatten – gemietet, so haften sie für alle Verpflichtungen aus dem Mietverhältnis als Gesamtschuldner.

(2) Erklärungen, deren Wirkung die Mieter berührt, müssen von oder gegenüber allen Mietern abgegeben werden. Die Mieter bevollmächtigen sich jedoch unter Vorbehalt schriftlichen Widerrufs bis auf weiteres gegenseitig zur Entgegennahme oder Abgabe solcher Erklärungen. Diese Vollmacht gilt auch für die Entgegennahme von Kündigungen, jedoch nicht für Kündigungen und Mietaufhebungsverträge. Ein Widerruf der Vollmacht wird erst für Erklärungen wirksam, die nach seinem Zugang abgegeben werden.

(3) Jeder Mieter muß Tatsachen in der Person oder dem Verhalten eines Familienangehörigen oder eines anderen berechtigten Benutzers der Mietsache, die das Mietverhältnis berühren oder einen Schadensersatzanspruch begründen, für und gegen sich gelten lassen.

§ 17 Hausordnung

(1) Vermieter und Mieter verpflichten sich zur Wahrung des Hausfriedens und zur gegenseitigen Rücksichtnahme.

(2) Zur Aufrechterhaltung der Ordnung im Hause und für die Benutzung der Gemeinschaftsanlagen gilt die diesem Vertrag beigefügte Hausordnung. Sie kann vom Vermieter nur geändert werden, wenn dringende Gründe der Ordnung oder der Bewirtschaftung dies erfordern; diese Gründe sind dem Mieter zugleich mit der neuen Hausordnung mitzuteilen. Durch Bestimmungen der Hausordnung können Bestimmungen dieses Vertrages sowie der Wohnungsbeschreibung und Übergabeverhandlung nicht geändert werden.

§ 18 Sicherheitsleistung*

Zur Sicherung von Ansprüchen des Vermieters aus dem Mietvertrag gewährt der Mieter dem Vermieter folgende Sicherheit[1]:

....

....

....

§ 19 Zusätzliche Vereinbarungen[2])

....

....

....

....

....

Ort, Datum

....

....

(Vermieter) (Mieter)

---

* Änderung gegenüber der Fassung von 1976.

1) Höchstens drei Monatsmieten ohne die Nebenkosten, über die gesondert abzurechnen ist.

2) Besondere Vereinbarungen können sich unter Umständen für den Abschluß von Energielieferungsverträgen, das Aufstellen von Öfen, für die Umstellung der Heizungsart oder bei der Vermietung von Eigentumswohnungen als notwendig oder zweckmäßig erweisen.

Anlage ....
zum Mietvertrag vom ....

Wohnungsbeschreibung und Übergabeverhandlung

Die im § 1 des Mietvertrages bezeichnete

- ☐ abgeschlossene Wohnung
- ☐ nicht abgeschlossene Wohnung

besteht aus:

- ☐ Zimmer(n)
- ☐ Küche
- ☐ Kochnische
- ☐ Bad mit WC
- ☐ Bad ohne WC
- ☐ WC in der Wohnung
- ☐ WC im Haus
- ☐ WC außerhalb des Hauses
- ☐ Dusche
- ☐
- ☐ Diele
- ☐ Garderobe
- ☐ Balkon(e)
- ☐ Loggia(en)
- ☐ Terrasse(n)
- ☐ Speisekammer
- ☐ Abstellraum
- ☐ Kellerraum
- ☐ Dachbodenanteil
- ☐

Der Mieter ist berechtigt, folgende gemeinschaftliche Einrichtungen und Anlagen nach Maßgabe der Hausordnung mitzubenutzen:

- ☐ Waschküche
- ☐ Trockenboden
- ☐ Trockenplatz
- ☐ Garten
- ☐ Abstellraum für Fahrräder, Mopeds, Mofas, Kinderwagen

Zur Wohnung gehört ferner ein Hausgarten mit etwa ☐ qm.

Die Wohnung ist ausgestattet mit

- ☐ Zentraler Warmwasserversorgung
- ☐ Kohleöfen
- ☐ Gasöfen
- ☐ Ölöfen
- ☐ Etagenheizung
- ☐ Kachelofenmehrraumheizung

Gemeinschaftsantenne für

- ☐ Rundfunk
- ☐ Fernsehen ☐ (1. Progr.) ☐ (2. Progr.) ☐ (alle Progr.)
- ☐ Telefonleerrohr

- ☐ Kohlebadeofen mit Zubehör
- ☐ Gasdurchlauferhitzer a)
- ☐ Breitbandanschluß*
- ☐ Elektrodurchlauferhitzer b)
- ☐ Elektrospeicher c)

Fabrikat und Literleistung zu a) bis c):

....

....

- ☐ Heizstrahler
- ☐ Badewanne freistehend
- ☐ Badewanne eingebaut
- ☐ mit Batterie
- ☐ mit Handbrause
- ☐ Handwaschbecken mit Standbatterie
- ☐ Handwaschbecken mit Zapfhahn
- ☐ Toilettenbecken mit Sitz und Deckel
- ☐ Spiegel
- ☐ Konsolen
- ☐ Seifenschalen
- ☐ Handtuchhalter
- ☐ Papierrollenhalter
- ☐ ....

* Änderung gegenüber der Fassung von 1976.

- [ ] Kohleherd
- [ ] Gasherd
- [ ] Elektroherd
- [ ] Ölherd
- [ ] Kombiherd

Fabrikat und Fabr.-Nr.: ....

Anzahl der

- [ ] Brenner
- [ ] Platten
- [ ] Roste
- [ ] Backbleche
- [ ] Feuerungsringe
- [ ] Schürhaken
- [ ] Abdeckplatten
- [ ] Abstellplatten
- [ ] Geschirrwagen
- [ ] Grillroste
- [ ] Grillmotor
- [ ] Ausgußbecken

- [ ] Einbauspülbecken einfach
- [ ] Einbauspülbecken doppelt
- [ ] sonstige Spülbecken einfach
- [ ] sonstige Spülbecken doppelt
- [ ] Kühlschrank

Fabrikat und Nr. ....

- [ ] Speiseschränke
- [ ] Anzahl der Einlegeböden
- [ ] Arbeitsplatten zum Speiseschrank
- [ ] Schubkästen zum Speiseschrank
- [ ] Tischschränke
- [ ] Wandschränke
- [ ] Besenschränke
- [ ] Hängeschränke
- [ ] dazugehörige Kunststoffschütten
- [ ] dazugehörige Glasschütten
- [ ] Arbeitsplatten
- [ ] dazugehörige Schubkästen

Zur Wohnung gehören weiterhin

Schlüssel für:

- [ ] Haustür
- [ ] Wohnungstür
- [ ] Zimmertüren
- [ ] Boden
- [ ] Keller
- [ ] Briefkasten
- [ ] Garage

- [ ] Antennenanschlußkabel

Sonstiges: ....

....

Die Mieter erklären, daß sich die Mietsache – wie bei der gemeinsamen Besichtigung festgestellt wurde – bis auf die nachstehend näher bezeichneten Beanstandungen in ordnungsmäßigem Zustand befindet. Der Vermieter haftet nur für Mängel, die bei der Übergabe der Mietsache in dieser Verhandlung ausdrücklich vermerkt worden sind, außer daß es sich um Mängel handelt, die auch bei Anwendung der erforderlichen Sorgfalt nicht erkennbar waren.

....

....

Der Vermieter verpflichtet sich, die folgenden Arbeiten bis zum

Tag	Monat	Jahr

auszuführen: ....

....

....

Die Richtigkeit der vorstehenden Wohnungsbeschreibung und Übergabeverhandlung erkennen wir an. Sie ergänzt den Mietvertrag.

Ort, Datum ....

....

....

(Vermieter) (Mieter)

Aufstellung der Betriebskosten

Betriebskosten sind die in der Anlage 3 zu § 27 Abs. 1 der Zweiten Berechnungsverordnung[1] in der jeweils geltenden Fassung bezeichneten Kosten. Betriebskosten sind danach die nachstehenden Kosten, die dem Vermieter für das Gebäude oder die Wirtschaftseinheit laufend entstehen, es sei denn, daß sie üblicherweise vom Mieter außerhalb der Miete unmittelbar getragen werden.

1. Die laufenden öffentlichen Lasten des Grundstücks

Hierzu gehört namentlich die Grundsteuer, jedoch nicht die Hypothekengewinnabgabe.

2. Die Kosten der Wasserversorgung

Hierzu gehören die Kosten des Wasserverbrauchs, die Grundgebühren und die Zählermiete, die Kosten der Verwendung von Zwischenzählern, die Kosten des Betriebs einer hauseigenen Wasserversorgungsanlage und einer Wasseraufbereitungsanlage einschließlich der Aufbereitungsstoffe.

3. Die Kosten der Entwässerung

Hierzu gehören die Gebühren für die Haus- und Grundstücksentwässerung, die Kosten des Betriebs einer entsprechenden nicht öffentlichen Anlage und die Kosten des Betriebs einer Entwässerungspumpe.

4. Die Kosten

a) des Betriebs der zentralen Heizungsanlage einschließlich der Abgasanlage;
hierzu gehören die Kosten der verbrauchten Brennstoffe und ihrer Lieferung, die Kosten des Betriebsstroms, die Kosten der Bedienung, Überwachung und Pflege der Anlage, der regelmäßigen Prüfung ihrer Betriebsbereitschaft und Betriebssicherheit einschließlich der Einstellung durch einen Fachmann, der Reinigung der Anlage und des Betriebsraums, die Kosten der Messungen nach dem Bundes-Immissionsschutzgesetz, die Kosten der Anmietung oder anderer Arten der Gebrauchsüberlassung einer Ausstattung zur Verbrauchserfassung sowie die Kosten der Verwendung einer Ausstattung zur Verbrauchserfassung einschließlich der Kosten der Berechnung und Aufteilung;
oder

b) des Betriebs der zentralen Brennstoffversorgungsanlage;
hierzu gehören die Kosten der verbrauchten Brennstoffe und ihrer Lieferung, die Kosten des Betriebsstroms und die Kosten der Überwachung sowie die Kosten der Reinigung der Anlage und des Betriebsraums;
oder

c) der eigenständig gewerblichen Lieferung von Wärme, auch aus Anlagen im Sinne des Buchstabens a; hierzu gehören das Entgelt für die Wärmelieferung und die Kosten des Betriebs der zugehörigen Hausanlagen entsprechend Buchstabe a;
oder

d) der Reinigung und Wartung von Etagenheizungen;
hierzu gehören die Kosten der Beseitigung von Wasserablagerungen und Verbrennungsrückständen in der Anlage, die Kosten der regelmäßigen Prüfung der Betriebsbereitschaft und Betriebssicherheit und der damit zusammenhängenden Einstellung durch einen Fachmann sowie die Kosten der Messungen nach dem Bundes-Immissionsschutzgesetz.

5. Die Kosten

a) des Betriebs der zentralen Warmwasserversorgungsanlage;
hierzu gehören die Kosten der Wasserversorgung entsprechend Nummer 2, soweit sie nicht dort bereits berücksichtigt sind, und die Kosten der Wassererwärmung entsprechend Nummer 4 Buchstabe a;
oder

b) der eigenständig gewerblichen Lieferung von Warmwasser, auch aus Anlagen im Sinne des Buchstabens a; hierzu gehören das Entgelt für die Lieferung des Warmwassers und die Kosten des Betriebs der zugehörigen Hausanlagen entsprechend Nummer 4 Buchstabe a;
oder

c) der Reinigung und Wartung von Warmwassergeräten;
hierzu gehören die Kosten der Beseitigung von Wasserablagerungen und Verbrennungsrückständen im Innern der Geräte sowie die Kosten der regelmäßigen Prüfung der Betriebsbereitschaft und Betriebssicherheit und der damit zusammenhängenden Einstellung durch einen Fachmann.

6. Die Kosten verbundener Heizungs- und Warmwasserversorgungsanlagen

a) bei zentralen Heizungsanlagen entsprechend Nummer 4 Buchstabe a und entsprechend Nummer 2, soweit sie nicht dort bereits berücksichtigt sind;
oder

---

1) Nr. 17.

b) bei der eigenständig gewerblichen Lieferung von Wärme entsprechend Nummer 4 Buchstabe c und entsprechend Nummer 2, soweit sie nicht dort bereits berücksichtigt sind;
oder
c) bei verbundenen Etagenheizungen und Warmwasserversorgungsanlagen entsprechend Nummer 4 Buchstabe d und entsprechend Nummer 2, soweit sie nicht dort bereits berücksichtigt sind.

7. Die Kosten des Betriebs des Personen- oder Lastenaufzuges

Hierzu gehören die Kosten des Betriebsstroms, die Kosten der Beaufsichtigung, der Bedienung, Überwachung und Pflege der Anlage, der regelmäßigen Prüfung ihrer Betriebsbereitschaft und Betriebssicherheit einschließlich der Einstellung durch einen Fachmann sowie die Kosten der Reinigung der Anlage.

8. Die Kosten der Straßenreinigung und Müllabfuhr

Hierzu gehören die für die öffentliche Straßenreinigung und Müllabfuhr zu entrichtenden Gebühren oder die Kosten entsprechender nicht öffentlicher Maßnahmen.

9. Die Kosten der Hausreinigung und Ungezieferbekämpfung

Zu den Kosten der Hausreinigung gehören die Kosten für das Sauberhalten der von den Bewohnern gemeinsam benutzten Gebäudeteile, wie Zugänge, Flure, Treppen, Keller, Bodenräume, Waschküchen, Fahrkorb des Aufzuges.

10. Die Kosten der Gartenpflege

Hierzu gehören die Kosten der Pflege gärtnerisch angelegter Flächen einschließlich der Erneuerung von Pflanzen und Gehölzen, der Pflege von Spielplätzen einschließlich der Erneuerung von Sand und der Pflege von Plätzen, Zugängen und Zufahrten, die nicht dem öffentlichen Verkehr dienen.

11. Die Kosten der Beleuchtung

Hierzu gehören die Kosten des Stroms für die Außenbeleuchtung und die Beleuchtung der von den Bewohnern gemeinsam benutzten Gebäudeteile, wie Zugänge, Flure, Treppen, Keller, Bodenräume, Waschküchen.

12. Die Kosten der Schornsteinreinigung

Hierzu gehören die Kehrgebühren nach der maßgebenden Gebührenordnung, soweit sie nicht bereits als Kosten nach Nummer 4 Buchstabe a berücksichtigt sind.

13. Die Kosten der Sach- und Haftpflichtversicherung

Hierzu gehören namentlich die Kosten der Versicherung des Gebäudes gegen Feuer-, Sturm- und Wasserschäden, der Glasversicherung, die Haftpflichtversicherung für das Gebäude, den Öltank und den Aufzug.

14. Die Kosten für den Hauswart

Hierzu gehören die Vergütung, die Sozialbeiträge und alle geldwerten Leistungen, die der Eigentümer (Erbbauberechtigte) dem Hauswart für seine Arbeit gewährt, soweit diese nicht die Instandhaltung, Instandsetzung, Erneuerung, Schönheitsreparaturen oder die Hausvewaltung betrifft.
Soweit Arbeiten vom Hauswart ausgeführt werden, dürfen Kosten für Arbeitsleistungen nach den Nummern 2 bis 10 nicht angesetzt werden.

15. Die Kosten

a) des Betriebs der Gemeinschafts-Antennenanlage;
hierzu gehören die Kosten des Betriebsstroms und die Kosten der regelmäßigen Prüfung ihrer Betriebsbereitschaft einschließlich der Einstellung durch einen Fachmann oder das Nutzungsentgelt für eine nicht zur Wirtschaftseinheit gehörende Antennenanlage;
oder
b) des Betriebs der mit einem Breitbandkabelnetz verbundenen privaten Verteilanlage;
hierzu gehören die Kosten entsprechend Buchstabe a, ferner die laufenden monatlichen Grundgebühren für Breitbandanschlüsse.

16. Die Kosten des Betriebs der maschinellen Wascheinrichtung

Hierzu gehören die Kosten des Betriebsstroms, die Kosten der Überwachung, Pflege und Reinigung der maschinellen Einrichtung, der regelmäßigen Prüfung ihrer Betriebsbereitschaft und Betriebssicherheit sowie die Kosten der Wasserversorgung entsprechend Nummer 2, soweit sie nicht dort bereits berücksichtigt sind.

17. Sonstige Betriebskosten

Das sind die in den Nummern 1 bis 16 nicht genannten Betriebskosten, namentlich die Betriebskosten von Nebengebäuden, Anlagen und Einrichtungen.

Sachregister

Die fettgedruckte Zahl nach dem Stichwort bezeichnet die Nummer der Vorschrift, die magere Zahl den Paragraphen bzw. Artikel.